Lambert Grasmann
Die Hafner auf dem Kröning und an der Bina

Lambert Grasmann

Die Hafner auf dem Kröning und an der Bina

Verlag Attenkofer

Die Herstellung dieses Buch wurde gefördert durch

Heimatverein Vilsbiburg e.V.
Benedikt-Auer-Stiftung, Vilsbiburg
Ernst-Pietsch-Stiftung, Deggendorf
Margit und Dieter Schmitz, Unterhaching
Stadt Vilsbiburg
Landkreis Landshut
Gemeinde Adlkofen
Gemeinde Gangkofen
Markt Geisenhausen

Impressum:
© by Verlag Attenkofer, 94315 Straubing
1. Auflage 2010
Gesamtherstellung: Cl. Attenkofer'sche Buch- und Kunstdruckerei, 94315 Straubing
ISBN 978-3-936511-83-3
Bild Umschlagseite: Jakob Brüggemann

Inhalt

Einführung

Wie kommt man als *„interessierter Laie"* zur Beschäftigung mit einem so komplexen Thema, wie sie die Geschichte der Hafner auf dem Kröning und an der Bina mit ihren Produkten darstellt? Als Quereinsteiger in die Museumsarbeit in Vilsbiburg vor nun über 40 Jahren, das Museum befand sich damals in Agonie, war in dem eher volkskundlichen Sammlungsbestand des Museums für mich gerade die Kröninger Keramik als zentraler Schwerpunkt erkennbar. Die zeitnah erste Begegnung mit dem Sammler und Keramikforscher *Paul Stieber,* er organisierte 1968 mit Ingolf Bauer vom Bayerischen Nationalmuseum München (BNM) die bedeutende Ausstellung *„Hafnergeschirr aus Altbayern"* im BNM, mit einem ansehnlichen Anteil Kröninger Produkte, hat damals die eigentliche Initialzündung zur Beschäftigung mit Kröninger Hafnerware bewirkt. Die Ausstellung hat bereits eine gewisse *„Vormachtstellung"* des Kröning, zumindest innerhalb der süddeutschen Keramiklandschaft aufzeigen können. Die Teilnahme an den jährlich stattfindenden Hafnerei-Symposien ab Mitte der 1970er Jahre verstärkte das Wissen um die Keramik schlechthin und wirkte als weiterer Ansporn zur Sammeltätigkeit und Erforschung der regionalen Hafnerei. Der gleichzeitig beginnende und bis heute anhaltende Gedankenaustausch mit *Werner Endres* befruchtete ebenso die jetzt schon über Jahrzehnte währende Arbeit mit Keramik. Ihm sei für die Durchsicht und ausführliche Diskussion des Manuskripts zu diesem Buch gedankt. Ohne die Auskünfte meiner geduldigen Gewährsperson, die noch in den elterlichen Hafnereien bis zur Aufgabe des Betriebes gearbeitet haben, so *Alois Kaspar* (1901 – 1980), Onersdorf, *Lorenz Westenthanner* (1894 – 1979), Pattendorf, vor allem aber die Brüder *Benno* (1900 – 1980) und *Georg* (1905 – 1990) *Zettl*, Bödldorf, deren anfänglich gezeigtes Misstrauen es erst zu überwinden galt, wäre vieles über Arbeitstechniken der Hafner im Kröning, deren Lebensumstände und die Schwierigkeiten in der Endzeit der Hafnerei vollständig verloren gegangen. Vor allem konnte bis dahin museal noch nicht gesammeltes Arbeitsgerät und so manche Keramiken aus den ehemaligen Werkstätten, was so die Authentizität unterstreicht, gerettet werden. Nicht unerwähnt soll auch die Hafnerstochter *Therese Schachtner* (1900 – 1977), vulgo Stalleder-Resl bleiben, die den Zugang zum letzten Grundriss eines Brennofens in ihrem Anwesen in Grammelsbrunn und dessen Vermessung ermöglichte. Von Ihr stammen auch manche in der Hafnerei verwendete Arbeitsgeräte.

Einem Glücksfall ist es zu verdanken, dass zahlreiche Handwerks-Dokumente einschließlich der Hafner-Ordnung von 1646 sowie die Handwerkslade der Hafner auf dem Kröning in den 1930er Jahren in das Vilsbiburger Heimatmuseum gelangten. Leider sind die von Pfarrer *Spirkner*, dem unvergessenen Erstforscher des Kröning, noch um 1915 eingesehenen, ab der 2. Hälfte des 19. Jahrhunderts vorhandene Unterlagen des Hafnervereins verschollen.

Die nun vorliegende Arbeit fasst die vom Verfasser in den vergangenen Jahrzehnten publizierten Veröffentlichungen und neuen Erkenntnisse zusammen, wertet dessen Privatarchiv und das aus Archiven bisher noch nicht erfasste Material zur Hafnerei auf dem Kröning und an der Bina aus. Weiter konnte der Verfasser die überaus zahlreichen Keramikbestände des Heimatmuseums Vilsbiburg - Kröninger Hafnermuseum zusammenfassen und so erstmals die Darstellung eines Gesamtbildes zur Formenvielfalt beim Gebrauchsgeschirr und der daneben produzierten, manchmal eigenwilligen, auch bizarr anmutenden und so wenig untersuchten Sonderformen wagen. Nicht zu vergessen sind die zahlreichen privaten *„Kröningsammler"*, die mit ihren teilweise einmaligen Stücken manche Lücken im Katalog schließen konnten. So kann nun eine Art *„Bestandskatalog Kröning und Bina"* vorgelegt werden, wobei beileibe nicht jede *„Eigenheit"* aus so mancher Werkstatt erfasst wurde. Besonders in der bereits im 19. Jahrhundert beginnenden Spätphase wurde Gebrauchsgeschirr in unterschiedlichen Ausformungen produziert, was mit veränderten Gebrauchsgewohnheiten zusammen hängen mag, z.B. bei den *„Milch"*- oder *„Plattenhaferln"* und bei den Kaffeetassen/-schalen. Auch die Verwendung von nicht mehr *„traditionellen"* Glasuren in einigen Werkstätten gibt manchen Geschirren ein ungewohntes Aussehen. Besonders wichtig erscheinen die seit den 1970er Jahren geborgenen Funde aus Werkstattbruchgruben bei ehemaligen Hafnereien. Es ist jedoch zu bedenken, dass über Jahrhunderte hinweg und bei der hohen Zahl von Werkstätten die Zahl der bisher entdeckten Fundstellen verhältnismäßig klein ist. Wenn hier wiederholt die Zuordnung zum Gebrauch der Geschirre usw. nicht immer nachvollzogen werden kann, so besitzen wir über die Qualität und Vielfalt der Formen einen doch zuverlässigen, jedoch nicht immer umfassenden Einblick in Produktionen besonders ab dem 15. Jahrhundert.

Noch ein weiteres Kriterium soll angesprochen werden: die so oft zitierte *„altbayerische Form"*. Viele Sammler und Händler sind nur allzu gerne bereit, diverse Objekte als *„Kröning"* zu lokalisieren. Dabei wird übersehen, dass auch im benachbarten Rottal und in Deggendorf zahlreiche Hafnerwerkstätten produzierten, die, weil in der dortigen Region die gleichen Gebrauchs- und Essensgewohnheiten herrschten, Geschirrformen wie auf dem Kröning und an der Bina herstellten. Allerdings fehlen bisher von diesen Produktionen die so wichtigen Werkstattabfälle, die eine Lokalisierung dorthin erleichtern würden. Nicht zu vergessen sind auch die vielen Einzelwerkstätten in den ehemaligen Hofmarken, Märkten und auch in den Städten. Von Landshut in geringerem Umfang, vor allem aber von Straubing sind bereits Untersuchungen zu aus Werkstattbruchgruben geborgener Keramik vorhanden (Landshut: Endres 1999, Straubing: Endres 1989 und 2005). Trotz mancher Vorschläge zu moderneren Arbeitsmethoden von außen stehenden Institutionen haben die Hafner auf dem Kröning und an der Bina bis in die Endzeit in traditioneller, rein handwerklicher Technik gearbeitet. Wenn auch ein gewisser Konkurrenzdruck durch Hersteller anderer Materialgruppen wie Steinzeug, Steingut, Emailleblech und Porzellan entstanden ist, so ist festzuhalten, dass Geschirre aus diesen Materialien von der Preisgestaltung her gesehen mit dem irdenen Hafnergeschirr nicht mithalten konnten. Die Konkurrenzware zeigt sich, wie eine Aufstellung im Buch belegt, doch um einiges teurer. Und wie anhand einer Werkstatt in Jesendorf aufgezeigt werden kann, war die Nachfrage nach Kröninger Hafnerware bei dieser Werkstatt zumindest bis um 1925 gegeben. Phasenweise sind sogar Lieferengpässe entstanden. Die höhere technische Qualität der Konkurrenz und eine geänderte Lebensweise breiter Bevölkerungsschichten sind sicher mit entscheidende Ursachen des Niedergangs der Hafnerei im Kröning und an der Bina.

Dieser umfangreich geratene Forschungsband konnte nur mit Unterstützung des Verlags Attenkofer (Straubinger Tagblatt) in Straubing, der Förderung durch den Heimatverein Vilsbiburg, der Benedikt-Auer-Stiftung Vilsbiburg, der Ernst-Pietsch-Stiftung Deggendorf, der Stadt Vilsbiburg, des Landkreises Landshut, Dieter und Margit Schmitz, Unterhaching sowie durch die Gemeinden Adlkofen, Gangkofen und Geisenhausen ermöglicht werden. Dank gebührt auch meinem Enkel Jakob Brüggemann, der das Bildmaterial im Katalogteil beigesteuert hat.

Lambert Grasmann

Zur Forschung über die Hafnerei auf dem Kröning und an der Bina

Das Literaturverzeichnis gibt umfassend Auskunft über die bisherigen Ergebnisse zu Erforschung der Kröninger Hafnerei. Als Leiter des Heimatmuseums – Kröninger Hafnermuseum in Vilsbiburg hat der Verfasser aus den örtlichen Objektbeständen, aus dem Archiv des Heimatvereins Vilsbiburg, aus dem Staatsarchiv in Landshut und dem Bayerischen Hauptstaatsarchiv in München bereits Teile des Materials ausgewertet und beschrieben.[1] Die nun vorliegende Arbeit zur *„Hafnerei im Kröning und an der Bina"* bietet eine Zusammenfassung aller bisherigen Beiträge des Verfassers und umfangreiche neue Erkenntnisse aus bisher unveröffentlichtem Material.

Die eigentliche *„Initialzündung"* zur Erforschung der Kröninger Hafnerei bewirkte Pfarrer *Bartholomäus Spirkner*, der in seiner Amtszeit von 1908 bis 1919[2] in Kirchberg im Kröning noch arbeitende Hafner beobachten und erleben sowie das Handwerk mit seinen bereits sich abzeichnenden Schwierigkeiten kennen lernen konnte. *Spirkner*, der an seinen Wirkungsstätten meistens die Geschichte des Ortes oder besondere Themen zu dessen Orts- oder Wallfahrtsgeschichte untersuchte und niederschrieb, sah gerade in der Erforschung der Kröninger Hafnerei ein reiches Betätigungsfeld. Seine Arbeiten von 1909 und 1914, sowie die Schenkung eines Teils seiner Kröninger Kera-

Abb. 1:
Beispiele aus Pfarrer
Spirkners Sammlung.
Spirkner 1914, S. 131

---

1 Grasmann 1978/1.

2 Spirkner 1909; Spirkner 1914.

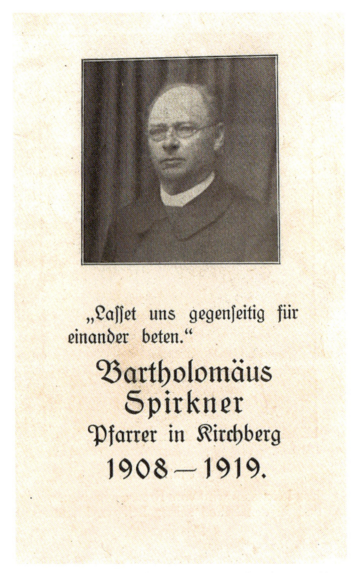

Abb. 2: Andenken an Spirkners Weggang aus der Pfarrei Kirchberg, 1919.

miksammlung 1915 an das Heimatmuseum Vilsbiburg weckten dann erst ab den 1960er Jahren in größerem Stil das Interesse an dem bereits zu Spirkners in Kirchberg erlebten Zeiten erlöschendem Handwerk.

Ausstellungen wie *„Süddeutsche Volkskunst"*[3] 1937 in München oder die Keramikausstellung *„Mit Drehscheibe und Malhorn – Volkstümliche Töpferarbeiten aus drei Jahrhunderten"*[4] 1954 im Germanischen Nationalmuseum Nürnberg befassten sich in bescheidenem Umfang mit dem Kröning. Erst *Paul Stieber* wandte sich in verstärktem Maße dem altbayerischen und damit auch dem Kröninger Hafnergeschirr zu.[5] Und die 1968 von ihm mit Ingolf Bauer durchgeführte Ausstellung *„Hafnergeschirr aus Altbayern"* erbrachte als eines der Ergebnisse die außergewöhnliche Stellung des Kröning innerhalb des altbayerischen Raumes. Nach umfangreichen Vorarbeiten *Stiebers* legte dann *Ingolf Bauer* die Erkenntnisse dieser Ausstellung in dem 1976 erschienenen Katalog *„Hafnergeschirr aus Altbayern"* nieder.[6]

Ab 1969 hat der Verfasser in ehemaligen Hafnerwerkstätten Forschungen vor Ort zur Hafnerei im Kröning und an der Bina aufgenommen. Bei Nachkommen der letzten Hafnergeneration[7] und noch lebenden Hafnern[8] wurden anlässlich von Erhebungen wertvolle Details über das Leben und die Arbeitsbedingungen und bei den weiblichen Gewährspersonen Gebrauchsgewohnheiten bei der Verwendung des Hafnergeschirrs abgefragt. In diesem Zusammenhang konnte für das Heimatmuseum Vilsbiburg kaum gesammeltes Arbeitsgerät – das Museum besaß lediglich eine Töpferscheibe – wie weitere Töpferscheiben, Kleinwerkzeug, Tonabbaugeräte, Gerätschaften zum Glasieren und Brennen, aber auch Geschirrstücke, Ofenkacheln und Modeln, Fotografien und Sterbebilder sowie *„Einschreib-(Liefer-)bücher"* erworben werden.

Kröninger Hafnerware in größerem Umfang konnte dann erstmals in der 1976 in Dingolfing und 1977 in Vilsbiburg gezeigten Ausstellung *„Kröninger Hafnerware"* vorgestellt werden.[9] Weitere im Vilsbiburger Heimatmuseum durch-

---

3 Groschopf Günter: Die süddeutsche Hafnerkeramik, in: Jahrbuch des Bayerischen Landesvereins für Heimatschutz 1937.

4 Meyer-Heisig, Erich: Mit Drehscheibe und Malhorn, volkstümliche Töpferarbeiten aus drei Jahrhunderten. Ausstellungskatalog des Germanischen Nationalmuseums Nürnberg 1954.

5 Stieber 1967.

6 Bauer 1976.

7 Schwestern Therese (1904 – 1986) und Sophie Zettl (1909 – 1983), Bödldorf; Therese Schachtner (1900 – 1977), Grammelsbrunn; Rosa Reiter, geb. Berghofer (1910 – 1974), Spielberg;

8 Brüder Benno (1900 – 1980), Arbeitszeit 1913 bis 1928 und Georg Zettl (1905 – 1990) Arbeitszeit 1918 bis 1928, beide Bödldorf; ferner Alois Kaspar (1901 – 1980) Arbeitszeit 1914 bis 1927, Onersdorf; Lorenz Westenthanner (1894 – 1979), Arbeitszeit 1908 bis 1923, Pattendorf.

9 Grasmann; Markmiller 1975/2, Kat. Nr. 1 – 353.

Abb. 3: Hafnerfamilie Zettl, Bödldorf Nr. 4. Sitzend die Eltern Maria und Benno Zettl, dann von links: Georg, Therese, Maria, Franziska, Sophie und Benno, 1932.

Abb. 4: Der ehemalige Hafner Georg Zettl an der Drehscheibe vor dem elterlichen Anwesen in Bödldorf Nr. 4. Praktische Übungen, vorgeführt für Schulklassen, um 1960.

geführte Sonderausstellungen wie 1981 *„Backmodel aus bäuerlichen und bürgerlichen Haushalten"*[10], 1982 *„Ofen-kacheln und Model aus dem Kröninger Umfeld" des 17. bis 19. Jhdts."*[11], 1984 *„Keramische Raritäten aus dem Kröning: Nadlkörbl, Vexierkrüge, Tintenzeuge, Weihwasserkessel…"*[12], 1990 *„Beim „Uiderl" in Bödldorf. Eine Kröninger Hafnerei"*[13] und 2007 *„Unbekanntes Kröning – Raritäten aus dem De-pot des Hafnermuseums Vilsbiburg"*[14] ergaben im Ergebnis spezielle Einblicke und neue Erkenntnisse in Teilbereichen zur Produktion und Gebrauch der Hafnerware im Kröning und an der Bina.

10 Grasmann 1981/1, Kat. Nr. 1 – 258.
11 Grasmann 1982, Kat. Nr. 1 – 278.
12 Grasmann 1984, Kat. Nr. 1 – 204.
13 Grasmann 1990, Kat. Nr. 1 – 193.
14 Grasmann; Renner 2007, Kat. Nr. 1 – 289.

Zum Sammlungsbestand der Kröninger Hafnerware

Den wohl größten und geschlossensten Bestand *„Kröninger Hafnerware"* besitzt das Heimatmuseum Vilsbiburg, das sich aufgrund dieser Tatsache seit geraumer Zeit mit dem Zusatz *„Kröninger Hafnermuseum"* präsentiert. Die Dauerausstellung allein zeugt mit über 900 Objekten, dann Arbeitsgeräten, Hafnerhausmodellen, Fotografien und einer umfangreichen Dokumentation von der einst blühenden Heimindustrie. Im Vordergrund steht das Gebrauchsgeschirr, dessen Sammelwürdigkeit in größerer Breite erst ab den 1960er Jahren erkannt wurde. Bis dahin schätzten Museen und Sammler in erster Linie *„die blaue Ware"*, dann Zier- und Sonderformen wie zum Beispiel *„durchbrochene Nähkörbchen"*, Vexierkrüge, Tintenzeuge u. a. m.

Von den Altbeständen im Heimatmuseum Vilsbiburg und damit auch für die Keramik, ist nur in den wenigsten Fällen bekannt, wie sie in das Museum gelangt sind, das heißt, die „Erwerbstitel" wie Vorbesitzer, Herkunft, letzter Gebrauchszweck und manchmal sogar die Maße, fehlen. Lose, dem ersten Inventarbuch (*„Inventarium"*)[1] beiliegende, mit Bleistift geschriebene und wohl als Entwurf gedachte fortlaufende Aufzeichnungen aus der Zeit um 1915/20, erwähnen dann erstmals Hafnergeschirr. Sie beziehen sich wahrscheinlich auf ein neu zu erstellendes Inventarverzeichnis, das jedoch nicht angelegt oder nicht erhalten ist. Demzufolge befanden sich die erwähnten Exponate im *„Zimmer 1"* des ersten Obergeschosses des im November 1910 eröffneten *„Ortsmuseums"* im Gebäude der ehemaligen Mädchenschule, heute Kirchenweg 1, dabei ist deutlich der Sammeltrend zu *„blauer Ware"* erkennbar: *„3 irdene Weihwasserbehälter"*, *„1 irdene Reine"*, *„1 grüne Schüssel"*, *„1 Fuß Schüssel gelb"*, *„7 blaue irdene Haferl versch. Größe"*, *„5 braune irdene Haferl versch. Größe"*, *„8 blaue irdene Teller, 1 brauner irdener Teller, 1 gelber* *irdener Salz und Pfeffer[streuer], 1 gelbe irdene Kaffee Tasse, 1 grüner irdener Becher, 4 irdene Schüssel"* und weiter *„1 Nachtgeschirr irden blau"*, *„1 blaue irdene Schüssel"*, *„3 kleine irdene Salbenhäfchen"*, *„3 Krüge blau"*, *„1 Krügel braun mit Deckel"*.

Die Schenkungen von *Bartholomäus Spirkner,* Pfarrer in Kirchberg[2]

Die Schenkung an das Ortsmuseum Vilsbiburg 1915

Auch Spirkner war dem allgemeinen, zu seiner Zeit üblichen Sammlungstrend *„verfallen"*, nur *„schöne"* Stücke in seine Sammlung aufzunehmen. Das mag vor allem damit zusammenhängen, dass in seinem Wirkungskreis die Geschirrproduktion noch voll im Gange war und *„ordinäres"* Gebrauchsgeschirr einfach nicht als sammelwürdig begriffen wurde. 1915 lässt Pfarrer *Spirkner* erkennen, Teile seiner *„von ihm gesammelten Hafnerarbeiten aus dem Kröningerbezirke in das hiesige Ortsmuseum"* abzugeben. Seinem Wunsch gemäß sollte die Sammlung unter der Bezeichnung „Kröninger Hafnerei" im Heimatmuseum Vilsbiburg präsentiert werden.[3] Die am 1. November 1915 von ihm ausgefertigte förmliche Schenkungsurkunde benennt leider nicht die Objekte im Einzelnen[4]. Einige davon können jedoch anhand seiner 1914 veröffentlichten Abhandlung mit dort abgebildeten Objekten identifiziert werden.[5] Mit dieser Schenkung wurde der Grundstock für die heute

---

1 AHV, Inventarakten

2 Spirkner war von 1908 bis 1919 Pfarrer in Kirchberg im Kröning. Zu seinen Arbeiten über die Kröninger Hafnerei siehe Literaturverzeichnis.

3 Vilsbiburger Anzeiger 5.6.1916.

4 AHV, wie Anm. 1.

5 Spirkner 1914, S. 122 Abb. 85, S. 123 Abb. 86, S. 124 Abb. 87, S. 125 ohne Abb. Nr., S. 127 Abb. 89, S. 128 Abb. 90, S. 131, Abb. 91, S. 133 Abb. 92, S. 137 Abb. 94, S. 138 Abb. 95 u. 96, S. 139 Abb. 97 u. 98, S. 140 Abb. 99 u. 100, S. 141 Abb. 101 u. 102, S. 143 Abb. 105.

umfangreiche Kröninger Sammlung im Heimatmuseum Vilsbiburg geschaffen.

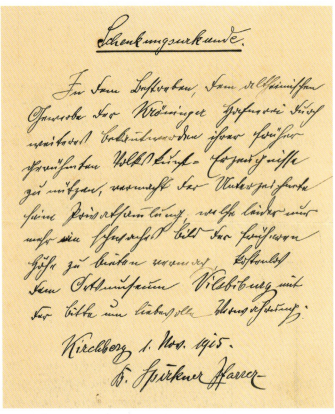

Abb. 5: Pfarrer Bartholomäus Spirkners Schenkungsurkunde über Kröninger Hafnergeschirr an das Ortsmuseum Vilsbiburg, 1. November 1915.

„Schenkungsurkunde
In dem Bestreben, dem altheimischen Gewerbe der Kröninger Hafnerei durch weiteres Bekanntwerden ihrer früher gerühmten Volkskunst-Erzeugnisse zu nützen, vermacht der Unterzeichnete seine Privatsammlung, welche leider nur mehr ein schwaches Bild der früheren Höhe zu bieten vermag, kostenlos dem Ortsmuseum Vilsbiburg mit der Bitte um liebevolle Verwahrung.
Kirchberg 1. November 1915.
B. Spirkner Pfarrer".

Die Schenkung an das Bayerische Nationalmuseum München 1916

1916 hat *Spirkner* dem Bayerischen Nationalmuseum München Teile seiner Keramiksammlung übergeben.[6] Hier ist die Zahl der Objekte mit 31 Keramiken im dortigen Zugangsbuch vermerkt. Bei dem von *Spirkner* mit dem Nationalmuseum geführten Schriftwechsel erwähnte er die Vilsbiburger Schenkung, deren Umfang er, ohne auch hier genauere Angaben zu machen, mit *„3 Kisten"* bezifferte.[7] *„Habe leider vor kurzer Zeit den größten Teil der Kröninger Sammlung an das Ortsmuseum Vilsbiburg abgegeben (3 Kisten) bin aber des gemeinnützigen Zweckes bereit, den kleinen Rest der Sammlung, eine Auswahl der besten Sachen, die ich für mich behalten wollte, dem bayr. Nationalmuseum gegen Selbstkostenpreis (ca. 50 M) zu überlassen. Es sind etwa verschiedene Stücke meist Durchbrucharbeiten, Nähkörbchen, Tintengefäße, Vexierkrug, Rehköpfe Weihwassergefäße u.s.w."*
Gerade diese pauschale Aufzählung zeigt auch Spirkners Hang des Sammelns *„besonderer"* Stücke. Gerade ihm wäre es noch ein Leichtes gewesen, einen Querschnitt der gesamten Produktion an Gebrauchsgeschirr zusammenzustellen, wo doch in seiner Amtszeit in so mancher Werkstatt die Produktion noch auf vollen Touren lief.
Ein interessanter Passus lässt *Spirkners* Erwerbspolitik erkennen, in dem er erwähnt, dass einige der nach München gegebenen Stücke von den Hafnern für ihn noch besonders hergestellt worden seien. *„Eine Reihe Stücke*(!) *wurden für mich eigens gefertigt, ist also neu u. doch wieder alt, da die Sachen jetzt nicht mehr gemacht werden bzw. von den meisten Hafnern auch nicht mehr gemacht werden können. Vielleicht kann zuvor von der kl. Sammlung noch Einsicht genommen werden. Es steht hier auch noch 1 Essigkrug, dann*

---

6   Brief vom 17.2.2003 des Bayerischen Nationalmuseums München (Ingolf Bauer) an den Verfasser. Darin sind die Erwerbungsvorgänge „Spirkner 1915/16", ergänzt durch die Einträge im Zugangsbuch, erwähnt.

7   Wie Anm. 5, darin sind alle Briefe Spirkners und des Bayer. Nationalmuseum unter Direktor Philipp Halm vermerkt.

viele, aber meist unbedeutende Muster von Ofenkacheln, alles hier gefertigt". [8]

Vom Bayerischen Nationalmuseum erfolgte jedoch keine Reaktion. Am 26. Februar 1916 erinnerte *Spirkner* an sein Verkaufsangebot.[9] Er bemerkte darin, dass dem Nationalmuseum der Preis vielleicht zu hoch sein und die angebotene Sammlung als zu geringfügig erscheinen könnte. Da er nach seinem Weggang aus Kirchberg befürchten müsse (dieser erfolgte 1919, der Verf.), dass seine Sammlung *"recht wenig gewürdigt werde, bin ich bereit, dieselbe dem bayr. Nationalmuseum nunmehr gratis zu überlassen, wenn dieselbe genehm ist".*

Direktor *Halm* entschuldigte sich am 28. Februar 1916 mit dienstlicher Überlastung und Krankheit. Er sprach seinen verbindlichsten Dank der Direktion für die gütige Absicht aus, dass *Spirkner* seine Restbestände dem Nationalmuseum nun als Schenkung überlässt.

Im Gegensatz zur Vilsbiburger Schenkung zählte *Spirkner* in seinem an das Nationalmuseum gerichteten Brief vom 17. März 1916 die einzelnen an das Museum übergebenen Gegenstände auf.

„Heute ging von Station Wörth a. d. Isar eine Kiste voll Kröninger Geschirr (Volkskunst) an ihre werte Adresse ab. Die Pakete in der Kiste, die selbstverständlich sorgfältig aus gepackt werden muß, enthalten folgende Gegenstände: 1 Vexierkrug, 1 Nähkörbchen (alte Durchbrucharbeit), 1 sog. Kapuziner u. 1 Kelch mit Auflagereliefs, 1 Nähkörbchen (neu, grün), 1 Tintengefäß (neu), 1 Madonna-Relief u. 1 Rehgewichtl, 1 Teller (durchbrochen, 1 Nähkörbchen (gelb, alt), 1 Relief (Petrus), 1 Sparkasse (blau), 1 kl. Teller (blau), 1 Weihwasserkrügel, 1 Weihkessel u. 1 Rehgewichtl, 2 Weihkessel, 3 Rehköpfe, 1 Tintenzeug u. 1 Blumentopf (durchbrochen), 1 Servierplatte (Einlegarbeit), 1 Ofenkachel (durchbrochen), 1 Kelch (durchbrochen) = 26 Stück. Betr. der Zunfttafel wollen Sie vielleicht mit dem ehemaligen Vorstand des Hafnervereins Alois Kaspar in Ohnersdorf Post Triendorf NB. verhandeln. Ich glaube, wenn der ehemalige Verein noch eine angemessene Summe zum Verteilen unter seinen Mitgliedern erhält, daß die Tafel zu erwerben ist".[10]

Abb. 6 und 7: Kröninger Keramik im Heimatmuseum Vilsbiburg, links Bestand 1958, rechts Ausschnitt 1973.

---

8 Das Vilsbiburger Heimatmuseum besitzt als Altbestand eine Anzahl blau glasierter Töpfe, Schüsseln und Teller, deren Erwerb, da nicht inventarisiert, nicht gesichert ist. Die Gefäße sind ungebraucht und dürften aber mit den von Spirkner bezeichneten „eigens für ihn gefertigten" Objekten identisch sein, z.B. Kat.Nr. 291.

9 Wie Anm. 5.

10 Die Zunfttafel von 1651 befindet sich weiterhin in Privatbesitz (Abb. 27)

Abb. 8: Stadt- und Kreismuseum Landshut, Ausschnitt, Bestand 1984

Weitere Sammlungsbestände Kröninger Hafnerware in Museen

Wohl zusammenhängend mit der Verbreitung von Kröninger Hafnerware ist sie durch den Handel auf Märkten und durch Händler über die Verbraucher in Museen gelangt. Mit Ausnahme des Volkskundemuseums in Wien sind in bayerischen Museen bedeutende Bestände vorhanden, so in:

– Aying, Heimathaus Aying „Der Sixthof",
– Dingolfing, Museum der Stadt,
– Heideck, Heimatmuseum (Sammlung Heinrich Ring),
– Landau, Heimatmuseum,
– Landshut, Museen der Stadt Landshut
– München, Bayerisches Nationalmuseum,
– Obernzell, Zweigmuseum des Bayerischen National-
  museums,
– Tittmoning, Heimathaus des Rupertiwinkels,
– Traunstein, Museum im Heimathaus,
– Wasserburg, Museum der Stadt,
– Wien, Volkskundemuseum.

Kröning Hafnerware in der Porzellan-Manufaktur in Sèvres

Der Direktor der Porzellanmanufaktur Sèvres *Alexandre Brongniart* (1770 – 1840) war Gründer des Französischen

Nationalmuseums für Keramik. In dieser Eigenschaft besuchte er 1836 mit dem Leiter der Berliner Manufaktur *Georg Richter* viele Keramikhersteller in Europa, um beispielhafte Keramikgefäße für sein Museum zu erwerben.[11] Namentlich erwähnte er die Gegend von Regensburg und Landshut sowie besonders Nürnberg. In seine Sammlung gelangte so glasierte Irdenware aus dem Kröning, wie dies Aufkleber am Boden der Gefäße und alte Karteikarten bezeugen. Eines dieser fünf Gefäße trägt die Aufschrift *„Fabrique de Groning (Bavière)"* und *„Poterie commune de Groning près Otting (Alt-/Neuötting) env: de Landshut (Bavière) Achetèe à Munich 1836 par M. L.' Administrat[eu]r"*. Interessant ist auch, dass sich unter den Gefäßen je ein Henkeltopf und ein birnenförmiger Krug mit

Abb. 9a, 9b, 9c: Kröninger Hafnerware im Porzellanmuseum in Sevres bei Paris: Henkeltopf sowie Krug mit Klebezettel „Groning…" am Boden, 1836.

---

11 Bauer, Ingolf: Zur Bedeutungsgeschichte von „Polytechnik" und „Geschmack „ anhand der „Töpferware" Bayerns in der 1. Hälfte des 19. Jahrhunderts, in: Bayerisches Jahrbuch für Volkskunde 1999, S. 1 – 16, Anm. 48. – Heinz-Jürgen Krause, Nürnberg: Brief vom 9.5.1998 an den Verfasser; Krause fotografierte im Depot in Sèvres fünf „Kröninger Objekte" und überließ dem Verfasser hierzu dankenswerterweise entsprechende Fotos.

Tupfendekor, sowie ein Henkeltopf mit diagonal gerippten Rillen befindet. Gerade die tupfendekorierten Stücke belegen somit die Zeitstellung um/nach 1800.

Grabungsfunde

Die Bedeutung von Grabungsfunden bei oder in ehemaligen Hafnerhäusern, als Werkstattbruch bezeichnet, kann nicht hoch genug gewertet werden. Diese Funde bilden den absoluten Beweis für die Produktion von Hafnerware vor Ort und können zumindest für einen gewissen Zeitrahmen den Formenschatz einer bestimmten Werkstatt absichern.

An Grabungsorten in der Gemeinde Kröning, von denen auch Funde im Heimatmuseum Vilsbiburg gezeigt werden, sind:
– Kleinbettenrain Nr. 3 („beim Girgnmann"), 1974 und 2003 bis 2005[12]; – Kleinbettenrain Nr. 6 („beim Gastl"), 1972[13];
– Kleinbettenrain Nr. 2 („beim Schuster"), 1979[14];
– Jesendorf, Dorfstr. Nr. 31 („beim Eder"), 1979[15];
– Hundspoint Nr. 14, 1982[16]; Otzlberg Nr. 1, 1983, 1984, 1986, 1989[17];
– Jesendorf, Lerchenweg Nr. 2 („beim Spanner"), 1985;
– Hub Nr. 13 („beim Hiesl"),1987[18];
– Hub Nr. 11 („beim Michl"), 2004[19];
– Jesendorf, An der Kirche 2 („beim Kaindl"), 1995.
1958 konnte im ehemaligen, vom 15. Jahrhundert bis etwa 1830 nachweisbaren Hafneranwesen in Vilsbiburg, Obere Stadt 33, ein bedeutender Modelfund von Ofenkacheln geborgen werden, der an das Heimatmuseum Vilsbiburg abgegeben wurde. Zwei datierte Objekte (1671 und 1692) stammen aus dem letzten Drittel des 17. Jahrhunderts.[20] Aus dem gleichen Hafnerwesen rührt ein 1977 geborgener Fund, bei dem neben Ofenkacheln auch Gefäße gefunden wurden. Eine mit 167(?) datierte Kachel bezeugt den Fund

ebenfalls in das letzte Drittel des 17. Jahrhunderts. Während der Sanierung des historischen Komplexes Heimatmuseum im ehemaligen Heilig-Geist-Spital in Vilsbiburg wurden im Jahr 2000 in der angegliederten Spitalkirche keramische Gefäße aus dem 13. Jahrhundert gefunden. Sie stammen aus einem Vorgängerbau der Spitalkirche, der einer Brandschicht nach zerstört wurde. Die Funde sind im Heimatmuseum Vilsbiburg ausgestellt. Besonderen Stellenwert nehmen Tonvotivfunde der Region bei den Kirchen St. Theobald in Geisenhausen (1984)[21] und St. Salvator in Binabiburg (1997) ein.
Fundorte in der Gemeinde Gangkofen an der Bina sind:
– Nähe Anwesen Spielberg Nr. 6 („beim Eglseder"), 1988[22];
– Dörfl Nr. 9 („beim Schmidjörg"), 1987[23].
Werkstattbruch aus Hafneranwesen an der Bina bilden bis heute die Ausnahme[24].

Fluss- und Seefunde

Aufmerksame Beobachter förderten bei Ausbaggerungsarbeiten in der Vils immer wieder Tongefäße und –scherben sowie Ofenkachelfragmente zu Tage. Manche der Funde gelangten in das Heimatmuseum Vilsbiburg. Dort befinden sich seit 1999 auch Gefäße und Fragmente, die von Tauchern aus oberbayerischen Seen, wie Tegernsee und Walchensee geborgen wurden.[25] Deren Herstellung kann teilweise Kröninger Werkstätten zugeordnet werden.
Nicht unerwähnt bleiben soll, dass neben den Beständen Kröninger Hafnerware in Museen mancher Privatsammler wichtige Stücke zusammen getragen hat.

12 Renner 2005/1.
13 Grasmann 2005/2.
14 Grasmann 1981.
15 Grasmann 2007.
16 Grasmann 1988.
17 Hagn 1990.
18 Schwarz 1988. – Grasmann 2005/2.
19 Renner 2005/1.
20 Grasmann 1975/2.

21 Grasmann 1985.
22 Hagn 1985.
23 Endres 1988.
24 Schwarz 1988.
25 Funde übergeben von Herbert Hagn, Germering und Kurt Kowald, Obernzell.

Zur Geschichte der Hafnerei auf dem Kröning und an der Bina

Kröning – eine bayerische Landschaft

Inmitten des niederbayerischen Tertiärhügellandes süd-östlich von Landshut, zwischen Vilsbiburg und Dingolfing, liegt eine Landschaft, die seit Jahrhunderten als *„der Kröning"* bezeichnet wird. Wegen der hier lebenden Hafner und deren Erzeugnisse war dieser Landstrich so bekannt. Sie übten in dieser Gegend ihr Handwerk aus und vertrieben das *„das Kröninger Geschirr"* in alle Richtungen. Heute ist von der ehemals so regen Betriebsamkeit nichts mehr zu spüren; die Nachkommen der Hafner üben verstärkt die ererbte Landwirtschaft aus.

Bereits in sehr alten Schriftzeugnissen findet der Kröning Erwähnung, wie in der Monumenta Boica[1], der Sammlung ältester bayerischer Urkunden, wo bereits 1195

der Kröninger Forst als Königsgut genannt wird: *„silva nostra in Chranach"*. Auch in *Philipp Apians* berühmter Beschreibung aller vier bayerischen Rentämter um 1560 findet sich eine längere Passage, in welcher der Kröning als waldreiches Gebiet und als Ansiedlung vieler Hafner bezeichnet wird. Noch heute heißt ein stattlicher Weiler *„Kröning"*, wie auch die ganze politische Gemeinde, die nach der Gebietsreform zu Anfang des 19. Jahrhunderts diesen Namen erhielt.

In der Überlieferung ist für den engeren Bereich um den hafnergeschichtlich bedeutenden zentralen Ort Jesendorf noch die Bezeichnung *„Hafnerstadt"* lebendig, die wohl wegen der Vielzahl der dortigen Werkstätten zustande gekommen ist. Und im rund 15 Kilometer entfernten Hafnergebiet an der Bina ist für das Zentrum um das Dorf Sie-

Abb. 10: Ausschnitt aus einer der bayerischen Landtafeln von Philipp Apian, als Holzstich gefertigt von Jost Amann; links bezeichnet „Aufm Krening", um 1560.

---

1 Monumenta Boica, Band XXIV, 41, S. XXX. – Verhandlungen der Oberpfalz Band IX, 62, 66. Und: Philipp Apian: Eine neue Beschr. des Fürstenthums Ober- und Nider-Bairn, Druck in: Oberbayerisches Archiv 39. München 1880, S. 214. – Faksimile der Notiz siehe DER STORCHENTURM/20 S. 5.

bengadern in der amtlichen Katasterkarte vom Beginn des 19. Jahrhunderts der Ausdruck *„Hafnerstadt"* festgeschrieben. Hier im Tal des Flüsschens Bina, einem Nebenfluss der Rott, und im benachbarten Hinterland, produzierten Handwerker Geschirr, das sich in Form und Glasur kaum von dem des eigentlichen Kröning unterscheidet.

Im Jahr 1301 sind mit der Nennung von drei Hafnern an der Bina die ältesten Nachrichten zur Hafnerei in der Region bekannt geworden.[2] In einem 1301 beginnenden und 1436 und 1584 erneut aufgegriffenen Steuerstreit sind jeweils dieselben Hafneranwesen genannt. Die Hafner konnten über Jahrhunderte hinweg auf einen vom bayerischen Herzog für ihre Vorfahren ausgestellten Freibrief über eine Steuerbefreiung verweisen.

So saßen 1301 auf den drei Gütern vier Brüder, genannt *„die Stüren"*. 1436 waren dies in Stadlhof *Hans Zwerchfeldt*, in Siebengadern auf dem *„Stürngut"* *Hainzl Stür* und in Pfistersham *Dorothea die Tugentlichin*. Im Jahr 1584 sind als Besitzer in Stadlhof *Hanns Zwerchfeldt*, in Siebengadern *Georg Stürhueber* und auf der *„Stürnhueb"* in Pfistersham *Hanns Thunkhler* erwähnt. Als Gegenleistung für die Steuerbefreiung hatten die drei Hafner unentgeltlich den so genannten *„Höfendienst"* zu leisten. Dazu hatten sie in Küche und Keller der *„Herrn Herberg"* zu Vilsbiburg Geschirr zu liefern, wenn der *„Fürst oder Herr oder anderen Fürsten Personen"* in Vilsbiburg Station machten.

Wenn vom eigentlichen Kröning aus dieser Zeit auch noch keine archivalischen Nachrichten bekannt sind, müssen für dieselbe Zeit dort durchaus schon Hafner angenommen werden. Darauf lässt die berühmte Kröninger Hafnerordnung von 1428 schließen: diese ist nicht als Neuschöpfung anzusehen, sondern muss wie im Text zu ersehen als Gewohnheitsrecht schon geraume Zeit vorher bestanden haben. In der Ordnung wird zum ersten Mal der Hafnerort Jesendorf genannt, der über die Jahrhunderte hinweg bis in die Endzeit des Gewerbes um 1938 der bedeutendste bleiben sollte. Der bayerische Staatsrat *Joseph von Hazzi* schildert in seiner Landesbeschreibung

1808 das Dorf mit 16 Häusern.[3] Für die gleiche Zeit weist dort die Handwerksrolle der Hafner 15 Werkstätten auf.

Die Handwerksrolle nennt für das Jahr 1767 an 46 Orten insgesamt 72 Werkstätten, die dem Kröninger Hafnerhandwerk – gelegen im Bereich des Gerichtes Teisbach – angehörten. Das engere Gebiet umfasste 63 Werkstätten an 41 Orten; angeschlossen waren aber auch die Meister in den Märkten Ergoldsbach, Frontenhausen und Pilsting, sowie jene nördlich der Bina. Als wichtigste Hafnerorte neben Jesendorf, bestanden Bödldorf, Buttenbach, Gerzen, Grammelsbrunn, Groß- und Kleinbettenrain, Hermannsreit, Hub, Hundspoint, Kirchberg, Kobel, Kröning, Leiersöd, Magerdorf, Ober- und Niederaichbach, Oberkirchberg, Oberviehbach, Oberschnittkofen, Öd, Onersdorf, Pattendorf, Reichlkofen, Wippenbach, Wippstetten, sowie Siebengadern an der Bina.

Die Nachrichten von jenen Hafnern an der Bina, die südlich des Flüsschens und damit im Bereich des Pfleggerichts Vilsbiburg saßen, sind etwas spärlicher. Die Zunftakten dieser Meister haben die Zeiten nicht überdauert. Als Hauptorte gelten hier im 18. Jahrhundert – für das Jahr 1767 sind dort 38 Werkstätten belegt – Siebengadern, Stadlhof, Spielberg, Freiling, Geislberg und Angerbach, sowie die Märkte Gangkofen und Massing. Das Jahr 1816 nennt 28, das Jahr 1842 nur mehr 19 Werkstätten für diesen Bereich. Die Begründung dafür ist, dass ein Teil der Binahafner wegen der inzwischen vorgenommenen Gemeindegliederung und wegen der damaligen Neuordnung des Gewerbewesens vom Vilsbiburger Gericht abgetrennt und dem Landgericht Eggenfelden zugeteilt worden ist.

Das Bestehen zweier Handwerksorganisationen der Hafner ist nur im Zusammenhang mit der gebietsmäßigen Zugehörigkeit zu verschiedenen Gerichts- und Verwaltungsbezirken zu verstehen. Jede Pfleggerichtsbarkeit band die in ihrem Bereich und die in den dazugehörigen Hofmarken arbeitenden Hafner unter ihren Einfluss. Dies fand auch Eingang in die zweite Ordnung der Kröninger Hafner vom Jahr 1646. Der Kröning, in seiner Gesamtheit zum Gebiet des Pfleggerichts Teisbach gehörend, beherbergte etwa zwei Drittel der gesamten Werkstätten. Dazu zählten ferner einige im benachbarten Tal der Bina, die im

---

2 StALa, Regierung Landshut A 7005, Gericht Biburg – Hans Zwerchfeldt et. Cons: Hafner im Kröning ctra. Gerichts Biburg in ca[aus]a: strittigen Steur und Raichung des Höfendienstes, 1584.

3 Hazzi 1808.

Süden die Grenze zwischen den Gerichten Teisbach und Vilsbiburg bildete. Das restliche Drittel der Werkstätten lag in den Pfleggerichten Vilsbiburg und Gangkofen; letzteres war seit 1600 in Personalunion mit dem Vilsbiburger Gericht vereinigt. So kam es zu der merkwürdigen Situation, dass links und rechts des Flüsschens Bina nebeneinander Hafner mit den gleichen Produkten lebten, die unter verschiedenen Obrigkeiten in getrennten Handwerksvereinigungen organisiert waren. Auf die Produktion von Geschirren, wie bei den Formen, hatte dies keine Auswirkungen.

Im 17. und 18. Jahrhundert veranlasste dies die Teisbachischen Bina-Hafner des Öfteren, ihre Einzünftung in das Handwerk der Hafner an der Bina mit Sitz in Gangkofen beim Gericht Vilsbiburg zu erreichen. Ihnen war der Weg zu den Jahrtagen nach Teisbach mit dem vorgeschriebenen Besuch des Gottesdienstes und der jährlichen Handwerksversammlung zu weit und zu beschwerlich. Aber erst mit der Neueinteilung der Gerichte im Jahr 1803 und der Neuregelung des Gewerbewesens 1804 fanden sie die Möglichkeit der Trennung von den Kröninger Hafnern. Dem Landgericht Vilsbiburg wurde damals der südliche Teil des nun aufgelösten Gerichts Teisbach und damit der Kröning, sowie das Gebiet der späteren Gemeinde Dirnaich an der Bina zugeteilt.

Der Kröning in älteren bayerischen Landesbeschreibungen[4]

Als in der Renaissancezeit gerade in Bayern Kunst und Wissenschaft eine neue Blüte erreichten, kam es auch zu den ersten topographisch-statistischen Beschreibungen von Land und Volk. Beginnend mit Philipp Apian über Matthäus Merian bis Michael Wening – die vor allem auch durch ihre Bilddokumentationen von höchstem Wert sind – setzte sich das Genre bis in unsere Zeit fort, erlangte aber seit der Wende vom 18. zum 19. Jahrhundert eine besonders breite Auffächerung.

---

4 Markmiller, Fritz: Der Kröning in älteren bayerischen Landesbeschreibungen, in: Der Storchenturm 35, Dingolfing 1983, S. 2 – 15. – Ders.: Der Kröning in älteren bayerischen Landesbeschreibungen (II), in: Der Storchenturm 45, Dingolfing 1988, S. 1 – 2.

Damals erschienen im Druck nicht nur prestigeträchtige Beschreibungen von Städten und Märkten, Klöstern, Burgen und Schlössern wie bisher, sondern auch die ersten Reisehandbücher, volkskundlichen Aufnahmen, Gewerbestatistiken und lexikalischen Handbücher, die das ganze Land und seine soziologischen, wirtschaftlichen und kulturellen Gegebenheiten darzustellen suchten. So wie kaum eine größere kulturgeschichtliche Arbeit im lokalen oder regionalen Rahmen ohne Berücksichtigung und – kritische! – Verwertung des in diesen Werken ausgebreiteten Stoffes auskommt, muss auch bei der Erforschung niederbaycrischer Keramik immer wieder auf derartige Überlieferungen zurückgegriffen werden. Sei es weil konkrete Fakten anders nicht fassbar werden, sei es, dass die Sicht der Zeitgenossen, in Bezug auf das eine oder andere Phänomen das Interesse beansprucht.

Diese Mitte des 16. Jahrhunderts (Apian, um 1560) einsetzenden Notizen finden zwar – wie wegen Form und Art der Veröffentlichungen zu erwarten – im 17. Jahrhundert (Merian, 1644 und Ertl, 1687) keine Fortsetzung. Aber auch noch eine Generation später (Wening, 1723) wird der Kröning als Hafnerlandschaft nicht erwähnt. […] Im 19. Jahrhundert gibt es aber dann keine Landesbeschreibung und kein geographisch-historisch-statistisches Handbuch mehr, welche nicht entsprechende kürzere oder längere Passagen über die Kröninger Keramikproduktion enthalten, Beachtung möge dabei finden, dass vielfache z. T. wörtliche Übereinstimmungen festgestellt werden können, was natürlich durch den Rückgriff jüngerer Autoren / Bearbeiter auf bereits vorliegendes Material bedingt ist. Dementsprechend wäre dann auch die Aussagekraft der verschiedenen Publikationen einzustufen.

Besonders ergiebig sind dabei die Mitteilungen von Christoph Schmitz (1833 und 1834). Unter vielen anderen Aspekten ist hier das Verhältnis des bäuerlichen Versorgungs- zum keramischen Gewerbebetrieb besonders angesprochen, das im Kröning charakteristisch ist.

Apian, um 1560

Krening villae, Hinc in occidentem sylva est, quam Krening etiam vocant: inde quoque tractus ille vulgo Auf dem Krening appellatur. Habitant in eo plurimi figuli, terram enim et materiam ad vasa figulina praestantem admodum et convenientissimam habent.

(Philipp Apian: Eine neue Beschr. des Fürstenthums Ober-
u. Nider-Bairn, Druck in; Oberbayerisches Archiv 39,
München 1880, S. 214. — Faksimile der Notiz siehe Storchenturm 10 / Heft 20, S. 5.

Flurl, 1792

*Feiner Sand mit Griesschichten wechseln in den unterländi-
schen Gegenden mit Thone immer ab. Doch ist derselbe an
sehr wenigen Orten von Eisen- und Sandtheilen rein, oder
feuerbeständig genug, um zu einem anderen als gemeinem
Hafnergeschirre oder zu Ziegeln brauchbar zu seyn. Eine Ausnahme hievon machet das angenehme und fruchtbare Vilsthal.
In demselben kommen nicht nur auf dem Kröning, sondern
auch weiter unterhalb zwischen Simbach und Landau einige
graulichweiße oder sogenannte Fayencethone vor, welche wegen ihrer Beständigkeit im Feuer auch weit bessere Arten von
Geschirren geben, die dann auf den Jahrmärkten fast in ganz
Baiern verhandelt werden.*
(Mathias Flurl: Beschreibung der Gebirge von Baiern und
der oberen Pfalz., München 1792, S. 213- 214).

Lexikon, 1796

*Kröning. Am Kröning, Berg in Nieder-Baiern, im Vilsthal,
oberhalb Simbach und Landau. Hier befindet sich graulich-
weisser, oder sogenannter Fayencethon, wovon vortreffliche
Töpferwaaren verfertiget werden.*
(Geographisches Statistisch-Topographisches Lexikon von
Baiern…, Zweiter Band, Ulm 1796, Sp. 88). [Die geographi-
sche Einordnung des Kröning ist hier falsch beschrieben.]

Hazzi, 1808

*Zwischen dem Isar- und Vilsthal heißt man eine Gegend im
Krening, wo das berühmte Hafner und Kreninger-Geschirr
gemacht wird, das sich an Güte und grellen Farben auszeichnet und durch Tyrol bis nach Italien kommt; es bestehen 30
Meister zugleich angesiedelte Bauern, die mehrere Gesellen
haben und dieses Geschirr in Menge machen und es im In-
und Auslande verführen.*
(Joseph Hazzi: Statistische Aufschlüsse über das Herzogthum Baiern aus ächten Quellen geschöpft, 4. Bd. Nürnberg
1808, S. 184.

v. Obernberg, 1816

*Ungefähr zwey Stunden nördlich von Geißenhausen, im Mit-
telpunkte zwischen der kleinen Vils und der Isar, liegt eine Einöde, Kröning genannt. Wahrscheinlich von diesem Einzelhofe
und dem nahe gelegenen Forste entlehnet die ganze Umgebung
jenen Nahmen. Sie umfasset 1 ½ Quadratmeilen, und enthält
in ihrem Grunde eine Töpfer-Erde, aus welcher das bekannte
Kröninger-Geschirr verfertiget, und hiemit ein nicht unbe-
deutender Handel getrieben wird.*
*Diese Töpfer-Erde liegt nicht tief unter der Dammerde. Ihre
Farbe ist nach Art des Mergels aschgrau mit mattem Blau untermischt. Sie fühlet sich fett an, hat eine feine Mischung, und
ist rein von fremdartigen groben Zusätzen. Den Einflüssen der
Sonne und Luft ausgesetzt, spielet sie ganz in Aschgrau, und an
der Oberflache in Weiß.*
*Unter den 80 Töpfern, welche in dem Landgerichts-Bezirke
Vilsbiburg angesessen sind, bewohnen etwa 50 den Kröning,
deren Häuser ganz eigene, vom Kröning nicht entlehnte, Nahmen führen. Sie besitzen in den Ortschaften Jesendorf, Bettdorf,
Groß- und Kleinbettenrain, u.s.w. Güter, nach altem Maßstabe
zu 1/4, 1/8, 1/16 Höfen, treiben also den Feldbau, in den Zeiten aber, wo dieser sie nicht beschäftiget, das Töpferhandwerk,
sowohl selbst, als durch Gesellen, welche sich zugleich auf den
Feldbau verstehen.*
*Ihre Wohnstätten sind durchgehends große Häuser, aus Holz
gezimmert; – ihre gewöhnliche Wohnstube ist auch die Werkstätte, welche daher zu jeder Zeit mit halb und ganz vollen-
deten, nassen und trockenen, gebrannt- und ungebrannten Geschirren so sehr angefüllt ist, daß man Mühe hat, sich unter
selben umzuwenden.*
*Der Ofen, wo das Töpfergeschirr gebrannt wird, ist in der Mitte
des hölzernen Wohnhauses angebracht, aber von so fester Bauart, daß er für die Sicherheit der Gebäude ganz und gar nicht
gefährlich wird. Kein Beyspiel ist bekannt, daß durch diese Vorrichtung, welche beim ersten Anblicke Besorgnis erregt, eine
Feuersbrunst entstanden wäre.*
*Außer dem Kröning wohnen noch in den, längs der Bina gele-
genen Ortschaften Siebengaden, Freyling, Stadlhof und Geislberg, welche zusammen die sogenannte Hafner-Stadt bilden, 24
dieser Professionisten, die ihre Töpfer-Erde aus dem Kröning
beziehen.*
*Wenn man annimmt, daß jeder einzelne Hafner jährlich 15
Brände, und in jedem 800 Stücke gar macht: so fabrizieren*

die 80 Töpfer des Landgerichts im Durchschnittte wenigstens 960.000 Geschirre von größerer und kleinerer Gattung. Diese Fabrikate haben von der Werkstätte her einen Preis von 4 1/4 kr. das Stuck; woraus sich ein Erwerb von 80.000 fl. entwirft. Hieven ist beynahe die Hälfte Arbeitslohn, also reiner Gewinn, indem der Holzankauf, das nöthige Bleyglätt und andere Erfordernisse durch die übrige Hälfte mehr als hinreichend gedeckt sind.

Diese Töpferwaare wird nicht nur auf allen Jahrmärkten des vormaligen Ober- und Niederbaierns abgesetzt, und in allen Küchen angetroffen, sondern es kommen auch vom Tirol ununterbrochen ärmliche Familien hieher, welche diesen Artikel auf Zugkarren in ihre Heimath, und selbst nach Italien verführen. — Auf den Jahrmärkten zu Salzburg, den die Kröninger Töpfer von jeher besuchen durften, werden jährlich mehr als 50.000 Stücke verwendet, und von den Fabrikanten auch die Fracht zum Verdienst gemacht.

Auf ähnliche Art, wie nach Tirol, wird dieses Fabrikat auch über die Donau in die Regen-, Oberdonau- und Jllerkreise verführt. — Den größten Absatz geben die Dulten in München, dann die Jahrmärkte zu Landshut, Burghausen, Rosenheim, Straubing, Passau, Ingolstadt, Landsberg, Traunstein, Tölz, Heiligenstadt, und mehr andere.

Die Vorzüge des Kröninger-Geschirres bestehen im feineren Thon-Gehalt, größerer Dauerhaftigkeit, und in der meistens doppelten Glasur von Innen und Außen. — Die eigentlichen Hafner-Familien unterscheiden sich sehr kennbar durch kleinern Wuchs, durch eine ganz blasse Gesichtsfarbe, eingefallene Wangen, und scharfe, keineswegs vortheilhafte Lineamente.
(Joseph v. Obernberg: Reisen durch das Königreich Baiern, l. Teil, 2. Bd., II. Heft München 1816, S. 300 – 310.)

Zirngibl, 1817

Gemeine, doch besonders gute Töpferthone giebt es im Gerichte Biburg, in der Revier Gängkofen, woraus von den herumliegenden, der Töpferey kundigen Unterthanen, welche den Thon auf ihren Feldern graben, das sogenannte Greninger Geschirr verfertigt wird. […]
Feiner Sand mit Griesschichten wechseln mit Thone in den unterländischen Gegenden immer ab. Doch ist derselbe an sehr wenigen Orten von Eisen und Sandtheilen rein, oder feuerbeständig genug, um zu einem andern, als gemeinen Hafnergeschüre, oder zu Ziegeln zu seyn.[…]

Nun erinnere ich mich noch der Töpfer in Gröning; daselbst und in der Gegend um Gröning geben sich über 50 Haushaltungen mit Brennung der besten, und artigsten Thongeschirre ab. Und da die meisten Feldbau besitzen, so liefern sie ihre Fabrikate, welche sie auf das geschickteste zu packen wissen, mit ihren eigenen Pferden nach Augsburg, Nürnberg und Salzburg. Sie führen ihre Waaren auch an die Isar und Donau, zu ihrer weiteren Verführung. Durch ihr gutes Gewerb zuvörderst durch ihre gute Waaren, haben sie viel Geld ins Land hereingebracht.

Die Töpfer in Gröning, und von der ganzen Gegend herum, hielten jährlich in meiner Vaterstadt Teyspach einen Jahrtag, oder Zusammenkunft in der Kirche, auf welche ein ländliches Mahl, und andere ländliche Ergötzungen folgten. In der That angenehm war es eine wackere Gesellschaft von muntern 150 Meistern, Gesellen und Lehrjungen zu sehen, an deren fröhlichen Angesicht man ihre Zufriedenheit, und an deren äußerlichen Anzuge, und Betragen, man ihren Wohlstand, den sie auch sehr hoch brachten, lesen konnte.
(Roman Zirngibl: Geschichte des baierischen Handels, sowohl mit rohen Produkten, als mit Fabrikaten…, „ in: Historische Abhandlungen [der Bayer. Akademie der Wissenschaften], IV. Bd. 1817, S. 486, 490, 492 Anm. e).

Weber, 1826

In dem [Landshut] benachbarten Landgericht Vilsbiburg liegt Kröning und einige andere Dörfer, die man die Hafnerstadt nennt, denn von hier soll über eine Million großes und kleines Kröninger Geschirr nach Tirol und selbst Italien gehen und gegen 100.000 Gulden ins Land bringen
([Karl Julius Weber]: Deutschland oder Briefe eines in Deutschland reisenden Deutschen, I. Bd. 1826 — zitiert nach Karl Julius Weber: Reise durch Bayern, Stuttgart 1983, S. 165.)

Rudhart, 1827

Am ausgebreitetsten ist die Verfertigung gemeiner Töpferwaaren, da sich mit derselben gegen 2000 Häfnermeister im Lande beschäftigen. Am lebhaftesten wird die Töpferey betrieben […] vorzüglich im Landgerichte Vilsbiburg.
In diesem Landgerichte liegt bey Geisenhausen eine Einöde, der Kröning. Nach ihr heißt die Umgegend von 1 ½ Q. M. in welcher sich eine gute graue Thonerde findet. Von 80 Töpfern, welche im Landgerichte Vilsbiburg leben, bewohnen 50 den

Kröning in den zum Bezirke dieses Namens gehörige Orten Jesendorf, Bettdorf, Groß- und Klein-Bettenrain; sie treiben auf viertel, achtel und sechzehntel Höfen den Feldbau und zu Zeiten, wo dieser sie nicht beschäftiget, sowohl selbst als durch Gesellen, welche sich auch auf den Feldbau verstehen, das Töpferhandwerk. Ausser dem Kröning wohnen in den längs der Bina im Landgerichte Vilsbiburg gelegenen Orten: Siebengaden, Freyling, Stadthof und Geiselberg, welche zusammen die „Hafnerstadt" heissen, 24 solcher Handwerker, welche die Töpfererde aus dem Kröning beziehen. Das Geschirr ist unter dem Namen des Kröninger Geschirres sehr gesucht; man nimmt an, daß die 80 Töpfer im Landgerichte Vilsbiburg im Durchschnitte jährlich 960.000 Geschirre zu einem Werthe von 80.000 fl. verfertigen.

(Ignatz Rudhart: Ueber den Zustand des Königreichs Bayern nach amtlichen Quellen, II. Bd. Erlangen 1827, S. 117 – 118).

Eisenmann-Hohn, 1831

Kröning, Weiler des Ldg. Vilsbiburg und der Pfr. Kirchberg, mit 2 H. und 13 E. Er liegt im Mittelpunkte zwischen der Isar und kleinen Vils, 2 ½ St. von Geisenhausen und 2 ½ St. von Wörth entfernt. Der Kröning bezeichnet auch eine Gegend daselbst, welche wahrscheinlich von diesem Weiler und dem nahen Forste genannt wird. Diese Gegend umfaßt 1 ½ Q. M. und enthält in ihrem Grunde eine Töpfererde, aus welcher man das bekannte Kröninger Geschirr verfertigt und damit einen, nicht unbedeutenden Handel treibt. Diese Töpfererde, welche nicht tief unter der Dammerde liegt, hat eine aschgraue Farbe, mit mattem Blau untermischt, läßt sich fett anfühlen und ist von reiner Mischung. Unter den 80 Töpfern, welche in dem Ldg. Bezirke Vilsbiburg angesessen sind, bewohnen etwa 50 den Kröning, deren Häuser ganz eigene, vom Kröning nicht entlehnte Namen führen. Sie besitzen in den Ortschaften Jesendorf, Betteldorf, Groß- und Klein-Bettenrhain u. s. w. Güter und treiben den Feldbau; in den Zeiten aber, wo dieser sie nicht beschäftigt, betreiben sie die Töpferei. Außer dem Kröning wohnen noch in den längs der Bina gelegenen Ortschaften: Siebengaden, Freiling, Stadelhof und Geiselberg, welche zusammen die sogenannte Hafnerstadt bilden, 24 dieser Professionisten, welche ihre Töpfererde aus dem Kröning holen. Die eigentlichen Hafner-Familien unterscheiden sich sehr kennbar durch kleinern Wuchs, durch eine ganz blasse Gesichtsfarbe, eingefallene Wangen und scharfe,

keineswegs vorteilhafte Lineamente. Die gefertigten Töpferwaaren (das Stück von der Werkstätte her am Werthe zu 4 ¼ Kreuzer) werden nicht nur auf den Jahrmärkten des Unterdonau-, Regen- und Isar-Kreises abgesetzt, sondern auch durch Tiroler in ihre Heimath und selbst nach Italien verführt. Auf den Jahrmärkten zu Salzburg, den die Kröninger Töpfer von jeher besuchen durften, werden jährlich mehr als 50.000 Stücke verwerthet, und von den Fabrikanten auch die Fracht zum Verdienste gemacht. Die Vorzüge des Kröninger Geschirrers bestehen im feineren Thongehalte, größerer Dauerhaftigkeit und in der, meistens doppelten Glasur von Jnnen und Außen. (Joseph Anton Eisenmann u. Carl Friedrich Hohn: Topogrographisch-statistisches Lexicon vom Königreiche Bayern, I. Bd. Erlangen 1831, S. 997).

Cammerer, 1832

Weit nördlich von Vilsbiburg, Landgerichts gleiches Namens im Isarkreise, zwischen der kleinen Vils und der Isar, liegt ein Einzelhof, der Kröning genannt, und von ihm hat die ganze Umgegend, die 1 ½ Quadrat-Meile faßt, denselben Namen erhalten. Was diesem Landstriche eine besondere Wichtigkeit verschafft, ist die Töpfererde, woraus das berühmte Kröninger-Geschirr verfertiget wird. Diese Erde liegt nicht tief unter der Dammerde, ihre Farbe ist nach Art des Mergels aschgrau, mit mattem Blau untermischt. Sie fühlet sich fett an, hat eine feine Mischung, und ist rein von groben fremdartigen Zusätzen. Den Einflüssen der Sonne und Luft ausgesetzt, spielet sie ganz in Aschgrau, und an der Oberfläche in Weiß. Achtzig Töpfer, alle im Landgerichts-Bezirke Vilsbiburg angesessen, nähren sich von dieser Erde. Wenn man annimmt, daß jeder einzelne Töpfer jährlich 15 Brände, und in jedem 800 Stücke gar macht, so fabriciren die Gesammt-Töpfer im Durchschnitte wenigstens 960.000 Geschirre größerer und kleinerer Gattung, die einen Erwerb von 80.000 Gulden abwerfen, wovon die Hälfte Arbeitslohn, also reiner Gewinn ist.
Diese Töpferwaare wird nicht nur auf allen Jahrmärkten von Alt- und zum Theile auch von Neubayern abgesetzt, sondern auch nach Oesterreich und Italien verführt. Die Vorzüge des Kröninger-Geschirres bestehen im feineren Thongehalt, in größerer Dauerhaftigkeit und in einer meistens doppelten Glasur von innen und außen. (A. A. C. Cammerer: Naturwunder, Orts- u. Länder-Merkwürdigkeiten des Königreiches Bayern für Vaterlandsfreunde, Kempten 1832, S. 111: 302. Der Kröning, -Das-

selbe auch im Landshuter Wochenblatt, Landshut 1832, S. 209.)

Schmitz, 1833

Die übrigen mehr oder minder mächtigen, von der Donau entfernten Thonablagerungen, worunter sich das Erscheinen des plastischen Thones im Zuge des Flüßchens Bina im Landgerichte Vilshofen [= richtig Vilsbiburg] auf der soge- nannten Hafnerstadt und bey Baumgarten auszeichnet, ha- ben ihr Entstehen dem Abflusse des Wassers aus dem großen Reservoir zu verdanken, wobey sich das Niveau verminderte, und die einzelnen Vertiefungen zum Niederschlagen der Erde erfüllt blieben. […] Uebersetzt man bey Niederviehbach von der Landshuterstraße aus die Isar, so erreicht man in südöstli- cher Richtung bey zwey Stunden Wegs die Dörfer Obervieh- bach, Kirchberg, Triendorf und Onersdorf, von wo aus sich ein Strich Landes nach Osten verbreitet, der wegen der vie- len, von Töpfern bewohnten Ortschaften, gewöhnlich die Haf- nerstadt genannt wird. Die dahin führenden Wege sind mit Scherben der gebrechlichen Waare bedeckt, wodurch es kaum eines Wegweisers bedarf, die Hafnerstadt zu erreichten. Der Hauptort des nordwestlichen Bezirkes ist Onersbach [!], und die Umgegend von etwa 20 Dorfschaften wird der Grening genannt, woher die überall in Bayern und im Nachbarlande bekannten Greninger Geschirre ihren Namen haben.

Die ganze Umgegend wird durch ein flachhügeliges Land ge- bildet, constituirt durch die bereits beschriebenen Quarzgeröl- le von faustdicker Größe bis zum feinsten Sande ausgeschie- den, von eisenschüssigen Farben mit zahlreichen Eindrücken herausgewitterter Schwefel-Krystalle, in unregelmäßiger Schichtenfolge miteinander abwechselnd. Alle Hohlwege sind mit den, auf das reinste ausgewaschenen Quarzgeröllen viele Schuhe hoch angefüllt, das schrof abgeschnittene rechte Isaru- fer und jede entblößte Bergwand zeigt dieselben Gerölle, und man bemüht sich vergebens Spuren irgend einer anderen Ge- birgsart in dem Schotter aufzufinden.

Auf diese unermeßliche Sohle der Quarzgerölle aufge- schwemmt, findet man um das Dorf Onersdorf nach dem Bette des Flüsschens Bina, von Neuenaich bis Gangkofen jene weit verbreiteten Niederlagen des gemeinen Töpferthones, welcher das Material zu einer werkwürdigen Industrie dieser Gegend liefert. Vom Tage nieder folgt auf die unfruchtbare sehr kie- sige Rinde von Dammerde, eine mit vielen Quarzgeröllen erfüllte Lehmschicht von 1/2 bis 1 Lachter Mächtigkeit. Die-

ser folgt das eigentliche Thonlager, welches mit weißen und blaugrauen Schichten, und mit Streifen des reinsten und feinsten Quarzsandes, abwechselt. Eine regelmäßige Wieder- holung dieses Vorkommens läßt sich nicht beobachten. Nach einer Mächtigkeit von 1 bis mehreren Lachtern wird der Thon ungemein an Sand, der auf den Halden durch den Regen aus- gewaschen wird. Man verfolgt diese nicht mehr gebrauchbare Erdenschicht nicht tiefer nieder; sie bedeckt wahrscheinlich als unterste Schicht die Quarzgerölle.

Die Gewinnung des Thones geschieht im Frühlinge und im Herbste, durch die Bauern, mittelst 7' langen und 6' breiten Gruben, welche durch Bretter und kreuzweise durch die Mitte getriebene Bolzen, versichert sind. Oft reicht auch ein ganz gewöhnlicher Tagebau zu. Bey der Förderung unterschei- det man: Blaugraue Erde (blauer langer Tegel), weiße Erde (kurzer Tegel) und feiner Quarzsand, welcher der Masse zu den Töpfergeschirren zugesetzt wird. Die blaue Erde besitzt am meisten Plastizität auf der Scheibe, und sie wird zu den theuersten Gegenständen verarbeitet. Manchmal graben die Bauern auf eigenem Grunde, wogegen andere Gutsbesitzer mit ihrem Thone Handel treiben. Das Revier von Gangkofen liefert fettere Erde als jenes von Onersdorf.

([Christoph] Schmitz: Ueber das Vorkommen des plas- tischen Thones im Königreiche Bayern, in: Kunst- und Gewerbe-Blatt (hg. Polytechn. Verein f. d. Kgr. Bayern) 19, München 1833, Sp. 9 – 10 und 28 – 30).

Schmitz, 1834

Gemeines Erdengeschirr.

Es gibt in Bayern keine Etablissements, in welchen die ge- meine Töpferwaare fabrikmäßig im Großen dargestellt wird. Der bayerische Töpfer ist selbstständiger Meister, welcher sei- ne Arbeiten von der Bereitung der Materialien bis zur Voll- endung der Waare liefert. Er hat sein mäßiges Auskommen, ist Familienvater, und besitzt auf dem Lande gewöhnlich ein Anwesen mit Feldbau, wodurch seine Existenz gesichert ist. Daß diese Art von und eigentlich bayerischer Industrie auch gute und wohlfeile Waare zu liefern vermag, beweisen z. B. die Bauern im Landgerichte Vilsbiburg, in der sogenannten Hafnerstadt am Grening, welche neben ihrem Feldbaue das Töpferhandwerk betreiben, und so dauerhafte und so wohlfeile Hafnerarbeit liefern, daß sie weit und breit die Märkte damit versehen, […]

Die Töpfereyen im Landgerichte Vilsbiburg sind die bedeutendsten im Königreiche, und sie verdienen eine nähere Beachtung. Uebersetzt man bey Niederviehbach die Isar, so kömmt man in südöstlicher Richtung bey 2 Stunden Weges über die Dörfer Oberviehbach, Kirchberg und Triendorf nach Onersdorf, von wo aus sich ein Strich Landes nach Osten verbreitet, der wegen der vielen, von Töpfern bewohnten Ortschaften, die Hafnerstadt genannt wird. Der Hauptort dieses Bezirkes ist Onersbach[!] dessen Umgegend von etwa 20 Ortschaften der Grening genannt wird, und woher die in Bayern allenthalben bekannten Greninger-Geschirre ihren Namen haben.

Im Grening sind folgende ansässige Töpfer: Oberviehbach 2, Onersdorf 1, Oberkirchberg 2, Oberschmettenkofen [= Oberschnittenkofen] 3, Batteldorf [= Bödldorf?] 4, Hub 2, Jesendorf 9, Großbettenrain 2, Onersbach[?] 2, Gremersbrunn [= Grammelsbrunn] 2, Mayersdorf [= Magersdorf] 2, Bodendorf [Pattendorf?] 3, Neuesed [Leiersöd?] 1, Strahlhausen [?] 1, Wittstetten [= Wippstetten] 1, Kobel 1, Oberainbach [= Oberaichbach] 1, Niederainbach [= Nieraichbach] 1, Buttenbach 2, zusammen 41 [42] Töpferfamilien. Wenigstens eben so viele Meister wohnen in der Gegend von Gangkofen an der Bina, so daß die ganze Töpferstadt aus etwa 80 Familienvätern besteht. Man kann annehmen, daß jeder Töpfer 1 Gesellen und 1 Jungen beschäftigt, so daß die dortige Industrie gegen 240 Menschen ernährt. Die dortigen Hafner haben ein geschenktes Handwerk, und besitzen eine Lade in Vilsbiburg. Ein reicher Fabrik-Unternehmer könnte die zu Gebothe stehenden Kräfte, als: Thon, Holz und Gefälle des Wassers, allerdings in einer großen Anlage vereinen, und durch Vertheilung der Arbeit nach dem Beyspiele des englischen Fabrikwesens, so wie durch Einführung von Maschinen für die Materialverarbeitung und für Darstellung der Formen, viel vollendetere und wohlfeilere Waare liefern. Hiebey würden aber die Früchte des Fleißes so vieler armer Bewohner in die Hände eines Einzigen zusammenfließen; unglückliche Handelsverhältnisse würden Hunderte dem Elende Preis geben. Bey dem jetzigen Industriebetriebe ist dieser Fall nicht möglich. Eine, in der Bauernstube aufgestellte Töpferscheibe, eine aus zwei Schleifsteinen zusammengesetzte Glasur-Mühle und ein Töpferofen neben dem Backofen, stellen das ganze Anlagekapital dar, mittelst welchem die dortigen Grund- und Hausbesitzer nach vollendeter Feldarbeit ihr geschäftiges Gewerbe treiben. So wie in manchen Distrikten des bayerischen Waldes und im Landgerichte Wegscheid Knechte und Mägde

jede freye Stunde am Spinnrade zubringen, eben so versteht hier jede Bauernfamilie die Töpferey zu treiben.

Die hiesigen Bauern haben es zu einer bewundernswürdigen Geschicklichkeit in den Arbeiten auf der Töpferscheibe gebracht. Die Fabrikate sind nicht allein Küchengeräthe aller Art, als: Kochhäfen, Schüsseln, Milchweidlinge, Rainen, Bratröhren, sondern auch andere Handelsartikel als: Spielkugeln und kleines Küchengeräthe für Kinder, Blumentöpfe, Barbierschüsseln, Trinkkrüge, Spritzkrüge für die Leinwandbleicher, Seiher für die Käsebereitung, Heiligenbilder, Weihwassergefäße und allerley Figuren zu Gartenverzierungen. Bey der Gestaltung der Waaren ist häufig eine edle Form zum Grunde gelegt, wie z. B. bey den Wasserkrügen, welche offenbar an die alten etruskischen Gefäße erinnern. Diese Krüge verengen sich am Halse, damit das Wasser nicht verschüttet werden kann, drey auseinanderlaufende Ausgüsse erleichtern das Einfüllen, der breite Fuß wacht, daß das Gefäß gut steht, der über die Oeffnung gebogene Henkel erleichtert das Tragen des Wassers auf das Feld, die durch eingemengten Sand poröse Masse läßt immer etwas Wasser durchschwitzen, welches auf der Aussenfläche, indem es verdunstet, stets eine Temperatur-Erniedrigung hervorbringt, wodurch das Wasser in der größten Sonnenhitze kühl bleibt, und wodurch also die den Seefahrern so angenehmen spanischen Abkühlungsgefäße (Alcarazas) völlig nachgemacht werden.

Auf eine sinnreiche Art haben die Greninger-Töpfer das Reissen und Verwerfen solcher Geschirre vermieden, welche nicht auf der Scheibe dargestellt werden können. Viele Stücke müssen aus Platten zusammengesetzt werden, wie z. B. die Bratrainen. Anstatt die Platten nach gewöhnlicher Art aus einem Thonkloße herauszuschlagen, oder aus einer viereckig zugerichteten Thonmasse blattweise mit dem Drathe herabzuschneiden, oder mit einem Walger die Masse auszutreiben, drehen die dortigen Hafner einen hohlen Zylinder auf der Scheibe, zerschneiden denselben nach der Länge, und breiten die so hergestellte Platte auf einem Brette aus. Hiedurch wird die Masse einer Bratraine eben so gleichförmig bearbeitet, wie jene des Hohlgeschirres, und es wirft dieselbe sich nicht im Feuer. Die bey Vilsbiburg am Grening vorkommenden Thonarten haben feinen Quarzsand beygemengt, welcher der Masse sehr zuträglich ist, und folglich nicht ausgeschwemmt werden darf. Die Masse des Töpfergeschirres ist entweder 5 bis 6 Mal geschnittener reiner Thon, oder man setzt 1/3 Theil Sand zu. Die eine Masse ist besonders zu glasirter Waare, die an-

dere vorzüglich zu Gegenständen ohne Glasur, bestimmt. Das Verglühen und Gaarbrennen geschieht in dem gewöhnlichen Töpfer-Ofen, der in Bezug auf Fassungsraum und Heizersparung, freylich noch vieler Verbesserung fähig wäre. Um die Glasur (gut bereitetes Bleiglas) verschieden zu färben, wendet man Braunstein zu Braun, Kupfergrün zu Grün, Smalte zu Blau, Hammerschlag und Ziegelmehl zu Gelb an. Als sehr haltbares Flußmittel, um abgebrochene Füße an Tiegeln und Rainen wieder anzuschmelzen, wird gemahlene Smalte angewendet, Das Greninger-Geschirr vereinigt alle Vorzüge, welche gutes Erdengeschirr auszeichnen. Es ist klingend hart gebrannt, es hat für den Küchengebrauch unschädliche Bleiglasur, weil die sehr strengflüßige Glasur in erhöhtem Feuersgrade eingeschmolzen, einen Körper liefert, welcher von denjenigen Säuren nicht angegriffen wird, die bey Bereitung der Speisen gebraucht werden, es ist leicht gearbeitet, zweckmäßig geformt, ausdauernd, und erträgt in hohem Grade den Wechsel der Temperatur.

Nach v. Rudhart kann man die Erzeugung der 80 Töpfer im Landgerichte Vilsbiburg ein Jahr in das andere zu 960.000 Stück Geschirren, in einem Geldwerthe zu 80.000 fl., annehmen. Man verkauft Geschirre vom Kinderspielzeuge zu 1 Pfenning angefangen, bis zu den größten Häfen zu 1 Gulden. Bey den Abnahmen im Großen hat man Preise für ein Stück in das andere. Die Durchschnittspreise wechseln von 3 Pfenningen bis zu 1 und 4 Kreutzer. Auf dem Hauptmarkte, welcher am St. Nicolastage zu Frankenhausen [= Frontenhausen] im Landgerichte Vilsbiburg abgehalten wird, trifft man mehr als 100.000 Stück Irdengeschirre. In ganz Bayern, so wie auf den Märkten in Linz und Wien trifft man das in gutem Rufe stehende Greninger-Geschirr. Diese Geschirre sind so billig, daß sich die Hafnermeister der Städte das Greninger-Geschirr beylegen, weil sie dasselbe nicht so wohlfeil herstellen können. Die Stadtmeister finden mehr bey Fabrikation und Reparation der Zimmeröfen Gewinn.

Ein Meister verarbeitet jährlich im Durchschnitte 66 zweispännige Fuhren Thon a 30 Ztr. = 1800 Ztr., welches Material nach 1 fl. 15 kr. per Fuhr einen Geldwerth von 75 fl. hat. Er verbraucht hiezu 60 Klafter Holz a 3 fl. 30 kr. = 210 fl. – Ein Geselle bezieht nebst der Kost noch 1 fl. Wochenlohn, wogegen der Lehrjunge bloß die Kost hat. Ein Meister verbraucht ausserdem 4 Tonnen Silberglätte (a 450 Pfund = 1800 Pfund) a 95 fl. = 380 fl. Bey dem Aufgange von 200 Pfund Smalte nach

dem Mittelpreise zu 38 fl. Folgendes ist eine Berechnung der Betriebskosten, welche ein Töpfermeister alljährlich umkehrt.

Thon	75 fl. – kr.
Holz	210 fl. – kr.
Glätte	380 fl. – kr.
Smalte	76 fl. – kr.
Braunstein, Kupfer-Oxyd ec.	15 fl. – kr.
Gesellen-Lohn	52 fl. – kr.
Kostgeld des Lehrjungen	30 fl. – kr.
Generalkosten auf Erhaltung des Ofen und der Werkzeuge	25 fl.- kr.
Summe der Selbstkosten:	863 fl. – kr.

Mit diesen Betriebskosten wird ein Geschirrquantum von etwa 1000 fl. Verkaufswerth hergestellt, wobey also ein Jahresgewinn (resp. Werth der eigenen Arbeit des Meisters einschließlich des Kapitalzinses) von 137 fl. übrig bleibt. Man ersieht hieraus die große Genügsamkeit der Meister, welche die Töpferei als Nebenbeschäftigung betreiben, und welche nur dadurch im Stande sind, die im gewöhnlichen Küchengebrauche vorkommenden Erdengeschirre so ungemein wohlfeil zu liefern, daß sie auch Feldbau besitzen.

([Christoph] Schmitz: Über den Zustand der Töpferey-Gewerbe, und der damit verwandten Technik Im Königreiche Bayern, in: Kunst- und Gewerbe-Blatt des polytechnischen Vereins für das Königreich Bayern 20, München 1834, Heft III, Sp. 14 – 18).

Schmitz, 1836

Landgericht Vilsbiburg
Vermöge der Erweiterungen der freien Bergwerks-Erklärung des weisen Herzogs Albrecht IV. (1499), ertheilte derselbe im Jahre 1506 Lehenbriefe auf die Thongruben bei Gundelstorf, St. Johann, am Krening und bei Bergen, (Lori, Sammlung des bayer. Bergrechts. Einleitung § 16.) Größte Ausdehnung bayerischer Töpfereien am Grening in der sogenannten Hafnerstadt in den Dörfern Oberviechbach, Kirchberg, Triendorf und Onersdorf. Die Töpfer liefern ihre Waare nach dem ganzen Kreise, auch nach Salzburg, Tirol, Triest und Venedig. Man bebaut 24 Thongruben. Im Landgerichte selbst wird die vorzügliche Töpfererde gegraben, woraus das bekannte Greninger Geschirr gefertiget wird. Zwischen Vilsbiburg und Ganghofen befinden sich auf einer Entfernung von einer halben Stunde 80 Hafnermeister, welche mit Erzeugung dieses

Geschirres beschäftigt sind. Diese Ortschaft wird auch sehr geeignet Hafnerstadt genannt. 240 Menschen beschäftigen sich neben dem Feldbaue mit der Töpferei. Jährliche Fabrikation über 900.000 Stück Geschirre im Werthe zu 80.000 fl.
([Christoph] Schmitz: Grundlinien zur Statistik und Technik der Thonwaaren- und Glas-Fabrikatlon im Königreiche Bayern. Nach authentischen Quellen, in: Die Industrie des Königreiches Bayern 1, München 1836, S. 46 – 47).

Cammerer, 1838

Kröning, südl. dem vorigen [= Niederviehbach], *kleiner Ort, in dessen Bezirke die herrliche Töpfererde gefunden wird, woraus man hier das bekannte Kröninger-Geschirr verfertigt, welches wegen seiner Dauerhaftigkeit sowohl im In wie auch im Auslande sehr gesucht, ja selbst bis nach Italien versendet wird.*
(Ans. Andr. Cammerer: Das Königreich Bayern in seiner gegenwärtigen Gestalt, für Schulen und Vaterlandsfreunde, 3. Aufl., Kempten 1838, S. 57).

Lentner, um 1850

Am linken Ufer der Vils gegen die Isar dehnt sich auf einige Stunden eine Strecke äußerst ergiebigen trefflichen Lehmbodens, der Grönning geheißen. Es wohnen auf demselben zu Jesendorf und in der zerstreuten Gemeinde Grönnlng 60 – 80 Töpfermeister, das Geschirr dieser Erdgattung ist von vorzüglicher Güte und als Kleinhandelsartikel, besonders von den Tirolerkarrenziehern mit Vorliebe gesucht.
(Friedrich Joseph Lentner: Niederbayern. Erste Hauptgruppe. Flachland zwischen Isar und Inn. Erste Gruppe. Vilsthal (obere Hälfte) Gericht Vils-Biburg. Dingolfing, Landau. 10. Industrie: Bayer. Staatsbibliothek München, Cgm 5419 (13), fol. 8).

Stumpf, 1853

Kröning, Dorf mit 169 Familien und 775 Einwohnern, in der Nähe wird eine ausgezeichnete Töpfererde gegraben, von der durch die umherwohnenden Töpfer des Jahres eine ungeheuere Anzahl von Töpfen gefertigt und nach allen Seiten hin, selbst bis nach Italien, versendet werden. Auf den Märkten in Salzburg und Umgebung allein werden im Jahre gegen 50.000 Töpfe aus Kröninger-Thon verkauft, die wegen ihrer Dauerhaftigkeit und ausgezeichneten doppelten Glasur sehr vorteilhaft sind.

(Pleickhard Stumpf: Bayern. Ein geographisch-statistisch-historisches Handbuch des Königreiches, München 1853, S. 310).

Schels, 1860

Die Töpfereien in den „Hafnerstädten" von Deggendorf und „im Kröning" erzeugen gut gebrannte und glasirte Geschirre, die auf österreichischen und bayerischen Jahrmärkten großen Absatz finden.
(Alois Schels: Die Hauptzweige von Industrie, Gewerbe und Handel, in: Bavaria. Landes- und Volkskunde des Königreichs Bayern, I. Bd. / 2. Abt., München 1860, S. 1047).

Kerl, 1871

Zu Krönningen besteht die Grundlage der Glasur aus Quarz und Bleioxyd, welchen man verschiedene Färbungsmittel zusetzt, worauf die Masse mit einem Löffel oder Becher auf den Gegenstand gegossen und dieser gedreht oder geschwenkt wird. Man nimmt zu Gelb 7 Maßtheile Glätte, 4 Sand, 2 Ziegelmehl, 3 trocknen gesiebten Lehm; Braun 7 Maßtheile Glätte, 7 Sand, 2 Lehm, 1 Braunstein; Blau 7 Maßteile Glätte, 7 Sand, 7 Smalte; Grün 10 Maßtheile Glätte, 10 Sand, 1 Kupferoxyd, Sand und Lehm sind vorher gerieben; dann werden die Ingredienzien in der Glasurmühle zu einem sich sanft anfühlenden Brei gemahlen. Krüge zur Aufbewahrung von Obstessig erhalten innen einen Überzug von geschmolzenem Pech. […] Die Krönninger Öfen haben die länglich viereckige Form der gewöhnlichen Töpferöfen, sind überwölbt und eine durchbrochene Scheidewand mit drei Zügen trennt den Feuerungsraum vom Herd, der nach vorn mit glasirtem, nach hinten mit rohem Geschirr besetzt wird. [Bei der „länglich viereckigen" Form ist die Außenansicht gemeint].
(Bruno Kerl: Abriß der Thonwaarenindustrie, Braunschweig 1871, S. 371, 373),

Katalog, 1882

In gewöhnlichen Töpferwaaren ist durch Alter und Umfang die Kröninger Industrie bekannt. Herzog Albrecht IV. ertheilte 1506 Lehnbriefe auf die Thongruben bei Gendelstorf, St. Johann, Kröning und bei Bergen. In den 30er Jahren dieses Jahrhunderts wurden in Kröning und den Dörfern Oberviehbach, Kirchberg, Triendorf und Onersdorf jährlich 900.000 Stück Geschirre im Werthe von 80.000 fl. gefertigt.

(Offizieller Katalog, Hsg. Bayer. Gewerbemuseum Nürnberg zur Bayerischen Landes-Industrie-Gewerbe- und Kunst-Ausstellung in Nürnberg 1882, S. 159).

v. Ammon, 1887

Die Süsswasser- oder limnischen Absätze besitzen die grösste Verbreitung. Sie sind dem Obermiocän (der Sylvana-Stufe) einzureihen (manche Schichten mögen vielleicht noch etwas jünger sein) und bestehen theils aus Sanden und Kiesen, theils aus grünlichem Mergel. […] Das Material kann alle Stadien von mergeligem Glimmersand (Langenmoosen) bis zu reinem Mergel und sogar plastischem Thon durchlaufen. Ich erinnere hier an die bekannten Lager am Kröning bei Ohnersdorf und Grossbettenrain, die das Geschirr für den Landshuter Markt liefern. Der daselbst sich findende Thon liegt dem Kies auf und wird noch von tertiärem Mergel bedeckt. Gleicher Art sind die Vorkommnisse bei Diepoltskirchen unfern Gangkofen und bei Baumgarten und Waldhof zwischen Pfarrkirchen und Aidenbach.

(Ludwig von Ammon: Die Fauna der brackischen Tertiär-Schichten in Niederbayern in: Separatabdruck aus den Geognostischen Jahresheften, Kassel 1887, S, 2).

v. Gümbel, 1893

Einen ausgebreiteten Ruf hat sich auch der Thon der Höhen nordöstlich von Landshut bei dem Dorfe Kröning erworben, aus welchem das sog. Kröninger Geschirr hergestellt wird. […] Die Gegend von Landshut zeichnet sich geologisch noch besonders durch das reichliche Vorkommen von Töpferthon auf dem sog. Kröning, den Höhen zwischen Isar und kleinem Vils-Thal, aus.
Man zählt hier 20 Dorfschaften mit Ohnersdorf als Hauptort, welche, die sog. Hafnerstadt bildend, eine sehr ausgedehnte Hausindustrie der Hafnerei betreiben oder betrieben haben und nach älteren Angaben Geschirre im Werthe von jährlich über 100 000 Mark erzeugten. Das Rohmaterial liegt unter der Dammerde und dem Quarzkies bei 1 ½ – 2 m Tiefe in 2 – 3 m mächtigen Lagen.

(K. Wilhelm von Gümbel: Geologie von Bayern, Bd. II Lief. 9, Kassel 1893, S. 384 – 397.

Götz, 1895

Aber die weitaus größte Raumfläche nimmt der sandige braune Lehm und lehmige Sand ein, welcher auf Höhen und an den Hängen wie in den Thalsohlen den Boden einer ertragsreichen Agrikultur darbietet, vielfach durch die zersetzten Mergellagen noch verbessert. Entweder den Zeiten dieses Erzeugnisses der fortgehenden Verwitterung oder der vorausgehenden Miocänschotterablagerung gehören die Ansammlungen von Thonmergel an, welche an etlichen Orten gewinnbringend ausgebeutet werden, so bei Ergoldsbach zwischen Landshut und Regensburg, desgl. ö von Landshut in dem hügeligen Kröning, einem Gebiet mit trefflichen Lagern plastischen Lehms, wie überhaupt in der Landschaft zwischen Isar und Kleiner Vils neben sandigem Kiesboden viele Ziegellehmstätten sich vorfinden. […]
Der Hügelrücken zwischen der Vils und der Kleinen Vils einerseits und der Isar andererseits gehört nur mit seinem S hieher. Durch eine Anzahl s-ö ziehender Thälchen, meist ohne Gewässer, wird der N-O in kräftig, ja teilweise steil ansteigende kleinere Gewölbezüge gegliedert, während weiter s-w bei gleicher Richtung der Wiesgründe die Bodenformen durchaus sanft werden, wogegen die Bewaldung beträchtlich zunimmt. Bei der reichlichen Verteilung von lehmigen Bodenlagen ist jedoch eine verhältnismäßig dichte Besetzung mit Gehöften und kleinen Dörfern vorhanden und somit dem Eindruck der Gleichförmigkeit gewehrt. In der Mitte des n Teiles finden sich die S. 465 erwähnten thonigen Ablagerungen des Krönings, welche für eine Anzahl von Dörfern zu einer früher blühenden Industrie der Töpferei führten. […]
Kröning, Weiler mit 2 Jahrmärkten. 755 Einw. in 39 Orten. K ist (siehe Seite 465) bekannt durch die dort gegrabene Thonerde und eine Anzahl Töpfereien, deren Erzeugnisse vordem sogar nach Italien gingen.

(Wilhelm Götz: Geographisch-Historisches Handbuch von Bayern, 1. Bd. München 1895, S. 465, 641, 645).

Handwerksorganisation der Hafner auf dem Kröning

Um Leben und Arbeit von Handwerkern aller Art möglichst sinnvoll zu gestalten, erließen seit dem Mittelalter die städtischen Ratsgremien oder die Regierungen schriftlich niedergelegte Ordnungen. Allgemein geregelt waren darin die Bedingungen zur Aufnahme ins Handwerk, das Lehrgeld und die Lehrzeit, die Meisterwerdung und das Meisterstück, Produktion und Absatz, die Jahresbeiträge zur Handwerkskasse, der Besuch und der Ablauf der Jahresversammlung; zudem gab es Bestimmungen über die Ahndung bei Verstößen gegen die Ordnung. Bedeutenden Raum nahm ferner das religiöse Leben ein, das beim jährlich stattfindenden Jahrtag seinen Höhepunkt im Besuch des Gottesdienstes fand. Vorschriften besonderer Art waren dann noch auf die einzelnen Zünfte abgestimmt.

Für die Kröninger Hafner sind Handwerksordnungen aus den Jahren 1428 und 1646 überliefert, wobei die erstere als eine des ältesten Hafnerordnungen im deutschen Sprachraum gilt. Die Hafner an der Bina waren seit 1642 in die Hauptlade der Landshuter Hafner inkorporiert und wickelten ihre organisatorischen Belange bis 1711 nach deren Handwerksordnung und dann bis 1799 nach einer vom Landshuter Haupthandwerk selbständigeren Ordnung ab.

Kröninger Hafnerordnung von 1428

Erlassen hat die erste Kröninger Ordnung *Herzog Heinrich von Bayern-Landshut* am Samstag vor dem St. Laurenzen-tag, dem 7. August des Jahres 1428.[1] Die Ordnung existiert im Bayerischen Hauptstaatsarchiv München in zwei verschiedenen, wohl zwischen 1480 und 1520 entstandenen Abschriften (*„Der Hafner brieve auf dem Crönig"* bzw. *„Hafner aufm Krönig Freihait"*), die sich in der Wortwahl so gut wie nicht unterscheiden. Dem Wortlaut der Einleitung nach hatten die Hafner ihre Ordnung selbst entworfen, worauf auch viele Einzelheiten – abgestimmt auf Besonderheiten der Hafnerei – schließen lassen. Auf bereits bestehendes älteres Recht weist folgende Formulierung hin: *„Das für uns komen sind die hafner in unserm Lande auf dem Krönig gesessen und haben uns* (= dem Herzog) *fürbrach ein zetln irer rechten Gesetz und Gewonhait".* Und weiter, *„Es ist zu merken das wir Hafner auf dem Cronig alle meister ainig worden sein vns ein gesetz und ordnung erfunden haben…".* Es kann sich hier um geschriebene, aber auch um mündlich überlieferte und geduldete Rechte handeln.

Der Keramikforscher *Paul Stieber* hat in dieser Ordnung *„die unliterarische Frische und die Unmittelbarkeit der Formulierung"* hervorgehoben.[2] Gegenüber der späteren Hafnerordnung von 1646 zeigt sie jenen knappen Rahmen, der ein Nachleben der Bestimmungen unkompliziert und praktikabel machte. Dass es damals überhaupt einer Ordnung bedurfte – was für ländliche und verstreut lebende Handwerker eines kleinen Gebietes nur selten üblich war – dürfte auf die hohe Zahl der Werkstätten bzw. auf de-

---

1 Markmiller 1981, S. 1 – 8; dort Signatur genannt: BayHStA, „Abschrift I", Kurbayern Äußeres Archiv 1134 fol. 16 – 17 v. und BayHStA, „Abschrift II", Kurbayern Äußeres Archiv 1134, fol. 332 – 333. – Schrötter, Georg: Ordnung der Hafner auf dem Kröning vom 17. April 1428, in: Bayerisches Handwerk in seinen alten Zunftordnungen, Bd. I (Beiträge zur bayerischen Kulturgeschichte), hsg. W. Zils, München o. J. [= um 1925], S. 47 – 49. – Schwarz 1979, S. 36 – 47.
2 Stieber 1972.

ren Anwachsen zurückzuführen sein. Der damit einhergehende Anstieg der Produktion und der Konkurrenzdruck untereinander erforderte wohl bestimmte, von außen reglementierte Formen, die das Zusammenleben in Frieden und Eintracht und damit das Auskommen der Handwerkerfamilien sichern sollten.

Eingangs wurde bestimmt, dass *„wir sullen unser feyr halten"* vom Weihnachtstag bis zu unser lieben Frauentag zu Lichtmess [= 2. Februar], also die Arbeit ruhen solle. Hier taucht auch bereits der Ortsname Jesendorf³ auf, der über 500 Jahre lang der Hauptort mit den meisten Werkstätten geblieben ist. Die Arbeitsruhe durfte nur unterbrochen werden, wenn in der herzoglichen Küche Not an Geschirr auftreten sollte. Die Werkstatt durfte in diesem Fall nicht belangt werden.

Zum Kreis der Handwerksmitglieder waren laut Ordnung zunächst die auf dem Kröning arbeitenden Hafner zu zählen. Weiter heißt es, sollte ein Meister nicht im Kröning arbeiten, jedoch die dortigen Tonlager benutzen, wäre er ebenfalls zum Handwerk gehörig (*„Item und ob ain Maister nit bej uns auf dem Kronig sässe und doch den Tegl bej uns und mit uns näme und die Feyr nit mit uns hielt der wär auch umb das obgeschribn Wandl der Herschaft und uns* (= dem Handwerk) *verfallen"*. Diese Bestimmung ist nach heutigem Kenntnisstand im Hinblick auf die Abgrenzung des Geltungsbereichs der Handwerksordnung einzig dastehend. Bei den erwähnten Meistern von auswärts ist vor allem an die an der Bina zu denken.

Über die Bedingungen zur Aufnahme ins Handwerk als Lehrling oder Geselle sagt die Ordnung nichts aus. Vorhanden sind dagegen Bestimmungen, die für denjenigen galten, der als Meister in das Handwerk treten wollte. Eindeutige Vorteile genossen dabei die Hafner, welche im Kröning das Handwerk gelernt hatten. Als ihnen gleichgestellt galten jene, die eine Meisterwitwe zur Frau nahmen, also in einen bestehenden Betrieb einheirateten. Diese auch in anderen Handwerken praktizierte Übung sollte den Fortbestand der Werkstatt sichern und damit der Versorgung der Witwe und der Kinder dienen. Einen ähnlichen Vorzug konnte jener Meister in Anspruch nehmen, der eine

(als Erbin anzusehende) Meistertochter heiratete. Dem von auswärts stammenden Meisterbewerber erschwerte jedoch die Zunft insofern den Beitritt zum Handwerk, als sie ihm im Gegensatz zu den drei vorgenanten Beispielen statt 40 Landshuter Pfennige wesentlich höhere Beitrittsgelder, nämlich drei Pfund oder 720 Landshuter Pfennige abverlangte. Dies darf vielleicht so verstanden werden, dass sich das Kröninger Handwerk von fremden Einflüssen, von anderen Geschirrformen und Arbeitsmethoden frei halten wollte. Als eine der möglichen positiven Folgen solcher Bestrebungen liegen uns heute die höchst qualitätvollen Kröninger Erzeugnisse vor.

Was in der nachfolgenden Ordnung von 1646 nicht mehr erscheint, ist die Verpflichtung der Meister, „Gestalt und Form [der Geschirre]" beizubehalten: *„es sol auch ain yeder maister vnder vns die gestallt vnd form würchen* [= wirken, auf der Scheibe drehen, das Werkstück bearbeiten] *als von alter vnder vns herkomen ist…"*. Auch die Bestimmung, dass ein Meister das Maß, das zu den Häfen gehört, allmonatlich umzutragen hat, also Jedermann über die richtigen Maße verfüge, fehlt ebenso. Dass diese bei jeder Jahreszeit durchzuführende Tätigkeit nicht beliebt war, ist aus der Androhung einer Strafe bei Nichtbefolgung dieser Verrichtung zu ersehen. Wie nun dieses „Maß", also eine Norm, heute zu interpretieren ist, kann nur vermutet werden. Es dürfte sich auf die Gefäßhöhen und Gefäßinhalte beziehen.

Erstmals ist auch von einer jährlich an die Herrschaft, hier wohl an das Gericht in Teisbach abzuführenden Geschirrlieferung in der Größenordnung von zwei Fudern die Rede. Dafür war allerdings kein Scharwerk durch die Kröninger Hafner zu leisten.

Angesprochen ist auch der von den *„Karrnern"* bediente Zwischenhandel, wobei über deren Herkunft zu dieser Zeit noch keine Kenntnis vorhanden ist. Interessant in diesem Zusammenhang ist die Bestimmung, dass von den Karrnern nicht bezahlte Schulden durch eine von den Kröninger Hafnern vorgenommene Pfändung möglich war und dies ohne Inanspruchnahme des Gerichtes und der Amtleute.

---

3 BayHStA, Tom. Priv. IV, 340-1, Ordnung der Hafner auf dem Kröning von 1428, 3. Absatz.

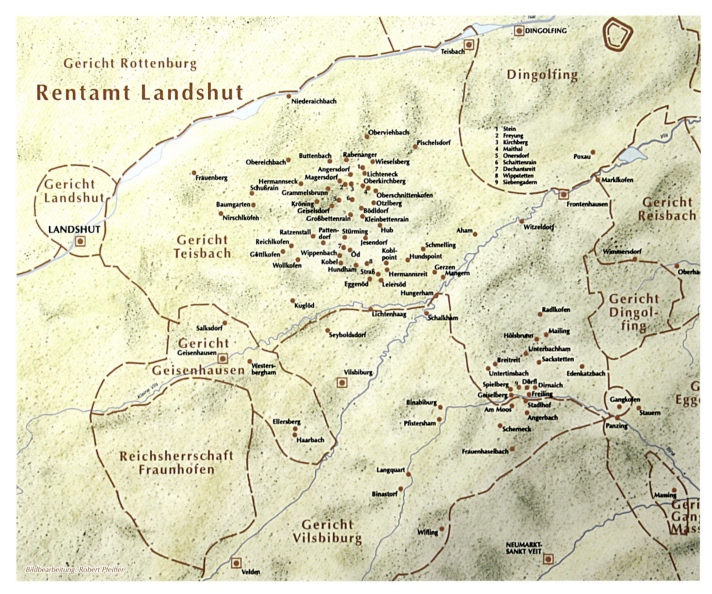

Abb. 11: Hafnerorte auf dem Kröning und an der Bina sowie weitere im Rentamt Landshut, 1301 bis 1930.

Kröninger Hafnerordnung von 1646[4]

Die zweite überlieferte, von der kurfürstlichen Regierung in Landshut unter dem Vicedom *Carol Fugger, Graf zu Kirchberg und Weißenhorn* erlassene Handwerksordnung der Kröninger Hafner vom 17. Dezember 1646 ist

mit ihren 31 Artikeln wesentlich umfangreicher und ausführlicher abgefasst wie die von 1428. Sie galt für die im Pfleggericht Teisbach und den darin liegenden Hofmarken ansässigen Hafner. Von der alten Ordnung von 1428 ist darin nicht mehr die Rede. Lediglich eingangs wird mit dem Passus auf alther gebrachtes verwiesen: *„welchermassen sye von unfürdenckhlichen Jahrn hero, nit allain jederzeit für redliche Maister und Handwerchsgenossen sowol in als ausser Landts in Reichs-, Haupt- und anderen Stätten erkhent, gehalten und auf allen Märckhten mit ihrem failen Hafner*

---

4 AHV, Akten des Kröninger Hafnerhandwerks, 1. Organisation 1.1 Handwerksordnung der Hafner im Kröning churf. Pfleggericht Teisbach, 17. Dezember 1646.

Geschirr passiert". Die Ordnung basiert in ihren Formulierungen weitgehend auf die vom Rat der Stadt Landshut am 27. Oktober 1642 für alle im Rentamt Landshut ansässigen Hafner genehmigte Ordnung.[5] Bemerkenswert erscheint, dass trotz der unruhigen Zeiten während des noch herrschenden Dreißigjährigen Krieges die Verabschiedung einer Handwerksordnung für ein doch geographisch weitaus greifendes Gebiet möglich war. Mussten dazu doch alle im Rentamt und in der Stadt Landshut arbeitenden Hafner im Rathaus der Stadt Landshut am 2. September 1642 erscheinen, um die Ordnung gutzuheißen. Die Akte im Staatsarchiv Landshut [6] listet alle Namen der einwilligenden Hafner auf.

Die inzwischen zahlenmäßig erstarkten Hafnerwerkstätten im Kröning werden wohl wegen ihrer räumlich überaus verstreuten Werkstätten und der besonderen Bedingungen im Geschirrhandel wie auch dem Zugang zu den Märkten eine eigene Ordnung gefordert haben. Dass die Lade der Hafner in Landshut ihre Kollegen nicht ohne weiteres ziehen ließ, war allein schon wegen des offenkundigen und beträchtlichen Aufkommens des Handwerksschillings (Mitgliedsbeitrag) zu erwarten. So war nun nach der neuen Ordnung vom 17. Dezember 1646 der Geschirrhandel im Kröning ab Werkstatt an Händler möglich. Den drei Stadthafnern von Landshut war der Verkauf an Hausierer nur dann erlaubt, wenn diese ihre Ware außer Landes verkauften. Außerdem durften die Kröninger Meister ihr selbst gefertigtes Geschirr auf die Märkte bringen. Die unterschiedlichen Vertriebsbestimmungen der beiden Handwerke führten bis zum Ende des 18. Jahrhunderts immer wieder zu Streitigkeiten.

So erhielt der Kröninger Hafner und Viertlmeister *Joseph Schindlpöckh* von Großbettenrain von der Landshuter Hafner-Hauptlade mit Datum vom 1.6.1717 ein Schreiben[7] mit dem Inhalt, dass man beim heuer abgehaltenen Hauptjahrtag zu Landshut einhellig beschlossen habe, die Hafner, welche einem Kräxentrager oder Karrenzieher Geschirr verkaufen, das erste mal mit einer Strafe von fünf Pfund Wachs zu belegen und bei weiteren Verstößen die Strafe zu erhöhen. *Schindlpöckh* habe seinen Mitmeistern, hier *„Landmeister"* genannt, den Sachverhalt mit Ernst und Nachdruck vorzutragen. Die Hauptlade habe die Sache bereits höheren Ortes (wohl bei der Regierung in Landshut) anhängig gemacht, wodurch man jedoch *„einige Geldmittel"* benötige. Man fordere die Kröninger Hafner auf, sich an den entstehenden Kosten zu beteiligen und eine Abschlagszahlung auf die zu erwartenden Unkosten zu entrichten.

Der Hauptlade in Landshut war anscheinend nicht bewusst, dass den Kröninger Hafnern laut Artikel fünfzehn der Kröninger Hafnerordnung von 1646 sehr wohl der Verkauf von Hafnerware an Händler ab Werkstatt erlaubt war.

Abb.12:
Petschaft der Landshuter Hafnerhauptlade mit dem Bildnis des Handwerksheiligen St. Sebastian, um 1645. (Heimatmuseum Vilsbiburg, Inv. Nr. BASt 44/2000).[8]

Ein erneutes, gesiegeltes Schreiben[9] richtete die Hauptlade Landshut am 19.12.1718 mit der für die Zeit typisch blumigen Anrede an den *„woll ehrngeacht und beschaidenen Maister Mathiasen Leyrseder, Hafnern zu Edt als dermaligen*

---

5 Zellner 1993, S. 225 – 244.
6 StALa Regierung Landshut A 2675, Neue Handwerksordnung der Hafner im Rentamt Landshut, 1645 ff. – Vgl. auch Wassermann, David: Abhandlung (laut archivalischer Akten des Kgl. Kreisarchives in München und Landshut a/Isar) über … e) Die Töpfer und Ofenmacher, Hafner von Landshut Stadt, und dem ehemaligen Rentamte Landshut, München 1912, S. 27 – 35. Die dort verzeichneten Namen und die Herkunftsorte der Hafner sind teilweise fehlerhaft und unvollständig übernommen. Vgl. Zellner 1993, Anm. 8.

7 AHV, Akten des Kröninger Hafnerhandwerks, 1.17 Organisation, Streitakten Nr. 8.
8 StALa, Rep. 84, Fasz. 11, Nr. 195. Ein Abdruck des Siegels ist in einer Klageschrift von 1648 erhalten: Klage des Hafners Martin Maister von Vilsbiburg, vertreten durch das Handwerk der Hafner in Landshut, wegen der Hafner [von Kröning] und Crämer, die an den Wochenmärkten Hafnergeschirr hereinführen.
9 Wie Anm. 7, Streitakten Nr. 9.

Viertlmaistern eines Handtwerchs der Hafner im Cröning, unserem villgeliebten Werckhgenossen." Man sei nach wie vor daran interessiert, die Sache mit den Kräxentragern und Karrenziehern zu einem *„ersprießlichen Ausgang"* zu bringen. Wegen der zu erwartenden und schon aufgelaufenen Unkosten habe man auch das Hafnerhandwerk zu Pfarrkirchen angeschrieben, um diese ebenfalls an den entstandenen Ausgaben zu beteiligen. Ein weiteres Treffen in der Angelegenheit sei nochmals anzustreben. Eine Reaktion der Kröninger Hafner ist nicht bekannt.

1738 mussten die Kröninger Hafner unter Einschaltung der Regierung in Landshut ein weiteres Mal in einer Streitsache ihre Handwerksordnung von 1646 heranziehen.[10] Einige Hafnermeister aus dem Gericht Teisbach hatten sich *„aus Unwissenheit ihrer Gsatz* [Kröninger Handwerksordnung] *zu der Landshuter Lad vereinbart, will sagen verloren"*. Die Regierung solle den Landshuter Meistern auftragen, sollte ein im Gericht Teisbach oder in einer Hofmark wohnender Hafner zur Kröninger Lade zurückkehren, was rechtmäßig sei, *„sie, die Landshuter das Maul halten und articlmässig schweigen sollen"*.

Das Kröninger Hafnerhandwerk, eine Viertellade

Der Begriff *„Viertellade"* besagt, dass die Kröninger Hafnerlade eine untergeordnete Rolle gegenüber der Hafner-Hauptlade am Sitz der Regierung in Landshut spielte, was jedoch nicht das Selbstbewusstsein der Kröninger schmälerte, wie in nachstehend beschriebenen Auseinandersetzungen abzulesen ist. Im Heimatmuseum Vilsbiburg – Kröninger Hafnermuseum haben sich neben der Hafnerordnung von 1646, die Handwerkslade der Kröninger Hafner von 1804, Protokollbücher, Handwerksrollen, Auflag-Manuale der Meister und Gesellen, Jahres-Rechnungen, Atteste für Geschirrhändler, Streitschriften und Schulzeugnisse angehender Lehrlinge aus dem 18. und 19. Jahrhundert erhalten.

Mit der *„neuen Ordnung"* in Bayern nach 1804 wurde das Pfleggericht Teisbach aufgelöst und damit die Lade des Hafnerhandwerks von Teisbach nach Vilsbiburg, jetzt

Sitz des Landgerichts, transferiert, wo auch die Jahresversammlungen stattfanden. Dazu hielt das Handwerk weiterhin in der Pfarrkirche von Kirchberg einen Gottesdienst mit anschließendem Besuch in der dortigen Herberge ab.

„Nichts anders, als Liebes und Gutes" Der Ablauf eines Handwerkstages der Kröninger Hafner-Viertellade, 1757 bis 1799 und 1792 bis 1835

Bei der hohen Zahl der Meisterstellen im Kröninger Hafnerhandwerk und den besonderen Gegebenheiten wegen der vielfach weit auseinander liegenden Werkstätten, war eine straffe Organisation zur Erhaltung der *„Ordnung"* im Handwerk erforderlich. Zu deren Aufrechterhaltung hatten die Meister und Gesellen alljährlich die in der Handwerksordnung vorgeschriebene Jahresversammlung zu besuchen.

Aus den Protokollbüchern des Handwerks (AHV, 1. Organisation, 1757 ff.) lassen sich die Abläufe während eines Handwerkstages erschließen.

Das Gebiet der Kröninger Hafner war eingeteilt in vier Gebietsviertel, wobei jedem ein *„Viertelmeister"*, auch *„Viermeister"* – heute einem Obermeister im Handwerk vergleichbar – vorstand. Für ihre Bereiche hatten sie in bestimmten Funktionen tätig zu werden: als Begutachter der Meisterstücke, als Einberufer zur Jahresversammlung und als Aufsicht, sowie als Kontrolleure über Einnahmen und Ausgaben. Die Ordnung von 1428 legte den Zeitpunkt der Handwerksversammlung auf den St. Erhardstag, den 8. Januar fest. In der Ordnung von 1646 war die Jahresversammlung in der Oktav des Festes Maria Heimsuchung (2. Juli) oder in der nächst darauf folgenden Woche am Sitz des Pfleggerichts im Markt Teisbach vorgesehen.

Nach den Originalquellen aus der Mitte des 18. Jahrhunderts erstreckte sich die Jahresversammlung auf zwei Tage, wobei der erste als *„Jahrtag"* und der zweite Tag als *„Haupthandwerk"* bezeichnet wurde. Am ersten Tag waren Meister und Gesellen verpflichtet, zu Ehren Mariens als der Handwerkspatronin, dem Gottesdienst in der St. Veitkirche zu Teisbach beizuwohnen. Für die verstorbenen Handwerksgenossen und die in das Handwerk *„einverleibten"* Brüder und Schwestern – diese zahlten lediglich

---

Mitgliedsbeiträge – hielt die Geistlichkeit ein gesungenes Requiem. An den religiösen Teil des Jahrtags schloss sich dann die eigentliche Handwerksversammlung auf der Herberge beim Hofwirt in Teisbach an, der auch die Obrigkeit in Person eines Beamten, dem Handwerkskommissar oder dem Pfleger selber, beiwohnte. Neben dem Verlesen der Handwerksordnung und der laufenden Jahresrechnung *„vor offener Lade"*, einem *„Hoheitsakt"* vergleichbar, wurde die Aufnahme der Lehrlinge ins Handwerk und die Freisprechung der Gesellen vollzogen sowie die neuen Viertelmeister bestimmt.

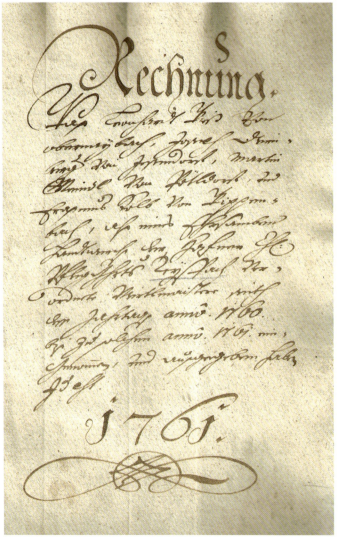

Abb. 13: Jahresrechnung des Handwerks der Hafner auf dem Kröning, 1761. Viertlmeister waren Leonhardt Wiest von Oberaichbach, Josef Dirnberger von Jesendorf, Martin Kaindl von Bödldorf und Erasmus Kolb von Wippenbach. 92 Hafner zahlten den Handwerksschilling.

Am darauf folgenden, mit *„Haupthandwerk"* bezeichneten Tag, eröffnete der Viertelmeister mit dem Verlesen der Jahresrechnung erneut die Versammlung vor offener Lade. Bestanden keine Einwände, wurde sie vom Handwerkskommissar ratifiziert. Bei der so genannten *„Ersten Umfrag"* hielten sich die Teilnehmer mit Diskussionsbeiträgen meist noch zurück. Der Handwerksschreiber protokollierte dann, dass sich die Versammelten *„nur Liebes und Gutes"* zu sagen hatten. Bei der *„Anderten"*, also zweiten und den folgenden Umfragen konnte jeder Meister etwaige Klagen gegen einen der Mitmeister oder auch solche von außerhalb vorbringen. Bei Verstößen gegen Handwerksrecht wurden entsprechende Strafen ausgesprochen. Im *„Handwerksschluss"* behandelte man das Handwerk allgemein betreffende Themen. Streitigkeiten waren während der Sitzungen nicht ausgeschlossen, doch hatte man vorher dafür gesorgt, dass die *„Seitenwöhr"* vor dem Versammlungsraum abgelegt werden mussten. Ab 1789 reduzierte sich die Jahresversammlung auf einen Tag.

Text der Ordnung der Hafner auf dem Kröning von 1428

(Bayer.Hauptstaatsarchiv München: Tom. Priv. IV, 340 – 1.)

Die mittelhochdeutsche Schreibweise des Originals hat Georg Schrötter weitgehend modernisiert. Inzwischen konnte die von ihm dort vermerkte Datierung auf den 7. August 1428 richtig gestellt werden.

Schrötter, Georg: Ordnung der Hafner auf dem Kröning vom 17. April 1428, in: Bayerisches Handwerk in seinen alten Zunftordnungen, Bd. I (Beiträge zur bayerischen Kulturgeschichte), hsg. W. Zils, München o. J. [= um 1925], S. 47 – 49.

Wir Heinrich von Gottes Gnaden Pfalzgraf bei Rhein und Herzog in Bayern usw. bekennen offentlich mit dem Brief für uns, unser Erben und Nachkommen, daß für uns kommen sind die Hafner in unserm Land auf dem Kronig gesessen und haben uns fürbracht ein Zettel ihrer Rechte, Gesetz und Gewohnheit, der sie durch gemeines Nutzs ihres Handwerks mit einander einig worden sind und haben uns fleißiglich angerufen und gebeten ihnen die zu bestätigen. Derselb Zettel also lautet, als hernach geschrieben steht:
Es ist zu merken, daß wir Hafner auf dem Krönig alle Meister einig worden sind und ein Gesetz und Ordnung erfunden ha-

*ben, wie wir und unser Nachkommen unser Handwerk halten
und arbeiten sollen.*

*Am ersten sollen wir unser Feyr[11] halten von dem Weih-
nachtstag bis auf Unser lieben Frauentag zu Lichtmeß. Darnach welcher Meister das überführ unter uns, der wäre der
Herrschaft verfallen um 1 Pfund Landshuter Pfennig und in
unser Bruderschaft zu unser Wochenmess gen Uesendorf[12]
auch um ein Pfund Landshuter Pfennig. Es wäre dann ob
das unserer gnädigen Herrschaft not beschehe, daß man in
ihr Kuchen[13] arbeiten Müsste, der dann das unter uns täte
der soll des unentgolten[14] sein. Item und ob ein Meister nicht
bei uns auf dem Kröning säße und doch den Tegel[15] bei uns
und mit uns nehme, und die Feyr nit mit uns hielt, der wäre
auch umb das obgeschrieben Wandel der Herrschaft und uns
verfallen.*

*Item es soll auch kein Meister bei uns auf dem Kröning wer-
den dann er nehme eine Meisterin oder eines Meisters Tochter
oder er hat gelernt auf dem Kröning. Derselbe gibt 40 Landshuter Pfennig in die Zech.*

*Item wer aber sonst auf dem Kröning Meister will werden,
der soll zu der genannten Meß und in die Zech geben 3 Pfund
Landshuter Pfennig halb der Herrschaft und halb zu der Meß.*

*Item es soll auch kein Meister mehr Lohnknecht haben dann
einen. Es wäre dann ob ein Meister als krank wäre oder sonst
von Mutwillen[16] nit würcken[17] wollte, derselb mag wohl zwen
(= zwei] Lohnknecht haben. Wäre aber, daß er selber auch
dazu würcket, des man ihn mit Wahrheit überweisen möchte,
der wäre der Herrschaft und den Meistern um das obgenannte Wandel verfallen.*

*Item welcher Meister seinen Lohnknecht mehr Lohnes gebe,
dann das Gesetz unter den Meister erfunden ist, der ist um
das obgenannt Wandel verfallen der Herrschaft und den
Meistern.*

*Item es soll auch jeder Meister unter uns die Gestalt und Form
wurchen [= wirken], als von Alter unter uns Herkommen ist.
Welcher das mit Willen überführe, der ist um das vorgenannte Wandel der Herrschaft und den Meistern verfallen.*

*Item welcher meister einen Lohnknecht aufnehme und nit
den rechten Lohn ihm nehme[18] 3 Pfund Landshuter Pfennig
und den Meistern ihr Recht; ob aber der Knecht nit zu löhnen
hätte, so soll ihn der Meister lehren 6 Jahr, ein Jahr um das
andere. Welcher das überführe, der wäre der Herrschaft um
das vorgenannt und den Meistern um den Lohn verfallen in
ihr Zech zu ihrer Meß. Es soll auch kein Meister dem andern
seinen Knecht nicht abwerben bei dem obgenannten Wandel.*

*Item welcher Meister dem andern seinen Tegel oder Sand hin-
führt[19] über seinen Willen, der wäre der Herrschaft und den
Meistern um das obgenannte Wandel verfallen.*

*Item welcher Meister unter uns das Maß[20], das zu den Hä-
fen gehört zu rechter zeit unter uns alle Monat nicht wollte
umtragen und das jedermann treulich messen ohn alles Ge-
verde [= Betrug], der wäre der Herrschaft um 24 und dem
Handwerk in ihr Zech um 12 Pfennig verfallen, als oft er das
überführe.*

*Item welcher Meister seinen Karrer[21] abwürbe oder mehr gebe
denn das rechte Pfennigwert, der ist der Herrschaft verfallen
um 24 Pfennig und den Meistern um 12 Pfennig. Es soll auch
ein jeglicher Meister auf dem Kröning in unserm Handwerk
alle Jahr jährlich zu St. Michelstag [= 29. September] in unser Zech geben 10 Landshuter Pfennig zu unserer vorgenannten Meß.*

*Item ist auch vor Alter unter unserm Handwerk also Her-
kommen, daß wir der Herrschaft kein Scharwerk nit (zu) tun
haben. Darum haben wir der Herrschaft alle Jahr 2 Fuder Häfen gegeben[22].*

*Item wir haben vor Alter die recht gehabt, welcher Karrer un-
ser einer Geld schuldig ist geblieben und das mit Willen nit*

---

11 Feyr, Feiertag, das heißt mit der Arbeit aussetzen, weil die strenge
   Winterzeit für die Herstellung der Hafnerwaren ungünstig ist.
12 Jesendorf, Gemeinde Kröning, Kreis Landshut.
13 Kuchen (= Küche), die herzogliche Hofhaltung, zu deren Gun-
   sten im Notfall auch in der verbotenen Zeit gearbeitet werden
   durfte.
14 unentgolten, straffrei.
15 Tegel, Ton, Lehm.
16 Mutwillen, bedeutet soviel wie eigene, berechtigte Willkür.
17 Würcken, wirken, arbeiten, schaffen.

---

18 Wer kein Lehrgeld bezahlte, musste dafür 6 Lehrjahre aushalten,
   um gleichsam das Lehrgeld abzudienen.
19 Unberechtigterweise weggeführt.
20 Die Töpferwaren mussten nach vereinbartem Maß hergestellt
   werden, um die anderen Meister nicht zu schädigen.
21 Karrer, Kärner, der die fertigen Waren auf Karren verfährt und
   auf die Märkte bringt. Das Abwerben, Abspenstigmachen wider-
   spricht dem Handwerksbrauch.
22 Das Scharwerk war abgelöst.

hat ausrichten, den haben wir darum wohl mögen pfänden ohne Gericht und ohne Amtleute oder darum selb aufhalten.

Item es ist zu merken, daß die Meister alle auf dem Kröning alle Jahr jährlich auf St. Erhardstag nach Weihnachten zu einander kommen sollen, wohin es ihnen dann füglich ist und den Brief fürbringen und lesen lassen und welcher dann unter dem Handwerk der Herrschaft oder in die Wandel verworcht[23] *hätte, sie wären die großen oder die kleinen, das sollen die Satzmeister desselben Jahrs der Herrschaft zu und ihnen einbringen von denselbigen.*

Item sie sollen auch alle Jahr 2 neue Satzmeister zu den alten 2 setzen. Welcher sich aber zu Satzmeister nicht setzen wollte lassen, der wäre der Herrschaft und den Meistern um das groß Wandel verfallen.

Item welcher Meister auf den vorgenannten Tag zur Samung [= Versammlung] nit käme, ihn irret dann Eehaft, der wäre der Herrschaft um 24 und den Meistern um 12 Pfennig in ihr Zech zu der Meß.

Also haben wir angesehen und betrachtet der obgenannten Hafner redliche Bitte und haben ihnen die obgeschriben Recht, Gesetz und Gerechtigkeit gnädiglich bestätigt und verneut, bestätigen und verneuen ihnen die auch wissentlich und in Kraft dieses Briefes fürbas ohne Irrung dabei zu bleiben, es wär dann daß die Sachen Land und Leuten schädlich wären. Daß wir dessen erweist würden, so mögen wir, unsere Erben und Nachkommen die wohl widerrufen. Mit Urkund dieses Briefes, der mit unserm anhangenden Insiegel versiegelt und gegeben ist zu Landshut am Samstag vor St. Laurenzentag nach Christi Geburt vierzehnhundert und im achtundzwanzigsten Jahre.

Text der Kröninger Hafnerordnung von 1646[24]

Handtwerchs Ordnung der Hafner im Cröning Pfleggerichts Teyspach

Wir deß Dürchleichtigsten Fürsten und Herrnß Herzog Maximiliani Pfalzgrauen bey Rhein, Herzogens in Ober: und Nidern Bayrn des Heiligen Römischen Reichs ErzTruchsess und

Churfürstens : Vicedom Carol Fugger Graue zu Kürchberg und Weissenhorn, auch anderer Anwäldt und Rhäte Seiner Churfürstl. Regierung alhir zu Lanndshuett. Thun kundt meniglichen hiemit offentlich, und in crafft diß, wie daß unnß ain ganzes Handtwerch der Hafner des undern Khrönings, sambt dennen incorporierten Hofmarchen, Churfürstl. Pfleg Gerichts Teyspach, underthenig zuuernemmen geben, welchermassen Sye von unfürdenckhlichen Jahrn hero, nit allain iederzeit für redliche Maister, und Handtwerchs Genossen, sowol in : alß ausser Landts in Reichs : Haubt: und anndern Stätt : unnd Märckhten erkhent, gehalten, unnd auf allen Märckhten mit irem failem Hafner Geschirr passiert : sonndern auch ire Gesöllen und Lehrjungen auf ire vorgebrachte, ihnen von denselben erthailte Lehrbrief aller orthen für unuerworffne redliche Handtwerchsglider angenomben, mit Arbeith befürdert, auch yederzeit wo sye sich heüslichen niderzerichten begert, inn : und ausser Landts in Stätt und Märckhten zu Maistern gemacht, in die Werch : und Prenstett eingelassen, also mit Forthtreibung ihres erlehrnten Haffner Handtwerchs ohne alle difficultet unpertubiert zuegelassen worden; Dahero und weiln die unumgenckhliche notturfft erfordern wolle, aine aller orthen gebreuchige, und gewisse Handtwerchsordnung aufzurichten, und zur Verhiettung allerhandt Confusion : und Unordnung, ain Haupt pro defensore, et inspectore zu constituieren, wie sie dann ohne daß schon in berierten Marckht Teyspach in dem Würdigen Sanct Veiths Gottshauß, auf unser lieben Frauen Altar ainen gestüfft : und von dem Herrn ordinario in Regenspurg genedigist confirmiert : und bestettigten Gottsdienst, für Lebendige und Todte, auch ain ewiges Liecht, sambt annderen geistlichen Fundationen mehrers haben, also in underthenigkhait gebötten, ihre mitybergebene : und under ihnen verainigte, auch bei andern ihres Handtwerchs Ordnung von Hocher Regiments Obrigkhait wegen, genedig zu confirmiern, und inen hieryber ein ordentlich verförttigtes auf Pürament geschribnes Handtwerchs Libell, dessen sie sich ins khonfftig wider alle einreissende Handtwerchs Müssgebreüch, und verderbliche Stimplereyen zu bedienen, genedig ertailln zulassen, auch dem Churfürstlichen Pfleggericht Teispach anzubeuelchen, sye bei solcher Handtwerchsordnung zuschuzen, und auf all begöbte Fähl darbei vöstiglich zu manutenirn.

Alß haben wir unnß nach erwegung diese : und anderer vorgebrachten Umstendte, damit sunderlich der obbeschribne Gottsdienst, sowol mit dem Opfer der Heiligen Möss, als auch mit wochenlicher Verehrung des allerheillig : und zartesten Fron-

---

23 „Verworcht", verwirkt, verstrickt, verfallen.
24 AHV, 1.1 Organisation, Handtwerchs Ordnung die Hafner im Cröning Pfleg-Gerichts Teyspach, 1646. – StALa, Regierung Landshut A 6668, Handwerkordnung der Hafner im Kröning 1646/1647.

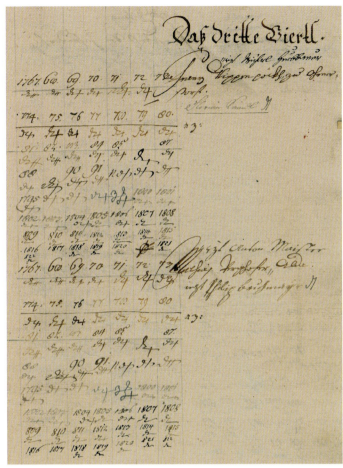

Abb. 14: Handwerksrolle des Handwerks der Hafner auf dem Kröning, aufgeschlagen die Mitglieder im „Dritten Viertel", ab 1767.

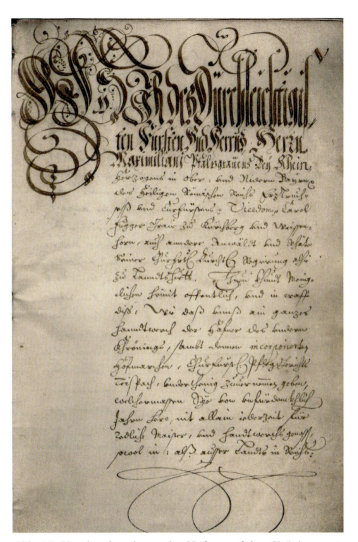

Abb. 15: Handwerksordnung der Hafner auf dem Kröning, erste Seite, Landshut, 17. Dezember 1646.

leichnambs JESU Christi vermehrt : dabenebens auch alle Müss Breüch, und Unordnung abgeschnitten; Hingegen aber die lobliche guette Gebreüch und Sitten eingepflanzt und bestendig erhalten werden mögen, einer solchen Handtwerchs Ordnung vergleichen, wie hernach von Wortt zu Wortt mit mehrern zuernemmen ist, und zwar

Erstlichen, und dieweillen alle guette Gaben von der göttlichen Güette herfliessen, und endtspringen, sich auch dahero in alweg vorderist gezimben will, daß man sich souil möglich gegen Göttlicher Allmacht danckhbarlich erzaigen, und benebens verrer Seegen und Genadt zuerbitten, befleissen solle, Als ist zu solchem Endte gesez und geordnet, daß fürdershin jerlichen zu schuldigsten Danckh und Lob Gottes des Allmechtigen, auch zu Ehrn der glorwürdigist und yber gebenedeitisten Muetter Gottes und Himmel Khönigin Mariæ, als aines Handtwerchs son-

derbar erkhiesten Patronin und Beschüzerin auch allen lieben Heiligen Gottes, alzeit in der octav des heiligen Festes der hochgelobten Junckhfrauen, und Himelkhönigin Mariæ Haimbsuchung, oder in der negst darauf volgendten Wochen, in dem würdigen Sanct Veiths Gotthaus im Churfürstlichen Marckht Teispach, auf unser Lieben Frauen Altar, craft von Ir Fürstlichen Genaden zu Regenspurg, als ordinario genedigist erthailt, approbiert und confimierten Jartags, ein gesungen Lobambt der heiligen Möss, wie auch für die abgestorbene Handtwerchsgenossen, und einverleibte verschidene Brüder und Schwester ein gesungen requiem gehalten werden solle, Warbey sich dann alle einverleibte in besagt churfürstlichen Landtgericht Teispach, und den darin gelegnen Hofmarchen, anwesente Maister und Gesöllen der Hafner, sambentlich befündten, und mit ihrem andechtigem Gebett von Anfang bis zum Endt solchem Gottsdienst abwartten, und wie es auch bei andern Handtierungen gebreichig, zu Opfer zu gehen schuldig sein sollen. Welcher Maister oder Gesöll aber ohne ehehafte Ursach ausbleiben, und ehe daß erste Opfer voryber, bei dem Gottsdienst in Gegenwartt sich nit befündten wurdte, derselb solle zwen Schilling Pfening in die Handtwerchs Ladt verfahlen sein.

Zum Andern und damit nun solcher Gottesdienst mit destomerer Andacht, Vleis und Beharrlichkeit fürtershin stettigs verrichtet und die darzu gehörige Mitl desto bösser erhalten, benebens auch die fundiert Bruederschafft und Handtwerch der Haffner in mehrers aufnemmen gebracht, und mit rechtmessigen Maistern besözt werden möge, Als solle ainiche Hafner, welche sich in disen ganzen Gericht Teispach und den darin gelegnen Hofmarchen haimblich oder absonderlicher weis understehen wurdte das Handtwerch zetreiben, aber bei disen handtwerch nit einverleibt weren, fürdershin nit gedultet; vilweniger verstattet werden, das sie an offentlichen Jar : oder Wochenmärckhten ihre gemachte Geschir faill; oder aber bey iren heüslichen Wohnungen verkhauffen, noch hausier weis (welches Hausiern dan bei allen Maistern, sowol im Gericht Teispach, als anderer Orthen genzlich verbotten und abgeschafft.) zuuerhandlen haben, sonnder allerding so lang und vill sie sich der Handtwerchs Ladt nit einverleiben wurdten, auf Maß und weiß, wie in dieser Ordnung begriffen, für Stimpler und undichtige Handtwercher gehalten, auch aller Orthen im Gericht abgeschafft werden sollen.

Gestaltsambe Drittens, zu Erhaltung guetter Ordnung der jenige, welcher das Handtwerch zu lehrnen vorhabens ist, vor allen Dingen seiner ehelichen Geburtt halber genuegsambe Anzaigung oder Khundtschafft zegeben schuldig sein, Alsdann vor dem Lehrmaister vierzehen Tag zuuersuechen aufgenomben, und nach deren Vollendtung ainem ganzen Handtwerch oder wenigist den dazumal verordneen Viermaistern, so in negster gegent entlegen vorgestelt, Handtwerchsgebrauch nach auf vier Jar zu lehrnen aufgedingt, den Viermaistern aber für ir Bemüheung mehrer, nit dan ain Gulden gegeben, unnd zway Pfundt Wax oder für iedes virzig Kreuzer in die Handtwerchs Ladt zu besserer Erhaltung des Licht und Gottsdiensts erlegt : auch zum fahl einem dergleichen Lehrjungen, des vierten Jahres halber (so iedoch, nach ausweis des sibenten Articuls, ersten Titls, vierten Buchs der Landts : und Polizey ordnung, mit Vorwissen

der ordentlichen Gerichts Obrigkeit zu Teispach, und nach derselben ermessigung beschehen solle) mit seinem Maister sich zu vergleichen und abzekhauffen vergont wurdte, von demselb drey Gulden darfür geraicht : und davon der halbe Thaill in die Handtwerchs Ladt gelifert werden : der andere halbe Thaill aber dem Lehrmaister zuestendtig sein solle.

Waryber dan Vierttens, ain dergleichen ledig gezölter Lehr Jung nach volstreckhung seiner Lehr Jar verbundten ist, wenigist zway Jahr auf dem Handtwerch zewandern, und ehenter zu den Maister Rechten nit zelassen, welches alles gleichwol bei obbemelter Teispachischen Gerichtsobrigkait ermessigung, vermög achten Articuls angesezten ersten Titls vierten Buech der Landts : und Polizey ordnung, beschehen und denselben hirinfahls die Oberhandt gelassen sein solle.

Bey welcher Beschaffenheit fürs Fünffte, die jenige welche im churfürstlichen Gericht Teispach auch den darin gelegnen Hofmarchen Maister zu sein, oder zu werden begern, schuldtig sein sollen, yedoch auch mit vorwissen, einversehen zu lassen, und nach ermessigung ersternanter Teispachischen Gerichtsobrigkeit, welche yber diese Ordnung und deren Handthabung, craft diß, pro Commissario verordnet ist, nachvolgente Stuckh altem Gebrauch nach zemachen, Als Erstlichen ain wolgefarbten Plutter oder Zapfen-Krueg zwainzig Mass haltent, fürs ander ainen Zahl Hafen ainer halben Eln hoch, drittens ainen mit der Pippen inwendig gepickhten Essig Krueg vierzig Mass haltendt, (welche Stuckh sambentlich in ainem Tag gedräet und verförttiget werden sollen) zum vierten ainen schwarz oder griennen Ofen, mit Fueß, mitl, und Obergsimbs, auch sechs Zeil Kachln, sambt ainem Khranz inner Monatsfrüst ufzerichten und zuverförttigen obgelegen sein, Deswegen aber soll oberzöhlte Gerichtsobrigkhait, obs ain schwarzen oder grienen Ofen bewilligen wolle, darumben begriest und ersucht : auch die Viermaister, weiln wenigist ainer den Stuckhen beywohnen mueß, zum Fahl er yber Landt zeraisen, neben Darraichung aines Gulden, Zöhrung halber ohne entgelt gehalten werden.

Wann nun Sechstens, solche Stuckh in verstandtner Zeit und Manier verförttigt, von den Maistern beschaut, für guet erkhent, verpetschiert und aufzaichnet worden, so soll alsdan in Beisein der Obrigkeit als Commissario der Stuckhmaister vor ainem Handtwerch oder den Viermaistern neben dem Gschaumaister erscheinen und derselb, wann die Stuckh für maisterlich passiern für einen Maister erkhent, und aufgenomben werden möge, anhalten, gestaltsambe deswegen ain yeder junge Maister zur Anlaith in die Handtwerchspüxen zween Schilling Pfening zuerlegen schuldig. Es were dann aines Maisters Sohn oder das der junge Maister zu aines Maisters wittib oder Tochter sich ehelich versprochen hette, auf solchen Fahl er der halben Anlait in die Pixen befreidth sein solle.

Wouern aber zum Sibenten, der Stuckhmaister mit seinen Stuckhen nit bestehen, auch selbige für guett nit erkhent wurden, so soll derselb ab : und noch auf ain ganz Jahr sich in die Wanderschaft zu begeben gewisen werden.

Und damit hierinfalls ainige Vorthailigkhait nit underlaufft, ist fürs Achte gesezt, das der gemachten Stuckh ohne der Viermaister, oder in Mangl derer zwayer ander Unpartheyischer Maister Vorwissen oder Beisein khaines in den Prenofen gebracht : noch herauß genomben werden solle.

Zumallen dan Neuntens, der Cloß ohne Gegenwartt der sambentlichen oder thails Viermaister von dem Stuckhmaister nit auf die Scheiben zebringen, ehe und dan zu aines Handtwerchs und Bruederschaft Körzen in St. Veiths Gottshaus zu Teispach, ain Gulden und ain Pfundt Wachs auf den Tische erlegt und erstatt worden, ainiche Handt an den Cloß nit anzelegen, hergegen aber dem Jungen Maister für sein mit Umbsagung gehebte Bemühung zwainzig Khreizer raichen solle.

Es solle auch fürs Zechente khainer, welcher sich leichförttiger Händl thailhafftig macht, im Handtwerch gedult; vilweniger zu Machung der Maisterstuckh gelassen werden. Wie dann auch geordnet ist, daß die Maisterstuckh auf freyen Fuess gemacht, und der jenige, so beraith verehelicht oder ehelich versprochen wer (ausser da es mit aines Maisters Wittib oder Tochter beschehen) zu den Maister Rechten nit zelassen. Eß beschehe dan mit Vorwissen und Bewilligung der Churfürstlichen Gerichts Obrigkhait zu Teispach, welcher in dergleichen Fählen die Ermessigigung zustehen solle.

Da auch zum Ainlifften, die Viermaister so weit entlegen, daß sie ohne sonderen Uncosten, auch Armuth halber nit zu weg zu bringen weren, so soll ain solcher Stuckhmaister seiner gemachten Stuckh halber, nach Verrichtung des obbestimbten Jahr Tags habenten Gottsdiensts, sich in Versamblung eines ganzen Handtwerchs, bey den Viermaistern anmelden, und das jenige, was ein anderer zeraichen schuldig ist, abstatten, Dafern sich nun eines Maisters Sohn zuuverheuraten willens, soll derselb gleichwol in etwas befreit, und ainem Handtwerch mehrers nit, als dreyssig Khreizer und ainhalb Pfundt Wachs zegeben, yedoch die Stuckh angeregter massen, ohne Nachlass zemachen, auch iedem obsizendten Maister, ohne aufsaillung weitern Uncostens, ain Gulden zegeben schuldig sein, und weither mit

Haltung eines Maistermahls, oder in anderweg nit beschwert werden. Wie es dan mit deme, so zu aines Maisters Wittib oder Tochter heuraten wurdte, ein gleiche Mainung.

Zwölfftenß, soll khain Frembder, er seye Maister oder Gesöll, welcher der Handtwerchs Zunfft nit einverleibt ist, ainiches Geschir noch Kachelwerch, es seye gleich geträet, ybergeschlagen oder glasiert, weder in Stätten : Märckhten noch andern Orthen aufm Landt, ausser der schwarzen bschnit Kachln, fail zehaben gedult, sonder wo dergleichen betrötten, als Stimpler vor ordentlicher Obrigkhait vorgewendt und gestrafft, auch von der Straff gleicher thaill ainem Handtwerch zuegestölt werden. Yedoch ist bei disen Puncten zuegelassen und verwilligt, das jenige im Handtwerch ein verleibte Maister, welche selbst khaine Prenn: oder Werchstett haben, oder dergleichen vermögen, bey andern iren Mitmaistern das Ofengschier, als Kachln und was zu ainem Ofen gehörig, zuerkhauffen, auch die Ofenfüess (warinen ihnen die Maurer ainichen einfgriff oder Hinderung zethuen nit befuegt sein sollen) doch vom Laimb gemaurt, aufzesezen, macht und Recht haben.

Deßgleichen auch fürs Dreyzechente, nit zuuerstatten, das sich ainer understehe, Hafner Geschirr für zu khauffen und auf die Märckht zebringen, sonder es soll ain yeder sein selbst aigen gemachtes : und khain frembtes Geschirr gehen Marckht bringen. Die Ybertretter aber, dis Für khauffshalber gestrafft : nach Ermessigung der Obrigkait dergleichen unfuegsamber weis auf den Marckht gebrachtes Geschirr, in die Spittäler oder andere arme Heüser und Hausarmen Leithen gegeben und verschafft werden.

Und weillen sich thails Hafner vilernanten Gerichts Teispach, bis anhero understandten, schwarz und anders Geschür wider Handtwerschgebrauch, ausser der ordentlichen Jar : und Wochen Märckht ihres Gefallens nacher Landtshuet , auch andere Stätt und Märckht zebringen und dasselbe den Hafnern aldorth, welche solches alsdan glasieren gar zuerichten und als wans ir aigens gemachtes Geschir were, verkhauffen, zuuerhandlden. Als soll zum Vierzechenten, solches allen und yeden Hafnern verbotten sein, dergestalt, daß khainer dergleichen Geschür, es sey schwarz, glasiert oder nit glasiert, ausser der ordentlichen Jar und Wochen Märckht, weder nach Landtshuet, noch andere Stött und Märckht nit mehr verkauffen solle, bey verliehrung des Geschürs, auch der Obrigkait und Handtwerchs unnachlessiger Straff.

Zum Fünffzechenten, solle aus gewiß bewegendten Ursachen, nit allain den Höfenfiehrern, Tragern und Hausierern das Geschier bei den Heüsern, oder anderwerttig zuerhandlen, sondern auch den Maistern zugelassen sein, auf die offne Märckht inner Landts souil geladene Fuehren Hafner Geschiers zu bringen, souil er hat oder haben khan.

Begäbe sich dann zum Sechzechenten, das ain Maister oder Gesöll, ain Handtwerch zu versamblen Vorhabens were, soll sich derselb bey ainem Viermaister derentwillen anmelden, und ain Schilling Pfening zur Ladt, auch dem Jungen Maister, ainem Handtwerch anzesagen, acht Pfening zegeben schuldig sein.

Souern dan fürs Sibenzechente, ain Handtwerch von Auflegen oder andere Ursach wegen (nach ausweis: und Zuelassung des vierzechenten Articuls ersten Titls, vierten Puechs der Landt: und Polizeyordnung, dan anderer gestalt und ohne Beisein der Churfürstlichen Teispachischen Pfleggerichts Obrigkhait, als welche in dieser Sach pro Commißario und inspectore verordnet ist, ihnen ainiche Versamblung nit zuegelassen sein solle) versamblet ist, soll khainer den andern mit Schimpf: oder Schmachreden, auch sonsten irgents betasten und weder auf den Tisch schlagen, noch anderer grober geperten anmassen, auch ainer dem andern nit ein Reden, sondern ein yeder biß die redt an ine khombt, sich gedulten, und alsdann erst sein Mainung mit Bescheidenheit vorbringen, bey Vermeidung obrigkhaitlicher und aines Handtwerchs Straff.

Und damit nun zum Achzechenten, des Handtwerchs: auch aines ieden Notturfft desto füglicher verhandelt werden möge, Alß soll khainer, welcher darzu erfordert ist, ohne erhebliche Ursachen ausbleiben, sondern an orth und endt, wo sie ir Handtwerchs Ladt und zusambenkonfft haben, so gleichwollen im Churfürstlichen Marckht Teispach beschechen, sye iedoch mit Zöhrung und in anderweg wider die gebür nit beschwerdt werden sollen, bey ebenmessiger straffs Vermeidung erscheinen. Bey Versamblung aines Handtwerchs aber, so yederzeit in beysein der Churfürstlichen Gerichtsobrigkhait zu Teispach als verordnetem Commißari vorzunemmen soll zum Neünzechenten khainer sein Seitenwöhr oder Dögen, noch andere Waffen mit sich in die Stuben bringen, sonder ausser derselben ab: und von sich legen.

Wann sich dann fürs Zwainzigiste, begeben: Daß ain Handtwerch bey ainem Thrunckh versamblet sein wurdte, soll man bey Vermeidung aines Handtwerchs ergibigen: und der Obrigkhait ernstlich unmaßgebigen Straff, sich gewahrsam halten damit ainer dem andern mit Stumpfier: und Spottwortten, unfexiert und unbelestigt lassen.

Züüerhiettung dann fürs Ainundzwainzigiste, allerhand widerwerttigkhait und zwytracht, ist ebenmessig geordnet, daß ain Maister dem andern ohne dessen Vorwissen und Willen, in sein gedingte Arbeith nit stehen solle, es sey dann derselbe mit deme, so die Arbeith gedingt, vorhero verglichen, gestaltsambe dann ein Maister mit dem Herrn der Arbeith halber zu Stritt khommen, die Viermaister bey der Aidtspflicht, auf diese Ordnung gebürliche Vergleichung erkhennen, auch solcher durch den Hafner gestrackhe Volziechung beschechen, auch sonsten ainer dem andern seine Abkhauffer auf den offentlichen Märckhten nit abwerben oder abwendtig machen, welcher sich aber des widrigen anmassen thette, derselb alsdann mit ernst gestraft werden solle, doch ist hingegen dem Jenigen der ain Arbeit angefrimbt und gedingt, wann er verspürt und erfehrt, daß ihme die Arbeit nach seinem gefallen und wie er die angedingt hat, nit vleißig und wie recht ist, gemacht würdet, unbenomen sein Arbeith bey einem andern anzudingen, und zu bestöllen.

Zum ZwayundZwainzigisten, soll khainem unredlichen Gesöln ainiche Befürderung nit gelaistet werden, auch ain Maister zugleich zween Gesöllen nit halten, wo ein annderer Maister, auch aines bedürftig were, Es wurde dann der Gesöll selbst zu deme schickhen, zu welchem er in Arbeith zukhomben willens ist.

DreyundZwainzigisten, soll ein yeder im Handtwerch einverleibter Maister, alle Quatember drey schwarz Pfening: und dann auf den jartag, sowol der Maister als Gesöll, zwölf schwarz Pfening zur Handtwerchs Ladt selbst erlegen, oder zu den Quatembern (zumahlen am Jartag ein yeder personlich zuerscheinen schuldig) bey einem andern die Quatember Pfening zur Ladt schickhen. Wie da khainer, weder Maister noch Gesöll zu ainicher Arbeit gelassen werden solle. Er habe dan zuuor in ainem und anderen in disen Puncten begriffenen Fahl sein Schuldigkhait gelaistet, und da ainer darwider zethuen sich anmassen wurdte, soll derselb deswegen mit Vorwissen und nach ermessigung der Obrigkhait gestraft werden.

Deßgleichen zum Vierundzwainzigisten, ain yeder Maister und Gesöll, dem Gottsdienst, wie im ersten Articul fürsechen, abwarten. Alsdann nach dessen Volendtung neben andern Maistern und Handtwerchsgenossen, sich auf die bestölte Herberg verfügen, die Ordnung und Handtwerchsrechnung ablösen hören, und anders, was sich erhaischenter Notturft nach gezimen, und obgelegen sein würdet, verrichten helffen, auch ain yeder Maister, Gesöll und Junger seinen ausstendigen Wochenpfening erlegen solle, welcher deme aber ohne rechtmessige Ursach nit nachkhomben würdt, soll nach ermessigung der vorgesezten Teispachischen Gerichts Obrigkhait gestraft werden.

Wie dann zum Fünffundzwainzigisten, ain yeder Khnecht oder Junger die Wochen Pfening iren Maistern ohne abgang zuestöllen, welche alsdann auf den ordentlichen Jartag, wie auch von yedem vier Khreizer Einschreibgelt, in der Knecht Pixen lifern solle.

Wo nun zum Sechsundzwainzigisten, ainer den andern, es gescheche gleich nüechtern oder bezechter weis schmächen: oder schelten wurdte, so soll derselbe neben dem Obrigkhaitswandl, auch von ainem Handtwerch mit gebürender Straff angesechen : und da die Gesöllen darbey interessiert, der halbe Thaill in der Gesöllen Pixen gelegt werden, und verrers ain Handtwerch in disen Puncten auf den achzechenten Articul ersten Titls, vierten Puechs der Landts : und Polizey Ordnung gewisen sein.

Wann nun auch fürs Sibenundzwainzigiste, ain Maister diss Gerichts mit Haus sich in ain anders begeben, hernach aber widerumb in alhiesiges Gericht zuruckh khomben wurdte, soll derselb zwar der Maisterstuckh yberhoben, yedoch in allen andern Puncten dieser Ordnung zugeleben, auch ain Pfundt Wax zuerstatten schuldig sein.

Dauern aber Achtundzwainzigistens, ain frembder Maister, so allererst in das Gericht und Handtwerch herein zekhomben willens ist, und daß er seine Maisterstuckh anderer Orthen gemacht habe, Urkhundt auflegen würdet, soll derselb gleichwol auch wegen Machung der Maisterstuckh befreyt, yedoch ainem Handtwerch drey Pfundt Pfening und zu Haltung des Gottsdiensts drey Pfundt Pfening oder für yedes vierzig Khreizer zu geben verbundten sein.

Und so sich dann auch zum Neunundzwainzigisten, ein Maister oder Gsöll an dem Jartag oder zu andern Zeiten des Schelten und Fluechen, auch anderen gottslösterlichen Wortten, vermessen wurdte, solle derselb nach Erkhandtnus aines Handtwerchs oder Viertlmaister, seinem Verbröchen gemess gestraft : der Obrigkhait nit vorgegriffen : dergleichen Verbröcher aber in Arbeith nit pasiert werden. Er habe sich dan, mit ordentlicher Obrigkhait und dem Handtwerch solcher Händl halber vorhero abfindtig gemacht, und verglichen.

Es sollen auch fürs Dreissigiste, jedes Jahrs am gewohnlichen Jahrtag vier Maister zu Viertlmaister verordnet werden, welche das ganze Jar yber ordentliche Register yber Einnamb und Ausgab halten, bei der Churfürstlichen Gerichtsschreiberey Handtwerchs Rechnung verfassen, und bey der ordentlichen Churfürstlichen Obrigkhait umb ratifications willen vorlegen,

auch nach beschechner Ratification dieselbe in der Handtwerchs Ladt verwahrlich aufbehalten und von Jahr zu Jahrn continuierlich fortsezen.

Beschleisslichen, soll dise Handtwerchs Ordnung, nit allein in allen Puncten, Claußln und Articuln, bey hirin vermelten und nach Beschaffenheit oder Verbröchen, nach hechern exemplarischen Straffen, unuerbrüchlich gehalten werden, sonder und beuorderist hochernant Churfürstliche Regierung Lanndtshuett, dieselbe zemündern, zemehren, zum Thaill oder gar abzuthuen und ein andere von neüem aufzerichten, ohne aines Handtwerchs der Hafner, auch sonst meniglich Einredt oder Hindernuß allerdings reseruiert und vorbehalten sein.

Wann wir dann aines Handtwerchs der Hafner Churfürstlichen Pfleggerichts Teispach obeingangs einverleibte rationes und motiua zu consideration genomben, dieselbe nach Gestalt der von besagtem Gericht Teispach hieryber eingelangten Berichten, gegen den Cur Bayrischen Statutis : unnd wolvorsechner Lanndts : und Polizey Ordnung reiffig erwogen, und unnß alßdan nach Erfundtenheit der Sachen eines solchen Schluss und Handtwerchs Ordnung ainhelliglich verglichen, als oben nach lengs mit mehrern einkhomben. Alß ist obangezogenem Handtwerch der Hafner auf ir underthenig beschechnes Anhalten, gegenwerttige Urkhundt under höchsternannt Seiner Churfürstlichen Durchlaucht hier angelangten Regiments Secrete verförttigt, erthailt worden. Geschechen alda zu Landtshuet, den Sibenzechenten Monats Dezembris, Nach Christi Allerheilligisten Geburtt, Im Sechzechenhundert Sechs und Vierzigisten Jahr./.

Cannzley　　　　　　[Unterschrift unleserlich] m[anus] [prop]ria

Kommentar zur Kröninger Hafnerordnung von 1646

Erlassen wurde die Handwerksordnung auf Bitten der Kröninger Hafner im Namen Herzog Maximilians von Bayern von der kurfürstlichen Regierung in Landshut unter Vicedom Carol Fugger Graf zu Kirchberg und Weissenhorn am 17. Dezember 1646.

Der Text zeigt bestimmte handwerkspezifische, nur in der Hafnerei gebräuchige Formulierungen, die wohl auf Vorschlag der Hafner selber in die neue Ordnung aufgenommen worden sind.

Ihr Geltungsbereich erstreckte sich auf alle Hafner, die im Bereich „des unteren Kröning" innerhalb der Grenzen des

Pfleggerichts Teisbach [Landkreis Dingolfing/Landau und Vilsbiburg] und den darin liegenden Hofmarken leben. Die Hafner bekräftigten auch, dass sie schon seit unfürdenklichen Jahren als redliche (rechtschaffene) Meister und Handwerksgenossen innerhalb und außerhalb des Landes, in Reichs-, Haupt- und anderen Städten und Märkten anerkannt und auf den Märkten zum Verkauf ihres Hafnergeschirrs zugelassen („passiert") waren.

Den Hafnern im Kröning war von jeher zugestanden, mit vom Handwerk selbst ausgestellten Lehrbriefen, Lehrlinge und Gesellen in die Zunft aufzunehmen, sowie Gesellen zu Meistern zu ernennen, damit diese ohne Erschwernis („difficultet") eine Werkstatt und Brennstatt übernehmen konnten. So baten die Hafner die Regierung, ihnen ein ordentliches, auf Pergament geschriebenes „Handtwerchs Libell" (Urkunde in Buchform) auszustellen, damit im Handwerk künftig jeglicher Missbrauch und Pfuscherei („Stimplereyen") ausgeschlossen bleibt. Dem Pfleggericht Teisbach wurde anbefohlen, den Hafnern auf Grund ihrer Handwerksordnung rechtlichen Schutz zu gewähren und sie bei allen entstandenen Streitigkeiten zu unterstützen.

1. Zu Ehren der Muttergottes und Himmelskönigin Maria als der Patronin des Handwerks der Kröninger Hafner, ist am Fest Mariæ Heimsuchung (2. Juli) oder in der darauf folgenden Woche in der St. Veits-Kirche im kurfürstlichen Markt Teisbach ein vom Ordinariat in Regensburg approbiertes und confirmiertes (bewilligt und bestätigt) gesungenes Lobamt der hl. Messe für die verstorbenen Handwerksgenossen sowie für die im Handwerk einverleibten Brüder und Schwestern ein gesungenes Requiem abzuhalten. Mit Brüder und Schwestern sind die in einer besonderen Abteilung der Handwerksrolle passiven Mitglieder wie Beamte des Pfleggerichts, Mesner, Lehrer und Handwerker vor allem aus dem Markt Teisbach vermerkt, die ebenfalls Handwerksbeiträge zu entrichten hatten. Am Gottesdienst haben sich alle im Handwerk einverleibten Hafnermeister und Gesellen des Landgerichts Teisbach und die aus den darin gelegenen Hofmarken zu beteiligen und zwar vom Anfang bis zum Ende. Sollte ein Meister oder Geselle ohne rechtlich begründete Ursache fernbleiben, ist er zur Zahlung von zwei Schilling Pfennig in die Handwerkslade schuldig.

2. Nicht rechtmäßig in das Handwerk eingeschriebenen Meistern im Gericht Teisbach ist verboten, ihr selbst gefertigtes Geschirr ab Werkstatt, im Hausierhandel und auf öffentlichen Jahr- und Wochenmärkten zu verkaufen. Sie gelten so lange als „Stimpler (Pfuscher) und undichtige" Handwerker, bis sie ordnungsgemäß in das Handwerk aufgenommen sind.

3. Lehrlinge haben ihre eheliche Geburt nachzuweisen, werden 14 Tage zur Probe aufgenommen und dann dem Handwerk oder dem zunächst wohnenden Viermeister vorgestellt. Die Lehrzeit dauert vier Jahre, der Viermeister erhält für seine Bemühungen einen Gulden und zwei Pfund Wachs oder für jedes Pfund ersatzweise 40 Kreuzer, die in die Lade zu erlegen sind. Das vierte Lehrjahr kann durch Zahlung von drei Gulden erlassen werden, wovon ein Teil in die Handwerkslade, die andere Hälfte an den Lehrmeister zu zahlen ist.

4. Nach Ableistung seiner Lehrjahre hat der Geselle weitere zwei Jahre zu wandern, bevor er zum Meisterrecht zugelassen ist.

5. Als Meisterstücke sind zu fertigen: „ain wolgefarbten Plutter oder Zapfen-Krueg zwainzig Mass haltent, fürs ander ainen Zahl Hafen ainer halben Eln hoch, drittens ainen mit der Pippen inwendig gepickhten Essig Krueg vierzig Mass haltent, (welche Stuckh an ainem Tag gedräet und verförttiget werden sollen) zum vierten ainen schwarz oder griennen Ofen, mit Fueß, mitl, und Obergsimbs, auch sechs Zeil Kachln, sambt ainem Khranz inner Monatsfrüst ufzerichten und zuverförttigen obgelegen sein".

Bei Fertigung der Werkstücke hat ein Viermeister anwesend zu sein. Das erste Meisterstück stellt eine bauchige Henkelflasche, im Kröning als „Bludser" bekannt, dar. Der „Zahl Hafen" dürfte zu den hohen Gefäßformen mit etwa 41 Litern Inhalt zählen. Der Ausdruck „Zahl" konnte auch von den letzten Hafnern nicht mehr erklärt werden. Er dürfte die Größe oder den Inhalt eines Gefäßes bezeichnen. Der meist reduzierend gebrannte schwarze Essigkrug in seiner bekannten bis ins 19. Jahrhundert gefertigten bauchigen Form wurde innen mit Pech[25] ausgestrichen. Die „*Pippen*" bezeichnet ein Auslaufrohr über dem Stand, das jedoch dem erhaltenen Bestand nach nicht bei jedem Exemplar vorhanden ist. Das vierte Meisterstück, ein Kachelofen, stellte wohl die größten Anforderungen an den angehenden Meister dar.

6. Die fertigen Meisterstücke werden in Anwesenheit des Beschaumeisters begutachtet und bei bestandener Prüfung protokolliert. Der neue Meister (*„Stuckmeister"*) wird dann in Anwesenhit des Handwerks-Kommissars, einem Beamten des Pfleggerichts Teisbach und des Beschaumeisters, vor versammelten Handwerk oder den Viermeistern in die Zunft aufgenommen. Der Vorgang geschieht in der Regel während der jährlichen Handwerksversammlung. Der Jungmeister hat als Meistergebühr zwei Schilling Pfennig in die Handwerkspixe zu entrichten, deren Zahlung ihm zur Hälfte erlassen ist, wenn er eine Meisterwitwe oder eine Meistertochter ehelicht.

7. Werden die Meisterstücke für nicht gut befunden, hat sich der angehende Meister für ein weiteres Jahr auf Wanderschaft zu begeben.

8. Um Unparteilichkeit zu gewährleisten, dürfen die Meisterstücke nur in Anwesenheit der Viermeister oder zweier anderer Meister in den Brennofen gesetzt und auch wieder heraus genommen werden.

9. Der angehende Meister (Stuckmeister) darf vor Anfertigung der Meisterstücke nur in Beisein aller oder eines Teils der Viermeister mit der Arbeit auf der Drehscheibe (den „Cloß" auf die Scheibe bringen) beginnen. Auch ist vorher ein Pfund Wachs und ein Gulden für eine Handwerks- oder Bruderschaftskerze in das St. Veit-Gotteshaus in Teisbach zu erlegen.

10. Wer sich Streitigkeiten zu Schulden kommen lässt, wird im Handwerk nicht geduldet, darf nicht zu den Meisterstücken und zum Meisterrecht zugelassen werden.

11. Sind die Viermeister von einem angehenden Meister sehr weit entfernt wohnhaft, hat sich der Jungmeister mit seinen gefertigten Meisterstücken am Tag der Jahresversammlung nach dem Gottesdienst bei den Viermeistern zu melden und die Abgaben zu leisten. Sollte eines Meisters Sohn sich verheiraten, ist dieser 30 Kreuzer und ein halbes Pfund Wachs schuldig, muss aber „*ohne Nachlass*" seine Meisterstücke fertigen und jedem Meister einen Gulden bezahlen. Mit der Abhaltung eines Meistermahls wird der junge Meister jedoch nicht belastet. Die gleichen Bedingungen gelten bei der Verheiratung einer Meisterwitwe.

12. Es darf kein fremder, nicht in die Handwerkszunft einverleibter Meister, beim Verkauf von Geschirr oder Kachelwerk, es sei gedreht, überschlagen oder glasiert, weder in Städten, Märkten noch in anderen Orten auf dem Land, außer der schwarz beschnittenen Kacheln, geduldet werden. Wo dies dennoch geschieht, wird er als „*Stimpler*" (Pfuscher) der Obrigkeit übergeben, von dieser gestraft und auch dem Handwerk überstellt. Jedoch ist zugelassen, dass die zum Handwerk einverleibten Meister, die keine eigene Brenn- oder Werkstatt besitzen, bei ihren Mitmeistern Ofengeschirr, wie Kacheln und was dazu gehört, einkaufen und die Öfen dann aufsetzen dürfen. Den Maurern ist dies nicht gestattet.

13. Die Hafner dürfen bei anderen Hafnern kein Geschirr kaufen und auf den Märkten veräußern (so genannter „*Fürkauf*"). Jeder Hafner muss seine selbst gefertigte Ware auf den Markt bringen. Bei Übertretung dieses Gebots wird das unrechtmäßig zum Markt gebrachte Geschirr an die Spitäler und Armenhäuser übergeben.

14. Den Kröninger Hafnern ist nicht erlaubt, wie von manchen Hafnern aus dem Gericht Teisbach bereits praktiziert, weder schwarzes noch anderes Geschirr außerhalb der Jahr- und Wochenmärkte zu den ortsansässigen Hafnern nach Landshut und anderen Städten und Märkten zu bringen, um dies dann dort glasieren zu lassen und als deren selbst gefertigtes Geschirr auszuweisen, zu verkaufen und zu verhandeln.

15. Den mit Geschirr handelnden Höfenführern, Tragern (Kraxentrager) und Hausierern ist gestattet, Hafnerware bei den Werkstätten aufzukaufen und auf den Märkten im Inland zu veräußern. Den Hafnermeistern ist

---

25 Pech wurde durch das beim Anhauen von Kiefer- oder Fichtenstämmen auslaufende Harz gewonnen, das je nach Verwendung geläutert und eingesotten wurde. Die Tätigkeit übte der Pechler/Pechsieder, eine eigene Berufsgruppe aus. Aus: Riepl, Reinhard: Wörterbuch zur Familien- und Heimatforschung in Bayern und Österreich, Waldkraiburg 2004, S. 159.

zugelassen, soviel geladene Fuhren mit Hafnergeschirr auf die Märkte zu bringen, wie sie eben zur Verfügung haben.

16. Sollte ein Meister oder Geselle vorhaben, eine Handwerksversammlung einzuberufen, muss diese bei einem Viermeister angemeldet und ein Schilling Pfennig in die Lade entrichtet werden. Hier ist wohl das Einberufen einer außerordentlichen Versammlung angesprochen.

17. Bei der Handwerksversammlung hat nach der Land- und Polizeiordnung der Handwerkskommissar, ein Beamter des Pfleggerichts Teisbach anwesend zu sein. Den Teilnehmern ist aufgetragen, keine Schimpf- und Schmachreden zu führen, nicht zu raufen (*„irgents betasten"*), keine Drohgebärden zu vollführen und nicht auf den Tisch zu schlagen. Auch soll keiner dem anderen dreinreden, sondern sich gedulden, bis er mit seiner Rede und Meinungsäußerung an der Reihe ist. Zuwiderhandlungen werden mit einer von der Obrigkeit und dem Handwerk ausgesprochenen Strafe geahndet.

18. Bei der im kurfürstlichen Markt Teisbach alljährlich stattfindenden Handwerksversammlung hat jedes Zunftmitglied teilzunehmen.
Die Zusammenkünfte geschehen in einem bestimmten Gasthaus, der Hafnerherberge, wo auch die Handwerksinsignien, wie Handwerksschild, Tischzeichen, Lade und Fahne aufbewahrt werden.

19. Während der Versammlung des Handwerks dürfen die Teilnehmer ihre Seitenwehre, Degen und andere Waffen nicht in den Versammlungsraum mitführen, sondern müssen diese außerhalb des Raumes ablegen.

20. Die zu einem Trunk zusammen gekommenen Handwerksgenossen dürfen sich bei Vermeidung einer Obrigkeits- und Handwerksstrafe untereinander nicht mit *„Stumpfier-* (Schmäh- und Spottreden, Schmeller 2/ Sp. 761) *und Spottworten"* belegen und auch nicht belästigen.

21. Ein Meister soll sich nicht um die Arbeit des anderen kümmern. Dabei entstandener Streit ist von den Viermeistern zu schlichten. Die Abwerbung von Käufern auf öffentlichen Märkten ist strafbar.

22. Unredliche Gesellen dürfen nicht beschäftigt werden. In welcher Werkstatt zwei Gesellen in Arbeit stehen, hat der Meister dem anderen Meister, der keinen hat, einen abzugeben.

23. Jeder Meister im Handwerk muss alle Quatember (Vierteljahr) drei schwarze Pfennig, dann ein jeder Meister und Geselle zusätzlich am Jahrtag zwölf schwarze Pfennig in die Handwerkslade erlegen.

24. Alle Meister und Gesellen haben, wie im ersten Artikel beschrieben, das Ende des Jahrtags-Gottesdienstes abzuwarten. Anschließend haben sie sich in die Herberge zu begeben, um dort der Ablesung der Handwerksordnung und anderer Begebenheiten beizuwohnen. Jeder Meister, Geselle und Junger (Lehrling) zahlt bei dieser Gelegenheit seinen Wochenpfennig.

25. Jeder Knecht (Geselle) und Junger hat den Meistern auf dem ordentlichen Jahrtag ohne Verlust (*„Abgang"*) die Wochenpfennig in Höhe von vier Kreuzern Einschreibgeld in die Knechtpixen [= Kasse der Knechte/ Gesellen] zu stellen.

26. Wenn einer den andern schmähen oder schelten würde, muss derjenige nicht nur von der Obrigkeit, sondern auch vom Handwerk mit einem Strafgeld belegt werden, wobei die Hälfte davon in die Gesellenpixen zu entrichtet ist.

27. Wenn ein Meister seinen Wohnsitz in ein anderes Gericht verlegt, dann wieder in das hiesige Gericht zurückkehrt, ist er zwar von einem erneuten Meisterstück befreit, muss aber ein Pfund Wachs in die Handwerkskasse bezahlen.

28. Sollte ein fremder Meister das erste Mal in das hiesige Gericht ziehen und kann er sein andernorts gefertigtes Meisterstück urkundlich nachweisen, ist er hier von einem erneuten Meisterstück befreit. Dem Handwerk muss er aber drei Pfund Pfennig, außerdem zur Haltung des Gottesdienstes ebenfalls drei Pfund Pfennig oder ersatzweise 40 Kreuzer für jedes Pfund geben.

29. Sollte beim Jahrtag oder zu anderen Zeiten ein Meister oder Geselle beim Schelten und Fluchen oder anderen gotteslästerlichen Worten festgestellt werden, so sind diese, gemäß ihres Verbrechens und ohne der Obrigkeit vorzugreifen, vom Handwerk zu strafen. Außerdem sind sie zur Ausübung des Handwerks so lange nicht mehr zugelassen, bis sie sich mit dem Handwerk und der Obrigkeit wieder verglichen haben.

30. Alljährlich sollen am gewöhnlichen Jahrtag vier Meister zu Viertelmeister (Obermeister) verordnet werden. Sie sind verpflichtet über Einnahmen und Ausgaben des Handwerks Buch zu führen, bei der kurfürstlichen Gerichtsschreiberei zu Teisbach die Handwerksrechnung zu verfassen, diese bei der kurfürstlichen Obrigkeit (dem Pfleggericht) zur Ratifizierung vorzulegen, um sie dann in der Handwerkslade aufzubewahren und von Jahr zu Jahr kontinuierlich fortzusetzen.

Diese Handwerksordnung soll nicht nur in allen Punkten, Klauseln und Artikeln, auch in allen ausgesprochenen Strafen gültig sein, sie kann auch von der kurfürstlichen Regierung in Landshut in ihren Bestimmungen verändert oder ganz abgeschafft werden. Die Regierung kann aber auch eine ganz neue Ordnung aufrichten.

Dem Handwerk der Hafner wird auf deren untertäniges Anhalten die gegenwärtige Urkunde mit dem Siegel der Regierung Seiner kurfürstlichen Durchlaucht ausgefertigt und erteilt. Geschehen zu Landshut den siebzehnten im Monat Dezember im Sechzehnhundertsechsundvierzigsten (1646) Jahr. Kanzlei – Unterschrift unleserlich.

Verpflichtungen der Kröninger Hafner gegenüber der Obrigkeit

So genannte, obrigkeitlich festgeschriebene Scharwerksdienste (Frondienste) lasteten seit dem Mittelalter auf fast allen landwirtschaftlichen und Gewerbe treibenden Anwesen im ländlichen

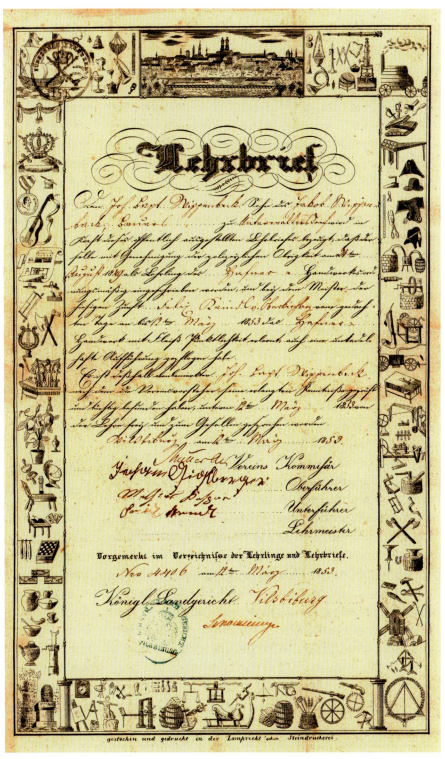

Abb. 16: Vom Handwerk der Hafner auf dem Kröning ausgestellter Lehrbrief für den Hafnergesellen Johann Baptist Wippenbeck, Lehrmeister Felix Kaindl von Oberkirchberg, 12. März 1853. Der Königl. Landrichter Schöninger von Vilsbiburg bestätigt dies mit seinem Dienstsiegel (AHV, Fotokopie, Organisation)

Raum. Bestimmte Arbeiten mussten zu bestimmten Zeiten für den Grundherren[26], das Pfleggericht oder andere staatliche Institutionen geleistet werden. Dies wirkte sich aus durch Mithilfe bei der Feldbestellung und bei Arbeiten im Wald, bei der Unterhaltung und dem Bau von Straßen und Wegen, bei Fuhrwerksdiensten, bei Arbeitsleistungen an Befestigungsbauten (Burgen und Schlössern der Herrschaft) u.a.m. Solche Dienste konnten von den Pflichtigen durch Abgaben von Naturalien oder Geldzahlungen abgegolten werden.

Auch die Hafner im Kröning waren zu solchen Leistungen verpflichtet, wovon sie sich zu bestimmten Zeiten zu befreien versuchten. 1540 beschwerten sich *Florian Hafner, Paulus Witnpeckh, Steffan Hafner, Andre Hafner, Wolfgang Witnpekh* und *Wolfgang Hafner*, alle Hafner auf dem Kröning, über das zu leistende Scharwerk zum Schloss Teisbach.[27] Sie seien arme Hafner, besäßen nur kleine Gütl und dabei keine Pferde und könnten sich nur zwei oder drei Kühe halten. Dennoch sollten sie Scheiter und Ramholz „*gen Hof thuen*", obwohl sie und andere Hafner auf dem Kröning alle Quatember [= Quartal, jedes Vierteljahr] einen Karren voll Häfen auf das Schloss zu liefern hätten. Außerdem sollten sie sich, wohl auf Veranlassung der Bauern, bei den Getreidefuhren, ausgehend vom Schloss Teisbach, nach Kraiburg beteiligen. Der Pfleger des Gerichts Teisbach berichtete an die Regierung, dass das Scharwerk auf den Gütern läge, die Leistungen somit erbracht werden müssten. Ein Bescheid der Regierung ist nicht erhalten.

1584 legten die Besitzer von drei Hafnereien an der Bina, *Hanns Zwerchfeldt* am Stadlhof, *Georg Stürhueber* zu Siebengadern und *Hanns Tunckhler* zu Pfistersham auf der Stürnhueb, bei der Regierung in Landshut einen originalen, jedoch unleserlich gewordenen „Freybrief de anno 1436" mit einem schadhaften Siegel nebst einer Abschrift mit der Bitte vor, diesen auf Pergament zu erneuern und

zu siegeln.[28] Darin wird auf die drei Güter Bezug genommen, die im Jahr 1436 im Besitz von *Hanns Zwerchfeldt* am Stadlhof, *Hainzl Stür* auf dem Stürngut zu Siebengadern und der Witwe *Dorothea die Tugentlichin* auf der Stürnhub zu Pfistersham gewesen sind. In diesem Freibrief wurde wiederum auf die Besitzer dieser Güter im Jahr 1301 verwiesen, die als die „*die vier Brueder die genannt seind … die Stüren*" bezeichnet werden. Der Freibrief erwähnt damit durchgehend von 1301 bis 1584 die Steuerbefreiung für diese drei genannten Güter an der Bina, „*Alß das khain Ambtman zu in nit greiffen, noch sie darumb nit laidigen noch beschwären hat dürffen*". Sie, die Hafner, „*sollen aber uns als offt wür zu Pyburg*[29] *sein, Hefen in die Kuchen und erden Trinckhgeschürr in den Keller und darzu auch Lichtschermb geben.*" Mit der Ausfertigung des Freibriefs mit Datum „*Anno domini millio tricentesimo primo an Sanct Vizenzentag*", also 1301, besitzen wir die älteste Nachricht von Hafnern in der Kröninger Region.

Laut Endbescheid der Regierung vom Jahr 1584 hatten die genannten Kröninger Hafner die auf ihren Gütern lastende Steuer zu entrichten und zusätzlich den „Höfendienst", also die Geschirrlieferung an das Schloss Teisbach zu leisten.

Das unerfreuliche Höfengeld – Forderungen des Pfleggerichts Teisbach an die Hafner im Kröning[30]

1792 beschwerte sich das Kröninger Hafnerhandwerk, vertreten durch die Viertelmeister *Philipp Haider* von Hub und *Joseph Stürminger* von Jesendorf, bei der Regierung in Landshut darüber, dass das Pfleggericht Teisbach für zwei Beamte unentgeltlich Geschirrlieferungen fordere. In der Vergangenheit sei von den Gerichtsdiener-Knechten bei den Hafnern von Haus zu Haus soviel Geschirr

---

26 Der Grundherr hatte die Herrschaft über den Grundbesitz und übte in der Regel auch die Gerichtsherrschft über seine in der Herrschaft lebenden Untertanen aus, von denen die meisten in einem Pachtverhältnis standen (Lehen).

27 StALa, Regierung Landshut A 4825, Gericht Teisbach, Die Hafner in Cröning, wegen der Scharwerch zum Chf. Schloß Teyspach und die Liferung der Häfen dahin, 1540.

28 StALa, Regierung Landshut, A 7005, Gericht Byburg. Hanns Zwerchfeld et Cons: Hafner in Kröning contra Gericht Byburg in caa : stritiger Steur und Raichung des Höfendiensts, Ao 1584.

29 Gemeint ist hier, wenn der Herzog auf der Durchreise von Landshut nach Burghausen in der Urbars-Taferne in Vilsbiburg, heute Gasthaus „zum Schöx" Untere Stadt 11, Station machte.

30 StALa, Regierung Landshut, A 18785, Hafnerhandwerk in Kröning Gericht Teisbach, wegen unentgeltlich geforderten Hafnergeschirrs. 1792 – 1795.

Abb. 17: Schloss Teisbach, Amtssitz des Pflegers für den Gerichtsbezirk Teisbach. Ausschnitt aus dem Kupferstich von Michael Wening, 1723.

eingesammelt worden, als die Beamten *„von Zeit zu Zeit brauchten"*. Dabei sei die Abgabe der Hafnerware auf freiwilliger Basis geschehen, nachdem die landgerichtischen Meister jährlich sowieso 5 Gulden Höfengeld zu entrichten hätten. Neuerdings fordere nun das Pfleggericht, dass nur eine Werkstatt die Geschirrlieferung zu tätigen hätte, wie dies bereits zweimal durch den Hafner *Anton Meister* von Onersdorf geschehen ist. Da sich das Handwerk nun dieser Forderung in Zukunft widersetzte, hatte man die beiden genannten Viertelmeister bei der folgenden Anhörung am 27. Oktober zu 3 Gulden und einigen Kreuzern Strafe verurteilt, deren Zahlung sie aber verweigerten. Das Gericht verhängte daraufhin den sofortigen Amtshaus-Arrest über die beiden Viertelmeister, wogegen nun das Handwerk ebenfalls Beschwerde einlegte. Die Regierung entschied schnell: Die Arrestanten seien, da *„keine malefizischen Verbrechen"* (Mord, Vergewaltigung, Diebstahl und Straßenraub) vorlägen, unter Androhung von 24 Reichstalern Strafe sofort zu entlassen. Das Gericht hätte sich außerdem innerhalb 14 Tagen zu dem Vorgang zu äußern, was dann sehr ausführlich am 4. Dezember, allerdings ohne Einhaltung der 14-tägigen Frist geschah. Der Pflegs-Commissar *von Predl* meldete die sofortige Entlassung der beiden einsitzenden Hafner, widersprach jedoch deren Argumenten. So sei falsch, dass nur von einer Werkstatt das Geschirr zu liefern sei. Er und sein Vorgänger hätten, wenn sie Geschirr brauchten, auch solches geliefert bekommen.

Es dürfte doch nicht zu lästig sein, wenn jeder von den 50 bis 60 Hafnern jährlich ein bis zwei Stück Geschirr in die Pflegerwohnung lieferten. Wegen des *„beträchtlichen Geldgenusses"* von 13 Gulden 30 Kreuzern, den die hiesigen Pflegsbeamten jährlich beziehen, so die „eitle Prahlerey" der Beschwerdeführer, sei nur soviel angebracht, dass der Hauptpfleger 1 Gulden 8 Kreuzer 2 Pfennig, der Oberbeamte 5 Gulden 2 Pfennig und der Nebenbeamte 6 Gulden 27 Kreuzer erhalten. Dafür müssten sie aber die Handwerksangelegenheiten an den Jahrtagen besorgen, die Rechnung führen und die Verhöre leiten. Der Gerichtspfleger bat die Regierung, es bei der Geschirrlieferung zu belassen.

Der Vorgang scheint jedoch zunächst bei der Regierung Landshut „hängen geblieben" zu sein. Erst auf Reklamation des Pfleggerichts Teisbach vom 6. Juni 1793 wurden die Akten von der Hofkammer in München am 10. September 1793 in Landshut angefordert. Eine Entscheidung erfolgte jedoch erst am 2. Juni 1795, die Hofkammer entschied zugunsten der Kröninger Hafner. In der Begründung aus München an die Regierung in Landshut hieß es, die Hafner reichten einesteils jährlich 5 Gulden Höfengeld zur Hauptpflege. Andernteils lieferten sie unentgeltlich Geschirr an das Pfleggericht Teisbach, wozu die Hafner jedoch weder *„Saalbuch oder Decretsmässig"* verpflichtet seien. Das Recht auf diese Geschirrlieferung sei deshalb vom Pfleggericht Teisbach auf deren eigene Unkosten einzuklagen. Dieser endgültige Bescheid erging am 22. Juni 1795 an das Pfleggericht.

Der Streit der Landshuter Hafner-Hauptlade gegen die Viertellade der Kröninger Hafner wegen Inkorporierung[31]

Ein besonders, auch nach Zahl der Schriftstücke heftiger, von der Hauptlade der Landshuter Stadthafner angezettelter Streit gegen die Viertellade (stellenweise als ganze Lade bezeichnet) der Hafner zu Teisbach entwickelte sich ab 1775. Im Tenor versuchte die Hauptlade in Landshut die an Werkstattzahlen mächtigen Kröninger Hafner in ihr Handwerk zu ziehen. In die Inkorporierungsversuche waren gleichzeitig auch die Hafnerladen in Pfarrkirchen und Vilshofen eingeschlossen.

Zunächst argumentierten die Landshuter Hafner, dass sich die Lade von Kröning mit ihrer durch die Regierung in Landshut erlassenen Ordnung von 1646 nicht als *„separierte ganze Lade"* legitimieren könne, weil diese nicht vom höchsten Landesherren confirmiert, also nicht bestätigt worden sei. Auch hätten die Kröninger das Mandat des Geheimen Rats in München vom 5. Juli 1755 nicht befolgt, wonach alle Handwerksartikel, also Handwerksordnungen im Land hätten eingesandt werden müssen. Weiter zitierten die Stadthafner von Landshut ihre durch Kaiser Joseph im Jahr 1709 erteilten Handwerksartikel, nach der erstens alle im Rentamt befindlichen Meister zur Hauptlade nach Landshut eingezünftet sein müssten und in Folge dessen zweitens, die Kröninger Ordnung erloschen sei und damit allen Glanz verloren habe. Die Kröninger Hafner wiederum hielten dagegen, dass die Landshuter Lade ihre Ordnung von 1709 *„von der feindlichen aufgestellten Landesadministration S: Majestät Kaisers Josephi, welcher unser Vaterland armata occupiert, in unseres gnädigsten Churfürstens und Landesvaters Durchlaucht* [Max Emanuel im Exil]

Abwesenheit ohne dero Wissen und Willen erschlichen hat".[32] Ihre, die Kröninger Hafnerordnung hätten sie sehr wohl schon am 9. Januar 1765 zum Polizeirat nach München zur Confirmation oder Korrektur eingesandt. Dort habe man bei ihrer Lade jedoch keine Missbräuche festgestellt und eine Renovierung auch nicht für nötig erachtet. Die Landshuter Meister verwiesen dann auf ihre in Auszügen am 15. Januar 1775 an die Regierung in München eingesandten Handwerksartikel, wonach pflichtgemäß alle im Rentamt befindlichen Hafnermeister beim Hauptjahrtag in Landshut zu erscheinen hätten. Zitiert wurden auch jene Artikel, die die Meisterwerdung der Landmeister, das Aufdingen und Freisprechen der Lehrlinge, vor allem aber die Höhe der zu zahlenden Mitgliedsbeiträge an die Hauptlade regelten.

In ihrer Gegenargumentation verwiesen die Kröninger Hafner in drei wortreichen Schriftsätzen auf die bereits am 27. April 1739 in der gleichen Sache abgewiesenen Bemühungen der Hauptlade. Danach wurde in einem Vergleich vereinbart, dass die Hauptlade in Landshut keinen Hafner aus dem Gericht Teisbach und noch viel weniger einen aus der dortigen Lade abwerben dürfe. Im Gegenzug würden die Kröninger Hafner keine „auswärtigen" Meister (aus dem Rentamt) aufnehmen. Im Laufe dieses Verfahrens sind in Schriftstücken der Kröninger Hafner recht kräftige Ausdrücke gegenüber der Landshuter Lade gefallen: *„denen Landshuter Meistern sei aufzutragen, daß selbige jedes Mal, wann man einen gerichtischen oder hofmärkischen Meister zur hiesigen Lad* (Kröning), *wie rechtmäßig einzünftet, sie das Maull halten und articlmässig schweigen sollen".*[33] Zur Bekräftigung des rechtlichen Standes ihrer Viertellade zitierten die Kröninger Hafner unter Hinweis auf ihre noch immer gültige Handwerksordnung von 1646 den *Codex Maximilianeus Bavaricus Civilis*, als das in Kurbayern gültige Gesetzbuch.

Grund für die 1775 neuerlich einsetzenden Bemühungen der Landshuter Hauptlade dürfte in erster Linie deren schwache finanzielle Ausstattung zu dieser Zeit gewesen sein. Das Handwerk im Kröning und auch die Hauptlade selber bezifferten die Landshuter Verbindlichkeiten mit

---

31 AHV, Akten des Kröninger Hafnerhandwerks, 1. Organisation, 1.17 Streitakten Nr. 64 – 77. „Die Laad der der Hafner zu Teyspach contra die Bürgerlichen Hafner zu Landshut wegen widerrechtlich suchender Laads Incorporierung."

32 Hier ist die Besetzung Bayerns durch kaiserliche Truppen während des spanischen Erbfolgekrieges (1701-1714) angesprochen.

33 Wie Anm. 7, Streitakten Nr. 35.

der von Hauptlade aufgenommenen Summe von 410 Gulden Kapital und 200 Gulden nicht mehr bezahlbaren Zinsen, was jedoch, so die Kröninger, erst durch „*mutwillige Prozesse und den unnötigen kostbaren Aufwand*" der Hauptlade verursacht worden wären. Sie, die Kröninger erklärten sich mit der Inkorporierung und damit auch mit der Begleichung der Landshuter Schulden nicht einverstanden. Auch hätten die Kröninger Hafner wegen der von Landshut angezettelten Prozesse selber beträchtliche Schulden machen müssen, zu deren Tilgung diese bestimmt nichts beitragen würden. Und wenn die dadurch in eine missliche Lage geratenen Kröninger Hafner deswegen ihre Häuser verpfänden müssten, so seien die Landshuter Hafner dieses zu tun umso mehr schuldig, denn „*wer Schulden macht, muß Schulden zahlen*". Gegenüber den nur „*etlichen Meistern*" in Landshut sollte das „*in 200 Köpfen an Meistern und Gesellen*" starke Handwerk im Kröning einen so weiten Weg nach Landshut machen oder das Geld schicken, um sie schuldenfrei zu machen. Und sollten die Landshuter Meister nicht mehr in der Lage sein ihre Handwerksausgaben mehr zu bestreiten, „*so können sie ihre neuerdings aufgebrachte Lad wieder abtun und gleichwie wie es vorher gewesen, bei uns wieder einzünften lassen*".
Diese „*österreichichen Articel*" sollten also den Kröninger Handwerksartikeln, die „*an dem Alterthum und an den landesherrlichen Artikeln der unserigen wie weitem nit gleich*" sind, vorgezogen werden. Und die Kröninger weiter, es sei doch eine bekannte Sache, „*daß unser Handwerch eines der stärksten und ältesten und vermutlich älter als das zu Landshuet selbst seye, wie dann in Anbetracht dessen solchem nit nur sonderbahre Articul gnädigst erteilet*". Beim Pfleggericht Teisbach seien auch die Handwerks-Kommissare ernannt worden. Den Landshuter bürgerlichen Hafnermeistern sei „*in mehreren Hundert Jahren her*" nie in den Sinn gekommen, ihr ganzes Handwerk anzustreiten, viel weniger unsere Lade in die ihrige zu incorporieren. Die Hafner im Kröning baten nun die Regierung, die „*strittliebenden Landshuter Hafnermeister mit ihrem muthwilligen Incorporierungsgesuch abzuweisen*". Dies geschah dann auch mit einem von der Regierung in München an die Regierung in Landshut ergangenen Befehl vom 11. Dezember 1776: Den Antragstellern der drei Hafnerladen zu Pfarrkirchen, Vilshofen und Teisbach (Kröning) ist mitzuteilen, dass „*Wür* [die Regierung] *selbe … mit der Incorporierung abgewiesen*

haben wollen, mit dem Anhang, daß wann die Hauptlade der Hafner zu Landshuet wegen Incorporation der vorbenannten drei Laaden ein Recht zu haben glaubt, sie dieses in via Juris [auf dem Rechtswege] *auszumachen und bey behöriger Instanz Klage zu stellen hätte*".

Aus dem „Protokoll der Kröninger Hafner" 1757 – 1799, mit Ergänzungen von 1792 – 1835[34]

Das Handwerksprotokoll in Buchform enthält in erster Linie Verstöße gegen das in der Handwerksordnung geschriebene Recht, die bei den alljährlich stattgefundenen Jahrtagen abgehandelt und abgestraft wurden. Bei der Jahresversammlung konnte ein jeder Meister die von seinen Handwerkskollegen verursachten Regelwidrigkeiten bei den so genannten, vom Handwerkskommissar geleiteten „*Umfragen*" vorbringen.

1757, 2. Umfrage, Seite 10
Gegen den Mitmeister *Math. Widenpeckh* von Edt (Öd) wurde vorgebracht, dass er in Moosburg eingesetztes Geschirr widerrechtlich verkaufen lasse. Er erklärte, dass die Preuin (Bierbrauerin), die das Geschirr bis zum nächsten Markt aufbewahrt hatte, dies ohne sein Wissen veräußert habe. *Widenpeckh* wurde zu zwei Pfund Wachs, dann jedoch ermäßigt zu einem Pfund Wachs Strafe verurteilt.

1757, Handwerksschluss, Seite 11
Zu den vier Fastenmärkten in Dingolfing hatten einige Meister drei und vier Fuhren mit Hafnergeschirr gebracht, wobei dann mancher Mitmeister kaum mehr eine Fuhre verkaufen konnte. Es erging der Beschluss, dass jeder Meister nur mehr zwei Fuhren dort hin bringen dürfe, außer es wäre „*der Verschleiß so gut daß ein mehreres Geschirr dabey angebracht werden könnte*".

1757, Seite 14
Es wurde festgestellt, dass manche Hafnermeister „*nur ire Weiber*" zum Gottesdienst nach Teisbach geschickt hatten.

34　AHV, Akten des Kröninger Hafnerhandwerks, 1.6 Organisation, Protokoll eines Ersamen Handtwerchs der Hafner chf. Pfleggerichts Teyspach, 1757 – 1787 und 1792 – 1835.

In Zukunft müsse aber der Meister selber anwesend sein, außer er wäre durch Krankheit oder andere wichtige Ursachen verhindert.

1757, Seite 15
Es wurde festgestellt, dass zu den Märkten in Landshut einige Meister zum Verkauf ihrer Hafnerware nicht selber erscheinen, sondern nur *„ihre Weiber und selbst diese ihre Töchter, Lehrbuben oder Dienst Mentscher (= Mägde) abschicken…"*. Künftig habe jeder Meister selber zu erscheinen, bei Übertretung zwei Pfund Wachs Strafe.

1757, Seite 17
Auf den Märkten in Erding, Moosburg und anderen Orten hatten Kröninger Hafner an die dort ansässigen bürgerlichen Hafner Geschirr verkauft und folglich *„auf 2 Plätz ihr Gewerbe getrieben"*. Als Beschluss erging, dass kein Kröninger Meister während des Marktes Geschirr an örtliche Hafner verkaufen dürfe, außerdem dieser bringe es sofort nach Hause. Bei Übertretung zwei Pfund Wachs Strafe.

5.7.1758, 2. Umfrage, Seite 29
Der Hafnermeister *Georg Dötterpöckh* von Jesendorf hatte zu den vier Dingolfinger Jahrmärkten entgegen Handwerkbeschluss mehr als die bewilligten zwei Geschirr-Fuhren gebracht. Zwei Pfund Wachs Strafe, ermäßigt auf ein Pfund.

9.7.1760, Haupthandwerkstag, Seite 51
Der Wircher *Franz Hayder* zu Wippenbach hatte die ihm aufgegebenen drei Meisterstücke, so einen Hafen, einen Essigkrug und eine *„Pfluzerer"* [= bauchige Henkelflasche, Bludser] wegen *„Abgang seines Prennofens"* (unbrauchbar geworden) bei dem Mitmeister *Georg Högl* zu Onersdorf gefertigt. Da er den Vorgang jedoch nicht angezeigt und die Meisterstücke nicht hat visitieren lassen, hat er Unrecht getan, gleichwohl die Meisterstücke unbedenklich waren.
Es fällt auf, dass schon im 18. Jahrhundert nicht mehr von dem in der Hafnerordnung von 1646 verlangten vierten Meisterstück, der Fertigung von Kacheln zu einem Ofen die Rede ist.

9.7.1760, Seite 54/55
Der bürgerliche Hafner *Wolfgang Dalt* von Frontenhausen brachte vor, dass *Johann Rottenfüsster* vor einem Jahr bei den Hafnern *„von der Büna"* *„ein schwarzes Geschir hereingeführt und hernach wieder verkauft"* hat. *Dalt* kann dies jedoch nicht beweisen, zahlt deshalb ein Pfund Wachs Strafe, ersatzweise 40 Kreuzer.

9.7.1760, Seite 64
Vorgebracht wurde, dass von je her die Hafnermeister aus dem Gericht Teisbach dem kurfürstlichen Pfleger zum jährlichen Hafengeld sechs Kreuzer beizusteuern hätten. Neuerdings verweigerten die Kollegen von der Bina diese Zahlung, wodurch der Handwerkskasse ein Schaden von einem Gulden entstanden sei. Den Binahafnern wurde freigestellt, ihre Abgaben freiwillig zu entrichten oder es auf ein Gerichtsverfahren ankommen zu lassen.

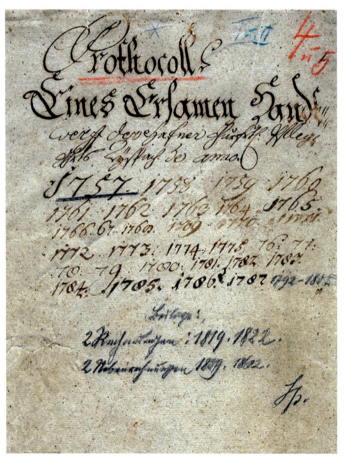

Abb. 18 Protokollbuch des Handwerks der Hafner auf dem Kröning, 1757 bis 1787 und 1792 bis 1812.

6.7.1762, Seite 71
Der beim Handwerksvater [in Teisbach] aufbewahrte Handwerksschild und zwei weitere Tafeln sind alt und schmutzig geworden. Der hiesige Schlossermeister wurde beauftragt einen neuen eisernen Schild anzufertigen, der Maler die beiden Tafeln zu renovieren. In der unter den Meistern gehaltenen Umfrage wurde jedoch festgestellt, dass kein Auftrag des Handwerks an den Schlosser und Maler ergangen sei, die für ihre Arbeit 10 Gulden bzw. 10 Gulden 30 Kreuzer zu bekommen hätten. Die Angelegenheit wurde bis zum nächsten Jahrtag zurückgestellt.
Von diesen besagten Schildern bzw. Tafeln ist keines erhalten geblieben.

6.7.1763, Haupthandwerkstag, Seite 78
Aufdingung: Der Tagwerkersohn *Veith Faltermayr* steht bereits seit einem Jahr beim Hafnermeister *Georg Högl* von Onersdorf in der Lehre. *Faltermayr* wurde laut am 13. Mai 1760 ausgestellten Ingolstädtischen Legitimationsbrief für ehelich erkannt. Artikelmäßig hätte er noch drei Lehrjahre abzuleisten gehabt, wird aber trotzdem vor offener Lade aufgedungen und zahlt einen Gulden 20 Kreuzer in die Lade.

11.7.1764, Haupthandwerkstag, Seite 93
Der Hafnermeister *Stephan Högl* von [Unter-/Ober-] Bachham (Gemeinde Gangkofen) beschwerte sich, dass der Tagwerker *Hans Deinpöckh* von Bachham bei den zur Viertellade Gangkofen eingezünfteten Hafnern *Adam Perkofer*, *Hans Perkofer* und Konsorten schwarzes Hafnergeschirr aufgekauft hat und „*solches dann an andere Leith verhandelt und sogar im Dorff Pachhamb*". Da dieses Verhalten dem Hafner *Högl* Schaden zufügte, wurde der Amtmann von Frontenhausen beauftragt, den *Deinpöckh* zu sich zu zitieren, um diesen von dem „*Unfug*" abzubringen. Andernfalls werde das erhandelte Geschirr konfisziert.

11.7.1764, Haupthandwerkstag, Seite 94
Der Hafnermeister *Hans Adler* von Öd war auf dem Markt zu Velden mit zwei dreispännigen Wägen Hafnergeschirr erschienen, wohingegen andere Meister mit nur einem vierspännigen Wagen den Markt zu frequentieren pflegten. *Adler* ging diesmal straffrei aus.

1.7.1766, Haupthandwerkstag, Seite 116/117
Bärtl Widtenpöckh, Hafner von Bödldorf, „*verbrachte einem Bauern in Mettenbach eine Laittern voll schwarzes Geschirr*". Die von *Widtenpöckh* als eine Einsetzung vorgegebene Aufbewahrung der Geschirrladung von einem Markt zum andern, ließ die Handwerksversammlung jedoch nicht gelten, er wurde jedoch nicht gestraft.

9.7.1766, Hauptjahrtag, 3. Umfrage, Seite 119
Durch bestimmte Vorfälle ausgelöst wurde an die Vorschrift erinnert, dass die Hafnermeister glasiertes und schwarzes Geschirr den „*Kauderern*" (Zwischenhändler), unbekannten Krämern und "*Schubkärlern*" (Schubkarrenziehern) nur ausfolgen dürften, wenn diese eine schriftliche Berechtigung ihrer Obrigkeit zum Geschirrhandel vorweisen könnten. Zuwiderhandlungen werden mit vier Pfund Wachs Strafe geahndet.

28.6.1767, Seite 121
Josef Perkofer von der Bina bittet das gesamt Handwerk, ihn als Meister aufzunehmen. Da er jedoch keine Meisterstücke gefertigt hat, muss er den höheren Satz von 10 Gulden 48 Kreuzer und 4 Heller in die Lade erlegen.
Auch *Matthias Wiest* zu Buttenbach hat man als Meister in das Handwerk aufgenommen. Da er jedoch die „*gewöhnliche 3 Meisterstuckh auf der Scheiben gemacht, so hat er observanzmäßig umb 3 Gulden weniger sohin nur 7 Gulden 48 Kreuzer und 4 Heller zu bezahlen gehabt*".

8.7.1767, Handwerksschluss, 3. Umfrage, Seite 136
Der Hafnermeister *Simon Fritz* von [Klein-]Bettenrain hatte dem bürgerlichen Hafner von Velden über 100 Stück Hafnergeschirr beim Haus verkauft und dadurch Unrecht getan. Da das Geschirr bereits vom Amtmann beschlagnahmt worden war, wurde von einer weiteren Strafe abgesehen.

6.7.1768, Haupthandwerk, 2. Umfrage, Seite 145
Die Viertellade der Hafnermeister von Gangkofen beschwerte sich in einem Schreiben vom 30. Juni beim Kröninger Hafnerhandwerk, dass die Wircher *Thomas Perkofer* auf der Bina und *Josef Perkofer* von Dirnaich bei dem Hafnermeister *Jacob Kaltenäker*, so genannter Forstinger zu Siebengadern und bei anderen Hafnern ganze Fuhren Höfen

[= Häfen, Geschirr] aufgekauft hätten. Zum größten Schaden der anderen Hafnermeister sei die Hafnerware auswärts verkauft respektive verkaudert (verhandelt) worden. Es wird der Handwerksschluss gemacht, dass künftig kein Meister mehr Geschirr verkaudern [= im Zwischenhandel, z.B. an andere Hafner verkaufen] dürfe, außer es lägen besondere Umstände vor, wonach dann mit Einwilligung des Handwerks und ausdrücklichem Vorwissen des Commissions-Gerichts die eine oder andere Geschirrladung verabfolgt werden dürfe.

5.7.1774, Jahrtag, Seite 211

Anton Maister, Hafner von der Bina dingt seinen ledig gezeugten Sohn *Sebastian Forster*, nun mit Legitimationsbrief vom 4. Juni ordentlich geehlicht, als Lehrling auf und zahlt einen Gulden 20 Kreuzer in die Handwerkslade.

5.7.1775, Hauptjahrtag, Seite 221

Dem Kröninger Hafnerhandwerk wurde mit Datum vom 2. Juli 1775 ein Schreiben der Hauptlade der Hafner Rentamts Landshut übermittelt, das jedoch, wie ausdrücklich bemerkt wird, weder von einem Handwerkskommissar noch von einem Viertelmeister unterschrieben war. Die Kröninger wurden befragt, ob sie die neuen Handwerksartikel der Hauptlade anerkennen wollten oder nicht und ob sie ihre, die Handwerksartikel der Hafner Gerichts Teisbach, zur Regierung in Landshut einsenden wollten oder nicht. Nach dem Verlesen des Landshuter Schreibens stellten die Kröninger fest, dass sie das von einem *„unerfahrenen Schriftsteller ohne eine gemachte Unterschrift"* gefertigten Schreiben nicht in anerkennen und sich auch nicht in die Hauptlade einverleiben lassen wollten. Sie wollten *ihre „uralt hergebrachte Lad beim Gericht Teisbach fortsetzen"* und den vom Landesherrn erteilten eigenen Handwerks-Artikeln vom 17. Dezember 1646 nachleben. Die Kröninger Hafner erinnerten an ihren am 27. April 1739 zwischen der Hafnerhauptlade Landshut und ihnen geschlossenen Vergleich, wonach die Viertellade der Hafnermeister im Pfleggericht Teisbach als separat anerkannt worden sei.

10.7.1776, Hauptjahrtag, Seite 233

Ignaz Gilgill hatte wider die Handwerksartikel *„unter der Zeit Geschirr hinausgeführt"* und von dem Bauern, bei dem er das Geschirr eingesetzt hatte, verkaufen lassen. Gilgil musste 40 Kreuzer Strafe zahlen.

8.7.1777, Jahrtag, Seite 241

Der Hafner *Simon Früz* von Kleinbettenrain hatte den mit Legitimationsbrief vom 15. 2.1777 ehelich erklärten *Anton Königbauer* aufgedungen.

7.7.1778, Jahrtag, Umfragen, Seite 251 und 255

Es wurde vorgebracht, dass mehrfach Mitmeister ihr Hafnergeschirr von *„Weibs Persohnen"* auf den Märkten in Traunstein, Dorfen und Buchbach verkaufen ließen. Die Meister waren also selber nicht anwesend, womit jeder zwei Pfund Wachs Strafe oder ersatzweise 40 Kreuzer zahlen muss.

8.7.1778, Hauptjahrtag, Handwerksschluss, Seite 256

Verschärfte Maßnahmen und höhere Strafen würden künftig ausgesprochen, wenn Mitmeister *„fremden Kauderern"*, die mit einspännigen Wagen ankommen, Hafnergeschirr verkaufen sollten. Dies gelte auch für die *„Karrner"*. Als Strafe hat man zehn Pfund Wachs festgesetzt.

11.7.1781, Hauptjahrtag, Seite 277

Der Viertlmeister *Michael Leider*, Hafner von Gerzen war zum Jahrtag in Kirchberg *„ungehorsam ausgeblieben"*. Strafe 2 Pfund Wachs, ermäßigt auf ein Pfund.

7.7.1784, Hauptjahrtag, Seite 302 und 303

Bei der vierten Umfrage wurde der Hafner *Lorenz Mayr*, auf der Straß deshalb gestraft, weil er auf die Münchner Dult *„roth und schwarzes Geschirr geführt"* und dort einem Meister verkauft hat. Desgleichen hat er am vergangen Korbinianstag nach Freising *„roth und schwarzes Geschirr miteinander geführt"*.
Nach Hallein hatte der Hafner *Martin Meindl* von Bödldorf *„schwarzes und rothes Hafnergeschirr auf einmal geführt"* und wird deshalb mit zwei Gulden Strafe belegt.
Der Ausdruck *„rotes Geschirr"* lässt sich derzeit noch nicht erklären.

5.7.1786, Hauptjahrtag, 2. Umfrage, Seite 314

Der Hafner *Paulus Gilgel* von Bödldorf hatte am vergangen Michaeli (29. September) eine zweispännige Fuhre weißes [= unglasiertes] Hafnergeschirr nach Salzburg auf die Dult führen wollen, hatte dieses aber entgegen der Handwerksartikel einem Hafner zu Neuötting verkauft. Strafe 1 ½ Pfund Wachs oder ein Gulden.

8.7.1789, Hauptjahrtag, Seite 328

Das Handwerk hatte beschlossen, den Jahrtag wegen „Ersparung der Unkosten" künftig nur mehr an einem Tag abzuhalten. In der Kirche soll um 7 Uhr früh mit der Vigil und dem Verlesen der Namen verstorbener Mitglieder der Anfang gemacht werden, damit das andere längstens bis 9 Uhr geschehen ist.

6.7.1790, Jahrtag, Seite 332

Das Handwerk hatte beschlossen, dass für die Geschirrlieferung von 220 Stück an den kurfürstlichen Hauptpfleger und die beiden Herrn Commissare der Jahre 1790 und 1791 dem Hafner *Anton Maister* von Onersdorf 14 Gulden und 28 Kreuzer erstattet werden. Künftig solle aber diese Geschirranlage von Haus zu Haus in Natura, also bei den Hafnerwerkstätten, eingesammelt werden.

1792, Hauptjahrtag, Seite 343

Der Mitmeister *Andree Mayr* von Kleinbettenrain beschwerte sich vor der Handwerksversammlung darüber, dass die Gesellen *Josef Bauer* und *Jakob Stirminger* zu verschiedenen Meistern tageweise zum Schletten[35] und Wirken, also zu Vorbereitungsarbeiten und zur Drehscheibenarbeit herumgehen. Es ist deshalb beschlossen worden, dass ein Meister einem Gesellen die Arbeit nur nach dem Wochenlohn oder aber im Jahreslohn vergeben werden dürfe.

10.7.1798, Jahrtag, Seite 370

Es war der Handwerkskommissar zum Jahrtag nicht erschienen. Beim nächsten Nichterscheinen wird man sich um einen anderen Kommissar bewerben.

---

35 Aufbereiten des Tons durch Treten, dann Kneten mit den Händen, woraus dann Tonballen zur täglichen Verarbeitung entstehen.

Hafnerorte auf dem Kröning und an der Bina, 14. bis Anfang 20. Jahrhundert[1]

Hafnerort	Hafnereien im Landgericht Vilsbiburg nach der Statistik von 1847[1]	Mitglieder in den beiden Hafnervereinen im Amtsbezirk Vilsbiburg 1862/63[2]	Sonstige Hafnerorte 14. bis Anfang 20. Jh.[3]	Gemeinde	Landkreis
Aham	1	1		Aham	LA
Am Moos (bei Dirnaich, als eigener Ortsteil aufgehoben)			x	Gangkofen	PAN
Angerbach	1	2		Gangkofen	PAN
Angersdorf	1	2		Kröning	LA
Baumgarten			x	Adlkofen	LA
Binabiburg			x	Bodenkirchen	LA
Binastorf			x	Bodenkirchen	LA
Bödldorf	5	5		Kröning	LA
Breitreit	1	1		Bodenkirchen	LA
Buttenbach	3	2		Kröning	LA
Dechantsreit			x	Adlkofen	LA
Dirnaich			x	Gangkofen	PAN
Dörfl	3	2		Gangkofen	PAN
Edenkatzbach			x	Gangkofen	PAN
Eggenöd			x	Kröning	LA
Ellersberg			x	Vilsbiburg	LA
Frauenberg			x	Landshut	LA
Frauenhaselbach			x	Neumarkt St. Veit	Mü
Freiling	1	1		Gangkofen	PAN
Freiung (als Ortsteil in Kirchberg aufgegangen)			x	Kröning	LA
Frontenhausen	2			Frontenhausen	DGF

---

1 Mayer, Sebastian: Materialien zum Hafnerhaus im Kröning – Ein Beitrag zur historischen Haus- und Handwerksforschung in Niederbay-ern, Band 1 Text, Winhöring 2002, S. 26 – 29. Mit Einfügungen von weiteren Hafnerorten durch den Verfasser.

Hafnerort	Hafnereien im Landgericht Vilsbiburg nach der Statistik von 1847[1]	Mitglieder in den beiden Hafnervereinen im Amtsbezirk Vilsbiburg 1862/63[2]	Sonstige Hafnerorte 14. bis Anfang 20. Jh.[3]	Gemeinde	Landkreis
Gangkofen			x	Gangkofen	PAN
Geiselberg	7	5		Gangkofen	PAN
Geiselsdorf			x	Kröning	LA
Geiselsdorf			x	Vilsbiburg	LA
Geisenhausen		1		Geisenhausen	LA
Gerzen	2	1		Gerzen	LA
Goben			x	Kröning	LA
Göttlkofen			x	Adlkofen	LA
Grammelsbrunn	2	2		Kröning	LA
Großbettenrain	2	2		Kröning	LA
Haarbach	1			Vilsbiburg	LA
(Ober)Hackenberg			x	Gangkofen	PAN
Haingersdorf			x	Reisbach	DGF
Hermannseck			x	Kröning	LA
Hermannsreit	2	2		Kröning	LA
Hiendlsöd			x	Reisbach	DGF
Hölsbrunn			x	Gangkofen	PAN
Hub	3	2		Kröning	LA
Hundham			x	Kröning	LA
Hundspoint	1	1		Kröning	LA
Hungerham	1	1		Schlakham	LA
Jesendorf	13	14		Kröning	LA
Kirchberg			x	Kröning	LA
Kleinbettenrain	2	1		Kröningt	LA
Kobel	1			Adlkofen	LA
Koblpoint			x	Kröning	LA

Hafnerort	Hafnereien im Landgericht Vilsbiburg nach der Statistik von 1847[1]	Mitglieder in den beiden Hafnervereinen im Amtsbezirk Vilsbiburg 1862/63[2]	Sonstige Hafnerorte 14. bis Anfang 20. Jh.[3]	Gemeinde	Landkreis
Kröning			x	Kröning	LA
Kuglöd			x	Geisenhausen	LA
Langquart (Als Ortsteil in Bonbruck aufgegangen)	1	1		Bodenkirchen	LA
Leiersöd (als Ortsteil in Hermannsreit aufgegangen)	2			Kröning	LA
Lichteneck			x	Kröning	LA
Lichtenhaag		1		Gerzen	LA
Magersdorf	2	1		Kröning	LA
Mailing			x	Gangkofen	PAN
Maithal (südlich Oberkirchberg, 1838 abgebrochen)			x	Kröning	LA
Mangern (als Ortsteil in Gerzen aufgegangen)		1		Gerzen	LA
Marklkofen			x	Marklkofen	DGF
Massing			x	Massing	PAN
Niederaichbach			x	Niederaichbach	LA
Nirschlkofen (als Ortsteil in Adlkofen aufgegangen)			x	Adlkofen	LA
Oberaichbach			x	Niederaichbach	LA
Oberkirchberg	2	2		Kröning	LA
Oberschnittenkofen	2	1		Kröning	LA
Oberviehbach			x	Niederviehbach	LA
Öd			x	Adlkofen	LA
Onersdorf	2			Kröning	LA
Otzlberg			x	Kröning	LA

Hafnerort	Hafnereien im Landgericht Vilsbiburg nach der Statistik von 1847[1]	Mitglieder in den beiden Hafnervereinen im Amtsbezirk Vilsbiburg 1862/63[2]	Sonstige Hafnerorte 14. bis Anfang 20. Jh.[3]	Gemeinde	Landkreis
Panzing			x	Gangkofen	PAN
Pattendorf	3	3		Adlkofen	LA
Pfistersham			x	Bodenkirchen	LA
Pischelsdorf			x	Loiching	DGF
Poxau			x	Marklkofen	DGF
Rabenanger			x	Kröning	LA
Radlkofen			x	Gangkofen	PAN
Ratzenstall			x	Adlkofen	LA
Reichlkofen		1		Adlkofen	LA
Sackstetten			x	Gangkofen	PAN
Salksdorf			x	Geisenhausen	LA
Schaittenrain		1		Kröning	LA
Schalkham			x	Schalkham	LA
Scherneck	2	1		Bodenkirchen	LA
Schmelling			x	Kröning	LA
Schußrain			x	Adlkofen	LA
Seyboldsdorf			x	Vilsbiburg	LA
Siebengadern	5	5		Gangkofen	PAN
Spielberg	3	3		Gangkofen	PAN
Stadlhof	4	3		Gangkofen	PAN
Stauern			x	Gangkofen	PAN
Stein (bei Kirchberg, als Ortsteil aufgehoben)			x	Kröning	LA
Straß		1		Kröning	LA
Stürming	1	1		Kröning	LA
Unterbachham			x	Gangkofen	PAN

Hafnerort	Hafnereien im Landgericht Vilsbiburg nach der Statistik von 1847[1]	Mitglieder in den beiden Hafnervereinen im Amtsbezirk Vilsbiburg 1862/63[2]	Sonstige Hafnerorte 14. bis Anfang 20. Jh.[3]	Gemeinde	Landkreis
Untertinsbach			x	Schalkham	LA
Velden	1	1		Velden	LA
Vilsbiburg	1	1		Vilsbiburg	LA
Westersbergham			x	Geisenhausen	LA
Wieselsberg			x	Kröning	LA
Wifling			x	Bodenkirchen	LA
Willerskirchen			x	Adlkofen	LA
Wimmersdorf			x	Gangkofen	PAN
Wippenbach	2	1		Adlkofen	LA
Wippstetten	1			Kröning	LA
Witzeldorf	1	1		Frontenhausen	DGF
Wollkofen			x	Adlkofen	LA

Summe der Hafnereien 1847   **90**
Summe der Mitglieder in den Hafnervereinen 1862/63   **78**
Hafnerorte 14. bis Anf. 20. Jahrh. aus den Mitgliederlisten und Archivalien   **61**

DGF = Landkreis Dingolfing-Landau, LA = Landkreis Landshut, PAN = Landkreis Rottal-Inn,
Mü = Landkreis Mühldorf.

1 StALa, B 5. Kataster der radizierten Gewerbe im Landgericht Vilsbiburg.
2 StALa, BezA/LRA Vilsbiburg Nr. 1705
3 StALa, Regierung Landshut Nr. 2675. – StALa Regierung Landshut A 156, Satzung und Ordnung aines Erßammen Hanndtwerchs der
  Haffner … 1651 – 1799. – AHV, Akten des Kröninger Hafnerhandwerks, 1.3 Handwerksrolle des Handwerks der der Hafner in Kröning, ab
  1767 bis [1822]; 1.4 Auflag-Manual in Beziehung auf den Hafner Verein von Kröning, 1844 – 1857; 1.5 Auflag-Manual für den Gewerbsverein der Hafner-Meister von Kröning, 1856 – 1868.

Handwerksorganisation der Hafner an der Bina

Die Hafner von Gangkofen finden erstmals in der für die drei Landgerichte Pfarrkirchen, Griesbach und Eggenfelden geltenden Hafnerordnung von 1590 bzw. 1602 Erwähnung.[1] In einem Abänderungsvorschlag des Landrichters von Eggenfelden schlägt dieser zum fünfzehnten Artikel der Hafnerordnung vor, da *„etliche Hafner gar von Gänkhouen und noch weiterer orten"* zum Jahrtag nach Pfarrkirchen eine Strecke von vier Meilen zurückzulegen hätten, sollte der Jahrtag im Wechsel, was ja schon öfter praktiziert wurde, auch in Eggenfelden stattfinden.

Originalzeugnisse zur Organisation des Handwerks der Hafner an der Bina haben sich bis auf ein im Heimatmuseum befindliches Tischzeichen aus Zinn von 1818 nicht erhalten. Deren Organisationsform ist erst mit dem Inkrafttreten der Landshuter Hafnerordnung von 1642 bekannt, die zunächst alle im Rentamt Landshut produzierenden

Hafner in ihren Einflussbereich band. Die Binahafner mit Zunftsitz Gangkofen hatten eine eigene Viertellade gebildet, waren aber zur Hauptlade des Landshuter Hafnerhandwerks inkorporiert und damit den Bestimmungen der Landshuter Ordnung von 1642 bzw. 1651 unterworfen.

Die Hafnerordnung der zur Hauptlade in Landshut inkorporierten Hafner an der Bina von 1711[2]

Ab 1711 waren zwischen der Hauptlade in Landshut und der Viertellade an der Bina handwerksrechtlich klare Verhältnisse geschaffen worden.[3] Vorausgegangen war der Wunsch der Binahafner, die Meisterstücke der angehenden Jungmeister nicht mehr am Ort der Hauptlade in Landshut und nach den Bestimmungen der dort gültigen Handwerksordnung fertigen lassen zu müssen. Man wollte erreichen, dass die *„Stuck"* bei dem nächst gelegenen Handwerk und zwar beim Handwerk der Hafner zu Teisbach gefertigt werden können. Um dem Ansinnen zu entgegnen, hatte nun die Hauptlade in Landshut den Binahafnern eine eigene, 14 Artikel umfassende Satzung genehmigt, die in wichtigen Punkten der der Landshuter Ordnung entsprach. Die inzwischen, ab 1711 erstarkte Viertellade war nun mit 34 Meistern (an anderer Stelle 33 Meister) und vier Wirchern besetzt und sollte so *„in eine*

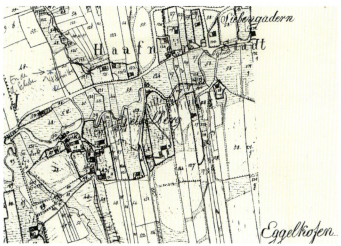

Abb. 19: Katasterkarte, Ausschnitt mit Bereich der Hafner an der Bina und der Bezeichnung „Haafner Stadt", 1812.

---

1 StALa, Regierung Landshut, A 7061, Akten zur Hafnerordnung von 1590 bzw. 1602. Frdl. Mitteilung von Ludwig Albrecht.

2 StALa, Regierung Landshut, A 156, Satz und Ordnung aines Erßamen Hanndtwerchs der Haffner…Curf. Haübtstatt Lanndtshuett betr. Anno 1651 – 1799 [S. 54-91].

3 StALa, Pfleggericht Biburg und Geisenhausen, A 363, Extract aus dem Vergleichsbrief so zwischen der Hauptlath eines ersamben Handtwerchs der Hafner zu Landtshuet und dem dahin incorporierten Viertel der Bynauer oder villmehrers der verordtneten Viertlmaister zu Gängkoven erricht worden, Landshut 1. August 1711".

Abb. 20: Hafneranwesen beim „Paulushafner" in Geiselberg Nr. 43, Aufnahme 1974.

bessere Ordtnung und Observanz (Herkommen) *gebracht,* [und] *dadurch auch die ereignete Stimplereien (Pfuschereien) und andere Handtwerchs Unförmb"* abgeschafft werden. Dem *„Viertel Binau"* zu Gangkofen war nun zugestanden, selbständig die Aufnahme der *„Stuckhmaister"* (die ihr Meisterstück absolvierten), sowie das Aufdingen von Lehrlingen und Freisprechen von Gesellen vorzunehmen.

Die Meisterstücke

Zu den bei der Hauptlade in Landshut verlangten Meisterstücken sind Unterschiede zu der Gruppe der *„frembden Maister auf dem Land"* erkennbar, wozu auch die Hafner an der Bina zählten. Die Pflichtstücke an der Bina umfassten somit *„einen Wasserkrueg fünfundzwanzig Maß haltend, dann einen Zahl Hafen drey Viertel von der Ellen hoch, drittens ainen wollgeformbten Essig Krueg der fünfzig Maß haltet und vierttens ainen schwarzen oder grienen offen mit drey Simbsen und sechs zahl Khachl zu sözen".* Im Vergleich zeigte die Landshuter Ordnung für die in der Stadt Landshut ansässigen Hafner höhere Ansprüche, wie einen *„wollgeformbten Wasserkhrueg, dreyssig masshaltendt, fürs*

ander ain Zahlhafen drey viertel von der Ellen hoch, drittens ainen mit der der pippen inwendig gebinckht, sechzig Mass haltenden Essigkhrueg (mit Pech ausgestrichen)*, zum vierten sechs geschmölzte Bilder Khachel, welche Stuckh samentlich in ainem Tag getrött, und verferttigt werden sollen, darzu dem Stuckh Maister iner Monats Frisst ainen Offen mit Wappen Spiegl Khacheln oben mit ainem runden, mit drey in sechserley Farben geschmelzten Khacheln besetzten Thurm, Fueß, Mitl und Ober Simbs, samt ainem Khranz, alles vleiß mit grienen Glaß glassiert, aufzurichten obgelegen sein".*
Den Binahafnern war im fünften Punkt untersagt *„ainiges Kachelwerch, es seye gleich geträt* (gedreht)*, yberschlagen oder glasiert worden, auf denen Märkten noch anderen Orten, alwo die dem alhiesigen Handtwerch und Hauptladt einverleibte Meister wohnen, ausser der schwarzen Beschniedt Kachel und anderen Geschirr alleinig zu Jahrmärkten auf öffentlichen Markt faill zu haben."*
Satzungsgemäß wurden die Jahrtage wie bisher abgehalten, bei denen man wie im Handwerk der Hafner im Kröning die Regularien abhandelte. Eine Abordnung der Hafnermeister aus der Viertellade an der Bina hatte sich aber nach wie vor zusätzlich bei der jährlichen Handwerksversammlung der Hauptlade in Landshut einzu-

finden, wo auch der Gottesdienst in der Pfarrkirche St. Jodok zu besuchen und pro Meister der Handwerksschilling an die Hauptlade abzuführen war. Die neue Ordnung von 1711 wurde von den zwei verordneten Obermeistern der Hauptlade Landshut, *Michael Schmidtegger* und *Hans Georg Kummer*, sowie von den zwei des Schreibens unkundigen Ober-Viertelmeistern an der Bina, *Dionys Dögenbeckh* aus Angerbach und *Peter Maister* aus Gangkofen, mit deren *„gewohnlichen Wappen-Pettschaft"* besiegelt.

Die Hafner an der Bina streben nach Selbständigkeit

1799 begannen Bemühungen zur Änderung der Organisationsform des Handwerks der Hafner an der Bina, das sich am 18. Juli 1799 an die kurfürstliche General-Landes-Direktion in München um Erteilung einer eigenständigen, von der Hauptlade in Landshut unabhängigen Handwerksordnung wandte. Das Landgericht Vilsbiburg unterstützte seinerseits mit Schreiben vom 12. Dezember 1799 an die kurfürstliche Landesdirektion in München das Vorhaben, für die Gangkofener Viertellade eine Hafnerordnung (*„Artikel Brief"*) zu erreichen[4]. Das Landgericht bemerkte dazu, dass nicht zu verstehen sei, warum die Binahafner in der Vergangenheit nicht als förmliche Viertellade anerkannt und mit ordentlichen (eigenen) Handwerksartikeln versehen waren, wo doch bereits nach dem Reichsschluss vom 16. August 1731 alle Hauptladen oder so genannte Haupthütten aufgehoben wurden und die Verordnung bestehe, dass eine Landes- oder Ortslade so gut und gültig wie jede andere zu achten sei.

Weiter erwähnte der Landrichter, die Viertellade an der Bina sei mit 34 Meistern besetzt und verdiene eine besondere Lade mit eigener Ordnung und Satzung zu werden. Diese Hafner wären nicht irgendwelche Hafner wie sie im Land in jedem Ort sesshaft sind. So fertigten sie *„eine besondere Arth von schönem und dauerhaftem Geschirr, wie*

auch große Waschschüssel [5]*, welche künstlich getrehet werden. Der in diesem Revier wachsende vorteilhafte Thon gibt zu dieser Fabrication Anlass"*. Die Hafner führten einen beträchtlichen Handel in das Salzburgische und in das Eichstättische in Franken, wohin sie mit 6-spännigen(!) Fuhren die Jahrmärkte beziehen. Sie brächten dadurch nicht nur Geld in das Land, sondern verschafften auch vielen Menschen Arbeit. Die Hafner seien somit zu den Fabrikanten und wohlhabenden Leuten zu zählen, zu denen sie ihre [Haus-]Industrie machte.

Der Landrichter schlug nun vor, die Binahafner mit der Handwerksordnung der Hafner im Kröning von 1646 zu versehen. Dazu habe er bereits den dortigen Hafnern die Kröninger Artikel zur Begutachtung vorgelegt. Allerdings müsste die darin verankerte Bestimmung gestrichen werden, die die Handwerksmitglieder zum jährlichen Gottesdienst nach Teisbach verpflichte.

Inzwischen hatten die Bemühungen der Hafner an der Bina und die des Landgerichts Vilsbiburg, eine eigene Handwerksordnung zu erhalten, Aktivitäten bei der Regierung ausgelöst. Um einen Überblick über alle im ehemaligen Rentamt Landshut befindlichen Haupt- und Viertelladen der Hafner zu erhalten, erging am 26. September 1799 der Befehl an alle Gerichte, Städte, Märkte und Hofmarken diese zu melden. Das Ergebnis der 24 Rückmeldungen ergab je eine Hauptlade in der Regierungsstadt Landshut und im Markt Pfarrkirchen, dann neun Viertelladen und zwar die der Kröninger Hafner in Teisbach, dann je eine in Vilsbiburg und Gangkofen, je eine weitere in der Städten Erding und Moosburg, sowie in den Märkten Wolnzach und Geiselhöring. Bei der Meldung der Stadt Landau ist eine Viertellade in Vilshofen und im Markt Eichendorf und

---

4 StALa, Regierung Landshut, A 156, fol.- 130 – 137.

5 Mit der hier besonders herausgestellten Geschirrgattung *„Waschschüssel"* könnten die großen, noch bis in das 19. Jahrhundert hergestellten *„Wassergrand"* gemeint sein, die nach bekannten und auflösbaren Signierungen vor allem an der Bina produziert wurden. Mit dem Begriff *„künstlich gedreht"* könnte wegen der Höhe der Gefäße (bis zu 85 cm), der verwendeten Menge an Ton und des zu verarbeitenden Tons auf der Drehscheibe, die am Werkstück praktizierte Aufbautechnik in Wülsten zumindest in den oberen zwei Drittel der Wandung gemeint sein. – Vgl. hierzu Grasmann, Lambert: Irdene Wassergrande im Bauernhausmuseum Amerang, In: Mitteilungen des Bauernhausmuseums Amerang, Heft 2, Amerang 1992, S. 49 – 63.

Abb. 22: Hafnerfamilie Johann Ritthaler, Angerbach Nr. 15 (alt 23), um 1920.

Abb. 21: Hochzeitsbild des Hafnerehepaars Josef Berghofer, Spielberg Nr. 4 (alt 122), beim „Hanshafner", 1902.

Abb. 23: Hafneranwesen beim „Hanshafner" in Spielberg Nr. 4 (abgebrochen), Aufnahme 1975.

ein solche in Hengersberg erwähnt. Dem umfangreichen Akt liegt die Landshuter Hafnerordnung vom 5. Juli 1651 bei.

Der Prokurator und Handwerksschreiber *Meidinger*, Landshut, fertigte in diesem Zusammenhang im Namen der drei bürgerlichen Hafnermeister der Stadt Landshut einen mehrseitigen Zustandsbericht über die Vermögensverhältnisse der Hauptlade. Seinen Ausführungen nach befinde sich in Landshut keine andere Hauptlade eines Handwerks, die einen grässlicheren Verfall genommen habe, wie die der bürgerlichen Hafner. Der von 1772 bis

1774 amtierende Hafnermeister und Oberführer *Jakob Luzenberger* habe nicht nur den in der Lade befundenen Geldvorrat mit *„denen unbändigen Viertelladen verstritten"* (u. a. mit der Viertellade im Kröning), sondern dazu noch 260 Gulden Kapital in die Lade aufgenommen, deren Interesse (Zins auf geliehenes Geld) jedoch wegen fehlender Einnahmen nicht mehr bezahlt werden könnten. Seit 1772 wurde auch keine Jahresrechnung mehr aufgelegt. Noch dazu hat der im äußersten Elend verstorbene Oberführer *Joseph Karmayer* ohne Wissen der Landshuter Mitmeister die Landmeister persönlich besucht und die Jahrschillin-

Abb. 24: Hafneranwesen beim „Eglseder", Spielberg Nr. 6, Aufnahmen 2010.

ge (Mitgliedsbeiträge im Handwerk) abkassiert, wodurch Ansehen und Kredit der Hauptlade natürlich schwinden mussten.

Die Landshuter Meister erinnerten weiter, dass neben den drei Stadtmeistern 24 gestuckte[6] Meister und bis zu drei Viertelladen (Gangkofen, Moosburg und Erding) und *„vermutlich Pfarrkirchen"* im ehemaligen Rentamt, jetzt unter der Regierung in Landshut, zur hiesigen Hauptlade zählten. Jeder der eingezünfteten Meister hätte 15 Kreuzer Jahresschilling zu erlegen gehabt. Außerdem seien seither (wohl 1772) die jeweiligen Jahresrechnungen der Viertelladen nicht mehr vorgelegt worden. Noch dazu hätte ihnen die Viertellade von Gangkofen auf ihre höfliche Erkundigung einen ziemlich groben Brief geschrieben. Sollten nach alter Observanz (Herkommen) die der Hauptlade zustehenden Einkünfte nicht mehr fließen, wäre diese außer Stande, die Kosten zu den Jahrtagen, den Antlaß (Fronleichnam), zu den Prozessionen und anderen unentbehrlichen Anlässen mehr zu bestreiten. Zu Bekräftigung ihrer Argumente legten die Landshuter Meister der Regierung in Landshut ihre Handwerksordnung von 1651

und die wohl zuletzt an die Hauptlade eingesandte Jahresrechnung der Viertellade von Gangkofen aus dem Jahr 1767 bei. Danach hatten diese von dem aus dem Jahr 1766 übergeleiteten Rest von 18 Gulden neun Gulden an die Hauptlade in Landshut abgeführt.

In ihren weiteren Bemühungen erinnerten die Hafner an der Bina mit Schreiben vom 15. November 1800 die Regierung in München an ihr Gesuch um Erteilung einer eigenen Handwerksordnung, die dann ihrerseits mit Schreiben vom 17. Juli 1801 an die Regierung in Landshut grünes Licht gab. Die Hafnerlade zu Gangkofen sei künftig selbständig, sie solle sich provisorisch bis zur allgemeinen Revision der Handwerksartikel nach der gegenwärtigen Ordnung zu Teisbach (Kröninger Hafnerordnung) richten. Die Kröninger Artikel seien mit den vom Landgericht Vilsbiburg vorgeschlagenen geringen Abänderungen umzuarbeiten.

„Die Viertellade der verbürgerten Hafner aus dem Markt Gangkofen Landgerichts Eggenfelden"

Für die geographisch zu Gangkofen näher wohnhaften fünf Hafner *Johann Perghofer* zu Freiling, *Bartlmee Pergho-*

---

6 Gestuckte Meister= die ihre Meisterstücke selber gefertigt haben.

Abb. 25: Hafneranwesen beim „Giahafner", Stadlhof Nr. 7, Aufnahme 1975

fer, *Simon Perghofer* und *Joseph Perghofer* zu Siebengadern sowie *Florian Perghofer* zu Spielberg, wohnhaft im Landgericht Vilsbiburg, erklärte die Viertellade der Hafner zu Gangkofen gegenüber der kurfürstlichen Landes-Direktion in München am 23. August 1805, dass sich diese zur Lade nach Gangkofen einzünften lassen wollten.[7] Sie baten die Landes-Direktion den Austritt der fünf Hafner aus der Viertllade der Hafner im Kröning zu bestätigen und die Kröninger mit ihrem Ansinnen zur Rückkehr zu dieser Lade abzuweisen.

Die in der Angelegenheit zur Anhörung am 9. Oktober 1805 beim Landgericht Vilsbiburg zusammengerufenen Viertlmeister von Kröning *Matthias Letherer* von Oberviehbach, [Kaspar] *Biler* von Onersdorf, *Peter Wippenbek* von Oberschnittenkofen und *Michael Wippenbeck* von Hub sprachen sich gegen den Austritt der fünf Hafner an der Bina aus ihrer Zunft aus.

---

7 AHV, Akten des Kröninger Hafnerhandwerks, Organisation 1.17,
   Streitakten Nr. 86a, 86b, 88.

Handwerksladen der Hafner im Rentamt Landshut im Jahr 1799[1]

Gericht, Hofmark	Sitz der Lade(n)	Hauptlade	Viertellade	
Rentamt Landshut	Landshut	ja		
Pfleggericht Teisbach	Teisbach		ja	Kröninger Hafnerhandwerk
Pfleggericht Biburg (Vilsbiburg) und Geisenhausen	- Vilsbiburg - Gangkofen		ja ja	Zur Hauptlade nach Landshut inkorporiert
Damenstift Osterhofen			nein	Auch kein Hafnermeister
Wörth			nein	Auch kein Hafnermeister
Stadt Erding Markt Wartenberg Hofmark Riedersheim Hofmark Frauenberg Anzing, Gericht Schwaben	Erding		ja	2 Meister 2 Meister 1 Meister 1 Meister 1 Meister In Dorfen zwei Meister, haben sich in Landshut eingekauft.
Gericht Zaitzkofen			nein	
Hofmark Moosen Hofmark Inning am Holz			nein nein	
Markt Pfarrkirchen		ja		Dazu gehören die Hafnermeister in den Gerichten Reichenberg, Eggenfelden und Griesbach.
Gericht Eggenfelden			nein	
Gericht Reichenberg			nein	
Gericht Moosburg			ja ja	Viertellade in der Stadt Moosburg und im Markt Wolnzach
Gericht Rottenburg			nein	
Markt Pfeffenhausen			nein	
Pfleggericht Eggmühl			nein	
Stadt Landau			nein ja ja	2 Hafnermeister - Peter Stetter zur Viertellade Deggendorf, Joseph Kistler zur Viertellade nach Vilshofen
Hofmark Ruhstorf			nein	1 Hafnermeister, zur Viertellade nach Gangkofen
Hofmark Göttersdorf und Gergweis			nein	

---

1 StAL, Regierung Landshut A 156, 1651 – 1799, 1801. Befehl der Regierung in Landshut vom 26. September 1799 an alle Gerichte und Hofmarken im Rentamt Landshut, die dort befindlichen Haupt- und Viertelladen der Hafner zu melden. Hier die Rückmeldungen.

Gericht, Hofmark	Sitz der Lade(n)	Hauptlade	Viertellade	
Kloster Niederalteich, Sitz Niederhausen			nein	
Hofmark Weyhern			nein	
Markt Eichendorf			nein	1 Hafnermeister, zur Viertellade Hengersberg eingezünftet
Gericht Neumarkt St. Veit				Hafner von Haselbach (Frauenhaselbach) zur Viertellade Gangkofen
Markt Geiselhöring			ja	
Markt Pfaffenberg			nein	Hafner ist nach Landshut eingezünftet

Die Hafner und ihre Handwerksinsignien[1]

Handwerkslade der Kröninger Hafner

Die Lade besteht aus Holz, wobei die Außenfläche in Nussbaum und einfacher Intarsienarbeit furniert ist. Sie besitzt im Deckel zwei vermutlich später angebrachte Kastenschlösser, die Schlossschilder dazu sind nicht mehr vorhanden. Ein Schlossschild an der Vorderwand ist Attrappe. Die Scharnierbänder sind reich ziseliert und verzinnt, vermutlich stammen sie von der Vorgängerlade. Innen an der Breitseite findet sich oben ein schmales Fach mit Klappdeckel angebracht, wohl zur Aufnahme des Handwerkssiegels und von Geldbeträgen. An den Seitenwänden hängen zwei eiserne Tragegriffe.

Abb. 26: Lade des Kröninger Hafnerhandwerks von 1804

Die im Heimatmuseum befindliche Lade beschaffte das Handwerk im Jahr 1804. Anlass für die Neuanfertigung dürfte der Umzug und die Neuorientierung des Handwerks in diesem Jahr von Teisbach nach Vilsbiburg gewesen sein. Das bis dahin in Teisbach benutzte Behältnis wurde allerdings noch nach Vilsbiburg überführt, ist aber

nicht erhalten. Die erste hier in Vilsbiburg verfasste Handwerksrechnung von 1804 nennt beim Ausgabetitel *„Ausgaben auf Reparationen"* den Posten *„Auf Herstellung einer neuen Lad wurde verausgabt 11 fl."*

Der Schild der Kröninger Hafner

Die Inschrift auf dem Handwerksschild der Kröninger Hafner verweist auf das Anschaffungsjahr 1651. Wohl bis in die 1920er Jahre hat er im Herbergslokal des Handwerks beim Wirt in Kirchberg seinen repräsentativen und organisatorischen Zweck erfüllt. Eine offizielle Auflösung oder Liquidation der zuletzt bestehenden Handwerksorgani-

Abb. 27: Handwerksschild der Kröninger Hafner, 1651

---

1 Grasmann 1988, S. 54 – 69.

sation, sei dies der „Hafnerverein" oder die „Hafnerzunft" ist nicht überliefert. Sie scheint einfach „eingeschlafen" zu sein. Heute befindet sich der Schild in Privatbesitz. Auch sind die Vereinsunterlagen nach Neugründung des Vereins 1875, von denen Pfarrer *Spirkner* 1914 noch spricht[2], nicht erhalten geblieben.

Der Schild besteht zunächst aus einem kartuschenartig, im Barockstil ausgeschnittenen Holzrahmen als Rückwand, auf der in einem profilierten Holzrahmen eine glasierte Tontafel in Form einer reliefierten Blattkachel angebracht ist.

Die Grundbemalung der Rückwand ist in Rot gehalten, die Blatt- und Rankenornamente sind vergoldet. Im Oberteil ist in einem von Ranken umgebenen Rund ein an der Drehscheibe arbeitender Hafner aufgemalt. Im unteren Bereich, in einem spitzovalen Querfeld, findet sich eine Beschriftung, die auf die Entstehung der Tafel hinweist: *„Diese Dafel hat ein gantz Ehrsames Handt / Werckh der Hafner, auf ihr Herberg hieher machen / lassen. derzeit Viermaister Georg Wippenpekh, Hans / Wippenpekh Ernst Leirseder. Stephan Khaindl. 1651. / Renov. 1797 u. 1876."*

Die aus einem Kachelrahmen bestehende Tontafel zeigt im Mittelteil unter einem Arkadenbogen im Strahlenkranz die Muttergottes auf der Mondsichel als Handwerkspatronin, im Bogenfeld darüber drei geflügelte Engelsköpfe. Darüber befindet sich eine weibliche Figur (hl. Maria?), im Arm ein Kind haltend, dazu zwei Engel, dann Blatt- und Rankenwerk. Links und rechts davon, auf Groteskmasken stehend, sind je zwei weibliche (Heiligen-) Figuren zu sehen. Zu beiden Seiten des Mittelfeldes, unter einem Kämpfer, stehen zwei (allegorische) weibliche Figuren, zum einen ein Kreuz und zum andern einen Spiegel (?), ein Schwert und eine Waage haltend. Den unteren Abschluss der Tafel bildet ein jeweils von Füllhörnern umrahmter Kopf, dann im Mittelfeld zwei Rinder(?)-Köpfe und eine Groteskmaske. Die Glasurfarbe ist dunkeloliv.[3]

Der Architekturrahmen ist identisch mit der im Katalogteil abgebildeten Ofenkachel *„Judith mit dem Haupt des Holofernes".*[4]

Erste archivalische Nachrichten über einen allerdings nicht erhaltenen Handwerksschild finden sich im Protokollbuch des Kröninger Hafnerhandwerks am 8. Juli 1762.[5] Bei dem dort abgehaltenen Jahrtag zitiert der Schreiber, dass „...*der alte Schildt beim Handtwerchs Vatter dan zwei Taflen schon alt: und schmutzig waren...".* Es wurde deshalb beschlossen, „*... einen neuen eisernen Schildt mach[en] z'lassen, den hernach der disohrtige Maller* [zu Teisbach] *sauber abgemahlen, wie auch die 2 Taflen renofirt."* Die Kosten seien für den Schlosser mit 10 Gulden, die des Malers mit 10 Gulden 30 Kreuzer veranschlagt.[6]

Tischzeichen der Kröninger Hafner

Es befindet sich ebenfalls in Privatbesitz. Das von Girlanden gerahmte, aus Zinn bestehende Zeichen in querovaler Form zeigt eine von zwei aufgerichteten Löwen gehaltene Drehscheibe, worauf eine dreibeinige Topfform mit Deckel abgestellt ist. Darunter sind die Namen der Viertelmeister *„Felix Kaindl / Georg Schaidthammer"* und die Jahreszahl 1820 eingraviert. Die Rückseite trägt die Namen *„Georg Lochmayr / Michael Finster".* Eine *„Nebenrechnung"*, einliegend in der *„Hafner Rechnung im Kröning 1820"*[7] nennt die Kosten: *„der neue Schild 12 Gulden 48 Kreuzer".* Ob der Verein der Hafnergesellen einen eigenen Handwerksschild besaß, lässt sich nicht mehr einwandfrei feststellen. Jedenfalls fielen in deren Jahresrechnung von 1827 Kosten an, die verhältnismäßig hoch erscheinen: *„Für die Büscheln in der Kirche und den Schild buzen* [= putzen] *7 Gulden 27 Kreuzer*[8] In diesem Jahr, Gründe sind nicht bekannt, hat das Kröninger Hafnerhandwerk in Vilsbiburg das Herbergslokal gewechselt. Neuer Herbergsvater war

---

2 Spirkner 1914, S. 133.
3 Identische Ofenkacheln, die im mittleren Bogenfeld die Darstellung der „Judith mit dem Haupt des Holofernes" zeigen, befinden sich Vilsbiburger Heimatmuseum – Kröninger Hafnermuseum – (Glasurfarbe grün) und im Depot des Kunstgewerbemuseums in Budapest, Kat.Nr. 63.642c (Glasur gelb), freundl. Hinweis Eva Cserey.

4 Katalog der Gefäße und Ofenkacheln Nr. 328.
5 AHV, Akten des Kröninger Hafnerhandwerks, 1.6 Organisation, Handwerks-Protokoll eines Ersamen Handtwerchs der Hafner chf. Pfleggerichts Teyspach des Anno 1757 – 1787.
6 Der Maler war der Teisbacher Ignaz Kaufmann, der 1767 nach Landshut übersiedelte. Freundl. Hinweis Fritz Markmiller.
7 Wie Anm. 4, 1.13 Organisation, Rechnungsbelege der Hafner im Kröning 1820 – 1829 ff.
8 Wie Anm. 5.

 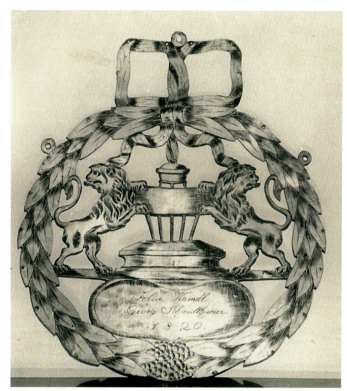

Abb. 28: Tischzeichen der Hafner auf dem Kröning, Vorder- und Rückseite, 1820.

nun der Bierbrauer *Anton Mirtelsberger* [Stadtplatz 15/16]. Den Umzug damals, von einem Gasthaus zum anderen Gasthaus, bei dem selbstverständlich alle Handwerksunterlagen und –insignien mitgeführt wurden, umrahmte der hiesige „*Thurner*" mit seinen Musikanten und bezog dafür 4 fl. aus der Handwerkskasse.[9]

Tischzeichen der Hafner an der Bina

Von den Hafnern an der Bina blieb als einzige Handwerksinsignie nur ein Tischzeichen aus Zinn erhalten. Das Handwerk mit Sitz in Gangkofen war bis 1804 der Hauptlade in Landshut inkorporiert. Ob weitere Handwerksinsignien bis dahin vorhanden waren erscheint möglich. Jedenfalls hat das Tischzeichen der Bina-Hafner von 1818 im Vilsbiburger Heimatmuseum seinen Platz gefunden. In der Gestaltung und dem Material ist es mit dem des

Kröninger Hafnerhandwerks identisch. Die Beschriftung lautet auf der einen Seite: „*Johann Kaltmecker / Joseph Berghofer / Viertlmeister*", auf der anderen Seite: *Biburg / den 13. July / 1818*". Gefertigt hat das Zeichen der Landauer Zinngießer *Max Waltenberger*.[10]

Handwerkssiegel der Kröninger Hafner

Ein Handwerkssigel oder ein Abdruck davon ist nicht erhalten. Der Protokolleintrag anlässlich des 1804 in Vilsbiburg stattfindenden Jahrtags weist aber die Anfertigung eines „*Handwerks Signet*" hin: „*Hier wurde erinnert, daß sie sich gern ein Handwerks Signet stechen ließen, worauf die Handwerksscheibe[,] der Schrein mit der Ringschrift: Ersames Handwerk der Hafner im Kröning, samt auswer-*

---

9 Wie Anm. 5.

10 Vgl. Freudenberg, Elisa zu; Mondfeld, Wolfram zu 1982, S. 216 u. Abb. Nr. 73.

Abb. 29: Tischzeichen der Hafner an der Bina, Vorder- und Rückseite 1818.

tigen Meistern. Dieses Anbringen wurde auch vom ganzen Handwerk begnehmigt."[11]

Fahne

Ob in älterer Zeit eine eigentliche Handwerksfahne vorhanden war oder eine solche, die im kirchlichen Bereich Verwendung fand, ist nicht mehr bekannt. Überlieferte Nachrichten deuten mehr auf eine im religiösen Jahresbrauch verwendete hin. Im Jahr 1800, als sich das Handwerk der Kröninger Hafner noch in Teisbach zum Jahrtag versammelte, musste deren Fahne renoviert werden. Die Jahresrechnung berichtet, dass an den Teisbacher Mesner *Kaspar Hofman* kleinere Beträge hierfür verausgabt wurden. Sein von ihm angefertigter Rechnungszettel lautet etwa, es *„sei an ihrem Fahn das Zwerg Holz abgebrochen,*

for selwes witer ney genmacht dem Schreiner 12 Kreuzer [bezahlt] *worden. Die Fahnen Kutten ausgebessert sambt einen neyen Bandt dazu 18 Kreuzer."*[12]

1838 schaffte sich das nun in Vilsbiburg versammelte Handwerk eine neue Fahne an. Das Protokoll meldet hierzu: *„Zur Anschaffung einer neuen Fahne in der Kirche Vilsbiburg nach einen Überschlag* [= Kostenvoranschlag] *auf 58 Gulden 58 Kreuzer wird die Zustimmung erteilt und hierzu der I. Vereins Vorsteher ermächtiget, welcher Sorge tragen wird, daß diese Fahne gegen den Überschlag vielleicht noch etwas billiger erhalten werden kann."* Ein Jahr später scheint im Protokoll auf, dass die Hafnergesellen mit einem Beitrag von 4 Gulden 12 Kreuzer *„zu den Kosten für die Fahnen"* beigetragen haben.

Leider sind die schriftlichen Unterlagen des 1875 wieder ins Leben gerufenen Hafnervereins verschollen. Pfarrer Bartholomäus Spirkner, der sie 1914 noch eingesehen hat,

11 Wie Anm. 4, 1.10 Organisation, Jahres Rechnung der Hafner im Kröning 1799 – 1833 ff.

12 Wie Anm. 11.

schreibt: „*1881/82 findet sich die erste Gabe für die Fahne …*"
und weiter: „*Auf dem Fahnenband sind 40 Meister und 74
Wircher und Gesellen mit vollem Namen aufgedruckt*". Die
örtliche Presse, der „Vilsbiburger Anzeiger", beschreibt
1881 die „*neue zu weihende Fahne als kunstvoll gearbeitet, sie
wurde in München um den Preis von 250 Mark gefertigt, trägt
auf der einen Seite in Goldbuchstaben auf grünem Grunde den
Namen des Vereins, während die andere Seite das Bild der Himmelskönigin zeigt*".[13] Heute ist diese Fahne mit Fahnenband
verschollen. Sie soll mündlichen Überlieferungen nach in
das „*Passauer Museum*" abgegeben worden sein, ist dort
jedoch nicht nachweisbar.

Kerzen und Kerzenstangen

Nicht erkennbar ist, ob es sich bei den ab und zu erwähnten „*Meisterkerzen*" um solche für die üblichen, vor allem
bei der Fronleichnams-Prozession umgetragenen Kerzenstangen, auch als Vortrags- oder Prozessionsstangen
bezeichnet, gehandelt hat. Jedenfalls scheinen sie das
Jahr über in einer Stellage in der Kirche abgestellt gewesen zu sein. Der 1830 ausgestellte Rechnungszettel, wie
auch der Eintrag in der Jahresrechnung[14], spricht von der
Renovierung der „*6 Meisterkerzen*" bzw. „*Hafnermeister
Kerzen*" mit Anfertigung einer neuen Stellage „*bey der
Pfarrey Kirchberg*". Der Lehrer *Ausanius Schmidtner* von
Oberviehbach bezog mit dem nicht namentlich genannten
Schreiner zusammen 2 Gulden 36 Kreuzer, der Spengler
von Dingolfing 1 Gulden 36 Kreuzer. Ausgaben für Wachs
erscheinen alljährlich in den Rechnungen.

---

13 Vilsbiburger Anzeiger, 4.6.1881.

14 AHV, wie Anm. 11.

Neuordnung der Handwerksorganisation nach 1800

Mit der Um- und Neubildung der bayerischen Landgerichte durch die kurfürstliche Entschließung vom 24. März 1802 wurde auch das Landgericht Vilsbiburg neu geordnet.[1] Nach der Regierungsentschließung von 1803 bestand es nunmehr *„aus dem bisherigen Gerichtsbezirke desselben, aus dem Gerichte Geisenhausen, aus den Gebieten Kröning, Teysbach und Frontenhausen des bisherigen hiedurch gänzlich aufgelösten Landgerichts Teysbach. Der Sitz des Landgerichts ist zu Biburg [Vilsbiburg]."*

Nachdem also das Landgericht Teisbach 1803 aufgelöst worden war, unterstand das Hafnerhandwerk im Kröning dem Landgericht Vilsbiburg. Die Hafner an der Bina waren von je her dem Gerichtsbezirk Vilsbiburg zugeordnet. Mit der Aufhebung der Zünfte 1804 änderten sich auch die Handwerksstrukturen bei den Kröninger Hafnern. Sie verlegten ihren Zunftsitz nach Vilsbiburg. Am 16. September 1804 überführten sie in einem förmlichen Umzug ihre Handwerkslade von Teisbach über Oberviehbach, Kirchberg, Triendorf, Lichtenhaag nach Vilsbiburg. Dass dies eine *„zünftige"* Angelegenheit war, beweist eine vierseitige Nebenrechnung bei den Handwerksakten.[2] Neben Ausgabeposten für das Abmontieren des Handwerksschil-

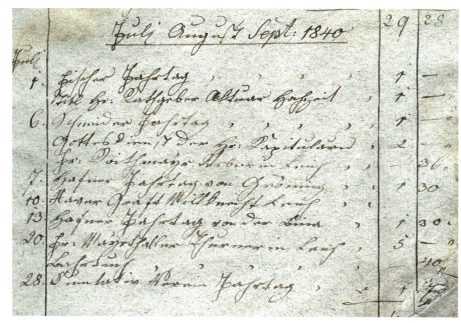

Abb. 30: Verkündbuch der Pfarrei Vilsbiburg, Eintragungen der Gottesdienste an den Jahrtagen der Hafner „von Gröning" (7. Juli 1840) und der Hafner „von der Bina" (13. Juli 1840).

des in der Herberge zu Teisbach, fanden solche ihren Niederschlag wie für Zehrgelder in den Gasthäusern der genannten Orte, für Anschaffung einer neuen Kreuzstange, Auslagen an den Lehrer von Kirchberg für das Durchsehen der Handwerkslade, Ausgaben an den Türmermeister von Vilsbiburg für dessen musikalische Umrahmung des Umzugs; weitere Ausgaben kamen für einen Jahrtag in Kirchberg und Vilsbiburg hinzu.

Ab 1804 versammelten sich dann die Kröninger Hafner und die von der Bina zu ihren Jahrtagen in getrennten Gasthäusern in Vilsbiburg. Und altem Herkommen folgend hielt man weiterhin in der Pfarrkirche zu Kirchberg anlässlich des Hafnerjahrtages einen Gottesdienst, wozu der Eintrag im Verkündbuch der Pfarrei lautet 1812 lautet *„Erchtag* [Dienstag, 18. August] *wird um halb 9 Uhr*

---

1 Schwarz 1976, S. 416 ff.
2 AHV, Akten des Kröninger Hafnerhandwerks, 1. Organisation, 1.10 Einzelbeleg zur Jahresrechnung 1804 anlässlich des Umzugs des Kröninger Hafnerhandwerks an den neuen Gerichtsort Vilsbiburg.

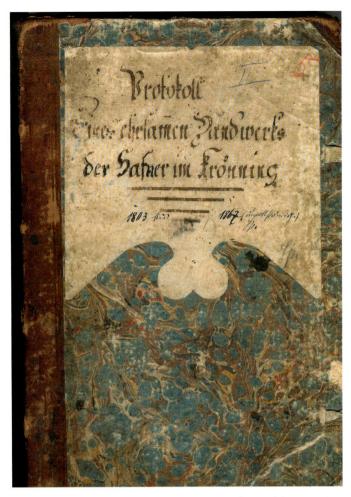

Abb. 31: Protokollbuch des Handwerks der Hafner auf dem Kröning, 1803 – 1867.

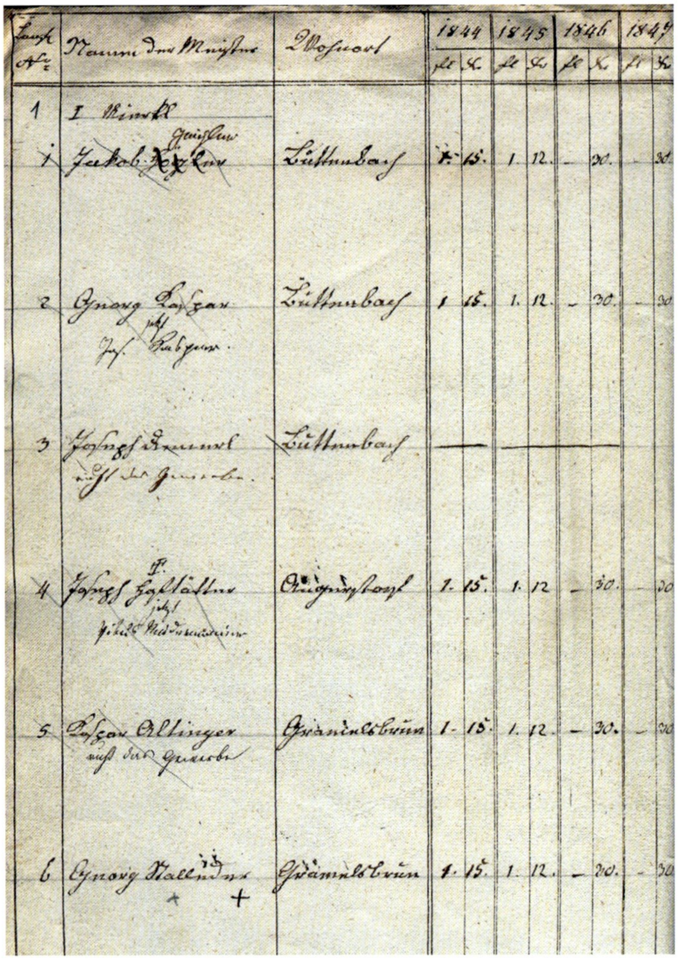

Abb. 32: Auflag-Manual (Mitgliederverzeichnis) des Handwerks der Hafner auf dem Kröning, Einträge der Mitgliedsbeiträge, 1844 – 1857.

für die verstorbenen Brüder und Schwestern des ehrsamen Handwerks saemtlicher Hafner der Jahrtag mit Vigil, Seelen- und Lobamt gehalten, und darunter auch der Verstorbenen namentlich gedacht werden".[3] Am 18. Juli 1902 ist im Verkündbuch ein hl. Amt des Hafner-Gesellenvereins für das verstorbene Mitglied *Matthias Wittenberger* vermerkt. Der letzte öffentliche Auftritt von Kröninger Hafnern dürfte 1925 anlässlich des ersten Vilsbiburger Volksfestes stattgefunden haben. Zwei Hafner, darunter der damals 20jährige *Georg Zettl* aus Bödldorf, führten auf einem Festwagen Arbeiten an ihren Drehscheiben vor.

Gewerbevereine

Ein *„Verzeichnis der am Sitze des k. Landgerichts Vilsbiburg bestehenden Gewerbs Vereine"* von 1847[4] nennt *die „Hafner von Kröning – die sogenannten weißen* [Hafner] *– und die „Hafner an der Bina – die sogenannten schwarzen* [Hafner]". Die Bezeichnungen „weiß" und „schwarz" sind wohl so zu verstehen, dass zumindest für diese Zeit die Kröniger Hafner meist auf oxidierend gebranntes, also glasiertes und unglasiertes (im Sprachgebrauch der Hafner *„weißes"* Geschirr), die Binahafner meist auf reduzierend gebranntes, also Schwarzgeschirr, spezialisiert waren. 1855 gaben

---

3 Pfarrarchiv Kirchberg, ohne Sign., Verkündbücher ab 1812 ff.

4 StALa, BezA/LRA Vilsbiburg 31, Verzeichnis der am Sitze des k. Landgerichts Vilsbiburg bestehenden Gewerbsvereine, 1847.

sich beide Hafnervereinigungen neue Statuten.[5] Als Folge der Gewerbegesetzgebung von 1868 hörten dann die Gewerbevereine auf zu bestehen. Die Regierung von Niederbayern, Kammer des Innern, erließ über das Bezirksamt Vilsbiburg die Anfrage, ob nach der Auflösung der Gewerbsinnungen noch *„denkwürdige Kunstgegenstände aus den Zunftladen"* vorhanden seien.[6] Aus der Antwort des Bezirksamtes ging hervor, dass bei den aufgelösten 16 Gewerbsinnungen im Bezirk *„keine für Kunst, Kunstgewerbe und Geschichte bedeutungsvollen Gegenstände, welche besonders zu verwahren wären"*, vorhanden seien. Noch eine Zeit lang bei den Herbergswirten aufbewahrte Zunftladen, Tischzeichen aus Zinn und anderen Materialien, sowie schriftliche Zeugnisse wie Urkunden, Protokollbücher, Handwerksrollen, Jahresrechnungen und anderes mehr wurden also nicht als archivwürdig angesehen. Manches der genannten Objekte, vor allem aus dem Besitz der Zünfte im Markt Vilsbiburg, wie Handwerksordnungen, Zunftladen, Kerzenstangen, Tischzeichen und anderes mehr ist nach 1910 in das neu gegründete Ortsmuseum Vilsbiburg (1928 Heimatmuseum) gelangt. Das Gesamtvermögen dieser Vereine wurde 1862 mit 1500 Gulden beziffert, wobei noch Lasten der einzelnen Vereine abzulösen waren. Vier Vereine hatten ihr Vermögen dem Distriktskrankenhaus Vilsbiburg übereignet. Es wurde die Absicht ausgesprochen, gewerbliche Unterstützungsvereine zu gründen.

Die Gründung des „Unterstützungsvereins der Hafner zu Kröning"[7]

Am 27. Juli 1868 berichtete das Bezirksamt Vilsbiburg an die Kammer des Innern bei der Regierung von Niederbayern in Landshut, mehrere früher bestandene Gewerbsvereine beabsichtigen, Unterstützungskassen zu gründen. So hätten die Hafner zu Kröning bereits eine Satzung entworfen, welche vom Bezirksamt unter dem Namen *„Verein der Hafner des Amtsbezirkes Vilsbiburg"* geführt werde. Das Bezirksamt konnte sich dabei nicht die Bemerkung verkneifen, dass wegen des unbedeutenden Vereinsvermögens von nur 8 Gulden 7 Kreuzern und den erfahrungsgemäß bei derartigen Vereinen üblichen jährlichen Wirtshauszusammenkünften, die die Hauptsache bildeten, das Vorhaben *„nicht begutachtet"* (befürwortet) werden könne.

Am 4. August 1868 genehmigte die Regierung von Niederbayern unter dem Betreff *„Die Gründung eines Unterstützungsvereins der Hafner zu Kröning"* dann doch *„Die von den Hafnern zu Kröning beschlossene Bildung eines freien Vereins"* nach den von den Hafnern vorgelegten, jedoch nicht mehr erhaltenen Statuten. Am 22. August berichtete die Gemeinde Kröning an das Bezirksamt Vilsbiburg von den laut Satzung des Unterstützungsvereins durchgeführten Wahlen zur Vorstandschaft. In den Vereinsausschuss wurden gewählt: 1. Vorstand *Jakob Degenbeck* [Kleinbettenrain], 2. Vorstand *Anton Zettl* [Hub], 1. Ersatzmann *Joseph Biller* Hafner von Magersdorf, 2. Ersatzmann *Simon Kerscher*, Hafner von Oberkirchberg, als Kassier und Schriftführer *Johann Neumaier*, Krämer von Triendorf. Im Protokoll wurde angemerkt, dass für die kirchlichen Verrichtungen in der Pfarrkirche zu Kirchberg jährlich Beiträge erhoben werden, arme und kranke Vereinsgenossen dagegen nur mit freiwilligen Gaben unterstützt werden können. Ein Zwang zu weiteren Abgaben, außer für den Seelengottesdienst, dürfe nicht ausgeübt werden.

Die Schaffung einer ähnlichen Einrichtung für die Hafner an der Bina ist nicht bekannt.

„Hafnerverein von Kröning"

Bis auf den von Pfarrer in Kirchberg Bartholomäus Spirkner 1914[8] gegebenen Hinweis auf einen *„Hafnerverein"* von Kröning haben sich keinerlei Nachweise dafür erhalten. Er berichtet von einem 1875[9] gegründeten Verein, für dessen Vereinsfahne 1881/82 ein Fahnenband angeschafft wurde, worauf die Namen von 40 Hafnermeistern, sowie 74 Wirchern und Gesellen aufgedruckt waren. 1881 feier-

---

5 StALa, BezA/LRA Vilsbiburg 1705, Vereine der Hafner im Kröning und an der Bina betreffend, (Statuten, Mitgliedsverzeichnisse), 1855 – 1863. Statuten siehe 95.

6 StALa, BezA/LRA Vilsbiburg 33, Die Auflösung der Gewerbsvereine, hierin insbesondere in Erhaltung denkwürdiger Kunstgegenstände aus früheren Zunftladen, 1. Juni 1868.

7 Wie Anm. 6.

8 Spirkner 1914, S. 133.

9 Im Nachbericht zur Jubiläumsfeier der Landshuter Zeitung vom 6.5.1881 ist 1876 als Gründungsjahr *(„erneuert")* genannt.

Einladung
zum herkömmlichen
Hafner - Jahrtag
mit einem Hafnerlehrling-Laufen
▬▬▬▬ und Gartenmusik ▬▬▬▬
am Dienstag den 10. Juli;
auch die Hermannsreiter Hafner nebst dem alten
Simerl von Jesendorf sind freundlichst eingeladen.
Alois Sedlmeier, Wirth, Kirchberg.

Abb. 33 : Vilsbiburger Anzeiger vom 10. Juli 1900.

ten die Kröninger Hafner ihr 230-jähriges Bestehen, wobei sie sich auf ihren 1651 datierten Handwerksschild bezogen. Eine Rückbesinnung auf die Hafnerordnungen von 1428 und 1646, die ja ein anderes Gründungsdatum zugrunde gelegt hätten, konnte anscheinend trotz des immer wieder betonten Traditionsbewusstseins nicht mehr hergestellt werden. Wie lange der Verein Bestand hatte ist nicht belegt; Statuten und Rechnungsbelege sowie Protokolle sind nicht erhalten. Jedenfalls wurden noch bis 1912 die jährlichen Hafner-Jahrtage beim Gastwirt *Alois Sedlmeier* in Kirchberg abgehalten, zu der jeweils eine Musikkapelle aufgeboten war. Zum Rahmenprogramm zählte auch ein „*Hafnerlehrlingslaufen*", ein Wettrennnen der Lehrlinge.[10]

Der Hafnerverein von Kröning feiert

Am 29. Mai 1881 begingen die Kröninger Hafner ihr 230jähriges Stiftungsfest. Den eintägigen Ablauf des Festes schildert in einer längeren Abhandlung der Vilsbiburger Anzeiger.[11] Man hatte sich eine neue Vereinsfahne angeschafft (sie ist nicht mehr vorhanden), die in München um den Preis von 250 Mark angefertigt worden war. Auf einer Seite zeigte sie auf grünem Grund in Goldbuchstaben den Namen des Vereins, die andere Seite war mit dem gestickten Bild der Muttergottes versehen. Etwa 100 Festgäste wohnten den Feierlichkeiten in der Pfarrkirche von Kirchberg mit anschließendem Festzug und musika-

— — In **Kröning** bei **Vilsbiburg** feiert der dortige Hafnerverein am 29. Mai das Fest seines zweihundertdreißigjährigen Bestehens. Mit der Feier ist eine Fahnenweihe verbunden.

Bekanntmachung.
Der Hafner-Verein Kröning
feiert am
Sonntag den 29. Mai 1881
die 230jähr. Gründungs-Jubiläums-Feier
verbunden mit
Fahnen-Weihe.

Wir beehren uns, zur Erhöhung unserer Festlichkeit an die sehr geehrten **Arbeiter-** und **Gesellen-Vereine**, sowie an die Herren Hafnermeister, Gesellen und alle Gönner von nah und ferne die freundschaftliche Einladung ergehen zu lassen, und geben uns der schönsten Hoffnung hin, daß verehrliche Vereine mit Fahnen zahlreich vertreten sein mögen. Die werthen Collegen und Gönner aber wollen uns mit ihrer sehr verehrten Gegenwart beglücken.
☞ **Der Abmarsch vom Vereinslokale zum Festgottesdienste in das Pfarrgotteshaus Kirchberg erfolgt Morgens halb 10 Uhr.**
Freundlicher Zusage entgegensehend, zeichnet unter Entbietung kameradschaftlichen Grußes
Kröning, Bez.-A. Vilsbiburg, am 27. April 1881.
Das Fest-Comité.
Joseph Auer, Vorstand.
(2a)1808

Einladung.
Da der ☞ **Hafner-Verein in Kröning**
am künftigen Sonntag den **29. Mai 1881**
das 230jähr. Jubiläum mit Fahnenweihe
feiert, so lade ich alle werthen Hafnermeister und Gesellen sowie alle theuern Freunde und Gönner von Nah und Fern auf das Freundschaftlichste dazu ein.
Für gutes Bier, kalte und warme Speisen wie die reellste Bedienung sorgt auf's Beste **Kirchberg,** am 22. Mai 1881.
2245   **Alex. Sedlmeier,** Gastgeber in Kirchberg.

Abb. 34: 230jähriges „Gründungsjubiläum" des Hafnervereins Kröning mit Fahnenweihe am 29. Mai 1881 (Landshuter Zeitung 29.4.1881 und 24.5.1881).

lischer Begleitung zur Hafnerherberge im Gasthaus Sedlmaier in Kirchberg bei. Neben den geladenen Vereinen, der Gesellschaft „*Deutsche Eintracht*" von Landshut, den kath. Gesellenvereinen Geisenhausen und Dingolfing, des Arbeitervereins Frontenhausen und der Gesellschaft „*Freienhausen*", nahm eine „*Deputation der Töpferschule Landshut*", sowie der niederbayerische Regierungspräsident *von Lipowsky* und der Bezirksamtmann *Ulrich* aus Vilsbiburg an den Festlichkeiten teil. *Von Lipowsky* nahm dabei in einer längeren Ansprache die Gelegenheit wahr, bei den Hafnermeistern „*ein höheres Interesse für die bisher fast verkannte Kreistöpferschule in Landshut zu wecken. Herr Redner machte auf die Nothwendigkeit, die großen Vortheile*

---

10 Hierzu weitere Annoncen im Vilsbiburger Anzeiger 22.8.1905, 22.8.1907, 15.9.1910, 19.9.1911, 14.10.1912.
11 Artikel im Lokalteil des Vilsbiburger Anzeiger 4.6.1881.

Abb. 35:
Teilnehmer am 230jährigen „Gründungsjubiläum" des Hafnereins Kröning am 29. Mai 1881 vor dem Gasthaus in Triendorf. 1. Reihe 3. von links Benno Zettl I, Bödldorf, 2. Reihe ganz rechts Benno Zettl II, Bödldorf.

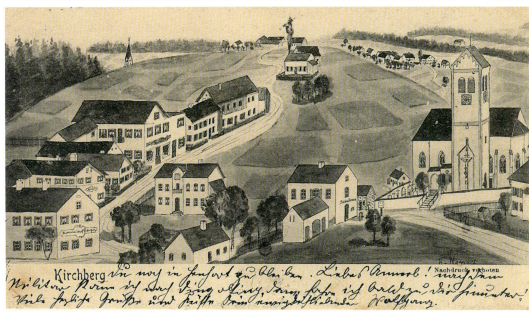

Abb. 36:
Das Pfarrdorf Kirchberg, links unten das Herbergslokal von Josef Patzinger der Kröninger Hafner, Poststempel 1906.

und Leistungsfähigkeit dieser Anstalt aufmerksam, erwähnte der bedeutenden Zuschüsse die den Zöglingen dieser Schule gewährt werden und betonte, es sei sein sehnlichster Wunsch, daß die Meister von Kröning ihre Söhne vertrauensvoll der Leitung dieser nützlichen Schule überlassen". Das Fest klang mit „brüderlichem Händedrücken und Hochrufen, nicht enden wollenden Jubelrufen" sowie dem Spiel der Musikkapelle und Abschießen der Böller aus.

Die „Hafnerrohstoff-Genossenschaft Kröning e.G.m.b.H."

Zur Vorgeschichte: Anlässlich der Vorbereitungen zum 250-jährigen Bestehen des Kröninger Hafnerhandwerks im Jahr 1901 richtete der Vorstand des Hafnervereins *Lorenz Westenthanner* sowie die Beigeordneten *Jakob Wächter* und *Michael Kaindl* an das kgl. Bezirksamt Vilsbiburg eine Bittschrift, deren Inhalt die damalige Situation im Handwerk beleuchtet.[12] So schrieb der Verfasser: „ ... *Die Feier würde die lässigen Meister wieder anspornen zu geschlossenem Zusammengehen; sie wäre auch ein Ansporn für die Gehilfen und Lehrlinge, es an Fleiß den Früheren gleich zu thun; die Feier würde auch das gesunkene Ansehen des Hafnergewerbes wieder heben und dem Gewerbe die jetzt fast ganz aussterbenden Lehrlinge wieder reichlicher zuführen. Einer Aufrüttelung bedarf es, um unser Gewerbe vor weiterem Verfalle zu bewahren. Die Meister müssen sich wieder zusammenschließen und vereint dahin wirken, daß die bestehenden Mängel verschwinden. Aus der Jubelfeier könnte dann endlich ein genossenschaftlicher Zusammenschluß entstehen, wenn auch zur Zeit noch einige Meister ihre eigenen Köpfe haben.*

Da aber die Vereinskasse leer ist und die Mitglieder allein nicht imstande sind, für eine ev. Feier die Kosten aufzubringen, so gestatten sich die gehorsam Unterzeichneten an das kgl. Bezirksamt die gehorsamste Bitte zu stellen, Königliches Bezirksamt wolle dem Hafnerverein Kröning zur 250jährigen Jubelfeier seines Bestehens gnädigst eine Unterstützung erwirken." Auf Nachfrage des Bezirksamtes antwortete *Westenthanner*, dass als Termin der Feier der 22. September 1901 vorgesehen sei und man um einen Zuschuss von 300 Mark bitte. Am 5. September schaltete sich Bezirksamtmann Miller höchstpersönlichst ein und besuchte *Lorenz Westenthanner* in Pattendorf zu einer Besprechung, wobei Miller einen Bericht erbat.

Ein Bericht *Westenthanners* ist in den Akten nicht vorhanden und eine Jubelfeier scheint auch nicht veranstaltet worden zu sein. Jedenfalls fühlte sich der Pfarrer von Kirchberg, *Sebastian Rauchensteiner*, in der Sache zu einer

Stellungnahme an das Bezirksamt Vilsbiburg am 23. September aufgerufen und beleuchtete aus seiner Sicht die Situation im Handwerk.[13] Er schrieb: „... *Am Samstag 21. September* [1901] *laufenden Jahres wurden sämtliche Hafnermeister mit Gehilfen aufs Neue zu einer Besprechung eingeladen unter Bezugnahme auf das entgegenkommende Schreiben des kgl. Bezirksamtes. Leider ist nicht der 3. Teil derselben erschienen. Es gibt leider unter den Hafnern kein Zusammenhalten, keinen Gemeingeist, nur Sonderinteressen und es fällt schwer, ob bei einer neuen Versammlung auch nur die früher bestandene Innung von der wohl noch die Statuten vorhanden sind, an die sich aber seit Jahren niemand mehr gehalten hat, zustande kommen würde. Auch müssten die Statuten etwas abgeändert beziehungsweise erweitert werden; eine An- und Verkaufsgenossenschaft mit Lagerhaus dürfte noch weniger leicht bei der Mehrheit Anklang finden nach den bisher gemachten Erfahrungen. Die beiden Herren Lehrer interessieren sich mit mir in gleicher Weise, da sonst das Hafnergewerbe – obwohl seit 3 Jahren der geforderte Absatz von den besseren und tüchtigeren Meistern bei weitem nicht geliefert werden kann; ein Meister allein hätte in diesem Jahre um 2000 Mark mehr Geschirr gebraucht, wenn ihm nicht die Gehilfen gefehlt hätten – noch weiteren Rückgang erleiden muß.*"

Die Bemühungen *Rauchensteiners* um eine erneute Versammlung waren ein Jahr später von mehr Erfolg gekrönt. Im Lokalteil des *Vilsbiburger Anzeiger* vom 6. September 1902 wird auf Schwierigkeiten im Kröninger Hafnerhandwerk hingewiesen, wonach wegen hoher Einkaufspreise für Holz und der so genannten Glätte (= Glasuranteil), dann wegen der bedeutenden Frachtkosten und der großen Konkurrenz aus dem Ausland bei immer noch großer Nachfrage nach Kröninger Ware, aber gedrückten Preisen, die Lage keine rosige sei. In einer gut besuchten Versammlung versprach der Vilsbiburger Bezirksamtmann *Miller* den diesmal zahlreicher erschienenen Hafnern, ihnen bei der Gründung einer Genossenschaft, dann bei der Erbauung eines Lagerhauses und der Anschaffung von Maschinen behilflich zu sein. Sämtliche Hafnermeister erklärten daraufhin spontan den Beitritt zu solch einer Organisation. Zuvor hatte man noch beim Bezirksamt Wegscheid um Auskunft darüber gebeten, ob in Obernzell eine Töpferin-

---

12 StALa, Rep. 164 Verz. 19 Nr. 2707, Akten des Bezirksamtes Vilsbiburg Nr. 1.

13 Wie Anm. 16, Akten des Bezirksamtes Vilsbiburg Nr. 8 – 9.

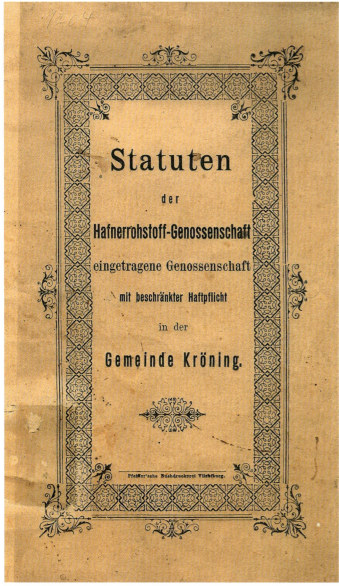

Abb. 37: Umschlagseite der Statuten der Hafnerrohstoff-Genossenschaft Kröning, 22. Juli 1903.

nung bestehe, man bitte um Einsichtnahme in die entsprechenden Akten. In der Antwort wurde darauf verwiesen, dass weder in Obernzell noch in einer anderen Gemeinde des Bezirksamtes eine Töpferinnung bestehe.[14]

Am 22. Juli 1903 erfolgte die Eintragung in das Genossenschaftsregister beim Amtsgericht Vilsbiburg.[15] Es fungierten die Hafnermeister *Alois Kaspar*, Onersdorf als Vorsitzender, *Andreas Wagenhuber*, Bödldorf als Kassier und *Johann Setz*, Jesendorf als Beisitzer. Als Gegenstand des Unternehmens wurde der gemeinschaftliche Einkauf der zum Betrieb des Hafnergewerbes erforderlichen Rohstoffe, Werkzeuge, Maschinen und der Ablaß an die Mitglieder, auch Nichtmitglieder bestimmt. Die Haftsumme der 22 Genossen betrug 300 Mark für jeden Geschäftsanteil, wobei bis zu höchstens drei Anteile gezeichnet werden konnten. Eine gedruckte Satzung der Genossenschaft ist erhalten.

Bei der Beschaffung des gemeinschaftlichen und vor allem preiswerteren Bezugs von Bleiglätte durch die Genossenschaft erweise sich, so der Bezirksamtmann von Vilsbiburg *Benedikt Selmaier*, der bisherige Hauptlieferant der Kröninger Hafner, der Kaufmann *Lorenzer* aus Geisenhausen, als das größte Hindernis.[16] Dieser bereite einzelnen Hafner bei der geschäftlichen Loslösung von ihm die meisten Schwierigkeiten, weil viele von ihnen Schulden bei *Lorenzer* hätten. Dieser gebe sich die größte Mühe, die Hafner vom direkten und genossenschaftlichen Bezug der Glätte abzuhalten. Immerhin hätten Verhandlungen zwischen *Lorenzer* und der Genossenschaft günstigere Preise zur Folge gehabt. Der Bezirksamtmann weiter: Hafner schuldenfrei zu bekommen, wäre Sache der Genossenschaft. Dabei erklärte sich des Kgl. Staatsministerium bereit, bei solchen Genossenschaftsgründungen Zuschüsse und billige Darlehen zu gewähren. *„Aber noch nicht einmal zu einer Gesuchstellung haben sich die Hafner entschließen können". Selmaier* erwähnte auch die Beschaffung eines *„mit Dampf betriebenen Mahlapparates für Klette, welche nicht nur gleichmäßiger mahlt, sondern auch eine außerordentlich schwere Arbeit dem Hafner abnimmt".* Der Standort des Gerätes ist nicht genannt.

14 StALa, Rep. 164/19, Nr. 2707, Schr. des BezA Vilsbiburg an das BezA Wegscheid vom 16.9.1902.

15 Amtsgericht Landshut, Genossenschaftsregister Vilsbiburg, Band I, Blatt 3, 22.7.1903.

16 StALa, BezA/LRA Vilsbiburg 1702, Bericht des Bezirksamtmannes Benedikt Selmeier von Vilsbiburg, betreffend den Jahresbericht der K. Untersuchungsanstalt für Nahrungs- und Genussmittel zu München vom 20.2.1904.

Bis auf die gesetzlich erforderlichen, jährlich im Vilsbiburger Anzeiger veröffentlichten Bilanzen der Genossenschaft, trat diese kaum in Erscheinung. Ledlich im Jahr 1906 meldet der *Anzeiger: „Die Hafner-Rohstoff-Genossenschaft hat beschlossen, in Anbetracht der immer höher werdenden Preise die Rohprodukte (Ton, Holz und Glätte), in Anbetracht der hohen Lohnsätze der Arbeiter und der hohen Lebensmittelpreise auch ihre Fabrikate, das sogen. „Kröninger Geschirr" im Preise höher zu stellen. Die bisherigen Preise stehen in keinem Verhältnis zu den Preisen der Rohprodukte."*

Pfarrer B. Spirkner von Kirchberg erkannte schon im Jahr 1909, *„daß die Genossenschaft eigentlich nur dem Namen nach besteht".*[17] In seiner bekannt kräftigen Sprache schreibt er weiter: Die Genossenschaft habe bis zur Stunde fast keine andere Tätigkeit aufzuweisen, *„als den gesetzmäßigen Anforderungen des Genossenschaftsregisters im formellen Schriftwesen zu genügen und sich in kostspielige Revisionen die Bestätigung ausstellen zu lassen ... Den Geist der Uneinigkeit, der Eigenbrödelei und der ungeordneten Selbstliebe konnte leider auch die Genossenschaft nicht bannen. Zahlungssäumigkeiten, Schulden usw. beeinträchtigen den Zweck der Genossenschaft: [so den] gemeinschaftlichen Einkauf von Rohmaterialien (wünschenswert wäre vielleicht eine Verkaufsgenossenschaft), da der Kredit fehlt ...".*

In einem Punkt, der die Preisgestaltung beim Geschirrverkauf betraf, scheint bei den Hafnern im Kröning doch Einigkeit hergestellt worden zu sein. Jedenfalls ist im *„Einschreibbuch"* des Hafners *Alois Hötschl* von Grammelsbrunn auf der letzten, stark vom Gebrauch abgegriffenen Seite der Passus vermerkt: *„Preise / auf Beschluß der Generalversammlung der Hafnergenossenschaft(!) Kröning vom 1. Jänner 1907".*[18] Es folgen die Geschirrpreise *„vom Hause aus für Wiederverkäufer"* sowie die für *„Bahnlieferand"* (siehe Anhang). Inwieweit dieser Beschluss bei den Hafnern befolgt und umgesetzt wurde, ist nicht bekannt.

Anhang

Preise auf Beschluß der Generalversammlung der Hafnergenossenschaft Kröning vom 1. Januar 1907 A. Geschirrpreise vom Hause aus für Wiederverkäufer	Mark	Pfennig
Gattung Geschir je 100 Stück	14	--
Unglasirt Gattunggeschir	11	--
Milchweidling Liter Dzt. [Dutzend]	--	80
Milchhaferl doppelt gl.[asiert] 1 Lt. Dzt	--	85
Gartentöpfe glasirt 100 St. von 15 bis 10 cmt mit Untersatz	9	--
Gartentöpfe unglasirt gleiche Größe mit Untersatz 100 St.	6	--
Hohe Milchhaferl 15 is 18 cmt 100 Stück	8	--
Hohe Milchhaferl doppelt glasirt gleiche Größe	11	--
B. Bahnlieferand		
Glasirt Gattunggeschir 100 St.	16	--
Unglasirt Gattunggeschir 100 St.	12	--
Milchweidling 1 Liter Duzend		90
Milchweidling doppelt glasirt	1	
Milchhaferl doppelt [glasiert] 1 Liter	--	95
Milchhaferl einfach [glasiert] 1 Liter	--	85
Hohe Milchhaferl doppelt glasirt Von 15 bis 18 cm 100 Stück	12	--
Einfach glasirt [Milchhaferl] gleiche Größe	9	--

Im Einschreibbuch des Hafners Alois Hötschl von Grammelsbrunn auf Seite 200 vermerkte Geschirrpreise für Wiederverkäufer, 1907.

Aufgrund des vom gerichtlich bestellten Bücherrevisors *Gustav Rüb*, Landshut, am 25. September 1907 erstellten Revisions-Protokolls[19] über die Hafner-Rohstoff-Genossenschaft Kröning flammte noch einmal die Diskussion über das Für und Wider für die Genossenschaft auf. In ei-

---

17 Spirkner 1909, S. 442.
18 Privatbesitz, Einschreib-Buch für Alois Hötschl 1905, S. 200.

---

19 Wie Anm. 14, Akten des Bezirksamtes Nr. 50 vom 25.9.1907.

nem am 3. November 1907 an das Bezirksamt Vilsbiburg gerichteten, von den Hafnermeistern *Alois Kaspar* von Onersdorf und *Andreas Wagenhuber* von Bödldorf unterschriebenen Schriftstück, schlugen diese die Auflösung vor.[20] Als Gründe gaben sie vor, die hohen, alljährlich zu entrichtenden Revisionsgebühren von 25 bis 30 Mark würden im Laufe der Zeit die Einlagen verschlingen. Zu bedenken wäre auch die große Zerstreutheit und weite Entfernung zu den Betrieben, was ein genossenschaftliches Leben erschwere, wenn nicht unmöglich mache. Auch sei von der Keramischen Fachschule in Landshut nichts zur Verbesserung der Glasuren mitgeteilt worden. Das Schreiben der Hafner an das Bezirksamt, in dem dessen Bemühungen um den Fortbestand der Kröninger Hafnerei positiv bewertet wurde, endete mit der Bitte, deren Ansicht zur geplanten Auflösung mitzuteilen.

Ohne nennenswerte Geschäftsbewegungen, es wurde nur für 60 Mark Bleiglätte eingekauft, löste man in der Generalversammlung vom 3. September 1911 die Genossenschaft auf. Als Liquidatoren waren der Bücherrevisor *Gustav Rüb* aus Landshut und der Hafnermeister *Ignaz Schachtner* aus Grammelsbrunn bestellt worden. Zuvor hatte *Rüb* in einem am 25. September 1907 erstellten Revisionsprotokoll bereits festgestellt, dass seit dem 5. August 1906 keine Sitzung mehr abgehalten worden war. Weiter bemängelte er,

„daß die Genossenschaft weder Rohstoffe noch fertige Ware von den Genossenschaftern eingekauft, folglich geschäftlich gar nichts leistet. Damit ist die Genossenschaft als wertlos gegründet worden." Er schlug die Auflösung vor, *„da Einigung unter den Mitgliedern nicht zu erzielen ist."*

Die Keramische Fachschule in Landshut meldet sich

Eine Reaktion der Keramischen Fachschule in Landshut, die von dem vorstehenden Schreiben Kenntnis hatte, erfolgte prompt. Ihr technischer Leiter *Wilhelm Rudolph* nahm zu den Kröninger Vorwürfen am 20. November 1907 ausführlich Stellung:[21] Die von der Fachschule verlangte Verbesserung der im Kröning verwendeten [Blei-] Glätte sei ein Ding der Unmöglichkeit, da man einen chemisch einheitlichen Stoff wie die Glätte nicht *„verbessern"* könne. Man weise darauf hin, dass bereits in früheren Jahren eine Glasur zur Verfügung gestellt worden sei, die gutes Brennen vorausgesetzt, eine wohl brauchbare Glasur liefere. Wenn diese nicht den Anforderungen entsprechen sollte, sei man weiterhin bereit, im nunmehr an der Fachschule eingerichteten chemischen Versuchslaboratorium die Glasur zu prüfen und eventuell eine neue auszuprobieren. Außerdem wurde im vergangenen Jahr zur Her-

Abb. 38:
Annonce im
Vilsbiburger Anzeiger
vom 10. Oktober 1911
über die Auflösung der
Hafnerrohstoff-Genossenschaft Kröning.

20 Wie Anm. 19, Akten des Bezirksamtes Nr. 48.

21 Wie Anm. 19, Akten des Bezirksamtes Nr. 49.

stellung von Geschirren mit bleifreier Glasur ein Verfahren mit Kröninger Ton entwickelt, das ebenfalls zur Verfügung gestellt werden könnte. *Rudolph* weiter: *„Es ist also nur der Interesselosigkeit, welche die Kröninger Hafnermeister der Schule gegenüber an den Tag legen zuzuschreiben, wenn sie auf die Vorteile, welche ihnen die Schule bietet, verzichten. Ein Beweis für das fehlende Interesse ist ferner der Umstand, daß die Keramische Fachschule auch in diesem Jahre wieder keinen Schüler aus der Kröninger Gegend aufzuweisen hat. So lange aber der Nachwuchs keine bessere Schulung erfährt, wird es auch mit dem Hafnergewerbe im Kröning nicht besser werden"*.

Ein mit „Auszug" bezeichnetes, aus einem nicht im Original erhaltenen und nicht gezeichneten Schreiben an das K. Staatsministerium des K. Hauses und des Äußern vom 19. Februar 1908 befasste sich mit der Hafner-Rohstoff-Genossenschaft Kröning und den Verhältnissen der Töpfer in der Gemeinde Kröning.[22] Darin wird die Bedeutung der Keramischen Fachschule in Landshut für das Kröninger Hafnerhandwerk hervorgehoben, wobei bemerkt wird, dass deren Besuch *„noch immer sehr gering ist"*. Vorgeschlagen wurden deshalb kürzere, nur einige Tage dauernde Fachkurse abzuhalten, in denen auch den älteren Töpfern die Möglichkeit geboten werden könne, *„sich mit einigen Veredelungstechniken wie der Technik des Begusses sowie mit Glasurzusammenstellungen bekannt zu machen"*. Allerdings wurde auch hier wieder die Zurückhaltung der Kröninger Hafner gegenüber der Fachschule betont.

Stellungnahme des Bezirksamtmanns Selmeier von Vilsbiburg

Anlässlich der in Triendorf abgehaltenen Gemeindewahl der Gemeinde Kröning am 11. Dezember1911 traf sich Bezirksamtmann *Benedikt Selmaier* mit sechs Hafnermeistern.[23] Über die Besprechung berichtete er zur *„Lage der Kröninger Töpfer Industrie"* zwei Tage später an die Regierung von Niederbayern. Im Juni gleichen Jahres hatte hierzu der Zentralinspektor für Fabriken und Gewerbe in Landshut Bericht erstattet, wobei *Selmaier* feststellte, dass dessen Schilderung über die Verhältnisse im Kröning lei-

der richtig seien. *Selmaier* berichtete dabei die vom Zentralinspektor angegebene Zahl von 30 in den Gemeinden Kröning, Jesendorf und Dietelskirchen noch arbeitenden Hafnermeistern auf 20 und bemerkte, dass die weitaus meisten der Werkstattinhaber ohne Gesellen, einige wenige nur mehr mit einem oder zwei Gesellen arbeiteten. Dazu sei nur mehr ein Lehrling bekannt. Als kleinen Hoffnungsschimmer zunächst bezeichnete *Selmaier* die Bemühungen des Kunstkeramikers *Johann Scharvogel*, der 1904 ein Glasurverfahren erfunden zu haben glaubte, das zur Herstellung bleifreien und billigeren Geschirres Verwendung finden sollte. Doch die Hoffnung erwies sich als trügerisch, da das *Scharvogel'sche* Verfahren ein zweimaliges Brennen erfordere, welches bei den hohen Holzpreisen die Herstellung wesentlich verteuere und zudem dem Geschirr nicht den gewohnt schönen Glanz gebe.

Selmaier schreibt weiter, die Keramische Fachschule in Landshut wäre inzwischen von den beiden *Brüdern Strobl* [Kirchberg] besucht worden. Es habe sich jedoch gezeigt, dass diese Leute ihre erworbenen Kenntnisse nicht in der Heimat verwerteten. Beide seien nun in Tonwerken in München beschäftigt. Einer der beiden Brüder habe sechs bis acht Wochen bei dem Hafner *Alois Hötschl* in Grammelsbrunn gearbeitet und als dieser ihn ersuchte, er möge ihm doch etwas von dem in der Schule Erlernten zeigen, bemerkte *Strobl*, dies sei Geschäftsgeheimnis. In der Keramischen Fachschule bedeutete man *Hötschl*, er solle doch seinen Sohn in die Schule schicken, was aber wegen dessen Behinderung [Epilepsie] nicht möglich war. Nach Meinung der Hafner, nütze die bessere Ausbildung in der Schule nichts, weil sie feinere Keramik nicht an den Mann brächten. Angesprochen wurde auch das Fehlen einer Eisenbahn, wodurch eine Ansiedelung der *„Großindustrie"* verhindert würde, die *wiederum „die Kleinmeister zu Fabrikarbeitern umgewandelt"* hätte. So sei die Kröninger Hafnerei zum einen der schlechten Erträgnisse wegen und zum andern wegen des fehlenden Arbeiternachwuchses dem Untergang geweiht. Das Handwerk würde schon längst verschwunden sein, wenn die Werkstattinhaber nicht zugleich eine kleine Landwirtschaft betreiben würden. *Selmaier* bemerkte am Schluss seiner Ausführungen, dass er die Hafner zur Beteiligung an der im nächsten Jahr (1912) stattfindenden Gewerbeschau in München ermuntert hätte, wozu diese jedoch keine Lust mehr zeigten.

---

22 Wie Anm. 19, Akten des Bezirksamtes Nr. 53.
23 Wie Anm. 19, Akten des Bezirksamtes Nr. 55.

Bezirksamtmann Grasmann
erkennt das Ende der Kröninger Hafnerei

Im November 1927 forderte der Gewerbeaufsichtsbeamte bei der Regierung von Niederbayern vom Bezirksamt Vilsbiburg einen Zustandsbericht über die Hafnerei im Kröning.[24] Bezirksamtmann *Grasmann* meldete, dass nur mehr zwei Werkstätten, *Alois Kaspar* in Onersdorf und *Sebastian Eder* in Jesendorf bestehen. Es würden keine Gehilfen und Lehrlinge mehr beschäftigt. Nach dem Ableben der derzeitigen Betriebsinhaber dürften die Betriebe eingestellt werden. *„Der Grund, warum das einst so blühende Töpfergewerbe im sog. Kröninger Bezirk eingegangen ist, dürfte wohl darin zu suchen sein, daß die Betriebe bei den hohen Kosten für Rohstoffe und mit dem Aufkommen der Fabrikarbeit nicht konkurrenzfähig waren“.*

Scheinbar löste diese Aussage noch einmal Aktivitäten bei der Regierung von Niederbayern aus. Um ein Bild von den tatsächlichen Verhältnissen im Kröninger Hafnergewerbe zu erhalten, stattete *Grasmann* im November 1928 den letzten Werkstätten einen Besuch ab. Sein anschließend von ihm an die Regierung verfasster *„Randbericht“* gab eingangs einen, auf Pfarrer *Spirkners* Forschungen basierenden Überblick zur Geschichte der Kröninger Hafnerei wider.[25] Mit dem folgenden Zustandsbericht ist dann amtlicherseits die wirklich letzte Schilderung über die noch verbliebenen Betriebe aktenkundig geworden.

„Bei meiner letzten Anwesenheit in den Gemeinden Kröning und Jesendorf am 8. November 1928 konnte ich feststellen, daß zur Zeit nur noch ein Hafner arbeitet und zwar der Hafnermeister Eder in Jesendorf. Der Hafner Benno Zettl in Bödldorf wird in der kommenden Woche seinen letzten Brand machen und dann ebenfalls seinen Betrieb einstellen. Der Hafner Alois Kaspar von Onersdorf, der früher einen der größten Betriebe hatte, hat schon vor längerer Zeit zu brennen aufgehört und beabsichtigt nicht mehr, sein Gewerbe wieder aufzunehmen. Er hat sich völlig auf die Landwirtschaft umgestellt. Ältere Hafner, die sich auf die Herstellung von Töpfereiwaren verstehen, sind zwar namentlich in der Ortschaft Jesendorf noch in größerer Zahl vorhanden, aber sie haben alle ihren

Betrieb bereits seit längerer Zeit eingestellt und ihre Söhne haben das Töpfereigewerbe gar nicht mehr gelernt. Alle die Hafner, die noch vorhanden sind, können nur gewöhnliches Gebrauchsgeschirr, wie Kochtöpfe, Milchwaidlinge, Krüge, Kuchenformen, Blumentöpfe u. dgl. herstellen, dagegen sind sie nicht in der Lage, Kunsttöpferei zu betreiben. Eine regelmäßige Beschickung der Landshuter Märkte mit Geschirr wird von allen Beteiligten mit der Begründung abgelehnt, daß der Absatz auf diesen Märkten viel zu gering und die Transportkosten nach Landshut viel zu hoch seien. Sie wollen lediglich die noch vorhandene Ware an die einheimische Bevölkerung absetzen und dann ganz aufhören. Auch Eder verspricht sich von einer Beschickung der Landshuter Märkte nichts, er behauptet, seine festen Abnehmer bereits zu haben. Über die Frage, ob eine Wiederbelebung der Kröninger Töpfereiindustrie überhaupt noch möglich ist, gehen die Meinungen auseinander. Der Bürgermeister der Gemeinde Jesendorf glaubt, daß es an und für sich schon möglich wäre, die Kröninger Töpferei wieder hochzubringen, wenn eine Art gemeinsamer Fabrik errichtet werden würde, die mit den neuzeitlichen Maschinen ausgestattet, die Zubereitung des Tones, das Trocknen, Brennen, Glasieren und Bemalen der Roherzeugnisse und endlich auch den Absatz der Fertigerzeugnisse übernehmen würde. Die Errichtung einer derartigen Fabrik würde aber nur möglich sein, wenn der Staat oder der Kreis erhebliche Zuschüsse zu den Bau- und Einrichtungskosten leisten würden. Die einzelnen Meister dagegen, mit denen ich gesprochen habe, ferner der Bürgermeister, der Pfarrer und der Lehrer von Kirchberg, Gde. Kröning sind absolut pessimistisch. Sie stehen auf dem Standpunkte, daß die Kröninger Töpferindustrie endgültig dem Untergang geweiht sei. Nach ihrer Ansicht könne das Kröninger Geschirr nicht mehr abgesetzt werden, weil die Gestehungskosten zu hoch seien und weil die Verbraucher das billige Emailgeschirr bevorzugen würden. Eine Umstellung auf Kunsttöpferei sei auch nicht möglich, einmal weil die Kröninger Hafner die Herstellung von Kunstkeramiken nicht gelernt hätten. Um noch umzulernen, dazu seien die noch lebenden Meister zu alt, die heranwachsende Jugend würde sich aber kaum dazu entschließen, Fachschulen zu besuchen, schon weil die Existenz als Hafner viel zu unsicher sei. Die ganze Jugend habe sich schon auf die Landwirtschaft umgestellt und wolle auch bei diesem Berufe bleiben.*

Mein persönlicher Eindruck ist der, daß sich nur wohl sehr schwer eine Wiederbelebung der Kröninger Industrie errei-

---

24 Wie Anm. 19, Akten des Bezirksamtes Nr. 5570.
25 Wie Anm. 19, Akten des Bezirksamtes Nr. 5405.

Kgl. Keramische Fachschule in Landshut i. B.
(Fachschule für Kunsttöpferei und Ofenbau.)

Einrichtung: 1. Zweijährige Vorschule für Lehrlinge. 2. Zweijährige eigentliche Fachschule nach der Vorschule oder nach zweijähriger Meisterlehre. 3. Einjähriger Gesellen- fortbildungskurs nach dreijähriger Meisterlehre. — Hospitanten für einzelne Fächer. — Sti- pendien für bayerische Fachschüler und Gesellen. — Tonchemisches Versuchslaboratorium zur Benützung für Interessenten gegen mäßige Gebühren.

Schulgeld für Ausländer 40 Mk., für Deutsche 20 Mk. (Bayern können befreit werden); Gesellenkurs für Bayern kostenlos. Beginn des Schuljahres 1907/08 am 4. September 1907.

Schulstatut, Lehrprogramm und Auskünfte durch die unterfertigte Schulbehörde.

Kgl. Rektorat der Realschule.
Dr. Horchler, Kgl. Studienrat.
Der technische Betriebsleiter der keramischen Fachschule:
Hermann Haas, Kunstmaler.

Abb. 39
Annonce im
Vilsbiburger Anzeiger
1.8.1907.

chen lassen wird. Die Leute sind durch die Erfahrungen der letzten Jahrzehnte abgeschreckt, haben zum Teil ihre Einrichtungen bereits beseitigt und werden sich wohl kaum mehr dazu entschließen, ihren doch mehr oder minder sicheren Beruf als Landwirte aufzugeben und wieder einen Beruf ergreifen, dessen Aussichten unsicher sind. Auch der Plan des Bürgermeisters von Jesendorf wird kaum durchführbar sein, denn er würde so hohe Aufwendungen für Gebäude, Maschinen und Personal erfordern, daß die Beteiligten von vornehrein abgeschreckt werden. Es ist zwar außerordentlich, daß ein einst so blühendes Gewerbe der Zeit zum Opfer gefallen ist, allein an der Tatsache, daß die Kröninger Töpferindustrie endgültig zu existieren aufgehört hat, wird wohl kaum zu ändern sein".

Hafnergesellen aus dem Kröning in die Gewerkschaftsbewegung? [26]

Auf Umwegen geriet eine 1914 von *Pfarrer Bartholomäus Spirkner*, Kirchberg geschriebene Postkarte an den Gewerkschaftssekretär und Bezirksleiter des *„Christlichen Keram- und Steinarbeiter-Verbandes"* namens *Jos. Lechner* in Regensburg. Ursprünglich war die Nachricht, deren Inhalt nicht bekannt ist, an einen *„Hr. Dr. Matzinger"* gerichtet, die dieser dann über den Landtagsabgeordneten und Arbeitersekretär *Oswald* an *Lechner* weiterreichte. In

seiner darauf erfolgten Antwort an *B. Spirkner* vom 29. Mai 1914 gibt sich *Lechner* selber als *„ein Hafner, Drehscheibenarbeiter und Ofensetzer"* zu erkennen, der in die christliche Arbeiterbewegung eingetreten sei. Er habe an das Kröninger Töpfergebiet gedacht, und war auch Willens, dort den Gewerkschaftsgedanken an seine Kollegen heranzutragen. Von einer Kontaktaufnahme sei ihm aber sowohl in Landshut als auch in Vilsbiburg abgeraten worden: *„Es sei nichts zu machen dort."* Nun aber freue er sich besonders über das von *Spirkner* an ihn gerichtete Schreiben, woraus er, *Lechner*, eine gewisse Unterstützung des Ortspfarrers abzulesen glaube. *Lechner* bat nun *Spirkner*, ihm einige Namen von Hafnergehilfen zu nennen, die gut christlich gesinnt und auch sonst gut beleumdet seien und für die Gewerkschaftsbewegung gewonnen werden könnten. Er würde mit diesen dann persönlich in Kontakt treten. Damit, so *Lechner*, *„hätten wir es Ew. Hochwürden zu verdanken, wenn auch in der dortigen Gegend unter den Scheibenarbeitern die christliche Gewerkschaft Fuß fassen könne und so der vordringenden roten Flut ein weiterer Damm gegenüber gestellt werden würde"*. *Lechner* legte dem an *Spirkner* gerichteten Schreiben auch ein an die *„Arbeiter und Arbeiterinnen der Industriegruppe Steine und Erden"* gerichtetes Flugblatt der *„Hauptstelle des Zentral-Verbandes christlicher Keram- und Steinarbeiter Deutschlands in Köln"* bei. Von *Spirkner* und auch vom Gewerkschaftssekretär sind keine weiteren Reaktionen oder Aktivitäten im Sinne der Arbeiterbewegung bekannt.

---

26 Pfarrarchiv Kirchberg, ohne Signatur.

Dass die Hafnergesellen innerhalb des Handwerks zumindest zeitweise einen eigenen Status besaßen, lassen sich aus den so genannten Nebenrechnungen des Handwerks erschließen.[27] So sind sie pauschal als *„Knechte des Handwerks der Hafner"* am Hauptjahrtag des Jahres 1796 erwähnt, wo für 67 der anwesenden Knechte ein „Vortl" von 4 Gulden 28 Kreuzer und für das *„Einsagen auf der Bina"* 20 Kreuzer bezahlt wurden. Einen Gulden hatte man in diesem Jahr *„fremden Knechten im Jahr hindurch"*, also wandernden Gesellen verabreicht. 1827 fallen Ausgaben an den Herbergsvater *Anton Mirtlsperger* von Vilsbiburg in Höhe von 7 Gulden 27 Kreuzer für das Reinigen des Schildes und die Beschaffung von Büscheln in die Kirche an. Das Hafnerhandwerk versorgte auch weiterhin wandernde *„fremde"* oder *„reisende Gesellen"*. So sind in den Jahresrechnungen von 1827 bis 1835 Ausgaben zwischen 5 und 11 Gulden ausgezahlt worden, was in der Regel der Herbergsvater erledigte. 1816 wurde dem erkrankten, auf der Wanderschaft sich befindlichen Hafnergesellen *Paul Guchinger* von Geisenfeld der Fuhrlohn für den Transport bis Landshut erstattet. 1854 hatte der Hafnergeselle *Friedrich Huber* wegen Erfrierungen am rechten Fuß seinen Marsch nicht fortsetzen können. Dies bestätigte das Landgericht Vilsbiburg, worauf nach Ermessen des Vereinsvorstehers und des Herbergvaters 24 Kreuzer aus der Handwerkskasse bezahlt wurden. Dem Hafnergesellen *Anton Dornbichler* von Oberhaunstadt bei Ingolstadt kurierte Dr. Bottler den rechten Fuß, worauf dieser *„in kleinen Touren seinen Marsch fortsetzen kann"*. Eine Unterstützung von 48 Kreuzern erhielt 1861 *Mathias Maier*, Hafnergeselle von Auerbach, dem wegen Erfrierung der rechten großen Zehe diese hatte abgenommen werden müssen. Zur Belustigung anlässlich Jahrtags 1813 veranstalteten die Hafnergesellen *„das Laufet"*, das 1857 als *„Hundsrennen"* bezeichnet, mit 1 Gulden 30 Kreuzern bezuschusst wurde.

Eine ganz andere Seite über das Leben der Hafnergesellen im Kröning schlägt Pfarrer Spirkner auf, in der er das Verhalten der jungen Handwerker im 19. Jahrhundert beleuchtet. Als für die Staatliche Schulaufsicht Zuständiger berichtete er *„ … von argen Pflichtverletzungen bezüglich*

des Schulbesuches, besonders bei Geschirrhändlerskindern, die von einem unangebrachten Kraftprotzentum im Jugendalter erzählen. Aber die Zeiten sind vorbei, wo schul- und christenlehrpflichtige Hafnergesellen jeden Tanz besuchen, teuer spielen und die silbernen Knöpfe aus den Kleidern reißen und den Musikanten vor die Füße werfen konnten. Die Rutenhiebe, vom Landrichter verordnet, die fortschreitende Schulbildung und die veränderten Zeitlagen haben diese Mißstände beseitigt".[28]

Der Umzug des Kröninger Hafnerhandwerks 1804 von Teisbach nach Vilsbiburg

Die von Staatsminister Graf Montgelas 1803 in Bayern eingeleitete Gebiets- und Verwaltungsreform hatte eine Neuorganisation, verschiedentlich auch die Auflösung einiger Pfleggerichte zur Folge. Betroffen war auch das Gericht Teisbach, das dadurch größtenteils in den Gerichten Landau und Vilsbiburg aufging. Für die Handwerksorganisationen, die ihre Jahrtage bis dahin am Sitz eines nun aufgelösten Gerichts abgehalten hatten, bedeutete dies eine Neuorientierung. Das ländlich strukturierte Handwerk der Hafner im Kröning, deren Meister sich über eine lange Zeit an den äußersten östlichen Rand des Gerichtes in den Markt Teisbach zur Jahresversammlung begeben mussten, wurde nun nach Vilsbiburg verlegt. Auch das Handwerk der Hafner an der Bina – es traf sich bis dahin in Gangkofen – hatte seinen Jahrtag nun in Vilsbiburg abzuhalten. Der förmliche Umzug der Hafner im Kröning von Teisbach nach Vilsbiburg ist in einer gesonderten Handwerksrechnung mit dem Ablauf und den darüber entstandenen Kosten wie auch der genommenen Reiseroute dokumentiert.[29] Dabei wird neben den kirchlichen Verrichtungen vor allem die weltliche Seite mit dem *„Rahmenprogramm"* beleuchtet.

Das ganze hat sich am 16. September 1804 vermutlich in einer Tagesreise abgespielt und muss, betrachtet man die Ausgabeposten an die Musikanten und den häufigen Besuch von Gasthäusern, eine recht „zünftige" Angelegenheit gewesen sein. Dieser Umzug dürfte „prozessionsartig"

27 AHV, wie Anm. 6, Organisation des Hafnerhandwerks, 1.15 Rechnungen des ehrsamen Handwerks des Hafnergesellen im Kröning, 1796f.

28 Spirkner 1909, S. 428.

29 AHV, Akten des Kröninger Hafnerhandwerks, 1.10 Organisation, Rechnungszettel in der Jahresrechnung 1804.

in einer größeren Personengruppe, wohl unter Mitwirkung aller Handwerksgenossen verlaufen sein, der von Teisbach über die Zwischenstationen Oberviehbach, Triendorf, Kirchberg und Lichtenhaag nach Vilsbiburg führte. In diesen Orten sind bestimmte Verrichtungen mit mehr oder weniger großem Aufwand zu verzeichnen. Auch die Hafner an der Bina, welche zum Kröninger Handwerk zählten, waren eigens von einem Boten von diesem Ereignis benachrichtigt worden.

Vermutlich schon einige Tage vor dem Ereignis, hatte der Schmied von Teisbach den Handwerksschild in der Herberge abmontiert und dem Maler zur Renovierung übergeben. Er sollte natürlich in einem „ordentlichen" Zustand nach Vilsbiburg überführt werden. Das Zieren des Schildes mit Bändern übernahm üblicherweise der Herbergsvater. Auch die Dienstleistungen des Mesners mussten nochmals in Anspruch genommen werden, der für das „Ausfolgen" der Fahnen bezahlt wurde. Vor der Abholung der Handwerkslade aus dem Herbergslokal fielen noch Ausgaben für den Verzehr durch die Musikanten aus Vilsbiburg beim „Tuschlbräu" an. Die Lade selber übernahm *Martin Kobl"* – es dürfte dies der Hafner beim „Martl" in Kobel [= Hausname] – gewesen sein, um sie bis Vilsbiburg zu betreuen.

In Oberviehbach *„beim Bräu"* wie auch in Triendorf *„beim Wirt"* nahm die Gruppe wiederum einen Imbiss zu sich, um dann in Kirchberg eine längere Pause einzulegen.

In Kirchberg als Pfarrort der meisten Kröninger Hafner hielt der Pfarrer ein hl. Amt, das der Türmer von Vilsbiburg mit vier Gesellen musikalisch umrahmte. Ob der in Rechnung erwähnte Jahrtag noch am selben Termin abgehalten wurde, ist nicht klar ersichtlich, erscheint aber möglich. Jedenfalls sind dort Kosten für Essen und Trinken der vier Viertlmeister angefallen. Bei dieser Gelegenheit hat man dem Lehrer von Kirchberg *„für Durchsehung der Lade"* einen kleinen Betrag gezahlt. Er wird wohl die Handwerksakten geordnet und vielleicht ihm unwichtig Erscheinendes aussortiert haben. Auch Kosten für das Einbinden des „Denkbuches" des Hafnerhandwerks scheinen hier auf. In ihm wurden alle verstorbenen Handwerksmitglieder, aber auch eingekaufte *„Brüder und Schwestern"* aufgezeichnet und deren Namen am Jahrtag in der Kirche verlesen. In Lichtenhaag wurde wiederum eine Pause für einen Imbiss beim Wirt eingelegt.

Angekommen in Vilsbiburg, dem neuen Versammlungsort am Sitz des Landgerichts, dürfte zunächst ein Jahrtag in der Pfarrkirche abgehalten worden sein. Die Rechnung weist dazu Ausgaben für das Kirchenpersonal aus. Zur Feier des weltlichen Jahrtags begab man sich zum neuen Herbergsvater, dem Bräu *Kaspar Bachmayr* (Stadtplatz 9). Dessen Knecht erhielt für die *„Hereinführung der Lade nach Vilsbiburg"* ein eigenes Trinkgeld.

Wörtliche Abschrift der Umzugs-Abrechnung von 1804

Einnahmen		Ausgaben		
Beleichtungsgelder von der Zezillia Wippenpökin zu Hueb	22 kr	Des Umzuges von Teyspach nach Biburg	fl.	kr
Kristoph Perkofer zu Kremel [= Grammelsbrunn] und die Urberin zu Magerstorf	22 kr 22 kr			
Dann der Mendl zu Jesendorf	22 kr	dem Joseph Wippenpök für Schikung 2er Boten nach Biburg und auf die Binach a 30 kr		1
		Vor Abhollung der Lade zu Teyspach verzehrten die Musicanten		40
		dem Mesner für Ausfolglassung der Fahnen		12
		für Abbröchung des Schildes auf der Herberge dem Schmid		12
		Für Bänder zur Zirung des Schildes		48
		zu Teyspach bey Fortbringung der Lade verzehrt	3	50
		Zöhrung beym Wirt zu Oberviehbach		6
		und beym Wirt zu Triendorf	4	36
		der Viermeister Joseph Wippenbek für Brod	1	12
		für Mahl- und Fassung des Schildes	26	24
		dan vor eine neue Kreuzstange zum Fahnen samt Mahlerlohn	1	20
		für Bandln zu Zirung des Schildes		48
		Für Haltung eines Amtes zu Kirchberg am Tage des Auszuges zu Teyspach H. Pfarrer dem Mesner	1	9 24
		für Einbündung des Denkbuches	1	24
		Zöhrung für die Musikanten beim Tuschlbräu zu Teyspach	3	50
		dem Martl Kobl für Abhollung der Lade von Teyspach nach Kröning		3
		dem Turner zu Biburg Zöhrung bey Abhollung des Handwerks nach Biburg	1	20
		zu Lichtenhaag beim Wirt verzöhrt	1	25

Einnahmen		Ausgaben		
		dem Schullehrer zu Kirchberg für Durchsehung der Lade		24
		dem Thurner zu Biburg für die gemachte Musik beym Amt zu Kirchberg	2	30
		und für gemachte Musik beym Einziehen	3	20
		dem Knecht des Handwerks Vaters für Hereinführung des Lade Trünkgeld		1
		für Wachskerzen am Tag Korporis Christi zu Kirchberg	1	15
		Weiters für den abgehaltenen Jahrtage zu Kirchberg bezahlt H. Pfarrer		4
		Opferwein		12
		Ministranten		12
		Mesner		12
		Orglzieher		4
		Opferbrod		2
		denen 4 Führmeistern an diesem Jahrtag Zöhrung		4
		am fest Korporis Kristi denen 4 Viermeistern Zöhrung	1	30
In der Lade liegen baar 32 fl 51 kr. 3 hl. Hieran bezahlt zu Teyspach			3 [= gestrichen] 5 1	32 39 20
		Vom Jahrtage zu Biburg für Vigil und 2 Ämter H. Pfarrer		3
		1 Maß Opferwein		36
		Opferbrod		4
		dem Gesellprister fürs Denken	1	30
		denen Musikanten für 2 Ämter und Vigil	7	28
		dem Gotteshaus für Paramenten	1	30
		dem Mesner	1	30
		denen Ministranten		20
		der Kramerin zu Schattenrain für Körzen	1	40

„Abrechnung des Vilsbiburger Bierbräu Kaspar Bachmayr über erlaufene Kosten beim Umzug der Hafner von Teisbach nach Vilsbiburg, 1805"

Verzeichnuß
Was die Führmeister eines Ehrsamen Handwerks der
Hafner, beym Einzug mit der Lad den 16. Sept[tember]
1804. verzöhrt, und ich vor selbe ausgelegt habe.
Verfast den 9.ten July 1805
An Essen und Trünken haben die Meister obig 16.ten
Sept. verzöhrt in allen   *6 fl.   7 kr.*
Den Musikanten habe für das Hinausgehen nach Kirch-
berg für 5. Köpf auf Anschaffen der Führmeister
a 40 kr. bezahlen müssen   *3 fl. 20 kr.*
Fürs Amt zu Kirchberg habe dem Thurner, und
seinen Gesöhlen bezahlt   *2 fl. 30 kr.*

                                 Summa   *11 fl. 57 kr.*

                     Kaspar Bachmayr
                     Bräu zu Biburg
                               Mit Dankh bezalt

Statuten[1] für den seit vielen Jahren in Vilsbiburg bestehenden Gewerbsverein der Vilsbiburger u. Kröninger Hafnermeister [2][3] [1855 bzw. 1862]

~~In Folge kgl. Landgerichtlichen Befehls vom 26. August l.[etzten] Jahres wurden~~
Nach vorgängiger Berathung in der Vereinsversammlung u. unter Zugrundlegung des Gewerbsgesetzes vom ~~17. Dezember 1853~~ 11. September 1825 u. der Vollzugs-Instruktion vom 21. April 1862 werden folgende Statuten für den Vilsbiburger u. Kröninger Hafnergewerbsverein ~~im Markt Vilsbiburg~~ festgestellt.

§ 1.

Dieser Verein bildet sich aus den sämtlichen Hafnergewerbsmeistern, geprüften Gewerbspächtern und Werkführern des Marktes Vilsbiburg und eines ihres des Landgerichtsbezirkes Vilsbiburg ~~u. zählt gegenwärtig nach anliegendem Verzeichnisse 47 wirkliche Mitglieder~~ dem sogenannten Kröning.

§ 2.

Als Vereins-Commissär wird ein jeweiliger kgl. Beamter des kgl. ~~Landgerichtes~~ Bezirksamtes Vilsbiburg der durch dieses Amt zu ernennen ist, aufgestellt, dessen Zuständigkeiten darin bestehen sollen:
1.) Die genaue Erfüllung der dem Verein obliegenden Verpflichtungen zu überwachen, u. hierauf thätig einzuwirken;
2.) die Vereinsmitglieder auf die Mittel zur Verbreitung nützlicher Gewerbskenntnisse aufmerksam zu machen, so wie

3.) für die Benutzung technischer Lehranstalten von Seite der Lehrlinge u. Gesellen Sorge zu tragen;
4.) bei allen Gewerbsstreitigkeiten unter den Mitgliedern des Vereins eine Vermittlung zu versuchen;
5.) über die Erhaltung der gesetzlichen Ordnung bei den Gewerbsvereinen zu wachen;
6.) den Vereinsversammlungen selbst oder durch einen mit Genehmigung der Distriktspolizeibehörde abzuordnenden Stellvertreter beizuwohnen;
7.) über die Verwaltung und entsprechende Verwendung des Vereinsvermögens Aufsicht zu führen;
8.) unvorhergesehene, im Jahres-Etat nicht enthaltene od. die betreffende Position überschreitende Ausgaben bei Nachweisung ihres unabweislichen Bedürfnisses zu bewilligen;
9.) Verhandlungen u. Correspondenzen des Vereines mit anderen Vereinen nur mit seinem Vorwissen u. seiner Genehmigung statt finden zu lassen. ~~/: § 115 et 127 d. Instr./~~

§ 3.

In allen nicht dem Beschlusse der Vereinsversammlung selbst vorbehaltenen Angelegenheiten wir der Verein durch zwei an seiner Spitze stehende Vorsteher vertreten.
Die Vereinsvorsteher werden von dem Vereine selbst aus den Mitgliedern desselben auf 2 Jahre gewählt u. von dem Vereins-Commissär verpflichtet. Die Wahl erfolgt am Vereins-

---

1 StAL BezA/LRA Vilsbiburg 1705, Hafnerverein von Kröning 1862, betr. Statuten des Vereins und Mitgliederverzeichnis
2 Die gestrichenen Textteile beziehen sich auf die 1852 erlassenen Statuten, die mit den 1862 verabschiedeten Statuten ungültig wurden.
3 Im gleichen Akt befinden sich die „Statuten für den in Vilsbiburg seit vielen Jahren bestehenden Hafnergewerbsverein der Hafnermeister an der Bina u. in den Märkten Geisenhausen u. Velden, k. Landgerichts Vilsbiburg, 1855". Der Text ist mit den Statuten des Hafnervereins von Kröning fast identisch.

jahrtage. Abgelehnt werden kann die Wahl nur aus denselben Gründen, wie die Wahl zu Gemeindeämtern.

Stimmberechtigt sind alle in der Versammlung anwesenden Gewerbsmeister, stellvertretende Werkführer, u. Pächter von Gewerbsrechten.

Wählbar sind nur dem Verein angehörige Gewerbsmeister. Ausgeschlossen sind jedoch jene, welche wegen eines Verbrechens oder Vergehens rechtskräftig verurtheilt worden sind oder der Untersuchung unterliegen, letztern Falles, so lange das Verfahren nicht eingestellt, od. der Beschuldigte nicht freigesprochen wird.

Übertragung von Stimmen von Seite eines Abwesenden findet nicht statt.

Die Abstimmung geschieht durch Wahlzettel oder mündlich zu Protokoll oder durch Acclamation.

Zur Entscheidung ~~relative Stimmenmehrheit bei Gleichheit der Stimmen entscheidet das Los~~ ist die absolute Stimmenmehrheit erforderlich. Jeder Austretende ist wieder wählbar, jedoch kann die Wiederwahl wieder abgelehnt werden.

In gleicher Weise werden 2 Ersatzmänner auf die Dauer von zwei Jahren gewählt, welche in Verhinderungs- oder Erledigungsfällen an die Stelle des Vorstehers treten.

/: § 117 d. Instr./

Dem Vereinsvorsteher liegt ob:

1.) für die genauer Erfüllung der Vereinszwecke thätig mitzuwirken u. namentlich die Verbreitung nützlicher Gewerbskenntnisse, Gewerbsfleiß u. Vervollkommnung der Gewerbserzeugnisse durch Belehrung u. Beisp.[iele] möglichst zu befördern; endlich auf Erleichterung des Absatzes der Gewerbserzeugnisse namentlich durch Errichtung von Gewerbshallen möglichst hinzuwirken;

2.) alle obrigkeitlichen Verfügungen, sowie die Anordnungen des Vereins-Commissärs zu vollziehen;

3.) die Vereinsversammlungen anzusetzen;

4.) in den Versammlungen die Berathungsgegenstände vorzutragen;

5.) für den Vollzug der Vereinsbeschlüsse zu sorgen;

6.) fortlaufende Verzeichnisse zu führen über alle zu dem Verein gehörigen Meister, Gewerbspächter, Werkführer, Gehilfen, Gesellen und Lehrlinge;

7.) die Aufsicht auf die Gehilfen, Gesellen u. Lehrlinge zu führen, über ihre Sittlichkeit und ihr geordnetes Betragen, sowie

über die Behandlung der Lehrlinge durch die Meister u. Gewerbspächter zu wachen, hiebei wahrgenommene Mißbräuche u. Unordnungen der Aufsichtsbehörde anzuzeigen, Streitigkeiten zwischen den Meistern, Gewerbspächtern, Gehilfen, Gesellen oder Lehrlinge zu vermitteln;

[8. fehlt]

9.) über die Befolgung der Vorschriften der allgemeinen u. besonderen Gewerbsordnungen zu wachen;

10.) die Interessen des Vereins zu wahren, seine Rechte gegen äußere Einflüsse zu vertreten;

11.) das Vermögen des Vereins u. dessen Einkünfte unter doppelter Cassasperre zu verwalten;

12.) die Erhebung der Umlagen auf die Mitglieder des Gewerbsvereins zu sorgen;

13.) die Unterstützungsvereine der Vereine der Gesellen, da wo solche bestehen zu leiten u. endlich

14.) auf Anordnung der Behörden ein sachverständiges Gutachten abzugeben.

/: § 116 et 119 d. Instr./

Dagegen sind alle Vereins-Genossen den Vorstehern schuldig bei Verrichtungen ihres Amtes Achtung u. Gehorsam zu leisten. Gegen jede von den Letzteren angezeigte Verletzungen dieses Unterordnungsverhältnisses hat die geeignete Bestrafung durch die Aufsichtsbehörden einzutreten.

/: § 120 d. Zustr./

§ 4.

Dem Verein müssen alle im Vereinsbezirke ansässigen Meister des betreffenden Gewerbes u. ebenso die Pächter von Gewerbsrechten u. die geprüften Werkführer beitreten.

Der Betrieb mehrerer Gewerbe verpflichtet zur Theilnahme an dem Vereine eines jeden dieser Gewerbe.

Der Verlust der Conzession zieht den Austritt aus dem Verein nach sich.

Gewerbsberechtigte, welchen die stellvertretende Ausübung des betreffenden Gewerbes gesetzlich gestattet ist, können sich auch bei den Gewerbsvereinen durch ihre Werkführer vertreten lassen.

/: § 109 d. Instr./

§ 5.

Der Zweck des gegenwärtigen Vereins ist:

1.) Verbreitung nützlicher Kenntnisse unter den Vereinsgliedern;

2.) Erleichterung der Ausbildung in den Gewerben;

3.) entsprechende Aufsicht auf Lehrlinge, Gesellen u. Gehilfen;

4.) geordnete Verwaltung und nützliche Verwendung des gemeinsamen Vereinsvermögens;

5.) Unterstützung bedürftiger Vereinsangehöriger.

Der Verein ist verpflichtet, die genannten Zwecke auf alle mögliche Weise zu fördern u. allen in gegenwärtigen Statuten bezeichneten Obliegenheiten genau nachzukommen.

/: § 103 d. Instr./

§ 6.

Am Dienstage nach dem Fest Sct. Peter u. Paulus jeden Jahres findet, wenn möglich, die Jahresversammlung sämtlicher Vereinsmitglieder in Vilsbiburg statt, wobei sämtliche Vereinsmitglieder zu erscheinen haben. u. zwar bei Vermeidungen von einer Strafe von 1 fl. 30 Kr. zur Vereinskasse, im Falle wegen des Nichterscheinens keine gegründete Entschuldigung vorgebracht werden kann. Eine Vertretung von Abwesenden findet nicht statt.

/: § 12 d. Zustr.

Der Vorsitz bei der Vereinsversammlung gebührt dem Vereins-Commissär oder dessen Stellvertreter. Derselbe wacht darüber, daß nichts ungehöriges vorgetragen und verhandelt werde. Gegen Störungen sowie bei unentschuldigten Ausbleiben schreitet er mit der oben bezeichneten Geldbuße zu 1 fl. 30 Kr. ein oder mit Aufhebung der Versammlung vorbehaltlich der Bestrafung der Schuldigen die Aufsichtsbehörde.

/: § 124 d. Instr./

Die Jahres-Vereinsversammlung beschäftigt sich am Jahresvereinstage:

a. mit der Abhaltung eines Vereinsgottesdienstes zu Vilsbiburg nach Herkommen;

b. mit der Berathung und Beschlußfassung im Allgemeinen über die im § 6 gegenwärtigen Statuten bezeichneten Gegenstände u. insbesondere:

1. mit der Festsetzung des Jahresetats über Einnahmen u. Ausgaben;

2. mit der Genehmigung aller im § 7 gegenwärtiger Statuten aufgeführten Ausgaben u. insbesondere außerordentlicher Ausgaben;

3. mit der Festsetzung der Deckungsmittel der Ausgaben;

4. mit jeder allenfallsigen Veräußerung u. Verpfändungen des Vereins-Vermögens;

5. mit der Wahl der Vorsteher;

6. mit der Abhör der Vereins-Rechnungen.

Jede Jahresrechnung wird der ordentlichen Jahresversammlung vorgelegt, nach den bei dem Vortrage gemachten Erinnerungen u. Beschlüssen sogleich berichtigt, sofort durch die Unterschrift des vorsitzenden Vereins-Commissärs bestätigt u. von diesem dem Verein zurück gegeben.

Die Abstimmung bei den Berathungen erfolgt mündlich; die Beschlußfassung nach relativer Stimmenmehrheit. Zur Giltigkeit des Beschlusses wird … die richtige Vorladung der Vereinsmitglieder nicht aber die bestimmte Anzahl der Stimmenden erfordert. Der Beschluß wird kurz protokolliert, von dem Vereins-Vorsteher unterzeichnet, u. in den Fällen der unter No. 1.2.3. et 4 des gegenwärtigen § 6 mit Genehmigung der Aufsichtsbehörde unterstellt. Derselbe bindet in so weit er innerhalb der Zuständigkeit der Vereins-Versammlung erlassen ist, auch jene Mitglieder des Vereins, welche an der Versammlung nicht theil genommen haben. Dem Vorsitzenden steht es zu, den Vollzug von Vereinsbeschlüssen vorbehaltlich der Beschwerdeführung bei Distriktspolizeibehörden u. der weiteren Berufung zu sistiren.

/:§ 125 d. Instr/

§ 7.

Die Einnahmen des Vereins bestehen:

1.) in allenfallsigen Zinsen und Renten des Vereins-Vermögens:

2.) in den Eintrittsgebühren neuer Mitglieder welche in nachstehender Weise festgesetzt werden;

a.) ein neu eintretender Gewerbsmeister vom hiesigen Markte zahlt 10 fl.

b.) ein do. vom Lande 10 fl.

c.) ein neu eintretender Gewerbspächter od. ein geprüfter Werkführer vom hiesigen Markt zahlt hievon jährlich 1 fl. bis er 10 Jahre Zahlung geleistet hat, oder aber früher aus dem Verein wieder wegen Entfernung aus dem Vereinsbezirke austritt; in beiden Fällen hört dann obige Zahlung auf.

d.) ein neuer Pächter od. Werkführer vom Lande leistet ebenfalls 1 fl. bis zum vollstreckten 10. Jahre oder früheren Austritte nach vorstehender Fallbestimmung.

~~*e. ein Lehrling, welcher ein Gewerbsmeisterssohn ist, hat als Aufdingungsgebühr in die Vereinskasse zu bezahlen 2 fl. 20 Kr.*~~

~~*f.) ein Lehrling, welcher kein Vereinsmeisterssohn ist zahlt Aufdinggebühr 2 fl. 20 Kr.*~~

~~*Die Freisagegebühren werden nicht in der sub. litr. e. u. f. bezeichneten Größe sondern mit 1 fl. 20 Kr. unter derselben Bedingung zur Vereinskasse entrichtet.*~~

~~*Die sub litr. b, c, d festgesetzten Beiträge werden am Vereinsjahrtage, die Aufding- u. Freisaggebühren aber am Tage der Aufdingung und Freisprechung bezahlt. Die Aufding- und Freisagegebühren werden jener Individuen erlassen, welche ihre Zahlungsunfähigkeit durch ein legales Armuthszeugnis nachweisen vermögen.)*~~

3.) in den ordentlichen Beiträgen der Vereinsmitglieder, von welchen jeder am Vereinsjahrtage zu bezahlen hat 1 fl. 24 Kr.
4. in Geldbussen;
5.) in den Gesellenbeiträgen von welchen jeder am Vereinsjahrtage – Kr. zu entrichten hat;
6.) in freiwilligen Geschenken u. Vermächtnissen;
7.) in allenfallsigen außerordentlichen Beiträgen der Vereinsmitglieder.

Das vorstehende Regulativ über die sub. No. 1.2.3.4. et 5 bezeichneten Beiträge muß der Genehmigung der Distriktspolizeibehörde unterstellt werden.

~~*Außer den vorstehenden Beträgen zur Vereinskasse werden nachfolgende Gebühren für die Prüfungsmitglieder als Belohnung für ihre Mühe e. Zeitversäumniß u. für Ablassung einer Werkstätte festgesetzt.*~~

~~*I. Bei Prüfung eines Lehrjungen behufs der Freisprechung von der Lehre erhält:*~~
~~*a.) der jeweilige Lehrer 30 Kr.*~~
~~*b.) jeder der beiden Vereinsvorsteher mit Bezugnahme auf § 8. – fl. – Kr.*~~
~~*c.) für Benützung der Werkstätte per Tag 30 Kr. resp. 15 Kr.*~~

~~*II. Bei Prüfung der Gesellen zu Meister erhält*~~
~~*a.) der jeweilige Lehrer 30 Kr.*~~

~~*b.) jeder der zwei Vereinsvorsteher mit Bezugnahme auf § 8. – fl. – Kr.*~~
~~*c.) der dritte Sachverständige 1 fl.*~~
~~*d.) für Benützung der Werkstätte per Tag 30 Kr. resp. 15 Kr.)*~~ /: § 48 d. Instr./

Aus der Vereinskasse werden bestritten nach vorausgegangener Feststellung u. erlangter Genehmigung des Jahresetat:
1. Die Kosten der Unterhaltung der dem Vereine zur gemeinsamen Benützung zuständiger Gebäude, Maschinen od. sonstige Inventarstücke;
2. die Verzinsung in allmählige Tilgung der auf giltige Weise contrahirten Schulden;
3. Unterstützung von Vereinsgenossen, deren Witwen und Kinder;
4. Unterstützung u. Beköstigung dürftiger auf der Wanderschaft befindlicher Gesellen;
5. Beiträge zur Verpflegung kranker Gesellen u. Lehrlinge;
6. Anschaffung von nützlichen Büchern, Zeitschriften für Meisterzeichnungen, Modelle, Maschinen zum gemeinsamen Gebrauche;
7. die Kosten zur Haltung des Gottesdienstes am Vereinsjahrtage u. anderer obrigkeitlichen bewilligten kirchl. Feierlichkeiten;
8. die Kosten des Vereinsvermögen betreffenden Rechtsstreites;
9. die Entschädigung der Vereins-Vorsteher, des Rechnungsführers.
~~*10. Die Diäten des Commissärs u. dessen Stellvertreters, der aber weil aber in Loco aus der Vereinskasse keine Gebühr erhält.*~~ /: § 129 d. Inst.:/
Im Jahresetat nicht angesetzte u. vom Vereins-Commissär genehmigte Ausgaben werden dem Vereinsvorsteher zu Ersatze aufgebürdet.)/: § 128 d. Zust./

Bezüglich des vorstehenden No. 9 wird noch besonders bestimmt.

§ 8.

Der § 138 Ziff. 9 der AV. ~~*Der § 121 der Vollzugs-Instr.*~~ *v. 21. April 1862* ~~*von 17. Dez. 1853 bewilligt*~~ *den Vereinsvorstehern keine stehende Belohnung, sondern für Verrichtung außerhalb ihres Wohnortes u. für ihre Zeitversäumnisse eine angemessene Entschädigung. Da aber diese auch abgesehene von den Gewerbsprüfungen bei welchen sie nach Herkommen gratis Dienste leisten, wegen den häufigen übrigen Verrichtungen*

u. Zeitversäumnisse, sich viel höher belaufen würden, als die herkömmliche festgesetzte Belohnung derselben; so stellen die beiden Vereinsvorsteher, welche die Geldperzeptionen u. Bezahlung der Vereins-Ausgaben so wie die Rechnungs-Stellung zu besorgen haben, eine Reumumration von jährlich zusammen 20 fl aus der Vereinskasse erhalten.

§ 9. Die Lehrzeit eines Hafner-Lehrlings soll nicht unter 3 und nicht über 4 Jahre betragen, u. also innerhalb dieses Zeitraums feststehen.)

§ 10. Der Lehrmeister, welcher einen Lehrling übernimmt, ist verbunden, dem Vorsteher des Gewerbsvereins jährlich am Schlusse des Jahres ein Zeugniß über das Verhalten u. die Fortschritte des Lehrlings vorzulegen.)

§ 11. Nur jene Lehrlinge, welche ihre Lehrzeit vollständig erstreckt haben sollen zu der Gesellenprüfung zugelassen werden, u. können, wenn sie genügen, in den Gesellenstand übertreten.)
/: § 17 d. Instr:/

§ 12. Dem zu prüfenden Lehrling werden von der Prüfungs-Commission passende Fragen über die gesammte Technik des Hafnerhandwerkes, seiner Stoffe, Werkzeug, u. ihrer Anwendung, dann über Schulkenntnisse im Lesen, Schreiben, Rechnen, Zeichnen vorgelegt, auch hat derselbe unter Aufsicht eines Mitgliedes der Prüfungs-Commission eine Gesellenarbeit zu fertigen, u. nach Vollendung der gesammten Commission zur Beurtheilung vorzulegen.)
/: § 17 d. Instr:/

Zur Bestätigung unterzeichnen nach Vorlesen vorstehender Statuten im Namen aller Vereinsmitglieder die beiden Vereinsvorsteher
Johann Wagner
Joseph Hofbauer
Vilsbiburg, den 3. September 1855
25. Juli 1862

Haus und Hof – Der Besitz

Die Kröninger Hafnerei ist in ihrer Struktur als Landhandwerk anzusehen, das meist in weit auseinander liegenden Dörfern, Weilern und Einöden ausgeübt wurde. Charakteristisch bei den Anwesen war das Vorhandensein einer kleinen Landwirtschaft, wobei der Handwerksbetrieb dominierte. Das konnte sogar soweit gehen, dass der Meister von der Landwirtschaft nichts verstand.[1] Die in der eigenen Landwirtschaft erzeugten Produkte benötigte man zum Unterhalt für sich selbst; sie reichten in der Regel nicht für einen Verkauf.

Abb. 40: Das Hafnerdorf Bödldorf, Gemeinde Kröning, Ausschnitt aus dem Extraditionsplan von 1845.

Hafneranwesen

Zu den Hafneranwesen gehörte in der Regel etwas Grundbesitz an Wiesen, Äckern, der erst in der Endzeit der Hafnerei, verstärkt nach 1900 und entsprechend der Umstellung auf den landwirtschaftlichen Vollbetrieb, durch Zukäufe Vergrößerung fand. Dazu zählte auch eine kleinere Waldung, aus dessen Bestand sie den Holzbedarf

zum Beschicken der Brennöfen allein nicht immer decken konnten.

Aus älterer Zeit sind keine Belege über das Aussehen von Hafneranwesen vorhanden. Was heute an solchen noch erhalten ist, dürfte meist im 18. und 19. Jahrhundert erbaut worden sein. Auskunft über den Besitzstand der Hafner geben die Anfang des 19. Jahrhunderts vom Staat angelegten, zur Besteuerung der Anwesen herangezogenen Grundsteuerkataster, von denen die Hausbesitzer Auszüge übergeben bekamen. In der Gemeinde Jesendorf geschah dies zum Beispiel 1808. Detaillierte Informationen über den Besitz vermitteln die zur Erstellung des Katasters

Abb. 41: Bautafel von 1873 im Hafneranwesen beim „Eder", Jesendorf, Dorfstr. 31, Aufn. 2007.

---

1 Benno und Georg Zettl, Hafnerssöhne aus Bödldorf, die das Handwerk noch praktizierten: „Der Vater verstand nichts von der Landwirtschaft." Im Falle der Zettl besorgte 1910/20 ein „Altknecht", hier der Bruder des Meisters, die Landwirtschaft.

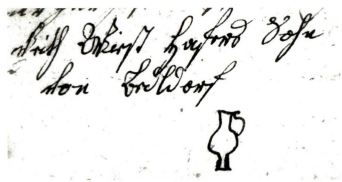

Abb. 41a: Zwei von den Anwesenbesitzern auf den jeweiligen „Fassionen" aufgebrachten Signaturen, oben Veith Wiest von Bödldorf, links Peter Högl von Großbettenrain, 1808.

errichteten „Fassionen"[2]. Die Anweseninhaber wurden dabei von der Obrigkeit protokollartig über deren Besitz und über die Erwerbsverhältnisse befragt. In den von den Anwesenbesitzern unterzeichneten Niederschriften finden sich dann auch die einzigen, wenn auch mageren, auf Bauart und Bauweise deutenden Hinweise. Je nach Qualität der von den Beamten durchgeführten Beschreibungen ist auch der Zustand, der Verwendungszweck und manchmal auch die Bauform der Gebäude abzulesen. Danach beschränkte sich der Besitz meist auf das Wohnhaus mit Stall und Stadel unter einem Dach, einem Backhaus/Backofen und einem weiteren Nebengebäude. Die dann 1812 für den Steuerdistrikt Gerzen angelegten Katasterkarten, zu dem auch die Gemeinde Jesendorf zählte, vermitteln einen Eindruck über die Lage und den Grundriss der Gebäude wie auch der Grundstücke.

Bei den Hafnerhäusern dominierte in erster Linie die Hofform Wohnstallhaus, das heißt, Wohnteil, Stallung und Stadel befanden sich unter einem Dach. Das vorherrschende Baumaterial war in erster Linie Holz. Ende des 18. und verstärkt im 19. Jahrhundert setzte sich jedoch eine Mischform durch, wobei Teile des Wohnabschnitts und der Stallung im Erdgeschoß nachträglich oder bei Neubauten untermauert wurden.[3]

Abb. 42: Hafneranwesen beim „Eder", Jesendorf, Dorfstr. 31, Aufnahme um 1910.

2 Die 1808 erstellten Fassionen werden im Bayerischen Staatsarchiv Landshut aufbewahrt.

3 Grasmann 1997 und 2005, darin Hinweise auf beginnende Holzknappheit und Forderung der Obrigkeit zur erhöhten Feuersicherheit und damit Forcierung von Ziegelbauten ab 1800.

Abb. 43: „Auszug aus dem renovirten Grundsteuer-Kataster" des Hafneranwesens beim „Hanshafner" in Spielberg Nr. 4 (alt Nr. 122), Mitte 19. Jh. In der Besitzerfolge sind genannt: Andreas und Magdalena Berghofer. Sie übernahmen 1835 das Anwesen von Florian Berghofer. Weitere Folge: Andreas(Witwer) Berghofer und Tochter Magdalena, dann 1882 Johann Baptist Wippenbeck († 1894) und Magdalena, geb. Berghofer, um 1900 sind Joseph (letzter Hafner) und Therese Berghofer Besitzer (Privatbesitz).

Als Beispiel sei der im Mai 1815 angelegte „*Auszug aus dem Grundsteuerkataster*" des Hafneranwesens beim „*Hafnerhauser*" mit realer Hafnergerechtigkeit von *Matthias Buchner* in Jesendorf, Dorfstr. Nr. 26 (alte Nr. 233) angeführt.[4] *Buchner* übernahm laut Heiratsbrief vom 26. März 1808 folgende Realitäten: „Haus mit angebauten Stall, Stadel und Schupfe, dann Hofraum, Gras- und Baumgarten mit Brunnen". Dabei befand sich noch eine „*Mergelgrube*". An Flurstücken sind Äcker und Wiesen in der Größe von 14,77 Tagwerk und eine Waldung mit 6,33 Tagwerk genannt. Mit Haus und Nebengebäuden (1,21 Tagwerk) betrug die Hofgröße 22,31 Tagwerk; sie wuchs bis zum Jahr 1830 durch Zukauf auf 29,24 Tagwerk an.

An der Bina waren die Verhältnisse ähnlicher Art. Die in der ersten Hälfte des 19. Jahrhunderts angelegte „*Concurrenzrolle*" der Gemeinde Dirnaich an der Bina (jetzt

Abb. 44:
Hafneranwesen Benno Zettl,
beim „Uiderl" in Bödldorf Nr. 4,
Gemeinde Kröning, 1974.

---

4 AHV, Akten des Kröninger Hafnerhandwerks, 4. Haus und Hof.

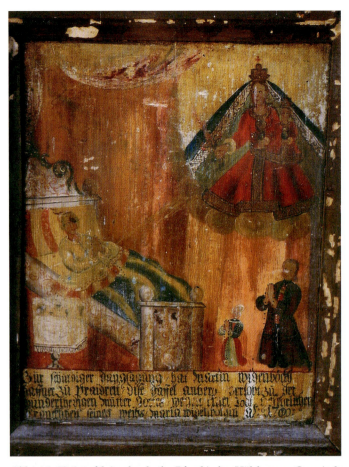

Abb. 45: Votivtafel in der kath. Pfarrkirche Hölsbrunn, Gemeinde
Gangkofen, Text: „Zur schurdiger Dangsagung hat Martin Widenbö-
ckh Haffner zu Praidreit [Breitreit] diese Daffel anher verlobt zu der
wunderthedigen Mutter Gottes wegen einer Todt gefehrlichen Kranck-
hheit seines Weibs Maria Widenböckhin ao: 1780". Dargestellt sind
die kranke Person im Himmelbett liegend mit beigestelltem Tisch, dann
der kniende Ehemann (Votant) und ein Kind, über der Szene das Gan-
denbild der Muttergottes von Hölsbrunn.

Abb. 46: Hochzeitsschrank des Hafnerehepaars Benno Zettl und Anna,
geb. Wippenbeck, Bödldorf, 1855.

Marktgemeinde Gangkofen) weist für 21 Hafner folgenden Grundbesitz aus:
zwei Hafneranwesen besaßen bis 10 Tagwerk, zwei zwischen 10 und 15, je einer zwischen 15 und 20,9 und zwischen 20 und 25,4, vier zwischen 25 und 30 und drei
zwischen 30 und 40 Tagwerk Grund. In der Hofgröße entspricht dies nach alter Einteilung nach dem so genannten Hoffuß den 1/8 (Sölde)-, 1/16 (halbe Sölde)- und 1/32
(Leerhäusl)-Anwesen. Zur selben Zeit waren die Hafner

in der Pfarrei Kirchberg im Kröning auf 34 1/8-Höfen, 12
1/16-Höfen und drei 1/32-Höfen ansässig.

Einteilung des Wohnhauses

Die Häuser der Hafner sind dem Typ Wohnstallhaus zu-
zurechnen. Herausgebildet hat sich als Besonderheit,
dass die Hafnerwerkstatt in den Wohnteil eingebunden
war. So befand sich in diesem etwa 30 bis 40 qm umfas-

Abb. 47:
Bödldorf Nr. 4, ehem. Hafneranwesen beim
„Uiderl", Grundriß vom Erdgeschoß.
1 Fletz, 2 Wohnstube (ehemals Hafnerwerk-
statt), 3 Nähraum, 4 Futterkammer (3 und
4 ehemals Brennofenraum/"Brennkuchl"), 5
Brennholzlager (ehemals Vorraum zur Brenn-
ofenschüre), 6 Brennholzlager (ehemals Gla-
sur-/"Gledt-Kammer"), 7 Gang zum Stadel,
8 Speis, 9 Stadel, 10 Kuhstall, 11 Schweine-
stall, 12 Hühnerstall, 13 Schuppen für Gerä-
te, Werkzeug usw.
(Entwurf Fritz Markmiller: aus Grasmann
1990, S. 3).

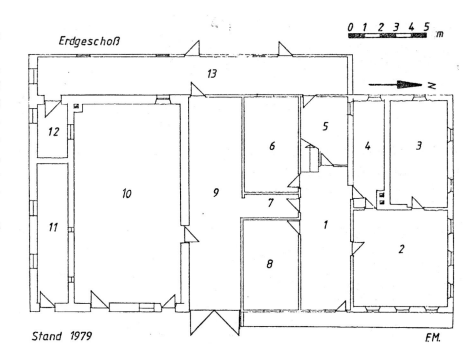

senden Raum, der so genannten Hafnerstube, neben der Werkstatteinrichtung der Kochplatz mit einem Kochherd („*Sesselofen*"), sowie der Essplatz vor dem so genannten Hergottswinkel.

Über diesen Raum erreichte man durch eine Türe die daneben liegende so genannte „*Kuchl*" auch „*Brennkuchl*", wo der Brennofen mit einem eigenen Kamin aufgerichtet war. Ältere Verhältnisse weisen in diesem Raum neben dem Brennofen eine offene Herdstelle auf, was die Bezeichnung „*Kuchl*" erklärt.[5] Möglich erscheint, dass sich ausschließlich nur hier die Kochstelle befand und in der Werkstatt lediglich ein Kachelofen aufgebaut war, der die Wärme aus der offenen Herdstelle bezog[6]. Im Brennofenraum oder in einer besonderen „*Gledtkammer*"[7] hatte die Glasurmühle („*Gledtmühl*") ihren Standort. Beim Hafner in Kleinbettenrain Nr. 3 hingegen war die Glasurmühle in der Werkstatt aufgestellt.[8]

Die Schlafräume für das Hafnerehepaar, die Kinder, Lehrlinge und Gesellen, dann die „*Obere Stubn*" oder „*schöne Stubn*" befanden sich im Obergeschoss. Diese „*Obere Stubn*" beherbergte ein vollständig eingerichtetes, in der Regel aber nicht benutztes Schlafzimmer, worin großformatige Heiligenbilder, Fotografien und Eingerichte, im „*Glaskasten*" aber die „*schönen Sachen*", wie Andenken und Geschenke zur Hochzeit, Kommunion und anderes aufbewahrt wurden. Hier legte man auch die von den Hafnern gefertigten „*Sonderkeramiken*", die „*Nadlkörbln*", „*Tintengschirre*", „*Weihwasserkessel*" kleine Figuren u. a. ab. Dieser „*Zustand*" in der „*Oberen Stube*" ist verschiedentlich bis in das 20. Jahrhundert erhalten geblieben.

---

5 Archiv Landesstelle für nichtstaatliche Museen in Bayern, Archiv für Hausforschung, München, hier Pl. Nr. 6490, 6491, 6492 u. 6493, Planaufnahme vom Wohnhaus des Hafners Sebastian Schmidhuber, Geislsberg, Nr. 47, Gde. Gangkofen, 1898.
6 Freundlicher Hinweis Martin Ortmeier, Freilichtmuseum Massing-Finsterau.
7 In der Hafnerei Benno Zettl, Bödldorf Nr. 4

8 Bei der Abnahme der Weißdecke in der ehemaligen Hafnerstube 2003/2005 wurde zwischen zwei Deckenbalken ein waagrecht eingefügtes Brett mit einem runden Loch festgestellt, das als Halterungsöffnung für die Antriebsstange der Glasurmühle diente. Vgl. Renner 2005, S. 27.

Abb. 48:
Hafneranwesen Schachtner, beim „Kaindl",
Jesendorf an der Kirche 2,
Aufnahme um 1920.

Abb. 49:
Hafneranwesen beim Hauser, Jesendorf,
Dorfstraße 26, Aufnahme um 1950.

Abb: 50:
Hafneranwesen beim „Eder", Jesendorf,
Dorfstr. 31, Aufnahme um 1950.

Abb. 51:
Hafneranwesen Hermannsreit,
Gemeinde Kröning,
Aufnahme 1957. Hafnerei bis um 1917
unter Georg Kleinstadler.

Abb. 52:
Hafneranwesen beim „Gastl"
in Kleinbettenrain Nr. 6, Gemeinde Kröning,
Aufnahme um 1960.

Abb. 52a:
Hafneranwesen beim „Gastl"
in Kleinbettenrain Nr. 6, Gemeinde Kröning,
Aufnahme um 1960.

Abb. 53
Hafneranwesen beim
„Zuckerbacher",
Jesendorf,
Aufnahme um 1912,
Abbruch um 1950.

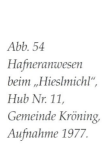

Abb. 54
Hafneranwesen
beim „Hieslmichl",
Hub Nr. 11,
Gemeinde Kröning,
Aufnahme 1977.

Abb. 55: Hafneranwesen beim „Stalleder" oder „Lohmann", Grammelsbrunn Nr. 5, Gemeinde Kröning, Aufnahme um 1905.

*Abb. 56
Hafneranwesen
beim „Girgnmann",
Kleinbettenrain Nr. 3,
Gemeinde Kröning,
Aufnahme 1972.*

Abb. 57
Hafneranwesen
Englmeier
beim „Urber",
Magersdorf Nr. 12,
Gemeinde Kröning,
Aufnahme um 1910.

Abb. 58
Hafneranwesen
beim „Christl",
Grammels-
brunn Nr. 4,
Gemeinde
Kröning,
Aufnahme um
1912.

Abb. 59: Hafneranwesen Nikolaus Zettl, beim „Martl", Bödldorf 6, Gemeinde Kröning, Aufnahme um 1910. Im Erdgeschoß links kleiner Anbau mit Pultdach für einen größeren(?) Brennofen (Auskunft Benno und Georg Zettl, Bödldorf).

Abb. 60
Hafneranwesen
Sebastian Häring,
Pattendorf 5,
Gemeinde
Adlkofen,
Aufnahme 1910.

Abb. 61: Hafneranwesen beim „Martl" in Kobel, Gemeinde Adlkofen, Aufnahme 1910.

Hafnerarbeit

Die unmittelbaren Arbeitsabläufe in der Hafnerwerkstatt und rund um den Brennofen, das Hantieren mit den Rohstoffen Ton und Glasuren konnten noch von den lebenden Hafnern *Benno* und *Georg Zettl* aus Bödldorf erfragt werden.

Abb. 62: Hafner an einer Kreuzscheibe, 1472[1]

Werkzeug und Technologie

Drehscheibe und Scheibenarbeit[2]

In der Werkstatt/Stube befanden sich je nach Betriebsgröße zwei bis vier als *„erste"*, *„zweite"* auch *„andere"* genannte, *„dritte"* oder *„letzte"* bezeichnete Drehscheiben. Dies deshalb, weil der erste, also erfahrenere Geselle oder auch der Meister selber an der *„ersten"*, der zweite Geselle an der *„zweiten"*[3] usw. arbeitete; der Lehrling versuchte sich an

der *„letzten"*, in der Regel kleineren *„Lehrbuamscheim"*. Die im Kröning benutzte Block-Kreuzscheibe gehört dem Blockscheibentyp an, ist also keine Schub- oder Spindelscheibe. Der Scheibentisch besteht aus Eichenholz, wobei der obere, etwa acht Zentimeter starke darauf gedübelte Teil (*„Hobe"*) nach Abnutzung der Oberfläche, dies vor allem verursacht durch das Ansetzen des Abschneidedrahtes, vom Wagner abgehobelt bzw. erneuert wurde. Vom Blockteil führen vier in der Regel gedrechselte Säulen zum Drehkreuz. An der Untersicht des Blockteils ist mittig ein kräftiger, nach oben spitz zulaufender Eisendorn eingelassen, der in der im Durchmesser von ca. zwei Zentimetern befindlichen *„Pfanne"* (Mulde) der Eisenachse frei läuft. Die starre Achse selber ruht in einem von einem Bandeisen zusammengehaltenen Holzblock (10 x 10 cm, Höhe 14 cm) der wiederum verkeilt in einem Holzbalken sitzt. In diesem Balken waren zwei bis drei Drehscheiben ein-

Abb. 63: Inszenierung im Heimatmuseum – Kröninger Hafnermuseum Vilsbiburg, Drehscheiben aus Kröninger Werkstätten – Dreiergruppe: links und rechts Werkstatt Sebastian Eder Jesendorf, Dorfstr. 31, Mitte Altbestand des Museums (Schenkung Pfarrer B. Spirkner, Kirchberg, um 1915), Abb. 63a: rechts eine „Lehrbubenscheibe" aus Grammelsbrunn Nr. 5 beim „Stalleder".

1 Illustration zu Jeremia 18, von Berthold Furtmayr, Regensburg 1472, Fürstl. Oettingen-Wallersteinsche Bibliothek Harburg, Sign. Deutsch I 3 IV, fol. 169v. – Veröffentlicht bei Bauer, Ingolf: Hafnergeschirr, Bildführer 6, Bayer. Nationalmuseum München, München 1980, S. 18, Abb. 14.
2 Czysz, Wolfgang; Endres, Werner; Kerkhoff-Hader, Bärbel: Die Drehscheibe, Veröffentlichung in Vorbereitung.
3 „Michael Roth Hafnermeister sucht guten Scheibenarbeiter auf der 2er oder 1er Scheibe", Annonce im Vilsbiburger Anzeiger vom 14.2.1903.

Abb. 64: Hafnerwerkstatt Vohburger, Nirschlkofen, Gemeinde Adlkofen.
Links Hafnermeister Alois Vohburger († 1.12.1926, 59 ½ Jahre alt), rechts Lehrling (Sohn) Johann Vohburger (* 30.4.1899, † 18.10.1975).
Werkstattbeschreibung:

Links: Bank („Bimbank") Fläche zum Tonkneten; jeweils links von Meister und Lehrling Topf („Handscherm") mit Schmutzfangbrett („Gsch-lederhäusl") zum Abstreifen des Tons; rechts vom Lehrling Brett („Schindl") mit abgestellten, fertig gedrehten Töpfen; an der Wand hinter den beiden Arbeitern herabklappbare Holzschutzwand („Werkstattbruck"); im Boden eingelassen zwei Drehscheiben, am Boden rechts Tonvorrat („Dowerstock"); an der Zimmerdecke Tragebalken („Dafebam") zum Auflegen der Bretter („Schindln"), darauf Geschirr zum Trocknen Henkel-töpfe („Plattenhaferl"), Nachttöpfe, Kanne, Reinen, z.T. in ungewöhnlicher Form malhornverziert; rechts vom Meister unter der Bank hölzerne Zwischenscheibe („Eldeia"). Aufnahme um 1914 (Privatbesitz).

gelassen. In älterer Zeit fanden hölzerne, an jedem Ende mit einem Eisenband umschlossene Achsen Verwendung. Die Scheibe, vom Hafner an einem der Kreuzbalkenenden barfuss und in der Regel mit dem linken Fuß gezogen, lief bevorzugt entgegen dem Uhrzeigersystem. Abnutzungs-spuren an den Kreuzbalkenenden belegen, dass Dreh-scheiben auch entgegengesetzt angetrieben wurden.

Zur Arbeitserleichterung und um nicht in gebückter Hal-tung arbeiten zu müssen, benutzte der Hafner kleinere hölzerne Zwischenscheiben („*Eldeia*") von ca. 30 bis 38

Abb. 65: Zwischenscheiben
(„Eldeia").

Abb. 66: Hafneranwesen beim „Zuckerbacher", Jesendorf (alte Haus-Nr. 236).
Von links: Hafnergeselle Georg Eggl (1887-1914), Hafnerwircher Ludwig Ruhstorfer (1873-1827), Hafnermeister Johann Baptist Setz (1858-1928); vor dem Hafnerhaus gestellte Aufnahme, 1912.

cm Durchmesser, die mit etwas Ton auf einem bis zu ca. 20 cm hohen Tonzylinder auf der Scheibe befestigt wurden (Abb. 65). So fertigte er z.B. kleine Schüsseln wie *„Milchweidlinge"*, dann Blumenampeln und –töpfe, also niedrige Gefäße. Bei der Anfertigung von Gefäßen mit großem Bodendurchmesser wie den *„Dampfnudeldegln-/häfen"*, bei denen der Standrand über den Scheibentisch (Durchmesser ca. 40 cm) hinaus geragt hätte, verwendete man größere Zwischenscheiben, hier wieder *„Hobe"* genannt, mit einem Durchmesser von bis zu 55 cm. Es wurde jedoch auch vom *„Stock"* gedreht, wobei so vor allem kleinere Deckel, das war *„Lehrbubenarbeit"*, hergestellt wurden.

Abb. 67: Darstellung eines an der Drehscheibe arbeitenden Kröninger Hafners, Ausschnitt aus einem Weihwasserkessel (Kat. Abb. Nr. 200), um 1800.

Weiteres zur „*Scheibenarbeit*" benutztes Werkzeug und
Gerät waren:

a) ein Stück Leder oder Filz zum Glätten der Oberflächen,

b) Schienen zum Formen aus Holz, „*Haferlschern*" und
    zum Glätten das „*Wehr*- oder „*Wircheisl*" aus Kupfer
    (Abb. 67),

c) der Draht („*Haferldraht*)) aus Messing mit zwei Holz-
    knebeln zum Abschneiden des Werkstücks von der
    Drehscheibe (Abb. 68),

d) das Stechholz („*Schnapfhölzl*") zum Stechen der Sieb-
    löcher z.B. bei Siebgefäßen („*Seiher*"),

e) auf der Sitzbank (Abb. 64) abgestellt ein hölzerner, nach
    vorne offener Behälter („*Gschlederhäusl*") zur Aufnah-
    me der beim Drehen von den Händen abgestreiften
    Tonreste (das „*Gschleder*"),

f) in diesem hölzernen Behälter abgestellt ein irdenes Ge-
    fäß („*Handscherm*"), in der Regel ein mit Wasser gefüll-
    ter Henkeltopf („*Plattenhaferl*") zum Befeuchten der
    Hände sowie des Leders oder Filzes,

g) Putzeisen („*Putzeisl*") zum Säubern der Bodenränder
    (Abb. 68).

und im Brennofenraum wo die Abwärme des abkühlen-
den Brennofens genutzt wurde. Zur gleichmäßigen Trock-
nung und um Verformungen zu vermeiden, stülpte man
die Schüsseln Rand auf Rand und wendete („*gaukeln*") sie
mehrmals. Das Angarnieren der Henkel („*Heana*" oder
„*Hama*" = Handhaben) besorgte in der Regel der Meister,
der dazu eigens mit feinem Sand gemagerten Ton („*Herrn-
dower*") benutzte.

Glasurmühle

Glasurmühlen waren in fast allen Kröninger Hafnereien in
Gebrauch. Es bot sich aber auch die Möglichkeit Glasuren
in Lohnarbeit mahlen zu lassen, wie zum Beispiel beim
Müller in Vilssattling und in Rutting, beide in der Gemeinde Gerzen und weiter im Binatal[4].
Der Vilssattlinger Müller *Liebl* betrieb die Glasurmühle
über eine Transmission mit Wasserkraft (Abb. 70). Weiter
richtete der Hafner *Martin Leiseder* aus Landshut ein An-
gebot an „*auswärtige Hafner*", „*dass er in der Rauscher'schen
Schleifmühle eine sehr vorteilhafte Glasurmühle mit Wasserkraft aufgestellt hat…*". Und weiter: „*…auch ist gemahlene
Glasur in verschiedenen Farben in größeren und kleineren
Partien stets zu haben.*"[5] Der Hafner Georg Hötschl aus
Oberaichbach Nr. 59 hingegen ließ seine Glasuren beim

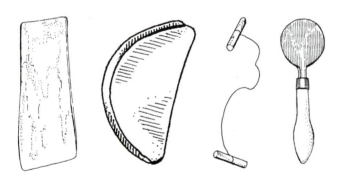

*Abb. 68: Von links: Schiene zum Formen, Schiene zum Glätten, Draht
zum Abschneiden von der Drehscheibe (Werkstatt Benno Zettl, Bödldorf Nr. 4), Putzeisen (Werkstatt Spielberg Nr. 4), 1900/1925.*

Nach der Formung und beginnendem Trocknungsvor-
gang, stellte man die Gefäße auf die Abstellplätze. In diesem Zustand wurde das nasse Geschirr als „*grea*" [= grün]
bezeichnet. Die mit Gefäßen beladenen Ablagebretter
(„*Schindeln*") von ca. 130 cm Länge schob man auf von
der Balkendecke abgehängten Stangen („*Dafebam*"). Getrocknet wurde im Sommer auch im Freien oder bei un-
günstiger Witterung und im Winter in der Stube, im Fletz

4 Spirkner 1914, S. 135.
5 Landshuter Zeitung Nr. 137 vom 14. Juni 1866. Freundlicher Hinweis Peter Käser.

Abb.70: Links eine über die Transmission getriebene Glasurmühle beim Müller Liebl in Vilssattling, Gemeinde Gerzen, Aufnahme um 1914.

Hafner Alois Hötschl in Grammelsbrunn Nr. 5 (alt Nr. 60) mahlen.[6] Die Glasurmühle war ähnlich dem Mahlgang eines Müllers mit dem Unterstein und dem Läufer, aufgebockt auf einer Vierständer-Konstruktion aufgestellt. Der obere Stein, der Läufer, konnte mittels eines Keils und einer senkrecht zum Läufer mittig geführten Eisenstange angehoben bzw. der Abstand zum Unterstein verringert werden. In Gang gebracht wurde die Glasurmühle von zwei gegenüberstehenden Arbeitskräften in kreisrunden Bewegungen mit einer hölzernen, in der Balkendecke gelagerten Antriebsstange, deren untere eisenbewehrte Spitze lose in einem Loch der Oberseite des Läufers stak. Zum

Abb. 71:
Arbeiten an der
Glasurmühle,
16. Jh.
(Slowakisches
Nationalmuseum
Pressburg/
Bratislava).

6 Einschreibbuch des Hafners Georg Hötschl von Oberaichbach, diesbezügliche Eintragungen in den Jahren 1902 – 1906, Privatbesitz Oberaichbach. Ergänzend dazu mündl. Auskunft Barbara Huber, Grammelsbrunn.

Abb. 72:
*Glasurmühle
im Vilsbiburger
Heimatmuseum,
Mahlsteine Original
aus der Hafnerei
in Scherneck 1,
Gemeinde Boden-
kirchen, Unterbau
nachgestellt.*

Abb. 73:
*Stockhämmer zum Aufrauen
der Mahlsteinflächen.*

Aufrauen der Mahlsteinflächen fanden „Stockhämmer"
verschiedenen Aussehens Verwendung (Abb. 73). Der
Hafner Hötschl aus Grammelsbrunn hat seine Glasurmühle ab etwa 1915 mit einem Benzinmotor angetrieben.

Glasieren

Im Gegensatz zum Steinzeug ist bei Irdenware – um solche handelt es sich im Kröning und an der Bina – der
Scherben nicht „*dicht*", bleibt also porös und damit flüs-
sigkeitsdurchlässig. Erst die Glasur bewirkt, dass die Gefäße „*dicht*" werden. Zur Kostenersparnis und bei bestimmten Geschirrtypen, wie an das offene Herdfeuer gestellte

Kochtöpfe, glasierte man bis in das 19. Jahrhundert nur
innen, wegen des attraktiveren Aussehens und besserer
Reinigungsmöglichkeit in der Endzeit zusätzlich auch außen. Dies praktizierte man immer bei blauer, getupfter,
dann mit Wellenlinien und Spiralen dekorierter Ware, sowie beim Schüsseltyp „*Napf*". Doch wurde nebenher auch
gänzlich unglasierte Ware vertrieben.[7]

Bleiglasur – Bleiglätte – „*Bleigledt*"

Bleiglasuren sind „Grund-
glasuren". Sie tragen we-
sentlich zur Glasbildung
bei, besitzen meist keine
Eigenfarbe.[8]

Abb. 74:
*Glasurfass, kleine Form,
Werkstatt Grammelsbrunn
Nr. 5, 19. Jh.
(H 47 cm, D 23,5 cm,
DB 25 cm).*

Die in Holzfässern verschiedener Größe (Höhe zwischen
47 und 70 cm) angelieferte Bleiglasur („*Glätte*") musste
zunächst in der Glasurmühle zermahlen und durch Zusatz von Wasser „*verflüssigt*" werden. Über eine Rinne
am Rand des Untersteins lief die Glasur durch ein Sieb
in die Glasur-(„*Gled/Glett*"-) Schüssel. Über die Schüssel
haltend, beschüttete der Hafner die zu glasierenden Gefäße mit Rohglasur mittels eines zumindest in der Spätzeit
aus Eisenblech bestehenden Schöpflöffels zunächst innen,
dann außen. Verschiedentlich wurden gusseiserne Mörser zum Zerstoßen von Rohglasuren benutzt. In ähnlicher
Funktion verwendete man zum Zermahlen von Ziegeln
hölzerne Mörser (u.a. in der Werkstatt Grammelsbrunn

---

7 StadtAV, Rechnungen zum Heilig-Geistspital Vilsbiburg ab 1647
   und Verificationen (Rechnungszettel) ab 1650. – Vgl. auch den
   Beitrag, Die Geschirrlieferung der Kröninger und der Münchner
   Hafner an den kurfürstlichen Hof S. **165**.
8 Zu den Glasuren und deren Mischverhältnissen vgl. hierzu Fitz,
   Stephan,1982 II, S. 92 ff.

Abb. 75: Glasurmörser aus Gusseisen, Glasurschöpflöffel und Glasurschüssel.

Nr. 5, blockähnliches Gerät mit zwei Mulden im Heimatmuseum Vilsbiburg).

gelbe Glasur

Unter dieser Bezeichnung sind alle farblosen, gelb scheinenden transparenten Glasuren zusammen gefasst. Auf dem im Kröning in der Regel beige brennenden Scherben verursacht die Bleiglasur einen gelb wirkenden Farbton. Durch Zusätze von Lehm und in einem Mörser zerstoßenem Ziegelmehl wirken die Gefäße orangefarben bis rotbraun.

braune Glasur

Unter dem Begriff *„braune Glasuren"* erreichte man durch Beimischen von *„Braunstein"* (Mangandioxid) braune, schwarzbraune und braunviolette Glasuren.

grüne Glasur

Die grüne Glasur wurde durch Beimischen von *„Kupferasche"* gewonnen. Der Hafner erzeugte Kupferasche, indem er Altkupfer, wie unbrauchbar gewordene kupferne Haushaltsgeräte, Wasserschiffe (*„Ofengrandl"*) usw. im Brennofen verglühte und die Reste in einem Mörser (*„Merscham"*) aus Gusseisen zerrieb.

blaue Glasur

Befragte Hafner konnten hierzu keine Angaben mehr machen. Nur soviel ist bekannt, dass die Gefäße zweimal, in einem Schrüh- und dann einem Glasurbrand, gebrannt wurden.[9] In der handschriftlichen Aufzeichnung mit Glasurrezepten eines Hafners[10] sind die Rohstoffe Smalte[11], Glas und Mennige, in einer anderen Smalte und Zinn festgehalten, wobei bei mehreren Blauabstufungen verschiedene Ansätze vermerkt sind.

Die Zubereitung und vor allem die Verwendung der Glasuren nach älteren Standards dürften heute kaum mehr möglich sein. Zum einen ist das Wissen um die exakte Zusammensetzung der alten Glasuren verloren gegangen, dazu sind Bleiglasuren seit der Verabschiedung des „Reichsbleigesetzes" von 1887 in der früheren Verwendung verboten. Zum andern beschickte man die alten und nicht mehr vorhandenen Brennöfen nur mit Holz, wobei auch die Anlage der Öfen, die Heiztechnik und die Brenntemperaturen, sie lagen bei etwa 950 Grad Celsius, mit entscheidend waren.

Wie bei neueren Untersuchungen mit Hilfe naturwissenschaftlicher Methoden an Blaugeschirr des Bayerischen Nationalmuseums München festgestellt wurde, *„ist die*

---

9 Vgl. Fitz 1982 II, S. 81 – 102.

10 Archiv Historische Interessengemeinschaft Gangkofen, Hauptsammlung Nr. 436, „Einschreibbuch für Johann Fleckl Hafnermeister jetzt in Münster b. Straubing 1932".

11 Zur Smalte siehe bei Horschik 1978, S. 36 – 41. „Durch Zusammenschmelzen mit Glas [und Kobalt] erhielt man einen blauen Glasfluß, die „Smalte" welche fein gemahlen wurde…".

Trübung der milchig blauen Glasuren des sog. Blaugeschirrs auf die Bildung von Nephelin zurückzuführen und nicht, wie bisher angenommen, auf Zusätze mit Zinn(IV)oxid. Zinn ist nur in Spuren Glasurbestandteil. Kobalt ist bei allen untersuchten Glasuren allein als färbendes Element enthalten. … Der Glasfluss der blauen Glasuren unterscheidet sich deutlich von dem anderer farbiger Glasuren. … Smalte wurde als Rohstoff für die Blaufärbung verwendet."[12]

Dekor

"schwarze", reduzierend gebrannte Ware

Verzierungen bei reduzierend gebranntem Geschirr aus der Kröninger Region erscheinen ab dem 13. Jahrhundert. Im Kröning selbst ist Hafnerware aus dieser frühen Zeit noch nicht bekannt. Der in das 13. Jahrhundert datierte Fund

aus einer Brandschicht bürgerlicher Vorgängerbauten anstelle der späteren Heilig-Geist-Spitalkirche in Vilsbiburg mit bauchigen Töpfen ohne Henkel, einer Bügelrohrkanne und mehreren Schüsseln, zeigt in der Wandung breit angelegte Rillenbänder, aber auch Wellenbänder und Rollstempeldekor. Im Kröning selbst sind mit Rillenbändern verzierte Geschirre ab der Mitte des 15. Jahrhunderts bekannt. Mit einem Stein, Holz oder Knochen im lederharten Zustand aufgebrachte Glättstriche in Form von Zickzacklinien, Spiralen, breiten Strichbündeln und Rauten können in das 16./17. Jahrhundert, sternförmige Striche für das 18. Jahrhundert datiert werden. Gefäße mit ganzflächig polierter Oberfläche lassen die Nachahmung metallener Gefäße wie aus Zinn vermuten. Ob man mit flächendeckendem Polieren des lederharten Scherbens bewusst die Porosität einschränken oder ganz aufheben wollte, kann nicht mehr geklärt werden.[13]

a   b   c

d   e   f

Abb. 76: Beispiele eingeglätteter Dekorformen bei Schwarzgeschirr, Werkstatt Kleinbettenrain Nr. 6 (Abb. 76a-76d) und Kleinbettenrain Nr. 2 (Abb. 76e-76f), 17./18. Jh.

---

12 Vgl. Fitz 1982 II, S. 96 – 97.

13 Weitere Beispiele für Glättdekor siehe Pletzer 1974, Kleinbettenrain – Grasmann 1981/2, Kleinbettenrain und Endres 1988 Hafnereien an der Bina.

Abb. 77: Geritzte und mit Rollstempel verzierte Hafnerware, 16./17. Jh.
77a und 77b Werkstatt Hundspoint Nr. 14 (15./16. Jh.), 77c und 77d Jesendorf (17. bzw. 18. Jh.),77e Kleinbettenrain (17. Jh.).

Glasierte, oxidierend gebrannte Ware

Bei glasierter Hafnerware sind für die 2. Hälfte des 17. Jahrhunderts (Vilsbiburg und Kleinbettenrain) Rollstempeldekor und das eingestempelte christliche „*IHS*"-Symbol belegt, ab der Mitte des 19. Jahrhunderts etwa ein sparsam aufgetragener Spritzdekor. Der Hafner verwendete hierzu Pinsel oder kleine Reisigbesen, die er in braune oder grüne Glasur tauchte. Beim Spritzen, auch „*scheckeln*" genannt, wurde nicht so sehr Wert auf die exakte Bedeckung der Flächen gelegt. Der Schmuck mag zwar vom Arbeitsaufwand her primitiv erscheinen, sorgt aber durch das „*lässige*" Erscheinungsbild der Gefäße für ein gefälliges, ja nach heutiger Dekorauffassung für ein „*modernes*" Aussehen. Wohl ab der zweiten Hälfte des 18. Jahrhunderts wird auch der Dekor mit weißen Tupfen und weiß aufgelegten Zick-

Abb. 78: Datierung auf einem Nachttopf-Bodenfragment mit Tupfendekor, 1796. Heimatmuseum Vilsbiburg, Inv. Nr. 790903. (s.a. Abschnitt datierte Gefäße).

zack- und Wellenlinien Standard bei braun und grün glasierten Gefäßen, sowie bei grün glasierten Ofenkacheln.[14]
Datierungen auf den Gefäßen (siehe Katalog datierter
Gefäße), ausgenommen auf Sonderformen wie Weihwasserkessel, Weihwasserkrügen, Ausschneidearbeiten oder
auf Ofenkacheln, bilden die große Ausnahme und sind
im Kröning erst ab Ende des 17. Jahrhunderts bekannt.
Bei wenigen Schwarzhafnergefäßen wie *„Wassergrand"*
und *„Essigkrug"* wird diese Regel durchbrochen. Da der
Essigkrug laut Handwerksordnung der Kröninger Hafner
von 1646 als eines der vier Meisterstücke gefordert war,
erscheinen die hier vereinzelt angebrachten Signaturen in
Verbindung mit Jahreszahlen verständlich.

Gespritzter Dekor auf glasierter Hafnerware

Ab der 2. Hälfte(?) des 19. Jahrhunderts ist gerade im Kröning der mit wenig Aufwand herzustellende Spritzdekor
zu beobachten. Mit einem kleinen Besen hat der Hafner
gelb bis orange glasierte Stücke wie vor allem Schüssel,
dann flache Henkeltöpfe („Plattenhaferl") und Kannen
(„städtische Krugl") mit grüner und/oder brauner, sowie
grüne Gefäße mit brauner Glasur an den Innenflächen
bzw. Außenwandungen gespritzt. *„Die Entwicklung dieser Dekortechnik hat sicher arbeitsökonomische Gründe – ein
Brett voller Schüsseln ist viel schneller gespritzt als bemalt –,
nach meiner Meinung aber auch ästhetische. Gerade weil die
Spritzung jede formale Einteilung in Gefäßzonen übergeht,
stehen beide gleichwertig nebeneinander, im Gegensatz zur
gegenständlichen Bemalung, wo Dekorinhalte sich dem Betrachter in den Vordergrund schieben."*[15]

---

14 Wie Anm. 13, Grasmann 1981/2, Grasmann, Lambert: Hub –
   Fundbericht zu einer Werkstattbruchgrube eines Hafners in Hub
   Nr. 13, Gde. Kröning, Landkreis Landshut, S. 52, Tafel 2 Nr. 4, 5, 7;
   Tafel 3 Nr. 11; Tafel 4 Nr. 1, 2, 4, 5, 7, 10. – In Privatbesitz befindet
   sich ein breitfahniger braun glasierter Teller, der auf dem Rand
   und im Spiegel mit weißer Glasur die Beschriftung „Andreas
   Kolb, Hafner in Wippenbach anno 1785" aufweist; siehe Katalog
   datierte Gefäße Nr. 4. – Das Heimatmuseum Vilsbiburg – Kröninger Hafnermuseum besitzt ein Boden-Wand-Randfragment
   eines braun glasierten mit weißen Tupfen versehenen „Kinder-
   nachttopfs" in dessen Boden die Jahreszahl „1796" eingeritzt ist;
   siehe Katlag datierte Gefäße Nr. 8 (Inv.Nr. 790903).
15 Bauer 1983/84, S. 49.

Mit Malhorn dekorierte Ware

Abb. 79 Teller
1785
Werkstatt Andreas Kolb, Wippenbach Nr. 1, beim „Martl".
Oxidierend gebrannt.
Maße: H 5,1 cm, D 29,5 cm, DB 14,8 cm.
Privatbesitz.
Bemerkung: Mit Malhorn signiert: „Andreas Kolb Hafner
von Wippenbach / 1785"

Abb. 80 Schüssel
Um 1900
Oxidierend gebrannt.
Maße H 10,1 cm, D 45 cm, DB 19,8 cm.
Heimatmuseum Vilsbiburg Inv.Nr. K2009/20.

Abb. 81 Schüssel
1908
Oxidierend gebrannt.
Maße: H 6 cm, D 36,5 cm, DB 20 cm.
Heimatmuseum Vilsbiburg, Inv.Nr. K89/04.
Bemerkung: Signiert „IHS / Anna /1908".

Abb. 82 Teller
Um 1900
Werkstatt Alois Hötschl, Grammelsbrunn Nr. 4, beim
„Christl"
Oxidierend gebrannt.
Maße: H 3,3 cm, D 22,5 cm, DB 16,7 cm.
Privatbesitz.
Bemerkung: Signiert „Es lebe / das edle Handwerk / der
Hafner".

Abb. 83 Teller
Um 1900
Werkstatt Alois Hötschl, Grammelsbrunn Nr. 4, beim
„Christl"
Oxidierend gebrannt.
Maße: H 3,3 cm, D 22 cm, DB 16,5 cm.
Privatbesitz.
Bemerkung: Signiert „Grus aus Gramelsbrun".

Abb. 79

Abb. 79a

Abb. 80

Abb. 81

Abb. 82

Abb. 83

Abb. 84

Abb. 85

Abb. 86

Abb. 86a

Abb. 87

Abb. 88

Abb. 88a

Abb. 84 Schüssel
1900/1920
Werkstatt Sebastian Eder, Jesendorf, Dorfstr. Nr. 31.
Oxidierend gebrannt.
Maße: H 6,2 cm, D 25,2 cm, DB 14 cm.
Privatbesitz.
Bemerkung: Signiert „Teres / Bran / steter".

Abb. 85 Schüssel
1900/1920
Werkstatt Sebastian Eder, Jesendorf, Dorfstr. Nr. 31.
Oxidierend gebrannt.
Maße: H 7,5 cm, D 30,5 cm, DB 7,8 cm.
Privatbesitz.
Bemerkung: Signiert „M. u. K. / Bransteter".

Abb. 86 und 86a Schüssel, Knickwandschüssel
1900/1920
Werkstatt Sebastian Eder, Jesendorf, Dorfstr. Nr. 31.
Oxidierend gebrannt.
Maße: H 7,5 cm, D 30,7 cm, DB 16,5 cm.
Privatbesitz.

Abb. 87 Kanne
1900/1910
Oxidierend gebrannt.
Maße: H 22,3 cm D 9 cm, DB 10,5 cm.
Privatbesitz.
Bemerkung: Signiert mit Spruch „Ja nur koa Wasser net / ja ja dös mag i nöt / Sö ka da Hötschl Mong / gar nöt votrang".

Abb. 88 und 88a Kanne
1923
Oxidierend gebrannt.
Maße H 16,2 cm D 16 cm, DB 16 cm.
Privatbesitz.
Bemerkung: Henkel signiert „1923", Wandung signiert „Fani Schneider". Besitzerin war in Arbeit beim Hafner „Stefl" in Oberschnittenkofen Nr. alt 156.

Nach 1900, also bereits in der Endphase des Handwerks, benutzten einige wenige Werkstätten das Malhorn zu Verzierungstechniken. Das kleine irdene topfartige Schreibgerät besitzt oben eine Einfüllöffnung für die Farbmasse und ein Auslaufloch über dem Stand, worin ein Gänsekiel steckte. Zur Schrägstellung des Malhorns wurden zwei Füßchen an den Standrand appliziert. Mit diesem Gerät wurde glasierte Ware wie Schüssel, Tassen, seltener Krüge und Töpfe, vor allem durchbrochene *„Sonderkeramiken"*, wie Nähkörbchen, Tintenzeuge sowie Weihwasserkessel und Vexierkrüge ausgeschmückt. Zu beobachten sind Wellenlinien, Namen, weniger oft Jahreszahlen, sehr selten Texte oder Sprüche. Im Ganzen wirkt der Dekor bei diesen Stücken eher unbeholfen, man merkt ihnen den fehlenden Übungsgrad an, der bei den Formen der Objekte hingegen in Generationen ausgereift war.

In der 2. Hälfte des 18. Jahrhunderts wurde bei braun und grün glasierter Ware weiße Glasurfarbe für Zickzack-, Wellenlinien- und Tupfendekore verwendet. Die Dekorfarbe wirkt, da etwas verlaufen, nicht reinweiß. Als Trübungsmittel wurde meist Zinn(IV)oxid verwendet, doch auch das Beimischen von weiß brennenden Tonen war möglich.

Der Brennofen

Entgegen den Gepflogenheiten anderer Hafnerlandschaften, wo der Brennofen wegen der Feuersicherheit vom Wohnhaus abgesetzt in einem eigenen Gebäude oder in einem schuppenähnlichen Holzständerbau ohne Wandverkleidung aufgerichtet war, waren die Brennöfen im Kröning und an der Bina im Wohnteil des Hauses untergebracht. Dies, obwohl die Häuser in Holzbauweise errichtet waren. In den im Einflussbereich des Kröning gelegenen Märkten Vilsbiburg, Frontenhausen, Gangkofen, Geisenhausen und Velden an der Vils siedelte man die Hafner in den Vormärkten, also am Rand der in der Regel dicht bebauten Ortskerne an. Entsprechend erhöhter Brandgefahr bei den Hafnerhäusern ordnete dort die Obrigkeit regelmäßige Feuervisitationen an, die bei besonders gefährdeten Anwesen wie eben bei Hafnern, Bäckern, Bierbrauern und Seifensiedern in kürzeren Zeitabständen, sonst vierteljährlich durchgeführt wurden. So bestimmte der Markt Vilsbiburg in der Feuerordnung von 1750, dass der Rauchfangkehrer alle sechs bis sieben Wochen die

Kamine zu besteigen und zu reinigen hatte. Bei Zuwiderhandlungen *„punctierte"* die Marktobrigkeit den Hausbesitzer mit 45 Kreuzer Strafe oder *„solche Straff in Leib, mit Wasser und Brod auf den Turm"*.

Im Kröning war zumindest in den letzten Hafnergenerationen der liegende Brennofen in Gebrauch. Wann dieser Typ, der dem „Kasseler Ofen" entspricht, dort Eingang gefunden hat, ist nicht bekannt.[16] Der Ausdruck „Kasseler Ofen" war den befragten Gewährsleuten kein Begriff mehr. Im Gegensatz zu den „stehenden" Öfen, die nur eine begrenzte Temperatur ermöglichten, da die Hitze zu schnell nach oben entwich, lassen die liegenden Öfen eine höhere Brenntemperatur zu.[17] Die Brennöfen waren in einem der Werkstatt/Wohnstube benachbarten Raum aufgebaut. Die Überlieferung bezeichnete diesen Raum als *„Brennkuchl"* oder *„Kuchl"* allein. Auf einem Bauplan von 1896 ist in diesem Raum noch die offene Herdstelle erkennbar, was den Begriff *„Kuchl"* nahe legt.[18] Beheizt wurde der Brennofen vom Fletz aus, wo vor der Schüre vertieft eine etwa 35 cm breite und 40 cm tiefe Grube eingelassen war. Die Grundmaße eines Ofens sind anhand des erhaltenen eiförmigen Unterbaus, des Bodens und des Wandansatzes, in dem ehemaligen Hafneranwesen *„beim Stalleder"* in Grammelsbrunn Nr. 5 (alt Nr. 60) festgehalten. Danach wies der Brennofen innen eine Gesamtlänge von 4,80 m und eine Breite von 2,35 m auf. Als größte Innenhöhe konnte 1,60 m bis 1,80 m in Erfahrung gebracht werden (Benno und Georg Zettl, Bödldorf). Das gewölbte, einem Backofen ähnliche Innere bestand aus zwei Abschnitten. Von der Schüre weg lag der Feuerungsraum, der vom eigentlichen Geschirrbrennraum durch einen Ständer, eine einmeterhohe Halbschurmauer

---

16 Vgl. Wiegand, Thomas: Die Entwicklung des Kasseler Ofens und seine Einführung im Großalmeroder und Epteroder Tonwarengewerbe, in: Ofenreise, Der Kasseler Flammofen und die Großalmeroder Tonwarenindustrie, Hrsg. Thomas Wiegand. Dort Zitat: „Bis zum Nachweis eines anderen Sachverhalts soll hier am Datum 1827 für die „Erfindung" des Kasseler Ofens festgehalten werden…", Kassel 2000, S. 33.
17 Mämpel 1985, S. 65.
18 Archiv Landesstelle für nichtstaatliche Museen in Bayern, Archiv für Hausforschung, München, hier Pl. Nr. 6490, 6491, 6492 u. 6493, Plan von W. Enzing Mühldorf, 1898. Planaufnahme vom Wohnhaus des Hafners Sebastian Schmidhuber, Geislberg, Nr. 47 (neu Nr. 7), Gemeinde Gangkofen, Abb. 91.

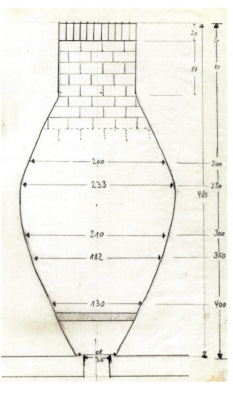

Abb. 90:
Brennofengrundriss
in der ehem.
Hafnerei
Schachtner,
Grammelsbrunn
Nr. 5, 1974.

Abb. 89: Raum der ehemaligen so genannten Brennkuchl; Brennofen-
Grundriss in der ehem. Hafnerei Schachtner, Grammelsbrunn Nr. 5;
vorne zwei Stufen, Stelle des aufgehenden Brennofenkamins, hinten
am Boden Schürloch, Aufnahme 1974.

aus Ziegelsteinen („*Herndl*", Mauerstärke etwa 11 cm)[19]
getrennt war. Auf diese baute der Hafner bis zur Decke
eine mit aus Fehlbränden herrührenden Töpfen und mit
Lehm verstrichene Mauer, durch deren undichte Stellen
die Heißluft strömte. Eine andere Version besagt, dass auf
die „*Halbschurmauer*" eine mit verschränkten Ziegelsteinen gebaute Mauer aufgeführt wurde, durch die wiederum
die Heißluft streifen konnte. Das Ziegelpflaster am Boden
zeigte vom Schürloch zum entgegengesetzt aufgebauten,
an der Innenseite offenen Kamin, eine leichte Steigung.
Vom Schürloch weg waren zum Beschicken mit Holz drei
ca. 25 cm breite Brennkanäle („*Oberzug*", „*Zug*") aufgebaut, die jeweils entlang der Innenwand und in der Mitte
des Ofenbodens mit Ziegelsteinen gesetzt waren. Die so
bei mehreren Bränden genutzten und dabei immer härter
werdenden Ziegel zeigten Klinkerqualität. Von Zeit zu Zeit
ausgetauscht, hat man sie dann als gefragtes Baumaterial
verkauft. Die Brennkanäle („*Grand*") konnten jedoch auch

als „*Unterzüge*" im Ofenboden und damit als Dauervor-
richtung eingebaut sein. Den Auskünften befragter Hafner
nach dauerte in der Spätzeit ein Brand zwischen 32 und 36
Stunden.[20]

**Zum Brennvorgang in der elterlichen Hafnerei hat
Georg Zettl (1905 – 1990), Bödldorf Nr. 4 seine eigenen Erfahrungen 1985 handschriftlich zu Papier
gebracht. Hier ein Auszug.[21]**
„*… Wann der Ofen voll war, wurde der Eingang nochmals mit einem massiven Blechtor verriegelt. Eine kleine
Öffnung unterm Kamin blieb offen, diese wurde mit Zer-
brochenem abgedeckt, damit sich kein Ruß an das Geschirr
anlegen konnte.*

19 Halbschurmauer, regionaler Ausdruck (B. u. G. Zettl) für Halb-
    steinmauer; die Wandstärke beträgt die Hälfte einer Backstein-
    länge.

20 Auskunft Benno und Georg Zettl, Bödldorf.

21 Grasmann 1990, Ausschnitt. Titel der gesamten Aufzeichnung:
    „Betreff: Über den Arbeitsgang in unserer Kröninger Hafnerei in
    Bödldorf, Altgemeinde Jesendorf".

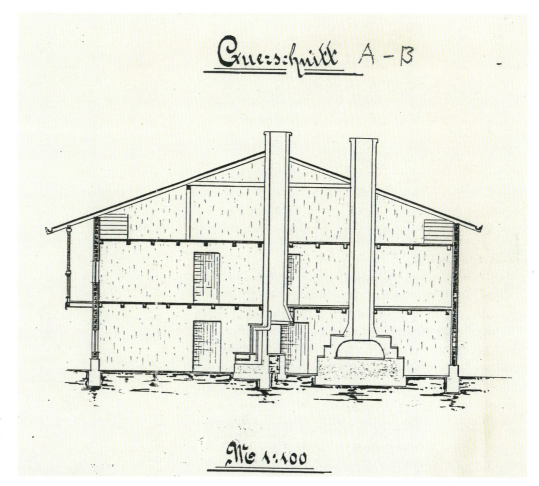

Abb. 91:
Aufriss des Hafnerhauses von Sebastian Schmidhuber, beim „Jungmann", Geiselberg Nr. 7; im Erdgeschoß Mitte Schnitt eines Kachelofens mit aufgehendem „deutschen Kamin" und hinter der Mittelmauer eine offene Herdstelle mit Rauchkutte; Kachelofen und Herd besitzen einen gemeinsamen, besteigbaren „deutschen Kamin"; rechts Brennofen-Schnitt mit Kamin, Planfertiger W. Eyring, Mühldorf, 1898. (Landesstelle für nichtstaatliche Museen, Archiv für Hausforschung, München Pl.Nr. 6491.

Abb. 92: Oberer Aufbau des Brennofens mit gekapptem Kamin in der Hafnerei Sebastian Eder, Jesendorf, Dorfstr. 31, Aufnahme um 1950.

Abb. 93: Blick über den Eingang und den Kamin in den überwölbten Geschirr-Einsetzraum des Brennofens in der Hafnerei Sebastian Eder, Jesendorf, Dorfstr. 31, Ofen im Verfall begriffen, Aufnahme um 1950.

4. Der Brennvorgang mit Brennholzverbrauch

*In unserem Geschäft wurden jährlich zirka 90 Ster Schei-
terholz verbraucht mit 1 Meister und 2 Gesellen und einem
Lehrling. Dieses Scheitholz wurde zum Teil aus eigener
Waldung und der Großteil von Johann und Therese Gigl-
berger Unterschnittenkofen, zum so genannten Schneider
Gregerl, gekauft und manchmal auch von den anderen
Bauern. Das Holzmachen musste der Baumeister [= auch
Baumann, Bahmer, Großknecht] mein Onkel Michael
Zettl von Onersdorf, durchführen (man nannte es sprei-
seln). Bei jedem Brand wurden 6 Ster [1 Ster = 1 cbm]
benötigt.*

5. Brennvorgang

*Wann die Spreißeln gut trocken waren, kamen diese in
den Schuppen oder wurden gut abgedeckt, der Brennvorgang dauerte 30 – 40 Stunden. Am Morgen um 6 Uhr
wurden mit dem Feuern sehr langsam begonnen. Das
war Gesellenarbeit, man durfte erst nach zirka 10 Stunden mit den so genannten Spreißln ganz in die Feuerung
gehen, damit ja kein Henkel und so weiter in Bruch ging.
Nach zirka 19 Stunden Brenndauer durfte man erst mit
der so genannten Schürstange beginnen, das war eine 2 m
lange Eisenstange mit einem 6 cm quadratischem Aufbug
und einem 1 m langen Holzgriff. Mit dieser Schürstange
sind die Spreißl sehr langsam im Grand [= Brennkanal]
nach vorne geschoben worden. Das Vorbrennen musste
ich als Lehrling bis 24 Uhr und als Geselle bis 2 Uhr früh
vornehmen. Um vom Schlaf nicht übermannt zu werden,
musste ich während dieser Zeit Kindergeschier [= Kin-
derspielzeug] machen, bekam für das Stück 3 – 5 dl [=
Pfennig] um ja nicht einzuschlafen. Ab 2 Uhr früh war es
dann Meisterarbeit, da das Geschier auch oben gebrannt
werden musste. [Es] befand sich zwischen Feuerung und
Brennofen eine leichte Zwischenwand, das so genannte
Hörndl. Deshalb wurden am 2. Tag die Spreißl mit Aufstellen begonnen, das heißt die Spreißl wurden mit der
Hand im Lederhandschuh durch die Feuerung so ins Feuer geschoben, dass diese an der Zwischenwand lehnten.
Das war Schwerstarbeit, da der Handschuh, wenn er nicht
gut feucht war, zu brennen anfing, so wurde das Brennen
36 Stunden fortgeführt. Dann wurde in der Hafnerkuchl
[= Raum des Brennofens] an der kleinen Öffnung das
Glühen beobachtet. Solange das Glühen nicht weißgolden
war, durfte das Brennen nicht beendet werden, zuletzt
wurde dann die Feuerung mit Ziegel vermauert. Im Winter wurde nach Abschluß des Brennens die Hitze einge-
sperrt. Erst zirka 6 Stunden nach dem Brennen wurde im
1. Stock ein Stahlblech in der Größe des Kamins durch
einen Schlitz in den Kamin geschoben. Somit konnte das
Geschier auch im Winter getrocknet werden."*

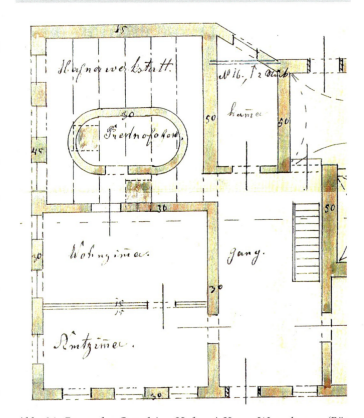

*Abb. 94: Brennofen-Grundriss, Hafnerei Xaver Waxenberger, (Bür-
germeister der Gemeinde Bonbruck), Ortsteil Langquart, Gemeinde
Bodenkirchen., 1909.*[22]

---

22 StALa, Rep. 162/19, Schachtel 20, Nr. 1908 – 1918. Plan Nr. 1908
gefertigt anlässlich der Erneuerung eines Dachstuhls. Der Brennofen zeigt einen „unüblichen" Grundriss; der Ofen steht frei im
Raum, eine sonst vom Fletz aus zu bedienende Schürgrube ist
nicht erkennbar. Auch ist der Eingang zum Brennofen scheinbar
nicht über den Kamin links, sondern an der Längsseite im Bild
unten eingezeichnet. Hier muss in Erwägung gezogen werden,
dass dem Planzeichner die Funktionen eines Hafner-Brennofens
nicht geläufig waren. 11. Mai 1909, Planfertiger Maurermeister
Weiß, Haunzenbergersöll. Plan und Sign. übernommen von:
Mayer 2002, Nr. 16.

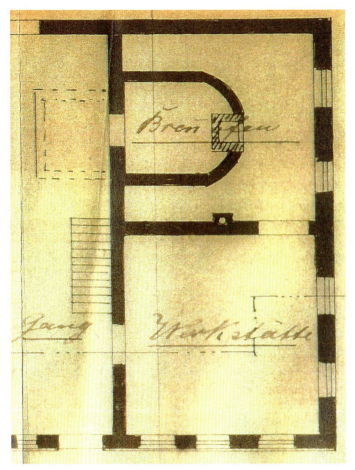

Abb. 95: Brennofen-Grundriss, Hafnerei Johann Barsdorfer, Scherneck Nr.1, Gemeinde Bodenkirchen, 1913.[23]

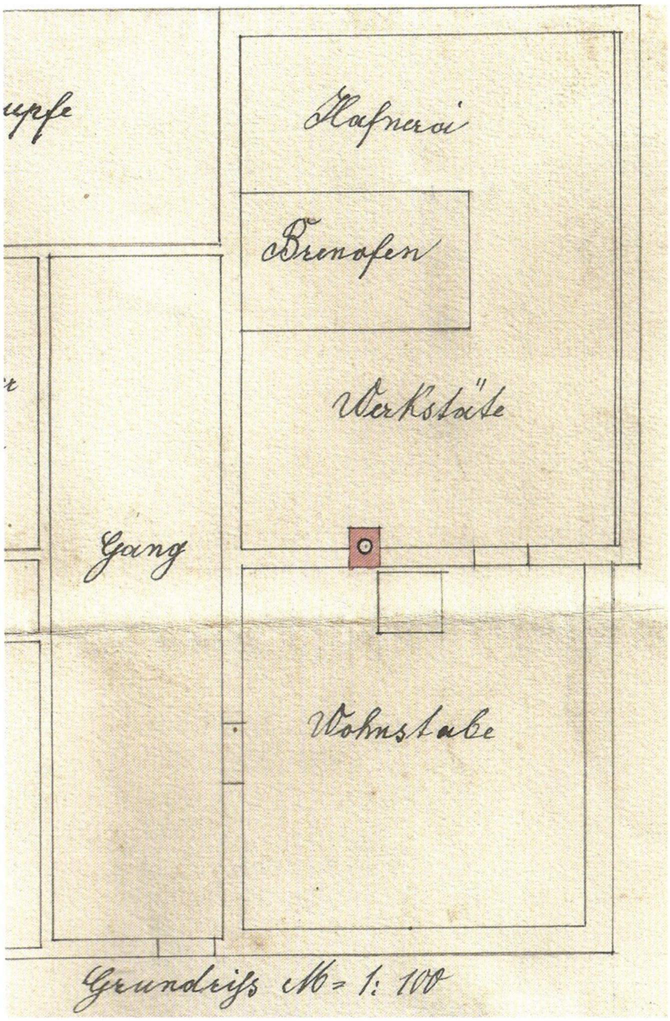

Abb. 96: Brennofen-Grundriss (sehr schematisch), Hafnerei beim „Urber", Anton Englmeier, Magersdorf Nr. 12, Gemeinde Kröning; Plan erstellt anlässlich des Einbaus eines „russischen Kamins", 1909. (Archiv Heimatverein Vilsbiburg, Hafnerakten, Hausakte Englmeier, Magersdorf).

Abb. 97: Ziegel-Inschrifttafel von 1768, ehemals eingemauert über der Schüröffnung am Brennofen in der Hafnerei Eder, Jesendorf, Dorfstr. 31, Maße: 34,5 x 35 x 6 cm (Heimatmuseum Vilsbiburg, Inv.Nr. 770201).

23 StAL, Rep. 162/19, Schachtel 31. Nr. 2832, Scherneck. Plan gefertigt von Maurtermeister Anton Wagner, Vilsbiburg, 27. Mai 1913. – Plan und Sign. übernommen von: Mayer 2002, Nr. 21.

Von den Brennöfen („*Oadofa*" = Erdofen) ist keiner erhalten geblieben; wohl einen der letzten, aber da auch schon im Verfall begriffenen, hat man um 1950 beim „*Eder*" in Jesendorf, Dorfstr. 31 abgebrochen. Von ihm existieren drei fotografische Aufnahmen, die allerdings nur Ausschnitte vom äußeren oberen Teil des Ofens und vom Eingang durch den Brennkamin mit Blick in das Innere zum Einsetzraum für Geschirr zeigen. Danach und das bestätigt auch *Georg Zettl* aus Bödldorf, war die Außenhülle im oberen Bereich stufenartig gemauert, die bei der Abkühlungsphase des Brennofens zum Abstellen für zu trocknendem Geschirr genutzt wurde.

Die mündliche Überlieferung berichtet, sie ist mit zwei Fotografien belegt, dass im 19. Jahrhundert bei einigen Anwesen zum Bau von größeren „*moderneren*" Brennöfen Erweiterungsbauten im Erdgeschoß nötig wurden. Dazu hat man einen Anbau mit Pultdach errichtet. So geschehen in Grammelsbrunn Nr. 5 und in Bödldorf Nr. 6 (Abb. Nr. 54 und 59).

Restgrundrisse von Brennöfen, die bereits durch Überbauten stark beeinträchtigt waren, konnten noch in Ellersberg bei Vilsbiburg und in Jesendorf, Dorfstr. Nr 31 festgestellt werden.

Ein Brennofen des 17. Jahrhunderts in Dorfen, Landkreis Erding

Auch wenn der Hafner von Dorfen nicht zum Kröninger Hafnerhandwerk zählte, so ist ein Vorgang aus dem Jahr 1687, der seinen Brennofen betrifft von Interesse. Die „brenntechnischen" konstruktiven Verhältnisse in dieser Zeit dürften denen im Kröning ähnlich gewesen sein, zudem zählte Dorfen, was die obrigkeitliche Aufsicht betrifft zum Rentamt Landshut.

Die Bürgerschaft von Dorfen beschwerte sich bei der Marktobrigkeit über den Hafner Balthasar Aicher, der in seinem Anwesen einen Brennofen errichtet hatte. Man sei wegen erhöhter Feuersgefahr in großer Sorge. Ein Schreiben des Pfleggerichtes Dorfen an die Regierung legt einige Details zur Beschaffenheit des Brennofens offen. Übrigens zeigte sich das Gericht auf der Seite des Hafners. Der Gerichtsschreiber berichtete, dass die Brennstatt, worin der Brennofen steht, sowohl mit einem guten dicken Gewölbe, als auch mit einem weiten und hohen Kamin versehen ist. Man habe zudem das Brennen selber in Au-

genschein genommen und dabei festgestellt, dass aus dem Schürloch kein Feuer dringen könne. Den Ofen hätte ein Maurermeister zwar nur mit einfachen Steinen und Lehm, aber sehr „*stark und wehrhaft*" errichtet. Die Außenmaße werden in der Länge mit 7 Schuh, das Innenmaß mit 5 ½ Schuh vermerkt, die äußere Breite mit 5 Schuh, die innere mit 3 ½ Schuh und die Innenhöhe mit 4 ½ Schuh angegeben.[24] Es handelte sich also nach unserem heutigen Wissen um einen kleinen Brennofen. Das betont auch der Schreiber, der den Brennofen „*nit von ainer solchen Gresse [Größe], als wie man in Stetten und anderwerts zu haben pflegt*" beurteilt. Eine weitere Eigenart ist insofern vermerkt, als sich hinter dem Brennofen ein kleiner Herd zum Kochen befindet, daneben ein Ofenloch durch welches man zur Winterzeit den Stubenofen „*anzukhenten* [= anzuzünden] *pflegt*". Beim Herd befindet sich auch der eingemauerte „*Sechtenkhessl*" [= Waschkessel]. Wenn der Hafner seinen Brennofen anzündet, werde der Sechtlkessl nicht beheizt und das Feuer im Stubenofen gelöscht, dies um der Feuersgefahr vorzubeugen. Ein Ausgang des Streits ist nicht ersichtlich.

Ein Brennofen des frühen 18. Jahrhunderts[25]

Vom Aussehen eines vor dem beschriebenen und benutzten Brennofentypus im Kröning sind wir durch eine aktenkundig gewordene, im Jahr 1723 unternommene Rauchfangvisitation unterrichtet. Veranlasst hatte diese das Pfleggericht Teisbach, unter deren Gerichtsbarkeit die meisten Kröninger Hafner standen. Der Grund der Beanstandung war, dass die Brennöfen ohne einen Rauchfang, also ohne Kamin ausgestattet waren. Der Standort befand sich in der „*Kuchl*", eines der „*Wohnstube*" benachbarten Raumes. Der Hafner *Paulus Holzner* von Wippenbach und seine Kollegen argumentierten in einer Eingabe an die Regierung für die Beibehaltung der bisherigen Situation. Sie führten an, dass bei den Öfen „*anstatt des Rauchfangs oben ein Loch offen gelassen* [wurde], *damit der Rauch hinausgehen und wür* [wir] *die Wärme in der Kuchl erhalten: mithin das machente Hafner Geschier Wünterszeit trückhnen mögen. Dann* [= denn] *wan wür einen Rauchfang sezen mies-*

---

24 Ein bayerischer Schuh beträgt etwa 30 cm.
25 StALa, Regierung Landshut A 13571, Rauchfangvisitation bei Hafnern im Kröning, 1723 ff.

ten, *würde nit allein der Rauch: sondern auch die Wärme aus der Kuchl hinaus: folgents uns das Trückher* [das Trocknen] *entgehen…"*. Weiter wurde begründet, dass bei ihren von alters her inne gehabten Wohnbehausungen und den vorhandenen Feuerstätten nie eine Feuersgefahr entstanden sei. Der Bitte *Holzners* und seiner 55 *„Consorten"* an das Pfleggericht, von der Errichtung von Kaminen befreit zu werden, folgte ein *„Gerichtlicher Auftrag"* an die Hafner, es seien bis Michaeli [29. September] 1723 Kamine aufzurichten oder man müsse sich um eine Befreiung davon bei der churfürstlichen Regierung bemühen. Pfleger *Barthlmee Weinzierl* berichtet seinerseits an die Regierung, dass sich drei Hafner, nämlich *Lorenz Wippenpöckh* zu Onersdorf, *Veith Wiest* zu Bödldorf und *Michael Leyrseder* zu Jesendorf, bereits (Ziegel-)steine zum Bau von Kaminen beschafft hätten. Gleichzeitig schlug *Weinzierl* vor, die übrigen Hafner vom Rauchfangbau zu befreien, bemerkte aber, dass er dann aus der Verantwortung genommen werden möchte. Am 21. August 1724 erging dann von Regierung in München der Bescheid, dass es für die Hafner mit ihren bereits neu aufgeführten Kaminen sein Bewenden haben solle, die anderen Hafner aber zur Aufrichtung von Kaminen nicht mehr angehalten werden.

Aus den Schriftstücken mit immer wiederkehrenden Argumenten seitens des Advokaten der Hafner sowie der Regierung zur Rauchfangvisitation geht so doch eindeutig hervor, dass die Brennöfen keine Kamine im heute verstandenen Sinn besaßen. Der mitten im Wohn-/Stallhaus in einem Raum aufgebaute Ofen verfügte als Abzugsvorrichtung lediglich eine Öffnung im Gewölbescheitel, durch die der Rauch frei im Raum abziehen konnte. Über die Form und Bauweise dieser frühen Öfen lässt das Aktenstück keine weiteren Schlüsse zu.[26]

Obrigkeit mahnt Feuersicherheit an

Auch im 19. Jahrhundert mahnt die Obrigkeit bei den Hafnern wiederholt mehr Feuersicherheit an. Das Bezirksamt Vilsbiburg[27] erließ hierzu 1862 neue Bestimmungen. *„Die Hafner des Amtsbezirks* [er umfasste das Gebiet der Hafner im Kröning und der Hafner an der Bina] *haben ihre Brennöfen in den Wohnhäusern, welche größtenteils von Holz erbaut und mit Legschindeln eingedeckt sind, dieser Umstand, verbunden mit der fehlerhaften Construktion der Kamine, lässt die höchste Feuersgefahr befürchten, und es wird deshalb nach Benehmen mit den technischen Behörden folgendes angeordnet:*

1) *Auf 5 bis 6 Schuh* [ein Schuh etwa 30 cm] *um den Kamin ist die Bedachung feuersicher mit Blech oder Ziegeln einzudecken;*
2) *der Kamin ist auf 5 bis 6 Schuh über den First zu erhöhen und der so genannte Kaminhut wegzulassen;*
3) *alle brennbaren Materialien, Holz Stroh, Heu etc. um den Kamin in den Dachräumen sind auf 3 – 4 Schuh entfernt zu halten, und sind eigene Grenzzeichen auf den 4 Ecken des Kamins in besagter Entfernung etwa durch Latten aufzustellen;*
4) *an jenen Stellen, wo der Kamin durch das Zwischengebälk geführt ist, sind Blech oder Ziegelplatten anzubringen, damit Balken, welche in das Kaminmauerwerk hineinreichen, nicht übersehen werden;*

---

26 Weitere frühe Nachweise zu Brennöfen im Kröning bei: Obernberg von, Joseph: Reisen durch das Königreich Baiern, I. Teil, 2. Band, II. Heft, München 1816, S. 306-310: *„Der Ofen, wo das Töpfergeschirr gebrannt wird, ist in der Mitte des hölzernen Wohnhause angebracht, aber von so fester Bauart, daß er für die Sicherheit der Gebäude ganz und gar nicht gefährlich wird. Kein Beyspiel ist bekannt, daß durch diese Vorrichtung, welche beym ersten Anblicke Besorgnis erregt, eine Feuersbrunst entstanden wäre."* Kerl, Bruno: Abriß der Thonwaarenindustrie, Braunschweig 1871, S. 373: *„Die Krönninger Oefen haben die länglich viereckige Form der gewöhnlichen Töpferöfen, sind überwölbt und eine durchbrochene Scheidewand mit drei Zügen trennt den Feuerungsraum vom Herd, der nach vorn mit glasirtem, nach hinten mit rohem Geschirr besetzt wird".*
27 Vilsbiburger Amtsblatt Nr. 26 vom 4. September 1862, S. 81.

5) auf dem Kamin ist eine sperrbare Falle von Eisenblech zum Dämpfen des Feuers bei Kaminbränden anzubringen."

Diese Vorschriften wurden den Hafnern gegen Unterschrift bekannt gemacht.

1864 erlässt das Bezirksamt Vilsbiburg erneut eine die *„feuergefährlichen Kamine"* betreffende Vorschrift. Bei einer Feuerbeschau wurde festgestellt, dass *„häufig alte, schon längst bestehende, auf das so genannte Kuttenholz[28] gesetzte Kamine von Maurern und Hafnern in der Art eingewölbt werden, dass entweder das Kuttenholz in gleicher Höhe mit den eisernen Fallen zu stehen kommt oder gar öfter um einige Zoll höher als die Falle in den Kamin hineingreift, solche Bauart ist höchst feuergefährlich und deshalb verboten.*
Um die Feuersgefahr zu vermeiden, ist notwendig, dass solche Kamine gar nicht auf Holzen(!) aufgesetzt, sondern diese ausgeschnitten und hierfür starke eiserne Träger, z.B. unbrauchbar gewordene Eisenbahnschienen angebracht werden, oder dass auf die Kuttenhölzer wenigstens ein Schuh aufgemauert und dann erst die Falle angebracht werde." [29]
1881 löst beim Hafner Trautmannsberger in Straß bei Jesendorf ein über Dach zu niedrig gebauter Brennofenkamin einen Brand aus.[30]
Bei Grabungen des Bayerischen Landesamtes für Denkmalpflege, Abt. Bodendenkmalpflege Landshut im ehemaligen Hafneranwesen Kleinbettenrain Nr. 3, Gemeinde Kröning, Landkreis Landshut in den Jahren 2002/2004 wurden die Grundrisse von zwei Brennöfen entdeckt.[31] Bei einem im Grundriss erkennbaren und etwa eiförmigen und nach der jetzigen Bausituation, über zwei Räume sich erstreckenden Ofen, dürfte es sich um den Brennofen handeln, der in der bis um 1849 ausgeübten Hafnerei benutzt wurde. Mit dem zur Stube/Werkstatt angrenzenden Raum und Standort des Ofens, der „Kuchl", spiegelt sich die zuletzt belegte Situation in den Kröninger Hafnereien wider. Darauf weisen hier noch sichtbare Aussparungen für den

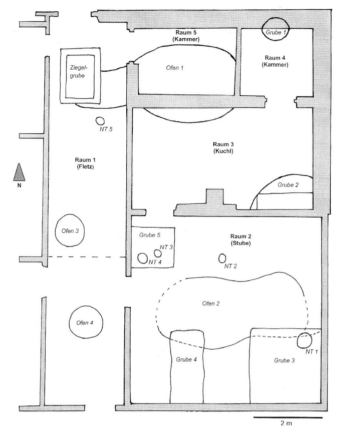

Abb. 98: Grundrissplan von Kleinbettenrain Nr. 3 mit den Brennöfen (1 und 2), Werkstattbruchgruben (Grube 1 bis 5), weiteren Öfen (3 und 4), sowie Fundstellen von Nachgeburtstöpfen (NT). Aus: Renner 2005 S. 10.

ehemaligen Brennofenkamin in den beiden Geschossdecken und in der Unterkonstruktion bei der Dachhaut hin. Ein weiterer festgestellter Brennofengrundriss in der ehemaligen Stube/Werkstatt ist an dieser Stelle ungewöhnlich und dürfte älteren Ursprungs sein. Eine andere Einteilung oder Anordnung des Hauses, verbunden mit einem Hausumbau erscheint nicht ausgeschlossen.
Drei weitere Ofengrundrisse in der typischen Eiform konnte der Verfasser noch in den ehemaligen Hafneranwesen in Jesendorf, Gemeinde Kröning an der Kirche Nr. 2 (2000) und Dorfstraße 31 (1977) sowie in Ellersberg Nr. 152, Gemeinde Vilsbiburg (2007) feststellen.

Einsetzen des Geschirrs

Aus dem 19. und zu Anfang des 20. Jahrhunderts bis in die Endzeit der Hafnerei ist bekannt, dass nach aus rei-

28 Kuttenholz = „der rauchfangende Mantel über dem Küchenherde", in: Schmeller Johann Andreas: Bayerisches Wörterbuch Band ½, Sp. 1312, München 1996.
29 Amtsblatt des Königlichen Bezirksamts Vilsbiburg Nr. 11/1864.
30 Vilsbiburger Anzeiger 4.6.1881.
31 Renner 2005, S. 15.

chender, jahreszeitlich unterschiedlich langer Trockenzeit des Geschirrs das Einsetzen der Ware in den Brennofen begann, eine Arbeit, die viel Erfahrung und Geschick in der Raumausnutzung erforderte und vom Meister selbst besorgt wurde. Er betrat den Ofen durch eine etwa 1,50 m hohe Öffnung am Kamin. Das Einsetzen der Ware erfolgte in einer bestimmten Reihenfolge, wobei hin zur Trennwand des Feuerungsraums unglasierte und in Richtung Eingang glasierte Ware gestapelt wurde. Um das Zusammenkleben glasierten Geschirrs zu vermeiden und um die Heißluftzirkulation dazwischen zu fördern, verwendete der Hafner irdene dreistrahlige („*Trifiaßl*") und runde Zwi-

Abb. 99: Brennkapsel („Schüsselkar", „Schüsselkorb"), Werkstatt Sebastian Eder, Jesendorf.

schenstücke oder auch ganz einfach Tonscherben, wie bei senkrecht aufgestellten, hintereinander gesetzten Schüsseln.

Brennkapseln, Einhänghäfen („Schüsselkar", „Schüsselkorb")

Weitere Brennhilfen waren vom Hafner aus gemagertem Ton gefertigte topfartige Brennkapseln, Einhänghäfen aus Ton, durch deren Löcher in der Wand tönerne Stifte („*Schüsselnägel*") gesteckt wurden. Auf diesen Stiften ruhten dann horizontal mit Abstand angeordnet Schüssel und Teller. Senkrechte Schlitze in der Wandung der Brennkapseln erleichterten das Hantieren beim Einhängen der Geschirre. Zum Stapeln mehrerer Schüsselkörbe, legte man dazwischen schmale, vom Hafner gefertigte, mit Längsrillen versehene Tonplatten („*Preisen*", auch „*Preistrümmer*"). Die Brennkapseln verhinderten den direkten Angriff der Flammen auf die Hafnerware und die Verunreinigung der glasierten Oberflächen. In einer Werkstätte waren bis zu 40 solcher Brennkapseln im Betrieb. Nach dem Füllen des Brennofens mauerte man den Brennofen

zu und setzte eine Eisenblechtüre davor[32]. Dieser Vorgang wiederholte sich von Brand zu Brand.

Der Brand

Das Wissen um die Brenntechnik wurde von Generation zu Generation weiter gegeben. Der Segerkegel zur Temperaturanzeige war zwar bei der letzten Hafnergeneration wie bei den Brüdern *Zettl*, Bödldorf bekannt, fand jedoch keine Verwendung. Sie werden in den Ofen gestellt und sinken in Abhängigkeit von der Brenndauer bei bestimmten Temperaturen um.[33] Der Meister heizte zunächst mit Reisigholz den Ofen an. Nach einer Zeitspanne langsamen Anwärmens schob er Scheiter („*Spreißln*") von 1 Meter Länge durch das Schürloch und stellte diese an die Trennmauer („*Herndl*"). Nach und nach und unter Zuhilfenahme einer langen eisernen Schürstange wurden durch die Feuerungskanäle („*Grand*") weitere Hölzer nachgeschoben. Die Kanäle reichten bis an den Brennkamin. Durch Schlitze in der Ziegelabdeckung der Kanäle konnten die Heizgase entweichen. Die Dauer eines Brandes wurde von den letzten Hafnern mit etwas über 30 Stunden angegeben, was mit einem Schriftstück von 1868 mit „*32 bis 36 Stunden*" konkretisiert wird.[34] Im Gegensatz zu den bisher entdeckten, z.B. in Werkstattbruchgruben verworfenen Fehlbränden des 15. bis 18. Jahrhunderts, die allerdings keinen repräsentativen Umfang von Ausschussmengen ergeben können, und den Aussagen der Brüder *Benno* und *Georg Zettl* von Bödldorf, sind Fehlbrände zumindest größeren Ausmaßes in der Endzeit der Kröninger Hafnerei nicht mehr bekannt. Der liegend gebaute Brennofen machte die Beherrschung der Brenntechnik wohl sicherer. Wann dieser Typus im Kröning „*eingeführt*" wurde, kann derzeit noch nicht in Erfahrung gebracht werden. Geschirrstücke mit kleinen Fehlern, aber noch funktionstüchtig, sie wurden mit „*Niklogschirr*" bezeichnet, gaben die Hafner auch kostenlos für Gefälligkeiten ab.

---

32 Auskunft Benno und Georg Zettl, Bödldorf Nr. 4, sowie Alois Kaspar Onersdorf Nr. 1.

33 Mämpel, S. 208.

34 AHV Hafnerakten, Eingabe der Kröninger Hafner an die Regierung wegen beanstandeter Bleiglasuren, undatiert, wohl um 1868. Das Schriftstück befand sich ehemals im Besitz der Familie Benno Zettl, Bödldorf Nr. 4.

In den aus dem letzten Viertel des 19. Jahrhunderts vorliegenden Plänen zu Bauvorhaben bei Hafnerhäusern im Kröning und an der Bina, Grund der Anfertigung war meist der Einbau neuer *„russischer Kamine"*, ist die Standortsituation der Brennöfen gut erkennbar.[35]

> Der enge Rauchkanal – *„Russischer Schlot"* [Russischer Kamin][36]
>
> Seit dem 19. Jahrhundert werden, größtenteils wohl auf Druck der Baubehörden, die engeren, nicht mehr besteigbaren, so genannten *„Russischen Schlöte"* bzw. Kamine eingebaut, die ganz bis zum Erdboden durchgehen und nicht erst in Höhe der Küchendecke beginnen. Der Name *„Russenkamin"* hat natürlich nur da Sinn, wo man im Unterschied dazu die offenen *„Deutschen Schlöte"* noch kennt, während ja heute nur diese engröhrigen Schlöte gebaut werden….
> Der *„Russenkamin"* leitet die Rauchgase schnell, in starkem Zug, entsprechend den Zugöfen, unabgekühlt aus dem Haus. … Der russische Schlot beansprucht nur geringen Platz im Haus und kann überall eingebaut werden.

Gestempelte und mit Zeichen versehene Hafnerware[37]

Eine Ausnahme und hier nicht als Dekor zu verstehen, bilden gestempelte Geschirre. Stempel auf bisher festgestellten Exemplaren beschränken sich ausschließlich auf Topfformen mit und ohne Henkel, in einem Fall auf eine reduzierend gebrannte schwarze bauchige Henkelflasche, die in der Nähe des Henkelansatzes am Gefäßrand Stempelungen aufweist. Bei einem hohen, reduzierend gebrannten Topf mit weiter Mündung, einem so genannten Wassergrand, sind an den vier Ecken kleine Rosettenstempel angebracht (Abb. 97f). Der Grund der Stempelung konnte bislang nicht geklärt werden (Abb. 97a -97e, 97g-97i). Weitere Stempel zeigen geometrische Symbole wie Dreieck, Raute, Gitter und *„X"*. Manche erinnern an Zeichen der Steinmetze oder Hauszeichen. Zur Diskussion gestellt werden die laut der Handwerksordnung von 1646 geforderten Meisterstücke, wovon eines der vier ein *„hoher Hafen"* war. Das Zeichen wäre dann von einem *„Viertelmeister"*, also von dem das Meisterstück beschauenden Meister vor dem Brand angebracht worden und damit als Beschauzeichen zu verstehen. Die gestempelten Objekte wurden in Vilsbiburg, in der Region und vor allem in unmittelbarer Nähe des Hafneranwesens „beim Eglseder" in Spielberg Nr. 121, Gemeinde Gangkofen, also im Bereich der Hafner an der Bina gefunden. Beim Fundkomplex an der Bina wurde Stempelung ausschließlich auf schwarzen, reduzierend gebrannten Töpfen festgestellt, die meistenteils auf größere Gefäße mit einem Mündungsdurchmesser von 17 bis 27 cm schließen lassen. Als Datierungsversuch wird das späte 17. bis Mitte des 19. Jahrhunderts vorgeschlagen. Im Gebiet der Hafner im Kröning sind gestempelte Gefäße auch im Hinblick auf Funde aus Werkstattbruchgruben bisher nicht bekannt. Seltener sind bei Töpfen auf dem Rand *„gehackte"* Kerben in Dreier- bis Sechsergruppen, die – hier als *„Hafnermarken"* diskutiert – noch nicht geklärt werden können.[38] Zu den *„bezeichneten"* Gefäßen zählen auch solche mit einem *„Radkreuz"* versehene Bodenmarken.[39]

---

35 Mayer 2002, hier Fotokopien von Bauplänen aus dem Staatsarchiv Landshut.
36 Bedal, 1970, S. 245.
37 Endres 1988, S. 74-91.

---

38 Grasmann 1988, S. 59, Ab b. 47.
39 Grasmann 1981, S.147, Abb. 98. Weitere Gefäße mit *„Radkreuz"* aus dem 13. Jh. wurden im Jahr 2000 bei Sanierungsarbeiten in der Heilig-Geist-Spitalkirche in Vilsbiburg gefunden. An der Fundstelle konnten Reste von Hausgrundrissen und Brunnen festgestellt werden. Fund noch nicht veröffentlicht.

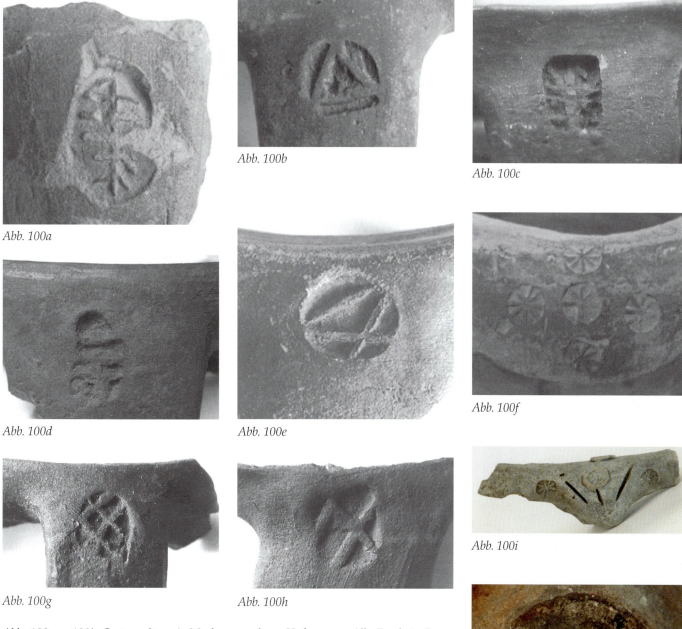

Abb. 100a

Abb. 100b

Abb. 100c

Abb. 100d

Abb. 100e

Abb. 100f

Abb. 100i

Abb. 100g

Abb. 100h

Abb. 100j

Abb. 100a – 100j: Gestempelte, mit Marken versehene Hafnerware. Alle Fundorte Raum Vilsbiburg: 100a Möllersdorf; 100b Geiselberg (Nähe Bina-Werkstätten); 100c Wurmsham; 100d Vilsbiburg, Pater-Olaf-Weg 1; 100e Raum Vilsbiburg; 100f Seyboldsdorf/Vilsbiburg; 100g Vilsbiburg, Veldener Straße 1; 100h Vilsbiburg „Balkspitz" an der Vils. Bis auf die Nr. 100f (Wassergrand) sind die Stempel auf Henkeln zu Töpfen angebracht. Bei Nr. 100i, Fundort Helmsau, Gemeinde Geisenhausen handelt es sich um einen großformatigen Topf, die Stempel sind auf dem Rand bzw. einer „Nase" angebracht. Nr. 100j stellt eine Bodenmarke eines in der Spitalkirche zu Vilsbiburg gefundenen Topfes dar. Der Topf war beim Drehvorgang auf einer mit der „Radmarke"/„Radkreuz" geritzten hölzernen Zwischenscheibe abgestellt (vgl. Gefäß Kat. Nr. 239). Nach kurzer Antrocknungszeit wurde das etwas im Volumen geschwundene Gefäß von der Zwischenscheibe abgehoben, wobei sich die Marke im Boden eingeprägt hatte.

Rohstoffe

Ton

Tonvorkommen sind im Gelände fast überall vorhanden, nur – Ton ist nicht gleich Ton. Der Kröning mit seinen reichhaltigen Lagern war geradezu prädestiniert für die massierte Ansiedlung von Hafnern. Ausschlaggebend dabei dürfte auch die Qualität dieses Rohstoffes gewesen sein, der sehr fett und von hoher Plastizität ist. Der Geologe spricht sie als *„Sedimente der Oberen Süßwassermolasse"* und als *„quartiäre Deckschichten"* an.[40] Heute sind die Lagen der alten Tonlager kaum mehr bekannt; man kann sie, da im Tagebau gefördert wurde, im Gelände nicht mehr feststellen. Lediglich in einigen Waldungen des Binatales nördlich von Siebengadern finden sich noch Tonlöcher. Im Jahr 1836 waren im Landgericht Vilsbiburg, also im Gebiet der Hafner im Kröning und an der Bina, 24 Tongruben im Betrieb.[41] 1970 konnten im Grabungsgelände der Tonabbaufirma Maiwa-Ton GmbH u. Co. KG[42] am südöstlichen Rand von Kleinbettenrain, Gemeinde Kröning Reste einer

Abb. 101: *Überwachsene Tonlöcher nördlich von Siebengadern an der Bina, Aufnahme 1974.*

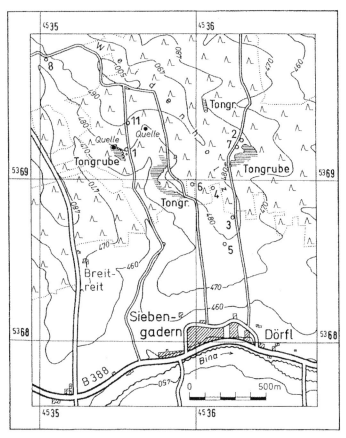

Abb. 102: *Bohrungen im Hafnergebiet an der Bina, Lager der alten Tongruben im Weidenholz, nördlich der Bina. Aus: Sperling, Eckbauer 1998, S. 46*

historischen Tongrube festgestellt werden. Die Grube war mit Stützbauten, der so genannten Beschlacht, mit Holzpfählen und Fichtenreisern faschinenartig abgesichert.

Der historische Tonabbau im Kröning findet erstmals 1506 Erwähnung.[43] In einem Lehenbrief Herzog Albrechts IV. für Heinrich Part in München wird diesem zugestanden, unter anderem *„… und mer die Gruben der Erden und Sande auf dem Krenich, bey Bergen, in unserm Gericht Teispach gelegen … zu Vermischung und Machung des Meßing"* abzubauen.

1696 klagten die Söldner (Kleinlandwirte) *Adam Limmer* und *Lorenz Weber* von Stadlhof gegen ihren Nachbarn, den *„Christl"*-Hafner *Georg Perkofer*, weil dieser auf sei-

---

40 Sperling 2007, S. 66.
41 Schmitz 1836, S. 46. – Zitiert bei Sperling 2007, S. 63. – Siehe auch Kapitel „Der Kröning in älteren bayerischen Landesbeschreibungen", in: Schmitz 1836.
42 Firma gelöscht, HRA 6529, 9.10.1987, veröffentlicht vom Amtsgericht Registergericht Landshut, Vilsbiburger Anzeiger 16.10.1987

43 Lori 1764, S. 132.

nem Grund Ton („*Hafner Degl oder Dachen*") abgrabe, den beiden dadurch aber die Zufahrt zu deren Äckern im „*Ainfeld*" bei Angerbach verhindert werde.[44] Der Ausgang des Streits ist unklar, jedoch ist hier die Örtlichkeit einer Tongrube näher bezeichnet. 1832/33 wurden von der Regierung Mineralvorkommen erfasst.[45] In einem vorgegebenem Formblatt meldete das Landgericht Vilsbiburg, dass an der Bina und im Kröning „*durch Graben* [...] *Hafner Tügel oder Lehm* [gegraben wird], *woraus die 88 bestehenden Hafner irdene Geschirre verfertigen*". Die Ausbeute an Ton wurde mit 10.000 Fahrtl [Fuhren] im Wert von 30.000 Gulden beziffert. Die Produkte im Wert von 10.000 Gulden würden „*theils nach Salzburg, Tirol, Triest u. Venedig als Geschirre verführt.*" 1877 ist inmitten des Dorfes bei der Wallfahrtskirche Maria Loreto in Angerbach eine Tongrube erwähnt, die zum Missfallen des Inhabers des Benefiziums der örtliche Hafner „*beim Gaßlmeier*" Leonhard Thum ausbeutete. Als Pacht entrichtete Thum an den Bauer Auer von Angerbach jährlich einen Betrag von 1,71 Mark.[46] Von den Hafnern an der Bina ist weiter bekannt, dass sie im späten 19. und noch zu Anfang des 20. Jahrhunderts bis in die Endzeit der Betriebe um 1914 den Ton aus dem Kröning bezogen.[47] Ursache war wohl der an der Bina gegrabene, von den örtlichen Hafnern als nicht so qualitätvoll eingestufter Ton. Dies betonten schon 1657 in einer Streitsache die neun Hafner an der Bina aus dem Gericht Teisbach *Adam Maister, Simon Hofer, Wolf Hofer, Martin Maister, Georg Perkhover, Christoph Maister, Martin Obermair, Georg Schmidthueber* und *Thomas Maister*, dass sie „*mit gar schlechter Hafner Erdt, darauß nuhr grobes geschier zu machen, und darmit wenigen verschleiß* (= Absatz) *haben, versehen*". Und weiter heißt es, dass sie, die Binahafner auf

den Märkten neben den Kröninger Hafnern „*nit fortkhommen*". Damit kommt zum Ausdruck, dass sie sich mit der Qualität ihrer Hafnerware den Kröninger Kollegen nicht gleichwertig fühlten.[48]

Die Kröninger Tone, er wurde von den Hafnern als „*Dower*" bezeichnet, zeigen im frisch gegrabenen Zustand eine „*violettgraue bis grauviolette Färbung häufig sind sie zudem gelbbraun fleckig oder marmoriert*".[49] Im gebrannten Zustand wirkt der Ton hellbeige über beige bis gelbbraun.[50] Bohrungen im Bereich der Hafner an der Bina ergaben folgendes Ergebnis: „*Der Tonhorizont zeigt im bergfeuchten Zustand über weite Bereiche ein einheitliches Erscheinungsbild: Unter 0,7 bis 2,3 m grauviolettem, häufig braun marmoriertem schluffigen Ton folgen 0,6 bis 1,2 m hellgrauer, gelbbraun bis blutrot marmorierter sandig-schluffiger Ton*".[51] Im gebrannten Zustand besitzt der Ton eine gelbbraune bis mittelbraune Farbe.

Sandige Tone bezeichnet der Hafner als „*kurze Dower*", bildsame Tone als „*lange Dower*". In der Gegend um Pattendorf wurde rotfarbener Ton von den Hafnern gekauft, wie eine Ausgabennotiz von 1905 im Einschreibbuch des Hafners Georg Hötschl von Oberaichbach berichtet: „*1 Fuhr rothe Erde v. Patendorf zu 8 Mark*".[52] Die Grubenbesitzer waren meist Bauern, nur wenige Hafner besaßen eigene Gruben. Die Hafner musste den Ton also erst erwerben. Man kaufte ihn grubenweise, wobei eine Grube etwa zwei mal zwei Meter im Geviert und drei bis vier Meter in der Tiefe ausmachte. Nach erhaltenen Einschreibbüchern der Hafner lag 1901 der Preis dafür bei 110 Mark.[53] Beim Abbau wurden die Gruben mit Holzpfosten und dazwischen geflochtenen Fichtenzweigen abgestützt. Die schwierige und Kraft raubende Arbeit besorgten die „*Dowerhauer*", das waren Tagelöhner, die der Grubenbesitzer entlohnte.

44 StALa, Pfleggericht Biburg und Geisenhausen A 734, Adam Limmer am Stadlhof et. Cons: Contra Georg Perkofer Hafnern daselbst wegen eines abgegrabenen Abwender betr. de anno 1696. Dem Akt liegt eine Skizze über die Örtlichkeit des „Ainfeldes" bei Angerbach mit den Grundstücken der Streitparteien bei.

45 BayHStA, Regierung Isarkreis (Kammer des Innern) A 777, Tabelle über die vorzüglichsten Produkte des Mineral-Reiches für 1832/33.

46 Eichschmid 1877.

47 Obernberg von 1816, S. 300- 310. – Frau N. Steckermeier aus Stadlhof an der Bina, „beim Petermandl-Hafner", berichtete, dass der Ton in einer Zweitagesfahrt aus dem Kröning geholt wurde (Auskunft 1970).

48 StALa, Regierung Landshut A 6681, Verhörsprotokoll des Pfleggerichts Teisbach, 1657. Hafnerhandwerk im Kröning gegen die Hafner an der Bina wegen verweigerten Höfengeldes zur Hauptmannschaft Teisbach.

49 Sperling 2007, S. 68.

50 Zu mikroskpischen Untersuchungen von Keramikproben vgl. Hagn 1985, S. 79 – 88.

51 Sperling 2007, S. 73.

52 AHV, Fotokopie des Einschreibbuchs bei den Hafnerakten.

53 Wie Anm. 6, „Eine Grub Erde vom Rieder [Kleinbettenrain]" 112 Mark.

Abb. 103: links oben: Multer („Dowermoiderl"), links unten: Haue, rechts: Tonspaten.

Als Werkzeuge standen die „*Dowerhau*", eine Hacke mit kurzem Stiel und der „*Dowerspaten*" zur Verfügung. Zur Förderung fanden so genannte „*Moiderl*" [= Multer] Verwendung; das sind flache, aus Holz gearbeitete, etwa 50 cm lange muldenartige Behälter. Um 1900 besaßen Tongruben mit den größten Vorkommen der „*Anderlbauer*" und der „*Rieder*" von Kleinbettenrain Nr. 4 bzw. Nr. 5, der „*Schickerbauer*" von Jesendorf, An der Kirche Nr. 4, *Märkl* in Eck Nr. 1 bei Wippstetten sowie der Hafner *Alois Kaspar,* „*Gang*" von Onersdorf Nr. 1.

Bei den Hafneranwesen erfolgte die Lagerung der angefahrenen Tonmengen in der „*Dowerstatt*" vor dem Haus, einer gemauerten, etwa fünfmal drei Meter großen und bis zu zwei Meter tiefen Grube. Seinen Tagesbedarf schlug der Hafner in der Stube/Werkstatt auf dem „*Dowerstock*" zusammen. Ab diesem Zeitpunkt begann die eigentliche Arbeit der Tonaufbereitung, die zunächst das Schneiden mit einem schnitzmesserartigen Doppelgriffmesser oder einem machetenartigen Haumesser vorsah. Daraus fertigte er sich dann flache, runde, auch längliche „*Dowerbaierl*" (Tonballen). Durch die „*Dowerwalzn*", einem von zwei Arbeitskräften mit entgegengesetzt sich drehenden Eisenwalzen getriebenen Gerät, wurden die Ballen gepresst. Dabei entfernte man Verunreinigungen wie Steinchen und Pflanzenreste. Wieder auf den Stock zusammengeschlagen und mit Wasser eingeweicht, auch verschiedentlich nochmals barfuss durchgetreten, brachte der Hafner ab-

Abb. 104: Tonwalze („Dowerwalzn") im Heimatmuseum Vilsbiburg aus einer Hafnerwerkstatt in Neumarkt St. Veit.

gepasste Mengen auf die „*Bimbank*", wo durch Kneten („*Bima*") die Luft aus der Tonmasse gepresst wurde. Der letzte Arbeitsgang, bevor man den Kloß auf der Scheibe zentrierte, war das „*Abpaschn*" das heißt Kneten des Tonklumpens zwischen den Händen.

Den Tonvorrat für die Arbeit im Winter lagerte man in einem von der Werkstatt aus durch eine abdeckbare Luke erreichbaren, etwa zwei Meter tiefen Tonkeller. Dort, so *Georg Zettl, „wurde der Ton je nach Qualität zu einem Haufen zusammengeschlagen und mit dem Tonschaber-Tonmesser geschnitten und in runden Ballen von 30 Pfund gemacht, auf beiden Seiten wurden diese dann auf den Boden geworfen, sahen dann aus wie ein Brotlaib, man nannte sie Doabayerl. Vorher wurde der Boden mit Asche bestreut, damit diese Ballen nicht pappen blieben. Dort wurden diese Ballen reihen-*

Abb. 105:
Tonabbau Nähe Großbettenrain,
im Hintergrund Onersdorf,
Aufnahme 2006.

weise aufgeschichtet, im Herbst bis zu 500 Stück, damit diese reichten, bis der Frost vorüber war. Von dort weg kamen diese zum täglichen Gebrauch durch die Öffnung nach oben in die Werkstatt, zirka 8 – 16 Stück je nach Bedarf und Machart von Klein- und Großgeschirr".[54]

Tonabbau in neuer Zeit

Die moderne Ziegelindustrie hat in der Zwischenzeit den Wert und die günstige Beschaffenheit des Rohstoffs erkannt. So verwendete die *„Ulrich'sche Ringofen-Ziegelei"* in Vilsbiburg bereits 1892 zur Produktion von Falzziegeln *„die als vorzüglich bekannte Kröninger Tonerde als Mischung"*.[55] Ein Abbau kaolinitischer Tertiärtone im Kröning setzte ab etwa 1937 ein. So wurden in diesem Jahr Tongruben eröffnet von Bürgermeister Schwab in Hub zwischen Hub und Kleinbettenrain, von dem Bauer Ritthaler von Jesendorf, der die Ausbeute dem Tongrubenunternehmer Johann Simon, ebenfalls von Jesendorf übertrug. Die dritte größere Grube besaß seit 1938 der Bauer Alban Märkl von Eck gegenüber seinem Anwesen.[56]
Während des Zweiten Weltkriegs ruhte der Tonabbau. In den Akten des ehemaligen Oberbergamtes München ist

ab 1958 ein regulärer Tonabbau dokumentiert, der bis heute anhält. So wurden im Herbst 1974 7.500 Tonnen, 1975 jährlich 55.000, 1976 rund 68.000 und 1977 sogar 70.000 Tonnen abgebaut. 1978 und 1979 sank der Tonabbau im Kröning auf etwa 40.000 Tonnen pro Jahr. Aus der Tongrube bei Großbettenrain werden seit 2006 jährlich rund 29.000 Tonnen Ton entnommen. Unter den Abnehmern für Kröninger Ton befanden (und befinden) sich in erster Linie Ziegeleien und weiter eine Blumentopffabrik aus dem süddeutschen Raum und aus Österreich.[57] Auch der Töpfer Jörg von Manz aus Gottsdorf bei Passau, der zu Anfang seiner Arbeitszeit um 1965 in Pattendorf Töpferge-

54 Grasmann 1990, hier Bericht von Georg Zettl: Über den Arbeitsgang in unserer Kröninger Hafnerei in Bödldorf, Altgemeinde Jesendorf, Anhang 2, S. 18 ff.
55 Vilsbiburgher Anzeiger vom 28.6.1892.
56 Maierhofer 1982, S. 15 -18.

57 Sperling 2007, S. 65: Abnehmer für Kröninger Ton waren die Firmen: Ziegelei Girnghuber in Marklkofen, Ziegelei Max Jungmeier KG in Straubing, Ziegelei Meier in Straubing, Ziegelei Josef Meindl in Dorfen, Xaver Priller Ziegelwerk in Irlach, Merk in Waldsassen, AGROB in Ismaning, Bischitzky in Untzerhaching, Bischitzky & Co. K.G. Rohstoffe und Handelsgesellschaft in Bayreuth, Keramikwerkstatt Peter und Lore Bell in Schwabhausen, Dr. Ing. Franz Bley OHG in Marktredwitz, Tonwerk Fritzens (Österreich). L. G. Gefangenenhaus Ziegelwerk in Innsbruck, C. Heinz GmbH u. TSG Hoch- und Tiefbau in Salzburg, Keramos Handelsgesellschaft in Bayreuth, Deutsche Rockwool in Neuburg a. d. Donau, Schwarz KG in Engelshausen, Post Taufkirchen, H. J. Schmidt KG in Neuwied, Jörg Manz – Kröninger Keramik in Gottsdorf bei Passau und die Blumentopffabrik Hans Dendl in Arnhofen bei Abensberg. … Die Firma Meindl Dachziegel wurde im Mai 2005 von der Firma Pfleiderer Dachziegel übernommen. Pfleiderer gehört seit 2003 als eigenständiges Mitglied zur belgischen Etex-Group N.V.

schirr in der Kröninger Tradition herstellte, war Abnehmer von Kröninger Ton.

Aufgrund von Bohrungen und Aufschlüssen (Kleinbettenrain, Bödldorf und Großbettenrain) lässt sich das Verbreitungsgebiet der kaolinitischen Tone im Kröning umgrenzen. Das Hauptvorkommen – was wohl auch für die historische Zeit galt – wird von den Orten Großbettenrain, Onersdorf, Schaittenrain, Otzlberg, Hub und Jesendorf umrahmt.[58] Die hochwertigsten und mächtigsten Kröninger Tone lagen (und liegen) im Höhenzug zwischen den Orten Großbettenrain, Kleinbettenrain und Hub.

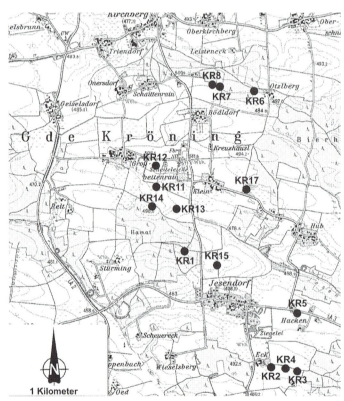

Abb. 106: Lageplan ehemaliger Hafnerorte und Erkundungsbohrungen im Kröning. Leicht verändert aus: Sperling/Eckbauer 1998, S. 29. (KR= Kröning), bzw. Sperling 2007, Abb. 3, S. 66.

Holz

Nur wenige Hafner konnten aus eigenen, nur kleineren Waldbeständen Holz zum Beschicken der Brennöfen ver-

wenden. Meist wurde bei benachbarten Bauern oder im benachbarten Kröninger Forst Holz gekauft. Für einen Geschirrbrand musste man dem Vernehmen nach drei Klafter Scheiter (= ca. 3 Kubikmeter) aufwenden, das waren etwa einen Meter lange Scheithölzer von gespaltenem Stammholz (*„Spreißln"*). Für ein Klafter Scheitholz mussten im Jahr 1904 und 1906 13 bzw. 16 Mark bezahlt werden.[59] Fotografische Aufnahmen von Hafnerhäusern dokumentieren den vor den Anwesen aufgeschichteten Brennholzvorrat.

Abb. 107: Holzvorrat für den Brennofen vor dem Hafneranwesen beim „Eder", Jesendorf, Dorfstr. 31, Ausschnitt aus einer Fotopostkarte, Aufnahme um 1910.

---

58 Sperling 2007, S. 67.

59 Wie Anm. 6.

Abb. 108: Glasurlieferung der Firma Fabian Fabrini & Sohn, Stadt am Hof, an den Glasurliefe-ranten der Kröninger Hafner Barth. Loren-zer in Geisenhausen, Ausschnitt aus Ein-schreibbuch 1828.

Glasuren

Die Bleiglätte („Gledt, Glett") bezogen die Hafner aus dem Handel, wobei für das 19. Jahrhundert bis in die Endzeit der Produktion die Kaufmannsfamilie *Lorenzer* aus Geisenhausen, Landkreis Landshut als Lieferanten für Glasuren bekannt sind. Nachfolgend sind wiederum deren Lieferanten und die bezogenen Glasurarten und –mengen aufgelistet. Als „*Unterhändler*" oder „*Zwischenhändler*" fungierte auch der Krämer *Johann Neumaier* von Triendorf, Gemeinde Kröning, der Glasuren in großen Mengen an Hafner veräußerte. Vermutlich bezog dieser sie ebenfalls von *Lorenzer*.

Pfarrer *Bartholomäus Spirkner* von Kirchberg nennt an Rohstoffen neben Holz weiter „*Glätte, Kupferasche, Braunstein, Eisenoxyd, weißes Glas, Smalte, weißen Ton und Quarzsand*".[60]

Die Glasurlieferanten Lorenzer aus Geisenhausen

Die Familie der Lorenzer, erster des Geschlechts war *Ioannes Baptista de Laurentis*, ist 1686 aus dem friulanischen Tolmezzo in Oberitalien nach Geisenhausen zugewandert.[61]

Aus den „*Factura*"-Büchern[62] *des Handelshauses Lorenzer* sind die Lieferanten, dann Glasurbezeichnungen, gelieferte Mengen und Preise abzulesen. 1838 bis 1843 lieferten Bleiglätte die Firmen:

Fabian Fabrini & Sohn, Stadt am Hof; Joh. Leonh. Tretter, Marktbreit; Rümmelein & Comp. Nürnberg; Glass & Fleischmann Marktbreit; Johann Georg Neumanns Erben, Stadt am Hof; Franz Anton Kerl, Platten bei Karlsbad; Georg Christoph Merkel, Nürnberg; Joh. Bapt. Egger, Villach; Philipp Rottbauer, Passau; Jakob Madl, Herzogsreith; Seelig Fuhrmann, Botzowitz; D. J. Breitenbach und Sohn, Würzburg; Ludwig Günther, Nürnberg; Georg Friedl, Freyung Würth; Franz Joh. Bachmeyer, Vilshofen. Im 1874 bis 1883 geführten „Faktura Buch" sind die Lieferanten Paul Josef Laux, Regensburg; Philipp Abraham Cohen Frankfurt, Beer Sondheimer Comp. Frankfurt, S. B. Goldschmidt, Mainz und Bandi Lobl, Mainz vermerkt.

Als Bezeichnungen erscheinen, was verschiedentlich auf die Herkunft der Bleiglätte schließen lässt, „*rothe Goslar Glett*", „*Harzer Glett*", „*pulverisierte Goslar Glett*", „*Mieser Bleierz*", „*böhmische Glett*", „*rote*" oder „*grüne böhmische Glett*", dann „*Glett*" allein, „*Silberglätte*", „*Gold Glätt*",

---

60 Spirkner 1909, S. 443.

61 Singer, Rita: Die Lorenzer in Geisenhausen, in: Hager Josef (Hrsg.), Geisenhausen, 1000 Jahre Heimat und Lebensraum, Geisenhausen 1982, S. 110 – 114.

---

62 AHV Nr. 800109, Factura-Buch des Kaufmanns *Bartholomäus Lorenzer*, Geisenhausen, Landkreis Landshut, 1838-1843, 140 S. – AHV 800110 Faktura Buch des Kaufmanns *Anton Lorenzer*, Geisenhausen, 1874-1882, 1897, mit Abschriften von Briefen an die K.K. Bergwerks-Produktion Verschleiß Direktion Wien, 1900 - 1903, 435 S. In beiden Büchern befinden sich Eintragungen über den Bezug von Waren verschiedenster Art. – Privatbesitz Triendorf: Einschreibbuch des Krämers *Johann Neumayer*, Triendorf, Gemeinde, Kröning, 1860-1898.

*Abb. 110:
Sterbebild für den
Kaufmann und
Glasurlieferanten
Anton Lorenzer,
Geisenhausen,
1919.*

*Abb. 109: Anwesen des Kaufmann Lorenzer in Geisenhausen, um
1910.*

weiter „Bleierz", „Schmolten" (Smalte) und „gemahlenen
sächsischen Braunstein" in der Verpackungsform „Fässel".
Im ab 1874 geführten „Faktura Buch" wiederholen sich
die Bezeichnungen teilweise und ergänzen sich mit den
Bezeichnungen „weiß brennende Goldglätte" und „Bro-
ckenglätte".
Als Mengeneinheit ist „Tonne" vermerkt, wobei hier nicht
die heutige Gewichtseinheit Tonne, sondern ein Fass zu

250 kg zu verstehen ist.[63] Eine weitere Einheit war das
„Fässel", dessen Volumen gegen 50 Pfund betrug.
Die Einkaufspreise für Bleiglätte bewegten sich im ersten
zwischen 1838 und 1843 angelegten „Factura-Buch" zwischen 70 ½ und 82 Gulden je Tonne (250 kg), nach Einführung der Mark im Deutschen Reich zwischen 1876
und 1879 zwischen 68 und 115 Mark je Tonne, wobei hier
die Preise bis 1880 dann rückläufig waren. Für 100 Pfund
gemahlenen Braunstein waren 1 Gulden 45 Kreuzer zu
bezahlen. Ein „Fässel" (50 Pfund) „Schmolten" (Smalte)
rechnete sich mit 2 Gulden 25 Kreuzer bis 2 Gulden 40
Kreuzer.

---

63 Die Brüder Benno und Georg Zettl, Bödldorf sprachen im Zusammenhang mit den gelieferten Glasuren immer von herkömmlichen „Tonnen", umgangssprachlich auch „Dunafassl" [=
Tonnenfass].

Abb. 111:
Glasurfass,
kleine Form
(H 47 cm, D 23,5
cm, DB 25 cm),
Werkstatt
Grammelsbrunn
Nr. 5, 19. Jh.

Mit Schreiben vom 20. Dezember 1900 beklagte sich *Anton Lorenzer* bei der K. K. Bergwerks Produktion Verschleiß-Direktion in Wien wegen der „von Jahr zu Jahr sich erhöhten „Glättpreise", „was ihm das Geschäft erschwert".[64] In der Regel bestelle er jährlich in vier Quoten Glätte, doch nun traue er sich nur mehr in drei Quoten in den Monaten Januar, Mai und September zu bestellen. Am 8. Januar 1901 bat er über das K. K. Ackerbauministerium in Wien sämtliche Lieferungen *„in Normalpackung ab Bahnhof Magazin Pribramm(!) zuzulassen"*. Als Preise für Glätte erwähnt er die an der Londoner und Wiener Börse ermittelten Beträge. Für die Mai-Lieferung bat *Lorenzer* am 4. April 1901 die Quote *„via Pilsen Eisenstein"* zu versenden und bestellte gleichzeitig wieder für Juli. Am 5. Dezember 1901 richtete er ein Gesuch an das K. K. Ackerbauministerium in Wien, ihm für 1902 den Bezug von 500 Ztr. Schuppenglätte wie bisher in den Monaten Januar, April, August und November zu *„möglichst annehmbaren Bedingungen"* zu genehmigen. Mit Schreiben vom 4. Januar 1903 an die Bergwerks

Produktion in Wien bestellte *Lorenzer „1 Waggon Rohglätte 38 Fässer netto 250 Kg und 10 Fässel á 50 [kg], welche via Pilsen, Eisenstein"* gesandt werden sollten.

Im letzten erhaltenen Schreiben vom 8. April 1903 nach Wien bemerkte Lorenzer *„die Glättpreise erscheinen zu hoch, ob dies nicht auf einem Irrtum beruhe"*. Von seiner Kundschaft habe er erfahren, dass *„1a weißbrennende Tarnowitzer Glätte"* verkauft werde. Auch die Töpferschule in Landshut, welche früher die „böhmische Glätte" bezogen habe, arbeite jetzt mit Tarnowitzer Glätte. Der Faktor der Töpferschule sehe in den Qualitäten keinen Unterschied. Im Preis unterschieden sie sich jedoch: Tarnowitzer koste mit Fracht (Menge nicht vermerkt) 3215 Mark, die gleiche Menge der K. K. Bergwerks Produktion Wien 3461 Mark. Er bitte um Gleichstellung der Preise und um Nachricht, ob weitere Preissteigerungen zu erwarten seien.

Gegen Ende des Ersten Weltkrieges ist es zu Engpässen bei der Beschaffung von Glasuren gekommen. Auf Betreiben Pfarrer *Spirkners* sind Lieferungen von Bleiglätte an die Kröninger Hafner ermöglicht worden.[65] So bemühte er sich 1918 und Anfang 1919 mit Erfolg bei der *„Metallberatungs- und Verteilungsstelle für die keramische Industrie Dr. Uhlitzsch Bonn"*. Diese besorgte im September 1918 die Auslieferung von *„320 kg Weichblei bzw. Bleiglätte"* durch den *„Verband Deutsche Mennige- und Glätte-Convention Cöln-Mülheim"* und im Dezember 1918 von 740 kg Bleiglätte durch die *„Farbwerke Actien-Gesellschaft vormals Moritz Müller & Söhne Düsseldorf"*. Wie die Verteilung an die einzelnen Werkstätten vonstatten ging ist nicht bekannt. Als Einzelbesteller wurde Mitte des Jahres 1919 der *„Hafnermeister Alois Kaspar [Onersdorf]"* genannt, der die Lieferung von an ihn angewiesenen 150 kg Weichblei bei der *„Metall-Beratungs- und Verteilungsstelle"* reklamierte.

---

64 Der Briefwechsel ist in Lorenzers zweiten „Faktura Buch" (ab 1874) in Abschrift enthalten.

65 Pfarrarchiv Kirchberg, ohne Signatur: Diverser Schriftverkehr Pfarrer Spirkners mit genannten Lieferstellen in Form von Postkarten.

Die „Faktura"-Bücher der Handelsmannfamilie *Lorenzer* aus Geisenhausen

„Factura – Buch / Barth Lorenzer / Angefangen Monat September / Anno 1837"

Das Buch mit kartoniertem Einbanddeckel (35 x 22 cm) besitzt 140 Seiten und ein ABC-Register.
AHV, Inv.Nr. 80 01 09
Die erste Seite beginnt mit *„Gott zur Hilfe Monat Oktober 1837."*
Es werden nur *„glasurverdächtige"* Eintragungen übernommen.

Datum	Seite	Händler	Ware	Preis je Tonne/ Fass/Pfund in f. (Gulden)	
		Fabian Fabrini & Sohn Stadtamhof			
28.08.1837	1		3 Tonnen Goslar Glett		
05.09.	1		11 Tonnen Glett Harzer		
14.10.	3		4 Tonnen rothe Goslar Glett		
30.11.	6		10 Fässel Mieser Bleyärz		
07.12.	6		6 Tonnen Goslar Glett		
14.12.	7		3 Tonnen Goslar Glett		
16.12.	7		5 Tonnen Goslar Glett		
22.12.	8		9 Bemische Glett		
23.01.1838	10		6 Tonnen Glett		
27.01.	10		15 Tonnen Goslar Glett	78 f.	
24.03.	14		15 Fässel Mieser Bleyärz	11 f.	
05.04.	15		10 Fässel Bleyärz	11 f.	
20.04.	16		20 Fässel Mieser Bleyärz	11 f.	
25.04.	16		20 Tonnen Goslar Glett	77 f.	
12.05.	18		Spesen Rechnung über 13 Tonnen Glett 2 Küstl	5 f 59 k.	
03.06.	19		10 Tonnen Harzer Glett	78 1/8 f.	
03.07.	21		Spesen über 12 Tonnen Glett		
20.07.	22		8 Tonnen Goslar Glett Spesen über 8 Tonnen Glett	78 f. 3 f. 44 k.	

Datum	Seite	Händler	Ware	Preis je Tonne/ Fass/Pfund in f. (Gulden)	
08.08.	23		15 Tonnen Goslar Glett 12 Tonnen dito Spesen über 7 Ct. 14 Schmolten	78 f. 77 5/6 f. 9 f. 40 k.	
10.08.	23		10 Fässel Mieser Bleyärz	10 f.	
10.09.	25		Spesen per 6 Tonnen Glett	2 f. 51 k.	
23.09.	26		6 Tonnen Glett Spesen	2 f. 45 k.	
13.10.	28		10 Fässel Mieser Bleyärz	10 f.	
25.10.	28		Spesen über 4 Tonnen Glett	1 f. 42 k.	
08.11.	30		2 Tonnen Glett	76 f.	
09.11.	30		18 Tonnen Goslar Glett	77 1/3 f.	
25.11.	31		6 Fässel Bleyärz Spesen über 2 Tonnen Glett	10 f. 52 k.	
19.12.	33		6 Fässel Bleyärz 12 [Pfund] Pulver Glett	10 f. 18 ½ f.	
10.01.1839	33		18 Tonnen Glett Goslar Spesen über 1 Tonne Glett	78 f. 36 k.	
30.01.	34		10 Fässel Mieser Bleyärz	10 f.	
05.02.	35		3 Tonnen Glett Spesen über 7 Tonnen Glett	78 f. 3 f. 12 k.	
26.02.	37		14 Tonnen Glett	80 f.	
10.03.	38		10 Fässel Mieser Bleyärz Spesen auf 3 Tonnen Glett	10 f. 1 f. 24 k.	
18.03.	39		10 Fässel Mieser Bleyärz	10 f.	
11.04.	40		15 Tonnen Glett 10 Fässel Bleyärz Spesen für 22 F. Schmolten	80 1/3 f. 10 f. 13 f. 32 k.	

28.04.	41		1 Tonne Pulverisierte Goslar Glett
			1 Tonne angegriffen
			   Neto 410 [Pfund] die Neto 100
			   [Pfund.] 18 ½ f.
				84 f.
				75 f. 51 k.	

02.05.	41		18 Tonnen Goslar Glett	80 ½ f.	
12.05.	42		Spesen über 7 Tonnen Glett	3 f. 36 k.	

16.05.	42		12 Tonnen Bemische Glett
			   a Sp 55 a 510 [Pfund]
			   Spesen auf 3 Tonnen Glett
			1 Branntwein Faß
				82 ½ f.
				
				4 f.	

25.05.	43		10 Fässel Bleyärz	10 f.	
22.06. 23.06.	45		10 Fässel Mieser Bleyärz 16 Tonnen Goslar Glett	10 f. 81 f.	

Datum	Seite	Händler	Ware	Preis je Tonne/ Fass/Pfund in f. (Gulden)	
13.07.	47		15 Tonnen Bemische Glett Sp. 500 [Pfund]	82 f.	
17.07.	47		10 Fässel Bleyärz Spesen p. Tonne Glett	10 f. 1 f.	
02.08.	48		Spesen für 6 Tonnen Glett	2 f. 32 k.	
10.08.	49		18 Tonnen Goslar Glett	80 f.	
08.09. 14.09. 21.09.	50		20 Fässel Bleyärz Spesen auf 5 Tonnen Glett Spesen auf 6 Tonnen Glett	10 f. 2 f. 2 f. 30 k.	
10.10.	52		9 Tonnen längliche Bemische Glett 4 dito Bemische Glett 16 Tonnen Goslar Sp 480 [Pfund] Spesen über 12 Tonnen Glett	75 f. 80 f. 79 ½ f. 5 f. 6 k.	
20.12.	58		15 Fässel Bleyärz	10 f.	
04.01.1840	58		66 Fässel roth böhmisch Glett	15 ½ f.	
30.01.	59		66 grünes böhmisch Glett	14 f. 36 k.	
12.03.	62		100 Fässel roth böhmisch Glett	15 f.	
09.04.	65		10 Fässel Bleyärz	9 5/6 f.	
26.04.	65		30 Fässel rothe Glett 10 Fässel grüne dito	15 1/6 f. 14 3/5 f.	
27.05.	68		5 Fässel Mieser Bleyärz	9 5/6 f.	
31.05.	68		30 Fässel grüne Glett 30 Fässel rothe dito	14 3/5 f. 15 1/10 f.	
28.07.	71		57 Fässel Glett roth bö 43 Fässel grüne bö	15 f. 14 ½ f.	
30.07.1840	71		10 Fässel K....? Bleyärz	9 5/6 f.	
18.08.	72		22 Fässel 11 Ct. Schmolten Fracht Eingang Zoll v. 12 Fässel Frey 10 diti (Fässel) als Inländer Guth	41 f. 10 k. 11 f. 44 k.	
12.09.	75		10 Tonnen Goslar Glett	77 f.	
22.09.	76		7 Tonnen bemische Glett	78 ½ f.	
07.10.	77		40 Fässel R. Bö. Glett 17 Fässel Grüne	15 f. 14 ½ f.	
14.10.	78		18 Tonnen Goslar Glett	77 f.	
24.10.	80		10 Fässel Bleyärz	10 f.	
06.12.	83		10 Fässel bö. Bleyärz Mieser K.B.	9 5/6 f.	
15.01.1841	84		10 Fässel Mieser Bleyärz K.B.	9 ¾ f.	

Datum	Seite	Händler	Ware	Preis je Tonne/Fass/Pfund in f. (Gulden)	
21.01.	85		18 Tonnen Goslar Glett	75 ¾ f.	
13.03.	88		3 Tonnen Glett	75 ½ f.	
02.04.	89		15 Fässel Bleyärz 6 Tonnen Glett Goslar	9 ¾ f. 75 ½ f.	
16.05.	91		10 Fässel böhmisch K ….z Bleyärz	9 f. 45 k.	
22.05. 31.05.	92 92		2 Tonnen Bemisch Glett 2 Tonnen Goslar …… 3 Tonnen Goslar Glett	77 f. 75 f. 75 k.	
12.06.	92		2 Tonnen Glett Goslar	75 f.	
20.06.	93		2 Tonnen Goslar Glett	75 f.	
30.06.	94		10 Fässel Bleyärz 3 Tonnen Goslar Glett 10 Tonnen Goslar Glett	9 f. 45 k. 75 f. 75 f.	
16.07.	95		28 Fässel grüne Glett bö.	14 f.	
04.08.	98		18 Tonnen Goslar Glett	75 f.	
29.08.	100		18 Tonnen Goslar Glett	75. f.	
10.09.	102		10 Fässel Mieser Bleyärz	9 2/3 f.	
05.10.1841	102		Spesen auf 4 Tonnen Glett	1 f. 24 k.	
08.11. 16.11.	105 105		12 Tonnen Goslar Glett 10 Fässel Bleyärz Spesen per 5 Tonnen Glett	75 f. 9 ¾ f. 2 f.	
23.11.	106		Spesen p. 7 Tonnen bemisch Glett	2 f. 24 k.	
28.01.1842	109		2 Tonnen Goslar Glett	75 f.	
09.02.	110		17 Tonnen Goslar Glett	75 f.	
16.02.	110		19 Tonnen Goslar Glett	75 f.	

05.06.	116		Spesen 6 Fässel Schmolten OE {Sp.
			                                         1461 [Pfund]
			7 Fässel Braunstein
			Fracht bis Stadtamhof 14 5/8 Ct.
			                            Stigo(?) 20 %
			Österreicher …. Zoll v.
			Eingang Zoll v. Schmolten
			Briefporto Provision
				1 f.=14 f. 37 k
				2 f. 56 k.
				1 f. 12 k.
				6 f. 24 k.
				1 f. 46 k.	

14.06.	116		Spesen 6 Tonnen Glett	2 f. 24 k.	
26.06.	119		12 Tonnen Glett	75 f.	
24.09	122		20 Tonnen Glett Goslar	74 f.	

Datum	Seite	Händler	Ware	Preis je Tonne/Fass/Pfund in f. (Gulden)	
08.10.	124		4 Fässel Bleyärz	9 ½ f.	
18.11.	126		4 Fässel Bleyärz	9 f. 30 k.	
06.12.	127		10 Fässel Bleyärz	9 f. 30 k.	
11.01.1843	129		19 Tonnen Goslar Glett	72 f.	
22.02.	132		20 Tonnen beste Goslar Glett	72 ½ f.	
22.03.	134		5 Fässel Bleyärz	9 ¾ f.	
07.04.	135		5 Fässel Bleyärz	9 ¾ f.	
12.04.	135		4 Tonnen Glett Goslar	72 ½ f.	
31.05.	137		24 Tonnen Goslar Glett	73 ½ f.	
06.06.	137		8 Fässel Bleyärz	9 ¾ f.	
10.07.	140		14 Tonnen bemische Glett	70 f.	

		Joh. Leonh. Tretter Marktbreit			
30.11.1837	6		3 Tonnen Harzer Glett	78 f.	
	6		1 Tonne Bemische Sp. 5 Ct.	79 f. 30 k.	
10.01.1838	9		9 Tonnen Glett	77 ½ f.	Franco St.amhof
20.01.	9		2 Tonnen Harzer Glett	77 ½ f.	
09.02.	11		4 Tonnen Harzer Glette	77 f.	
31.03.	15		2 Tonnen Harzer Glett 2 Tonnen Bemische	76 f. 79 1/3 f.	
25.04.	17		10 Tonnen Harzer Glett	76 f.	
01.09.	24		6 Tonnen Glett	78 f.	"
10.10.	27		4 Tonnen Glett	76 f.	"
08.11.	30		2 Tonnen Glett	76 f.	"
05.12.	31		1 Tonne Glett	76 f.	"
11.12.	32		1 Tonne Glett	76 f.	"

Datum	Seite	Händler	Ware	Preis je Tonne/ Fass/Pfund in f. (Gulden)	
07.03	38		3 Tonnen Harzer Glett	76 f.	
10.04	40		3 Tonnen Harzer Glett	79 ¼ f.	„
28.04.	41		1 Tonne Bemische Glett Sp 500 [Pfund]	80 f. 15 k.	
29.04.	41		3 Tonnen Glett	79 ¼ f.	„
07.05	42		3 Tonnen Glett Goslar	79 ¼ f.	„
09.07.	47		6 Tonnen Harzer Glett	79 ¼ f.	„
06.09.	50		5 Tonnen Goslar Glett	79 ½ f.	„
10.09.	50		6 Tonnen Goslar Glett	79 ½ f.	„
23.05.1840	67		4 Tonnen Harzer Glett	76 ½ f.	„
25.06.	69		4 Tonnen Harzer Glett	76 ½ f.	„
18.12.1840	83		8 Tonnen Harzer Glett	74 ¼ f.	„
15.07.1841	95		3 Tonnen Goslar Glett	74 ¼ f.	Fr. Stadtamhof
29.10.	104		5 Tonnen bemisch Glett	74 f.	„
01.12.	107		7 Tonnen bemisch Glett	74 f.	„
10.06.1843	138		5 Tonnen bemische Glett Sp. 500 [Pfund] p. Tonne 1 Tonne dito	70 ½ f. 70 f. 30 k.	„

		Rümmelein & Comp. Nürnberg			
05.03.1838	17		3 Tonnen Goslar Glett	75 ½ f.	Franco St. amhof
20.06	20		4 Tonnen Glett No 1958/61	76 f.	
15.09.	25		6 Tonnen Glett	77 f.	„
04.07.	21		6 Tonnen Goslar Glett 4 ¾ Ct	76 f.	„ „
25.09.1841	102		4 Tonnen Bemisch Glett	75 f.	

		Glass & Fleischmann Marktbreit			
25.06.1838	20		10 Tonnen Harzer Glett	77 ½ f.	Franco St.amhof

Datum	Seite	Händler	Ware	Preis je Tonne/ Fass/Pfund in f. (Gulden)	
18.06.1839	45		2 Tonnen Bemische Glett	82 f.	" "
21.05.1840	67		4 Tonnen Gold Glett 2 dito Silberglett	76 ½ f. 76 f.	" " " "
05.11.	80		4 Tonnen Bemisch Glett	76 f.	

		Johann Georg Neumanns Erben Stadt am Hof			
07.06.1838	20		20 Fässel Mieser Bleyärz	10 f.	
12.02.1842	110		11 Fässel grünes Glett	14 f.	

		Franz Anton Kerl Platten bei Carlsbaad			
23.06.1838	21		4 Ct. in 8 Fässel OE Schmolten 3 Ct. In 6 Fässel FEB dito	18 ½ f. 25 f.	
28.07.1840	72		6 Ct. 12 Fässel OE Schmolten 5 Ct. 10 dito FEB dito	18 ½ f. 25 f.	Fr. Regensburg ohne Zoll
11.06.	92		8 Ct. 18 Fässel OE Schmolten 6 Ct. 12 Fässel FEB dito	18 f. 24 ½ f.	Franco St.amhof
08.05.1842	114		4 Fässel No 210.213 jedes Neto 200 [Pfund] 800 [Pfund] fein gemahlen Braunstein 3 Fässel No 214 216 jedes Neto 100 [Pfund] 300 [Pfund] gemahlenen Braunstein 6 Fässel 300 [Pfund] Schmolten OE Fracht 1400 [Pf und] v. hier bis Roßhaupt	 1 f. 45 k. 1 f. 45 k. 16 f. 1 f. 4 k.	

		Georg Christoph Merkel Nürnberg			
19.02.1839	36		1 [Pfund] Silberglette	11 k.	

		Joh. Bap. Egger Villach			
22.03.1839	38		50 Fässel feine rothe Glett	12 f. 50 k.	Franco Salzburg

Datum	Seite	Händler	Ware	Preis je Tonne/ Fass/Pfund in f. (Gulden)	
		Philipp Rottbauer Passau			
24.07.1840	71		30 Fässel rothes Glett bö	15 f.	
10.09.1841	102		15 Fässel rothes Glett 4 Fässel grünes bö.	15 ¾ f. 14 ¾ f.	
		Jakob Madl Herzogsreith			
18.08.1840	73		29 Fässel rothes Glett 11 dito Grün	15 f. 14 f. 24 k.	franco Vilshofen zum H(errn) Bachmeyer
23.02.1841	87		18 Fässel rothes Glettin Passau 33 Fässel dito hieher	15 f.	Gleich hier zahlt der Knecht
24.07.1841	97		60 Fässel rothes bö. Glett	14 f. 54 k.	fr. Passau zum Sittl
09.01.1842	109		40Fässel rothes Glett	14 f. 45 k.	„
		Seelig Fuhrmann v. Botzowitz [Böhmen]			
05.11.1840	81		40 Fässel Grüne Glett bö 9 dito Rothe bö. 49 Fässel Glett	14 f.	franco Regensburg
11.11.1840	103		19 Fässel Bleyärz 5 dito 4 dito grüne Glett	10 f. 9 f. 24 k. 14 f.	
15.04.1842	112		18 Fässel grünes bö. Glett	13 f. 30 k.	franco Landshut
		D.J. Breitenbach und Sohn Würzburg			
03.02.	89		100 [Pfund] Neto 1 Fässel Bleyweis	18 f.	Nach Stadtamhof
14.02.	112		No 87 1 Fässel Bleyweis Sp 195 [Pfund] No 14 [Pfund] Neto 181 [Pfund]	20 f.	
		Ludwig Günther Nürnberg			
20.05.1842	115		6 Tonnen Harzer Glett	73 ½ f.	fr. Stadtamhof
21.10.	124		8 Tonnen Glett Goslar	73 ½ f.	„
26.11.	126		8 Tonnen Harzer Glett	72 ¼ f.	„

Datum	Seite	Händler	Ware	Preis je Tonne/ Fass/Pfund in f. (Gulden)	
02.01.1843	128		6 Tonnen Harzer Glett	72 ¼ f.	"
04.02.	131		2 Tonnen Goslar	72 ¼ f.	"
06.04.	135		6 Tonnen Harzer Glett	72 ¼ f.	"
04.07.	140		5 Tonnen Harzer Glett	72 ¼ f.	"

		Georg Friedl v.d. Freyung Würth			
22.08.	117		24 Fässel grünes Glett	14 f.	

		Franz Joh. Bachmeyer Vilshofen			
29.01.1843	130		Von Madl erhalten 30 Fässel rothes Glett Städtische Niederlage (f. 30 Faß] Faßzinserlohn [f. 30 F.]	15 f. 15 k. 3 k. = 1.30 4 k. = 2 f.	
24.04.	136		v. Madl erhalten 20 Fässel grünes bö. Glett 25 Fässel rothes bö. Glett Blatzspesen a 7 k.	14 f. 15 k. 15 f. 15 k. 5 f. 15 k.	
09.06.	138		v. Madl 42 Fässel rothes bö. Glett 4 dito grüne " " Spesen Expetion(!)	15 f. 15 k. 14 f. 15 k. 5 f. 22 k.	

Factura Buch / angefangen Monat Jäner / 1874 / Mit Gott !

Das Buch mit kartoniertem Einbanddeckel (34 x 21 cm) besitzt 436 Seiten.
AHV, Inv.Nr. 80 01 10

		Paul Jos: Laux Regensburg			
15.01.1874			2 Fäßchen Bleiärz a 100 Pfund Sack	10 ¾	
24.07.	30		1 Faß gemahl. Braunstein	7 f.	
08.05.1875	67		2 Fäßl prima Bleierz a Ntt. 100 Pfund a 200 Pfund	11 1/3 f.	
25.05.	70		3 Faß gem. Braunstein 4 Fäsch. Bleierz 400 Pfund a Ztr.	7 ½ f. 11 ¼ f.	

Datum	Seite	Händler	Ware	Preis je Tonne/ Fass/Pfund in f. (Gulden)	
22.06.1876	117		4 Faß Ia gemahl. Braunstein …	13 ½ Mark	
18.09.	126		2 Fäßchen böhm. Bleiärz Ctr. 20,30 M.		
12.05.1880 25.05.	337		1 Fäßl sächs. gemhl. Braunstein Bro 203 Ta 10 No 193 Ia gemahl. Sächs. Braunstein Bo 1080 Ta 40 Ntto 1040	12 M. 12 M.	
17.03.1877	157		2 Fässer Braunstein Netto 1700 Pfund	13 ½ M.	
07.12.	195		1 Faß sächs. Braunstein Br. 1040 Pfund Ta. 40 Pfund netto 1000 Pfund	13 ½ M.	

		Ph. Abrm. Cohen Frankfurt			
23.01.1874	4		20 Tonnen Ia Goldglätte pr 205 k[ilo]	68 ½	
05.05.	21		20 Tonnen I weißbrennende Goldglätte böhmisch: pr. Tonne 250 K	68 f.	
30.07.	30		20 Tonnen Ia weißbrennende Goldglätte	67 ¾ f.	
24.08.	33		20 Tonnen Goldglätte	67 ¾ f.	
20.09.	37		20 Tonnen Ia weißb. Goldglätte	67 ¾ f.	
01.11.	44		40 Tonnen weißbr. Gläth	69 ¾ f.	
21.12.	50		40 Tonnen Gläth	69 ¾ f.	
09.04.1875	65		40 Tonnen weisbrennende Goldglätte	69 f.	
08.8.	79		40 Tonnen I weißbred. Goldglätte	68 ½ f.	
03.10.	86		40 Tonnen weißb. Goldglätte	68 ½ f.	
21.11.	94		40 Tonnen weißb. Goldglätte	68 ½ f.	
31.12.	97		100 Tonnen weis brennende Goldglätte pr Tonne netto 250 Kilo frco Landshut	68 f.	
05.03.1876	103		40 Tonnen Ia weisbrennende Glätte pr Tonne 250 K.	67 f.	
05.05.	111		40 Tonnen Goldglätte	115 Mark	
23.06.	116		40 Tonnen weißbr. Goldglätte	115 M.	
09.08.	122		An Goldglätte 4520 Mark		
22.10.	132		40 Tonnen Goldglätte	113 M.	
26.12.	142		40 Tonnen I Goldglätte per Tonne Netto 250 K.frei Landshut = 4160	104 M.	

Datum	Seite	Händler	Ware	Preis je Tonne/ Fass/Pfund in f. (Gulden)	
15.03.1877	157		40 Tonnen Brockenglätt Tone netto 250 K.	104 M.	
29.11.	194		40 Tonnen Goldglätte p. Tonne 250 Kl.	102 M.	
30.01.1878	203		40 Tonnen Goldglätte p Tonne Netto 250 Ko	101 M.	
18.06.	224		10 Tonnen I Goldglätte Netto 100 Ko 40 Tonnen I 6 Tonnen Goldglätte Netto 250 Ko.	91 ½ M	
08.10.	244		40 Tonnen Ia Goldglätte a Netto 250 Klo	92 M.	
14.11.	253		40 Tonnen Ia Goldglätte Ntto 10.000 Klo	81,50 M.	
07.02.1879	879		20 Tonnen Goldglätte Ntto 5000 Kl.	79 M.	
20.03.	271		40 Tonnen Goldglätte Ntto 10.000 Klo.p. Tonne frachtfrei	70 M.	
22.04.	280		40 Tonnen Ia Goldglätte netto 10000 Kilo per Tonne frachtfrei Landshut	70 M.	
25.06.	287		40 Tonnen Goldglätte netto 10.000 Kl.	70 M.	
08.09.	296		40 Tonnen Goldglätte p. Tonne f. Landshut	68 M.	
25.11.	309		40 Tonnen Goldglätte 10.000 K. p. Tonne frachtfrei 69 ¾	69 ¾ M.	
29.01.1880	318		40 Tonnen Goldglätte No 10.000 p 250 K. frachtfrei Landshut 71,50	71,50 M.	
12.04.	332		40 Tonnen prima Goldglte. 10.000 kg. 1 Tonne fr 77,50	77,50 M	
26.05.	339		40 Tonnen Goldglätte p Tonne 200 kg. fr. Landshut M 90	90 M.	
12.11.	367		40 Tonnen Goldglätte per Tonne netto 250 M.	77 M.	
10.01.1881	373		40 Tonnen I Goldglätte	74 M.	
10.05.	393		40 Tonnen Goldglätte	74 M.	
23.08.	405		20 Tonnen Goldglätte Neto 10.000 Kl. Pe. Tonne frachtfrei Landshut	74 M.	

Datum	Seite	Händler	Ware	Preis je Tonne/ Fass/Pfund in f. (Gulden)	
		Beer Sondheimer & Comp Frankfurt			
02.02.1874	6		1 Tonne Goldglätte	72 f. 30 k.	
13.09.1876	126		7 Tonnen Goldglätte 100 Klg. 41,35 M. [=] 723,63 Mark		
29.05.1877	167		40 Tonnen Goldglätte per Tonen Netto 10.000 Kl.	250 Mark	
02.08.1878	234		40 Tonnen Ia Böhm. Goldglätte 250 Kl netto Brutto 1000 K. Tonne á 250 Kl	92,50 M.	
07.12.1881	423		40 Tonnen I böhmische Goldglätte a M. 250 10.000 Kl. / p. Tonne 250 Kl. frachtfrei Landshut	74,50 M.	

		S. B. Goldschmidt, Mainz			
22.09.1877	182		20 Tonnen Ia Glätte a. 250 K. 5000 M 2 Tonnen Ia Glätte a 250 K. 5000	99 Mark 99 M.	
08.10.1879	300		20 Tonnen Ia Silberglätte 250 Kl. 69 ½ M.	69 ½ M.	
01.08.1880	349		40 Tonnen Ia roth.Goldglätte	75 ½ M.	

		Bandi & Lobl, Mainz			
07.04.1878	211		40 Tonnen Ia Goldglätte	100 M.	

Eintragungen im Buch mit Ende des Jahres 1881 abgeschlossen.
Es folgen Abschriften von Briefen an
K.K. Bergwerks-Produktion Wien 20.12.1900 / 8.1.1901 / 4.4. 19?? / 5.12.1901 / 4.1.1903 / 8.4.1903

Vertrieb der Hafnerware[1]

Bei Sammlern und in Museen stellt sich oft die Frage, ob das angebotene oder erworbene Stück ein „Kröninger" sei. Auf Nachfrage, wo denn das Exemplar herstamme, erhält man die unterschiedlichsten Orte genannt, die sich vom Salzburgischen über ganz Ober- und Niederbayern mit dem Bayerischen Wald, aber auch bis in die Regensburger Gegend erstrecken. Die Fundorte geben zwar gewisse Hinweise über die Verbreitung des Kröninger Geschirrs, stellen aber immer nur Einzelbelege dar, denen die Forschung aber genauso mit Interesse nachgeht wie den mündlichen Überlieferungen und den aussage- und beweiskräftigeren Archivalien. Herangezogen, wenn auch mit Vorsicht, können sowohl ältere Landesbeschreibungen und geographisch-statistische Handbücher werden. Bis auf wenige Ortsnennungen heißt es dann dort recht unbestimmt „Tirol", „Pfalz-Neuburg" oder „Italien" und sogar „Venedig", „Triest" oder „Griechenland", wovon jedoch jegliche sichere Belege fehlen.[2]

Eine unverzichtbare hochwertige Quelle um das Wissen zur Verbreitung Kröninger Geschirrs stellen neuerdings Ergebnisse aus Siedlungsgrabungen dar, wo zum Teil recht ergiebige Keramikkomplexe Kröninger Ursprungs geborgen wurden. Die Fundorte erstrecken sich von Regensburg und Straubing über ganz Nieder- und Oberbayern bis Salzburg, von Nordtirol bis nach Südtirol und in Teilen Oberösterreichs.[3] So findet sich in den Museen dieser Regionen naturgemäß auch Kröninger Hafnerware.

Der Vertrieb der Hafnerware erfolgte in zweifacher Form. Zum einen transportierten die Hafner ihr Geschirr selber bzw. ließen es durch benachbarte Bauern im Lohnfuhrwerk zu den Marktorten bringen. Die Anwesenheit des Meisters zur Marktzeit war dabei unverzichtbar. Diese Bestimmung sollte allen Meistern gleiche Verkaufsbedingungen gewährleisten. Sie wurde jedoch des Öfteren umgangen, was zu empfindlichen Strafen durch das Handwerk führte. So reklamierte das Handwerk der Hafner im Kröning 1757, dass auf den Märkten in Landshut manche Meister nur ihre Ehefrauen, ihre Töchter, ja sogar Lehrbuben und Dienstboten als Geschirrverkäufer schickten.[4] Zum andern holten Krämer und Geschirrhändler – von der Obrigkeit mit so genannten Attesten ausgestattet – die Ware aus dem Kröning ab. Der Zwischenhandel war in früheren Jahrhunderten grundsätzlich verboten. Die Obrigkeit brachte dies in den von ihr genehmigten Handwerksordnungen deutlich zum Ausdruck. Bei Streitigkeiten finden sich in diesem Zusammenhang zeitgenössische Begriffe wie „Kauderei" und „Frätschlerei", die gleichbedeutend mit Zwischenhandel waren.

Neben den Transportmöglichkeiten wie „Kraxen", „Karren", „Schlitten" und „Kreinzenwagen" haben die Hafner auch auf Schiffen ihr Geschirr befördert bzw. befördern lassen. Die „Kraxen" war ein Tragegestell, das auf dem Rücken getragen wurde; unter dem „Karren" ist ein zweirädriges Fuhrwerk zu verstehen, das sowohl von Menschen als auch von Pferden oder Ochsen gezogen wurde. Das wegen seines Fassungsvermögens am meisten benutzte Fahrzeug war jedoch der „Kreinzenwagen".[5]

1 Grasmann 1977/2, S. 1 – 40.
2 Wimmer 1869, S. 242, hier Venedig und Triest.
3 Veröffentlichungen und Hinweise zu Siedlungsgrabungen, bei denen Hafnerware aus dem Kröning zu Tage getreten ist: Pittioni 1980, S. 199 – 200; Pittioni 1982, S. 100 – 124, 28 Abb.; – Hagn 1990, S. 27 – 54, Hinweis S. 29; Wolfratshausen, Fundbericht S. 55 – 87, Hinweis S. 57.; – Hagn; Neumair 1990, S. 62 – 125.; – Hagn 1992, S. 113 -125;. – Hagn 1993, S. 22 – 24; . – Neumair; Beer 2000, S. 117 – 166, Hinweis S. 150.; – Hagn; Darga 1999, S. 11 – 92 und S. 105 – 127;. – Endres 1999, S. 43 – 70; . – Bauer 2005/2006, S. 27 – 31.; – Kreiner 2004, S. 111 – 138; – Kreiner 2007, S. 67 – 87. Abb. Tafel 15, Keramik A – F; . – Brand 2007, S. 127 – 190.

4 AHV, Akten des Kröninger Hafnerhandwerks, 1.6. Organisation, Protocoll eines ehrsamen Handtwerchs der Hafner Churfrtl. Pfleggerichts Teyspach, 1757 – 1787, Jahrtag 1757, S. 15.
5 „die Kreinzen, Fuerkreinzen ist die Wagenflechte, der Wagenkorb", vgl. Schmeller, Johann Andreas: Bayerisches Wörterbuch, 2. Ausgabe, bearbeitet von G. Karl Fromann, 2 Bde, 3. Neudruck von 1872-177, Aalen 1973 , hier Sp. 1377. Künftig zitiert: Schmeller.

Abb. 112:
Bauernanwesen
des Geschirrfahreres Eberl,
„Veitlbauer" in Dechantsreit
Nr. 3, Gemeinde Adlkofen,
Ansicht um 1920.

In einen herkömmlichen Heuwagen, wegen des aufzu-nehmenden größeren Gewichts mit stabilerer gebauter Konstruktion, wurden mit Weidenruten geflochtene, gro-ße korbähnliche Einsätze, die „Kreinzen", auf den „Krein-zenwagen" gesetzt. Darin hat der Hafnermeister oder ein erfahrener Geselle die Hafnerware mit Stroh verpackt. Die zwei bis drei „Kreinzen" wurden mit „feichtenen Stauern" (= Fichtenzweige) und einer Plane abgedeckt und mit Seilen festgezurrt. Der Vorspann bestand je nach Umfang der Ladung aus zwei bis zu sechs Pferden. Da die Hafner nur eine kleine Landwirtschaft und damit keine eigenen Pferde besaßen, transportierten die bereits erwähnten Bauern das Geschirr zu den Marktorten. Als Geschirrfah-rer fungierten im 18. Jahrhundert z.B. *Veit Huepaur*, Bauer zu Helmstorf (um 1714), der „Kürmayer-Bauer" zu Hö-henberg, *Mathias Tradtschmidt* zu Reichlkofen und der so genannte *Eberl* von Zeiling (bis 1743).[6] Zum Ende des 19. Jahrhunderts bis in die Endzeit des Handwerks traten der „Schickerbauer" in Jesendorf, An der Kirche 4 (alt Nr. 253),

der „Veitlbauer" in Dechantsreit Nr. 3 (alt 131), der „An-derlbauer" in Kleinbettenrain Nr. 5 (alt Nr. 142/143) und für die Hafner an der Bina der „Wimmer" von Dirnaich auf.[7] Der am 22.1.1892 geborene *Johann Huber* von Bartl am Roß, Gemeinde Kröning war bis zum Kriegsausbruch 1914 Geschirrfahrer beim „Schickerbauer" *Josef Rithaler* in Jesendorf und beim „Anderlbauer" *Michael Dachhammer* in Kleinbettenrain. Bei seinen ausgedehnten Fahrten nach Rotthalmünster, Haag in Oberbayern, Taufkirchen an der Vils und Erding war er zwischen zweieinhalb und vier Ta-gen unterwegs. Das Gewicht eines Geschirrtransportwa-gens bezifferte Huber zweispännig mit 50 Zentnern und vierspännig mit 120 Zentnern.[8]

---

6 Markmiller 1988/1, S. 36 u. 37.

7 Der Geschirrfahrer Wimmer transportierte Geschirr u.a. nach Salzburg und nahm auf der Rückfahrtt Salz mit, Auskunft Alois Buchner, geb. in Angerbach.

8 Befragung des Johann Huber am 30.8.1974. Er transportierte Hafnergeschirr für die Hafner Sebastian Eder, Jesendorf, Dorf-str. 31, Jakob Offensberger „Häusllipp", Jesendorf, Alois Kaspar „Gang", Onersdorf 1, Benno Zettl, „Ulderl", Bödldorf 4 und Ben-no Zeißlmeier, „Gastlmann", Magersdorf 7.

Abb. 113: Modell des Geschirrtransportwagens („Kreinzenwagen"), des Geschirrfahrers Wimmer von Dirnaich an der Bina, Gemeinde Gangkofen, mit Wegweiser „Nach Reichenhall", Mitte 19. Jahrh.

Selten sind Nachrichten von Geschirrtransporten auf dem Wasserweg. So berichtet eine in Öl gemalte, doch inzwischen verschollene Votivtafel aus Holz[9] von einem Hafner aus Lichteneck im Kröning. Beim Maler bestellte er folgenden Text: *„1705 hat der Matth. Wibmpöckh, Hafner zu Liechteneckh diese Dafel alhero verlobt weillen er mit einem Fuetter Häfen im Wasser in Leib- und Lebensgefahr gewesen".* Im älteren Mirakelbuch[10] der Wallfahrt zur Lorettokapelle in Angerbach, Gemeinde Gangkofen, an der Bina finden sich weitere Nachrichten. Angerbach war einer der vielen kleineren bayerischen Wallfahrtsorte, der zwar keine überregionale Bedeutung erlangte, im engeren Raum aber zu einer gern besuchten Zufluchtsstätte wurde. Zu den Trost und Hilfe Suchenden zählten vor allem Hafner an der Bina und ihre Familienangehörigen. Aus einer Notsituation heraus rief etwa der ledige Hafnerssohn *Antonius Maister* von Geiselberg die Muttergottes von Angerbach an.

Der sehr anschaulich abgefasste Eintrag lautet: *„Antonius Maister, lediger Haffners Sohn zu Geiselberg, fahrete vergangenes Jahr 1764 den 15. May mit einem Hochenau Schiff (=* etwa 24 Meter langes Hauptschiff eines Schiffszuges) *so mit Haffner Geschier und andern beladen, den Instrom aufwerths nach Thieroll. 2 Stund unterhalb Kopfstain (=* Kufstein) *aber, Reisser genannt, alwo gefährlich zu fahren ist, brache das Saill, an welches 5 Pferdt angespant waren, in der Mitte ab, worauf er und alle andere nichts anderes glaubten kunten, als daß sye sambt den schiff in das Wasser versenckht werden. In diser eusseristen Noth verlobt sich Antonius Maister hiehero nach Angebach zu dieser wundertätthigen Gnadenmuetter Maria mit einer heyligen Meß und Votiv Taffel, wornach dan sich das Schiff gegen den Gestatt gelendet, und alles ohne mindisten Schaden erhalten worden".* Hier ist der Hinweis gegeben, dass das Schiff mittels Traidelzug, also an Seilen, womöglich auch durch die mitgeführten Pferde der Geschirrfahrer, innaufwärts gezogen („getraidelt") wurde.

Von den über 125 auf Hafner bezogene Einträge in den Mirakelbüchern berichtet ein weiterer aus dem Jahr 1791, der wiederum das Schiff als Transportmittel belegt. Der Benefiziat von Angerbach hat hier auf die Schilderung eines Unglücks folgendes niedergeschrieben: *„ Anton Maister, sogenannter Eglseder zu Geislberg* [jetzt Spielberg Haus Nr.6] *lieferte ein Schiff voll Hafnergeschirr ins Tyroll. Auf der sogenannten Blatten wurde er vom Ruder in den Innfluß hineingeschlagen. Es war keine menschliche Hilf mehr vor-*

---

9 Die Votivtafel (29 x 35 cm) wurde am 3. April 1900 anlässlich einer Kunst-Auktion bei Georg Mößel in München versteigert. Im Zusammenhang mit anderen in gleicher Auktion versteigerten Votivtafeln könnte sie von der Wallfahrtskirche Dreifaltigkeitsberg Landkreis Dingolfing-Landau stammen. Mitgeteilt von Fritz Markmiller, Dingolfing.

10 AHV 10/56,1; AHV 10/56, Fotokopien der beiden Mirakelbücher *„Marianisches Gnaden Buech … in hoch: Freyh: Lerchenfeld: Hofmarch Angerbach"* 1729-1777, 1302 Eintragungen und *„Beschreibungen von Gnadenerweisungen der Mutter Gottes von Angerbach"* 1762-1801, 1079 Eintragungen; Originale verschollen.

handen, und jedermann glaubte, er werde vom Schiffe zerquetschet werden oder doch ganz gewiß ertrinken. In dieser augenscheinlichen Lebensgefahr verlobte er sich zu hiesiger Gottesmutter mit einem heiligen Englamt und kam hierauf glücklich wieder in das Schiff, Gott und Maria sei gedankt." 1770 ist der Hafner *Joseph Kaintl* von Oberkirchberg in der Salzach zu Tode gekommen. *„Nach dem Zeugnis vom Amt Lauffen, Salzburger Gericht, hat am 28. Juli 1770 in dem Fluß genannt Salzach Schiffbruch erlitten und ist höchstwahrscheinlich von den Fluten erstickt der Joseph Kaintl aus Oberkirchberg in seinem Alter von 54 Jahren. Die Leiche ist bisher nirgendwo gefunden worden, von den Sandmassen völlig verschüttet".*[11]

Über das Vertriebswesen der Kröninger Hafnerware finden sich erstmals Hinweise in der Handwerksordnung von 1646,[12] in der der Verkauf ab Hafnerwerkstatt an Händler und der Absatz durch die Meister selber auf den Märkten geregelt sind. Danach war es gestattet *„nit allain den Höfenführern, Tragern und Hausierern, das Geschirr bei den Häusern (hier Hafnerwerkstätten) oder anderwertig zu erhandeln (gemeint ist anzukaufen)".* Es soll auch den Meistern *„zuegelassen sein, auf die offene Märckht inner Landts soviel geladene Fuehren Hafner Geschiers zu bringen, soviel er hat, oder haben kann."* Die Bestimmung über die Zahl der Geschirrfuhren fand in späteren Handwerksbeschlüssen insofern eine Einschränkung, als diese zu bestimmten Märkten reglementiert wurden. Diese Ausnahme fand 1757 Anwendung für jeweils zwei Fuhren auf den Jacobi-Markt nach München, zur Bartlmee-Dult nach Landshut und den Michaelis-Markt nach Wasserburg.[13]

Eine weitere Verdeutlichung beim Verkaufswesen ab Werkstatt bringt ein Vergleich von 1662,[14] der in seinen Grundzügen noch in weiteren Streitigkeiten 1695,[15] 1727[16] und 1746[17] Anwendung fand. Danach mussten die *„frembten ankommenten Fuehrleuth oder Höfentrager, wan sie mit der ersten Fuehr ankommen"* die von deren Obrigkeit (Gericht, Pfleggericht, Hofmarksgericht, Klosterhofmark, Stadt, Markt) ausgestellten Atteste[18] [*„Bescheinung", „Attestatum", Attestation, „Paß"*] bei den Hafnern vorweisen, die sie ihrerseits beim nächstwohnenden Viertlmeister zu hinterlegen hatten. Am nächstfolgenden Handwerkstag wurden die Atteste dann verlesen. In ihnen war namentlich bestimmt, wer berechtigt war Geschirr im Kröning einzukaufen, mit welchen Transportmitteln und in welcher Größenordnung und Geschirrart (*„schwarzes", „glasiertes", „unglasiertes", „unterschiedlich", „verschiedene Sorten"*) Hafnerware abgeholt werden durfte. Darin finden sich auch Hinweise darauf, ob im Heimatort des Krämers *„reine, frische und gesunde Luft"* vorhanden sei und auch sonst keine ansteckende Seuche grassiere (1724 ist der Markt Grafing einmal und 1746 zweimal erwähnt). An Geschirraufkäufern traten in den Attesten auf Krämer, Krämer und Leinweber, Krämer und Fragner, Wirt und Krämer, Schmied mit Krämerkonzession, Wirt sowie ein *„Huggler"* [= Kleinkrämer]. Als Beförderungsmittel sind in den Dokumenten erwähnt: Trage (1719), Gefährt mit drei Pferden (1724), Fuhre und Fuder (Fuhre, Ladung eines zweispännigen Wagens, kleine Wagenladung), zwei Wägen. Die geringe Zahl von 1719 bis 1748 erhaltener Atteste lässt keine großen Rückschlüsse zu. Bis auf eine Ausnahme erstrecken sich deren Ausstellungsorte im Raum südöstlich von München, wobei um Wasserburg am Inn eine Massierung des Absatzes erkennbar ist.[19]

---

11 BZA Regensburg, Pfarrei Kirchberg, Sterbematrikel 1722 – 1774, Band 12, Blatt 5, Eintrag in lateinischer Sprache, ins Deutsche freundlicherweise übersetzt von Dr. Albert Stieß.

12 AHV, Akten des Kröninger Hafnerhandwerks, 1.1 Organisation „Handtwerchs Ordnung der Hafner auf dem Kröning Pfleggerichts Teyspach 1646", erlassen von der Regierung in Landshut am 17. Dezember 1646.

13 StALa, Pfleggericht Biburg und Geisenhausen A 363.

14 AHV, Akten des Kröninger Hafnerhandwerks, 2.5. Urkunden, 1662.

15 StALa, 487 Regierung Landshut A 13623.

16 AHV, Akten des Kröninger Hafnerhandwerks, 1.2 Organisation. Das Schriftstück befindet sich bei der 1725 abgefassten Abschrift der Handwerksordnung der Kröninger Hafner von 1646, ebenso StALa, Regierung Landshut 13623.

17 Wie Anm. 13.

18 AHV, Akten des Kröninger Hafnerhandwerks, 3.1, Vertrieb. Atteste 1713 – 1759.

19 Grasmann 2003, S. 353 – 368.

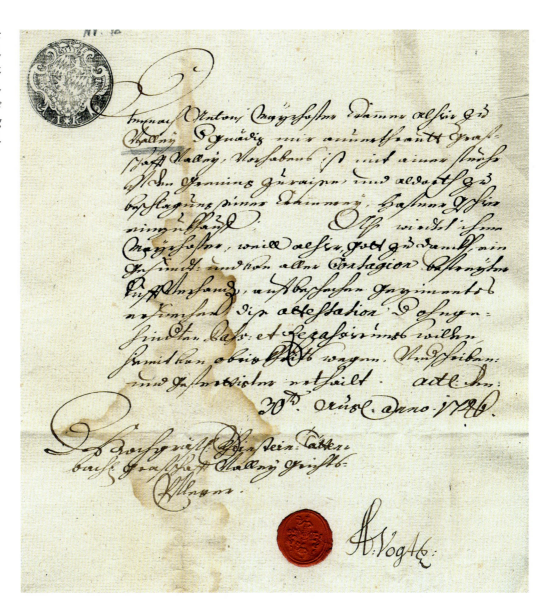

Abb. 114:
Schein („Attest"),
ausgestellt für Anton Mayrhofer,
Kramer von Valley,
zur Berechtigung eine Fuhre
Hafnergeschirr im Kröning
abzuholen, 30.8.1746.

Die Attestee

1719 Juli 1
Aussteller: Schloss Egglkofen, *Wolf Erasmus von Dachsberg* – für *Christoph Holzner*, Tagwerker von Rothenwörth, um die Berechtigung, im kommenden Herbst an Michaeli (29. September) *„eine Trag glasiertes Hafen Gschier"* zum Verbrauch des *Herrn von Dachsberg* beim Hafner am Bach zu Gerzen, namens *Adam Thalmair*, zu holen.

1720 Juni 3
Aussteller: Pfleggericht Ismaning, Kammerrat, Pfleger und Kastner *Georg Anton Trittenpreis* – für *Matthias Harrer*, Kramer und Fragner, um die Berechtigung *„in den sogenanten Krenich umb 2 Fuehr Hafer Geschier ze fahren"*.

1724 Mai 25
Aussteller: Kloster Altenhohenau, Hofmarksgericht Vornbach, *Georg Adam Meisl*, Richter – für *Balthasar*

Lehner, Kramer zu Griesstätt, zur Berechtigung *„umb Abhollung aines Fueder in dessen Crammerey bedürftigen Hafnergeschiers"* und *"ain aigne Fuehr"* für *„N. Pachhueber aus der Hofmarch Schonstett, nachher den Krönich abschickht"*.

1724 Juni 8

Aussteller: Gericht Halfing – für *Georg Mang*, Kramer und Leinweber von Halfing, um die Berechtigung für *Hans Pachlehner* mit einem *„Geführt uf 3 Pferdt ain Kröninger Geschür" bringen zu lassen"*.

1724 Juni 19

Aussteller: Gericht Kling bei Wasserburg, Gerichtsschreiber *Pichler* – für *Matthias Nickhl*, Kramer zu Höslwang, um die Berechtigung *„sich nachher Cröning zu begeben und alda einiges Hafengeschier zu erhandlen"*.

1724 Juni 27

Aussteller Hofmark Penzing, Hofmarksverwalter *Joseph Anton Loichinger* – für einen ungenannten *„Hofmarksunterthan"*, um die Berechtigung *„zwey Fuehren allerhandt schwarzes Hafnergeschier umb die Bezahlung zu erkauffen"*.

1724 Oktober 12

Aussteller: Bürgermeister und Rat des Marktes Grafing – für *Johann Nidermayr*, Fragner zu Exing, um die Berechtigung *„ auf den Cränich zu raisen und aldorth auf zway Fuehren underschidliches Hafnegeschier einzukhauffen"*.

1726 Juni 22

Aussteller: Hofmark Altenburg, Franz *Simund Nidermayr* – für *Balthasar Sempflreither*, um die *Berechtigung „afn Khrenä ain Fuehr Hafner Geschier einzukhauffen und darmit zu handlen"*.

1726 Oktober 4

Aussteller: Kurf. Hofkammerrat und Hofkastner *Josef Ferdinand von Khreihl* – für *Sebastian Mayr*, Hofkastenamts-Urbarsuntertan zu *„Prunthal"*, um die Berechtigung zur Fortsetzung seiner ihm am 4. XII. 1718 bewilligten *„Hugglerey"* in *„Underlandts Bayrn am sogenanten Krenner umb Hafnergeschier abzufahren"*.

1726 Oktober 6

Aussteller: Gericht Tegernsee, Hofmeister *Ignaz Goggl* – für *Joachim Stroschneider*, Krämer zu Tegernsee, um die Berechtigung *„zwey Fuehren mit Crönninger Gschür von verschaidten* [= verschiedenen] *Sorten anher brüngen zlassen"*.

1726 Oktober 7

Aussteller: Kloster Weyarn, Stift- und Klosterbettelrichter *Felix Heymann* – für *Anton Fellerer* von Helfendorf, um die Berechtigung für *Caspar Hueber*, Kramer von Weyarn, *„ain Fueder allerhandt Kröniicher Gschür"* teils zu seinem eigenen *„Verschleus"* und teils zur Notfurft des hiesigen Klosters im Kröning zu holen.

1726 Oktober 8

Aussteller: Kurf. Landgericht Markt-Schwaben, Gerichtsschreiber *Marx Christoph Gabler* – für *Michael Edenhuber*, Schmied zu Tuntenhausen, um die Berechtigung aufgrund seiner uralthergebrachten Krämerkonzession *„ 2 Fueder underschidtlich erdtenes Haffner Geschür ufm Grening abzufahren"*.

1728 Mai 9

Aussteller: Gericht Wasserburg am Inn, Pflegsverwalter *Adler* – für *Michael Kürmayr*, Wirt und Kramer zu Pfaffing, um die Berechtigung *„mit ain Geführt nacher Niesendorf* [= Jesendorf?] *umb aldorten in seinen zu ersagten Pfäffing habenten Cramer Ladten Cröninger Gschier einzukhauffen"*.

1729 Juni 18

Aussteller: Hofmarksgericht Oelkofen, in Abwesenheit des Rechbergischen Hofmarksverwalters *Joseph Arnold* unterfertigt der resignierte Hofmarksrichter *Hanns Georg Schedl* – für *Johannes Kögl*, Rechbergischen Hofmarksuntertan und Kramer zu Exing, um die *Berechtigung „zu Beschlagung seiner Cramerey, ain Fueder Hafner Geschier vonnetten, und solche ain Creny* [= Kröning] *wie sonst abzuholen vorhabens ist"*.

1746 August 30

Aussteller: Gericht Valley, Rheinstein-Tattenbach-Grafschaft Valley'scher Gerichtspfleger *A. Vogt* – für *Anton Mayrhofer*, Kramer zu Valley, um die Berechtigung „*mit ainer Fuhr uf den Grening zu raisen und aldorth zu Beschlagung seiner Cramerey, Hafner Geschier einzukhauffen*".

1746 September 26
Aussteller: Bürgermeister und Rat des Marktes Grafing – für *Johann Nidermayr*, sogen. Kögl-Kramer zu Exing in der Hofmark Oelkofen, um die Berechtigung „*mit einer Fuehr nacher Kröning zu fahren und zu seiner fiehrenten Handlschafft schwarzes und glasirtes Hafner Geschier zu erkhauffen*".

1746 September 27
Aussteller: Kloster Weyarn, Hofrichter *Felix Heymann* – für *Johann Mayrhofer*, Kramer von Helfendorf, und *Wolfgang Moser*, Kramer von Gmund, um die Berechtigung „*zu ihren erforderlichen Verschleis allerhandt Crönichergschür*" in zwei Fuhren von dort abzufahren.

1746 Oktober 25
Aussteller: Markt Grafing – für *Peter Däburger*, bürgerlichen Kramer zu Grafing, um die Berechtigung „*mit ainer Fuehr nacher Kröning zu fahren und alda selbsten zu seiner gaudiernten Handlschaft schwarz- und glasiertes Höfen Geschir zu verkhauffen*".

1746 Oktober 25
Aussteller: Schloss Halfing, Hofmarksrichter *Felix Ludwig Mayr* – für *Thomas Unterliner*, Hofmarksuntertan, der berechtigt wird für *Johann Scheffler* von Oberaudorf im selben Gericht und für *Georg Lechner*, Kramer zu Prutting, Gericht Edling, „*2 Wägen verschiedenes Kröninger Hafner Geschier nacher Hause zu fahren*".

1748 Januar 13
Aussteller: Gericht Wasserburg am Inn, für den abwesenden Pfleger *Philpp Graf von Arco*, der Pfleggerichts- und Kastenamtsgegegenschreiber *Johann Wolfgang Haller* – für *Michael Kürmayr*, Wirt und Kramer zu Pfaffing, dann für *Balthasar Schmidrämstl*, Wirt zu Forsting, *Capar Marbacher*, Wirt zu Rettenbach, und *Georg Hiebl*, Häusler zu Ried, alle im Pfleggericht Wasserburg, um die Berechtigung „*3 Fiederl Cröninger Gschür zu deren Haus Notturft einzukhauffen, damit selbe mit deren Wägen und Pferden paß- und repaßiert mechten werden*".

Einen frühen Hinweis mit dem Handel blau glasierten Geschirrs und damit vom Verkauf auf Märkten in Salzburg liefert ein von 1676 bis 1688 zwischen fünf Kröninger Hafnermeistern und einigen zum Handwerk zählenden Hafnerwirchern[20] ausgetragener Streit. Das in Werkstätten Kröninger Hafnermeister von den Wirchern hergestellte und in den Handel gebrachte blau glasierte Geschirr soll von den in den Städten Salzburg, Passau und Braunau ansässigen Hafnern als nicht zunftmäßig, also nicht wie von den Meistern gefertigte Ware als nicht gleichwertig anerkannt worden sein. Um den Vorwurf zu entkräften, fassten 1676 die Hafnermeister im Kröning auf ihrem Jahrtag in Teisbach den für die Wircher verheerenden Beschluss, keine Hafnerwircher mehr zu beschäftigen. Die Wircher konnten jedoch über die Regierung ihre Weiterbeschäftigung nachhaltig erwirken, was dann bis in die Endzeit der Hafnerei gesichert blieb.

Auf Betreiben des Geheimen Rats in München sandte 1729 das Pfleggericht Teisbach als die zuständige Obrigkeit des Kröninger Hafnerhandwerks den örtlichen Gerichtsboten Stephan Pirckhner in dem Zeitraum vom 2. Juli bis zum 10. Juli mit einem Regierungsbefehl zu den neun Land- und Pfleggerichten Dingolfing, Landau, Natternberg, Osterhofen, Vilshofen, Hals, Kirchberg, Rottenburg und Eggmühl. Er überbrachte damit an alle Städte, Märkte und Hofmarken den Befehl, dass das schädliche und unzulässige Hausieren mit Hafnergeschirr zu verhindern sei. Dies dürfe nur unter Einhaltung der Vorschriften und unter Vorlage der von der Obrigkeit ausgestellten Patente betrieben werden.[21]

Bei dem am 5. und 6. Juli 1746 am Gerichtssitz Teisbach abgehaltenen Handwerkstag der Hafner im Kröning kamen aufschlussreiche, den Geschirrhandel betreffende

---

20 Wircher = verheirateter Hafnergeselle mit kleinem Anwesen, aber ohne eigene Werkstatt, arbeitete bei einem Hafner. Auskunft Benno und Georg Zettl, Bödldorf.
StAL, Rep. 79 Fasz. 130 Nr. 126a, Regierung Landshut A 6736, Suplication des Hansen Schmelzl zu Leyrsedt et Cons. als samentlich verheyrathe Hafnergesöllen im Cröning contra ain gesamtes Handwerch der Hafner daselbst wegen beschwerlicher Abschaffung der Körbler, 1676-1688 – s.a. bei Spirkner 1914, S. 122-123.
21 AHV, Akten des Kröninger Hafnerhandwerks, 1.17. Organisation, „Streitakten", Nr. 21.

Details zur Sprache.[22] Fünf der 15 (!) Hafner aus dem zu dieser Zeit 17 Anwesen[23] umfassenden Dorf Jesendorf und zwar *Erasmus Piller* (Wortführer), *Lorenz Leierseder, Hans Wiest, Georg Kolb*, der fünfte ist namentlich nicht genannt, brachten ihr verfertigtes Geschirr nicht selber auf die Märkte. Weil ihnen damit auf den Märkten keine Unkosten wie Fuhrlöhne, Maut usw. entstünden, war ihnen laut Handwerksbeschluss nur erlaubt, *„alleinig schwarzes und kein glasiertes Hafnergeschirr bei Haus an die Kräxentrager, Kärrner und Eseltreiber zu verkaufen"*. Die fünf Hafner hätten sich jedoch unterstanden auch glasiertes Geschirr zu produzieren und ab Werkstatt an die Händler zu veräußern, noch dazu in einer so hohen Menge, dass die Händler das Geschirr auch an andere Hafner in den Städten und Märkten und an Kräxentarger und Hausierer verkauften und somit Kauderei [= Zwischenhandel] betrieben. Vom Handwerk wurde den fünf Hafnern (*„widersessige Fretter"*) angedroht, dass ihnen der Handwerksschilling (Vereinsbeitrag) zurückgezahlt und die [Dreh-]Scheiben (gleichbedeutend mit der Werkstatt) gesperrt würden, sie damit aus dem Handwerk ausgeschlossen seien. Hinter den Handwerksbeschlüssen stand auch das kurfürstliche Pfleggericht Teisbach mit seinem Pfleger Johann Dionys Haas, der die Argumente des *„ein ganzes in mehr als 70 Meistern bestehendes Handtwerch"* gegenüber der Regierung in Landshut vertrat. In weiteren vier bis ins Jahr 1747 datierten Eingaben an die Regierung in Landshut versuchte Erasmus Piller die Handwerksbeschlüsse der Kröninger Hafner zu unterlaufen. Ein abschließender Regierungsbeschluss in der Sache ist nicht erhalten.

1760 geriet das Hafnerhandwerk von Kröning mit der Viertellade der Hafner von Erding in Streit.[24] Beim 1759 abgehaltenen Hauptjahrtag der Kröninger Hafner in Teisbach berichtete der amtierende Handwerkskommissar des Pfleggerichts *Dionys Haas* an den kurfürstlichen Hofkam-

merrat in München, dass wohl *„aus vermuteter Anstiftung der dortigen bürgerlichen Hafnermeister"* den Kröninger Hafnern der Geschirrverkauf am St. Petersmarkt in Erding vor 12 Uhr Mittag nicht mehr gestattet werde. Haas schrieb, dass die Kröninger in anderen Städten und Märkten, wo sie nur einen Tag verkaufen können, mindestens ab 9 Uhr vormittags ihre Waren auslegen und feilhalten durften. Im Beschwerde-Schriftsatz des Kröninger Hafnerhandwerks vom 16. Mai 1760 an die Regierung in Landshut wurde bemerkt, dass dies schon in der zurückliegenden Zeit (*„vor unfürdenckhlichen Jahren"*) auch in Erding so gehalten wurde. Wenn sie nun wegen der verkürzten Verkaufszeit, es wären dies nur mehr drei Stunden, ihr nicht veräußertes Geschirr in der Stadt Erding einsetzen müssten, wären ihre Unkosten nicht gedeckt.

Die Hafner *Franz Matthias Damast* und *Joseph Gaiser* von Erding argumentieren nun im Namen ihrer Hafner-Viertellade beim Pfleggericht Erding, dass die Kröninger zu den Märkten in Moosburg, Wartenberg, Dorfen, Freising, München und an anderen Orten erst ab 12 Uhr verkaufen durften, in Markt Schwaben sogar erst einen Tag nach dem dortigen Markt. Auch ein soziales Problem wurde von den Erdingern angesprochen. Immer mehr Hafner beziehen die Märkte, und die Bürger müssten mit *„nassen Augen"* ansehen, wie die Kröninger ihr Geld aus der Stadt tragen, wo sie doch auch ihre bürgerliche und landesherrliche Onera (= Abgaben) zu entrichten hätten. Und so würden sie *„nach und nach mit Weib und Kindern in den leidigen Bettel geraten"*.

Im dann folgenden Bericht des Pfleggerichts Erding an die Regierung in Landshut wurden einige örtliche Besonderheiten angesprochen. So hätte eine Abordnung des Erdinger Rates die Markt-Freiheiten und Stadt-Privilegien vorgelegt, wonach sie strikt auf Einhaltung der Marktverkaufszeiten ab 12 Uhr Mittags drängen könnten. Auch wurde erwähnt, dass nicht nur die Kröninger Hafner frühzeitig ihre Ware feilhalten, sondern auch die auswärtigen Kürschner, Seifensieder, Nagelschmiede und Rechenmacher. Ins Feld geführt wurde auch die sonn- und feiertägliche Gottesdienstzeit am Vormittag, währenddessen der Warenverkauf nicht gestattet werden könne. Der abschließende Bescheid der Regierung Landshut vom 26. Juli 1760 an den Beamten des Pfleggerichts Erding lautete, *„dass er die Hafner in Kröning gleich anderen Krämern,*

22 StAL Rep. 83 Fasz. 487 Nr. 58a, Regierung Labndshut A 13623, Gericht Teisbach, Erasmus Piller Hafner zu Jesendorf et Cons: ctra. die Hafner im Kröning wegen difficultierten Verleitgebens des von Haus denen Krämern, so anderen hinwegzuführen verkaufft glasierten Geschirrs ao: 1746 et: 47.
23 Schwarz 1976, S. 352, Amt Kirchberg, Obmannschaft Jesendorf.
24 StALa, Regierung Landshut A 10301. Das Hafner Handwerk in Kröning, Ger. Teisbach gegen das Pfleggericht Erding wegen Behinderung der Kröninger Hafner am Petersmarkt, 1760.

Abb. 115: Verkauf von Hafnerware beim Wallfahrtsmarkt vor der Kirche in Hellring bei Paring, Landkreis Landshut. Ausschnitte der Kupferstiche von Wolfgang Kilian (um 1660) und Katharina Klauber (1770).

außer an Sonn- und Feyertagen in der Früh zu Marktszeiten feilhalten lassen solle".

In einer Eingabe vom 19. April 1702 an die Regierung in Landshut gab der Krämer *Michael Fünster* von Geisenhausen zu Protokoll,[25] dass seine Kollegen am Ort und auch die anderen im Lande, besonders die von Velden und Dorfen, neben der schlecht gehenden Krämerei auch das schwarze Kröninger Geschirr führen dürften.[26] Der Markt Geisenhausen verbiete dies nun neuerdings. Fünster bat, nachdem er jahrelang in verschiedenen harten Feldzügen Dienst geleistet habe, dass ihm nicht nur der Verkauf von schwarzen sondern auch von glasiertem Geschirr gestattet werde. Der ortsansässige *Hafner Leyerseder* brachte nun beim Markt vor, dass nur die in den Städten und Märkten befindlichen Hafner ihr Geschirr verkaufen dürften, da dies ihre Profession sei. Außerdem sei er tief verschuldet und werde wöchentlich von *„2 bis 3 Hafnergesellen überlauffen"*. *Leyerseder* erhielt zunächst Recht, doch 1703 wird Fünster bis auf Widerruf der Verkauf des schwarzen Hafnergeschirrs genehmigt.

Die Geschirrlieferung der Kröninger und der Münchner Hafner an den kurfürstlichen Hof in München

Im Archiv des Heimatvereins Vilsbiburg hat sich bei den Handwerksakten der Kröninger Hafner eine größere Zahl von Streitschriften erhalten, wovon ein Teil Differenzen zwischen den Kröninger und den Münchner Hafnern im 18. Jahrhundert aufzeigt.[27] Die Kröninger Hafner legten in der Abfassung der Schriftstücke, bei denen sie durch ihre *„Agenten* [= Anwälte]" anwaltlich vertreten und unterstützt wurden, stets ein großes Maß an Selbstbewusstsein an den Tag. Sie waren sich offensichtlich des Werts und der Qualität ihrer Ware wohl bewusst.[28] Dies kam auch immer wieder in der Wahl ihrer vorgetragenen Argumente zum Ausdruck, besonders dann, wenn sie zeitweise Behinderungen beim Geschirrverkauf ausgesetzt waren.

So entbrannte zwischen den beiden genannten Parteien in den Jahren 1736 /37 ein heftiger Streit, der sehr aufschlussreiche Aspekte birgt. Dabei beriefen sich die Kröninger Hafner des Öfteren auf ihre Geschirrlieferung an den kurfürstlichen Hof in München.

Bedingt durch die hohen Produktionszahlen im Kröning waren die Hafner gezwungen, Absatzmöglichkeiten auch weit vom Herstellungsort zu suchen. München bot sie

---

25 StALa, Regierung Landshut A 10778, Krämer Michael Fünster Geisenhausen, 1702.

26 StALa, Regierung Landshut A 10778, Krämer Michael Fünster Geisenhausen, 1702

27 Wie Anm. 18. – Vgl. Grasmann 1977; Grasmann 1978, S. 77 ff.

28 Vgl. Markmiller 1978, S. 162 – 169. hier S. 107 ff.

gerade wegen der großen Einwohnerzahl und der aus dem Umland zahlreich herbeiströmenden Marktbesucher. Mit Geschirr beschickt wurden vor allem die großen Märkte wie die Heilige-Drei-Königs-Dult, auch Winterdult genannt, am 6. Januar, und die Jakobidult oder Sommerdult, beginnend am Vorabend des letzten Sonntags im Juli.

Betrachtet man die in einem Schriftstück 1736 genannte Zahl von 43 Hafnern, die jährlich die Märkte dort besucht haben sollen, muss die Residenzstadt vom Kröninger Geschirr geradezu „bedeckt" gewesen sein. Wenn jeder der 43 Hafner einmal im Jahr einen Markt dort bezogen hat, kann bei vorsichtiger Schätzung für diese Zeit, bei durchschnittlich errechneten 1430 Stück pro Fuhre, ein jährlicher Absatz von über 61 490 Stück Hafnergeschirr angenommen werden.

Die Hoflieferung aus der Sicht der Hafner

Den Kröninger Hafnern sollte im Zug der genannten Auseinandersetzung verboten werden, ihr Geschirr „naigenweis" über den Preis von 10 Gulden zu veräußern. Die „Naige"[29] bedeutet jede Art von Überrest und ist in dieser Erklärung auch heute noch in der Dialektsprache gebräuchlich; hier ist vermutlich eine Partie Geschirr gemeint, bestehend aus einer bestimmten Menge Schüsseln, Häfen, Tiegeln usw. Die Anzahl innerhalb dieser Typen konnte pro Naige verschieden sein. Dieser Begriff war bei den befragten Hafnerbrüdern *Benno* und *Georg Zettl*, Bödldorf sowie *Alois Kaspar*, Onersdorf im Zusammenhang mit dem Hafnerhandwerk nicht mehr bekannt.

Aus dem Verlauf des Streits ist auch zu ersehen, dass den Kröninger Hafnern der „Naigenverkauf" nur unmittelbar nach dem Markt genehmigt gewesen wäre, sie ihn aber vor Beginn und währenddessen praktizierten. Den Münchner Hafnern war weiter ein Dorn im Auge, „daß ain ainzige dergleichen Naig nit allein gegen zechen [= zehn] Gulden, sondern woll auch uff 50, 60 und 70 fl [= Gulden] sich

belauffet". In ihrer Antwort argumentierten die Kröninger, dass die Fahrt nach München immer mit großen Unkosten, wie für Zoll, Maut und Fuhrlohn, verbunden wäre. „Wan wir unser Geschier nit naichweis verkhauffen sollten derffen, wür solches aintweder denen Münchner Hafnern umb ein Spottgelt geben oder die Frequentierung der Münchner Dult und Göbnacht völlig auslassen müssen." Dadurch, so meinten die Kröninger selbstbewusst, "aber sowohl grossen Herrn Heusern als der Burgerschafft zu München ein grosses Präiudiz [= Beeinträchtigung] zuewachsen dörffe, da man alleinig an die Statt Münchner Hafner gebundten würde, die doch nit im Standt sint, dergleichen Hafner Geschier wie das unserige in der Guette zu machen."

Eine Verschärfung erfuhr der Streit, als der kurfürstliche Geheime Rat zu München auf das vorherige Schreiben keine Antwort erteilte. Die bürgerlichen Hafner in München verlangten nun sogar vom Kröninger Hafnerhandwerk „100 fl causierte Unkhosten" in deren Lade zu bezahlen, was natürlich abgelehnt wurde. Da nun für die „armen Haffner zu Gröning" die Sperrung der Märkte „in denen Gebnächt und Jacobi Duldt Zeiten" drohte, gaben sie zu bedenken, dass „wür nit allein unser guetes Gröninger Haffen Geschier mehr nacher Hof lifern, auch andere gefreyte Jahrmärkht nicht bestreiten khönndten, sondern unsere Werckhstötten frey öedt ligen lassen [müssten], sambt Weib und Kindern in den verbottnen Petl [= Bettel] getriben würden."

Ein weiterer Hinweis auf die Hoflieferung erscheint in einem anderen Schreiben. Die sich hier wiederum als die „armen Haffner zu Gröning" bezeichnenden Landhandwerker versuchten den „Däntlerinnen [= Hausierer] und anderen Statt Weibern" deren öffentlichen Geschirrverkauf auf den Märkten verbieten zu lassen. Woher diese ihr Geschirr bezogen, ist uns nicht bekannt. Die Kröninger Hafner sahen darin ihren „genzlichen Ruin und Untergang". Mit ähnlichen Argumenten wie vorhin schrieben sie: „Wann daher wider alles Verhoffen disem eingeschlichenen Unheil mit Nachtruckh nicht genedigst vorgebogen [= vorgebeugt] werde, wür sohin die gefreyte Marckhts Dult Zeiten mit gefehrlicher Beybringung unsers Haffengschiers auf der Äx [= Achse] eines 14 Meill langen Wegs mit Unkhosten nit mehr bestreuten, sondern dermassen ausser Standts gesezt würden, das wür sogahr Euer churfürstl. Drtl. habente Hoflieferung nicht mehr praestieren [= gewährleisten] noch münder die landtherrschaftlichen

---

29 Schmeller 1872-77 bzw. 1973, 2. Band, Spalte 528. – Ein wohl als Synonym zu dem Wort Naige verwendeter Ausdruck, dürfte bei den letzten Hafnergenerationen die Mengenangabe „Gattung" bedeutet haben. Hier ist nach Auskunft von Georg und Benno Zettl eine bestimmte Menge Geschirr verschiedener Typen wie Töpfe oder Schüsseln in unterschiedlichen Größen zu verstehen.

Forderungen alljährlichen abstossen khönnen, mithin unsere Werckhstötten ruinierter frey ödt ligen lassen, sambt Weib und Kinder in dem verbottnen Petl [= Bettel] *getriben würden."* Auf dieses, vom Anwalt der Kröninger Hafner, *Johann Michael Pfeffer,* abgefasste Schreiben, wurde den *„Dentlerinnen und Statt Weibern"* der Geschirrverkauf, der ja gegen das Verbot des Zwischenhandels verstieß, verboten.

Die Hoflieferung nach den Abrechnungen

So weit also Zitate der Geschirrlieferung an den kurfürstlichen Hof zu München aus der Sicht der Kröninger Hafner. Wie verhält es sich nun aber nach neutralen Quellen mit dieser wohl als Vorzug zu verstehenden Lieferung, die doch eine Sonderstellung dieser Landhandwerker innerhalb ihrer Mitmeister im übrigen Altbayern erkennen lässt.

Die Ausgaben des kurfürstlichen Hofs in München haben ihren Niederschlag in den Hofzahlamtsrechnungen gefunden, die im Bayerischen Hauptstaatsarchiv in München aufbewahrt werden.[30] Die Jahresbände weisen jeweils die einzelnen Posten aus, unter denen ausgegebenes Geld verbucht wurde. So lesen wir etwa: *„Für die Fürstin", „Aus besonderen Befehl des Fürsten"* oder *„der Fürstin", „Küche", „Kellerei und Weinkauf", „Harnischkammer", „Handtwerchsleith", „Silberkammer", „Hofkhuchen"* u. a. Bei dem vom Küchenmeisteramt verwalteten Etat der Küche, findet sich zwar jeweils nur ein summarischer Abrechnungsbetrag. Zum Titel des Hofküchenamts sind separate Rechnungsbände vorhanden, von denen allerdings nur etwa jeder zehnte Jahrgang erhalten ist: für die Jahre 1650, 1660, 1670, 1680, 1690, 1700, 1706, 1716, 1720, 1726, 1730, 1740, 1750, 1760, 1770, 1778.

Die Bände der Jahre 1650, 1660 und 1670 haben weder ein Register, noch sind sie nach Sachgruppen geordnet. Sie führen die Einnahmen und Ausgaben unterschiedslos nur in chronologischer Folge, nach Monaten unterteilt, an. Von 1680 bis 1750 finden sich Nachweise über Ankäufe von Geschirr beim Ausgabeposten *„Handtwerchsleith"*, die dann für die folgenden erhaltenen Jahrgänge spezifiziert auf *„Hofhafner", „Hafner von Cröning"* bzw. *„Hafner Arbeit"* lauten.

---

[30] BayHStA, Hofamtsregistratur (HR II) Fasz. 97, 1650 – 1706 und Fasz. 98, 1716 – 1778.

Nachfolgend sind alle vom kurfürstlichen Hof bei den Kröninger Hafnern und den Hofhafnern zu München vorgenommenen Geschirrkäufe aus den genannten Küchenamtsrechnungen zusammengestellt.

1650 (fol. 138)
„Geörg Rätich, Hofhaffner, von dieienige Schisseln, welcher er zur Abspeisung der armen Weiber gemacht, laut seiner Zetl bezalt 11 fl 30 kr.
Pfinztag den 24 März
Freytag den 25 März
Sambstag den 26 März"

1650 [September] (fol. 375)
„Zu dem Kuchen-Ambt sein von einem Haffner von Khrening allerlei erdenß Geschir und Krieg, auch anderß erkhauft und darfür über Abpruch laut der Zettl bezalt worden 35 fl."

1660 [Januar] (fol. 32')
„Andreas Widenpeckh, Haffner am Krenich, umb aine Fuetter allerlei erdenes Haffengeschür, laut Zetl 35 fl 30 kr."

1660 [April] (fol. 69')
„Georg Rädich, Hafnern alhir, umb 800 erdene Schissl zu Ausspeißung der armen Weiber in der Fasten, laut Zetl 26 fl."

1660 [Juli] (fol. 102)
„Andreen Widenpöckh, Haffner am Krenich, umb ain Fuetter allerlei erdenes Haffengeschür. Laut Zetl 35 fl."

1660 [November] (fol. 155)
„Andreen Widenpöckh, Hafnern am Krenich, umb ain Fuetter allerlei erdenes Haffergeschür. Laut Zetl 36 fl."

1670 [April] (fol. 45')
„Jacob Lang, Haffner allhier, umb 786 grien erdene Schisl für die armen Weiber, so in der Fasten ausgespeist, dan 38 gross griene Schisl, so nach und nach verbraucht worden, iede p. 5 kr. Item 190 plaub [= blau] *gesprengte Schisl zu Ausspeisung der 19 armen Mädln am Griendonerstag a 5 kr, laut Zetl 45 fl 12 kr."*

1670 [Juli] (fol. 81)
„Andre Widtenpöckh, Haffner Gerichts Deispach, umb 1280 Stuck erden Hafengschier laut Zetl 4 fl 30 kr."

1670 [Dezember] (fol. 131')
„Görg Zwingseisen, Hofhaffner, für die Zuckherpacher gegebene Zuckherhafen und anders laut Zetl 31 fl."

1670 [Dezember] (fol. 132)

„Jacob Lang, Haffner alhier, umb nach und nach bei ihme abgeholtes Hafengeschier laut Zetl 4 fl 30 kr."

1680 März (fol. 119)

„Joseph Obermayr, Hofhaffner, wegen für die armen Leith, so in der Fassten ausgespeist worden, 400 erdenen Schisslen gemacht, sambt anderen laut Zetl 14 fl."

1680 Juni (fol. 229)

„Joseph Obermayr, Hafnern alhir, umb etwaß Geschier 2 fl 58 kr."

1680 August 6 (fol. 291)

„Den 6. August Andreen Waitenpöckh für daher abgebene 206 Stuckh erden Geschür zu 2 kr thut 8 fl 35 kr."

1680 [August] (fol. 291')

„Noch ihm Waitenpöckh Hafnern ausm Ghrt. [= Gericht Teisbach] für 1314 Stuckh dergleichen erden Geschür 36 fl."

1680 September (fol. 326)

„Joseph Obermayr, Hofhaffner, alhir für zum Hofzöhrgaden abgegebenes Geschür laut Zetl l fl 4 kr."

1680 Dezember (fol. 427')

»Joseph Obermayr, Hofhaffner alhier, umb für Ihr D[u]r[chlauch]t[ige] Junge Herrschafft claine Haffen Geschür pr: laut Zetl 2 fl 42 kr."

1680 Dezember 16 (fol. 430')

„Den 16 diss Andereasen Waidtenpöckh ausm Gericht Deyspach für 1375 Stuckh erden Haffen Geschür laut Zetl 36 fl."

1690 Januar (fol. 124)

„Den 14 diss hat Hannß Wüppenbeckh, Hafner aus dem Ghrt. Teyspach, daher keuflich abgeben 1400 Stuckh allerley erden Geschier, gegen Auslag 35 fl."

1690 April (fol. 127')

„Josephen Obermayr, Hafnern, für daher abgebenes allerhandt erden Geschier, sonderbahr für die arme Leuth 600 Schissln, 25 fl 28 kr."

1690 August (fol. 129')

„Hannsen Widenpeckh, Hafner von Teispach, so 1410 Stuckh allerley erden Geschier daher gelifert 35 fl."

1690 Dezember (fol. 132)

„Georg Strasser, Hofhaffner, umb daher abgebenes erdenes Geschir 16 fl."

1700 (fol. 50')

„Georgen Strasser, Hofhaffner, umb etlich erdenes Geschier zu Ausspeissung der Prediger bey St. Peter under dem 40-stündigen Gebett alda besag Scheins bezalt 1 fl 36 kr."

1700 (fol. 52)

„Joseph Obermayr Hafner alhier, umb 12 Häfen, 12 gross und claine Degl zur Pfalz-Haidlberg[ischen] Ausspeisung entricht 2 fl 30 kr."

1706 (fol. 46')

„Johann Wütenpöck, Hafnern von Krening Ghrts. Teyspach, werden umb 224 Stuck gross und claines Hafnergeschür pactirtermassen zu 10 Pfennig bezalt 9 fl 20 kr."

1706 (fol. 47)

„Josephen Obermayr, Hafner, umb zu solcher Ausspeisung abgebne 400 grien verglaste Schüssel zu 10 Pfennig bezalt 16 fl."

1716 (fol. 141)

„Johann Sedlmayr, Burger und Haffner alhier, hat für die in der Fassten ausgespeisten arme Weiber und Aposteln 600 grien verglaste Schissln zu 2 ½, dann für die arme Mädln und Jesu, Maria et Joseph 230 plaue Schissln a 6 kr, auch benebens 10 Kääss Mödln a 4 kr abgeben und dargegen nach solchen Preis sage Verzaichnus an Gelt eingenommen 48 fl 40 kr."

1716 (fol. 142')

„Obgemelter Sedlmair, Haffnern allhier, seint absonderlich umb die bey Hof teglich ausspeisente 13 arme Persohnen abgegebene 36 grienne Schissln a 2 ½ und 24 grinne Mass Kriegln a 3 kr inhalt Verzaichnus bezalt worden 2 fl 42 kr."

1716 (fol. 146')

„Nach ausweis nebenligenter Verzaichnus seint Georgen Strasser, Burger und Hofhaffner alhier, umb underschidlich gross und claines erden Geschier von Krügen, Haffen und Schüsseln, so derselbe von 1. Jenner bis lezten Juny diss Jahr in der g[nä]d[ig]sten Herrschafften Zimmer begehetermassen abgeben, erstattet worden 6 fl 40 kr."

1716 (fol. 148')

„Erforderlichenmassen seint nach zaig der attestierten Beylag von vorerwenten Hansen Widtmann, Hafnern von Kürchberg, in der heurigen Gebnacht zum Gebrauch der Kochereyen widerumben 1494 Stuckh gross und claines erden Hafen Geschier ausgenomben und deme für ain Stuckh ins ander die bedingte 2 kr bezalt worden, so zesamben treffen 49 fl 48 kr."

1720 (fol. 162')

„Dem Hofhafnermaister Johann Sedlmayr ist auch umb die erstgetmelter Armen Leuth Ausspeisung gemachte 200 blaue Schissln a 6 kr und 500 grinne Schissln a 2 ½ kr behalt Beylag entricht worden in allen 40 fl 50 kr."

1720 (fol. 168', 169)

„So seint der erforderlichen Notturft nach, anheur widerumben von Hannsen Wibenpöckhen, Hafnern zu Kröning, 30 praune glassierte Degln a 10 kr, dan 1120 gross und claine erdene Degln auch Häfen, ieden zu 2 kr, erhandlet und denselben hiefür in allem bezalt worden lauth nebenligenter Bescheinung 42 fl 20 kr."

1726 (fol. -)

„Dem Johann Sedlmayr, Hafner alhier, umb daß er vor gemelte arme Leith 500 grinne und 200 plau erdene Schissln hergeben, hat man lauth Zötls bezalt 40 fl 50 kr."
(Der Rechnungsband von 1726 liegt nur als Entwurf vor.)

1730 (fol. 201)

„Weitters hat der Hofhafner Georg Strasser in disen Jahr die Erfordernuß von erden Geschier zum Zöhrgaden mit anderen gelifert, wie auch den daselbstigen Ofen halb neu gesezt, warfür ihm dann crafft anligenter 3 Auszigln in allem abgefiehrt worden 50 fl 34 kr."

1730 (fol. 201')

„Bey dem Hafner zu Veldtgeding negst Dachau [= Feldgeding, Kreis Dachau] Johann Leonhardt Grienwaldt seint von Kuchlambt aus auf gewisse Arth mit gemachten 6 Speisen Tegl angefrimbt [= bestellt], volglichen deme für ieden 32 kr, zusammen aber bezalt worden nach ausweiß dess Schein von 3. Juli 3 fl 12 kr."

1730 (fol. 201')

„Und dem Hafner von Cröning negst Wasserburg Caspar Widenpöckh für das von ihme in Jacobi Marckht zum Hoff

Zöhrgaden erkaufften allerlei erden Gschir von 1412 St., iedes nach 2 ½ kr, inhalt Scheins von 30. July 58 fl 50 kr."

1730 (fol. 202)

„Den 11. Okt. 1727 hat zum churf[ürstlichen] Hof Contralor ain ganzen Service von Delfter Geschier aus Hollandt, so bestandten ist in 6 Duzet Däller, 4 Duzet mittern, dan 11 Stuckhen gross und kleinen Schissl durch die Kauffleith von Augspurg Kreidemann und Lebert beschriben, und also denenselben auf den beyligent erst diss Jahr vorgebrachten Conto darfür mit Einschlus der Fracht- und andern Uncosten bezallen lassen als den 1. Marty anno 1731 89 fl 42 kr."

1740 (fol. 112')

„ist dem burgerl[ichen] Statt Hafner Johann Sedlmayr umb vor erstgemelte armen Leuth Ausspeissung geliffterte 500 grinne a 2 ½ und 200 blaue Schissln zu 6 kr, dan vor die H. H. P. P. Franciscaner zu Schleisshamb abgegebene 5 Duzet Schissln und Krieg ab jeden Stuckh 3 kr, zesammen aber sag der Anlag bezalt worden über 50 kr gemachten Abbruch 43 fl."

1740 (fol 113)

„Vermag Scheins hieneben hat Caspar Wippenböckh, Hafner von Crönning, unterm 7. Aprill zum churf[ürstlichen] Hofzöhrgaden 1695 Stuckh gross und claines Hafnergeschier überbracht, warfür derselbe ab ieden Stuckh acordiertermassen 2 ½ kr, in allem aber empfangen 70 fl 37 ½ kr."

1740 (fol. 116)

„Vermög anliegenten Scheins von 19. November hat Johann Sedlmayr, Bürger und Statt Hafner alhier, in die churf[ü]rstl[iche] Hofzuggerbacherey zu denen Wüntter Provision und Consicturn 440 weisse Degl ieden a 4 [kr], 6 grosse Schissln nach 20 und, 12 grinn deto mit doppelten Handthaben zu 15 kr abgegeben und hierumben in obigen Preis zesammen in Gelt über 20 kr gemachten Abbruch empfangen 34 fl."

1740 (fol. 116')

„Ebenfalls hat derselb behalt der Anlag von obigen dito die H. H. P. P. Franciscaner zu Schleisshamb 12 Suppen Schissl iede a 3, 12 flache deto auch zu 3, 3 mittere Degl sambt dennen Döckhlen nach 7, dann 1 grossen Degl mit den Döckhl umb 18 und 6 mittere Hafen zu 6 kr abgegeben und hiefür in Gelt gezochen 2 fl 27 kr."

1740 (fol. 122)

„Vorgesagter Hafner von Crönnig Caspar Wippenböckh hat zum churf[ü]rstl[ichen] Hofzöhrgaden 1612 Stuckh gross und clain erdenes Haffner Geschier keufflichen abgegeben und hiefür ab ieden Stückh accordiertermassen 2 ½ kr, in allem aber zaig Scheins vom 23. November erhalten 67 fl 10 kr".

1750 (fol. 181)

„Haffner von Cröning. Der ordinari [= regelmäßige, festgesetzte] Liferant Caspar Wippenböchh hat unterm 9. Aprill heurigen Jahrs widerumben in das Zöhrgaden Geschier Gwölb ain ganze Fuehr mit 1515 Stuckh gross und klain erdenes Geschier, iedes Stuckh dem Accord nach pr: 2 ¾ kr, gelliffert und zur Bezahlung paar erhoben 69 fl 26 ½ kr".

1760 (fol. 89)

„Hafner von Cröning. Caspar Wippenböckh, Hafner daselbst, muste in disem Jahr zum Hofzöhrgaden 1667 Stuckh allerhandt Hafner Geschier überliffern und nach getroffenen Accord a 2 ½ kr hiefür einnemmen wie der Schein zaiget 69 fl 27 kr".

1760 (fol. 89)

„Hofhafner dahier. Nach zaig beykommenter Bescheinigung hat Franz Kueffer, bürgerlicher Hafner alhier, zur gewohnlichen Fasten Ausspeisung der 45 armen Weiber, dann der 3 Persohnen Jesus, Maria und Joseph, item 13 armen Mädln und 12 Aposteln die benöthigt gewesten 462 griene und 197 blaue Schissln a 2 ½ 5 kr, ferners 30 Eyer Käs Modln nach 6 kr zu lifern und hifür in allen einzunehmen gehabt 38 fl 40 kr".

1770 (fol 67')

„Hafner Arbeit. Veith Widenpöck, Hafner von Kröning, hat zum ord[inären] Gebrauch 1326 Stuck unterschiedlich groß und kleines Hafner Geschier abgegeben, hiefür auch auf anliegenden Schein nach 4 kr ab ieden Stuck eingenommen 88 fl 24 kr".

1770 (fol. 68)

„Franz Kueffer, burgerlicher Stadt Hafner allhier, aber erhielte vor abgegebene 210 Stick blaue Schissln a 6 kr und 400 griene deto a 3 kr vor die ausspeisend arme Personen 41fl".

1778 (fol. 58')

„Hafner Arbeit, Franz Kueffer, Stadthafner in München, lieferte zum Gebrauch der ausspeisente armen Personen in

der Fasten Zeit 450 griene, dan 210 blaue Schissln nach 3 et 6 kr, ferner 3 braun erdene Chiocolate Geschier in die Somelerin [= Beschließerin, Haushälterin] nach 5 kr pr. 43 fl 45 kr".

Bei der nun folgenden Kommentierung dieser Einträge muss davon ausgegangen werden, dass — wie erwähnt — nur etwa jeder zehnte Jahresband der Küchenamtsrechnungen erhalten geblieben ist. Obwohl also nur dieses dezimierte Material untersucht werden konnte, lassen immer wiederkehrende Fakten ein doch recht geschlossenes Bild erkennen.

Lieferungen der Kröninger Hafner

Als Empfänger der Geschirrlieferung beim kurfürstlichen Hof erscheint entweder das *„Kuchenamt"* (1650), der *„churfürstliche Hof-Zöhrgaden"* (1730, 1740, 1760) oder das *„Zöhrgaden-Geschier-Gewölb"* (1750). Es darf angenommen werden, dass alljährlich eine feste Geschirrlieferung aus dem Kröning vereinbart war. Die Hafner aus dem dort benachbarten Gebiet an der Bina scheinen hierbei keine Rolle gespielt zu haben. Woraus sich die Geschirrlieferungen ableiteten, ob also dazu ein verbrieftes Recht vorhanden war, lässt sich nicht erkennen. Die Formulierungen der Rechnungseinträge lassen darauf schließen, dass die Ankäufe nicht an Ort und Stelle während der Marktzeit getätigt wurden. Der Hafner dürfte seine Fuhre Geschirr (*„Fuetter"*, *„ganze Fuhr"*) direkt bei der Hofküche abgeliefert haben, wie die Bezeichnungen nahelegen: *daher abgeben*, 1680; *„keuflich daher abgeben"*, 1690; *„daher gelifert"*, 1690; *„erhandlet"*, 1720; *„überbracht"*, 1740; *„muste überlifern"*, 1760.

Namentlich sind die Geschirr-Lieferanten ab 1660 bekannt, wobei als Herkunft immer nur pauschal der *„Kröning"* erscheint. 1716 ist erstmals deren Wohnort mit *„Kirchberg"* bestimmt, der nach derzeitigen Kenntnissen mit dem Ortsteil Oberkirchberg identisch ist. Aufgrund dieses Nachweises, dann der Nachforschungen in den Pfarrmatrikeln von Kirchberg und der Eintragungen in der Handwerksrolle der Hafner im Kröning[31], Gericht

---

31 AHV, Akten des Kröninger Hafnerhandwerks, 1.3. Organisation, Handwerksrolle 1767 – 1822.

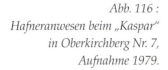

Abb. 116 :
Hafneranwesen beim „Kaspar"
in Oberkirchberg Nr. 7,
Aufnahme 1979.

Teisbach, ist der Schluss erlaubt, dass von 1660 bis 1760 als Geschirrlieferanten die Inhaber der damals bestehenden Werkstatt in Oberkirchberg in Frage kommen. Dieses Anwesen mit dem Hausnamen *„beim Kaspar"* hat heute die Hausnummer 7 (alt 12). Hier soll aber auch auf die Möglichkeit verwiesen werden, dass dieser dort ansässige Hafner im Auftrag des ganzen Handwerks eine Lieferung zusammengestellt hat, wobei ihm hierzu Geschirr von seinen Kröninger Mitmeistern überbracht wurde.

Die Abfolge der Werkstattinhaber stellt sich so dar:

Andreas Widenpeckh
Hafner zu Oberkirchberg; ∞ *Eva N.*; Arbeitszeit nachgewiesen 1660 bis 1680; 1687 in der Heiratsmatrikel als Bräutigamvater genannt.

Johann (Hanns) Widenpeckh
<*Andreas W.*, Hafner zu Oberkirchberg, ∞ *Eva N.*>; * 23. VI.1653; I ∞ 1. IV. 1687 *Maria Schmözl* <*Balthasar S.*, Hafner von Hub, ∞ † *Barbara* †>; II ∞ (?) um 1690 *Elisabeth* N.; Arbeitszeit nachgewiesen von 1690 bis 1720.

Kaspar Widenpöckh
<*Johann W.*, Hafner zu Oberkirchberg, ∞ *Elisabeth N.*>; * 3. I. 1702: Arbeitszeit nachgewiesen von 1730 bis 1760.

Formulierungen wie *„allerlei erdenß Gschir und Krieg, und anderß"* (1650), *„ain Fuetter allerlei erdenes Haffengschür"* (1660), *„gross und claines erden Hafen Gschier"* (1716), *„unterschiedlich groß und kleines Hafner Geschier"* (1770) lassen auf den Kauf von Gebrauchsgeschirr schließen. Die Einträge von 1716 mit *„zum gebrauch der Kochereyen"* sowie von 1720, wo *„30 praune glassierte Degln […] dan gross und claine erdene Degln, auch Häfen"* erstanden wurden, und aus dem Jahr 1770, in dem man Geschirr zum *„ordinären* [= gewöhnlichen, alltäglichen] *Gebrauch"* erhandelte, erhärten diese Vermutung.
Zur Technologie des gelieferten Geschirrs sagt nur der Ankauf des Jahres 1720 etwas aus. Unterschieden ist hier zwischen glasierten, im Preis höheren *„Degln"*, sowie anderen großen und kleinen *„Degln, auch Häfen"*, von denen ein Teil glasiert, aber genauso unglasiert oder schwarz (reduzierend gebrannt) gewesen sein kann.
Aus den Preisangaben des Jahres 1660, wo ohne Nennung von Zahlen dreimal *"ain Fuetter"* Geschirr zu je

35 fl 30 kr bzw. 35 und 36 fl gekauft wurde, sowie aus den analog dazu mit Zahlen belegten Jahren 1680, 1690 und 1740, sind mehrmalige, auf verschiedene Jahreszeiten verteilte Geschirrlieferungen zu ersehen. Die Zahlen bewegen sich dabei pro Jahr zwischen 1150 Stück (1720) und 3307 Stück (1740). Eine Wagenladung könnte somit mit etwa durchschnittlich 1430 Stück angesetzt werden. Bis 1690 sind keine Preise für Geschirrstücke ersichtlich. Ab 1706 wissen wir dann von Einzelpreisen, die sich bei 2 kr, 10 dn bzw. 2 ½ kr, 4 kr und 10 kr bewegen. Beträge für bestimmte Geschirrtypen sind nur in einem Fall aufgezeichnet, nämlich 1720, wo für einen braun glasierten *„Degl"* 10 kr verlangt wurden.

Lieferungen der Münchner Hafner

Aus den bereits zitierten Streitakten ist ersichtlich, dass im 18. Jahrhundert in München acht Hafner arbeiteten. In den vorliegenden Rechnungseinträgen erscheinen aber immer nur einige sich wiederholende Namen, die wohl die dortigen Hoflieferanten bezeichnen. Folgende Personen finden sich: *Geörg Rätich*, Hofhafner, Hafner, genannt 1650,1660; *Jacob Lang*, Hafner, genannt 1670; *Görg Zwingseisen*, Hofhafner, genannt 1670; *Joseph Obermayr*, Hofhafner, Hafner, genannt 1680, 1690, 1700, 1706; *Geörg Strasser*, Hofhafner, genannt 1690, 1700, 1716, 1730; *Johann Sedlmayr*, Hafner, Hofhafnermeister, bürgerl. Stadthafner, Bürger und Stadthafner, genannt 1716, 1720, 1726, 1740; *Franz Kueffer*, bürgerl. Hafner, bürgerl. Stadthafner, Hofhafner, genannt 1760, 1770, 1778.

Die Hofküche kaufte im Jahr mehrmals von ihnen Geschirr, wobei die jährlich wiederkehrende, dem Umfang nach größere Lieferung zur *„Ausspeisung"* für die Armen der Stadt München auffällt. Zum Kreis der Berechtigten zählten die *„armen Weiber"*, die vor allem an der *„Ausspeisung in der Fassten* [= Fastenzeit]" teilnehmen durften. Doch sind auch das ganze Jahr über täglich Mahlzeiten bei der Hofküche abgegeben worden (1716, fol. 142', an 13 Personen). Da jährlich immer wieder große Mengen an Geschirr gekauft wurden, kann der Verbleib der Gefäße bei den armen Leuten angenommen werden.

Weiter durften sich die Prediger von St. Peter in München in der Zeit des 40stündigen Gebets (1700) wie auch die Franziskanerpatres von Schleißheim (1740) der *„Ausspeisung"* bei Hof erfreuen. Erwähnt ist auch die sog. *„Pfalz-Haidlberg*[ische] *Ausspeisung"*. Zum religiösen Brauchtum zählte die Speisenabgabe an die *„Aposteln"*, *„die armen Mädln"* und *„Jesu, Maria et Joseph"*. Dabei ist an die Teilnehmer der symbolischen *„Fußwaschung an den zwölf Aposteln"* am Gründonnerstag und der Aufführung eines geistlichen Spiels am Karfreitag zu denken (1716, 1760).

Lauten bei den Lieferungen der Kröninger Hafner die Rechnungseinträge pauschal nur auf erdenes Geschirr (Ausnahme 1720), so finden sich bei den Münchener Hafnern detaillierte Bezeichnungen der Geschirrtypen. Für die *„Ausspeisung"* dominieren die Schüsseln, wovon der größere Teil grün, der kleinere blau glasiert (*„verglast"* 1706, 1716) war. Als Besonderheit müssen die blauen Schüsseln herausgestellt werden, da sie von der Glasur her gesehen kostenaufwendiger anzufertigen waren. Dies schlägt sich gegenüber den grünen Schüsseln – hier das Stück zu 2 ½ Kreuzer – auch im Preis mit 6 Kreuzern pro Stück nieder. Interessant ist der Nachweis, dass auch die Münchner Hafner blau glasierte Ware verkauften. Ob sie diese selber produzierten oder aber von den Kröninger Hafnern erwarben, wie dies nach abgeschlossener Verkaufszeit bei den Märkten in München praktiziert wurde, ist nicht bekannt.

Ferner sind in den Küchenamtsrechnungen Käsemodeln bzw. *„Eyer Käs Mödln"* genannt (1716.und 1760). Dieser in geringer Zahl erhaltene Typ – das Heimatmuseum Vilsbiburg besitzt zwei Stücke davon – zeigt meist eingetieft religiöse Motive.[32] Neben Kochgeschirr wie *„Häfen"* und *„Degl"* in verschiedenen Größen (auch mit Deckel), wurden Trinkgeschirre wie *„Masskriegln"* verzeichnet. Zur Vorratshaltung dienten wohl die *„Krieg* [= Krüge]".

Als Abnehmer von Geschirr ist die kurfürstliche Hofzuckerbäckerei mit Zuckerhäfen (1670) und grün glasierten Schüsseln mit doppelten, also zwei *„Handthaben* [= Henkeln]" genannt (1740). Die im gleichen Jahr verrechneten *„weissen Degl"* dürften unglasiert gewesen sein. Dafür spricht der niedrige Stückpreis von 4 Kreuzern und die im Kröning heute noch bekannte Überlieferung, dass *„weißes"* Geschirr sowohl innen als auch außen unglasiert war.

---

32 Vgl. Dobler, Katharina: Der *„Oarkas"* und der *„Oarkasmodel"*, in: Sammeln und Sichten. Beiträge zur Sachvolkskunde (Festschrift für Franz Maresch zum 75 Geburtstag), Wien 1978, S. 79 – 82.

Als einziger nicht aus dem Kröning und nicht aus München stammender Hafner ist 1730 *Johann Leonhard Grienwaldt* aus Feldgeding, Kreis Dachau, mit einer Lieferung von „*6 Speisen Tegl*" genannt, von denen er einen jeden mit 32 Kreuzern in Rechnung stellte. Leider ist im Original-Eintrag nicht zu entziffern, auf welche „*gewisse Art mit…?…*" er die doch hoch im Preis angesetzten Gefäße gefertigt hat. Um eine Besonderheit dürfte es sich auf jeden Fall gehandelt haben.

Zwar nicht unbedingt zum Thema Kröning rechnend, aber doch mit aufschlussreich erscheint der beschriebene, ebenfalls im Jahr 1730 vorgenommene Ankauf eines Delfter Services (wohl Fayence) aus Holland, der von den beiden Augsburger Kaufleuten *Kreidemann* und *Lebert* vermittelt worden war.

Abschließend soll noch als Parallele zur archivalischen Forschung auf die Auswertung von Bildquellen verwiesen werden, „*Eine entsprechende Dichte dieses Quellenmaterials ermöglicht die Zuordnung keramischer Objekte zu bestimmten*

Gruppen, Landschaften oder Zeiträumen…".[33] Gerade das wegen seiner typischen Merkmale verhältnismäßig leicht zu erkennende so genannte Kröninger Hafnergeschirr findet sich häufig auf Gemälden. Mit besonderer Detailtreue hat hier der in kurfürstlichen Diensten stehende, aus den Niederlanden stammende Maler *Peter Jakob Horemans* (* 1700 in Antwerpen, † 1776 in München) auf seinen Bildern solche keramische Gefäße dargestellt, von denen anzunehmen ist, dass sie als „*Kröninger Geschirr*" angesprochen werden können. Wir finden sie vor allem auf

---

33 Vgl. Gerl, Josef: Bildquellen zur Hafnerkeramik des deutschsprachigen Raumes von der Mitte des 17. bis zum Beginn des 20. Jahrhunderts, in: Volkskunst, 1. Jgg. München 1978, Heft 3. S. 153 – 161.

den nach 1760 entstandenen Stillleben und auf seinen Küchenbildern.[34]

Hofbediente am kurfürstlichen Hof zu München als Zwischenhändler für Kröninger Geschirr[35]

Bei den Hofbedienten am kurfürstlichen Hof in München hatte sich von *„uralten Zeiten her"* eine Art Gewohnheitsrecht herausgebildet, erdenes Geschirr von den zu den Dultzeiten anwesenden Kröninger Hafnern aufzukaufen. Nachdem aber den Kröninger Hafnern auf Betreiben der Münchner Kollegen bei Verlust des eigenen Geschirrs 1759 verboten worden war, an *„Schissl-Trager, Trabanten* [=Leibwächter], *Stallknechte, Strickhen-Knecht oder was Namen sie immer haben mögen"* Geschirr abzugeben, seien sie, die Hofbedienten, in einer äußerst prekären Lage, weil ihnen die *„Wacht"* das erstandene Geschirr konfisziert habe. Zum Ankauf der Hafnerware hätten sie mangels eigener Barmittel bei den *„Creditoribus"* [= Geldgeber, Geldverleiher] Geld aufgenommen, die nun ihrerseits auf die Rückzahlung pochten. Die Sprecherin der Hofbedienten, die Küchendienerin *Maria Anna Riederin* bat daraufhin das Hof-Oberrichteramt, dass ihnen der Schaden, wie bereits in einem früheren Fall geschehen, ersetzt werden möge. Die Antwort an die *Riederin* ist nicht sehr hilfreich ausgefallen. Es bleibe beim Beschluss der Beschlagnahme des Geschirrs, außerdem sei das Geschirr *„unter die Soltatesca bereits ausgeteilt worden und nicht mehr zurückzukommen"*. Als gewissen Ausgleich wurde den *„Supplicanten"* jedoch genehmigt, in Zukunft acht Tage lang nach den Marktzeiten ihr bei den Kröninger Hafnern aufgekauftes Geschirr veräußern zu dürfen.

Ein umfangreicher, vom Oberführer der Münchner Hafner *Georg Rechthaller* 1822 produzierter Schriftsatz wandte sich gegen den gestatteten *„Missbrauch"*, den *„Naiglweibern"* das nach der Dult übrig gebliebene Kröninger Geschirr 14 Tage lang nach der Dult auf öffentlichen Märkten zu verkaufen. Es kommt dabei zum Ausdruck, dass das Verfahren des Nachverkaufs von Geschirr nur in München

und hier gerade für die Kröninger Hafner gesetzlich geregelt war. Diese Ausnahme zum Schutz der Hafner existiere in keinem anderen Ort des Königreichs Bayern als in der Stadt München. Die Begünstigung sei schon deshalb ungerecht, weil die Fabrikanten des Kröninger Geschirrs durch die *„Vortrefflichkeit des Materials schon vor anderen begünstigt"* seien. Hier wurde also die gute Qualität der Kröninger Hafnerware durch die Münchner Hafner neidlos anerkannt. Weiter wurde ausgeführt, dass zum Erwerb des Geschirrs die Zeit der 14-tägigen Dult hinlänglich ausreiche, in der sich das Publikum mit Hafnerware versorgen könne. Den fremden Hafnern sei nach den Marktgesetzen erlaubt, übrig gebliebene Ware bis zur nächsten Dult zu deponieren, also zwischen zu lagern, wozu ihnen in Freimann der Platz angewiesen worden sei.

1825 wird der Geschirrhändlerswitwe *Maier* von Haidhausen die Befugnis *„zum Verlag des Gröninger Geschirrs erweitert"* und damit der Verkauf dieser Ware bestätigt.[36] Der bei der Regierung des Isarkreises dagegen eingelegte Einspruch der Münchner Hafnermeister wurde abgewiesen. Im gleichen Jahr wird ein erneuter Einspruch der 14 Münchner Hafnermeister, nun gegen den bereits erteilten kommissionsweisen Verkauf von Kröninger Hafnerware an *Georg Wintersberger* abgelehnt. Es ist wieder von dem den Kröninger Hafnern genehmigten Verkauf von Geschirr 14 Tage nach den Märkten die Rede, der, so die bürgerlichen Hafner zu München, aber zu deren Nachteil geschehe.

Streitigkeiten zwischen den Kröninger und den Münchner Hafnern

Im Archiv des Heimatvereins Vilsbiburg haben sich bei den Handwerksakten der Kröninger Hafner über 80 Schriftstücke erhalten, die größtenteils Differenzen mit Hafnern anderer Orte und mit der Obrigkeit aufzeigen. Darunter befindet sich ein umfangreicher und über einen längeren Zeitraum laufender Streit mit den bürgerlichen Hafnern zu München.[37] Die Archivalien lassen die Bedeutung und den Umfang des Kröninger Geschirrhandels nach München

---

34 Vgl. Hohenzollern, Johann Georg Prinz von: Peter Jakob Horemans, Katalog der Sonderausstellung Alte Pinakothek, München 1974.

35 BayHStA, MH 2690. Naiglverkäuferin Anna Maria Rieder, München 1759; Geschirrverkauf in München u.a. 1822, 1823, 1825.

36 Wie Anm. 36.

37 StALa, Regierung Landshut A 13594. Den Streit hat Bartholomäus Spirkner ansatzweise zitiert, in: Spirkner 1914, S. 125, geänderte Sign.

erkennen. Sie vermitteln Kenntnisse über die Geschirrtransporte und deren Kosten nach München, über die Abwicklung des Verkaufs auf den Märkten und Hinweise auf weitere Absatzorte im *„Ausland"*.

Der Streitgegenstand von 1736[38]

Dabei ging es im Prinzip um den Geschirrverkauf der Kröninger Hafner in München, der zum Teil in so genannten *„Naigen"* abgewickelt wurde. Aus dem Verlauf des Streits ist zu ersehen, dass den Kröninger Hafnern der *„Naigenverkauf"* nur unmittelbar nach den Märkten genehmigt gewesen wäre, sie ihn aber schon vor Beginn und auch währenddessen praktizierten. Unter dem Ausdruck *„verthailte Naigen"* ist wohl eine Partie Geschirr zu verstehen, zusammengesetzt aus einer bestimmten Menge Häfen, Schüsseln usw.
Der Streit fand 1739 mit einer Resolution der kurf. Regierung in München seinen vorläufigen Abschluss. Der Streitgegenstand führte jedoch 1740 zu einer weiteren Regierungserkenntnis und 1745 zu einer Beschwerde des für die Kröninger Hafner zuständigen Pfleggerichts Teisbach über die Behinderung des *„Naigenverkaufs"* in München.[39]

Der Streitgegenstand von 1779

1779 traten erneut Differenzen zwischen den Kröninger und den Münchner Hafnern auf. Erstmals ist darin von den *„tolerierten Weibern"* oder den *„berechtigten Naigl Aufkäuferinnen"* die Rede. Die acht Punkte umfassende Klage gegen die Kröninger Hafner zeigt die Problematik des Zwischenhandels (*„Kauderei"*) mit Geschirr auf, der auf dem Land praktisch ganz verboten war und in der Stadt nur unter erschwerten Bedingungen stattfinden durfte. Der im selben Jahr entschiedene Streit führte in einer weiteren Auflage in den Jahren 1780 und 1789 nochmals zu weiteren Geplänkeln.

Der Streitablauf 1736 bis 1745

Eingeleitet wurde der Rechtsstreit mit einem vom 28. April 1736 datierten Schreiben der Regierung in München an den Vicedom *Georg Christian Cajetan Ferdinand von*

Nothaft zu Landshut. Darin beschwerte sich das gesamte Handwerk der bürgerlichen Hafner von München über die Hafner vom Kröning, die zum Schaden des Handwerks *„zu Dult und Göbnacht*[40] *Zeiten ihr Hafner Geschier bey Anfang, Mitte, sonderbahr aber zu Ausgang des Marckhts in verthailte sogenannte Naigen uf offenen Plaz wider die schon öffters beschechen verbott dergestalten frey und ungescheicht verkauffen, daß ain ainzige dergelichen Naig nit allein gegen zechen [= zehn] Gulden, sondern woll auch uf 50, 60 und 70 fl sich belauffet".* Die Münchner Hafner bitten diesen *„unfug"* abstellen zu lassen. Nach einer Einvernahme der Kröninger Hafner beim Hofoberrichteramt, wo diese die Anschuldigungen nicht in Abrede stellten, hätten sie sogar *„mit Mundt und Handt angelobt, daß sye fürdershin bey Vermeydung schwerer Straff und woll gar würckhlicher Confiscation [= Beschlagnahme der Geschirre] in der Göbnacht und Jacobi Dultzeit keine Naig höher als uf das höchste per 10 Gulden — und zwar dies erst zu Ausgang des Marckhts — verkauffen und abgeben sollen und wollen".*
An die Kröninger Hafner erging nun vom Hofrat in München über den Vicedom in Landshut an den Pflegskommissar *Franz Xaver Weinzierl* beim Pfleggericht Teisbach der Befehl, dass vor Beendigung des Dult- oder Göbnachtmarktes keine Naige Hafnergeschirr mehr als über 10 Gulden verkauft werden dürfe.[41] Bei Verstößen würden empfindliche Geldstrafen verhängt und das Geschirr beschlagnahmt werden.
Am 4. Juli 1736 wurde der Regierungsbefehl vom Pfleggericht Teisbach den Kröninger Hafnern publiziert.[42] Anlässlich des Hauptjahrtages des Handwerks in Teisbach wurde im Protokoll festgehalten, dass die damals in München anwesenden Hafnermeister *„Anton Wippenpökh von Pattendorf, Gregori Kolb von Jesendorf, Bartleme Wiesst von Schnittenkofen, Sebastian Schindlbeckh und Caspar Wippenpökh von Kirchberg, Florian Wippenpökh von Magersdorf, Matthias Wippenpökh von Hub, Hans Wiesst von Bödldorf und Georg Kolb von Hundspoint"* nicht einverstanden gewesen seien, dass sie keine Naige höher als um 10 Gul-

---

38 Wie Anm. 35.
39 AHV, Akten des Kröninger Hafnerhandwerks, 1.17. Streitakten des Handwerks Nr. 26.

40 Schmeller 1973, Sp. 867, Gebnacht: „Die am Dreikönig-Vorabend anfangende Dult oder Messe in München wurde im 18. und 17. Jahrhundert Gebnachtdult genannt".
41 Wie Anm. 39., Streitakten Nr. 25.
42 Wie Anm. 39,. Streitakten Nr. 26.

den verkaufen sollten. Die Meister seien verwundert über das, was vom Hofoberrichteramt München nach Landshut überschrieben worden sei. Sie möchten bei dem alten Herkommen verbleiben, nachdem jeder Meister *„dessen Geschier zu verschleissen [hat] so guet er kann und mag"*. Sie richteten an das Pfleggericht Teisbach die Bitte, ihnen bei der Austragung des Streits zur Seite zu stehen[43].

1736 besuchen 43 Kröninger Hafner die Märkte in München

Die Kröninger Hafner beschwerten sich dann in einem Schreiben an den Geheimen Rat über das Verbot des Hofrats, das *„auf der Münchner Dult und Göbnachts Marckhtszeit zuegeführten Hafner Geschier naichweis – so über 10 Gulden werth"* – zu verkaufen. Das Verbot würde so streng gehandhabt, dass bei der vergangenen Jakobi-Dult 1736 einige Meister um 3 fl 57 kr 2 Pfennig, andere um 1 fl bzw. 2 fl abgestraft wurden. Sie führten weiter aus, dass sie ihr Hafnergeschirr *„11 Meill Wegs weith mit grossen Unkosten und hechster Gefahr nacher München führen, Zoll Mauth ab jeder Fuhre 1 Gulden 20 kr. verraichen und jedesmahl mit grossen Schaden verkhauffen müssen. Gestalten unser 43 Hafner an der Zahl die Münchner Marckht Zeiten frequentieren, mithin leichtlich zu erachten stehet, was für Nuz oder Gewün wür ziehen, da unser jede Fuhr 40 Gulden kostet. Wan wir unser Geschier nit naichweis verkhauffen sollten derffen, wür solches aintweder denen Münchner Hafnern umb ein Spottgelt geben oder die Frequentierung der Münchner Dult und Göbnacht auslassen müssen"*. Und dann folgt eine sehr eindringliche und selbstbewusste Bemerkung, die da lautet: Als Folge entstehe bei den *„grosen Herrn Heusern, also der Burgerschaft zu München ein großes Präiudiz [= Nachteil, Schaden] da man alleinig an die Münchner Hafner gebunden würde, die doch nit im Standt sint, dergleichen Hafner Geschier, wie das unserige in der Güette, zu machen"*. An der Geschirrkauderei in München trügen sie keine Schuld. Im Gegenteil, sie hätten sogar selber um deren Abschaffung gebeten, dabei viele Jahre gestritten und 200 Gulden Unkosten darauf verwendet.

Die Bitte der Kröninger Hafner an die Regierung ging dahin, *„dero Hofrhat anzubefelchen, daß derselbe das wider uns verhengte Verbott abzuthun und uns Underthanen wenigstens den Fremden gleichzuhalten, da einem jeden Bändl Crammer frey stehet, seine Wahren uf ainmahl oder aber die Helffte, das Dritl oder das Viertl davon zu verhandlen oder zu verkhaufen"*.

Die Kröninger Hafner reklamierten im nächsten Jahr 1737, sie hätten auf das vorhergehende Schreiben keine Antwort erhalten.[44] Ihre Formulierungen wirkten nun diesmal etwas zurückhaltender, eher kleinlaut. Sie schrieben, die Münchner Hafner verlangten von ihnen, über 100 Gulden entstandene Unkosten in deren Handwerkslade zu bezahlen, was natürlich mit dem Hinweis auf die eigene Lade am Gerichtsort Teisbach abgelehnt wurde. In der Bitte der Kröninger, den Besuch der *„gefreiten"* Dulten zu genehmigen, ist vom Naigenverkauf keine Rede mehr.

Die Obrigkeit hüllte sich aber weiter in Schweigen, der Streit erreichte nun einen neuen Höhepunkt.[45] Die Münchner Hafner sperrten den Kröningern nicht nur den Geschirrverkauf zu den Gebnacht- und Jakobi-Dult-Zeiten, sie verlangten auch, dass sie zur Bestreitung der bei ihrer Hauptlade angefallenen Kosten von den Kröninger Hafnern eine Beihilfe zu erhalten hätten. Mit dem nochmaligen Hinweis der Kröninger Hafner, sie hätten ja selber eine Lade, baten diese um die Genehmigung des Geschirrverkaufs in München, wie dies bereits uneingeschränkt in den Städten Straubing, Landshut und Burghausen Übung sei.

Im selben Jahr erinnerten die *„armen Haffner zu Gröning"* nochmals an ihr Recht, in der *„Haubt- und Residenzstadt München in denen gefreyten Jacobi und Gebnacht Dult Zeiten gegen vorherige Lesung einer Polliter [= Lösung einer Polite, eines Genehmigungsscheins]"* ihr Hafnergeschirr öffentlich zu verkaufen. Dies werde neuerdings erschwert, da der Hofober- und Stadtoberrichter den *„Däntlerinnen und anderen Stadtweibern"* den Verkauf von Hafnergeschirr neben dem ihrigen erlaube. Würde dies nicht abgestellt werden, könnten von ihnen die Unkosten *„die auf der Äx [= Achse) eines 14 Meill langen Wegs"* entstünden, nicht mehr aufgebracht werden. Interessant ist hier auch der Hinweis auf die Geschirrlieferung für *„Euer Churf. Durch-*

---

43 Wie Anm. 39, Streitakten Nr. 26a.

44 Wie Anm. 39. Streitakten Nr. 27
45 Wie Anm. 39. Streitakten Nr. 28.

laucht. habente Hoflieferung", der dann nicht mehr nachge-kommen werden könne. Sehr drastisch folgern sie weiter, dass „mithin unsere Werckhstötten ruinierter, frey ödt liegen lassen, sambt Weib und Kindern in den verbottenen Petl [= Bettel] getrieben würden".

Das Schreiben des Münchner „Agenten" Johann Michael Pfeffer an das Kröninger Hafnerhandwerk vom 19. September 1737 nennt die Anwälte, die im Verlauf des Streites die Kröninger Hafner zu vertreten hatten.[46] Der Verfasser teilte dem Handwerk mit, dass „Doctor Bindter" als bisheriger Anwalt nichts habe erreichen können. Er hingegen habe den „Däntlerinnen" den Geschirrverkauf verbieten lassen. Um prüfen zu können, welche Rechte die Kröninger im Kauf und Verkauf zu den Dult- und gefreiten Marktszeiten hätten, solle der derzeitige Viertlmeister zu Kröning den beim Stadtoberrichter „gelesten Marckt Zötl" übersenden. Daraus müssten die Rechte zu ersehen sein, die er dann beim Geheimen Rat gegenüber den Stadthafnern und deren „krumpen (krumme Touren machende) H. Advocaten" geltend machen wolle.

Die Bemühungen des Rechtsvertreters führen mit zwei Entscheidungen erst am 15. Januar 1739 zum Erfolg.[47] Die zweite Geheime Kanzlei-Entscheidung geht jedoch nicht ausdrücklich auf den Geschirrverkauf in Naigen ein.

1. Den „Däntlerinnen und anderen Weibern" wird der Verkauf von „anderen Landt Haffner Geschier in den Jacobi und Gebnacht Dulten" abgeschafft.

2. Dies betrifft die Beschwerde der Kröninger Hafner wegen ihres „in Dult Zeiten zu Jacobi und Gebnacht von den Haffnern alhier [= München] verwöhren wollenten ural-ters hergebrachten Verkauffung ihres Haffner Geschiers". Die Resolution erkennt „zum Hofrat, welcher es mit de-nen Supplicanten, wie sonsten vor viellen Jahren zuruckh gewöhnlich halten zlassen hat."

Die Kröninger Hafner wurden dann 1745 erneut beim Geschirrverkauf in München behindert. In einem Schreiben an den Geheimen Rat in München vom 18. November 1745 zitierte das Pfleggericht Teisbach den Streit, der 1736 begonnen hatte. Es beschuldigte die „gehässigen Statt Hafner", da die Kröninger „zugegen der uralten Observanz

getruckt und gepresst werden. Da doch einem jeden Auslender an solch gefreyten Märkten seine Wahren so guet er kann zu verkhauffen kein Einhalt erzeigt würdt und sye Hafner auch ausser Landts zu Inspruckh, Pozen, Salzburg, Passau, Linz, Regenspurg auf gefreyten Märckten, gleich all andern da-hin handelnte Auslender gleiches Recht und ungebundene Verkhauffung ihres Geschürs zu genüssen haben". Der Pfle-ger schrieb weiter, dass die im Gericht befindlichen „yber hundert Haffner Meister sich auf dem Landt herumb pla-gen und sogar das Gelt zu Bestreitung ihrer landtsherrlichen Purdte ausser Landts suechen und herein zu bringen haben". Es wurde die Bitte ausgesprochen, „den von uralt hergebrachten uneingesckranckhten Naigen Verkhauff gleich dero genedigs-ten Erkhandtnus de dato 16. Jenner 1740" weiter zu ge-nehmigen.[48]

Der Streitablauf 1779 bis 1789

Zu Beginn steht ein — nicht erhaltenes — Schreiben, auf das 1779 die „Samentlichen verzümpfte Kröninger, Binin-ger und Ehringer Hafner Mitmeister" mit einem Brief an die Regierung antworteten. Es handelt sich hier übrigens um die einzig bisher bekannte Eingabe, bei der verschiede-ne Hafnerorganisationen und zwar die Kröninger Hafner, die Hafner an der Bina und — vermutlich — die Hafner von Erding, mit einem gemeinsamen Anliegen an die Re-gierung herantraten. Die Unterzeichner führten zunächst das ihnen in acht Punkten zur Last Gelegte an und brin-gen im selben Schriftstück ihre Gegenargumente vor.

1. Die bis dahin „tolleriert geweßenen Weiber" sollen „in Zukunft nach der Dult die Naiglen des Hafnergeschier nicht mehr aufkaufen noch viel minder an wieder ver-kaufen". — Antwort: Die Hafner hielten dagegen, dass dann die Münchner Kollegen die Aufkäufer wä-ren, die deren eigenes „schlechtes" Geschirr mit dem Kröninger Geschirr vermischten und dann „um einen sündhafften Preiß verkaufen".

2. Die „fremden",[= Kröninger usw.] Hafnermeister müssen ihr Geschirr zeitig zu den Märkten nach Mün-chen bringen und auch selber verkaufen. — Antwort: Die auswärtigen Hafner könnten nicht alle zugleich eintreffen, da alle „mit selbst aigentlichen Pferden nicht

---

46 Wie Anm. 39. Streitakten Nr. 30.
47 Wie Anm. 39, Streitakten Nr. 39.
48 Wie Anm. 39, Streitakten Nr. 41 und 42.

versehend sind und ein Paur oft 2 und 2 mahlen fahren müßte". Es geschehe öfter, dass die Hauptdult bereits zu Ende sei, ehe das Geschirr an Ort und Stelle zu liegen komme. Sie müssten die *„Pauren um das Fuhrwerk vor das theure Geld bitten und zu 16, 18 und 20 Gulden ausgeben"*.

3. Die Münchner verbürgerten Hafner sollen das übriggebliebene *„beschaumäßige Geschier um billichen Peiiß nach unseren selbstigen Erbieten nach geendigter Dult abbkauffen"*. – Antwort: Das Vorhaben wäre wohl anständig, die Ausführung jedoch unvorstellbar. Die Münchener Hafner wüssten genau, dass nur sie dann das Kröninger Geschirr aufkaufen dürften. Wenn die Kröninger Hafner den Preis auch selbst bestimmen könnten, würden ihn die Münchener Meister doch drücken und dazu die besten Stücke aussuchen.

4. Es soll den Münchner Hafnern verboten sein, während der Dult *„von uns frembden viel oder wenig [Geschirr] zu verkhauffen"*. – Antwort: Dagegen haben die Kröninger nichts einzuwenden.

5. Den Münchner Hafnern ist nur mehr gestattet, ihr selbst gefertigtes Geschirr feilzuhalten. – Antwort: Kein Einwand.

6. Das vorher genannte Verbot findet dahingehend Ergänzung, dass den Münchner Hafnern verboten wird, *„fremdes Geschirr von einer Dultzeit zur andern in die Stadt zu bringen"*.

7. Die Kröninger Hafner sollen zwischen den Dulten ihr unverkauftes Geschirr an einem von der Obrigkeit bestimmten Ort sicher aufbewahren. – Antwort: Die Hafner sind gegen dieses andiktierte Vorhaben und begründen es damit, *„zumahlen wir in allem gegen 400 Mitmeister sint, die die Münchner öffentlich ausgeschriebene Jahr Märkte beziechen und die Stadt mit extra guten und sauberen Geschier zu versehen"*. Sie hätten Gesellen zu entlohnen, Fuhrlöhne und Zehrungen zu bezahlen. Dazu müsse jeder Meister von ihnen *„Praestationen [= Gebühren]"* entrichten. Zu berücksichtigen sei weiter, *„was wir an denen unterwegs auf der Reise oder anderstwo mehr ruinierten Geschier schaden zu gedulden haben"*. Diese Belastung könnten sie nur mit dem *„von einer Dultzeit zur anderen [an] erlösten Geld, deren ein jeder aus uns gegen 50, 60, 70, 90 überhaupts 100 Gulden nacher Hauß bringt"*, nicht ertragen. Es werde sogar so-

weit kommen, dass sie im nächsten Jahr den Göbnacht- oder Wintermarkt zum letzten Mal besuchen werden. Sie, die *„zunftmäßigen Kröninger, Bininger und Ehringer Hafnermeister, die vor unfürdenklichen Jahren her alle gewöhnlichen Marktszeiten hindurch unablößlich die churf. Haubt- und Residenzstadt München mit gut dauerhaften Hafners Geschier um ein sehr billichen Preiß versechen haben"*, sollen nun wegen der *„nur 8 hiesigen verbürgerten Hafnermeister, welche nur eine kurze Zeit einen so starken Aufruhr machen"* und *„mit anderen Arbeiten genug versehen sind"*, ins Verderben gestürzt werden.

8. Den Kröninger Hafnern ist der im Tal [= Straße zwischen Isartor und Marienplatz] angestammte *„Verkauf- oder Markt Platz"* abgeändert worden. Sie sollen künftig ihr Geschirr *„in die weite Gasse zwischen den P. P. Augustinern und der Sct. Michaeli Hofkirchen [= Kaufinger-/ Neuhauserstraße]"* zum Verkauf bringen, wo sie aber nur *„einen viel minderen Verkauf machen können"*. – Antwort: Die Abänderung des Verkaufsplatzes im Tal *„und im Winter auf dem Anger [= St. Jakobs-Platz]"*, könne nicht mit Platzmangel begründet werden. Nach ihrem Dafürhalten sei der Anlass, *„weillen dazumahlen so viele Wagen ankommen sint, wie die K. K. Prinzeßin nacher Paris gereiset seye"*.

Die Regierung wird noch einmal ausdrücklich gebeten, *„die Sache in Status quo, wie allzeit beym alten Herkommen gewesen, gnädigst zu belassen"*. Dem Stadtoberrichteramt wolle übermittelt werden, den acht Münchener Hafnern aufzutragen, sie hätten das gesamte *„überbleibende bschaumessige Geschier"*, ohne das *„nicht gefählige stehen zlassen"*, um bares Geld aufzukaufen. Die bisher *„toleriert gewesenen Weiber oder Naigl Aufkäuferinnen"* hätten ihnen auch die ganze Zeit her das Geschirr um bares Geld abgenommen. Der in dieser Streitsache durch die Hofkanzlei in München ergangene Endbescheid ist in acht Punkten noch 1779 folgendermaßen ausgefallen:

1. Das *„Aufkaufen der Naiglen und des Hafnergeschiers zum Wiederverkauf nach der Dult"* wird den bisher *„toleriert gewesenen und sich eingeschlichenen Weibern gänzlich abgeschafft"*.

2. Die fremden Hafner müssten ihr Geschirr rechtzeitig auf die Märkte bringen und auch selber verkaufen.

3. Damit die fremden Hafner sich nicht beschweren können, sei zu verfügen, dass ihnen die Münchner Hafner das überbleibende beschaumäßige Geschirr nach der Dult um einen billigen, aber *„nach ihrem* [= der fremden Hafner] *selbstigen Erbieten"* abkaufen.

4. Während der Dult ist den Münchner Hafnern verboten, von den fremden Hafnern Geschirr zu kaufen.

5. Es ist den hiesigen Hafnern nur gestattet, ihr selber gefertigtes Geschirr zu verkaufen.

6. Den Münchener Hafnern bleibt verboten, *„fremdes Geschier von einer Dultzeit zur andern in die Stadt zu bringen"*.

7. Der Münchener Magistrat hat für einen Ort zu sorgen, in dem auf Verlangen der fremden Hafner deren unverkauftes Geschirr von einer Dultzeit zur anderen sicher verwahrt werden kann.

8. Wegen des Verkaufsplatzes im Tal ist über die Ursache der geplanten Verlegung zu berichten.

In den Akten erhalten ist ferner die Abschrift eines Schreibens der *„Helena Wasserburgerin, Katharina Setelin und übrige berechtigte Naigl Aufkäufferinnen"* vom 10. Dezember 1779. Dieses Schreiben, das keinen Empfänger nennt, berichtet über die Beschwerde der *„berechtigten"* Geschirraufkäuferinnen gegen die acht Münchner Hafner, da diese *„die besten aus denen fremden Hafnern auskaufen wollen"*. Die übrigen – weniger qualifizierten Hafner müssten aber ihr Geschirr bei den hiesigen Hafnern in Kommission *„todtliegen lassen"*.

Die Kröninger Hafner wurden schließlich am 17. Januar 1780 durch das Stadtoberrichteramt München daran erinnert, dass sie gemäß dem bei der Oberen Landesregierung abgehaltenen Konferenz-Protokoll außer der Dultzeit weder hier in München, noch in der Au (damals Vorort von München) ihr Geschirr verkaufen dürften.

Die Schwierigkeiten waren aber damit für die Kröninger noch nicht zu Ende. So erschien ein Schreiben der kürfürstlichen Kommission zur Untersuchung der bürgerlichen Beschwerden in München an das Pfleggericht Teisbach vom 31. Januar 1789. Der Teisbacher Pflegskommissar gab dem Kröninger Hafnerhandwerk das Schreiben am 21. Mai 1789 bekannt. Danach hätten die Hafner gegen das Gebot verstoßen, rechtzeitig zu Beginn der Dult in München anwesend zu sein. Könnten sie künftig kein

„ehrhafftes obrigkeitliches Attestat" für zu spätes Ankommen vorweisen, müsste ihre Ware *„konfisziert"* werden. Ein weiteres Schreiben des Stadtoberrichteramtes in München an das Pfleggericht in Teisbach vom 3. Juli 1789 übermittelte der Teisbacher Pflegskommissar dem Hafnerhandwerk am 15. Juli 1789. Ihm zufolge wurden die Kröninger aufgefordert, ihr Geschirr nicht an unberechtigte Händler, sondern gemäß der *„Höchsten Willens Meinung"* an die bürgerlichen Hafner in München zu verkaufen.

Die Kröninger Hafner auf den Märkten in München

Im Folgenden werden die aus den Streitigkeiten gewonnenen Erkenntnisse zusammengefasst. In den Akten und den Handwerksprotokollen ist zu lesen, dass die Kröninger Hafner in München *„seit unfürdenckhlichen Jahren"* die dortigen Dulten besuchten. Gemeint sind damit die Heilig-Drei-König-Dult oder Winterdult, beginnend am Vorabend des 6. Januar, und die Jakobi-Dult oder Sommerdult, beginnend am Vorabend des letzten Sonntags im Juli. In München arbeiteten zur Zeit der geschilderten Streitigkeiten acht Hafner, die jedoch bei weitem nicht den Geschirrbedarf der Bürgerschaft und der zu den Märkten hereinströmenden Landbevölkerung befriedigen konnten. Außer den Kröninger Hafnern dürften auch die im Gebiet westlich von München in den Landgerichten Aichach, Friedberg, Landsberg und Schrobenhausen wie auch in Dachau ansässigen Hafner mit ihren Erzeugnissen die Märkte besucht haben.

Die große Zahl der Werkstätten im Kröning[49] war gleichbedeutend mit hohen Produktionszahlen an Geschirr. Die Folge musste sein, dass die Absatzmöglichkeiten im engeren Einzugsbereich sehr beschränkt wurden; man musste seine Kundschaft weit vom Herstellungsort suchen. Berücksichtigt man die in einem Schriftstück zitierte Zahl von bis zu 43 Hafnern, welche die Münchner Märkte 1736 besucht haben sollen, muss München vom Kröninger Hafnergeschirr geradezu überschwemmt gewesen sein. Die Berechtigung, diese Märkte uneingeschränkt besuchen zu können, war für die Kröninger Hafner deshalb lebensnot-

---

49 Grasmann 1975, S. 13 – 18 und wie Anm. 39 Streitakten Nr. 26a.

wendig, was man aus ihren Eingaben auch heraushören kann. Eine Störung ihrer Verkaufsmöglichkeiten hätte sofort Auswirkungen auf ihre Einkommens- und Lebensverhältnisse nach sich gezogen.

Die bürgerlichen Hafner zu München bedeuteten für die auswärtigen Berufskollegen eine nicht zu unterschätzende Konkurrenz, auch wenn deren hauptsächliche Einnahmequelle wohl mehr im Setzen, Ausbessern und Umbauen von Kachelöfen bestanden haben wird. Eine nicht unbedeutende Rolle dürfte neben der in die Stadt gebrachten großen Menge Geschirrs auch dessen Qualität gespielt haben, wie die selbstbewussten Kröninger Hafner dies zum Ausdruck brachten. Sie sagten, die Münchener Hafner seien nicht im Stande *„dergleichen Hafner Geschier wie das unserige in der* Gütte *zu machen"*. Ein weiterer Qualitätsbeweis ist auch in der erwähnten *„Hoflieferung"* zu sehen. Verständlich war deshalb das Bestreben der Münchner Kollegen, das übrig gebliebene Geschirr nach den Märkten aufkaufen zu können. Gerade dies führte aber zu Auseinandersetzungen, da zum einen die Kröninger Hafner mit dem erlösten *„billigen Preis"* nicht einverstanden waren, zum andern ein Teil ihrer Ware nur in Kommission genommen wurde, was eine sofortige Bezahlung in Bar ausschloss. Auf der anderen Seite genossen sie jedoch auch Vorteile. Die Münchener Hafner durften praktisch außerhalb der Dultzeit kein *„fremdes"* Geschirr in die Stadt bringen, waren also darauf angewiesen, von den *„fremden Hafnern"*, somit auch von den Kröningern, *„beschaumäßiges"* Geschirr zu erwerben.

Auch über die Unkosten, die den Hafnern auf dem Weg nach München und in der Stadt selbst entstanden sind, sagen die Akten einiges aus. Es wird ein Betrag von 40 Gulden pro Fuhre genannt. Betrachtet man die einzelnen Unkostenposten, kommen wir beim Fuhrlohn auf 16 bis 20 Gulden, Zoll und Maut kosteten je Fuhre 1 Gulden 20 Kreuzer, Abgaben an die Stadt 48 Kreuzer. Die Hafner setzten weiter an die kurfürstlichen und herrschaftlichen *„Praestationen* [= Gebühren]"*, die Entlohnung ihrer Gesellen sowie die Zehrgelder. Hinzuzurechnen seien noch die Verluste bei erlittenem Geschirrschaden sowie das *„Abschaugeld"*, das ihnen von den Münchener Kollegen abverlangt wurde.

Um ihre Rechte in München besser untermauern zu können, zitierten die Kröninger Hafner andere, von ihnen be-

suchte Verkaufsorte. 1737 führen sie zunächst Burghausen, Landshut und Straubing an. 1745 nennen sie Orte *„ausser Landts"*, so Bozen, Innsbruck, Linz, Passau, Regensburg und Salzburg. In einigen dieser Orte bereitete ihnen die Obrigkeit Schwierigkeiten, da die dort angeordnete *„Beschau"* des Geschirrs von den Kröninger Hafnern mit dem Hinweis auf erhaltene Privilegien abgelehnt wurde.

Weitere in Streitigkeiten erwähnte Absatzorte

Heiligenstadt bei Gangkofen[50]

Mit dem Verkauf von Hafnerware auf einem Friedhof wird in einer Streitsache ein ganz und gar unüblicher Verkaufsort bekannt. Zeitgenössische Darstellungen auf Kupferstichen der Barockzeit geben z. B. für Altötting, Bogenberg oder Hellring (Abb. 109) einen Ausschnitt frei auf den Wallfahrtsbetrieb an diesen Gnadenorten und rund um ihre Kirchen. Auch in archivalischen Quellen finden sich hierzu vereinzelt schriftliche Nachrichten.

Zu den alljährlich vier abgehaltenen Wallfahrtstagen bei der Kirche St. Salvator in Heiligenstadt nahe dem Markt Gangkofen, Landkreis Rottal-Inn, strömten neben den zahlreichen Gläubigen auch Händler und Handwerker, die dort ihre Waren feilboten. Im Jahr 1589 ereignete Vorfälle hatten den Komtur der Deutschordenskommende Gangkofen – in dessen Pfarrei die Wallfahrtskirche Heiligenstadt gelegen war – zu einer längeren Darstellung der Zustände in einem Bericht an die Regierung in Landshut vom 28. April veranlasst. Neben den Krämern, Tuchmachern, Bäckern, Messerschmieden, Seilern, Schustern und Kürschnern hätten auch Hafner Waren auf dem Friedhof feilgeboten. Und hier setzte das eigentliche Ärgernis ein. So schrieb der Komtur unter anderem: *„...Item so haben die Hafner, deren auch eine guete Anzahl dahin kommen, mit ihrem Geschier auf dem Freithof faill gehabt, welche massen mit den örden Trometen oder Hornen* [= irdenen Trompeten und Hörnern] *– so die Paurn des Nachts, whann sy des Getraids hüeten, fürs Willt* [= Wild] *brauchen –, ain solches Plasen und Geduemb vertriben, also das, whann der Priester*

---

50 BayHStA (seit 1982), Rep. 157/1, Fasz. 5, Nr. 54, Deutsch-Ordens-Kommende Gangkofen. – s.a. Grasmann 1977, S. 80 – 83.

auf der Chantzl gepredigt ... man ainich Whort nit hören khönnen...". Obwohl den Hafnern das wohl als Werbung gedachte Blasen auf den irdenen Instrumenten schon mehrmals untersagt worden war, hätten sie dies weiterhin fortgesetzt. Zu den in Werkstattbruchgruben im Kröning zahlreich aufgefundenen Hornfragmenten ist nun hier ein seltener archivalischer Beleg über den Gebrauch von irdenen Instrumenten erbracht.

Vilsbiburg[51]

Die *„Zöch und Viermeister"* des Hafnerhandwerks zu Landshut *Jobst Weber* und *Christoph Humel* legten am 27. Februar 1648 beim Pfleger des Gerichtes Vilsbiburg im Namen ihres in Landshut zur Hauptlade eingezünfteten Vilsbiburger Hafners *Martin Maister* Klage ein. Die Beschwerde richtete sich in Sonderheit gegen die Hafner im Kröning, aber auch gegen die Krämer, die zu den Wochenmärkten in Vilsbiburg „allerley Geschür ... herein zu führen [sich] unterstehen und daselbige auch verkhauffen...". Dieses Verfahren sei niemals Brauch gewesen und stehe auch gegen die „conformierte und aufgerichte Handtwerchs Ordnung [der Landshuter Hafner von 1642, der Verf.]". Dem Vilsbiburger Hafnermeister sei dadurch dessen selbst hergestelltes Geschirr im „Laden verlegt" [= Verkauf geschmälert] und seine Erwerbsmöglichkeiten im Handwerk eingeschränkt. Die Landshuter Viermeister des Hafnerhandwerks baten den Pfleger um Abstellung und Schutz vor solchen Frettereien [= Pfuschereien, Hafnerwaren der Kröninger Meister nicht handwerksordnungsgemäß angesehen] auch im Namen ihrer benachbarten, also ebenfalls zur Hafner-Hauptlade zählenden Hafnermeister im Rentamt Landshut.

Der vor dem Vilsbiburger Pfleger Ferdinand Schleich zu Haarbach von den Hafnern im Kröning unter ihren Viermeistern *Georg Widenpekh* von Schaittenrain, *Wolf Stirminger* von Leiersöd, *Georg Leierseder* von Koblpoint und *Pangraz Gilgiel* von Hermannreit eingelegte Einspruch erfolgte prompt. Im folgenden Bericht des Pflegers an die Regierung in Landshut beschreibt dieser die Kröninger Gegenargumente. Darin hielten diese dagegen, dass sie und auch

ihre Vorfahren vor unfürdenklichen Jahren her die hiesigen gefreyten[52] und ungefreyten Märkte wie auch alle Fastenmärkte (in Vilsbiburg gab es davon alljährlich fünf, ab dem 19. Jahrhundert drei, der Verf.) besuchten, ohne dass ihnen dies von der kurfürstlichen und bürgerlichen Obrigkeit verwehrt worden wäre. Sollte ihnen dies verwehrt werden, so der Pfleger, würden nicht nur Zoll- und Mautgebühren für den Markt Vilsbiburg verloren gehen, es würden auch andere auswärtige Handwerker von dem Marktverbot betroffen sein. Ein endgültiger Bescheid ist nicht bekannt, doch dürfte den Erfahrungen nach der Geschirrverkauf der Kröninger Hafner auf den Märkten in Vilsbiburg auch weiterhin gesichert gewesen sein.

Dachau[53]

Eine Entscheidung des kurfürstlichen Hofrats in München vom 10. Februar 1688 verweist auf Beeinträchtigungen des Geschirrverkaufs auf den Märkten durch das Handwerk der Hafner in Dachau. Danach hatte man dem Hafner *Georg Kolb* aus dem Kröning aus einem nicht näher bezeichneten Grund sein auf den Markt gebrachtes Geschirr konfisziert und ihn mit einer Strafe belegt. Der Streit scheint sich nach einem von der kurfürstlichen Hofkanzlei für das Kröninger Hafnerhandwerk ausgestellten Bescheids bis ins Jahr 1695 hingezogen zu haben. Darin wurde *Kolb* nicht nur von der andiktierten Strafe freigesprochen, ihm musste auch sein Hafnergeschirr zurückgegeben werden. Als Zusatz ist weiter vermerkt, dass auch die anderen, in diesen Streit verwickelten Kröninger Hafner auf den Jahrmärkten und Kirchtagen beim Geschirrverkauf nicht mehr beeinträchtigt werden dürfen.

---

51 StALa, Pfleggericht Biburg und Geisenhausen A 362, Die Landshuter Hafner gegen die Hafner im Kröning wegen derenr unberechtigter Geschirrverkäufe zu den Märkten in Vilsbiburg.

52 An gefreyten Markttagen hatten im Gegensatz zu den ungefreyten alle Marktteilnehmer unabhängig von ihrem wirtschaftlichen oder persönlichen Wohnsitz oder der Art ihres Angebots volle Angebotsfreiheit. Ungefreyte Markttage unterlagen bestimten Beschränkungen für auswärtige Anbieter zum Schutz der örtlichen Wirtschaft und der örtlichen Handwerker, aus: Riepl, Reinhard: Wörterbuch zur Familien- und Heimatforschung in Bayern und Österreich, Waldkraiburg 2004, S. 249.

53 AHV, Akten des Kröninger Hafnerhandwerks, 3. Vertrieb, Hofrats Erkhanndtnus die Failhaltung zu Tachau betr., 10. Februar 1688

Rosenheim[54]

1699 klagte bei der Obrigkeit in Rosenheim *Georg Kolb* gegen *Matthias Kolmb* und dessen Kollegen, alle drei Hafner aus dem Kröning, weil die beiden ihn ohne Ursache einen *„Frötter seines Handtwerchs"* [= einen Pfuscher] geschmäht hätten. Es stellte sich jedoch heraus, dass die ortsansässigen Hafnermeister vom Kläger bereits vor dem Gertraudi-Markt eine Fuhre mit Hafnergeschirr gekauft hatten. Dies hätte den Beklagten, weil wider Handwerksbrauch, den Markt verdorben. Außerdem sei noch eine weitere Fuhre Geschirr auf dem Markt von *Kolb* verkauft worden. Den Beklagten wurde wegen Beleidigung des *Kolb* eine Strafe von 2 Gulden auferlegt. *Kolb* ließ die Angelegenheit vor der Regierung in Landshut klären.

Pfarrkirchen[55]

1729 beschwerte sich ein namentlich nicht genannter Hafner aus dem Kröning beim Gericht Reichenberg, weil er von Cammerer und Rat zu Pfarrkirchen einen Tag nach dem St. Thomas-Markt beim Geschirrverkauf behindert worden sei. Man habe ihm sogar die Konfiszierung des Geschirrs durch den Bürgerdiener angedroht. Das Gericht überschrieb den Vorgang am 1. März 1729 an die Regierung in Landshut. Darin ist deutlich die Parteinahme des Gerichts zugunsten des Kröninger Hafners erkennbar. Der Vorfall sei geschehen, obwohl den Kröninger Hafnern aufgrund *„Ihrer in allen Orten dero Landten sonderbahr geniessente Special Privilegiis"* der Verkauf *„andern Tags bis 12 Uhr"* gestattet sei. Die Kröninger Hafner hätten *„Concessionen"* sowohl in den Hauptstädten München, Landshut, Burghausen und Straubing, dann in den umliegenden Städten Braunau, Landau, Dingolfing und Moosburg sowie auch an anderen Orten und durchs ganze Land und dies nicht nur an zwei, sondern noch etliche Tagen nach Beendigung der gefreiten Märkte, um ihr Geschirr zu verkaufen. Dies vor allem deshalb, um die *„in loco* [im Ort]

befindlichen liederlichen Hafner zu erzwingen, daß sie gleichfalls ein besseres Geschirr machen und auf solche weis den Adel, [die] Bürger und [den] gemeinen Mann mit besserem und dauerhafterem Geschirr ihren Pfennig verwerten und vergelten müssen."* Die Pfarrkirchner Hafner könnten nicht in Abrede stellen, dass sie dem Kröninger Hafner bereits vor sieben bis acht Jahren, als er das erste Mal den gefreiten Markt besucht hatte, zur Bezahlung des so genannten Grußwein gezwungen und so beim *Maysperger* Bierbräu, dem Sitz ihrer Hafnerherberge, dem Kröninger Hafner sechs bis sieben Gulden *„abgetruncken"* hätten. Dadurch hätten sich die Pfarrkirchner dem Kröninger Hafner gleich gemacht, diesem jederzeit den freien Zutritt gewährleistet und die Feilhaltung des Geschirrs nach dessen eigener Willkür gestattet. Nachdem von den aufwieglerischen Köpfen am Ort sogar Tätlichkeiten angedroht worden seien und das Gericht sich für alle Extraneus [= Fremden] zuständig erachte, bat das Gericht die Regierung wie es sich weiter verhalten solle. Der Ausgang des Streits und die Entscheidung der Regierung sind nicht bekannt.

Tagwerker vertreiben Geschirr der Hafner an der Bina[56]

Um den Handel des besonders von den Hafnern an der Bina gefertigten *„schwarzen Hafnergeschirrs"* kam es vor allem im 18. Jahrhundert öfter zu Streitigkeiten. Eine Klage der vier Tagwerker aus dem Gericht Byburg [= Vilsbiburg], *Peter Lehrhueber* von Litzelkirchen, *Martin Denckh* von Kresham, *Lorenz Schiedtmayr* und *Georg Zellner*, beide aus Treidlkofen von 1756 beleuchtet recht drastisch die sozialen Verhältnisse dieses Personenkreises. Ihnen wurde vom Hafnerhandwerk an der Bina, vertreten durch 22 namentlich genannten Mitgliedern, bei Androhung von Strafen der Kauf von Geschirr ab Werkstatt mit dem Ziel des Wiederverkaufs *"bei den Häusern"* nicht mehr gestattet. In ihrer Beschwerdeschrift an den Pflegsverweser *Johann Georg Mayer* beim Gericht Byburg argumentierten die Tagwerker, *„dass sich bereits ihre Vorfahren vor hundert und mehr Jahren, wenn bei den Bauern keine Arbeit oder sonst keine*

---

54 Stadtarchiv Rosenheim, Gerichtsprotokoll 1699/1711, vom 7. März 1699.

55 Stadtarchiv Pfarrkirchen, A 650, Schreiben des Gerichts Reichenberg an die Regierung in Landshut, betreffend Kammerer und Rat zu Pfarrkirchen, 1729. Für den Hinweis sei Ludwig Albrecht, Eggenfelden gedankt.

56 StALa, Pfleggericht Biburg und Geisenhausen A 363,7. Patente der Höfentrager, 1756. – Namen der 22 Einspruch erhebenden Hafner siehe Anhang Migliederliste Hafner an der Bina , 1767 (StALa, Regierung Landshut A 156, 1651 – 1799).

Handarbeit vorhanden war, sich mit dem Aufkauf und dem Verführen von Hafnergeschirr beschäftigten. Sie könnten sich so vor dem leidigen Bettel und bitterster Not retten, obzwar dies [der Geschirrverkauf] eine erbarmungswürdige Mühe und unglaubliche Rossarbeit bedeute. Sie müssten sich bei ihren Fahrten in knietiefem Kot und Lacken, dann über hohe Berge mit einer solchen Anspannung an Leibskräften bewegen, dass uns armen Tropf das Blut aus den Nägeln springt. Dabei setzten sie sich für die unvermögenden Hafner ein, die weder durch eigene Menath (= eigene Zugtiere) noch durch das Aufbringen eigener Mittel den Geschirrtransport auf die Märkte bewerkstelligen könnten. Den besser bemittelten Hafnern werde mit dem so entstandenen Monopol in die Hand gespielt, dazu werde zum Nachteil des Publico eine willkürliche Verteuerung der Geschirrgattungen erreicht.”

1757 verweigerten die zum Kröninger Handwerk eingezünfteten Hafner *Johann Kopp* und *der so genannte Jungmann* [beide in Geislberg an der Bina] dem *Adam Voglhuber* von Wörth aus der Baron Mändl'schen Hofmark Hubenstein im Pfleggericht Neumarkt den Ankauf des von den Hafnern produzierten schwarzen Geschirrs.[57] *Voglhuber* konnte jedoch eine bereits 1753 von der *„Commercien Collegium Canzley”* München ausgefertigte Lizenz vorweisen, wo ihm der Handel mit *„Kröninger schwarzen Hafner Geschirr ungehindert jedoch gegen Entrichtung der gewöhnlichen Zohl: Maut: und Accis Gebühren”* in den Pfleggerichten Neumarkt, Erding, Dorfen und in der Grafschaft Haag genehmigt worden war.

Geschirrhandel im 19. Jahrhundert

Als eine sehr ergiebige Quelle zur Erfassung von Geschirrhändlern, die im Kröning Hafnerware aufkauften, erweisen sich die Matrikelbücher der Pfarreien Kirchberg und in geringerem Maße die von Reichlkofen. Auffallend ist, dass dort Namen erst nach 1800 erscheinen.[58] Vielleicht ist ein Matrikeleintrag für diesen Personenkreis erst ab diesem Zeitraum zur Pflicht geworden. Durch Rückmeldungen auswärtiger Pfarreien sind von den jeweiligen

Abb. 118: Sterbebilder für die Geschirrhändlersgattin Magd. Bräuhäuser und den Geschirrhändler Michael Strauß von Ergoldsbach.

---

57 StALa, Pfleggericht Biburg und Geisenhausen A 363, Extract aus dem Protokoll des Hafnerhandwerks an der Bynna zu Gängkofen.

58 Namen von Händlern und deren Herkunftsorte siehe S. 197-201.

Pfarrherren unterwegs auf den Märkten anwesende, in der Fremde verstorbene Hafner aus dem Kröning an die Heimatpfarrei Kirchberg bekannt gemacht worden. So starb am 11. März 1806 der verheiratete Hafnermeister von *„Krening"* *Andre Berger* im Alter von 48 Jahren im St. Johannes-Spital in Salzburg an Nervenfieber. Auch der Tod des am 21. Januar 1824 in Freising an einer *„inneren Kopfverletzung"* verstorbenen *„durchreisenden Hafnermeister Franz Kaindl von Bettldorf"* [= Bödldorf] wurde dem Pfarrer von Kirchberg gemeldet. Neben Geburten von Geschirrhändlerkindern, dann Eheschließungen und Sterbeeinträgen von Händlern und deren Angehörigen, lassen sich noch andere Informationen gewinnen. So waren Händler auf dem Weg in den Kröning vielfach im Familienverband unterwegs und hielten sich, wenn nötig, für einige Tage bei Hafnern auf. Dies geschah vor allem dann, wenn das Geschirrlager gerade erschöpft und der Brennofen noch nicht soweit abgekühlt war, das Geschirr also nicht gleich ausgenommen werden konnte.[59] Zwangspausen ergaben sich natürlich bei Geburten und Sterbefällen. Keine Seltenheit waren Ehen unter Händlern und Händlerstöchtern, auch – witwen, die vor dem Pfarrer in Kirchberg geschlossen wurden. So heiratete 1891 der Geschirrhändler *Alois Grumser* (* 22. Mai 1848 Laturns(!), wahrscheinlich Naturns) aus Laatsch in der Bezirkshauptmannschaft Meran in Tirol die verwitwete Geschirrhändlerin *Theresia Steindl*, geb. *Leonberger* (* 23. Januar 1859 Ensdorf) aus Eitlbrunn in der Oberpfalz. Als „Wohnort" (wohl eher Aufenthaltsort) der Brautleute ist Bödldorf, Gemeinde Jesendorf vermerkt.[60] 1877, 1882 und 1884 gibt es Hinweise darauf, dass Kinder von Geschirrhändlern als Kostkinder oder als Bedienstete bei Hafner- und Bauernfamilien Aufnahme gefunden hatten.[61]

---

59 Mitteilung Therese Schachtner (1900-1977), Hafnerstochter, Grammelsbrunn Nr. 5, Gemeinde Kröning.

60 AHV, Akten des Kröninger Hafnerhandwerks, 4. Haus und Hof, Bekanntmachung der Gemeinde Jesendorf vom 6. Mai 1891, für 10 Tage zum Aushang bestimmt. Die Eltern des Bräutigams waren Peter Grumser, Landfahrer von Laatsch und Kreszenz Federspiel (†), die Eltern der Braut Wolfgang Leonberger, Geschirrhändler von Aichach und Kreszenz (†), geb. Fahrer.

61 AHV, Akten des Kröninger Hafnerhandwerks, 4. Haus und Hof, Verzeichnis der Kostkinder in der Gemeinde Jesendorf.

Abb. 119: Verbreitung des Kröninger Hafnergeschirrs 17. bis 20. Jahrhundert. Rote Punkte: Von den Kröninger Hafnern besuchte Marktorte. Grüne Punkte: Herkunftsorte von Geschirrhändlern und Krämern. Gelbe Punkte: Absatzgebiet des „Hanshafner" in Spielberg Nr. 4, 1889 – 1908.

Betrachtet man auf der Karte die Heimatorte der Händler, begegnen uns in Tirol und Südtirol die Orte an den alten Hauptverkehrsstraßen Kufstein – Innsbruck – Brennerpass – Bozen sowie Innsbruck – Reschenpass – Bozen. Einige wenige Orte liegen in Oberösterreich, wovon Frankenburg wegen seiner Nähe zum Geschirrzentrum Gmunden auffällt. Eine größere Zahl von Händlern stammt aus dem Bayerischen Wald, wobei sich nördlich von Straubing eine kleine Verdichtung ergibt. Treuchtlingen, wenn auch einzeln stehend, stellt in der in diesem Raum vorhandenen Geschirrproduktion einen interessanten Beleg dar.[62]

Die Wertschätzung Kröninger Geschirrs drückt ein weiterer, sich im Salzburger Land abspielender Vorgang aus. *Lorenz Klinger*, Geschirrhändler am Kurzengut bei Leopoldskron bat am 29. September 1803 um *Patentverlängerung auf den Handel mit „Krenninger-Geschirr" für Lofer, Saalfelden, Zell und Mittersill..."*[63] Seine Eltern hätten schon lange vor ihm diesen Handel betrieben. In Folge dieses Gesuches suchte man im Oktober 1803 beim Passauischen Marktgericht Obernzell um ein Gutachten über das dort gefertigte Hafnergeschirr nach, wo, so in der Antwort von dort, *„alle Gattungen Schmölz- und Laborir, sondern auch alle Sorten Kochgeschirr"* fabriziert würden. Obernzell schätze das am Ort gefertigte Küchengeschirr im Hinblick auf die Kröninger Ware zwar weit anwendbarer und nützlicher, *„doch in Ansehung der gut angebrachten Glasur, und der hierorts nicht ähnlich vorhandenen Erden ist das ermelte Krenninger Geschirr dem hiesigen* [Obernzeller] *vorzüglicher"*.

Hervorgehoben wird also der im Kröning verwendete vorzügliche Ton: *„...die nur in der Gegend von Grenning und nach dem Ausdrucke der Hafner fließende Erde nimmt eine so feine, schöne und haltbare Glasur an"*. Dieses ausländische

---

62 Bauer 1971.

63 Sitte 1882. Sitte verwendet darin verschiedene Archivalien, vgl. hierzu S. 226 – 229.

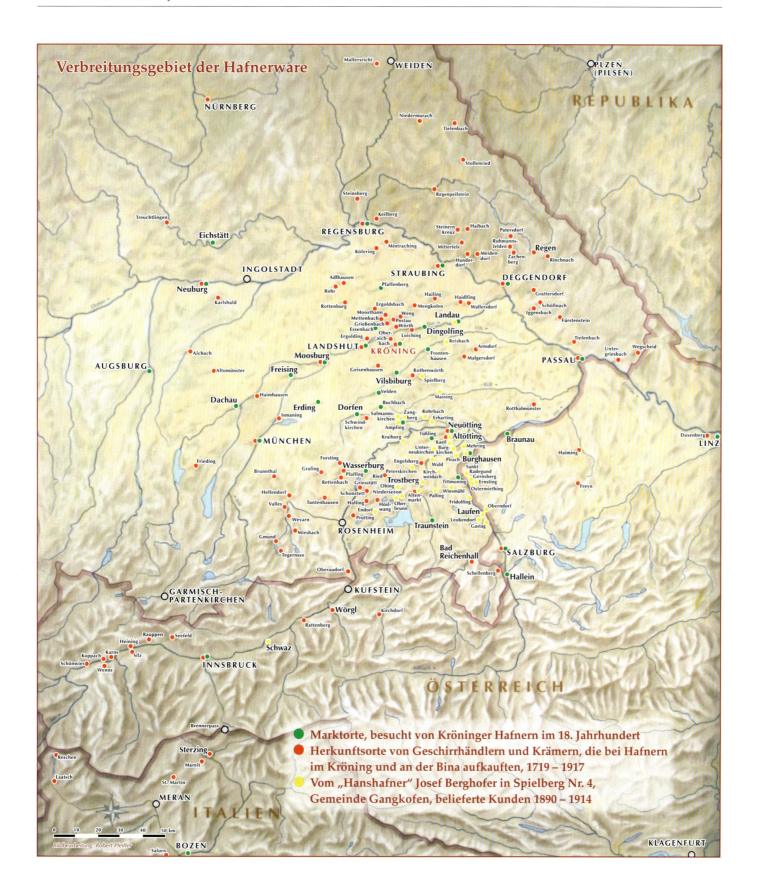

Verbreitungsgebiet der Hafnerware

● Marktorte, besucht von Kröninger Hafnern im 18. Jahrhundert
● Herkunftsorte von Geschirrhändlern und Krämern, die bei Hafnern
   im Kröning und an der Bina aufkauften, 1719 – 1917
● Vom „Hanshafner" Josef Berghofer in Spielberg Nr. 4,
   Gemeinde Gangkofen, belieferte Kunden 1890 – 1914

Bildbearbeitung: Robert Pfeiffer

Produkt wäre vielleicht zu verdrängen, wenn die hiesigen [Salzburger] Hafnermeister die Genehmigung erhielten, auf gewissem landesherrlichem Grund Erde zu graben, *„die nach ihren Aussagen der Grenninger Erde wenig oder nichts nachgeben werde."*

Als weitere Maßnahme zur „Verdrängung des Krenninger Geschirrs" wäre zu veranlassen, dass Preise sowie Muster derjenigen Kröninger Hafnerware zu beschaffen seien, welche im Salzburgischen am meisten gebraucht und für unentbehrlich gehalten werde. Zur geographischen Lage des Kröning vermerkt diese Literaturstelle, *„Grenning, Krening und auch Kröning, wie in den Acten* diese Literaturstelle *geschrieben, ist ein Ort in Niederbaiern bei Ganghofen, von wo jetzt* [1882] *noch gewöhnliches, wegen seiner Güte und Billigkeit gerne gekauftes Hafnergeschirr nach Salzburg kommt".* Damit scheinen als Produzenten von *„Kröninger"* Hafnerware in erster Linie die Hafner an der Bina gemeint zu sein.

Anlässlich eines Gesuches des *B. Schuster* 1782 um das Meisterrecht in Strasswalchen, Nähe des Geschirrzentrums Frankenmarkt, wird in einem Bericht vermerkt: *„Die Bürgerschaft hat nichts entgegen, wenn er sie in der Arbeit nicht übernimmt, noch verhinderlich ist, wenn ein oder anderer Bürger des Kröninger Hafner Geschier Abends vor dem Kirchtag einzukaufen sich veranlasset findet".* Im Klartext heisst dies, dass der angehende Hafnermeister *Schuster* keine Einwände gegen den vorzeitigen Verkauf von Hafnerware durch Hafner aus dem Kröning am Tag vor dem Kirchtag-Markt vorbringen dürfe.[64]

Abschließend sei noch angemerkt, dass die in den Matrikeln verzeichneten Herkunftsorte und Namen von Händlern nur einen Teil dessen widerspiegeln können, was sich in diesem Zeitraum an Kröninger Geschirrhandel in weiter entfernte Gebiete abgespielt hat.

Die „Karrner"

Die wohl früheste Erwähnung der Bezeichnung *„Karrer"* (später Karrner) enthält die Handwerksordnung der Hafner auf dem Kröning von 1428. *„Item welcher meister dem andern seinen Karrer abwürbe oder mer geb dann das recht…".* Damit ist das Verbot gemeint, das den Hafnern

untereinander das Abwerben von Karrnern wie auch die bessere Bezahlung von Hafnerware unter Strafe stellte. Ein weiterer Passus nennt das Recht des Kröninger Hafnerhandwerks, einen Karrner bei Nichtbezahlung der Hafnerware ohne Einschaltung des Gerichts und der Amtleute pfänden und arretieren zu dürfen. Es erhebt sich natürlich die Frage, was bei einem Karrner überhaupt gepfändet werden konnte. Es dürfte nur sein Fuhrwerk, also der Karren oder aber andere mitgeführte, bei Spirkner (1914 S. 135) erwähnte Handels- oder Hausiererware in Betracht kommen. So erwähnt er im Tauschhandel vertriebene *„Essbestecke, Sensen, Wetz- und Schleifsteine, Silbersachen, Zinnwaren, Hosenträger, Kopftücher usw.".*[65]

In der Kröninger Region und an der Bina ist der Begriff *„Karrner"* nicht mehr bezeugt. Die letzte Hafnergeneration hat nur noch von den *„Tirolern"* gesprochen. Der Begriff Tiroler/*„Tyroler"* wurde pauschal für Wanderhändler verwendet.[66] Lediglich ein Eintrag in den Matrikeln der Pfarrei Kirchberg spricht in einem Fall von einem *„Lanecker Geschirrhändler (vag.)"* (Laninger?), der mit 1892 zeitlich allerdings sehr spät liegt. Sonst wurde vom Pfarrer die Bezeichnung *„Geschirrhändlerin, Geschirrhändler, Geschirrführer, Kleinhändler"* oder *„Händler"* in den Matrikelbüchern vermerkt.

Für das Dorf Laatsch bei Mals im Vinschgau/Südtirol liegen Untersuchungen über die Dichte der aus diesem Ort stammenden *„Karenzieher"* vor.[67] Der Landrichter von Glurns führte in einem Verzeichnis für das Jahr 1836 188

---

64 Wie Anm. 63.

65 Die Textstelle entnahm Spirkner aus einem 1914 von dem gebürtigen Vilsbiburger Maurermeister Anton Wagner (ab 1913 in Landshut, Länd 124 wohnhaft) an ihn gerichteten Brief, in dem Wagner wörtlich schreibt: „Nachgewiesen ist, daß die Hafner v. Kröning u. vom Binatal mit den Tirolern Tauschhandel getrieben, besonders mit Kleinwaren Essbesteck, Messer, Sensen, Wetzsteine, Silbersachen, Zinnwaren, Schleifsteine, Lederwaren zu Hosen, Hosenträger, Kopftücher, auch religiöse Gegenstände – Glastaferl die die Fleimser im ob. Inntal besonders schön gefertigt [haben]. Möbel kamen größtenteils durch die Floßfahrten vom Tölzerland zu den Dulten nach Landshut oder am Inn nach Mühldorf, wo die Kröninger sich die Sachen p. Ax beigefahren haben". (Brief im Pfarrarchiv Kirchberg, ohne Signatur). Wagner war Mitbegründer des 1910 gegründeten Ortsmuseums Vilsbiburg und übereignete diesem 1915 Teile seiner umfangreichen Kröninger Sammlung.

66 Pescosta 2003, S. 16.

67 Blaas 1998, 94 – 101.

Abb. 120:
„Die Karrenzieher",
Karrnerfamilie mit dem
zweirädrigen und einer Plane
bedeckten Karren.
Holzstich nach dem Gemälde
„Karrnerleut" von Mathias
Schmid (1835-1923),
München 1872.
(Aus: Schleich, Heidi 2003/2.
Umschlagbild)

Abb. 121: Zwei, aus Tirol stammende, mit Federkielstickerei gestaltete Geldgürtel. Der obere war im Besitz des Hafners Andreas Degenbeck (1806 – 1874), Jesendorf, Dorfstr. 31, der untere im Besitz eines Hafners von der Bina. Sie wurden wohl in Tirol erworben und auf den Fahrten zu und von den Märkten mitgeführt. Ein weiterer Gürtel war im Besitz des Hafners Benno Zettl (1828 – 1898), Bödldorf Nr. 4.

„Karrenzieher" im Landgerichtsbezirk an, von denen allein 26 aus Laatsch stammten. Von den dort 169 ansässigen Familien stellten sie etwa 15 Prozent. Als Berufsbezeichnung ist dort siebenmal „Früchte- und Geschirrhandel" und einmal „Geschirr-, Essig- und Früchtehandel" belegt. Doch Anfang der 1840er Jahre berichtet das Landgericht von deutlich weniger „Karrenziehern". Die Zahlen beziehen sich auf vier Familien und vier alleinstehenden Personen, die „das ganze Jahr herumfahrenden eigentlichen Karrenzieher". Dort angeführte Namen wie *Grumser*, *Federspiel* und *Baumann* sind auch im Kröninger Raum als Geschirrhändler bekannt.

In den letzten Jahrzehnten hat das Interesse an der Erforschung des „Karrner"-wesens zugenommen. *Klaus Fischer*[68] hat 1991 eine Arbeit vorgelegt, in der er den Karrner charakterisiert. „*Mit dem Namen „Karrner" wurden im Vinschgau Landfahrer bezeichnet, die im Gegensatz zu den Landstreichern mit ihrer ganzen Familie auf Wanderschaft gingen. Sie besaßen entweder keinen oder nur einen unzureichenden Grundbesitz und versuchten ihren Lebensunterhalt mit Handel, durch Hausieren, mit bestimmten gewerblichen Arbeiten und gegebenenfalls durch Betteln zu sichern. Auch Diebstahl wurde ihnen zugeschrieben. Ihr Name leitet sich ab von dem gewölbförmig mit einer Plache überspannten, zweirädrigen Karren, den sie meist selbst zogen und in dem sich ihre Habe und Handels- bzw. Hausiererwaren befanden. Der Karren war überdies Wohnraum, Schlafzimmer und Kinderstube in einem.*

Andere, zum Teil regionale Bezeichnungen für Karrner lauteten Laniger oder Dörcher. Die etymologische Ableitung dieser Begriffe ist trotz mehrerer Ansätze noch immer unklar. In Bayern wurden sie als „handelnde Tyroler" oder nur als „Tyroler" bezeichnet. Sie standen den behördlich in Tirol zugelassenen Wanderhändlern und Hausierern sehr nahe, und in der Literatur über das Hausierertum und Wanderhandel verschwimmt meist die Grenze zu den Karrnern."

Eine weitere Charaterisierung der „Karrner" lautet:[69] „*Der Name (Karrner, Anmerkung H.[eidi] S.[chleich]) stammt von dem zweirädrigen Fahrzeug mit dem Tonnengewölbe aus weißer leinwand, die über stark gebogene Weidenstäbe gezogen,*

vorne offen und hinten geschlossen war. In der Karrengabel ging der Karrenvater, einen breiten Lederriemen über beide Schultern, der auf dem Rücken in einer leichten Kette, oder einen starken Strick überging, der in der Mitte des Querholzes am Beginn der Karrengabel befestigt war. Mit seinen starken Fäusten hielt er die Karrengabel an ihrem Ende und so zog er den Karren landaus und ein und über Berg und Tal. Diese Zugvorrichtung bewahrte ihn vor krankhafter Rückgratverkrümmungen. Die Frau ging an seiner rechten Seite außerhalb der Karrengabel, mit einem Strick über der rechten Schulter und zog mit. Die größeren Kinder hielten sich hinten am Karren und schoben im Notfalle, die kleinen hockten im Karren und steckten ihre Wuschelköpfchen und Rotznasen unter dem weißen Dach hervor. Bergab wurde der Schräpfer (Bremse) betätigt. Das war ein nach unten gebogener starker Balken, der hinten am Karrenboden befestigt war und ein Stück vorsah."

1801 hat sich die Regierung in München mit den Tirolern in einer Regierungsentschließung beschäftigt, die ebenfalls einen Einblick in äußere Bedingungen während ihrer Reise über Land gibt.[70] „*Nachdem die Erfahrung giebt, daß die mit dem sogenannten Kröninger Geschirr oder anderen unbedeutenden Artikeln handelnden Tiroler das ganze Land in der Länge und Quer durchstreifen, und nebst ihren Karren ganze Familien mitschleppen, welche wegen ihren Bettel und manchmal mit unterlaufenden anderen Unfugen dem Landmann eine große Plage sind; so werden sämmtliche Churfürstliche sowohl als ständische Ortsobrigkeiten, besonders aber die auf den Gränzen entlegenen dahin angewiesen, daß sie diesen unter dem Vorwand eines Handels (da sie doch keine Händler, sondern als Bloße Hausierer anzusehen sind) herumziehenden, dem Staate eben so lästig als dem Landmann schädlichen Tirolern der Eintritt ins Land verboten, sollten selbe aber im land schon angetroffen werden, sogleich aus dem Lande zurück auch die Gränzen verwiesen, auf weiters Betreten aber als bloße* Vaganten [= Landstreicher, Bettler

---

68 Fischer 1991, S. 265 – 275.
69 Schleich 20013, S.100 -101.

---

70 Döllinger, Georg: Freiheit des Handels. (I. Im Innern des Landes. B. Besond. Best. 13. Hausirhandel.). § 949 (Wegen denen mit Kröninger Geschirr handelnden Tirolern), München den 30. Juni 1801. Veröffentlicht in der Sammlung der im Gebiete der inneren Staats-Verwaltung des Königreichs Bayern bestehenden Verordnungen aus amtlichen Quellen geschöpft und systematisch geordnet, München 1835, S. 1649.

Abb. 122:
Zwei Seiten aus dem
„Einschreibbuch"
des Hafners Alois Hötschl
von Grammelsbrunn Nr. 4 mit
Geschirrlieferungen, 1912.

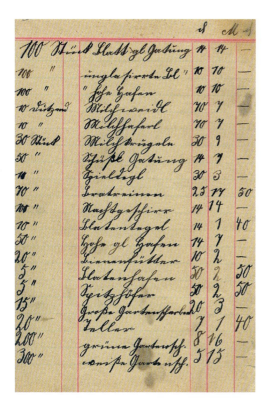 

ohne festen Wohnsitz] *behandeln sollen"*. Ob diese Bestimmung so konsequent angewendet wurde, mag zu dieser Zeit (1801) bezweifelt werden. Die zeitlich nur wenig später einsetzenden Nachrichten in den Matrikelbüchern der Pfarrei Kirchberg über Geschirrhändler aus Tirol (ab 1807) sprechen eine andere Sprache. Für die Hafner im Kröning und an der Bina bedeuteten die Händler aus Tirol eine nicht verzichtbare Abnahmegarantie von Hafnergeschirr.

Der Geschirrhandel nach 1900 bis in die Endzeit der Hafnerei

Für die Endzeit der Kröninger Hafnerei sind mit *„Einschreibbuch"* betitelte Aufzeichnungen erhalten, die neben Geschirrbezeichnungen und -preisen auch Namen von Einzel- und Zwischenhändlern enthalten. Ein ausführlich geführtes Exemplar vom Hafner *Alois Hötschl* (1853-1932) von Grammelsbrunn Nr. 4, Hausname beim *„Christl"*, bringt auf 16 Seiten Einnahmen für Hafnergeschirr von 1905 bis 1917, dem Ende des auf dem Anwesen ausgeübten Hafnerei. Anschließend sind von ihm bzw. seinen Familienangehörigen die im Haushalt und in der Landwirt-

schaft angefallenen Einnahmen und Ausgaben bis zum Jahr 1958 aufgezeichnet worden.[71]

Ein weiteres Exemplar des Hafners *Georg Hötschl* (1856-1925) von Oberaichbach, Dorfstraße Nr. 9 in ähnlicher Form und Größe wurde von 1900 bis 1911 geführt.[72] In Fragmenten haben sich in kleinerem Format Büchlein der Werkstätten *„beim Eder"*, Jesendorf, Dorfstr. 31 (alt Nr. 247)[73] sowie beim *„Stalleder"* in Grammelsbrunn Nr. 5 (alt 60) erhalten.[74] Solche, wohl von den meisten Hafnern geführten Aufzeichnungen stellen eine Fundgrube dar, was Geschirrbezeichnungen aus der Sicht des Hafners betrifft. Aus der Hafnerei von Georg, dann dem Sohn

---

71 In Privatbesitz. Format Höhe 32 cm, B 13,5 cm, 100 Blatt – Eintragungen mit Einnahmen und Ausgaben das gesamte Anwesen betreffend von 1905 bis 1931 und von 1944 bis 1958.

72 In Privatbesitz. Fotokopie AHV Hafnerakten. Eintragungen die Hafnerei betreffend von 1902 bis 1911. Hötschl hat etwa seit 1876 auch eine Krämerei ausgeübt. Ende der Hafnerei 1911.

73 In Privatbesitz. Format: Höhe 15,6 cm, B 10,5 cm, 26 Blatt. Eintragungen 1911, 1913, 1915.

74 In Privatbesitz. Format: Höhe 17 cm, Breite 10 cm. Eintragungen 1913.

*Abb. 123: Hafnermeister Alois Hötschl (1853 – 1932) von Grammels-
brunn Nr. 4 mit Familie, Aufnahme um 1895.*

Sebastian Eder von Jesendorf sind an deren Werkstatt gerichtete Postkarten mit Geschirrbestellungen von Krämern
und auch Hafnern der Jahre 1907 bis 1925 aus dem Raum
Rottal, Straubing und Landshut erhalten. Die Hafnerware
wurde dann vielfach von den Bestellern selber abgeholt.[75]
Auffallend ist, dass zu dieser Zeit München als Verkaufsort in den Aufzeichnungen nicht mehr erscheint. Dem-
gegenüber ist von der Werkstatt Benno Zettl in Bödldorf
bekannt, dass die Firma *Michael Hörhager* in der Müllerstr.
Nr. 30 in München noch bis zum der Ende der dortigen

Hafnerei 1928 mit dem Lastkraftwagen Geschirr abholte.[76]
Für dieselbe Werkstatt transportierte der Geschirrfahrer
Johann Huber, 1908 bis 1910 im Dienst beim *„Anderlbauer"* in Kleinbettenrain Nr. 5 (alt 142), Gemeinde Kröning
und 1911 bis 1914 beim *„Schickerbauer"* Josef Rithaler
von Jesendorf, An der Kirche 4, mit dem Pferdefuhrwerk
(*„Kreinzenwagen"*) Geschirr auf die Märkte nach München. Der Hafnermeister Benno Zettl fuhr dazu mit der
Eisenbahn voraus.

Von den Hafnern an der Bina sind Nachrichten zum Geschirrtransport nur spärlich bekannt geworden. Eine von
1761 bis 1768 sich hinziehende Auseinandersetzung zwischen dem Hafner *Adam Perkofer* von Stadlhof [beim *„Petermandl"*] Nr. 4 (alt 62) Gemeinde Gangkofen und seinen Berufskollegen, sie sind dort als *„8 schwarze Hafner"*
aus dem Gericht Biburg (Hersteller von Schwarzgeschirr)
bezeichnet, bezieht sich auf einen Markt in Heiligenstadt
bei Tüßling.[77] So hat sich in Privatbesitz lediglich von der
Werkstatt beim *„Hanshafner"* in Spielberg Nr. 4 (alt 122),
Gemeinde Gangkofen ein kleines Einschreibbuch mit Angaben zu gelieferter Hafnerware mit Namen der Abnehmer und Geschirrpreisen erhalten. Danach wurden von
1880 bis 1900 Krämer und auch Hafner beliefert, die sich
in Orten von Landau an der Isar im Norden bis Schwaz
in Tirol im Süden, dann weiter vom Chiemseegebiet bis
Burghausen und St. Radegund im Westen, sowie Obern-
dorf im Salzburger Land im Osten befanden.

Das Modell eines im 19. Jahrhundert gefertigten Geschirrtransportwagens (*„Kreinzenwagen"*) aus dem Besitz des
Geschirrfahrers *„Wimmer"* aus Dirnaich an der Bina, Gemeinde Gangkofen, im Heimatmuseum Vilsbiburg dokumentiert anschaulich die Transportgewohnheiten mit Hafnergeschirr an Werkstatt (s. Abb. 107).

---

75 Verzeichnis der Bestellpostkarten siehe Anhang.

76 Auskunft Geschw. Zettl, Bödldorf. – Ein im AHV erhaltener
Rechnungsbriefkopf der Fa. Hörhager (1924) weist diese als
Handlung für Glas, Steingut und Tonwarenlager sowie für Por-
zellan, Steinzeug und sächsisches, braunes, bleifreies, feuerfestes
Gesundheitsgeschirr aus.

77 StALa, Regierung Landshut A 11783, Georg (Siebenga-
dern) und Simon Perkhofer (Stadlhof), dann Stephan
Schmidhueber(Geiselberg), schwarze Hafner Ger. Byburg gegen
Adam Perkhofer, Hafner am Stadlhof, 1758 – 1768.

Abb. 124: Rechnungsbriefkopf der Firma Hörhager, München, 1924.

Die Beschau des Kröninger Geschirrs

Weitere Informationen zum Vertrieb der Hafnerware sind bei der Auswertung von Archivalien zu gewinnen, die sich auf die Beschau des Geschirrs und damit auf weitere, von den Kröninger Hafnern besuchte Verkaufs- und Marktorte beziehen.[78] Neben und in Ergänzung zu Handwerksordnungen hatten die städtischen und märktischen Obrigkeiten so genannte Beschauordnungen erlassen[79]. In Ihnen regelte man bestimmte Gütemerkmale an die von den Handwerkern hergestellten Waren. Der Verbraucher sollte nicht nur Qualitätsware zum Kauf erhalten, sondern sich auch auf die vorgeschriebenen Maße und Gewichte verlassen können. Die Obrigkeit stellte dazu für jedes in ihrem Geltungsbereich vorhandene Handwerk einen oder mehrere Beschauer auf, die sich aus Mitgliedern des Inneren und Äußeren Rates sowie der Ratsgemein zusammensetzten. Vor Ausübung ihres Amtes hatten sie den Beschauereid zu leisten, der neben der Pflicht zu Unparteilichkeit die Meldepflicht bei Verstößen gegen die Beschauordnung enthielt. Die Aufgaben der Beschauer beschränkten sich jedoch nicht nur auf die am Ort ansässigen Handwerksmeister, sondern schlossen auch die zu den Märkten ziehenden Handwerker mit ein. Die Kröninger Hafner, die den Verkauf ihrer Waren auf den Märkten im ganzen Land suchen mussten, waren ebenfalls von diesen Vorschriften betroffen. Ihr Widerstand gegen die Bezahlung des geforderten Beschaugeldes hatte manchmal Erfolg, wie im Folgenden zu sehen ist.

Beschau in Straubing

Die ersten in dieser Angelegenheit genannten Differenzen zwischen den Hafnern von Straubing und den Hafnern vom Kröning sind aus dem Jahr 1568 bekannt, über die in einer 1610 von der Regierung in Straubing als *„Vidimus"* (Beglaubigung einer Abschrift) vorgelegten Urkunde über einen Rezeß (Vertrag, Vergleich) berichtet wird. Den Kröninger Hafnern wird vorstehender Rezeß, *„weil zerrissen"*, 1655 erneuert und eine Abschrift übergeben. [80] Die Vorgänge behandeln die *„Machung der Prunnen, Zeling, Schüssl und Khrynnhöfen und andern Hafenwerch, damit die ab dem Krönich die Jahrmärckht alhir jerlich besuechen, auch des Faillhaltens, Anpotts, Beschawgelt und Straff halber"*. Danach waren diese *„vier Hafenwerch"* von der Beschau und damit von der Zahlung des Beschaugeldes befreit. Die andere Hafnerware musste jedoch beschaut und ein Beschaugeld von *„zwayen Pazen"* erlegt werden.

---

78 Vgl. Anm. 1, S. 37 ff.
79 AHV, Sall: und Bestett Buech des Gemainen Marckhts Vilsbiburg, 1575, Beschauordnungen verschiedener Handwerke, fol. 85 u. 86.

80 AHV, Akten des Kröninger Hafnerhandwerks. 2. Urkunden, 1610 und 1655. – Vgl. auch Bauer, Ingolf: Hafnergeschirr aus Altbayern, München 1976, S. 26. – Vgl. Grasmann 1977/2, S. 38.

Als weitere, für den Verkauf vor Ort wichtige Bestimmung wurde festgelegt, dass die Kröninger Hafner auf den vier Straubinger Jahrmärkten drei Tage vor und drei Tage danach ihr Geschirr feilhalten durften. Ihr unverkauftes Geschirr bräuchten sie den ortsansässigen Hafnern nicht zu verkaufen, sondern könnten es von einem Markt zum andern einsetzen, das heißt, unter Verschluss in einem Bürgerhaus aufbewahren. Inzwischen durfte davon nichts verkauft werden.

1753 traten wegen des Beschaugeldes neuerliche Differenzen auf. In Bescheiden vom 17. September und vom 19. Dezember 1753 erklärte die Regierung von Straubing mit Hinweis auf einen bereits am 11. September 1687 von der Regierung in Straubing ergangenen Vergleich, die Hafner zu Kröning nicht beschauen zu lassen, bzw. 1753, dass die Kröninger Hafner auf den Märkten *„mit der Anforderung [des Beschaugeldes] ohnangelangt"* gelassen werden[81].

Beschau in Landshut[82]

Bürgermeister und Rat der kurfürstlichen Hauptstadt Landshut stellten am 1. September 1660 auf Wunsch des *„Thoman Wippenbeckh et Cons. sammentliche Hafner im Kröning"* im Pfleggericht Teisbach eine Abschrift über eine Hofrats-Erkenntnis vom 29. November 1659 aus. Sie betraf eine *„Prokurationssach"* zwischen dem Hafnerhandwerk im Kröning und anderen umliegenden Orten sowie dem Handwerk der Hafner in Landshut wegen der vorgenommenen Beschau des Hafnergeschirrs. Der Hofrat erkannte, dass die Kröninger Hafner *„mit der Gschau ihrer Gschier auf den Jahrmärckhten unangelangt werden sollen."*

Beschau in München

Auch in München wurden die Kröninger Hafner von den ortsansässigen Hafnern wegen Verkaufs ihrer Geschirre zur Dult, zu Jakobi und Gebnachtszeit angefochten. Die Münchner Hafner bestanden darauf, das von den Kröninger Hafnern auf die Märkte geführte Geschirr beschauen zu dürfen, weil diese Ware *„undichtig* (= ungenügende Qualität) ... *und nicht an den Mann khann gebracht werdten"*.

Die Antwort der Kröninger Hafner lautete, dass nicht nur sie, sondern bereits ihre Eltern und Vorfahren Geschirr auf die besagten Märkte gebracht hätten, ohne dass das Geschirr beschaut worden wäre. Außerdem seien sie, die Kröninger, *„gestuckhte Maister* (= die ihre Meisterstücke gefertigt hätten)"*, die ihr Geschirr genau so gut zu machen verstünden, wie die Münchner Meister.

Beschau in Salzburg[83]

Vom Hochfürstlichen Hofgericht zu Salzburg erging am 27. April 1728 der Befehl, dass *„das fremde Haffnergeschür bey der Dult Zeiten wie auch am Maxloner Kürchtag"* von den bürgerlichen Hafnermeisters zu Salzburg beschaut werden darf. Zum Beschauvorgang musste allerdings ein fremder Meister zugezogen werden. Falls etwas strafmäßiges festgestellt werde, wie *„brennschnittiges oder ungeflossenes auch abgeloffenes"*, also mit Brenn- und Glasurfehlern behaftetes Geschirr, müssten die betroffenen Meister bestraft werden.

Von ebenfalls im 18. Jahrhundert durchgeführten *„Ordinari-Hafenfuhren"* von Pattendorf nach Salzburg berichtet ein umfangreicher Archivakt von 1768.[84]

Einsetzen des Hafnergeschirrs am Marktort zwischen den Märkten

Verschiedentlich war es üblich, das von den Kröninger Hafnern und den Hafnern an der Bina auf die Märkte gebrachte und während der Marktzeit nicht verkaufte Hafnergeschirr nach Beendigung des Marktes in einem versperrbaren Raum des Marktortes bis zum nächsten Markt aufzubewahren. Das hatte zum einen den Vorteil, dass die Hafner das Geschirr nach Beendigung eines Marktes nicht zu Schleuderpreisen verkaufen, zum andern die Ware nicht wieder nach Hause transportieren mussten.

---

81 AHV, Akten des Kröninger Hafnerhandwerks, 1.17. Organisation, „Streitakten" Nr. 47, 49 u. 50.

82 AHV, Akten des Kröninger Hafnerhandwerks, 2. Urkunden, 1660.

83 AHV, Akten des Kröninger Hafnerhandwerks, 1.17. Streitakten Nr. 24, Von der Hauptlade zu Salzburg, die Geschirr Beschau betr., 11. Juni 1730.

84 StALa, Regierung Landshut A 14344, Anton Eller, Hafner von Pattendorf gegen Marx Spürckhl Bauer zu Hofstetten wegen einer Fahrt, 1768. – ff.

Waging

Ein Gerichtsbescheid vom 13. Juni 1713 des Salzburgischen Pfleggerichts Tettelham und Halmberg bei Laufen an der Salzach verbot den Kröninger Hafnern das Einsetzen von glasiertem Geschirr nach dem 14tägigen St. Johannis-Baptisa-Markt in Waging.[85] Die Hafner trügen mit dem Ablösen und Einsetzen ihres erdenen Geschirrs zum Ruin des ortsansässigen Hafnermeisters bei. Die Kröninger hätten *„ihr Herfahrt mit Hafengeschirr darnach anzustöllen"* und sich so einzurichten, dass keine nach dem Markt übrig gebliebene Hafnerware mehr einzusetzen sei.

Bogen

1754 gerät das Kröninger Hafnerhandwerk, vertreten durch den Viertlmeister Thomas Huebpaur von Geiselsdorf, mit den Hafnern von Bogen wegen Einsetzen und Verkauf von Hafnerware sowie des verlangten Beschaugeldes in Streit.[86]

Die zuständige Regierung von Straubing verwies auf einen bereits 1687 zwischen dem hiesigen Handwerk der Hafner und dem von Kröning geschlossenen Vergleich, wonach den Hafnern von Bogen aufgetragen wurde, die Kröninger Hafner in diesen Punkten nicht zu behindern. Dies gelte natürlich auch für den neuerlichen Streit von 1754.

Der Fall des Adam Pergkhofer, „Petermandl-Hafner" von Stadlhof an der Bina [87]

Vor dem Graf Haslang-Warttembergischen Hofmarksgericht Tüßling erhoben 1758 *Georg* und *Simon Pergkhofer*, dann *Stephan Schmidthueber*, so genannte schwarze Hafner aus dem Gericht Byburg (Vilsbiburg) Klage gegen ihren Kollegen *Adam Pergkhofer* von Stadlhof. Dieser hatte, wie auch andere Hafner, auf dem Markt zu Heiligenstadt nicht verkauftes Geschirr im Sommerhaus zu Tüßling eingesetzt. Dabei soll er den Klägern gehörendes Hafnergeschirr widerrechtlich entnommen und verkauft haben. *Pergkhofer* bestritt dies jedoch unter Beibringung von zwei Zeugen, er habe nur seine eigene Ware abgeholt. Den

---

Schlüssel zum Sommerhaus habe er sich vom Amtmann *Wolfgang Gerzer* geben lassen, wie dies auch die Hafner *Georg Dettenberger* und Johann *Perghofer* praktiziert hätten. Weitere, unter Eid aussagende Zeugen, berichteten von Vorgängen um das Einsetzen von Geschirr. So seien wegen Platzmangel im Sommerhaus auch andere Einsetzorte, wie der bei der *„Melblerin"* (Händler u.a. von Mehl) vom Hafnermeister *Bärtlme Lexl „Breitmirtl"* sowie beim *„Pirger"* zu Heiligenstadt von dem Hafner *Jacob Kaltenegger* von Siebengadern genutzt wurden.

Der umfangreiche, bis zum Jahr 1768 andauernde Streit artete dann jedoch zum Handwerkspolitikum aus. Nachdem der Beklagte *Adam Pergkhofer* 1759 mehr oder weniger seine Unschuld bewiesen hatte, er aber trotzdem wegen *„des auf sich geladnen grossen verdachtshalber"* mit 5 Gulden und 42 Kreuzer bestraft worden war, wollte ihn das Handwerk der Hafner an der Bina trotzdem vom Geschirrverkauf auf den Märkten ausschließen. Das Handwerk der Hafner im Kröning ging sogar einen Schritt weiter. Nachdem aufgrund der Vorfälle in Tüßling das Handwerk der Hafner an der Bina den *Adam Pergkhofer* nicht aus dem Handwerk *„gestossen"* und auch nicht die Werkstatt gesperrt hatte, wollten die Kröninger Hafner beim Hofkammerrat in München erreichen, dass auch die *„Gangkoferischen Mitmeister"* auf den Märkten nicht mehr *„mitloosen und failhalten"* durften, also deren Geschirrverkauf verboten werden sollte. Inzwischen hatte aber die Regierung in Landshut 1761 an die Viertellade der Hafner an der Bina den Befehl erteilt, *Adam Pergkhofer* nicht mehr zu behindern, andernfalls sie mit 24 Reichstaler bestraft würden.

Erst im Laufe des Jahres 1768 erfährt der Streit ein Ende. Die Kröninger Hafner erklärten sich mit der Rehabilitation *Adam Pergkhofers* einverstanden, wenn dieser *„bey der Viertellade zu Gangkofen ordentlich eingezünftet wäre und von solcher als ein habiler Meister zum Handwerk gelassen werde"*. Sollte dies nicht geschehen, gelte das Handwerk der Kröninger Hafner nicht mehr als zunftmäßig. Außerdem hätten sie Ihren Ruf auf den *„in- und ausländischen Märkten"* zu verteidigen, denn, so die Hafner, *„wür verführen unser Geschühr auch ins Österreich, Passau, Salzburg, Tyroll, Pfalz Neuburg, Eychstätt, Regensburg und Augsburg, dann andern Ort im Reich"*. Sollte also Pergkhofer nicht wieder zunftmäßig werden, würden sie, die Kröninger, in allen diesen Ländern veräechtlich angesehen,

---

85 Wie Anm. 39, Streitakten Nr 3.
86 AHV, wie Anm. 18, Nr. 45
87 StAL, Regierung Landshut A 11783 und wie Anm. 39, Streitakten Nr. 60 u. 61.

ja nicht einmal mehr selber zunftmäßig anerkannt sein. Am 31. August 1768 wurden die Mitglieder der Viertellade der Hafner auf der Bina vor das Pfleggericht Teisbach geladen. Es erscheinen von den 32 Mitgliedern der Binahafner jedoch nur *Lorenz Maister* und *Martin Perkofer* aus dem Gericht Teisbach, dann *Veith Egl, Georg Perkofer, Johann Schmidthueber, Simon Perkofer* und *Georg Dettenberger* aus dem Gericht Byburg. Da sie und die restlichen, untereinander uneinigen Kollegen den Adam Pergkhofer von Stadlhof noch immer nicht als zunftmäßig in ihr Handwerk aufgenommen hatten, wurden sie zu 24 Reichstaler Strafe und zur Erstattung der entstandenen Kommissionskosten verurteilt. Bei Nichtzahlung wurde ihnen der Amtshausarrest angedroht. Zum Arrest ist es nicht gekommen, die Zahlung der Strafe konnte aber erst durch die Aufnahme eines Kredits erfolgen. Ab diesem Zeitpunkt war *Adam Pergkhofer* vollständig rehabilitiert.

Salzburg

Am 5. März 1759 erhalten zehn Kröninger Hafner auf Grund einer an das Stadtgericht zu Salzburg eingereichten Bittschrift die Erlaubnis, *„alzeit"* nach Vollendung der Märkte ihr nicht verkauftes Geschirr bis zum nächsten Markt in einem von ihnen verschlossenen Raum aufzubewahren, den Schlüssel zu dem Aufbewahrungsraum hätten sie aber beim Amt abzuliefern.[88]

Dachau

1761 bemüht das Kröninger Hafnerhandwerk seinen Rechtsvertreter *Doctor Dallhofer* von Landshut, weil ihm vom Pfleggericht Dachau das Einsetzen und damit das Aufbewahren des Hafnergeschirrs zwischen den Märkten verweigert worden war.[89] *Dallhofer* erreichte erneut die Bewilligung, wonach die Hafner aus dem Kröning ihr Geschirr in Dachau wieder einsetzen durften.

Von der Straße auf die Schiene

Das am meisten bis in die Endzeit von den Kröninger Hafnern ab Werkstatt benutzte Transportmittel für Haf-

nergeschirr war der massiv gebaute vierräderige *„Kreinzenwagen"* (Abb. 113), der mit seinem bis zu 120 Zentnern Gewicht hohe Anforderungen an die befahrenen Straßen stellte. Schwierigkeiten bereiteten vor allem die von den Einöden wegführenden, unzureichend ausgebauten, oft privaten *„Feld- und Holzwege"* und die zu engen Gemeindeverbindungswege ab Werkstatt. Erst mit dem Einbiegen in die besser unterhaltenen Distrikts- und Staatsstraßen war ein zügigeres Fortkommen der Fuhrwerke möglich.

Nach der Gemeindebildung in Bayern zu Anfang des 19. Jahrhunderts wurde die Obrigkeit von verschiedenen Seiten um gezielte Maßnahmen zum besseren Straßenunterhalt angemahnt.[90] So bemängelte 1808 der kgl. bayerische Posthalter von Vilsbiburg *Anton Faistenhammer* in einer Eingabe an die Bayerische Landes-Direktion in München die unzureichenden Straßenverhältnisse bei den Verbindungen von Frontenhausen nach Landshut und von Vilsbiburg nach Wörth an der Isar. *Faistenhammer* hatte gerade erst 1805 um die Summe von 48.600 Gulden die Staatswaldung des Kröninger Forstes erworben, über dessen Kreuzungspunkt etwa die beiden erwähnten Strassen führten. Er habe nun daraus jährlich die Steuern und Interessen (Zinsen) von dem aufgenommenen Kapital zu begleichen, fürchte aber wegen des schlechten Zustandes der Wege um den Absatz des Holzes. *„Diese Übel treffe aber ganz besonders die Hafner in Kröning, deren 30 bis 40 auf einem kleinen Terrain beysammen wohnen, und die bekannt seit einiger Zeit ihr sonst so beliebtes Geschirr immerzu härter absetzen, weil diese durch den der schlechten Wege halber erschwerten Transport vertheuert wird."*

Wann die Eingabe Faistenhammers von Erfolg gekrönt wurde, ist nicht weiter erwähnt. Doch war es den Bemühungen des Pfarrers von Kirchberg Franz Seraph Wittmann (dort 1827 – 1833) zu verdanken, dass die Straße von Aham über Wendelskirchen, Kirchberg und Adlkofen, also in Richtung Landshut, *„zu einer gut ausgebauten Vizinalstraße wurde, was namentlich für die Kröninger Hafnerei eine Wohltat war"*.[91] In die gleiche Zeit 1832 fiel eine Eingabe an das Landgericht Landshut der Gemeinde Kröning

---

88 AHV, wie Anm. 15.
89 AHV, Akten des Kröninger Hafnerhandwerks, 1.9. Jahresrechnung der Hafner chf. Pfleggerichts Teyspach, 1761, fol. 15.

90 Obermayer1992-1993, S. 109 – 137, Anm. 43 u. 44 sowie BHStA GL, Fasz. 362 Nr. 136, Acten die Vicinalwege im Gerichte Vilsbiburg betr.
91 Spirkner 1909.

und der Kröninger Hafner.[92] Sie betraf die Instandsetzung der Straße von Landshut über Schönbrunn und Adlkofen nach Frontenhausen, *„…weil diese eine direkte Verbindung des östlichen Vilstales durch die Holzländer nach Landshut darstelle und Landshut der einzige Markt sei, auf welchem die so genannten Holzländer ihre Produkte, besonders aber die Hafner ihr Geschirr absetzen können. Früher hätten die Hafner, um zu den Märkten des In- und Auslandes zu gelangen, entweder über Vilsbiburg oder Niederaichbach fahren und einen doppelt so weiten Umweg machen müssen…".*

Auf diese viel genutzte Straßenverbindung verweist weiter eine Bekanntmachung des Bezirksamtes Vilsbiburg im Jahr 1862. Die so genannte Flutbrücke von Schönbrunn Nähe Landshut musste wegen Erneuerung des Mitteljoches abgetragen werden. *„Es wird zwar an der Brücke ein Notweg hergestellt, allein dieser kann von schwerem Fuhrwerk und namentlich von den mit Geschirr beladenen Kröningerwägen ohne Gefahr nicht befahren werden. Dies wird bekannt gemacht und ist besonders im Wirtshause zu Triendorf und Kröning anzuschlagen".*[93]

Seit etwa 1870 bemühten sich die Kröninger Hafner um die Errichtung einer eigenen Poststation in Triendorf.[94] Nachdem sie immer wieder auf die Eröffnung der „Isarbahn" vertröstet worden waren, konnte 1880 vom kgl. Oberpostamt in Landshut eine Postexpedition in Triendorf mit „Cariolpost" nach Wörth an der Isar in Aussicht gestellt werden, sobald die Distriktsstraße zwischen Triendorf und Wörth eine entsprechende Erweiterung erfahren hat. Auf der zu dieser Zeit noch immer sehr engen Straße wurden seit der Eröffnung der Eisenbahnlinie Landshut – Dingolfing – Landau 1880 und der Ausbau weiter bis Bayerisch Eisenstein 1877 Geschirrlieferungen zum Bahnhof in Wörth an der Isar verbracht. Damit war eine Verbindung zu den Verkaufsmärkten in Landshut, München (Eisenbahnbau München – Landshut 1858) und zu Orten im Bayerischen Wald hergestellt.[95]

Die Nutzung der Eisenbahn durch Kröninger Werkstätten hatte ihren Niederschlag auch in den wenig erhalte-

nen Aufzeichnungen der Hafner gefunden. So setzte der Hafner *Alois Hötschl, „beim Christl"* von Grammelsbrunn 1912 in seinem Einschreibbuch über Geschirrlieferungen in der Abteilung B *„Neuester Geschirrpreis"* für *„Bahnliefernt"* höhere Preise an, wie bei den in der Abteilung A genannten *„für Krämer welche ins Haus selber kommen".* So war hier zum Beispiel der Dutzendpreis der Milchweidlinge ab Werkstatt für einen Krämer auf 90 Pfennige, für den Abnehmer über eine Bahnlieferung dagegen auf eine Mark festgesetzt.[96] Der *Hafner Sebastian Wagner, „beim Stalleder"* von Grammelsbrunn brachte 1913 bei einer Geschirrlieferung laut Eintragung in seinem Einschreibbuch 10 Mark für *„Fuhrlohn z. Bahn"* und für *„Bahnkosten"* zwei Mark in Ansatz. Bei einer Lieferung von insgesamt 1582 Geschirren an *„Rupert Wacker"*, der Ort ist nicht genannt, berechnete er ebenfalls zwei Mark für Bahnkosten.[97]

Pfarrer Spirkner von Kirchberg berichtete 1909 von einer die Kröninger Hafner unterstützenden *„Frachtermäßigung für Töpfergeschirr auf den bayerischen Bahnen, auf denen zumal nach München, Erding, Straubing, Ingolstadt, nach dem Bayerischen Hochgebirg und den Bayerischen Wald viel zur Versendung kommt. Exportiert wird auch jetzt noch nach Österreich und Tirol; doch ist der Absatz nach diesen Ländern ein geringerer wegen des Zolles. Vielleicht könnte auch in diesem Punkte die Volksvertretung in der Kammer noch etwas erreichen – zum Wohle und gedeihlichen Fortbestehen eines ehrsamen Handwerksstandes".*[98]

Von dem Hafner Benno Zettl aus Bödldorf ist überliefert, dass er am Bahnhof Wörth an der Isar Geschirrlieferungen zu den Märkten nach München verladen ließ. Zur Abwicklung seiner Geschäfte in München begab er sich bereits einen Tag vor Marktbeginn dorthin.[99]

---

92 Hiereth 1962, S. 56.
93 Amtsblatt für das königliche Bezirksamt Vilsbiburg Nr. 26 vom 4. 9. 1862.
94 Vilsbiburger Anzeiger 18. 8. 1880.
95 Begert; Seitz 1983, S. 6.

96 „Einschreibbuch für Alois Hötschl [* 1853, † 1932] 1905", Eintragungen zur Hafnerei bis 1917. Privatbesitz Vilsbiburg.
97 Fragment eines Einschreibbuchs des Hafners Sebastian Wagner (*1879, † 1958), Eintragungen 1913 bis 1915. Privatbesitz Vilsbiburg.
98 Spirkner 1909, S. 443.
99 Gespräche des Verfassers, aufgenommen auf Tonband mit den Kindern Benno Zettls Georg, Benno, Sophie und Therese Zettl, 1974.

Zusammenfassung

Über Jahrhunderte hinweg wurden die Kröninger Hafner immer wieder auf den Verkaufsmärkten in Städten und Märkten von ortsansässigen Hafnern am Verkauf ihrer Hafnerware behindert. Doch aufgrund geschriebener, oft sogar landesherrlich bestätigter Rechte und Genehmigungen, konnten die Hafner vom Kröning ihren Verkaufsgeschäften verhältnismäßig ungehindert nachgehen. Wie die immer wieder auftretenden Streitfälle beweisen, besaßen sie in den zu Rate gezogenen Advokaten und in der Unterstützung des Pfleggerichts Teisbach und dem amtierenden Handwerkskommissar den nötigen Rückhalt bei der Abfassung der sich in Archiven erhaltenen Originale und Abschriften der Streitschriften.

Erwähnte Geschirrhändlerinnen und Geschirrhändler in den Pfarrmatrikeln der Pfarrei Kirchberg Gemeinde Kröning

Wohnort des Händlers der Händlerin	Name der Eltern etc.	Name des Kindes etc.	Datum der Erwähnung	Sonstiges
Daxenberg [Dachsenberg?] Kreishauptmannschaft Linz	N.N. Lindhuber Geschirrhändler	† illeg. Kind Josepha Lindhuber, Geschirrhändlerstochter	† 1863	
Aichach	Wolfgang Bernberger Geschirrhändler		1892	Genannt als Vater
Deggendorf	Ludwig Bauer Geschirrhändler		1893	Genannt als Taufzeuge
Deggendorf	Johann Bauer lediger Geschirrhändler	* illeg. Kind	1893	Mutter Anna Huber, Geschirrhändlerin von Frontenhausen
Engelsberg bei Trostberg	Walburga Breihauser Geschirrhändlerin	† illeg. Kind Franz Xaver Breihauser	† 1889 3 Wochen alt	
?	Geschirrhändler	Bartholomä Wieser	† 20.6.1854	Aufenthalt in Magersdorf
Freyn KK Pfleggericht Frankenburg im Hausruckkreis * Weng KK Pfleggericht Mauerkirchen	Lorenz Seidl Geschirrhändler Anna Kremling Geschirrhändlersstochter	Helena	* 30.8.1837	Geburt im Hause des Hafners „beim Spanner" in Jesendorf
Frieding Gericht Starnberg	Kaspar Holzknecht Geschirrhändler	† Sohn Kaspar	† 3.5.1820, 15 Jahre alt	
Haibach Landgericht Mitterfels	Georg Scheufel Geschirrhändler	Petrus	* 18.10.1834	Taufpate Peter Brauhauser, Fuhrmann von Heuerbach(?)
Ittling Landgericht Straubing	Anna Maria Bär Leinwandhändlerstochter			
Haiming Landgericht Silz, Tirol	Mathias Grönauer Geschirrhändler	* Kind Mathias	1811	Verheiratet mit Maria
Haiming Landgericht Ried im Oberinntaler Kreis	Peter Paul Mayr Geschirrhändler	† ein Kind N.N.	† 18.5.1839	
Iggensbach bei Deggendorf	Johann Nepomuk Bauer Geschirrhändler	* illeg Kind N.N.	1900	
Innsbruck	N.N.	Elisabeth Tochter eines Geschirrhändlers	† 9.11.1811	
Kailberg Bezirksamt Stadtamhof	Johann Auburger, lediger Geschirrhändler	illeg. Kind N.N.	* 1883	Mutter Walburga Bräuhauser, Geschirrhändllerstochter von Mallersricht
Karlshuld Landgericht Neuburg		Andreas Grund Geschirrhändlerssöhnl	† 5.3.1822	z.Zt. in Jesendorf

Wohnort des Händlers der Händlerin	Name der Eltern etc.	Name des Kindes etc.	Datum der Erwähnung	Sonstiges
Karres Bezirksamt Imst, Tirol	N. N. Bernauer	Magdalena Bernauer, Geschirrführerstochter 6 ½ Jahre alt	† 3.3.1871	Eltern aus Karres. Aufenthalt beim „Busserl" in Pattendorf Nr. 38
Karres Bezirksamt Imst, Tirol	N.N. Grünauer Geschirrhändler	Anton Grünauer Geschirrhändlerskind	† 4.2.1882, 7 Wochen alt	Starb als Kostkind des Nikolaus Faßl in Jesendorf Nr. 243 ½
Kirchdorf LG Kitzbühel * in Schwaz Tirol	Andrä Geiger Geschirrhändler Josepha Mayr Geschirrhändlerstochter	A. Maria	* 29.6.1838	Kind im Hause des Mendl [Hafner] in Jesendorf geboren
Koppach LG Imst Tirol		Johannes Winkler Geschirrhändlerssohn	† 10.6.1821 an Abzehrung, 19 Jahre alt	z.Zt. in Jesendorf
Laatsch KK LG Glurns Tirol Bettuni KK LG Landeck	Josef Hauser Früchtehändler Elisabeth Freiseisen(?) Händlerstochter	Bartholomäus Hauser	* 28.1.1863	
Laatsch in Österreich	Alois Grumser, Witwer	* illeg. Kind N.N.	1892	Mutter Theres Steindl, geb. Leonberger, verwitwete Geschirrführerin, z. Zt. in Bödldorf 136
Laatsch Bezirkshauptmannschaft Meran	Alois Grumser Geschirrführer * 2.7.1848 Naturns	∞ 18.7.1892 Theres Steindl, geb. Bernberger(!), Geschirrfahrerin		
Laatsch Südtirol	Anna Grumser Geschirrhändlerin	† Peter Grumser, illeg. Geschirrhändlerskind	† 22.4.1896	
Mareit Bezirk Brixen		Kunigunde Gröbner Geschirrhändlerstochter	† 15.1.1884 17 Jahre alt	war Magd beim Hafner Barth. Kaspar in Onersdorf 23
Mallersricht Bezirksamt Neustadt/ Waldnaab	Anton Brauhäuser Geschirrhändler * 15.3.1837 Kirchberg bei Simbach		∞ 20.9.1894 Maria Sperl von Salzburghofen bei Laufen	
Mallersricht Bezirksamt Neustadt/ Waldnaab	Anton Bräuhauser Geschirrhändler	* ein Kind	1880 Verheiratet mit Maria Wieser von Teufers, Tirol	Geburt bei Rennschmid, Hafner in Jesendorf
Mitterfels	Kifl	† ein Kind	1898	
Mitterteich	Mutter Anna Bauernfeind	Theresia Obermayr	† 1.5.1845 5 Wochen	
Neustadt Tirol	Anton Bräuhauser Geschirrhändler		1877	Verheiratet mit Maria Wieser
Niedermurach Bezirksamt Neunburg vorm Wald	Mathias Reisinger Geschirrhändler * 21.12 1857 Adlhausen		∞ 10.3.1894 Walburga Zeilnhofer von Obersüßbach	
Niedermurach	Andreas Scheuerer Geschirrhändler * 11.2.1844		† 8.3.1893	Im Haus Zeißlmeier [Hafner] in Magersdorf

Wohnort des Händlers der Händlerin	Name der Eltern etc.	Name des Kindes etc.	Datum der Erwähnung	Sonstiges
Patersdorf	Georg Bachl Geschirrhändler		1880	Verheiratet mit Maria, Geschirrhändlerin von Ruhmannsfelden, erwähnt als Taufpate
Pettnau Landgericht Landeck Schönwies LG Landeck	Thomas Freiseisen Anna Schuster Kleinhändlerstochter	Barbara	* 12.11.1839	Geboren im Haus des Hafners Degenbeck in Jesendorf
Rattenberg Bezirksamt Kufstein	Johann Wieser * ca. 1848 Geschirrhändler		† 27.5.1872 an Lungensucht	
Rauppen * in Landeck	Georg Gutleben Geschirrhändler, Katharina Niederfriminger Geschirrhändlerstochter	Klara	* / † 2.9.1836	Geboren im Haus des Hafners Lorenz Weiß (beim Asen) in Jesendorf
Rauppen LG Telfs in Tirol		Clara Geschirrhändlerskind	† 9.9.1836 7 Tage	starb im Hause des „Asen" in Jesendorf
Regenpeilnstein Bezirksamt Roding	Peter Seidl Geschirrhändler Anna Hölzl, led. Hafnerstochter v. Jesendorf	Joseph, illeg.	* 5.11.1890	geboren im Wirtshaus zu Pirach, Pfarrei Raitenhaslach
Regenpeilnstein	Mathias Seidl Geschirrhändler * 6.5.1832		† 13.3.1894 62 Jahre alt	
Regenpeilnstein	N.N. Niedermeier	illeg. Kind Joseph Niedermeier Geschirrhändlerssohn	* 1892	
Regenpeilnstein	Josef Niedermeier verh. Geschirrhändler	illeg. Kind N.N.	1911	Mutter Margareth Herrmann Händlerin von Straubing, gebar im Haus des Hafners Ignaz Schachtner in Jesendorf
Reithofen bei Brixen Tirol	N. Rosenbluh(?) Geschirrhändler Mutter Magdalena Rosenbluh, Geschirrholerin	Ein Kostkind N.N.	1872 und 1875	Genannt im Kostkinderverzeichnis der Gemeinde Jesendorf
Reschen Landgericht Nauders	N.N. Federspiel Geschirrhändler	† ein Kind	† 11.5.1837	
Rilfs Landgericht Glarus, Tirol	Christian Angerer Geschirrhändler	* ein Kind	16.5.1850	
Salurn in Tirol		Rosina Zock Geschirrhändlerstochter	† 16.4.1831	Mutter Theres Steindl Geschirrhändlerstochter von Neuesberg Bezirksamt Stadtamhof
Schaittenrain Dornwang	Martin Ehrenreich, Witwer, Geschirrhändler Braut Anna Niedermeier, * 12.6.1813		∞ 20.11.1849	

Wohnort des Händlers der Händlerin	Name der Eltern etc.	Name des Kindes etc.	Datum der Erwähnung	Sonstiges
Schonstätt	Joh. Ev. Reiter „(Lanecker) Geschirrhändler (vag.)" Theresia Kraus		∞ 26.12.1892	Sponsalienverkündigung Wurde dreimal in der Pfarrkirche Schonstätt „proklamiert".
Schönwies in Tirol	Franz Götsch Geschirrhändler Maria Anna Keiner Geschirrhändlerin	Matthias	* 22.2.1820	
Seefeld/Tirol	Joseph Penz Geschirrhändler		† 7.10.1818 33 Jahre alt	begraben in Kirchberg
Silz in Tirol	Anton Maus Geschirrhändler Katharina Sauer Geschirrhändlerin	Anton	* 13.1.1820	
Silz, Heiningen **Silz**	Matthias Grönauer Geschirrhändler Maria, geb. Hauser Geschirrhändlerin	Matthias Grönauer	* 18.9.1811	Pate Matthias Leyerseder Hafnerssohn von Jesendorf
St. Martin Tirol Landgericht Meran	Johannes Regensperger Herbergsmann und Geschirrführer Katharina Regensperger	Joseph Regensperger	† 30.3.1807 4 ½ Jahre alt	Aufenthalt in Jesendorf
Steinernkreuz Landgericht Mitterfels	Wolfgang Landstorfer Steingut- und Geschirrhändler	ein Kind N.N.	* 5.7.1842	Im Haus des Michl Dalbauer in Großbettenrain
Steinsberg bei Burglengenfeld	N.N. Steindl	Peter Steindl illeg. Geschirrhändlerskind	† 1885 in Jesendorf	
Steinsberg Bezirksamt Stadtamhof	Peter Steindl Geschirrhändler	N.N. illeg Kind	1897	
Sterzing Tirol	Anna Gröbner Geschirrhändlerin	ein Kind N.N.	* 21.4.1867	Vater nicht genannt
Steinach Tirol	Franz Amert Elisabeth Kinzner aus Tirol		16.6.1840	Sind keine Vagi im strengen Sinn und müssen mit ihrem Heiratsgesuch in ihre Heimat zurück gewiesen werden.
Sterzing BezA Marreit	Vater unbekannt Anna Gröbner Geschirrhändlerin	Maria Gröbner illeg.	* 21.4.1867	
Straubing	N.N. Herrmann	Iganz Herrmann illeg. Geschirrhändlerskind	† 1911	
Tiefenbach	Georg Zangl, * 22.2.1855 Geschirrhändler		∞ 2.2.1887 Maria Egart von Winzer	
Tiefenbach bei Waldmünchen	N.N. Berger	Jakob Berger Geschirrhändlerskind	† 22.6.1888, 11 Tage alt, in Jesendorf	
Tiefenbach bei Waldmünchen	Anna Bauer Geschirrhändlerin	Illeg. Kind N.N.	* 1897	Vater Peter Steindl

Wohnort des Händlers der Händlerin	Name der Eltern etc.	Name des Kindes etc.	Datum der Erwähnung	Sonstiges
Tiefenbach	Benedict Egart Geschirrhändler	∞ 1901 Anna Grumser aus Laatsch Bezirk Meran	1901	
Treuchtlingen	Johann Evangelist Reiter Geschirrhändlerwitwer * 28.1.1832		∞ 27.1.1893 Theres Kraus von Schonstätt	z. Zt. in Jesendorf
Tiefenbach bei Waldmünchen				
Aus Tirol Kreishauptmannschaft Gruns(?)	Josef Götsch * ca. 1837 Geschirrhändler		† 26.12.1876, 39 Jahre alt	Starb beim „Bognveit" in Bödldorf [Nr. 7]
Aus Tirol	N.N. Brauhäusr	Amalie Brauhäuser, Geschirrhändlerstochter	† 6.9.1877, 10 Wochen alt	war beim „Binder" in Stürming als Kostkind
Tyrol	N.N. Brauhäuser	Petrus Bräuhauser Geschirrhändlerssohn	† 7.11.1878	
Wenns Landgericht Imst, Tirol	Jakob Waltl Geschirrhändler	* Sohn Georg	1807	Verheiratet mit Maria Teresia, ohne Haus, meist aufhaltend in Wenns
Wörgl Tirol	Maria Leininger	Joseph Leininger illeg.	† 8.8.1870, 22 Wochen alt	
	N.N. Grünauer	Elisabeth Grünauer		
Wörgl	Johann Georg Mayer lediger Geschirrhändler	Illeg. Kind Joseph	* 1879	Mutter Agathe Metzger von Unterdeufstetten bei Crailsheim
	N.N. Grünauer	Elisabeth Grünauer	† 20.10.1887, 8 Monate alt, in Jesendorf	Mutter Elisabeth Grünauer
Zachenberg Landgericht Viechtach	Georg Bachl Geschirrhändler	* 1880 Kind N.N.		Verheiratet mit Maria Heuberger von Schaching, Bezirksamt Deggendorf. Geburt im Hause des Hafners Stürminger, Großbettenrain
Zachenberg Pfarrei Ruhmannsfelden	Georg Bachl Geschirrhändler	† 2.2.1890, 5 Wochen alt Kind Oskar Bachl		Mutter Maria Heuberger. Starb in Großbettenrain Nr. 122 [beim Martinsepphafner]
Zachenberg Pfarrei Ruhmannsfelden	Georg Bachl Geschirrhändler	* 1891 Kind N.N.		Mutter Maria Heuberger

Geschirrbestellungen von Händlern/Krämern über Postkarten an den Hafner Eder in Jesendorf

Wohnort und Name des Händlers	Datum des Poststempels	Bestellung	
Gerzen Gruber	16.07.1907	100 Dzd Spitzhaferl 40 gerl(?)	Holt das Geschirr in 8 Tagen.
Engertsham	12.04.1915	Gartentöpf Kleine Haferl unglasiert mit breitem Boden so 5 dl Heferl 40-50 Stück	
Neukirchen vorm Wald Lina Bauer	07.07.1916		Bittet um bereits bestelltes Geschirr, da große Nachfrage
Straubing, Landshuterstr. 21 Karl Zellner	06.07.1922		Bittet um Geschirr-Preisliste, da eine Geschirrhandlung begründet worden ist. Das Geschirr würde abgeholt. Postkarte gerichtet an: die neue Tonwaren und Geschirrfabrik Jeßendorf
Hofkirchen Post Dorfen M. Neumayer, Handlung	23.03.1914	40 Dzd Weidling 10 Dzd Blumentöpf und ein paar Dzd mehr Untersatzl 4 Dzd Weihwasserfläschchen 3 Dzd Weihwasserkessel 4 Dzd Rahmhafen 1 Dzd Seiertigel 2 Dzd mittlere Schüssel breit u. tiefe	Neumayer fragt an, wann und zu welchem Markt Georg Eder nach Dorfen kommt.
Kirchroth Seb. Brem	14.6.1920		An Sebastian Eder Bittet um Nachricht, wann Geschirrlieferung.
Innerbittlbach Alois Kapfhamer	15.12.1914		Kommt nicht zum Markt nach Dorfen.
Solling bei Vilsbiburg Schachtl	16.03.1921	18 St. Milchweidling 3 kleine Schüsseln Suppenteller	Mutter holt das Geschirr ab.
[Altötting] Spielmann	?	Aufhängscherben Salbendegerl Hendltrinker	
Taufkirchen, Vils Thalmair	07.03.1915	6 Waschschüsseln 6 Weihwasserkessel 6 große und kleine Durchschlag 10 ganz große tiefe Suppenschüssel 10 – 15 ganz große Blumentöpfe und Untersatzl 30 glasierte Blumentöpfe 5 Sitz- und andere Nachttöpfe 25 große Untersatzl 18 cm breite und 2 kleine und 2 größere Dampfeltiegl	
Engertsham Reislhuber	05.09.1916		Wegen großer Nachfrage fragt Reislhuber um Lieferung von Milchhafen an.

Wohnort und Name des Händlers	Datum des Poststempels	Bestellung	
Engertsham M. Reislhuber	18.06.1916		Reislhuber fragt, ob denn keine Geschirrlieferungen mehr möglich seien. Die Milchhafen seien ausgegangen.
Engertsham Reislhuber	19.02.1917	3 Dzd Weihwassergefäße	
Engertsham Reislhuber	07.07.1917		Kündigt Geschirrkauf an.
Engertsham Reislhuber	19.08.1918		Anfrage, ob Geschirr fertig, es würde abgeholt. Es kann ein ganzer Wagen voll sein.
Engertsham M. Reislhuber	12.09.1918		Wartet auf Nachricht der vielen Anfragen wegen.
Engertsham Reislhuber	19.04.1919		Fragt an, wie es mit Geschirr aussieht und ob er wieder eines bekommt.
Engertsham Reislhuber	18.06.1925		Reklamiert Geschirrlieferung. Täglich würde 20 mal um Milchhafen angefragt.
Pfarrkirchen Heinrich Hofbauer, Hafnermeister	01.07.1909	Eine Fuhre Geschirr 500 St. Milchhaferl 1 ½ Liter groß 50 weiße Blattenhöfer 25 St. Nachtgeschirr glasierte u. 20 Sitzhaferl 25 St. kleine u. mittlere Reinen 100 weiße Gartentöpfe 100 glasierte Gartentöpfe auch Untersetzer 100 Schüssel	
Pfarrkirchen Heinrich Hofbauer, Hafnermeister	02.09.1909		Hat kein Geschirr mehr von Eder erhalten , Hofbauer hat alle seine Krämer aufgegeben denen er Geschirr geliefert hatte.
Niederstraubing Georg Söhl, Wagner u. Krämer	21.11.1907		Söhl kommt erst im kommenden Frühjahr um Geschirr.
Münchsdorf Friedrich Setz	23.11.1924		Eder soll Töpfe und Weidlinge aufsparen, Setz kommt, wenn die Straßenverhältnisse wieder besser sind.
Geisenhausen Kathi Ritzer	25.06.1915	Salbendegerl und eine Gattung etwas größer u. 5 Dutzend mittel etwas größer	
Landshut Schneider	21.10.1922		Bittet Geschirr bereit zu halten.
Unterbruck bei Haimhausen	08.?.1924	Bei Eder wurden Rahmhafen abgeholt, weil schlecht verpackt, sind sie jedoch zerbrochen. Bestellung von 5 Rahmhafen.	

Abb. 125:
Hafnerfamilie Eder, Jesendorf,
Dorftsr. 31,
von links Sebastian, Johanna,
Therese (Mutter), Georg Eder.
um 1915.

Abb. 126:
Bestellung von Hafnergeschirr
mit Postkarte
durch M. Göttler, Unterbruck,
Landkreis Freising, 1924.

Anhang
Geschirrpreise um 1900

Geschirrart	Material - Herkunft	Inhalt	Zeit	Preise für Wiederverkäufer
Milchweidling, glasiert	Irdenware, Kröning[1]	1 L.	1907	Dutzend 80 Pf. (Stück 6 2/3 Pf.)
Milchweidling, hohe Form, glasiert, „Spitzhaferl"	Irdenware, Kröning	etwa 1 – 1 ½ L.	1913	Stück 8 Pf.
Flacher Weidling	Emaille, Gebr. Baumann, Amberg[2]	1 ⅛ L.	1900	Stück 78 Pf.
„conischer hoher Weidling" (Form wie Kröninger „Spitzhaferl")	Emaille, Gebr. Baumann, Amberg	1 ½ L.	1900	Stück 90 Pf.
Milchschüssel	Steinzeug, Merkelbach München (Grenzhausen)[3]	1 L.	Um 1910	Stück 20 Pf.
Hohe Milchhaferl Hohe Milchhaferl, doppelt glasiert	Irdenware Kröning[4]	H 15 – 18 cm Wie vor	1907 1907	Stück 8 – 10 Pf. Stück 11 Pf.
Milchtopf, hohe Form	Emaille, Gebr. Baumann, Amberg[5]	1 ¼ L	1900	Stück 110 Pf
Plattenhafen, glasiert	Irdenware, Kröning[6]	„Gattung" (verschiedene Größen)	1907	im Durchschnitt Stück 13 - 15 Pf.
Hohe Bauchtöpfe	Emaille, Gebr. Baumann, Amberg[7]	1 ¼ L.	1900	Stück 110 Pf.
Nachttopf, glasiert	Irdenware, Kröning[8]		1905	Stück 13 Pf
Nachttopf, ohne Dekor	Emaille, Gebr. Baumann, Amberg[9]	18 cm Durchmesser	1900	Stück 135 – 155 Pf

1 Privatbesitz, Einschreibbuch des Hafners Alois Hötschl, Grammelsbrunn 1905 ff.
2 AHV, 040175/5, Katalog Amberger Emaillir & Stanzwerke von Gebrüder Baumann Firma: Joh. Baumann's Wwe, Amberg, Mai 1900.
3 AHV, 040175/30, Preisliste B über Steinzeug - Gebrauchsgeschirr, Reinhold Merkelbach, München (Grenzhausen).
4 Wie Anm. 1.
5 Wie Anm. 2.
6 Wie Anm. 1.
7 Wie Anm. 2.
8 Wie Anm. 1.
9 Wie Anm. 2

Das Ende der Kröninger Hafnerei

Die Antwort auf die Frage, warum ein ehedem so blühendes Handwerk heute zu bestehen aufgehört hat, bedarf der differenzierten Betrachtung.[1] Wohl mit als Hauptgrund dürften veränderte Gebrauchsgewohnheiten zu sehen sein, die so den Rückgang bestimmter Geschirrgattungen bewirkt haben. Als Beispiel sei nur der *„Milchweidling"* zum Aufstellen der Milch genannt, eine im Kröning zu Millionen hergestellte Schüsselform, die mit dem Aufkommen und der Verbreitung der Milchzentrifuge Ende des 19. Jahrhunderts nahezu überflüssig wurde. Die Milchschüsseln, von denen ein Bauer immer größere Stückzahlen vorrätig hatte, dienten zur Trennung der Milch in Rahm und Magermilch.

Ein weiterer, sehr gewichtiger Grund für den Niedergang des Handwerks scheint sich auch mit der Bleigesetzgebung der 2. Hälfte des 19. Jahrhunderts ergeben zu haben. Im Bayerischen Staatsarchiv Landshut hat sich hierzu ein vom Bezirksamt Vilsbiburg abgegebener Faszikel erhalten, der die Schwierigkeiten des Hafnerhandwerks mit den von ihm hauptsächlich verwendeten Bleiglasuren schildert.[2]

Der Ablauf des hier beschriebenen Vorgangs dürfte bei den Kröninger Hafnern dazu geführt haben, dass große Unsicherheiten wegen des Fortgangs des Handwerks offenbar wurden. Diese Stimmung wurde mit Sicherheit auch in die nächste Hafnergeneration hineingetragen, die dann eigentlich schon die letzte sein sollte.

Auch der Erste Weltkrieg 1914/18 ergab eine Zäsur bei der Besetzung der Hafnerwerkstätten. So sind erhaltenen Sterbebildern nach im Kröning und an der Bina drei Hafnermeister und zehn Hafnergesellen bzw. Hafnerwircher im Krieg gefallen.

Abb. 127 Drei Sterbebilder für die im Ersten Weltkrieg gefallenen Hafner Jakob Kaindl, Oberkirchberg und Josef Eggenfurtner, Geiselberg sowie den Hafnergehilfen Alois Richter, Kühbach.

1 Grasmann, Lambert: Die Kröninger Hafner in den Mühlen von Justiz und Verwaltung, in: Der Storchenturm 46/47, Dingolfing 1989, S. 74 – 91.
2 StALa, BezA/LRA Vilsbiburg Nr. 57, Gesundheitsgefährdende Hafnerwaren; Schriftsätze vom 30. November 1868 – 11. Oktober 1892, 63 S.

Am deutlichsten sind in einem Diagramm die Veränderungen der Werkstatt-zahlen abzulesen:

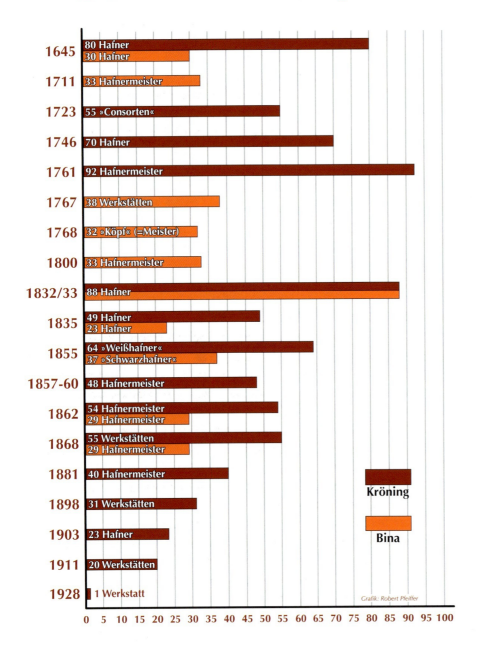

**Werkstattzahlen von 1645 bis 1928
des Handwerks der Hafner auf dem Kröning und an der Bina**

1645	80 Hafner
1645	30 Hafner
1711	33 Hafnermeister
1723	55 »Consorten«
1746	70 Hafner
1761	92 Hafnermeister
1767	38 Werkstätten
1768	32 »Köpf« (=Meister)
1800	33 Hafnermeister
1832/33	88 Hafner
1835	49 Hafner
1835	23 Hafner
1855	64 »Weißhafner«
1855	37 »Schwarzhafner«
1857-60	48 Hafnermeister
1862	54 Hafnermeister
1862	29 Hafnermeister
1868	55 Werkstätten
1868	29 Hafnermeister
1881	40 Hafnermeister
1898	31 Werkstätten
1903	23 Hafner
1911	20 Werkstätten
1928	1 Werkstatt

Kröning

Bina

0 5 10 15 20 25 30 35 40 45 50 55 60 65 70 75 80 85 90 95 100

Grafik: Robert Pfeiffer

Die unterschiedlichen „Handwerker-(Hafner-)" und „Werkstätten"-Bezeichnungen wurden den Originalquellen entnommen. Leider sind nach 1868 von den Hafnern an der Bina keine Werkstattzahlen mehr bekannt. Es fehlen hierzu die Originalunterlagen des Handwerks. In den Archiven sind bis etwa 1904 nur mehr sporadische Einzelnennungen von Hafnern überliefert.

Quellen zum Diagramm:

1645 Kröning: StALa, Regierung Landshut 2675. Siehe Mitgliederliste von 1645, S. 387.

1645 Bina: StALa, Regierung Landshut 2675. An der Bina in den Gerichten Teisbach, Vilsbiburg, Neumarkt. Siehe Mitgliederliste von 1645, S. 389.

1711 Bina: StALa, Pfleggericht Biburg u. Geisenhausen A 363.

1723 Kröning: StALa, Regierung Landshut A 13571. Rauchfangvisitation.

1746 Kröning: StALa, Regierung Landshut A 13623.

1761 Kröning: AHV, Jahresrechnung des Kröninger Hafnerhandwerks, 1761. 64 Meister in den vier Gebietsvierteln Kröning, 8 Meister „auf der Bina", 20 „auswärtige" Meister.

1767 Bina: StALa GL Fasz. 1133 Nr. 12, Regierung Landshut, aus Handwerksrechnung von 1767, „...besetzte und unbesetzte Werchstött". Siehe Mitgliederliste von 1767, S. 391.

1768 Bina: StALa, Regierung Landshut A 11783.

1800 Bina: BayHStA F. 1133 Nr. 12 fol.28.

1832/33 Kröning und an der Bina: StALa, Regierung Isarkreis Landshut A 777.

1835 Kröning und an der Bina: StALa, BezA/LRA Vilsbiburg 31, „In Vilsbiburg bestehende Vereine". Siehe Mitgliederliste von 1835.

1855 Kröning: StALa, BezA/LRA Vilsbiburg Nr. 31, „64 Weißhafner".

1855 Bina: StALa, BezA/LRA Vilsbiburg Nr. 31, „37 Schwarzhafner".

1857(60) Kröning: AHV, Kröninger Hafnerakten, Nebenrechnung des Handwerks 1857-1860.

1862 Kröning und an der Bina: StALa, BezA/LRA Vilsbiburg Nr. 1705, Hafnerverein von Kröning und an der Bina. Siehe Mitgliederliste von 1862.

1868 Bina: StALa, BezA/LRA Vilsbiburg Nr. 57. Gewerbsverein der Hafner in den Gemeinden Dirnaich, Velden, Geisenhausen, Bonbruck, Haarbach, Lichtenhaag. Siehe Mitgliederliste von 1868.

1868 Kröning: BezA/LRA Vilsbiburg Nr. 57. Gewerbsverein der Hafner in den Gemeinden Dietelskirchen, Jesendorf und Kröning. Siehe Mitgliederliste von 1868 S. 394.

1881 Kröning: Spirkner 1914, S. 133. Namen auf dem Fahnenband des Hafnervereins Kröning.

1898 Kröning: StALa, Rep. 164/19 aus 2703. Gemeinde Jesendorf 24, Gemeinde Kröning 7 Meister. Vgl. Mitgliederliste von 1898.

1903 Kröning: Katalog zur III. Niederbay. Kreis-Industrie- u. Gewerbeausstellung, 1903, S. 61 u. S. 67.

1911 Kröning: StALa R. 184 V 19 Nr. 2707 S. 55.

1928 Kröning: StALa, BezA/LRA Vilsbiburg 1702. Der „letzte" Hafner Sebastian Eder in Jesendorf, Dorfstr. 31, arbeitete bis um 1938 (Bayer. Ostmark, Ausgabe Vilsbiburg, 19.11.1938).

Zum Jahr 1868 ist zu bemerken, dass hier in weiteren 19 Betrieben das Gewerbe ruhte; das heißt, die nicht mehr arbeitenden Meister oder die die Werkstatt führenden Meisterwitwen bezahlten noch ihre Handwerksbeiträge sowie die Steuern an die Obrigkeit. Das Verfahren erleichterte dem Betriebsinhaber gegebenenfalls die Wiederaufnahme des Gewerbes, was jedoch, wie an den Zahlen abzulesen ist, meist unterblieb.

Schon 1828 bemühte sich die Regierung des Isarkreises in München durch die Auslobung eines beträchtlichen Preisgeldes, bleifreie Glasuren zu erzielen.[3] „Demjenigen Inländer, welcher eine bleyfreie und überhaupt der Gesundheit nicht nachtheilige, zugleich sehr haltbare und feste, aus wohlfeilen Materialien zu bereitende, leicht zu verfertigende Sorten von Thon-Geschirr anwendbare Glasur-Masse erfindet, … [erhält] 1000 fl."

1843 scheint ein diesbezüglicher Vorgang eine der ersten Maßnahmen zum Schutz der Gesundheit ausgelöst zu haben. In einer vom Landrichter Bram, Vilsbiburg, am 4. August 1843 dem Marktvorstand von Vilsbiburg präsentierten Bekanntmachung bemerkt dieser: „Bei Bereitung des Topfen Laiblkäses soll man ihn nicht in glasirten Hafnergeschirren stehen lassen, weil sich durch die erzeugte Milchsäure die Glasur auflöset, den Käs mit Blei vergiftet u. die Gesundheit schädlich macht, wie sich erst vor kurzem solche Vergiftungsfälle durch Laiblkäse an mehreren Personen gezeigt haben. Dieß hat Vorstand [Bürgermeister] bekannt zu machen."[4]

Münchner Visitation 1868[5]

Was war geschehen? Ein sich im November 1868 ereigneter Vorfall beleuchtete die schwierige Situation der Kröninger Hafner in Bezug auf die von ihnen verwendeten Bleiglasuren. Die kgl. Polizeidirektion München fand anlässlich einer Visitation bei den dortigen Hafnern eine bedeutende Menge Geschirre, „welche mit einer leicht lös-

lichen Mischung von Schwefelblei gefertigt sind und demnach der menschlichen Gesundheit in hohem Grade gefährlich werden können." In der Folge dieser heute mit einer lebensmittelpolizeilichen Kontrolle vergleichbaren Untersuchung wurde auf mehreren Ebenen der obrigkeitliche Verwaltungsapparat in Bewegung gesetzt.

Die Prüfung der Geschirre hatte man in der Weise vorgenommen, dass „jedes Geschirr etwa fingerhoch mit gewöhnlichem Essig gefüllt, über die Nacht stehen gelassen und sodann am nächsten Tage mit Schwefelwasserstoffwasser darauf reagiert wurde; die schädlichen Geschirre zeigten in Folge dieses Verfahrens einen schwarzen Niederschlag von Schwefelblei." Nach Angaben der einvernommenen Hafner bezogen sie diese Ware „theils aus den böhmischen Fabriken zu Tmus [Taus?], theils aus den Fabriken in und um Gröningen, kgl. Bezirksamt Vilsbiburg". Der Vorfall veranlasste die Kammer des Inneren, ihre nach geordneten Behörden anzuweisen, die Hafner in ihren Bereichen vor dem Kauf und Gebrauch derartiger Geschirre zu warnen. Gestützt auf das Polizeistrafgesetzbuch Art. 133 ordnete die Behörde zusätzlich genaue Visitationen und, wenn erforderlich, die provisorische Beschlagnahme an.

Die Regierung verständigte im vorstehenden Sinne das Bezirksamt Vilsbiburg mit der Anweisung, im Kröning unverzüglich unter Hinzuziehung eines Sachverständigen genaue Untersuchungen anzustellen. Eigenartigerweise ist von den Hafnern an der Bina, die im gleichen Bezirksamt ansässig waren, nicht die Rede. Auch ist von der Bina-Region nicht bekannt, wie hoch zu dieser Zeit auf der einen Seite noch der Anteil von schwarzer reduzierender und auf der anderen Seite noch der (eben zu untersuchenden) glasierten Hafnerware war. Das Untersuchungsergebnis erwarte man, so die Regierung, innerhalb acht Tagen. Um sich ein Bild über die örtliche Lage und die Zahl der Hafnerwerkstätten machen zu können, ließ sich das Bezirksamt Vilsbiburg vom hiesigen Rentamt, als der Steuer einnehmenden Behörde, eine Namensliste aller Hafner anfertigen.

Aufgrund dieser Liste begab sich am 17. Dezember 1868 eine Kommission des Bezirksamtes, bestehend aus dem Amtsverweser *Grabinger* und dem Landgerichtsarzt *Dr. Weber*, in den Kröning. Mit der Untersuchung begann man bei dem Hafner *Matthias Kaspar* von Wippenbach. Das Protokoll berichtet, dass man sich den Vorrat des fer-

---

3 Königlich Bayerisches Intelligenz-Blatt des Isarkreises vom 5.3.1828, X. Stück, Sp. 149 – 152.

4 StadtAV, Verordnungen 19. Jh. – Ein ähnlich lautende, erst mit dem 26. Februar 1869 datierten „Bekanntmachung" scheint auch den Bezirksämtern übermittelt worden zu sein, in deren Bereich Hafnereien produzierten, so auch im Bezirksamt Wegscheid für den Hafnerort Obernzell. Freundliche Mitteilung Rudolf Hammel.

5 Wie Anm. 2, S. 1'ff.

tigen Hafnergeschirrs, bestehend aus ungefähr 400 Stück, verteilt auf verschiedenen Plätzen im Haus, zeigen ließ. Festgestellt wurde, *„sämtliche Waren führen zwei Farben, nämlich braun und gelb; die braune Farbe wird hergestellt durch Braunstein vermischt mit Silberglätte. Die gelbe Farbe mit Silberglätte und Lehm. Zur braunen Farbe wird außerdem noch ein Teil Sand gemischt /:Kieselerde:/. Matthias Kaspar erklärte, daß zur Hervorbringung einer Glasur Silberglätte unumgänglich notwendig sei, indem ohne dieselbe die übrigen Bestandteile nicht in Fluß gebracht werden können.“* Weiter heißt es im Protokoll, dass nicht nur die Hafner im Kröning sondern auch die an der Bina Silberglätte benutzten. Und weiter, wenn das Geschirr gebrannt sei, löse sich die Glasur nicht. Eine Lösung der Glasur wäre nur denkbar *„bei einem schlecht gebrannten Geschirr.“*

Von *Kaspars* Geschirrvorrat entnahm die Kommission ein braun und ein gelb glasiertes Exemplar. Unter Strafandrohung verbot man ihm aus seinem Vorrat, sowie auch neu gefertigtes Hafnergeschirr zu verkaufen, was naturgemäß die sofortige Sperrung der Werkstatt bedeutete. Aus Gründen der Zeitersparnis – die Regierung hatte dem Untersuchungsgremium nur acht Tage Zeit eingeräumt, außerdem waren wegen des Winters die Wege kaum passierbar – besuchte die Kommission von den im Verzeichnis erfassten 55 Hafnermeistern bzw. Werkstätten nur mehr deren neun in Jesendorf und zwar *Bartlmä Kaspar, Johann Mitterer, Xaver Dannerbeck, Donat Leiner, Simon Stürminger, Anna Maria Stürminger, Josef Rennschmid, Georg Geigenberger* und *Georg Lederhuber.* Man fand dort ähnliche Verhältnisse wie in Wippenbach vor, jedoch außerdem, dass bei einem Hafner braunes Geschirr mit weißen Tupfen, bei einem anderen solches mit blauer und bei einem weiteren mit grüner Glasur festgestellt wurde. Die Kommission entnahm von jedem der genannten Geschirre je ein Stück.

Die vom Apotheker *Anton Hormayr* von Vilsbiburg im Beisein des Landgerichtsarztes vorgenommenen Tests erbrachte für die betroffenen Hafner kein gutes Ergebnis. *Hormayr* berichtete mit Schreiben vom 18. Dezember 1868 über sein Untersuchungsverfahren.[6] Vom kgl. Bezirksarzt *Dr. Weber* erhielt er *„neun nummerierte irdene und glasierte Geschirre mit dem Auftrage, dieselben auf Bleigehalt zu untersuchen. Sofort wurde eine Füllung der verschiedenen Schüßel u. Höfer mit reinen Weineßig vorgenommen u. hiemit 24 Stunden bei mäßiger Wärme digeriert [= auslaugen]. Nach dieser Zeit fand sich der in den Geschirren befindliche Eßig etwas gefärbt u. ergab derselbe, mit frisch bereiteten Schwefelwasserstoff-Wasser geprüft folgende Reactionen.“* Hormayr beschrieb nun in seinem Untersuchungsbericht die Geschirre *„mit leichter Färbung (Spuren von Blei)“,* über *„ganz geringe Veränderung (geringe Spuren)“,* bis *„stärkere Reaction (größerer Gehalt)“* und *„ganz compacter Niederschlag (großer Gehalt)“.* Sein Resümee lautete, *„daß die betreffenden Geschirre mehr oder weniger von in Eßig löslichen Bleigehalt nicht frei sind.“*

In seinem Gutachten vom 20. Dezember 1868[7] kam Bezirksarzt *Dr. Weber* aus seiner Sicht zur Erkenntnis: *„1. Je feiner die Masse (Bleiglätte, Kieselerde und gebrannter Lehm) gemahlen wird, so daß sich keine gröberen Theile (Körner) mehr unter derselben befinden, desto weniger wird sich später beim Gebrauch der Geschirre von der Glasur Blei lösen…“* und *„2. Sollen die Geschirre gut gebrannt werden, selbe sollen einen hellen Ton geben, wenn sie leicht angeschlagen werden, je schwächer die Glasur eingebrannt wird, desto leichter wird sie gelöst.“* *Dr. Weber* schlug nun die wohl kaum in die Tat umzusetzende Maßnahme vor, dass die gesamte bei den Hafnern vorrätige Hafnerware durch *„Techniker (hier unparteiische Hafner)“* untersucht werden solle, ob *„sämtliche Geschirre richtig gebrannt, ob die zur Glasur verwendeten Masse richtig verarbeitet und ob die Fabrication fraglicher Geschirre überhaupt technisch richtig geschieht, die schlecht fabrizierten Geschirre wären ohne weiteres zu confiszieren.“* Der Beamte des Bezirksamtes *Grabinger* gab noch am selben Tag die Untersuchungsergebnisse *Dr. Webers* der Regierung von Niederbayern in Landshut bekannt. Dass nur von neun Hafnern Untersuchungsmaterial genommen wurde, hat man mit den weit auseinander liegenden, teils in Einöden befindlichen Werkstätten und den winterlichen *„zur Zeit unfahrbaren Wegen“* begründet. Man habe immer eine andere Art von Geschirr und zwar jeweils von der kleinsten Gattung, bei den Hafnern Matthias Kaspar, außerdem etwas Silberglätte und bei Georg Geigenberger etwas Bleiasche aus den Vorräten entnommen.

---

6 Wie Anm. 2. S. 19 – 20.

7 Wie Anm. 2. S. 18 – 21'.

Am 22. Dezember 1868 bestätigten die zu den Gemeindekanzleien Kirchberg und Reichlkofen zusammengerufenen Hafner aus der Gemeinde Kröning (7), Jesendorf (26) und Dietelskirchen (3) mit eigenhändiger Unterschrift das ihnen auferlegte Verbot, Hafnergeschirr weder ab Haus noch auf öffentlichen Märkten zu veräußern. Im Anhang 1 sind die Namen der einvernommenen Hafner aufgelistet.

Staatliche Reaktionen in Landshut und München[8]

Sehr besorgt zeigte sich nun das Bayerische Staatsministerium des Innern mit Schreiben vom 29. Dezember 1868 an die Regierung von Oberbayern, *„daß hier die Erhaltung eines umfangreichen Industriezweiges in Frage steht, welcher zahlreichen Familien die Mittel zu ihrem Lebensunterhalt gewährt; bei dem polizeilichen Vorgehen ist deshalb besondere Umsicht notwendig, und letztere erscheint in dem vorliegendem Falle um so mehr geboten, als nach den von der k. Regierung von Niederbayern, Kammer des Innern vorgelegten Verhandlungen nur die schlecht gebrannten Geschirre wie es scheint der menschlichen Gesundheit nachteilig werden können"*. Die kgl. Regierung in München bestimmte nun eine gründliche Untersuchung der in Frage stehenden Geschirre *„von einem tüchtigen, mit den erforderlichen Kenntnissen versehenen Techniker"* vornehmen zu lassen.

Kritisch äußerte sich am 1. Januar 1869 die Kammer des Innern der Regierung von Niederbayern zu den vom Bezirksamt Vilsbiburg veranlassten Maßnahmen, wie der bei den Hafnern vorgenommenen Beschlagnahme der gesamten Geschirrvorräte, die sich eigentlich nur auf die untersuchten Exemplare zu beschränken gehabt hätte. Kritisiert wurden auch die Untersuchungsmodalitäten der beschlagnahmten Geschirre durch *Apotheker Hormayr* sowie das Gutachten des Bezirksarztes *Dr. Weber*. Da nur einige wenige Stücke untersucht worden seien, dürften keine Rückschlüsse auf die übrigen großen Geschirrbestände bei den Hafnern vorgenommen werden, noch dazu, wo nur ein kleiner Teil der Werkstätten untersucht worden sei. Am 2. Januar 1869 hob das Bezirksamt die Konfiszierung der Geschirre auf und gab den Verkauf der Hafnerwaren für alle Werkstätten frei. Von dieser Verfügung nahmen sämtliche Hafnermeister gegen Unterschrift Kenntnis.

Die Regierung beauftragte daraufhin den Professor der Chemie an der Gewerbeschule Landshut, *Dr. Wimmer, „die Geschirrfabrikation in den Gemeinden Kröning, Jesendorf und Dietelskichen einer genauen technischen Untersuchung zu unterstellen."* Den Hafnern *Joseph Rennschmid* und *Georg Lederhuber* von Jesendorf, dann *Matthias Kaspar* von Wippenbach wurde bedeutet, dass sie die bei ihnen beschlagnahmten und untersuchten Geschirre beim Bezirksamt in Vilsbiburg abholen könnten. Die besagten Hafnerwaren wurden jedoch dem Kaufmann und Stiftungspfleger Georg Stein von Vilsbiburg *„für die Armen überlassen"*. Hingegen sei die Beschlagnahme der bei den Hafnern *Xaver Dannerbeck* und *Georg Geigenberger* sowie die bei der Hafnerswitwe *Anna Maria Stürminger* konfiszierten Geschirre aufrecht zu erhalten. Doch auch diese konnten dann ab 5. Februar beim Bezirksamt abgeholt werden.

Zu einem späteren Zeitpunkt nahm sich auch das Ministerium des Handels in München der Angelegenheit an.[9] In einem Schreiben vom 17. Oktober 1869 an den *„Central-Verwaltungsausschußss des polytechnischen Vereins"* in München klang ebenfalls die Sorge um die in der Kröninger Hafnerei Beschäftigten und deren Familien an. Auf der anderen Seite verkannte es aber nicht das Restrisiko, das die Verwendung von Bleiglasuren mit sich bringe. Das Ministerium nannte in dem Schreiben einen *„Professor Kaiser"* als weiteren Gutachter, der, wie zu vermuten ist, die bei den Münchner Hafnern Ende 1868 beanstandeten Geschirre untersucht hatte. Er meinte darin *„daß aber ein nachtheiliger Einfluß auf die menschliche Gesundheit nicht mit voller Bestimmtheit behauptet werden konnte"*. Ferner wurde der renommierte *„Professor Buchner"* [vom Institut für Pharmazie an der Universität in München] zitiert, der in einem anderen Gutachten *„die bezeichneten Geschirre nicht unbedingt gesundheitsschädlich erachtet"*.

Das Münchner Ministerium beauftragte dann den *„Central-Verwaltungsausschuß des polytechnischen Vereins"* in München, *„diese Frage der näheren Würdigung zu unterstellen und das Ergebniß berichtlich darzulegen"*. Das in Auftrag gegebene und von *„L. Buchner, E. Erlenmeyer und*

---

8 Wie Anm. 2.

9 BayHStA, MH 6976 – Für den freundl. Hinweis sei Inge Lippert, München, gedankt.

C. Stölzel" erstellte Gutachten wurde am 7. Februar 1870 vorgelegt.[10] Es ist hier nicht der Raum, den umfangreichen Schriftsatz zu kommentieren. Was die Hafnerei im Kröning betrifft, wurde darin vorgeschlagen, einen *„wissenschaftlich gebildeten Sachverständigen zu beauftragen"*, dort *„den Betrieb genau zu studieren"* und festzustellen, wo *„verbessernd vorgegangen werden muß"*. Hier tauchte wahrscheinlich erstmals der Vorschlag auf, in den *„Hafnerbezirken Töpferschulen […] einzurichten"*, was dann für den Kröninger Raum 1873 in Landshut tatsächlich geschah.

Reaktionen der Kröninger Hafner

Ein in der ehemaligen Hafnerwerkstatt *Benno Zettl* in Bödldorf vorgefundenes Schriftstück[11] dürfte mir großer Wahrscheinlichkeit mit dem Fall *„gesundheitsgefährdender Hafnerwaren"* von 1868/1869 In Verbindung stehen.[12] Das nicht datierte Schreiben wurde von einem *„Advokaten Richter"* im Auftrag der *„Hafnermeister im Kröning"* verfasst und ist an die *„kgl. Polizeidirektion"* gerichtet. *Benno Zettl* ist 1861 als 1. Vereinsvorsteher im Hafnerhandwerk genannt. Von großem Ansehen in der Gemeinde Jesendorf

Abb. 130: Sterbebild für Benno Zettl (1828 – 1898), „Ausnahms-Hafnermeister" (im Austrag/Ruhestand befindlich) von Bödldorf.

Abb. 129: Hafnermeister Benno Zettl (* 22.5.1828, † 19.4.1898), Bödldorf Nr. 4, Aufnahme um 1885.

zeugt seine 1882 erfolgte Wahl zum Gemeindevorsteher [Bürgermeister]. Fünf Jahre hatte er dieses Amt inne. Er dürfte als die treibende Kraft der Eingabe zu sehen sein. Damit wird auch die darin aufscheinende fachliche Kompetenz zu erklären sein. Bemerkenswert ist, dass hier zum ersten Mal aus der Sicht eines Kröninger Hafners gewisse Arbeitabläufe beschrieben wurden. Im Tenor des Schreibens rechtfertigten die Hafner die Anwendung der *„Silberglätte"*, die synonym für Bleiglätte, also für Bleioxid stand. Darin verwiesen sie auf die lange Brennzeit des Geschirrs von *„32 – 36 Stunden […] mit Anwendung größter Hitze"* und bezeichneten ihre Ware damit als *„in jeder Beziehung vertrauenswerth"*. Eindringlich baten sie zu bedenken, dass es um die Lebensfrage *„vieler hundert Menschen"* gehe. Die Hafnermeister sahen sich außerdem nicht in der Lage *„eine andere als bisherige Herstellungsweise einzuschlagen"*. Zwischen den Zeilen ist zu verstehen, dass andere als Bleiglasuren im Kröning nicht bekannt waren und darum weiter mit diesen gearbeitet werden müsse. Eine Reaktion auf dieses Schreiben ist nicht bekannt.

Siehe nachfolgenden Anhang.

---

10 Bayer. Industrie- und Gewerbeblatt 2/1870, S 174 – 176.
11 Siehe nachfolgenden Anhang.
12 AHV, Handwerksakten der Kröninger Hafner, Hausakt Hafnerwerkstatt beim „Uiderl", Benno Zettl, Bödldorf Nr. 4.

Undatierte Eingabe der Kröninger Hafnermeister [1868][13]

„Nie hörte man Klagen über dieses Fabrikat, am wenigsten in sanitätlicher Hinsicht.

Seit mehr als 50 Jahren findet dieses Geschirr auch in München einen lebhaften Absatz und, wie Einer verehrlichen Polizeidirektion am besten bekannt ist – wurde nie eine Klage über dieselbe laut.

Erst die neueste Zeit will daran sanitätswidrige Entdeckungen gemacht haben, und doch wird dieses Geschirr heute noch genau in derselben Weise und mit derselben Sorgfalt hergestellt, wie vor 50 Jahren.

Die Bereitungsart ist durchaus folgende: Die Erde hierzu wird aus einzelnen Tögellagern in Kröning selbst genommen.

Hierauf folgt die Bearbeitung durch die Hand in derselben Weise, wie sie bei allen Hafnern der Welt vorkommt – sodann wird glasiert.

Zur Glasur wird die bekannte Silberglätte verwendet.

Man mischt dabei Silberglätte mit einem gleichen Theile Sand oder Ziegelmehl, verarbeitet das ganze in eine Glättmühle, macht es flüssig – und gießt es über die Geschirre.

Ob und in wie weit Silberglätte in dieser Anwendung gesundheitsgefährlich ist, müssen die unterfertigten den cumpetenten Technikern zur Berurtheilung anheim stellen.

Jedenfalls glauben sie aber, daß dieß nicht der Fall sein kann, indem sie die feste Überzeugung haben, daß eine gut eingebrannte Glasur entweder gar nicht oder doch nur durch ganz besondere chemische Mittel gelöst werden kann.

Jedenfalls kommen derlei Einwirkungen im gewöhnlichen häuslichen Leben, beim Kochen und dergleichen nicht vor, dafür spricht die hundertjährige Erfahrung.

Daß aber die Kröninger Geschirre durchaus, im Kleinen wie im Großen gut und gleichmäßig gebrannt werden, das beweist der gute Ruf dieser Fabrikate und wird sich durch behördlichen Augenschein an Ort und Stelle jederzeit constatieren lassen.

Die Geschirre werden in einen bis auf eine kleine Oeffnung geschlossenen Brennofen gesetzt und dort 32 – 36 Stunden lang mit Anwendung der intensivsten Hitze gebrannt.

So behandelte Fabrikate sind in jeder Hinsicht vertrauenswerth. Da nun aber sämtliche Kröninger Fabrikate in gleicher Weise hergestellt werden, und auch gar nicht anders hergestellt werden können – so müssen die Unterfertigten annehmen, daß entweder alle Kröninger Geschirre gesundheitsgefährlich und vom Handel auszuschließen seien – oder, daß die oben bemerkten polizeilichen Wahrnehmungen auf Verwechslung des Fabrikationsortes oder auf einen sonstigen Irrthum beruhen.

Angesichts dieser Alternative bleibt ihnen nichts übrig, als Eine verehrliche Polizeidirektion für künftige Fälle um die eingehenste Untersuchung hinsichtlich des Erzeugungsortes sowie um Erholung eines motivierten technischen Gutachtens über die Qualität des Kröninger Geschirres im Allgemeinen recht ergebenst zu bitten.

Dieselben erlauben sich das Augenmerk Einer verehrlichen Polizeidirektion darauf zu lenken, daß es sich um eine Lebensfrage für einen wichtigen Industriezweig unserer Gegend handelt, daß die Existenz vieler hundert Menschen von der unversehrten Erhaltung des gewerblichen Rufes der Kröninger Hafner abhängt, und daß falls die bemerkten Bedenken gegen die Qualität ihres Geschirres einmal gesetzliche Gestalt annehmen sollten – die Fabrikation desselben geradezu eingestellt werden müßte, weil die Unterfertigten sich außer Lage sehen, eine andere als die bisherige Herstellungsweise einzuschlagen.

Dieß sind Betrachtungen, welche gewiß zu einer höchst vorsichtigen Behandlung der angeregten Frage einladen. Indem die Unterfertigten diese ihre Vorstellung der wohlwollenden Berücksichtigung Einer königlichen Polizeidirektion empfehlen zeichnen

K. Richter

u. Advokat   Hochachtungsvollst

Eine Königliche Polizeidirektion

Gehorsamste

Hafnermeister von Kröning"

---

13 Wie Anm. 12.

Prof. Dr. Wimmer befasst sich mit Kröninger Geschirr

Über eine „technische Untersuchung" Kröninger Hafnerware durch Dr. Wimmer von der Landshuter Gewerbeschule ist in den herangezogenen Faszikeln nichts zu finden. Etwa zur gleichen Zeit aber erscheint von ihm im Bayer. Industrie- und Gewerbeblatt Nr. 1/1869 (S. 241 – 245) eine größere Arbeit über „Die Kröninger Thonwaaren-Industrie in Niederbayern". Seinen Ausführungen nach muss er die Landschaft, die Werkstätten und somit auch die Hafnerarbeit aus eigener Anschauung gekannt haben – er recherchierte vor Ort. Dass dieser Aufsatz in unmittelbarem Zusammenhang mit der von der kgl. Regierung angeregten Untersuchung stehen muss, beweisen einige Formulierungen, wie z. B. die identische Wiedergabe der Werkstattzahlen in den drei Gemeinden Kröning, Jesendorf und Dietelskirchen.

Bemerkenswert erscheint, dass er auf die Gesundheitsgefährdung durch Bleiglasuren im eigentlichen Sinn kaum einging. Was ihn auszeichnete, ist die Schilderung über die Zusammensetzung der Tone wie die Anwendung der Glasuren und die Arbeitsweise der Hafner schlechthin, was ihn als kenntnisreichen Beobachter ausweist.

Erst am Schluss nahm er Stellung zu den gesundheitlichen Verhältnissen der in der Kröninger Hafnerei beschäftigten Arbeitskräfte und bezieht dabei auch die Bewohner der Gegend mit ein. Mit Blickrichtung auf diesen Personenkreis stellte er fest, dass „doch alle das daselbst fabricierte Geschirr zur Bereitung und Aufbereitung ihrer Speisen benützen" und weiter, „so beweist doch ihr frisches und lebendkräftiges Aussehen deren ungestörte Gesundheit, wozu die ziemlich hohe Lage [?] ihrer Wohnungen sicher nicht wenig beiträgt". Dass er bei den „älteren Hafnergesellen manches blasse Gesicht [...] erblickte", erklärte er damit, dass die Arbeitskräfte die Geschirre oft aus dem noch nicht abgekühlten Brennofen nehmen müssten. Der Wechsel zwischen hohen und tiefen Temperaturen sei für die Gesundheit der Beschäftigten schädlich.

Kranke Hafner

Der Meinung Dr. Wimmers steht aber die Tatsache gegenüber, dass in den Ordinationsbögen (Krankenblätter) des Distriktskrankenhauses Vilsbiburg, wohin sich auch die kranken Hafner des Bezirks wandten, manche Bleivergif-

tung sowie Folgeerkrankungen diagnostiziert sind.[14] 1869 wurde bei 13 behandelten Hafnern viermal „Bleikolik" und weiter viermal „Gastricismus" festgestellt. 1870 sind von 11 Hafnern je einer wegen „Colica saturnina" (Bleikolik), dann „Colik" oder mit „Bleikolik" und weitere fünf Hafner mit „Gastricismus" („Magenerkrankung") eingeliefert worden. Um ein zeitlich späteres Beispiel herauszugreifen: Die Erkrankungshäufigkeit bei den in Hafnereien Beschäftigten ist 1888 wesentlich höher gelegen. Bei den 23 in diesem Jahr zur stationären Behandlung eingelieferten Hafnern wurde allein 19 mal „Lithargyrismus" („Bleikrankheit") als Diagnose vermerkt, wobei einige das Krankenhaus mehrmals aufsuchen mussten. Der Aufenthalt im Krankenhaus Vilsbiburg bewegte sich zwischen drei und 87 Tagen. Von „ungestörter Gesundheit" bei den Hafnern, wie Dr. Wimmer dies schreibt, kann also nicht gesprochen werden.

Die 1888 erhöhten Krankheitsfälle mögen – hier spekulativ – damit zu erklären sein, dass Hafner zu dieser Zeit bereits Industrieprodukte von großer Reinheit als Bleiglasuren verwendet haben könnten. Diese erwiesen sich jedoch in der Handhabung als wesentlich gefährlicher. „Die Korngröße in den früher selbst erzeugten Mahlprodukten war [...] dreißigmal größer, als die des Industrieproduktes. Die Flüchtigkeit der mittels Bleiglätte hergestellten Breie überstieg nach Eintrocknen wesentlich die früheren, mit grobkörnigem Galenit erzeugten Glasuren. Die Arbeit mit käuflichen Bleioxiden erforderte bei der Herstellung von Rohglasuren weitaus gründlichere hygienische Vorkehrungen, worauf aber die Töpfermeister nicht vorbereitet waren. Der Wechsel, die weite Verbreitung der feingekörnten Industrieprodukte, führte zwar zur besseren Qualität der Glasuren, aber auch zu einer wesentlichen Zunahme der Zahl der Bleivergiftungen". Die von Georg Duma in der ungarischen Hafnerei festgestellten Verhältnisse dürften auch auf die im Kröning zutreffen.[15]

Eine aufschlussreiche Bemerkung in der Bistums-Visitation von 1830 der Pfarrei Kirchberg im Kröning verweist im

---

14 StAV, ohne Signatur. Krankenakten des Distriktskrankenhauses Vilsbiburg, hier gebundene oder einzelne Ordinationsbögen, Jahrgänge ab 1869.

15 Duma, Georg: Giftige Glasuren – Kranke Töpfer, in: Volkstümliche Keramik aus Europa, Band 2, München 1982, S. 33 – 46.

Abb. 131:
Krankenblatt für den wegen „Bleivergiftung" in das Vilsbiburger Krankenhaus eingelieferten Hafnergesellen Georg Wippenbeck, Arbeitgeber Jakob Waechter von Großbettenrain, Verweildauer 22.7.1900 – 28.7.1900.

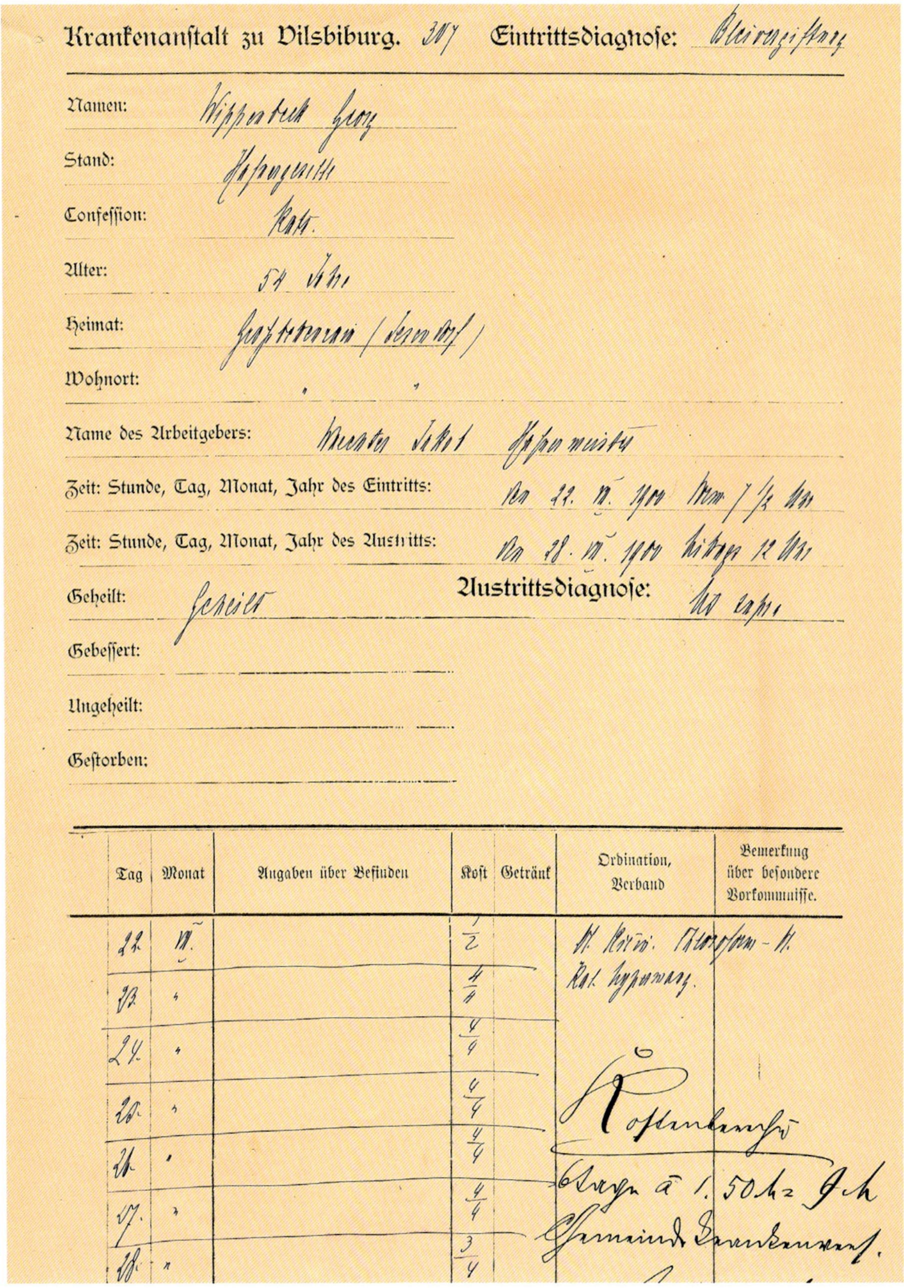

Krankenanstalt zu Vilsbiburg. Eintrittsdiagnose:

Namen:

Stand:

Confession: Kath.

Alter: 54 Jahr

Heimat:

Wohnort:

Name des Arbeitgebers:

Zeit: Stunde, Tag, Monat, Jahr des Eintritts:

Zeit: Stunde, Tag, Monat, Jahr des Austritts:

Geheilt: geheilt Austrittsdiagnose:

Gebessert:

Ungeheilt:

Gestorben:

Tag	Monat	Angaben über Befinden	Kost	Getränk	Ordination, Verband	Bemerkung über besondere Vorkommnisse.
22	VII.		1/2			
23	"		4/4			
24	"		4/4			
25	"		4/4			
26	"		4/4			
27	"		4/4			
28	"		3/4			

Zusammenhang mit dem Hafnerhandwerk auf die hohe Kindersterblichkeit im Pfarrbezirk.[16] *„Es sind nur bey 50 Schulkinder da, weil ein großer Teil der Pfarrkinder in den sogenannten Gröninger-Hafnern besteht, deren Handwerk durch Feuchtigkeit und Verglasungsmaterial vielen Kindern den Tod bringt".*

Dazu sei ein beredtes Beispiel aus den Pfarrmatrikeln von Kirchberg angeführt. Den Eheleuten Johann Baptist Setz (1858 – 1928) Hafnermeister auf den *„Zuckerbacher"*-Anwesen von Jesendorf (Haus Nr. 236) und Maria, geb. Schemmerer (1856 – 1924), wurden von 1885 bis 1902

16 Ritter, Emeram H.: IV. Visitation der Kapitel Dingolfing und Frontenhausen vom 11. bis 18. September 1830, in: Weihbischof Georg Michael Wittmann als Generalvisitator für das Bistum Regensburg, Regensburg 1992, S. 50 – 74. Frdl. Hinweis Peter Käser.

17 Kinder geboren von denen 16 im frühen Kindesalter starben. Lediglich der 1896 geborene Sohn Johann Baptist überlebte.

Auch der für die Kröninger Hafner seelsorgerisch tätige Pfarrer von Kirchberg Bartholomäus Spirkner erwähnt in seinem ersten Aufsatz zur Kröninger Hafnerei die „tückische Hafnerkrankheit" und beschreibt ihre Symptome mit „*Bleikolik, Nierenentzündung, Wassersucht, Zehrfieber, kurz ein klägliches Hinsiechen, wenn nicht Komplikationen zu einem schnelleren Ende führen, durch Schleimschlag, Urämie usw.*".[17]

1906 wird ein Fall zur Gewährung von Invalidenrente in den bezirksamtlichen Akten erwähnt.[18] Dem Hafnergesellen *Mathias Kolbinger* von Jesendorf wurde von der Versicherungsanstalt für Niederbayern in Landshut wegen dessen „*chronischer Bleivergiftung*", und weil nahezu 100 % erwerbsbeschränkt, am 1. August 1906 die Invalidenrente gewährt.

Übrigens wurde seit April 1910 in der Keramischen Fachschule in Landshut „*…zum Schutze des Personals und der Schüler gegen Bleierkrankungen die Verwendung bleihaltiger Rohglasuren ganz aufgegeben, so dass seit dieser Zeit in der Werkstätte nur gefrittete Bleiglasuren verwendet werden*".[19]

Weitere Beanstandungen

Eine erneute Hiobsbotschaft erreichte am 21. Januar 1869 das Bezirksamt Vilsbiburg, in der vom Magistrat der Stadt Eichstätt mitgeteilt wurde, dass bei einem Händler Geschirre vorgefunden worden waren, die „*nach chemischer Untersuchung lösliches Blei enthalten*".[20] Der Händler gab vor, die Ware „*von Gröningen*" bezogen zu haben. Man sehe sich deshalb veranlasst, dem Bezirksamt Vilsbiburg „*zum Behufe polizeilicher Einschreitung hirvon Nachricht zu ertheilen*". Mit einem Vermerk auf dem Schriftstück nahm das Bezirksamt am 21. Januar davon Kenntnis; weitere Reaktionen sind nicht ersichtlich.

Am 26. Januar 1869 berichtete das Bezirksamt Regen nach Vilsbiburg von einem ähnlich gelagerten Fall, wonach der mit „*s. g. Kröninger Waaren*" handelnde Geschirrhändler *Benedikt Kopp* von Regen „*angeblich sogar ohne alle vorgängige Untersuchung und Feststellung einer strafbaren Tat*" am Handel mit Kröninger Geschirr behindert worden sei.[21] Die Kammer des Innern der Regierung von Niederbayern sah sich daraufhin veranlasst, am 26. Januar 1869 an das Bezirksamt Regen ein Schreiben zu richten. Darin wurde ausgeführt, dass die von der niederbayerischen Regierung „*angeordnete umfassende Untersuchung der Geschirrfabrikation in den betreffenden Gemeinden des Bezirksamtes Vilsbiburg, welche sich auf das ganze hier einschlägige technische Gebiet erstreckte, hat das befriedigende Resultat geliefert, daß gegen die betheiligten Geschirrfabrikanten weder im allgemeinen noch im einzelnen ein Grund zu irgend welcher Beanstandung oder Einschreitung konstatiert zu werden vermochte*". Daraufhin wurde der Händler *Kopp* beschwerdefrei gestellt.

Am 24. April 1869 erkundigte sich das Bezirksamt Wasserburg beim Bezirksamt Vilsbiburg, nach im Kröning verwendeter „*gesundheitsschädlichen Stoffe zur Innenglasur*".[22] Vilsbiburg teilte jedoch mit, „*daß auf Grund derselben die gegen einzelne Geschirr-Fabrikanten in Kröning wegen Verwendung gesundheitsgefährlicher Stoffe bei der Geschirrfabrikation erhobene Anschuldigung vom Vertreter der Staatsanwaltschaft beim kgl. Landgericht Vilsbiburg als beruhend erklärt worden ist.*"

Über 20 Jahre später, 1892, ist noch einmal ein Fall von gesundheitsgefährdender Hafnerware aktenkundig geworden.[23] Der Krämer *Sebastian Habichdobinger* aus Attenkirchen bei Freising gab beim Bezirksamt Freising zu Protokoll, dass er bereits 1891 vom Amtgericht Moosburg zu einer Geldstrafe von 10 Mark verurteilt worden sei. Seinen Angaben zufolge hatte er bereits seit fünf Jahren von dem Hafner *Josef Kaindl* aus Oberkirchberg im Kröning Hafnergeschirr bezogen, das ihm von dem Geschirrführer *Sebastian Weigert* aus Landshut, Seligenthaler-Straße Nr. 7 etwa fünf bis sechs mal im Jahr ins Haus gebracht worden war. Von *Kaindl* hatte er „*böhmisches Geschirr*" gekauft, das nun

17 Spirkner, Bartholomäus: Die Kröninger Hafnerei, in: Das Bayerland Nr. 36, München 1909, 20. Jgg. S. 394/395.

18 StALa, BezA/LRA Vilsbiburg 1702, Schreiben der Versicherungsanstalt f. Niederbayern, Landshut, an das Bezirksamt Vilsbiburg, 4.12.1906.

19 Jahresbericht 1909/10 der Kgl. Bayer. Keramischen Fachschule Landshut (Fachschule für Kunsttöpferei und Ofenbau), S. 15.

20 Wie Anm. 2. S. 47.

21 Wie Anm. 2, S. 49.

22 Wie Anm. 2, S. 54.

23 Wie Anm. 2, S. 59.

nach vorgenommenen Proben „*beträchtliche Mengen Blei*" abgab. Auch heuer, so *Habichdobinger*, wurden wieder drei von dem Hafner *Kaindl* gekaufte Stück „*Krainergeschirr*" von der kgl. Untersuchungsanstalt für Nahrungs- und Genussmittel in München untersucht. Auch diese gaben wieder beträchtliche Mengen Blei ab. Und wieder hat man ihn mit Strafbefehl des Amtsgerichts Moosburg zu einer Geldstrafe, diesmal zu 15 Mark verurteilt. Zusätzlich hat man ihm die drei beanstandeten Geschirre weggenommen und das restliche bei Kaindl erworbene konfisziert und beim Bürgermeister in Attenkirchen hinterlegt. *Habichdobinger* bat nun die Behörde, bei *Kaindl* in Oberkirchberg Untersuchungen an dessen Geschirrbestand vornehmen zu lassen, was auch veranlasst wurde. Die zuständige Gendarmeriestation im Kröning in Triendorf entnahm auf Anweisung aus *Kaindls* Geschirrbestand drei Stück Kochgeschirr. Der Vilsbiburger Bezirksarzt *Dr. Reiter* sollte nun die Untersuchung der Objekte gemäß § 1 Ziff. 3 des Gesetzes den Verkehr mit blei- und zinkhaltigen Gegenständen vornehmen, lehnte dies jedoch mit dem Bemerken ab, kein geeignetes Laboratorium zu besitzen. Daraufhin übersandte das Bezirksamt die drei Geschirre am 25. Juli 1892 der Untersuchungsanstalt in München, die im Untersuchungsbericht zwei der Geschirre beanstandete, da sie „*erhebliche Mengen von Blei an vierprozentige Essigsäure*" abgaben, während das dritte Stück unbeanstandet blieb. Das Amtgericht Vilsbiburg verurteilte *Kaindl* wegen Übertretung des oben genannten Gesetzes zu einer Geldstrafe von 10 Mark, ersatzweise 2 Tage Haft.

Am 26. Oktober 1894 meldete das Bezirksamt Garmisch dem Bezirksamt Vilsbiburg, dass bei der Tiroler Geschirrhändlerin *Emilie Wild* von Hutting Töpfergeschirr beschlagnahmt worden seien, „*welche laut Gutachten der k. Untersuchungsanstalt für Nahrungs- und Genussmittel vom 7. Oktober 1894 No. 3973 bei Vornahme der reichsgesetzlichen Probe reichliche Mengen von Blei abgegeben haben*".[24] *Dies führte zur Wegnahme des ganzen Warenvorrates der Wild*". Emilie Wild gab an, die fraglichen Geschirre bei den Hafnermeistern *Kaspar Zettl* von Hermannsreit, Gemeinde Jesendorf und bei *Mathias Weichslgartner* in Lich-

tenhaag bezogen zu haben. Das Bezirksamt Garmisch bat um Einleitung von Maßnahmen gegen die Genannten. Der Vorfall veranlasste den Bezirksamtmann von Vilsbiburg am 29. Oktober 1894 zu geharnischten Schreiben an die Gemeinden Jesendorf, Lichtenhaag und Dirnaich an der Bina mit dem Inhalt, die Hafner hätten ihr bisheriges Verfahren zur Glasurherstellung schleunigst aufzugeben. Sie müssten das vom Bayerischen Gewerbemuseum empfohlene Glasurverfahren benutzen, „*welches sich überall, wo es eingeführt wurde bestens bewährt hat*". Da nun, so das Bezirksamt weiter, ein Glasurverfahren bekannt sei, das ohne Erhöhung der Kosten und mit den primitiven Werksatteinrichtungen fehlerfreies Geschirr herzustellen sei, werde man in Zukunft häufige Untersuchungen in den Werkstätten veranlassen. Bei Verstößen werde man mit allen gesetzlichen Mitteln gegen jene Hafner vorgehen, deren Geschirre den Anforderungen nicht entsprächen.

Vilsbiburg ließ das Bezirksamt Garmisch in seiner Antwort am 7. November wissen, dass bereits seit längerer Zeit Versuche zur Verbesserung der Glasuren bei Kröninger Geschirr im Bayer. Gewerbemuseum in Nürnberg unternommen würden, die Ergebnisse entsprächen jedoch noch nicht den gesetzlichen Anforderungen. Man müsse mit aller Vorsicht vorgehen, um nicht durch allzu rigoroses Vorgehen eine bisher blühende Industrie in den Ruin zu treiben.

Noch am 7. November 1894 bestellte das Bezirksamt sieben Hafnermeister aus den Gemeinden Jesendorf und Kröning in die Amtsräume nach Vilsbiburg ein.[25] Diese erklärten, „*daß der sichere Ruin des Töpfergewerbes im hiesigen Bezirke in Aussicht stehe, wenn überall mit gleicher Strenge, wie bisher in einigen Bezirksämtern polizeilich vorgegangen werde und ihnen [den Hafnern] nicht ein Weg gezeigt werde, auf dem es möglich sei, mit ihren Einrichtungen eine den reichsgesetzlichen Vorschriften entsprechende Glasur herzustellen. Die Versuche, welche Herr Dr. Stockmeier mir dem von ihm erfundenen Glasurverfahren in Kröning und Jesendorf angestellt habe, hätten kein befriedigendes Ergebnis ergeben. Dieses Verfahren habe sich nur bei <u>einseitiger</u> Glasur des lederharten Scherbens anwenden lassen, bei zweiseitiger*

---

24 Wie Anm. 2. Nr. 39

25 StALa, BezA/LRA Vilsbiburg 1704, Gesundheitsgefährdende Hafnerwaren, Nr. 41.

Glasur erweiche der lederharte Scherben dermassen, daß er auseinander laufe". Man sei nach wie vor zu weiteren Versuchen bereit und wolle die Untersuchung einer Anzahl Geschirre vornehmen lassen. Weiter erklärten sie, einen aus ihrer Mitte nach Nürnberg zu Herrn Dr. Stockmeier zu entsenden, *„um sich mit demselben wegen Adaptierung seines Glasurverfahrens für die hiesigen Verhältnisse zu besprechen"*.

Untersuchung von Geschirren auf Bleigehalt

Federführend für neun Hafner, vornehmlich aus der Gemeinde Jesendorf und in einem Falle aus Lichtenhaag, übernahm der Hafnermeister *Johann Keimeier* von Leiersöd das Einsammeln von 17 Stück Hafnergeschirr, die er am 10. November zur Einsendung in einer Kiste dem Bezirksamt Vilsbiburg zur Untersuchung auf Bleigehalt an die kgl. Untersuchungsanstalt für Nahrung- und Genussmittel nach München überbrachte.[26] Außer *Keimeier* mit zwei Stück beteiligten sich Sebastian Steckermeier (2) von Straß, *Kaspar Zettl* (2) und *Dionys Berghofer* (2) beide von Hermannsreit, *Mathias Weichslgartner* (2) von Lichtenhaag und *Johann Setz* (2), *Josef Vilsmeier* (2), *Johann Dannerbeck* (1), *Franz Kreuzpaintner* (2) alle von Jesendorf. Jedes Geschirr war auf dem Boden mit dem Namen des Herstellers bezeichnet.

Das Untersuchungs-Protokoll der Anstalt erreichte am 25. November 1894 das Bezirksamt Vilsbiburg.[27] Von den 17 untersuchten Häfen zwischen ½ und drei Liter Inhalt wurden fünf Gefäße beanstandet, die bei *„der Prüfung 5 bis 20 mg. Blei an vierprozentiger Essigsäure abgaben"*. Sechs *„braun"* und ein *„gelb"* glasiertes, dann fünf *„schwarze"* Exemplare, mit wohl schwarz wirkender Glasur, waren nicht zu beanstanden, wogegen vier weitere *„gelb"* glasierte und ein *„kleiner schwarzer Hafen"* mit dem Prüfungsergebnis *„zu beanstanden"* versehen wurden.[28] Auffallend ist auch, dass bei fünf Werkstätten je ein Geschirr beanstan-

det wurde und das übrige nicht. Gleichzeitig erbat die Untersuchungsanstalt mitzuteilen, welche Ergebnisse man mit dem Stockmeier'schen Glasurverfahren erreicht habe. In der Antwort des Bezirksamtes an die Untersuchungsanstalt bemerkte der Bezirksamtmann, dass laut Auskunft der Hafner die unter Anleitung von Dr. Stockmeier unternommenen Glasurversuche unbefriedigend verlaufen seien.[29] Die dabei erzeugten Geschirre wären so unansehnlich ausgefallen, dass sie als unverkäuflich bezeichnet werden müssten. Hingewiesen wurde auch auf das Problem, dass bei doppelseitiger Glasur der lederhart getrocknete Scherben der Gefäße auseinander laufe.

1903 wurden aus der Werkstatt des Hafnermeisters *„Josef Kaspar in Kröning"* erneut drei Geschirre zur Untersuchung entnommen. Die näheren Umstände hierzu sind jedoch nicht bekannt. Jedenfalls stellte *Prof. Dr. Sandtner* von der kgl. Untersuchungsanstalt in München in seinem Bericht an das Bezirksamt Vilsbiburg vom 14. März 1903 fest, dass *„alle Geschirrproben Blei an 4 prozentiger Essigsäure in irgend einer bemerkbaren Menge nicht abgaben, daher den Anforderungen des Gesetzes vom 25.VI.87 blei- und zinkhaltige Gegenstände betr. entsprechen"*.

Der Vorfall bewirkte, dass in den Jahren 1893 und 1894 verstärkt Maßnahmen zur Verbesserung der Glasuren unternommen wurden.[30] Um die Herkunft der Glasuren zu klären, hat das Bezirksamt Vilsbiburg den Lieferanten aller Kröninger Hafner, den Kaufmann *Anton Lorenzer* aus Geisenhausen einvernommen.[31] Er erklärte: *„Der technische Name der Glasur, welche von den Hafnern des hiesigen Bezirks zur Fabrikation von Kochgeschirren verwendet wird, ist „Pribramer Glätte". Ich beziehe diese Glasur, von welcher ich hiemit Proben übergebe, von der K.K. Bergwerks-Produkten-Verschleißdirektion in Wien unter dem Namen Pribramer Glätte."* Die Hafner nenne diese *„Silberglätte"*. Außer der *„Pribramer Glätte"* [aus Pribram/Böhmen, Tschechische Republik] habe er noch *„Bleierz"* auf Lager, das aber nur von einem Hafner namens Nehmer von Nirschlkofen bei Adlkofen im Bezirksamt Landshut zum Glasieren von Ofenkacheln verwendet werde. Soweit die Einvernahme *Lorenzers*.

---

26 Wie Anm. 2, Nr. 43.
27 Wie Anm. 2, Nr. 44.
28 Bei der gelben Glasur dürften wohl keine Zusätze zur Glasur gegeben worden sein, bei der braunen und schwarzen Glasur wohl Braunstein. Schwarzes, also reduzierend gebranntes Geschirr, das ja keine Glasur trägt, dürfte nicht bei den untersuchten Gefäßen gewesen sein.

---

29 Wie Anm. 2, Nr. 46.
30 Wie Anm. 2, Nr. 6
31 Wie Anm. 2, Nr. 6

Das Bayerische Gewerbemuseum in Nürnberg wird konsultiert

Auf Bitten des Bezirksamtes Vilsbiburg schaltete sich nun auch das Bayerische Gewerbemuseum in Nürnberg ein, in der *von Kramer* in seiner Antwort vom 18.4.1894 den Vorschlag zur Verwendung von *„Infusorienerde"* propagiert.[32] Interessant in diesem Zusammenhang ist darin die Nennung von bayerischen Hafnerorten, die bereits Versuche mit Infusorienerde unternommen hatten, die, so im Schreiben angeführt, *„in Pappenheim, Thurnau, Langenfeld, Oberhausen-Augsburg, Passau, Tittling, Tiefenbach, Hauzenberg, Waldkirchen, Freising, sehr zufrieden stellende Resultate erhielten. In Rothenburg o/T., Feuchtwangen, Lützlburg und noch einigen anderen Orten würden soeben Versuche ausgeführt"*. Weiter verwies von Kramer auf einen vom Vorstand des chemischen Laboratoriums am Gewerbemuseum Nürnberg *Dr. Hans Stockmeier* gehaltenen Vortrag „Ueber die Verbesserung der Glasur für Töpferware".[33] *Stockmeier* verwies darin auf die in letzter Zeit sich häufenden Klagen über die vielfachen richterlichen Einschreitungen, die durch verstärkte Kontrollen der Untersuchungsanstalten für Nahrungs- und Genussmittel bei Töpfergeschirren veranlasst worden seien. Man habe sich aber trotzdem *„von der Tatsache überzeugen müssen, dass die Bleiglasur nicht zu entbehren ist. Die bisherigen bleifreien Glasuren haben so vielfache technische Mängel, dass man sie den Töpfern nicht aufzwingen kann. ... Bei allen diesen Nachteilen ist noch gar nicht des Umstandes gedacht, dass alle Geschirre mit künstlichen und bleifreien Glasuren an äußerer Schönheit solchen mit Bleiglasuren beträchtlich nachstehen. Gerade das gefällige Aussehen unseres Töpfergeschirres ist ein Hauptfaktor, dass unserer Hafner gegenüber allen Neuerungen, welche zwar ein gesundheitlich besseres aber dem Aussehen nach weniger schönes Geschirr hervorbringen, vollständig ablehnend verhalten"*.

Auf der anderen Seite stellte Stockmeier fest, dass den Hafnern nicht das Recht zustehe, sich über die jetzigen gesetzlichen Vorschriften, gemeint ist das Reichsbleigesetz von 1887, hinweg zu setzen. Dabei will er nicht *„an die Widerwärtigkeiten denken, die dem Hafner durch mangelnde chemische Kenntnisse erwachsen"*. Angesprochen wurden auch die von den Hafnern verwendeten Brennöfen, deren Konstruktion und die Art des Feuerns. In der Glasurtechnik sah er manch fehlerhaftes Verhalten der Hafner, das durch Messfehler bei den Glasurbestandteilen und bei der Durchmischung entstehe. So verleihe zwar eine dick geflossene Glasur dem Geschirr ein schönes Aussehen und mache es leicht verkäuflich, wenngleich solche im Allgemeinen beim Erhitzen weniger widerstandsfähig seien als dünn glasierte.

Stockmeiers Vorschlag zur Infusorienerde: *„...es müsse sich zum Zwecke der Bildung eines essigsäurebeständigen Bleiglases eine chemische Verbindung zwischen Bleioxyd, den Bestandtheilen des Thones und dem Quarz vollziehen. Da selbst der feinst pulverisierte Quarz dem schmelzenden Bleioxyde wenig Angriffspunkte bietet und eine beträchtliche Widerstandsfähigkeit äussert, so suchte ich die Kieselerde in einer möglichst feinen, leicht angreifbaren Form zu bieten, so dass auch in jenen Fällen, wo die Flammeneinwirkung von kürzerer Dauer ist, eine vollständige chemische Vereinigung stattfinden kann. Eine Kieselerde in so feiner Form, wie ich sie hier für nöthig erachte, stellt die Infusorienerde vor. Die Infusorienerde ist außerdem dem Quarze gegenüber noch eine „alkalilösliche" Kieselsäure, woraus ebenfalls ihre leichtere Angreifbarkeit hervorgeht....Das Gemenge wird in der bisherigen Weise unter Wasserzusatz gemahlen und die Glasur auf den lederharten Scherben aufgetragen"*. Sollten sich die Hafner des Gebrauchs der Infusorienerde bedienen, so der Überzeugung Stockmeiers, *„dürften hygienisch schlechte Geschirre für die Zukunft zu den Seltenheiten gehören"*.

Zu Versuchen mit Infusorienerde erklärten sich dann namentlich genannte Hafner in den Gemeinden Jesendorf bereit, so *Benno Zettl, Jakob Zettl* und *Kaspar Zettl*, alle Bödldorf, dann *Johann Zormeier* und *Josef Vilsmeier* beide Jesendorf, in der Gemeinde Dirnaich an der Bina *Leonhard Ritthaler*, Angerbach und *Andreas Degenbeck*, Stadlhof und in der Gemeinde Kröning *Bartlmä Kaspar*, Onersdorf, *Alois Hötschl*, Grammelsbrunn und *Anton Englmeier*, Ma-

32 Wie Anm. 2, Nr. 10.

33 Stockmeier Dr., Hans: „Vortrag gehalten auf der XI. Versammlung der freien Vereinigung bayerischer Vertreter der angewandten Chemie in Lindau", S. 1 – 6, beiliegend dem Akt wie Anm. 2, Nr.46.

gersdorf.[34] Dabei wurde versichert, dass alle Hafner den lederharten Scherben glasieren und *„zwar im Sommer in der Luft, im Winter in der geheizten Werkstatt und der Ton ein fetter ist, der zur Verarbeitung mit ca. 25 % kurzem d. i. sandhaltigem Ton vermischt ist"*.

Für die Versuche stellte das Gewerbemuseum Nürnberg dem Bezirksamt Vilsbiburg kostenlos Infusorienerde zur Verfügung, die auf die besagten Gemeinden verteilt wurde. *Dr. Stockmeier* als Leiter des chemischen Laboratoriums sollte die Versuche persönlich leiten. In ihrer Berufsehre gekränkt gaben am 30. Juli 1894 die beiden Binahafner *Andreas Degenbeck* von Stadlhof und *Leonhard Ritthaler* von Angerbach im Schulhaus zu Dirnaich zu Protokoll, dass bei den Versuchen die Anwesenheit Dr. Stockmeiers nicht vonnöten sei, da sie ihr Geschäft bereits mehr als 40 Jahre betreiben. Außerdem würden bis zum ersichtlichen End-resultat mindestens 20 Tage verstreichen. Wenn sie über die Mischung instruiert würden, könnten sie *„das Übrige erfahrungsgemäß selbst besorgen"*. Am 17. Oktober 1894 reklamierte das Bezirksamt Vilsbiburg bei der Gemeinde Dirnaich, dass kein einziger Hafner das nun doch unter Aufsicht eines Abgeordneten des Bayer. Gewerbemuse-ums gefertigte und zu untersuchende Geschirr an das che-mische Laboratorium des Museums eingesandt habe. Drei Tage später meldete die Gemeinde Vollzug, die Geschirre seien nun nach Nürnberg übersandt worden.

Der kgl. Fabriken- und Gewerbeinspektor für Niederbayern Konrad Ried schaltet sich ein

Die Gewerbeaufsicht in Person des kgl. Fabriken- und Ge-werbeinspektors Konrad Ried in Landshut bemängelte am 2. Mai 1903 anlässlich einer Visitation bei Hafnerwerkstät-ten in und um Jesendorf die Nichteinhaltung hygienischer Vorschriften.[35] Schon 1901 habe man durch das Bezirksamt Vilsbiburg die Vervielfältigung von Verhaltensmaßregeln als Aushänge in den Werkstätten veranlasst. Außerdem habe man als Vorbeugemaßnahme die tägliche Desinfek-tion der Mundhöhle empfohlen, die mit einer leicht und billig herzustellenden *„hellrosaroten Lösung von hyperman-gansauren Kali"* vorgenommen werden könne. Als Haupt-

faktor für die ungesunden Verhältnisse müsse aber der Umstand angesehen werden, dass der Arbeitsraum auch zugleich als Koch- und Wohnraum für die gesamt Familie diene.

Abb. 132: Konrad Ried, königl. Fabriken- und Gewerbeinspektor von 1892 – 1918 in Landshut.[36]

In seiner Antwort an den Fabriken- und Gewerbeinspek-tor bemerkte das Bezirksamt zum bekannt gesundheits-schädlichen Glasieren der Geschirre, mit nur wenigen Ausnahmen besäßen die Hafner nach eigenen Angaben hierzu eigene Räumlichkeiten. Meistens, so die Aussagen

34 Wie Anm. 2, Nr. 22.

35 StALa, BeZA/LRA Vilsbiburg 1702, Visitationen in den Werkstät-ten der Töpfer zu Jesendorf und Umgebung, 1903-1911.

36 Foto aus: Schmatz, Heinz: Chronik des Gewerbeaufsichtsamtes Landshut, Landshut 2004 (digital), S. 12.

der letzten Hafner (der Verf.), war dies der der Werkstatt benachbarte Brennofenraum, die so genannte Kuchl. Den Hafnern, so das Bezirksamt, sei es aus mangelnder Rentabilität und wegen der hohen Kosten nicht möglich, Wohn- und Arbeitsraum zu trennen.

Der niederbayerische Regierungspräsident von Andrian-Werburg erklärte nun die Angelegenheit zur „Chefsache" und ordnete eine amtsärztliche Untersuchung an, die auch der Fabriken- und Gewerbeinspektor Ried unterstützte.[37] Dieser ging sogar soweit, dass *„das Formen der Geschirre in den Wohn- und Kochräumlichkeiten in hygienischer Hinsicht für unstatthaft zu erachten ist"*, da das vorausgehende Arbeiten der Familienmitglieder mit dem Ton, wie die Aufbereitung, dann die Tonwalzenbedienung und das Arbeiten an der Drehscheibe in der Wohnstube erfolge. Zudem befinde sich in fast jeder Werkstätte der zur Vorbereitung begriffene Ton in dem darunter liegenden Kellerraum. Und Ried weiter: *„Insofern dieses fortwährende Leben bei und in der Beschäftigung mit nassem Ton die wahrzunehmende gesundheitsschädigende Wirkung an und für sich ausübt, ist vorerst noch nicht sofort klar"*. Entgegen der bisherigen Meinung zur gesundheitsschädlichen Bleiglasur setzte Ried andere Prioritäten: *„Die Hantierung mit Bleiglasur erscheint aber erst als 2ter gesundheitsschädlicher Faktor und nur ebenso groß, als derselbe in anderen Hafnereien und Töpfereien auftritt. Es möchte daraus hervorgehen, daß das fortwährende Leben mit dem Ton eine ganz besonders missliche Bedeutung hat und wären besonders ärztlich zu ergründen, worin diese Einwirkung besteht und darnach würden sich die Maßregeln zu richten haben"*.

Der am Rande des Kröning in Gerzen praktizierende, als Gutachter eingeschaltete Arzt Dr. Bernhard Meyer schloss sich der Meinung Rieds an.[38] Die von ihm verfasste Schilderung der räumlichen Situation in den Hafnerwerkstätten ist sehr aufschlussreich: *„Die Atmosphäre in den zu Werkstätten benützten Räumlichkeiten, die zugleich unterhalb des Bodens in einem ziemlich großen Raum den feuchten Ton bergen, ist zu ständigem Aufenthalt entschieden gesundheitsschädlich. Bei Werkstätten* [anderer Handwerke, der Verf.], *die allein dem Geschäftsbetriebe dienen, wird in der*

Regel nach den Arbeitsstunden etwas aufgeräumt und gelüftet und dann kann auch während der Feiertage die Luft sich gut erneuern. Dies fällt hier ganz weg; denn ich habe in diesen überfüllten Räumen selten oder nie ein geöffnetes Fenster gesehen. Es befindet sich in dem Raum die Tonwalze, der feuchte Ton, die Drehscheiben, dann besonders im Winter die Menge der zum Trocknen aufgestellten fertig gedrehten Geschirre, außerdem wird darin gekocht; der Raum ist meist so niedrig, daß man nur mit gebücktem Kopf durchkommen kann (eben wegen der zu trocknenden in der Höhe aufgestellten Geschirre); in diesem Chaos der Kinderwagen; desgleichen Säuglinge mit ihrer Milch etc. Es ist wohl einzusehen, daß dies alles gesundheitsschädlich ist. Wenn wenigstens die größeren Betriebe gezwungen werden Arbeits- und Wohnraum zu trennen, so lässt sich schon davon eine Besserung der sanitären Verhältnisse erhoffen". Abschließend bemerkte Dr. Meyer, dass den Hafnern diese ungesunde Art zu leben und zu arbeiten nicht bewusst sei. *„Alle Schädlichkeiten schieben sie einzig und allein auf die Glasur"*…. Doch ist sich auch Dr. Meyer nicht sicher: *„Inwieweit die Ausdünstung oder das Verstäuben des trockenen Tones direkt schädliche Folgen zu vermitteln im Stande ist, fehlen mir die Beobachtungen"*. Als weiterer Gutachter wurde der prakt. Arzt *Dr. Stapfner* aus Niederviehbach hinzugezogen.[39] In seinem dem Bezirksamt Vilsbiburg übermittelten Schreiben vom 21. Juli 1903 vertrat er die Meinung, dass besonders das Hantieren mit Bleiglasuren ursächlich für Erkrankungen sei. Seinen persönlichen Beobachtungen nach dürfte es im Kröning wenige Hafnerbetriebe und Hafnerfamilien geben, bei denen nicht Metallvergiftungen zu konstatieren wären (*„Bleikolik, Lähmungen, Nierenentzündung, Arteriosklerose etc."*), die vor allem bei den männlichen im Betrieb beschäftigten Personen vorkommen. Er sei nicht der Meinung des Fabriken- und Gewerbeinspektors, wonach die einfache Verdunstung der Lehmflüssigkeit Erkrankungen hervorrufe. Den im Betrieb beschäftigten Hafnern warf Dr. Stapfner deren notorische Unreinlichkeit vor, die sich besonders darin äußere, dass den Händen und Fingern beim Essen und Schlafen immer noch Lehmteile und Glasurstaub anhafteten. Außerdem würde unausbleiblich

37 Wie Anm. 2, Nr. 6.
38 Wie Anm. 2, Nr. 10.

39 StALa, Rep. 194/19 Fasz. 83 Nr. 1998. Gewerbeerkrankung der Hafner & und Hafnerfamilien im Bezirke Kröning betr., Nr. 11.

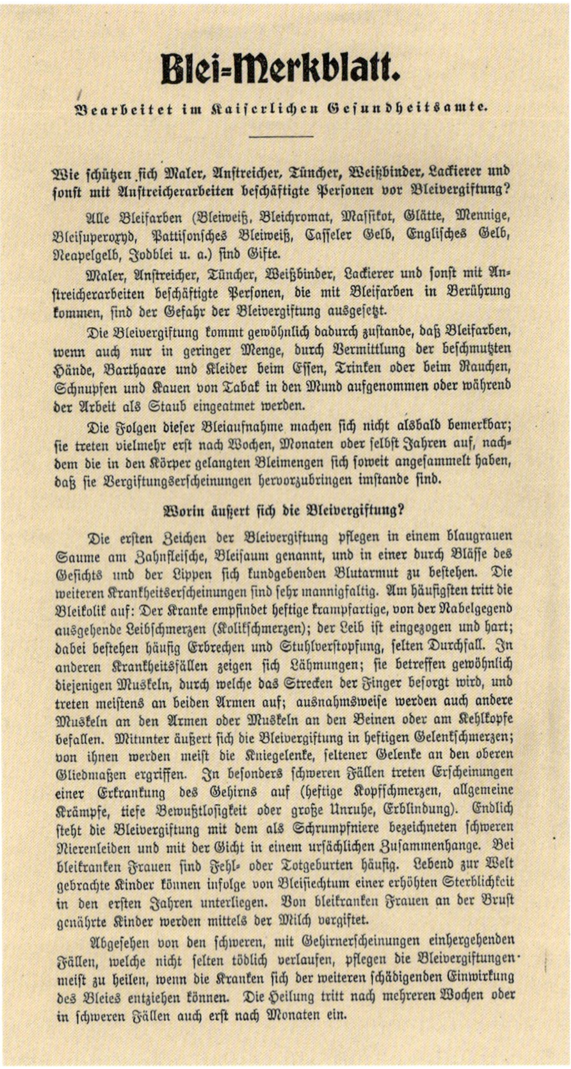

Blei-Merkblatt.

Bearbeitet im Kaiserlichen Gesundheitsamte.

Wie schützen sich Maler, Anstreicher, Tüncher, Weißbinder, Lackierer und sonst mit Anstreicherarbeiten beschäftigte Personen vor Bleivergiftung?

Alle Bleifarben (Bleiweiß, Bleichromat, Massikot, Glätte, Mennige, Bleisuperoxyd, Pattisonsches Bleiweiß, Casseler Gelb, Englisches Gelb, Neapelgelb, Jodblei u. a.) sind Gifte.

Maler, Anstreicher, Tüncher, Weißbinder, Lackierer und sonst mit Anstreicherarbeiten beschäftigte Personen, die mit Bleifarben in Berührung kommen, sind der Gefahr der Bleivergiftung ausgesetzt.

Die Bleivergiftung kommt gewöhnlich dadurch zustande, daß Bleifarben, wenn auch nur in geringer Menge, durch Vermittlung der beschmutzten Hände, Barthaare und Kleider beim Essen, Trinken und beim Rauchen, Schnupfen und Kauen von Tabak in den Mund aufgenommen oder während der Arbeit als Staub eingeatmet werden.

Die Folgen dieser Bleiaufnahme machen sich nicht alsbald bemerkbar; sie treten vielmehr erst nach Wochen, Monaten oder selbst Jahren auf, nachdem die in den Körper gelangten Bleimengen sich soweit angesammelt haben, daß sie Vergiftungserscheinungen hervorzubringen imstande sind.

Worin äußert sich die Bleivergiftung?

Die ersten Zeichen der Bleivergiftung pflegen in einem blaugrauen Saume am Zahnfleische, Bleisaum genannt, und in einer durch Blässe des Gesichts und der Lippen sich kundgebenden Blutarmut zu bestehen. Die weiteren Krankheitserscheinungen sind sehr mannigfaltig. Am häufigsten tritt die Bleikolik auf: Der Kranke empfindet heftige krampfartige, von der Nabelgegend ausgehende Leibschmerzen (Kolikschmerzen); der Leib ist eingezogen und hart; dabei bestehen häufig Erbrechen und Stuhlverstopfung, selten Durchfall. In anderen Krankheitsfällen zeigen sich Lähmungen; sie betreffen gewöhnlich diejenigen Muskeln, durch welche das Strecken der Finger besorgt wird, und treten meistens an beiden Armen auf; ausnahmsweise werden auch andere Muskeln an den Armen oder Muskeln an den Beinen oder am Kehlkopfe befallen. Mitunter äußert sich die Bleivergiftung in heftigen Gelenkschmerzen; von ihnen werden meist die Kniegelenke, seltener Gelenke an den oberen Gliedmaßen ergriffen. In besonders schweren Fällen treten Erscheinungen einer Erkrankung des Gehirns auf (heftige Kopfschmerzen, allgemeine Krämpfe, tiefe Bewußtlosigkeit oder große Unruhe, Erblindung). Endlich steht die Bleivergiftung mit dem als Schrumpfniere bezeichneten schweren Nierenleiden und mit der Gicht in einem ursächlichen Zusammenhange. Bei bleikranken Frauen sind Fehl- oder Totgeburten häufig. Lebend zur Welt gebrachte Kinder können infolge von Bleisiechtum einer erhöhten Sterblichkeit in den ersten Jahren unterliegen. Von bleikranken Frauen an der Brust genährte Kinder werden mittels der Milch vergiftet.

Abgesehen von den schweren, mit Gehirnerscheinungen einhergehenden Fällen, welche nicht selten tödlich verlaufen, pflegen die Bleivergiftungen meist zu heilen, wenn die Kranken sich der weiteren schädigenden Einwirkung des Bleies entziehen können. Die Heilung tritt nach mehreren Wochen oder in schweren Fällen auch erst nach Monaten ein.

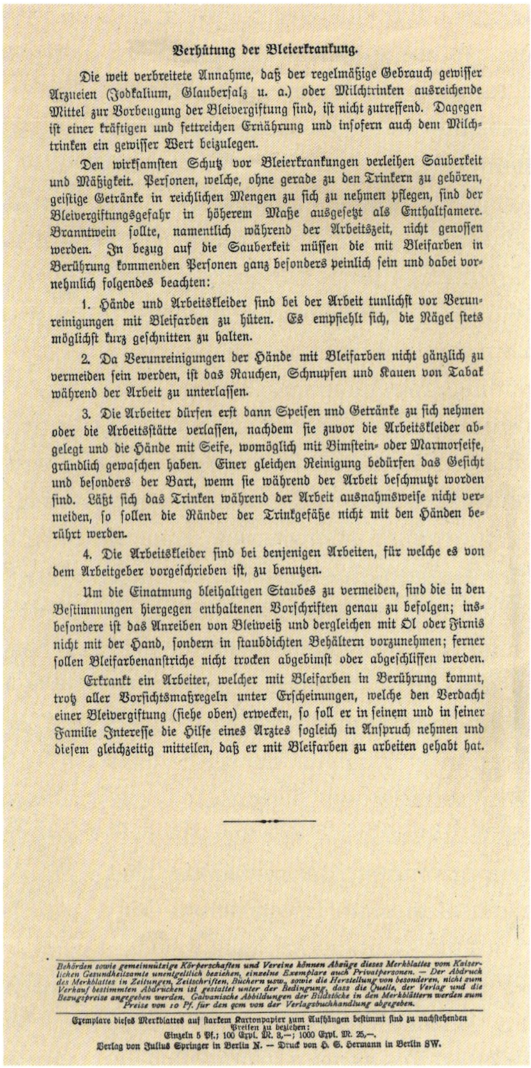

Verhütung der Bleierkrankung.

Die weit verbreitete Annahme, daß der regelmäßige Gebrauch gewisser Arzneien (Jodkalium, Glaubersalz u. a.) oder Milchtrinken ausreichende Mittel zur Vorbeugung der Bleivergiftung sind, ist nicht zutreffend. Dagegen ist einer kräftigen und fettreichen Ernährung und insofern auch dem Milchtrinken ein gewisser Wert beizulegen.

Den wirksamsten Schutz vor Bleierkrankungen verleihen Sauberkeit und Mäßigkeit. Personen, welche, ohne gerade zu den Trinkern zu gehören, geistige Getränke in reichlichen Mengen zu sich zu nehmen pflegen, sind der Bleivergiftungsgefahr in höherem Maße ausgesetzt als Enthaltsamere. Branntwein sollte, namentlich während der Arbeitszeit, nicht genossen werden. In bezug auf die Sauberkeit müssen die mit Bleifarben in Berührung kommenden Personen ganz besonders peinlich sein und dabei vornehmlich folgendes beachten:

1. Hände und Arbeitskleider sind bei der Arbeit tunlichst vor Verunreinigungen mit Bleifarben zu hüten. Es empfiehlt sich, die Nägel stets möglichst kurz geschnitten zu halten.

2. Da Verunreinigungen der Hände mit Bleifarben nicht gänzlich zu vermeiden sein werden, ist das Rauchen, Schnupfen und Kauen von Tabak während der Arbeit zu unterlassen.

3. Die Arbeiter dürfen erst dann Speisen und Getränke zu sich nehmen oder die Arbeitsstätte verlassen, nachdem sie zuvor die Arbeitskleider abgelegt und die Hände mit Seife, womöglich mit Bimstein- oder Marmorseife, gründlich gewaschen haben. Einer gleichen Reinigung bedürfen das Gesicht und besonders der Bart, wenn sie während der Arbeit beschmutzt worden sind. Läßt sich das Trinken während der Arbeit ausnahmsweise nicht vermeiden, so sollen die Ränder der Trinkgefäße nicht mit den Händen berührt werden.

4. Die Arbeitskleider sind bei denjenigen Arbeiten, für welche es von dem Arbeitgeber vorgeschrieben ist, zu benutzen.

Um die Einatmung bleihaltigen Staubes zu vermeiden, sind die in den Bestimmungen hiergegen enthaltenen Vorschriften genau zu befolgen; insbesondere ist das Anreiben von Bleiweiß und dergleichen mit Öl oder Firnis nicht mit der Hand, sondern in staubdichten Behältern vorzunehmen; ferner sollen Bleifarbenanstriche nicht trocken abgebimst oder abgeschliffen werden.

Erkrankt ein Arbeiter, welcher mit Bleifarben in Berührung kommt, trotz aller Vorsichtsmaßregeln unter Erscheinungen, welche den Verdacht einer Bleivergiftung (siehe oben) erwecken, so soll er in seinem und in seiner Familie Interesse die Hilfe eines Arztes sogleich in Anspruch nehmen und diesem gleichzeitig mitteilen, daß er mit Bleifarben zu arbeiten gehabt hat.

Behörden sowie gemeinnützige Körperschaften und Vereine können Abzüge dieses Merkblattes vom Kaiserlichen Gesundheitsamte unentgeltlich beziehen, einzelne Exemplare auch Privatpersonen. — Der Abdruck des Merkblattes in Zeitschriften, Zeitungen, Büchern usw., sowie die Herstellung von besonderen, nicht zum Verkauf bestimmten Abdrücken ist gestattet unter der Bedingung, daß die Quelle, der Verlag und die Bezugspreise angegeben werden. Gewerbliche Abbildungen der Bildecke in den Merkblättern werden zum Preise von 10 Pf. für den gang von der Verlagsbuchhandlung abgegeben.

Exemplare dieses Merkblattes auf starkem Kartonpapier zum Aufhängen bestimmt sind zu nachstehenden Preisen zu beziehen:
Einzeln 5 Pf.; 100 Expl. M. 3.—; 1000 Expl. M. 25.—
Verlag von Julius Springer in Berlin N. — Druck von H. S. Hermann in Berlin SW.

Abb. 133: Bleimerkblatt, 1905 (als Beilage in: StALa BezA/LRA Vilsbiburg Visitationen in den Werkstätten zu Jesendorf, 1903 – 1911).

sein, dass die Hafner ihre Finger häufig zum Mund und zur Nase führten und so im Laufe der Zeit metallhaltige Teile eine Körpervergiftung hervorrufe. Auch *Dr. Stapfner* plädierte für größere Anstrengungen der Hafner bei der Reinlichkeit, wie mehrmals tägliche Reinigung der Hände, Mundspülungen, fleißiges Lüften der Arbeitsräume, vor allem aber die Trennung von Koch- und Arbeitsräumen. Der Vilsbiburger Bezirksarzt *Dr. Greiner* schloss sich in seinem Bericht an das Bezirksamt vom 26. Juli 1903 im Wesentlichen den Auffassungen *Dr. Stapfners* an und regte

wie dieser Maßnahmen in ähnlicher Form zur Abstellung der Missstände an.[40]

Der Regierungspräsident fasste nun die Gutachten des Fabriken- und Gewerbeinspektors und der Ärzte in einer „Weisung" an das Bezirksamt Vilsbiburg zusammen. Mit dem Vorschlag, „die Bewohner des Kröninger Bezirkes zu Genossenschaften zu vereinigen, welche die Beschaffung gemeinschaftlicher Werkstätten zum Zwecke der Ausübung des Töpfergewerbes als nächste Aufgabe verfolge", betrat er Neuland. Daneben sei noch immer darauf zu dringen, Wohnbereich und Werkstatt in getrennten Räumen unterzu-

---

40 Wie Anm. 2. Missstände im Töpfergewerbe.

bringen, wobei auch an Anbauten zu denken sei. Doch bei den *„misslichen* Vermögensverhältnissen der Beteiligten" könne dies „ die Vernichtung des Hafnergewerbes zur Folge haben". Er rief auch die bereits am 22. November 1901 vom Bezirksamt Vilsbiburg erlassenen gesundheitlichen Vorbeugemaßnahmen wieder in Erinnerung, wonach zu fordern sei: *„…häufiges Reinigen der Hände, Ausspülen der Mundhöhle, tägliches Lüften der Arbeits- und Wohnräume, feuchtes Aufwaschen der Fußböden der Arbeitsräume, Unterlassen des Tabakrauchens, Schnupfens, Essens etc. während der Arbeit".* Sollten die vorbeugenden Maßnahmen nicht beachtet werden, müssten wegen der daraus sich ergebenden gesundheitlichen Gefahren *„ohne Rücksicht auf die pekuniären Opfer der Einzelnen eine Trennung der Arbeitsräume von den Wohnräumen zwangsweise"* durchgeführt werden.

Die Diskussion über die Trennung von Werkstatt und Wohnraum zog sich auch über das Jahr 1904 hinaus hin. Im Einvernehmen mit dem immer mehr als Sprecher der Kröninger Hafner hervor tretenden *Alois Kaspar* von Onersdorf gab der Bürgermeister von Kröning Fleischmann an das Bezirksamt Vilsbiburg am 18. Februar 1904 einen Stimmungsbericht. Ganz eindeutig wurde dargelegt, dass die von der Regierung propagierte Trennung bei der Mehrzahl der doch unbemittelten Hafner nicht durchführbar sei. Sollte jedoch Zwang auf sie ausgeübt werden, würden diese lieber ihre Gewerbe niederlegen.[41]

1907 griff der Bezirksarzt vorstehende Thematik in einem Schriftsatz an das Bezirksamt Vilsbiburg erneut auf.[42] Er übernahm darin im Wesentlichen die bereits angeführten Argumente der beigezogenen Ärzte und deren Vorschläge zur Verbesserung der hygienischen Verhältnisse in den Hafnerwerkstätten. Als weitergehende Punkte führte er an: *„Jeder Arbeiter hat beim Glasieren und am Ofen etc. ein langes, hemdartiges Überkleid mit kurzen Ärmeln zu tragen und eine das Kopfhaar deckende Mütze aufzusetzen; dieselben sind stets vorm Eintritt in die Wohnräume abzulegen"*[43]. …

---

41 Wie Anm. 2.

42 Wie Anm. 34. Schreiben des Bezirksarztes an das Bezirksamt Vilsbiburg, 12.1.1907, betr. Bleivergiftungen bei den Hafnern der Gemeinden Kröning und Jesendorf.

43 Hier ist auf den Widerspruch hinzuweisen, weil Wohnraum und Werkstatt derselbe Raum war.

Abb. 134: Der letzte Hafner auf dem „Petermandl"-Anwesen in Stadlhof Nr. 62 Georg Degenbeck und seine Frau Ursula, geb. Steckermeier. Foto anlässlich ihrer Hochzeit am 3.12.1900.

„Die Arbeiter sollen, mindestens zweimal wöchentlich, ein warmes Vollbad nehmen oder doch sich am ganzen Körper mit warmem Wasser gründlich reinigen können. … Auch die Möbel, Tische, etc. sollen mit feuchten Tüchern mehrmals des Tages gereinigt werden. … Die Koch- und Essgeschirre sind stets gründlich zu reinigen und unter Verschluß oder doch wenigstens zugedeckt zu halten. … Häufiges Wechseln, Lüften und Waschen der Leib- und Bettwäsche und der Kleider". Auch die Regierung von Niederbayern meldete sich wieder mit einem Schreiben an das Bezirksamt Vilsbiburg, in dem sie auf die in den Hafnerbetrieben herrschenden Gefahren und auf die damit gebotenen Vorsichtsmaßregeln verwies.[44] Als weitere Maßnahme zur Belehrung wurde bestimmt, dass das vom Kaiserlichen Gesundheitsamt Berlin erarbeitete „Bleimerkblatt – R.G.Bl. 1905, S. 558" in den Betrieben vorhanden sein müsse.

Eigenartigerweise war im Verlauf der vorstehenden „Kampagne" zur Verhütung der Bleivergiftungen von den Hafnern an der Bina nie die Rede. Obwohl anzunehmen ist, dass dort ähnliche Verhältnisse in den Hafnerwerkstätten geherrscht hatten, waren die zuständigen Gemeinden Dirnaich und Binabiburg sowie die Betriebsinhaber nicht in die Maßnahmen eingebunden. Erst 1910 erhielten sie die genannten Bleimerkblätter ausgehändigt.[45]

Konkurrenz der Kröninger Hafner

„Sächsisches Kochgeschirr mit bleifreier Glasur"[46]

Im Antiquitätenhandel und auf Flohmärkten findet sich noch häufig so genanntes Braungeschirr, eine Gebrauchsware in Steinzeugqualität, die zumeist als Vorratsgeschirr als Verwendung fand. Aber auch vom Gebrauchszweck her als Milch- und Kochtöpfe („Plattenhaferl", „Milchhaferl) anzusprechende Henkeltöpfe wie auch Trinkgefäße sind bekannt. Als Herstellungsgebiet dieser typischen in Brauntönen gehaltenen Ware kann zumindest für unsere Region „Sachsen" festgehalten werden, wobei Herstellungsorte in den Anpreisungen nicht genannt sind.[47] So finden sich in Annoncen der örtlichen Presse, dem Vilsbiburger Anzeiger, ab 1895 erstmals Hinweise auf „Sächsisches Kochgeschirr mit bleifreier Glasur" und weiter in der Annonce, „Bleiglasur ist bekanntlich gifthaltig".[48] Die Hersteller und vor allem die Händler machten sich also die bereits fast 30 Jahre

zurückliegende und zu dieser Zeit wieder aufgeflackerte, zum Nachteil der Kröninger Hafner laufende „Kampagne", die Bleiglasuren bei Kröninger Geschirr betreffend, zu Nutze. Dabei fällt auf, dass neben Händlern auf den Märkten sowohl Haushaltswarengeschäfte in Vilsbiburg, als auch ortsansässige Hafner von Vilsbiburg und Gangkofen „sächsisches Braungeschirr" verkauften. Ein von der Menge her gesehen drastisches Beispiel lieferte 1904 eine im Vilsbiburger Anzeiger eingestellte Annonce, in der der Hafnermeister Wolfgang Baumann aus Vilsbiburg, Obere Stadt 18 ankündigt, dass „dieser Tage ein Waggon sächsisches Kochgeschirr eingetroffen ist, bestehend aus braunen Milchschüsseln, Rahmhäfen von 2 bis 20 Liter haltend, Tiegel mit Deckel, große Häfen, Bundgeschirr etc.".[49] Er spricht darin Hausfrauen und Wiederverkäufer an. 1910 verständigte das Ofen- und Herdgeschäft Gebr. Bauer, vorm. Haslinger, Vilsbiburg, in einer Annonce vor allem die „Landkrämer und sonstige Wiederverkäufer", dass „ein Waggon sächsisches Braungeschirr, speziell Milchweidlinge und Bundgeschirr eintrifft und geben solches zu äußerst günstigen Preisen ab".[50] Eine Annonce aus dem Jahr 1927 des Haus-

Abb. 135:
Vilsbiburger Anzeiger
30.9.1905 und 8.2.1910.

---

44 Wie Anm. 34. Schreiben der Regierung von Niederbayern an das Bezirksamt Vilsbiburg, 5.3.1907, betr. Bleivergiftungen bei den Hafnern der Gemeinden Kröning und Jesendorf.

45 Wie Anm. 38.

46 Neuere Literatur zum „Braungeschirr" s. a. Spindler, Konrad 2004.

47 Vgl. Weinhold Rudolf: Töpferwerk in der Oberlausitz, Berlin 1958; Schöne 2004; Endres 1993; Endres 1997; Lippert, Spindler, Endres, Lippert 2002; Spindler 2004.

48 Vilsbiburger Anzeiger 21.12.1895.

49 Vilsbiburger Anzeiger 12.5.1904.

50 Vilsbiburger Anzeiger 8.2.1910.

haltswarengeschäftes Vinzenz Beer in Vilsbiburg zeigte neben dem Anzeigentext eine Abbildung mit typischem Braungeschirr, hier Kochtöpfe in verschiedenen Größen.[51] Noch 1953 erhielt diese Firma Braungeschirr in Form von mit Draht zusammengebundenem „Bundgeschirr", sowie „Milchweidlinge" zum Verkauf an Einzelkunden und Wiederverkäufer geliefert. [52] [53]

Schriftliche Hinweise auf schlesisches, in und um Bunzlau hergestelltes und in der Region verkauftes Braungeschirr, von Heimatvertriebenen aus Schlesien nach dem Zweiten Weltkrieg mit „Bunzeltöppe" bezeichnet, sind eher spärlich. So liefert 1920 Michael Schroll aus Schwabach in Mittelfranken, Händler für „Bunzlauer Tonwaren" an den Glaser Franz Kröner, Vilsbiburg, „Weidlinge" in den Größen 1, 1,5 und 2 Liter Inhalt.[54] Allerdings ist Braungeschirr nach „Bunzlauer Art", dann „echtes" Bunzlauer Braungeschirr, wenn es keine Marke trägt, vom sächsischen Braungeschirr schwierig zu unterscheiden.

Steinzeugwaren

Wann erstmals Steinzeugware in unserer Region Eingang fand, lässt sich nicht zweifelsfrei ermitteln. Das in Siedlungsabfällen, aber auch in Kleinstteilen bei den Werkstattbruchgruben der Hafner gefundene graue Steinzeugmaterial lässt kaum Rückschlüsse zu. In den 42 Verlassenschaftsinventaren[55] des Marktes Vilsbiburg von 1725 bis 1729 lassen sich nur zwei Beispiele mit Steinzeugware nachweisen: Beim verstorbenen Marktschreiber *Johann Christoph Pittinger* werden „2 steinerne mit Zün beschlagene Mass Krieg" bzw. "1 claines stainenes Halb Mass Kriegl" aufgezeichnet. In gehäufter Form treten dann 20 Jahre später, von 1748 bis 1760, bei 37 aufgenommenen Verlassenschaftsinventaren[56] in 13 Inventaren „stainene" Objekte auf. Meistens handelt es sich um mit Zinn beschlagene

Maßkrüge, aber auch „Saur prun Flaschen" (1748), „Eger Flaschen" (1748), „stainerne beschlagene Fläschl" (1748) sowie „praune stainene Wasser Krieg" (1760) sind aufgeführt. Im Heimatmuseum Vilsbiburg und in Privatbesitz befindliche, als Trinkkrüge verwendete so genannte Walzenkrüge in Ritztechnik, mit geblautem Dekor und oft mit Zinnmontur versehen, dürften in das 19. Jahrhundert zu datieren sein. Etwas später anzusetzen und bis in die 1930er Jahre verwendet sind die bauchigen Kannen („Bierkrüge", von der hiesigen Landbevölkerung als „Kol" bezeichnet) von 1 ½ bis zu 5 Liter Inhalt. Den Kröninger Kannenformen „Städtische Krugl" und Krüge in Birnenform dürften Steinzeugkannen, sowie die hier zahlreich erhaltenen, als Vorratsgefäße genutzten halbhohen und hohen Henkeltöpfe, zeitweise als echte Konkurrenz zur gleichartigen Kröninger Hafnerware verstanden werden. Diese graue Steinzeugware aus dem Westerwälder „Kannenbäckerland" erscheint dann auch bei den in Vilsbiburger Haushaltswarengeschäften gefundenen Katalogen der Steinzeughersteller[57] und Großhändler ab etwa 1920.

In Konkurrenz zu den Kröninger „Milchweidlingen" traten auch die in unserer Region bekannten und benutzten Geräte zur Milchentrahmung „Steinzeug-Milchkühler" auch „Milchentrahmungssatten" oder „Steinzeug-Milchapparate" auf.[58] Nach dem erhaltenen Bestand stammten die hier zumeist gebrauchten Geräte von dem Hersteller Jakob Plein-Wagner aus Speicher in der Eifel.[59] Der Glaser, Zinngießer und Besitzer eines Haushaltswarengeschäftes *Franz Kröner* in Vilsbiburg, Obere Stadt Nr. 4, später in Nr. 2 wohnhaft, bezog „Milchentrahmer" auch von *Franz Willems-Thiel*, ebenfalls aus Speicher. Die „eigentlichen Vorzüge der Steinzeugsatten lagen in ihrer großen Säure- und Stoß-

51 Vilsbiburger Anzeiger 19.3.1927.
52 Freundliche Mitteilung Elfriede Grasmann durch Erfahrung im Einzelhandel aus dieser Zeit.
53 Vgl. auch Endres 1993.
54 AHV, 040275/01, Rechnungen von Steinzeugherstellern und -händlern.
55 AHV, Nr. 021/2, Inventurs Buech deß Churf. Marckhts Vilßbyburg de annis 1725 – 1729, fol. 5 ff.
56 StadtAV, Nr. I 32, Inventurs Buech des Marckhts Vilsbiburg 1748 – 1760.

57 AHV, Katalogsammlung 040275/01.
58 Vilsbiburger Anzeiger 6.8.1898, Annonce des Lorenz Dirschl, Handlung in Wambach, Post Taufkirchen/Vils, weiter genannt ist eine Filiale in Neumarkt St. Veit, Vilsbiburger Anzeiger 27.5.1899.
59 Kerkhoff-Hader, Bärbel: Gruppenverhalten und Individualleistung – Dokumente und Selbstzeugnisse zum Leben des Krugbäckers uns Steinzeugfabrikanten Jakob-Plein-Wagner in Speicher, in: Rheinisches Jahrbuch für Volkskunde, Band 24, Bonn 1982, S. 163 – 196. – Laut Rechnungen an den Glaser und Besitzer eines Haushaltswarengeschäfts Franz Kröner in Vilsbiburg erhielt dieser auch Milchentrahmer von den Firmen Reinhold Merkelbach, München (1903, 1904) und Ph. Wilh. Remy, Grenzhausen (1905), AHV, 040275/01.

Abb. 136: Vilsbiburger Anzeiger

festigkeit und damit auch in der erleichterten Handhabung und Säuberung" .[60] In der Werbung für die Geräte wurden auch Argumente angeführt, wie „Schönheit, Feinheit und Qualität" oder „kleine Anschaffungskosten". Diese neuartigen Milchentrahmer trugen mit dazu bei, dass das im Kröning gefertigte Hauptprodukt, der millionenfach gefertigte *„Milchweidling"* nahezu überflüssig wurde. An einem im Heimatmuseum (Inv. Nr. K 91/68) erhaltenen Gerät ist abzulesen, dass sich auch Kröninger Hafner an der Nachahmung dieser Gefäßform versuchten.

Steinzeugware aus dem niederbayerischen Peterskirchen im Rottal ist in der Region nach erhaltenen kleineren Stückzahlen nur wenig vertreten.[61]

Steingut

Für die Häufigkeit der Nutzung von Steingutware und damit als ernstzunehmende Konkurrenz zum Kröninger Hafnergeschirr, kann in Vilsbiburg exemplarisch die Einkaufspolitik des Haushaltswarengeschäfts *Franz Kröner* angeführt werden. Wenn hier der Bezug von diesen Waren auch von nur einer Firma durch erhaltene Rechnungsformulare belegt werden kann, so zeugt die Einkaufsmenge doch vom gut florierenden Handel mit Steingut. So hat *Kröner* von Oktober 1901 bis Januar 1904, also in einem Zeitraum von nur etwas mehr als zwei Jahren, von der Steingutfabrik *H. Waffler* in Regensburg 2360 Stück unterschiedlichster Steingutware abgenommen. Außer von dieser Herstellerfirma bezog er von der *„Steingutfabrik*

Niederweiler" in Lothringen (Preisverzeichnis von 1917) und von dem *„Steingutlager Stützel – Sachs"* in München (Preisliste Februar 1927) einschlägige Ware.

„Centrifugen" und „Milchseperatoren" als Milchentrahmer

Ab 1899 wurde im örtlichen Presseorgan Vilsbiburger Anzeiger für die mechanische Methode, Rahm und Magermilch von der Milch zu trennen, geworben.[62] Diese Geräte eroberten im Laufe der nächsten Jahrzehnte den Markt. Jeder Bauer, auch kleinere Betriebe, bedienten sich dieser einfachen und rationelleren Methode und machten so die Kröninger Milchschüsseln, die *„Milchweidlinge"*, bald überflüssig.

Abb. 137: Vilsbiburger Anzeiger 2.6.1900.

Emailgeschirr

Eine weitere Konkurrenz für die Kröninger Hafner zeigte sich mit der zunehmenden Verbreitung des Emaillegeschirrs. Von Vilsbiburger Geschäften haben sich Verkaufskataloge, vor allem der Herstellerfirma *Johann Baumann's Wwe, Amberger Emaillir & Stanzwerke* in Amberg aus den Jahren 1900 und 1929 erhalten.[63] Deren Erzeugnisse tragen als typische Firmen-Marke den Löwen. Als örtlicher Werbeträger fungierte auch hier wieder das örtliche

---

60 Anm. 53, S. 185.

61 Vgl. Endres Werner; Grasmann, Lambert; Ludwig, Albrecht: Steinzeug aus Niederbayern : Peterskirchen im Rottal, Vilsbiburger Museumsschriften 5, Vilsbiburg 2005.

62 Vilsbiburger Anzeiger 3.6.1899. Das landwirtschaftliche Maschinengeschäft Josef Seidl, Vilsbiburg, wirbt mit Abbildung des Gerätes für den Milchentrahmer Marke „Fram" als die renommierteste Centrifuge. – Weitere Annonce 4.9.1915 mit Abbildung. – Vgl. auch Annonce in: Praktischer Wegweiser, Würzburg 1/7.1.1904, Würzburg – Das Eisenwerk Brünner in Artern/Sachsen wirbt für Milchseperatoren der Marke „Heureka" – Vgl. auch Werbeprospekte der Firma Märkische Maschinenbauanstalt Teutonia in Frankfurt/Oder, 1920er Jahre, (AHV, 040209).

63 AHV, Katalogsammlung 040175/ 05 und 040175/24.

Presseorgan. Im Vilsbiburger Anzeiger warb erstmals 1895 das *„Kücheneinrichtungsgeschäft Peter Wolf"*, Vilsbiburg, als Verkaufsstelle für *„Amberger Email-Kochgeschirr zu Fabrikpreisen"*.[64] Allerdings war Emaillegeschirr um ein vielfaches im Preis höher wie Hafnerware aus dem Kröning (siehe nachstehende Tabelle im Vergleich auch mit anderen Materialien).

Abb. 138: Vilsbiburger Anzeiger 31.10.1895.

Eisengeschirr

Wohl weniger in Gebrauch und in der Region in geringer Zahl erhalten haben sich Kochgeschirre aus Eisen. So besitzt das Heimatmuseum Vilsbiburg zwei Exemplare vom Typus *„hoher Hafen"*. Die Verwendung einiger Gefäßformen dürfte im Zusammenhang mit den bis in das 19. Jahrhundert noch im Gebrauch befindlichen offenen Feuerstellen als Kochstelle zu sehen sein. In Katalogen, so in dem nicht datierten *„Verzeichniss der gusseisernen rauhen und emaillirten Kochgeschirre des Königlichen Berg- und Hüttenamtes Bodenwöhr"* aus der Mitte des 19. Jahrhunderts wurden *„bauchige und gerade Kochhäfen (ordinäre Häfen, Plattenhäfen), Ofenhäfen (Höllhafen), Ringhäfen, Caffeehäfen, Bratreinen, Dampfnudeltiegel, Wasserschiffe, Kessel, Abtritteinrichtungen, Küchenausgüsse und Pferdebarren"* angepriesen. Bei Gefäßen wurde unterschieden

nach *„alter Facon"*, *„Neuer Facon"*, *„Nürnberger Facon"*, Bezeichnungen, die auf landsmannschaftliche Gebrauchsgewohnheiten, zum Beispiel der Verwendung des *„Dampfnudeltiegel"* im altbayerischen Raum schließen lassen. Bereits ältere Verhältnisse verweisen auf die Herstellung und den Handel mit *„Eißen-Gußwaaren"*. So ist in einem am 13. Juli 1781 erschienenen und am 23. April 1783 erneuerten *„Verruf"* [= Verordnung] der kurfürstlichen Oberlandesregierung in München der Handel mit schwarzen und weißen Blechwaren durch *„Ausländer"* oder *„auswärtige Blechhändler"* erwähnt.[65] Ihnen war es gestattet, neben Blechwaren auch *„Eisen-Gußwaaren"* zu verhausieren, wenn sie ein Patent des kurfürstlichen Bergamtes über die Abnahme eines *„proportioniertes Quantums"* an Eisenwaren vorweisen können. Die Verordnung nennt auch die *„Fiechtelbergisch und Bodenwöhrischen Häfen-Händler"*, die die von dem dortigen (= Bodenwöhr) Gusswerk gefertigten und *„gewapleten eisernen Häfen"* verhandeln dürfen. Bereits 1909 berichtet Pfarrer *B. Spirkner*, Kirchberg im Zusammenhang mit rückläufigen Werkstattzahlen von der Konkurrenz zum Kröninger Geschirr.[66] *"Bei der großen Konkurrenz mit anderen Geschirren als wie dem sog. Sächsischen mit seinen Schleuderpreisen, dem emaillierten und den Blechgeschirren, dem Porzellangeschirr usw., bei dem Zentrifugenbetrieb und der allgemeinen wirtschaftlichen Notlage werden die guten alten Zeiten für diese Kleinindustrie nie mehr zurückkehren."* Ob *Spirkner* bewusst war, dass Emaille- und Porzellangeschirre zu dieser Zeit gar nicht so preiswert angeboten wurden, erscheint fraglich. Vergleicht man die in nachstehender Tabelle aufgelisteten Geschirrarten innerhalb der verschiedenen Materialien, spricht das Beispiel mit den deutlich höher im Preis liegenden Emaillegeschirren eine andere Sprache.

---

64 Vilsbiburger Anzeiger 31.10.1895.

65 AHV, „Verruf"/Verordnungen-Sammlung, 18. Jh.
66 Wie Anm. 17. S. 428.

Geschirrpreise für Wiederverkäufer um 1900 – Preisvergleiche

Geschirrart	Material – Hersteller	Inhalt	Zeit	Preise für Wiederverkäufer
„Milchweidling", glasiert	*Irdenware*, Kröning[1]	1 L.	1907	Dutzend 80 Pf. (Stück 6 2/3 Pf.)
„Milchweidling", hohe Form, glasiert, *„Spitzhaferl"*	*Irdenware*, Kröning	etwa 1 – 1 ½ L.	1913	Stück 8 Pf.
Flacher *„Weidling"*	*Emaille*, Gebr. Baumann, Amberg[2]	1 ⅛ L.	1900	Stück 78 Pf.
„conischer hoher Weidling" (wie Kröninger *„Spitzhaferl"*)	*Emaille*, Gebr. Baumann, Amberg	1 ½ L.	1900	Stück 90 Pf.
Milchschüssel	*Steinzeug*, Merkelbach München (Grenzhausen)[3]	1 L.	Um 1910	Stück 20 Pf.
Hohe Milchhaferl Hohe Milchhaferl, doppelt glasiert	*Irdenware* Kröning[4]	H 15 – 18 cm Wie vor	1907 1907	Stück 8 – 10 Pf. Stück 11 Pf.
Milchtopf, hohe Form	*Emaille*, Gebr. Baumann, Amberg[5]	1 ¼ L	1900	Stück 110 Pf.
Milchhafen, gelb	*Steingut*, H. Waffler, Regensburg[6]	ca. 15 cm Durchmesser	1903	15 – 45 Pf
Plattenhafen, glasiert	*Irdenware*, Kröning[7]	*„Gattung"* (versch. Größen)	1907	im Durchschnitt Stück 13 – 15 Pf.
Hohe Bauchtöpfe	*Emaille*, Gebr. Baumann, Amberg[8]	1 ¼ L.	1900	Stück 110 Pf.
Nachttopf, glasiert	*Irdenware*, Kröning[9]		1905	Stück 13 Pf
Nachttopf, ohne Dekor	*Emaille*, Gebr. Baumann, Amberg[10]	18 cm Durchmesser	1900	Stück 135 – 155 Pf.
Nachttopf, weiß	*Steingut*, H. Waffler, Regensburg[11]	*„alte"* u. *„neue"* Form	1903	Stück 20 – 50 Pf.
Nachttopf, weiß	*Steingut*, Steingutfabrik Niederweiler, Lothringen[12]	2 – 2 ½ L.	1917	Stück 54 – 80 Pf.

1 Privatbesitz Vilsbiburg, Einschreibbuch des Hafners Alois Hötschl, Grammelsbrunn 1905 ff.
2 AHV, 040175/5, Katalog Amberger Emaillir & Stanzwerke von Gebrüder Baumann Firma: Joh. Baumann's Wwe, Amberg, Mai 1900.
3 AHV, 040175/30, Preisliste B über Steinzeug - Gebrauchsgeschirr, Reinhold Merkelbach, München (Grenzhausen).
4 Wie Anm. 62.
5 Wie Anm. 63.
6 AHV, 040177/1, Preisverzeichnis der Steingutfabrik von H. Waffler, Regensburg, 1890/1900, Tafel 5, Nr. 103 u. 104 sowie Rechnungen dieser Firma an die Firma F. Kröner, Vilsbiburg, 1903.
7 Wie Anm. 62.
8 Wie Anm. 63.
9 Wie Anm. 62.
10 Wie Anm. 63.
11 Wie Anm. 68, Tafel 10.
12 AHV, Preisverzeichnis der Steingut-Fabrik Niederweiler (Lothringen), Vertretung B. Weihrauch, München, 1917, S. 7.

Das Bayerische Nationalmuseum München meldet sich

Wohl aufgrund der Bemühungen der Regierung von Niederbayern um das Weiterbestehen des Kröninger Hafnergewerbes und des Situationsberichts über das Hafnerhandwerk im Kröning des Bezirksamtes Vilsbiburg im Herbst 1928, schaltete sich auch das Bayerische Nationalmuseum in München ein. Generaldirektor Dr. Philipp Maria Halm bestätigte in seinem Schreiben vom 28. November 1928 an die niederbayerische Regierung, Kammer des Innern, dass der bedauerliche Niedergang der Hafnerei im Kröning mit seinen Begleiterscheinungen keine vereinzelte Erscheinung sei.[67] So hätten sich nach den zwei zwischen 1907 und 1925 durchgeführten Betriebszählungen die mit der Herstellung von Kacheln und Töpferwaren beschäftigten Betriebe von 1026 auf 256, also um 75 % verringert. Der Bericht Halms nennt zu anderen Materialien auch weitere Zahlen und beleuchtet die Veränderung im Gebrauch der Geschirre. Vergleiche nachstehendes Schreiben.[68]

Schreiben des Bayerischen Nationalmuseums (Dr. Halm, 1928)

Abschrift
Nr. 4779 München, den 28. November 1928
Direktion des Bayer. Nationalmuseums
an die Regierung von Niederbayern, Kammer des Innern
Landshut

Betreff: Töpfergewerbe in Kröning und Umgebung.

Unter Zugrundlegung der von dem Leiter der Abteilung für Gewerbekunst am Bayerischen Nationalmuseum, des Herren Dr. Günther Frhr. v, Pechmann anderorts gemachten Erfahrungen berichte ich folgendes:
Der Rückgang des Töpfereigewerbes in Kröning und Umgebung ist keine vereinzelte Erscheinung. Zwischen den beiden gewerblichen Betriebszählungen von 1907 u. 1925 hat in der

Herstellung von Kacheln und Töpferwaren in Bayern die Anzahl der Betrieb sich von 1026 auf 256 verringert, eine Abnahme von 75 %! In dem gleichen Zeitraum ist die Anzahl der in diesem Gewerbe beschäftigten Personen von 5147 auf 1985 gesunken, was eine Verringerung des Personals um 61,4 % bedeutet.
Diesem bedauerlichem Rückgang steht das Wachstum anderer Gewerbezweige gegenüber, die für gleiche oder ähnliche Bedürfnisse arbeiten: so hat die Steingut- und Majolikwarenindustrie(!) ein Anwachsen der beschäftigten Personen von 823 auf 1946, d. i. um 124 % zu verzeichnen. In der Porzellanwarenindustrie ist die Anzahl der beschäftigten Personen von 21.081 auf rund 37.000 gestiegen, eine Zunahme von mehr als 75 %. Mit der Herstellung von Blech- und Emailwaren einschliesslich der Haus- und Küchengeräte waren 1907 rund 2.000 Personen beschäftigt, 1925 rund 5.800; in den Aluminiumfabriken Bayerns 1907 nur 512 Personen, 1925 1.358 Personen. In diesen beiden Gewerbearten der Metallindustrie beträgt demnach die Zunahme der beschäftigten Personen 175 % und 165 %.
Diese Zahlen weisen darauf hin, dass der Schwund des Töpfergewerbes zu einem teil seine Ursache hat in den Veränderungen des Bedarfes:
An die Stelle der Töpferwaren sind mehr und mehr Erzeugnisse anderer Art getreten. Zunächst jedenfalls ist das von der Masse der Konsumenten höher geschätzte Steingut und Porzellan; in der Hauswirtschaft und besonders in der Küche ist die Töpferware anfangs durch das Emailgeschirr, in den letzten Jahren aber immer mehr durch das verhältnismäßig billige und dauerhafte Aluminiumgeschirr verdrängt worden.
Die wirtschaftliche Überlegenheit des Fabrikbetriebes zeigt sich darin, dass eine starke Zunahme jener Gewerbezweige zu verzeichnen ist, welche in der Hauptsache zur industriellen Betriebsform übergegangen sind; das Töpfergewerbe ist seiner Natur nach an den Kleinbetrieb gebunden und musste dadurch im wirtschaftlichen Wettkampf unterliegen. Die Überlegenheit des Industriebetriebes zeigt sich nicht nur in fabrikatorischer Hinsicht, sie wird auch fühlbar beim Absatz der Produkte; die modernen Formen der Kundenwerbung, der Propaganda jeder Art, der Gewinnung neuer Absatzgebiete und der ganzen Verkaufsorganisation sind dem ländlichen Handwerker nicht unzugänglich.
Die Beschickung eines lokalen Marktes – etwa in Landshut – würde keinen Absatz bringen. Der Sieg des billigen, maschi-

---

67 StAL, Rep. 164 Verz. 19 Nr. 2707. Schreiben der Direktion des Bayer. Nationalmuseums München an die Regierung von Niederbayern, Kammer des Innern, vom 28.11.1928, Betreff: Töpfergewerbe in Kröning und Umgebung.
68 Wie Anm. 71. Nr. 4779.

nell hergestellten Massenartikels ist ja nirgends vollkommener als wie in ländlichen Bezirken. Das beweist jeder Blick in die Auslagen einer Kleinstadt oder eines Dorfes. Nur in Großstädten und an Orten mit einer anspruchsvollen künstlerisch kultivierten Bevölkerung vermag handwerkliche Arbeit von hoher Vollkommenheit Abnehmer finden. Aus allen diesen Gründen gedeiht heut ein Töpferhandwerk nur da, wo es von künstlerisch begabten Persönlichkeiten ausgeübt wird, oder wo es im Zusammenhang mit einer staatlichen oder städtischen Schule manufakturmäßig betrieben wird. Die Arbeit in den Künstlerwerkstätten des Töpfergewerbes – es gibt heute schon zahlreiche in Deutschland – verlangt außer der künstlerischen Begabung eine große Hingabe an die Sache, häufig eine große Aufopferungsfreudigkeit. Alle diesen Voraussetzungen finden sich bei den auf dem Kröning ansässigen Töpferfamilien heute nicht mehr. Aus allen Berichten geht hervor, dass die Söhne wenig Lust haben, das Töpfergewerbe wieder aufzunehmen, dass sie sich bei der heutigen Lage dieses Gewerbes auch von einem Besuch der Fachschule für ihr Handwerk nichts versprechen. Besuchen sie aber ausnahmsweise die Schule, so ist die Wahrscheinlichkeit groß, dass sie ihre Kenntnisse dann in einem modernen Betrieb verwerten, der ihnen eine einigermaßen sichere Verdienstmöglichkeit bietet. (Vergl. Bericht des Bez.Amt Vilsbiburg an die Reg. v. Ndb. Nr. 7576 v. 13.12.[19]11 S. 2)). Jeder Aufwand aus öffentlichen Mitteln scheint bei dieser Sachlage zwecklos zu sein. Mittel für die Gewerbeförderung werden besser da angewandt, wo sich neue lebensfähige Keime zeigen, wie eben auf dem erwähnten Gebiet künstlerisch geleiteter Werkstätten. Zwar fallen auch diese für die Volkswirtschaft nicht unmittelbar ins Gewicht. Aber sie können größeren Gewerbebetrieben wertvolle Anregungen geben, und sind selbst durch ihre Leistungen für das kulturelle Leben des Landes von Bedeutung.

gez.
Dr. Halm, Generaldirektor

Der Nachwuchs fehlt

1913 nahm ein eigentlich Außenstehender Anteil am weiteren Schicksal der Kröninger Hafner: Es war dies ihr Seelsorger Pfarrer *Bartholomäus Spirkner*, Kirchberg. Vom kgl. Bezirksamt Vilsbiburg ließ er sich alle bis dahin aufgelaufenen, die Kröninger Hafner betreffenden Akten übersenden, um bisherige Aktivitäten von staatlicher Seite zur

Erhaltung des Handwerks in der Vergangenheit zu erkunden.[69] Bei der Rückgabe der Akten am 22.3.1914 bemerkte er, *„Die Behörden haben sich nur allen Dank verdient"*. Was jedoch die allseitigen Bestrebungen betraf, Hafner aus dem Kröning zum Besuch der Keramischen Fachschule in Landshut zu ermuntern, sah *Spirkner* aus seiner Sicht und besserer Kenntnis der persönlichen Verhältnisse in den Handwerkerfamilien etwas differenzierter. So stellte er fest, dass eigentlich kaum mehr schulungsfähiger Nachwuchs vorhanden sei.

Mit der Auflistung aller Besitzer von Hafnerwerkstätten aus seiner Pfarrei, siehe nachstehenden Anhang, beleuchtete er die Altersstruktur des in Frage kommenden Hafnernachwuchses. Nach seiner Kenntnis und eigener Anschauung kam er zu dem Schluss, dass eigentlich nur in zwei Familien die Bereitschaft vorhanden sei, Söhne in die Keramische Fachschule zu schicken. Es wären dies *Alois Kaspar* (13 Jahre) von Onersdorf und *Benno Zettl* von Bödldorf (14 Jahre) gewesen. Von beiden wusste der Verfasser jedoch noch aus persönlichen Gesprächen, dass es nicht mehr zum Besuch der Schule gekommen war. Bei den anderen Familien, so *Spirkner*, sei entweder der Nachwuchs zu jung, nur *„sehr schwach begabt"* oder *„schwach veranlagt"*. Manche Werkstätten hätten bereits ihren Betrieb aufgegeben oder es seien *„nur"* Mädchen als Nachwuchs vorhanden.

Abwerbung von Hafnergehilfen

Inwieweit Abwerbungsversuche eines Münchner *„Arbeitsvermittlungsbureaus"* im Jahr 1874 Erfolg bei Hafnergesellen im Kröning gezeigt hat ist nicht bekannt. Nach der hohen Zahl von Stellenangeboten für *„150 bis 200 Hafnergehilfen"*… *„bei höchster Bezahlung"* dürften diese wohl für die Porzellanindustrie und die Steingutproduktion gedacht gewesen sein. Interessant ist auch der Hinweis,

---

69 StALa, Rep. 164 Verz.19. Nr. 2707, Nr. 58. – Siehe auch Grasmann, Lambert: Beim „Uiderl" in Bödldorf. Eine Kröninger Hafnerei. Einführung und Katalog zur Ausstellung Heimatmuseum Vilsbiburg 5. Mai – 2. Dezember 1990, in: Der Storchenturm, Sonderheft 8, Dingolfing 1990, S. 17.

150 bis 200 Hafnergehilfen,

welche keinem Verbande angehören, finden in München bei höchster Bezahlung dauernde Beschäftigung. Die gesammte Meisterschaft garantirt jedem arbeitnehmenden Gehilfen, daß demselben weder von einem Fach- oder ähnlichen Verein ein Hinderniß in den Weg gelegt werden darf.

Das Arbeitervermittlungsbureau befindet sich in München

2865 (3c) [M. 3232/7] Landwehrstraße Nr. 7, Rückgebäude.

Abb. 139:
Landshuter Zeitung, 29.7.1874.

dass die Gehilfen keinem „*Verband*" (SPD?) angehören dürfen.[70]

Pfarrer Spirkner beurteilt 1914 die Nachwuchssituation nach Durchsicht bezirksamtlicher Akten[71]

„*Die Akten folgen nach Einsicht mit bestem Danke retour. Das Studium derselben war sehr lehrreich u. wird meinerseits das Nötige geschehen, um aufklärend zu wirken. Die Behörden haben sich allen Dank verdient. Bloß in einem Punkte „mangelhafter Besuch der Fachschule" möchte ich mir berichtigende Klarstellung erlauben. Die Leute können ja taugliche Kinder fast ausnahmslos nicht mehr in die Keramische Fachschule schicken, weil sie keine haben. Ich nehme vor allem die Liste der 22 Hafner her, die 1904 die „Genossenschaft"* [Hafner-Rohstoffgenossenschaft] *gründeten".*

1. *Alois Kaspar, Onersdorf, 48 J. alt; will 13 j. Sohn Alois in die Schule geben.*
2. *Andr. Wagenhuber, Bedldorf* [Bödldorf], *† 1913; Sohn Josef 34 Jahre alt, heir. 1914.*
3. *Joh. Setz, Jesendorf, 56 J.; von 17 Kindern 2 am Leben. Sohn J.*[ohann] *B.*[aptist], *18 Jahre alt, sehr schwach begabt.*
4. *Kaspar Zettl, Bedldorf, 51 J. alt, Ehe kinderlos.*
5. *Zettl Benno, Bedldorf, 55 J. alt, 3 Knaben* [es sind nur zwei, der Verf.], *wird vielleicht Benno 14 J. alt nach Landshut schicken* [was jedoch nicht mehr geschah, der Verf.].

6. *Schachtner Martin, Grammelsbrunn,† 1910, 37. J. alt; Knaben vorhanden, aber noch zu jung und schwach begabt. Nachfolger Wagner seit 1910.*
7. *Oswald Josef, Oberschnittenkofen, 38. J. alt. Hatte 6 Kinder, 4 †, 1 Knabe 4 J. alt.*
8. *Auer Josef, Oberschnittenkofen, 69 J. alt, 5 Kinder †, 1 Sohn Karl 19. J. alt lebt, aber äußerst schwach veranlagt.*
9. *Englmeier Anton, Magersdorf, 53 J. alt, von 6 Kinder 5 †; 2. Ehe 1911, bloß ein Mädchen lebt.*
10. *Degernbeck Jakob, Kleinbettenrain, † 1907. Nachfolger Außermeier, lieber Ökonom, hat Hafnerei 1913 aufgegeben.*
11. *Kaindl Michael Oberkirchberg, † 1907; Sohn Jakob 40. J. alt, ledig.*
12. *Wächter Jakob, Großbettenrain, † 1909; Sohn Ludwig bei der Bahn. Nachfolger Brunner bloß Landwirt.*
13. *Kaspar Georg, Onersdorf, ca. 60 J. Alt; wäre Sohn, ca. 20 Jahre alt, tauglich gewesen, aber wegen Bruchleidens des Vaters notwendig zum Ökonomieerben.*
14. *Hötschl Alois Grammelsbrunn, 61 J. alt; Sohn Alois 26 J. epileptisch.*
15. *Zettl Nikolaus, Bedldorf, 47 J. alt; Ehe kinderlos, Hafnerei 1912 aufgegeben.*
16. *Pollner Alois, (Brandstifter), Kinder (Mädchen), fast blöde.*

No. 17 – 22 sind nicht in m.[meinem, d.h. Spirkners] *Pfarrbezirke (Nr. 16 auch nicht).*

Dafür jetzt noch einige Hafner- u. Hafnerwirkersfamilien:
1. *Zeißlmeier, aus 2 Ehen 16 Kinder, 3 leben, 1 Knabe 1 J. alt.*
2. *Ruhstorfer* [Ludwig, Magersdorf], *alle (9) Kinder …*
3. *Haindlfinger keinen Sohn.*
4. *Zettl Jakob, Hausname „Mathies" † 1910, Anton Zettl (Vetter) † 1913; Witwe gab Geschäft auf.*
5. *Schlecht Georg, Ehe kinderlos.*

---

70 Landshuter Zeitung, 29. 7.1874; eine weitere fast identische Anzeige wurde am 4.8.1874 veröffentlicht; für beide Hinweise sei Peter Käser gedankt.
71 StALa, Rep. 194/19, Nr. 2707, Akten des Bezirksamtes Vilsbiburg 1901 – 1928.

6. *Wittenberger, [Jesendorf], 1 Tochter.*

7. *Offensberger, 1 Tochter.*

8. *Gifthaler, [Grammelsbrunn], seit 1909 kein Kind.*

9. *Maier Barth., aus 2 Ehen 11 Kinder, 3 Mädchen bloß leben.*

10. *Pollner Flor., 38 J. alt, ledig.*

11. *Schachtner Ignaz, seit 1907 2 Mädchen.*

12. *Eggl [Georg, Stürming], hätte Söhne gehabt, aber Schwiegersohn Sarcher gab 1912 Hafnerei auf. u.s.w.*
    Miserior super turbam . Nochmals besten Dank.

K. Pfarramt Kirchberg, 22.III.1914
B. Spirkner, Pfarrer

Wiederbelebungsversuche im Kröning

Die Töpferschule/Keramische Fachschule in Landshut

Ein vom Bayerischen Staatsministerium des Innern für Kirchen- und Schulangelegenheiten ausgehender Aktenvorgang des Jahres 1898 beleuchtet die damalige Situation der zunächst als Töpferschule 1873[72] gegründeten Keramischen Fachschule in Landshut.[73] Darin wurde an die eigentlichen Aufgaben der Töpferschule erinnert, die sie sich laut Programm vom 19. September 1873 gestellt hatte. Danach habe man die Töpfergesellen und Lehrlinge durch theoretischen und praktischen Unterricht auszubilden, sich mit der Ausführung bestellter Töpferwaren und mit Versuchen zur Verbesserung der Keramik mit farbigen Glasuren zu befassen.[74]
Der mit der fachlichen Aufsicht über die Schule beauftragte Professor *Leopold Gmelin* von der Kunstgewerbeschule in München stellte in seinem am 13. Juli 1898 verfassten Bericht fest, *„daß nach seinen Erkundigungen bei bewährten Vertretern des Töpfergewerbes die Anstalt nach ihrer bishe-*

rigen Einrichtung die an eine solche zu stellenden Anforderungen nicht erfülle, da sie in erster Linie Erwerbsquelle sei, eine Werkstätte, in der Veredelungs-Unterricht ganz in den Hintergrund trete".* Er dränge deshalb *„auf eine beschränkte Reform der Zeichen- und Modellierstunden, durch Einführung des Materialunterrichts und durch die Ausdehnung des praktischen Unterrichts auf die Herstellung besserer Waren an Stelle des gewöhnlichen Töpfergeschirrs".* Der Bericht schließt mit der Aufforderung, *„Auskünfte über den gegenwärtigen Umfang und über diem Art des Betriebs der Thonwarenindustrie in Landshut und der hier in Betracht kommenden Umgebung [Kröning und Bina, der Verf.] nähere Aufschlüsse zu erhalten".*
In getrennten Schreiben übersandten die Bürgermeister der Gemeinden Kröning und Jesendorf an das Bezirksamt Vilsbiburg ihre Antworten. Der Bürgermeister von Kröning, *Fleischmann* berichtete: *„… a) Die Töpferschule in Landshut blieb auf den Betrieb der Thonwaren-Industrie im Gemeindebezirk ohne Einfluß und Wirkung und wurde dieselbe bereits seit 15 Jahren von keinem hiesigen Lehrling und Gesellen besucht.*
b) Im Gemeindebezirke befinden sich 7 Töpfereien mit 16 Arbeitern einschl. der Lehrlinge. Das von diesen jährlich produzierte und abgesetzte Geschirr wird, einschließlich der Herstellungskosten auf circ. 15.000 Mark gewertet. Als Erdgut wird nur reiner Thon ohne Beimischung von Lehm oder andere Erdarten verwendet. Die Herstellng geschieht auf der Drehscheibe und mittelst der Thonwalze durch Handbetrieb, die Brennung erfolgt nur mit Holzfeuerung zur Emaillierung wird die sog. Silberglätte als die beste und bei guter Einbrennung unschädlichste Glasur verwendet.
Nach den Äußerungen erfahrener Hafner dürfte eine Herstellung besserer Thonwaren ausgeschlossen sein, da der Kröningerthon einerseits von Thonerden anderer Gegenden qualitativ kaum übertroffen wird und das aus dieser hergestellte Geschirr von den Händlern immer noch als das dauerhafteste anerkannt ist, andererseits die vor nicht langer Zeit auf Anordnung der Untersuchungsanstalt in Nürnberg erfolgten Versuche und Proben durch Verwendung anderer Glasuren, wie der billigeren Infusorienerde zu keinem günstigen Resultate führten." Weiter führte der Bürgermeister aus, dass nur gewöhnliches Töpfergeschirr zum Hausgebrauch Absatz finde, dagegen künstlerische Modellwaren, wie Vasen, Becher, Ofenkacheln, Figuren usw. noch nie rentabel waren

72 Amtsblatt für das kgl. Bezirksamt Vilsbiburg, 1873, Nr. 11, S. 67 und 1873, Nr. 24, S. 1., Errichtung einer Töpferschule in Landshut.

73 StALa, BezA/LRA Vilsbiburg 1701, Betreff die Töpferschule in Landshut.

74 Zur Geschichte der Keramischen Fachschulen in Deutschland siehe: Schöne 2004.

Abb. 140:
Vilsbiburger Anzeiger 1.8.1907.

Kgl. Keramische Fachschule in Landshut i. B.
(Fachschule für Kunsttöpferei und Ofenbau.)
Einrichtung: 1. Zweijährige Vorschule für Lehrlinge. 2. Zweijährige eigentliche Fachschule nach der Vorschule oder nach zweijähriger Meisterlehre. 3. Einjähriger Gesellenfortbildungskurs nach dreijähriger Meisterlehre. — Hospitanten für einzelne Fächer. — Stipendien für bayerische Fachschüler und Gesellen. — Tonchemisches Versuchslaboratorium zur Benützung für Interessenten gegen mäßige Gebühren.
Schulgeld für Ausländer 40 Mk., für Deutsche 20 Mk. (Bayern können befreit werden); Gesellenkurs für Bayern kostenlos. Beginn des Schuljahres 1907/08 am 4. September 1907.
Schulstatut, Lehrprogramm und Auskünfte durch die unterfertigte Schulbehörde.
Kgl. Rektorat der Realschule.
Dr. Horchler, Kgl. Studienrat.
Der technische Betriebsleiter der keramischen Fachschule:
Hermann Haas, Kunstmaler.

und auch keine Aufträge dafür ergehen. Bedeutende Konkurrenz sei auch in dem in großen Mengen eingeführten sächsischen Geschirr wegen seiner Billigkeit entstanden. Und weiter: Die Töpfer im Kröning sehen sich nicht in der Lage, *„irgendwelche Vorschläge und Anregungen hinsichtlich der künftigen Gestaltung der Töpferschule geben zu können, wodurch eine Hebung und Verbesserung der Töpferindustrie im Kröning herbeigeführt werden könnte"*.

Bürgermeister *Wippenbeck* von Jesendorf äußerte sich in ähnlicher Form. *„Bisher hat die Töpferschule in Landshut gar keine Wirkungen auf den Betrieb der Tonwaren-Industrie ausgeübt; denn die hiesigen alten Meister haben keine Söhne mehr, die in die Töpferschule eintreten möchten und die jüngeren Meister sind meist noch kinderlos oder es sind die Kinder noch nicht schulpflichtig. Diese jüngeren Meister werden ihre Söhne schon in die Töpferschule geben. Bis jetzt ist in der ganzen Gemeinde kein Hafnerlehrling, Geselle oder Meister, der die Töpferschule besucht hätte"*. Über die Besetzung der Werkstätten berichtete der Bürgermeister, dass in der Gemeinde 24 Meister [= Werkstätten] mit zusammen 30 bis 35 Gesellen und vier Lehrlingen tätig seien". Der jährliche Ertrag eines Meisters belaufe sich auf 2.000 Mark.

Kunstkeramiker Scharvogel, München und die Töpferschule in Landshut

1903 besuchte Kunstkeramiker *Johann Scharvogel*, München die Töpferschule in Landshut.[75] Sein darüber an das Staatsministerium des Innern für Kirchen- und Schulangelegenheiten am 29.6.1903 abgefasster Bericht enthält aufschlussreiche Details zum Betrieb der Töpferschule in Landshut und zu den praktizierenden Hafnern in Landshut und im Kröning. Die Diskussionsrunde in Landshut bestand aus Regierungsrat *Fruhmann*, Rektor *Dr. Horchler*, den Landshuter Töpfermeistern *Reither* und *Leberwurst*, sowie Faktor Kiechle von der Töpferschule.

Zur Beurteilung über den Schulbetrieb der Töpferschule in Landshut vermerkte Scharvogel: *„Die Töpferschule erscheint in ihrer derzeitigen Organisation nach keiner Seite hin geeignet, ihrer Aufgabe gerecht werden zu können. Der Umstand, dass dieselbe genötigt war, sich aus eigenem gewerblichen Betriebe zu erhalten, dürfte mit ausschlaggebend sein, dass eine fachgerechte Ausbildung der Schüler dort nicht erzielt wurde. Die Schule konnte unter diesen Umständen auch keinerlei veredelnden und fördernden Einfluss auf das dortige Töpfergewerbe gewinnen"*. Auch musste er feststellen, dass bei den vorhandenen Schülerarbeiten kein wirklicher Fortschritt erkennbar sei. *„Der Fortbestand der*

---

75 Archiv der Keramischen Fachschule Landshut, Aufnahme und Zeugnisse der Schüler, Schreiben vom 29.6.1903.

Töpferschule in ihrer derzeitigen Organisation kann daher nicht empfohlen werden". Weiter bemängelte er, dass die keramische Sammlung in der Residenz keinen Überblick über das Landshuter Töpfergewerbe aus alter und neuer Zeit gewähre und das Hafnergewerbe im Kröning überhaupt nicht vertreten sei. Die Sammlung enthalte fast ausschließlich Arbeiten fremder Herkunft.

Das einheimische Gewerbe sei von der auswärtigen keramischen Industrie derart überflügelt worden, dass die Töpfermeister sich gezwungen sehen, Kachelzeug aus Sachsen und Baden zu beziehen. Eine Ausnahme hierzu mache nur die Werkstätte Reither, in der gute Kopien nach Alt-Landshuter und Alt-Nürnberger Modellen hergestellt würden.

An den im Kröning derzeit hergestellten Produkten, deren Werkstätten er noch nicht aus eigener Anschauung kenne (er besuchte sie erst 1904, siehe unten), ließ er kein gutes Haar. Aus den ihm vorgelegten, in Landshut zum Verkauf stehenden Kröninger Erzeugnissen habe er die Erkenntnis gewonnen, *„dass man dort auf dem denkbar tiefsten Niveau in keramischer Beziehung angelangt ist. Schlechte Glasur auf schlechten Scherben sind die untrüglichen Merkmale hiefür. Dabei ist keine Spur von einer Tradition aus besserer Zeit zu erkennen. … Die Kröninger Töpfermeister sind heute darauf angewiesen, ihre Waren (Milchsatten und Schüsseln) an Hausierer abzusetzen, die dieselben an Bauersleute entlegener Orte weiterverkaufen. … Der städtische Bedarf an Küchengeschirr wird hauptsächlich aus den Werkstätten von Znaim in Böhmen, Kamenz in Sachsen und Bunzlau in Schlesien gedeckt. Daneben kommt noch rheinisches Steinzeug in Betracht"*. … Er, Scharvogel, habe Kenntnis davon, dass in den Kröninger Werkstätten unter gesundheitswidrigen Verhältnissen gearbeitet werde. Werkstätten und Wohnräume seien nicht getrennt und der ständige Kontakt mit dem giftigen Bleioxyd, gebe zu schlimmsten Befürchtungen Anlass. Die Leute müssten alsbald in eine bessere wirtschaftliche Lage kommen, die es ihnen ermöglicht, sich besser einzurichten.

Personell, so Scharvogel, sei die Töpferschule Landshut bestens aufgestellt. Die anstehende bauliche Veränderung der Schule (Modelliersaal) bringe Verbesserungen. Zusätzlich sei aber die Errichtung eines Laboratoriums dringend zu empfehlen. Dabei betonte er den Charakter der Schule von Anfang an dahingehend herauszustellen, dass diesel-be andere Aufgaben zu lösen habe, als die Kunstgewebeschule, die Akademie und die wissenschaftlichen Hochschulen.

Kunstkeramiker Johann Scharvogel besucht den Kröning

Die Berichte lassen das Desinteresse der Hafnermeister, Gesellen und Lehrlinge an einem Besuch in der Keramischen Fachschule erkennen. Neuen Schwung in der Sache erhoffte man sich von dem renommierten Kunstkeramiker *Johann Scharvogel* aus München, der 1904 auf Einladung des niederbayerischen Regierungspräsidenten Werkstätten im Kröning besuchte.[76] Mit von der Partie waren außerdem Regierungsrat *Fruhmann*, Rektor *Dr. Horchler* von der Realschule in Landshut sowie Bezirksamtmann *Benedikt Selmeier* von Vilsbiburg.

Ein in diesem Zusammenhang angelegtes Verzeichnis der in Vorschlag gebrachten und dann besuchten Kröninger Werkstätten nennt nicht nur die Namen der Hafnermeister, es erwähnt auch die Zahl der beschäftigten Arbeitskräfte und die der jährlichen Brände. Bei der schon zu dieser Zeit (1904) im Niedergang begriffenen Hafnerei im Kröning erscheint gerade die hohe Zahl der Brände bemerkenswert.

„Betriebe, welche zur Besichtigung vorgeschlagen werden, sind:

<u>*Dannerbeck Joh.*</u> *in Jesendorf, beschäftigt 2 Gehilfen, besitzt eigene Gruben u. brennt 22 – 25 mal im Jahr.*

<u>*Setz Joh.*</u> *in Jesendorf, beschäftigt 1 Gehilfen, besitzt keine eigene Gruben u. brennt 20 – 22 mal im Jahr.*

<u>*Maier Barth.*</u> *In Jesendorf,[77] beschäftigt 3 Gehilfen, besitzt eigene Gruben u. brennt 25 – 28 mal im Jahr (hat sich der Genossenschaft nicht angeschlossen u. ist sehr misstrauisch, besitzt ca. 70 Tagwerk Felder).*

<u>*Degernbeck Jacob*</u> *in Kleinbettenrain, beschäftigt 2 Söhne, 3 Gehilfen, besitzt die meisten Gruben u. brennt ca. 30 mal im*

---

76 StALa, Rep. 164/19, Nr. 2707, Nr. 41.

77 Maier war in erster Linie Bauer (Hausname „Schickerbauer"), was schon an seinem beträchtlichen Grundbesitz abzulesen ist. Außerdem war er einer der Geschirrfahrer, der für Hafner Transporte zu den Marktorten übernommen hat.

Jahr, Umsatz jährlich 3500 – 4000 Mark, besucht die Messen u. wird wohl das größte Geschäft im Kröninger Bezirk haben.

Wächter [Jakob] in Großbettenrain, beschäftigt 1 Sohn u. 1 Gehilfen, brennt 25 – 30 mal im Jahr, sein Geschirr wurde vor einigen Jahren in München als gesundheitsschädlich erklärt, wodurch er in einen Prozess verwickelt wurde, sein Sohn hätte Lust die Landshuter Töpferschule zu besuchen.

Kaspar Alois in Onersdorf, Vorstand der Genossenschaft, besitzt eigene Gruben u. ca. 40 Tagwerk Felder.

Auer Joh. in Schaittenrain, beschäftigt 2 Gehilfen, besitzt keine Gruben, brennt ca. 20 – 22 mal und ist vollständig auf den Verdienst aus der Töpferei angewiesen, Arbeitsraum ist getrennt vom Wohnzimmer."

Scharvogels Bericht vom 16. Mai 1904 an das Bayerische Staatsministerium des Innern für Schul- und Kirchenangelegenheiten erwähnte eingangs die bereits bekannte distanzierte, ja ablehnende Haltung der Hafner im Kröning gegenüber der Keramischen Fachschule. Das Gremium wollte die derzeitigen Verhältnisse im Hafnergewerbe erkunden und prüfen, wie die Fachschule sich nützlich machen könne.

Scharvogel gab zunächst einen Situationsbericht zur Hafnerei im Kröning: *"Die Kolonie ist numerisch bedeutend und alteingesessen. Das Hafnergewerbe wird neben der Landwirtschaft betrieben und zwar auf sogenannten Einödhöfen; dasselbe stellt somit einen beachtenswerten, wirtschaftlichen Faktor dar. Es wurde eine Reihe von Betrieben besichtigt und dabei die Arbeitsmethoden, den Ofeneinrichtungen und den Wohnverhältnissen besondere Beachtung geschenkt.*

Leider muß gesagt werden, daß das dortige Hafnergewerbe heut auf einem derartig tiefen Niveau angekommen ist, daß dessen völliges Erlöschen zu befürchten ist, zumal als die jüngeren Leute davor zurückschrecken, dieses mühselige und wenig lohnende Handwerk zu erlernen.

Für eine dreiwöchige Arbeitsperiode verbleibt dem Meister, nach Abzug der Unkosten, jedoch ohne Einrechnung der eigenen Arbeitsleistung, nur noch eine Gewinn von höchstens 30 Mark. Als Ursachen dieses Zustands sind in erster Linie anzuführen: Die Minderwertigkeit des Fabrikats, die auswärtige Konkurrenz, sowie das Fehlen einer Organisation zur Regelung der Verkaufspreise.

Das Fabrikat ist einfaches Irdengeschirr, in der Hauptsache Waidlinge, Kochgeschirr und Bratpfannen, die einen Überzug von sogenannter Bleiglasur haben.

Währenddem um in Bezug auf die Scheibenarbeit eine große Geschicklichkeit zu konstatieren war, lassen die Glasuren viel zu wünschen übrig. Bei einem beträchtlichen Teil der Erzeugnisse ist die Glasur nicht hinreichend ausgeschmolzen, weshalb solche seitens der Aufsichtsbehörden mit Recht beanstandet werden. Hieraus erwächst den Hafnern nicht blos ein beträchtlicher Schaden, sondern sie setzen sich dabei außerdem gerichtlichen Strafen aus."

Scharvogel sah als Ursache des *„Fabrikationsfehlers"* in erster Linie die veralteten Ofenkonstruktionen, die ein *„ökonomisches Brennverfahren"* nicht zulassen. Außerdem sei zu vermuten, dass die zur Herstellung der Glasur verwendete Bleiglätte verfälscht sei. Man habe deshalb das Laboratorium der Keramischen Fachschule veranlasst, eine Untersuchung derselben vorzunehmen. Auch Scharvogel stellte fest, dass die Nachfrage nach den Milchschüsseln/Weidlingen bedeutend abgenommen habe, *„da überall im Lande Molkerei-Genossenschaften sich gebildet haben, die mit Centrifuge arbeiten und somit diese Geschirre entbehren können. Ferner wird minderwertiges billiges Geschirr sächsischer Herkunft im Lande verhausiert".*

Bemängelt wurde auch, dass sich die Hafner zur Gründung einer Verkaufsgenossenschaft nicht entschließen konnten. Jeder für sich schließe mit dem Händler ab und dabei unterbieten sie sich gegenseitig. Hieraus resultierten dann die äußerst niedrigen Geschirrpreise. Den Händlern komme dabei zugute, dass das vielfach beanstandete Kröninger Geschirr den moralischen Druck auf die Produzenten erhöhe.

Scharvogel bemerkte weiter, dass bereits Versuche mit Kröninger Ton unternommen worden seien, wobei man auf die daraus hergestellten Gefäße eine bleifreie Glasur, (*„sogen. Lehmglasur"*) *„aufschmelzte"*. Auch die Presse befasste sich mit der Situation im Kröning und berichtete über die Bemühungen seitens der Obrigkeit. So meldete der Vilsbiburger Anzeiger, dass man zur Vorstellung dieses Verfahrens die Hafnermeister und Gesellen in die *Patzingersche* Hafnerherberge in Kirchberg eingeladen habe, wo *Scharvogel „einen sehr lehrreichen Vortrag über das Hafnergewerbe, über eine neue gesundheitsunschädliche Glasur, über Einrichtung der Heizungen der Brennöfen, über*

stärkeres Brennen des Geschirres [gehalten hat], *wodurch bessere Ware, aber auch bessere Preise erzielt werden müssen, worüber sich* [eine] *lebhafte Diskussion entwickelte*".[78]
Scharvogel sprach in seinem Bericht auch die Wohnverhältnisse bei den Kröninger Hafnern an. So sei bereits früher zu recht beanstandet worden, dass die Wohnräume in den Betrieb mit einbezogen seien, in denen das Glasieren der Gefäße erfolge und auch die Mahlzeiten eingenommen würden. Man sei sich dabei aber bewusst, *„daß dies mit der althergebrachten baulichen Anlage der Häuser, die ganz auf den Hafnereibetrieb zugeschnitten"* zusammenhänge, *„sodaß es schwer halten dürfte, hierin eine Änderung herbeizuführen, ohne daß den Leuten große Opfer auferlegt würden. Es wurde außerdem festgestellt, daß in dem einzigen Fall, wo Werk- und Wohnräume getrennt liegen, der Hafnermeister samt seinen Familienangehörigen dennoch Zeichen von Bleiinfektion aufwies"*.
Als Fazit seines *„Arbeitsbesuchs"* im Kröning stellte Scharvogel *„eine völlige Sinneswandlung der Leute"* fest. Man sei dabei *„diese schwer zugänglichen, entmutigten Leute auf bessere Wege zu bringen"*, stellte aber gleichzeitig mehrere Forderungen auf: Die Keramische Fachschule habe den Auftrag, ihre Versuche dahingehend fortzusetzen, *„daß die Glasur im Schmelzpunkt herabgesetzt wird, daß durch Umbau der Feuerungen an den Kröninger Öfen eine höhere Temperatur erzielt wird bei gleichem Brennmaterialverbrauch"*. Die Fachschule wird hierzu einen *„mustergültigen Ofen in Landshut bauen"*. Sache der Regierung von Niederbayern wird sein, auf die Bildung einer Verkaufsgenossenschaft unter den Kröninger Hafnern hinzuwirken, *„damit diese ihr zukünftiges wertvolles Produkt nicht unnötigerweise verschleudern"*. Die Keramische Fachschule könnte dann veranlasst werden, das neue Glasurverfahren nur an solche Meister abzugeben, die der Genossenschaft beigetreten sind. Zur Gründung einer eigenen Verkaufsgenossenschaft ist es nicht mehr gekommen. Es wird wohl das alte leidige Problem der Uneinigkeit unter den Hafnern gewesen sein, von dem ihr Seelsorger Pfarrer B. Spirkner schon des Öfteren gesprochen hatte.

Kröninger Hafner besuchen die Keramische Fachschule Landshut

Amtliche Unterlagen und auch Äußerungen Pfarrer *Spirkners* von Kirchberg betonten immer wieder das Desinteresse der Kröninger Hafner am Besuch der Fachschule. Doch scheint 1905 das Eis gebrochen zu sein: So erscheinen zu einem Gehilfenkurs die Brüder *Johann* (* 12.7.1884 Oberviehbach) und *Josef Strobl* (* 17.10.1887 Kirchberg, † 19.5.1915 bei Przemysl) im Schülerverzeichnis der Fachschule in den Jahren 1904/05 und 1905/06. Bezeichnenderweise stammten sie jedoch nicht aus Hafnerfamilien, der Vater war Tagelöhner.[79] An Herdbaukursen nahmen im Schuljahr 1908/09 der Hafnergehilfe *Hans Dengler* aus Seyboldsdorf, Gemeinde Vilsbiburg und der Hafnermeister *Johann Kaltenecker* aus Gangkofen teil. Als Überraschung zu werten ist die Tatsache, dass dann im Schuljahr 1913/14 sogar elf Kröninger Hafnermeister an einem Meisterkurs teilgenommen hatten. Bemerkenswert erscheint dies deshalb, weil in den 1970er Jahren gezielt daraufhin befragte Söhne einiger dieser Hafner (*Benno und Georg Zettl*, Bödldorf) kein Wissen davon hatten bzw. das Wissen um den Schulbesuch in der Familienüberlieferung nicht weitergegeben worden war. Den Meisterkurs besuchten die Hafnermeister *Anton Englmaier*, Magersdorf, *Sebastian Häring* und *Lorenz Westenthanner*, beide Pattendorf, *Alois Hötschl* und *Sebastian Wagner*, beide Grammelsbrunn, *Alois Kaspar*, Onersdorf, *Josef Oswald*, Oberschnittenkofen, *Ignaz Schachtner* und *Johann Setz*, beide Jesendorf, *Benno Zettl*, Bödldorf und der Hafnergehilfe *Xaver Kaspar*, Onersdorf.[80] Als Unterrichtsstoff wurde angeboten: *„Der Kurs umfasst außer Vorträgen des Leiters (Glasuren im allgemeinen; Rohstoffe; Bleiglasuren; bleifreie Glasuren; praktisch ausgeprobte bleifreie Glasuren, ihre Behandlung, Zusammensetzung, Herstellung und Kosten) auch praktische Vorführungen (Herstel-*

78 Vilsbiburger Anzeiger vom 17.5.1904.

79 Archiv der Keramische Fachschule Landshut, Jahresbericht über die Königliche Realschule Mit Handelsabteilung und den damit verbundenen Nebenanstalten in Landshut [Keramische Fachschule], Schuljahre 1904/5 und 1905/06. – Sterbebild (Privatbesitz) für Josef Strobl. Er war „Vizefeldwebel beim 118. Res.-Inf.-Regt. 5. Komp. Inhaber des Eisernen Kreuzes und der hessischen Tapferkeitsmedaille, welcher bei Przemysl am 19. Mai 1915 im 28. Lebensjahr den Heldentod fürs Vaterland gefunden hat."

80 Wie Anm. 75, Jahresbericht 1913/14.

Abb. 141: Hochzeitsbild des Hafnerehepaars Benno und Maria Zettl, geb. Schindlbeck, Bödldorf Nr. 4, Aufnahme 1897.

nung des Verfassers noch auf dem Anwesen verbliebene und zum Teil an das Heimatmuseum Vilsbiburg abgegebene Geschirre. Sie besitzen nicht mehr den lebendigen Glanz der Bleiglasuren, sie wirken in der Farbgebung eher *„stumpf"*.

Im Jahr 1909 stattet die Fachschule neun Kröninger Hafnerwerkstätten einen Besuch ab. Besichtigt wurden die Betriebe von *Alois Hötschl, Martin Schachtner* in Grammelsbrunn, *Anton Englmaier* in Magersdorf, *Andreas Wagenhuber, Benno Zettl, Jakob Zettl* und *Kaspar Zettl* in Bödldorf, *Alois Kaspar* in Onersdorf und *Johann Setz* in Jesendorf.[81]

Zeichenunterricht *„zur Hebung der Töpferindustrie"*

Pfarrer und Lokalschulinspektor *Georg Klimmer* von Kirchberg regte *„ in der Schulnachweisung zur Hebung der Töpferindustrie den Zeichnungsunterricht in der Schule an"*.[82] So haben sich im Pfarrarchiv von Kirchberg Zeichnungen vom Hafnerlehrling *Jakob Zettl*, Hafnerssohn von Großbettenrain (* 26.6.1860) erhalten. Er besuchte die Feiertagsschule in Kirchberg im Schuljahr 1872/73. Die Blätter zeigen geometrische Figuren, wie *„Bogen-Linien"* und *„Carniß-Linien"*, auch palmettenartige Zierelemente, die dann umgesetzt in der keramischen Arbeitspraxis bei ausgeschnittenen Wandflächen der Sonderformen wie den durchbrochenen *„Nähkörbchen, Nadlkörbl"*, Kelchen, Tintenzeugen und Vexierkrügen erscheinen. Vom Hafnerlehrling *Ludwig Ruhstorfer* (* 20.8.1873) haben sich Zeichnungen einfacherer Art erhalten, deren Ergebnis der kgl. Lokalschulinspektor Pfarrer *Gabinger* 1889 bei noch weiteren sieben Hafnerlehrlingen begutachtet hat. Es wurden jeweils zwischen vier und sechs Zeichnungen zur Beurteilung vorgelegt.[83]

Kröninger Hafner 1903 in der „III. Niederbayerischen Kreis-Industrie- und Gewerbe-Ausstellung" in Landshut

Unmittelbar nach Gründung der *„Hafner-Rohstoff-Genossenschaft Kröning"* am 22. Juli 1903, der 22 Hafnermeister beitraten, veranstaltete die Regierung von Niederbayern unter dem Protektorat des kgl. Regierungspräsidenten *Ru-*

lung der Glasurmasse; das Fritten und Mahlen der Glasur; das Glasieren und Brennen von Kochgeschirr; die Prüfung der bleifreien Glasur auf Säurefestigkeit)". Der Kurs wurde als *„II. Meisterkurs"* bezeichnet, der *„I. Meisterkurs"* wurde als *„Herdsetzkurs"* im Jahr 1909 abgehalten.

Inwieweit *Benno Zettl*, Bödldorf in der Fachschule erworbene Kenntnisse in seinem Betrieb verwertet hat, entzieht sich unserer Kenntnis. Dass er aber in der Folgezeit *„neue"* Glasuren verwendet haben könnte, zeigen nach Mei-

81 Wie Anm. 75, Jahresbericht 1909/10.
82 Wie Anm. 17, S. 442.
83 Pfarrarchiv Kirchberg, ohne Signatur.

Abb. 142: Erinnerungsteller an die III. Niederbayerische Kreis-Industrie- und Gewerbe-Ausstellung in Landshut, 1903 und offizielle Festpost-karte.

dolf Frhr. von Andrian-Werburg die „III. Niederbayerische Kreis-Industrie- und Gewerbe-Ausstellung" in Landshut vom 15. August bis 30. September 1903. Es zeugt schon von großer Wertschätzung der Kröninger Hafner, dass sich der Geschäftsführer der Ausstellung Major Josef Knauer, Landshut im April eigens in den Kröning begeben hatte, um in Triendorf das Interesse der Hafner für diese Ereignis zu wecken.[84] Und genau die 22 in die vorgenannte Genossenschaft eingetretenen Hafner – siehe im nachstehenden Anhang – konnte Knauer zur im Katalog so bezeichneten „Sammelausstellung Kröning" gewinnen.[85] Ebenfalls im Katalog genannt und „außer Konkurrenz" beteiligte sich weiter der Hafnermeister Michael Schratzenstaller von Ellersberg in der heutigen Gemeinde Vilsbiburg, um dort „selbst gefertigtes Töpfergeschirr zum Verkaufe" anzubieten. Leider ist im Katalog keine Produktbeschreibung abgedruckt. Jedenfalls, so der Kurier für Niederbayern, sollen „vor den Augen der Besucher Töpfe, Vasen und dergleichen hergestellt werden, auch werden originelle Andenken an Ort und Stelle verkauft". Soweit aus heutiger Sicht feststellbar, ist in der Ausstellung hergestelltes Gebrauchsgeschirr

nicht mehr zu lokalisieren. Jedoch haben sich dort produzierte Sonderformen, erkennbar durch Signaturen und der Jahreszahl „1903" auf den Objekten, in Privatbesitz und in der Keramischen Fachschule in Landshut erhalten. Laut Inventarverzeichnis der Schule hat diese im Jahr 1904 einige an vorgenannten Kriterien erkennbare, für die Ausstellung produzierte Objekte direkt von Kröninger Hafnern angekauft.[86] Als Dank und Anerkennung für die Teilnahme an der Ausstellung wurde der Hafnergenossenschaft Kröning ein „Diplom zur silbernen Medaille" verliehen.[87]

84 Kurier für Niederbayern, Landshut 1./2. Mai 1903, S. 3 u. 4.

85 Officieller Katalog „Dritte Niederbayerische Kreis-Industrie- und Gewerbe-Ausstellung verbunden mit Ausstellung für Landwirtschaft – Gartenbau – Landshut 1903" vom 15. August – 30. September 1903, S. 59, Nr. 273 und S. 66, Nr. 300.

86 Archiv der Keramischen Fachschule Landshut, Abt. III., Sammlung. – Vgl. auch Anm. 46, Grasmann, „Beim Uiderl …l", Katalog Nr. 137 – 140. – Vgl. auch Grasmann, Lambert: Keramische Raritäten aus dem Kröning: Nadlkörbl, Vexierkrüge, Tintenzeuge, Weihwasserkessel … – Einführung und Katalog zur Ausstellung Heimatmuseum Vilsbiburg 5. Mai – 2. Dezember 1984, in: Der Storchenturm, Sonderheft 6, Dingolfing 1984, Kat. Nr. 22, 23, 32 – 40, 67 – 70, 135, 136, 147.
Siehe auch Benker, Gertrud, Bearbeiterin der Vitrinenobjekte in der Sonderausstellung, in: Festschrift und Jahreskatalog Keramische Fachschule Berufsfachschule und Berufsschule für Keramik Landshut 125 Jahre, Vitrine 2: Kröning, Zur Gewerbeschau Landshut 1903, Landshut 1998, S. 82, Kat. Nr. 12 – 15.

87 Vilsbiburger Anzeiger 3.10.1903.

Laut Katalog der 1903 an der Landshuter Kreis-Industrie- und Gewerbeausstellung teilnehmenden Kröninger Hafner:

„273 Sammelausstellung Krönung

1. Kaspar Alois in Onersdorf
2. Wagenhuber Andrä in Bödldorf
3. Seitz [Setz] Johann von Jesendorf
4. Auer Josef von Oberschnittenkofen
5. Auer Johann von Schaittenrain
6. Höschl [Hötschl] Alois von Grammelsbrunn
7. Kaspar Josef von Buttenbach
8. Pollner Alois von Hermannsreit
9. Dannerbeck Josef von Jesendorf
10. Zettl Kaspar von Hermannsreit
11. Zettl Nikolaus von Bödldorf
12. Oswald Josef von [Ober-] Schnittenkofen
13. Englmaier Anton von Magersdorf
14. Wächter Jakob von Großbettenrain
15. Zettl Benno von Bödldorf
16. Westenthanner Lorenz von Pattendorf
17. Schachtner Martin von Grammelsbrunn
18. Degernbeck Jakob von Kleinbettenrain
19. Häring Sebastian von Pattendorf
20. Kaspar Georg von Onersdorf
21. Zettl Jakob von Bödldorf
22. Zettl Kaspar von Bödldorf"

Abb. 143: Hafnerehepaar Kaspar und Barbara Zettl, geb. Schindlbeck, Bödldorf Nr. 7, Aufnahme 1890.

Abb. 144: Hafnerehepaar Joseph und Theresia Schachtner, verwitw. Rothlehner, Grammelsbrunn Nr. 5, Aufnahme 1876.

Abb. 145: Hafnerehepaar Martin und Kreszenz Schachtner, geb. Herrnreiter, Grammelsbrunn Nr. 5, Aufnahme 1898.

Abb. 146: Hafnermeister Georg Wagner, Bödldorf Nr. 6, Aufnahme um 1880.

Abb. 148: Hafnerfamilie Andreas und Katharina Samberger, Straß, um 1914.

Abb. 147: Hafnermeister Nikolaus Zettl, Bödldorf Nr. 6, Aufnahme um 1940.

Abb. 149: Hafnerfamilie Johann Baptist Setz (rechts) und Maria, geb. Schemmerer, Jesendorf Nr.236 (alt), Aufnahme 1914/1918.

Katalog der Gefäße

Vorbemerkungen

Bei den Objekten dieses Kataloges ist die Herstellung in Werkstätten bei den Hafnern im Kröning und an der Bina anzunehmen. Zwingend ist dies bei aus Werkstattbruchgruben der Hafner geborgenen Objekten. Eine Zuschreibung wurde kursorisch auch nach dem Scherbengefüge und der Farbe des Scherbens vorgenommen. Ein wichtiges Kriterium stellt weiter der optische Gesamteindruck eines Gefäßes dar, der sich aus Teilen der Form wie Fußzone, Wandung, dann bei der Gestaltung der Ränder und der Henkel mit dessen Ansatzstellen am Gefäß ergibt und damit ein Gesamtbild für Kröning und Bina hervorruft.

Nach dem heutigen Wissensstand zeigen die Erzeugnisse der Hafner an der Bina identische Formen wie die der Hafner im Kröning. Da die Hafner an der Bina eigene Tongruben besaßen und dort verwendete Tone nur leichte Unterscheidungen in Farbe und Gefüge des Scherbens zeigen, sie aber in der Spätzeit (Ende 19. Jahrhundert und später) den Rohstoff auch aus dem Kröning bezogen, ist eine Zuordnung „Kröning" oder „Bina" schwierig.

Die im Katalog erfolgte Zuweisung von Exponaten zu einer bestimmten Werkstatt ist durch deren Auffindung in einer Werkstattbruchgrube, durch Aussagen der letzten Hafnergeneration oder durch Mitteilungen aus deren Verwandtschaft gesichert. Selbstverständlich trifft dies auch für die auf den Werkstattbesitzer/Hafnermeister bezogene, an den Gefäßen aufgebrachte geritzte oder geschriebene Signaturen zu.

In der Spätzeit/Endzeit allerdings sind „Ausreißer" bei manchen Erzeugnissen zu beobachten. Wenn nicht die typische „Kröninger" Form bei der Beurteilung „herhalten" würde und zusätzlich die Werkstatt nicht bekannt wäre, wäre manches Stück als nicht in der Kröninger Region produziert zu lokalisieren sein. Dies trifft vor allem bei Werkstätten zu, die vereinzelt wegen ihrer Glasierpraxis den Gefäßen ein für Kröning/Bina ungewohntes Erscheinungsbild gaben (Kat.Nr. 47, 101, 109). So sind aus der

Werkstatt Nikolaus Zettl in Bödldorf Henkeltöpfe („Plattenhaferl") bekannt, deren grüne(?) Glasur zum einen nicht „richtig", nämlich „tropfnasenartig" geflossen ist (Kat.Nr. 285, 286). Zum andern sind mehrere Henkeltöpfe erhalten, die eine „unübliche" graublaue Glasur zeigen (Kat.Nr. 305). In beiden Fällen, so die mündliche Überlieferung, wurden die Glasuren von der Keramischen Fachschule in Landshut bezogen. Ähnlich verhält es sich bei der Werkstatt Alois Hötschl in Grammelsbrunn, wo u.a. weiße Glasuren verwendet wurden (Kat.Nr. 273 – 277).[1]

Vor allem aber die jahrzehntelange Beschäftigung des Autors mit in der Kröninger Region hergestellter Hafnerware, die ein „Gefühl" für „Kröning oder nicht Kröning" als Herkunft entwickelt hat und hier ist wirklich das förmliche „befühlen" der Hafnerware gemeint, hat die Beurteilung erleichtert und verfestigt.

Bei allen Gefäßen handelt es sich um frei gedrehte, oxidierend gebrannte Irdenware mit Bleiglasur bzw. um reduzierend gebranntes Schwarzgeschirr. Die Böden zeigen einen Standboden, der auch manchmal leicht aufgewölbt ist; Abweichungen werden angezeigt.

Auf eine Beschreibung der Glasurfarben und Farbtöne auch der nicht glasierten Objekte wurde weitgehend verzichtet, vgl. hierzu die Fotografien.

Datierte Gefäße, Kacheln und Model sind in einem eigenen Katalogteil behandelt. Dies vor allem deshalb, da Datierungen im Kröning und an der Bina im Verhältnis zu den hohen Produktionszahlen verschwindend gering sind.

Bei der Beschreibung der Gefäßformen wurde auf den „Leitfaden zur Keramikbeschreibung"[2] Bezug genommen.

---

1 Der Verfasser konnte in den 1970er Jahren solche Gefäße noch in Augenschein nehmen, und leider nur in Schwarz/Weiß fotografieren. Sie sind jedoch inzwischen bei unbekannten Besitzern gelandet.
2 Bauer; Endres; Kerkhoff-Hader; Koch; Stephan 1987.

Abkürzungsverzeichnis

H   Höhe
D   Mündungsdurchmesser
DB   Bodendurchmesser
L   Länge
B   Breite
T   Tiefe
BASt Benedikt-Auer-Stiftung
StadtAV Stadtarchiv Vilsbiburg
StALa Bayer. Staatsarchiv Landshut
BayHStA Bayer. Hauptstaatsarchiv München

Deckelformen

Flachdeckel, Hohldeckel, Steckdeckel

Die unter diesem Namen zusammengefassten Formen zählen im Sinne der vorgenommenen Gruppierung zunächst nicht zu den Grundformen, sondern eher zu den Sonderformen. Hauptformen der Deckel sind:
a) flache Formen (plattenartig, tellerartig etc.) – *„Flachdeckel"*
b) hohle Formen (gebaucht, konisch, kegelförmig etc.) – *„Hohldeckel"*

Die überwiegende Mehrzahl der Deckel verfügt über eine Handhabe (Knopf, Öse, Ring etc.). Deckelknöpfe können massiv, muldenförmig bis hohl oder auch plastisch figural ausgebildet sein. [3]
Beim Kauf der Geschirre wurden die passenden Deckel dazu gegeben, sie waren also im Preis mit inbegriffen. Am häufigsten hergestellt hat man schwach gewölbte, auch in konischer Form, am Rand leicht nach innen gezogene Hohldeckel, die teilweise vom *„Stock"* gedreht wurden. Eine weitere Deckelart war der Stulpdeckel mit waagrechter Deckfläche und senkrecht herabgezogenem Rand. Deckel wurden in der Regel auf der Unterseite nicht glasiert; sie zeigen eine gelb wirkende oder braune bis schwarzbraune, seltener eine grüne Glasur.

Weiterer Deckel siehe Katalog datierte Gefäße Nr. 27.

---

3 Bauer; Endres; Kerkhoff Hader; Koch; Stephan 1987, S 32.

Abb. 1

Abb. 2

Abb. 3

Abb. 4

Abb. 5

Abb. 6

Abb. 7

Abb. 1 Flachdeckel
13. Jh.
Reduzierend gebrannt.
Maße: H 2,8 cm, D 13,1 cm, DB 11 cm.
Fundort: Vilsbiburg, Löchl Nr. 1-2.
Erdaushub Rathauserweiterung 1979.
Heimatmuseum Vilsbiburg, Inv.Nr. K2010/127.

Abb. 2 Stülpdeckel
16. Jh.
Reduzierend gebrannt.
Maße: H mit Handhabe 6 cm, D 17 cm.
Fundort: Heilig-Geist-Spital Vilsbiburg.
Heimatmuseum Vilsbiburg, Inv.Nr. 740821.

Abb. 3 Steckdeckel
Um 1920.
Werkstatt Benno Zettl, Bödldorf.
Oxidierend gebrannt.
Maße: H mit Knauf 9,5 cm, D 25 cm, D Falz 20 cm.
Heimatmuseum Vilsbiburg, Inv.Nr. K89/01.

Abb. 4 Hohldeckel
2. Hälfte 19. Jh.
Oxidierend gebrannt.
Maße: H 11 cm, D 42 cm.
Heimatmuseum Vilsbiburg, Inv.Nr. K2006/51.
Bemerkung: Deckel für Gefäß (Kat.Nr. 251)
zum Aufbewahren von Sauerteig („Dampfldegl").

Abb. 5 Hohldeckel mit Bügelgriff
Um 1900.
Werkstatt Grammelsbrunn Nr. 5.
Oxidierend gebrannt.
Maße: H 5,5, H mit Griff 8,5 cm, D 41,5 cm.
Heimatmuseum Vilsbiburg, Inv.Nr. 730801.

Abb. 6 Hohldeckel
Um 1920.
Oxidierend gebrannt.
Maße: H 2 cm, H 2 cm, H mit Knauf 5 cm.
Heimatmuseum Vilsbiburg, Inv.Nr. K2008/49.

Abb. 7 Steckdeckel
2. Hälfte 19. Jh.
Werkstatt Benno Zettl, Bödldorf, Gemeinde Kröning.
Oxidierend gebrannt.
Maße: H 2,5 cm, H mit Knauf 5,8 cm, D 27,5 cm,
D unten 25,5 cm.
Heimatmuseum Vilsbiburg, Inv.Nr. 770202.

Flaschenformen

Die „Flasche" wird weithin als engmundiges Gefäß betrachtet, das gegebenenfalls (im Kröning und an der Bina immer) auch einen Henkel (gelegentlich auch mehr) aufweist und über einen (allerdings sehr kleinen) Ausguss verfügen kann. Die Gefäßkonturen sind nicht (einengend) definiert (zylindrisch, bauchig etc.).[4]

Bauchige Henkelflasche (*„Bludser"*)

Eine gefällige Gefäßform besitzt die bauchige Henkelflasche, von den Hafnern als *„Bludser"* oder auch *„Bludsikriagl"* bezeichnet. Von der letzten Hafnergeneration nicht mehr hergestellt, konnte von dieser auch nicht mehr der Gebrauch, zumindest der größeren Exemplare, erfahren werden. In kleineren, etwa bis zu 18 cm Höhe dieser Flaschenform bewahrte man Weihwasser auf.[5] Bekannt sind sie vor allem in dunkelbraun, seltener in grün und blau sowie als Schwarzgeschirr mit Strich- und Liniendekor. An der Bina fanden sich gelbe mit brauner und grüner Spritzung. In archivalischen Belegen ist diese Gefäßform 1646 als eines der geforderten Meisterstücke mit der Bezeichnung *„Plutter oder Zapfenkrug"*, im Protokollbuch der Kröninger Hafner im 18. Jahrhundert als *„Bludser"* bezeichnet. In den Inventarbüchern des Marktes Vilsbiburg, in der die Gemeinde zur Erbschaftsregelung verstorbener Bürger den gesamten Besitz einschließlich des Hausrates aufzeichnete, ist 1725 beim Inventar des verstorbenen Schneiders *Marx Grueber* ein *„erdener Plüzer Krieg"* genannt.[6] Die Teisbacher Verlassenschaftsinventare erwähnen 1768 beim Inventar der *Maria Anna*, Ehefrau des Zieglers *Johann Heinrich*, in der oberen Stube ein *„Pfluder Krueg"*. Dieselbe Quelle nennt 1773 bei dem Fischer *Anton Hundthammer* ebenfalls in der oberen Stube einen *„Plutscher"*.[7]

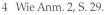

4 Wie Anm. 2, S. 29.
5 Vgl. hierzu das Gemälde von Wilhelm Leibl „Drei Frauen in der Kirche" (1878/1892), wo neben der Stuhlwange ein „Bludser" abgestellt ist. Auch ein weiteres Gemälde mit einer Dreikönigsdarstellung (18. Jh.) in der Kirche von Hinterskirchen, Landkreis Landshut zeigt ebenfalls diesen Gefäßtypus.
6 StAV 021, 2, ausgelagert im AHV, Inventurs Buech deß Churfrstl. Marckhts Vilßbyburg de annis 1725 – 1729, fol. 39.
7 Stadtarchiv Dingolfing, Marktarchiv Teisbach, Inventursbücher: Bd. II, 1768, fol. 180 und Bd. III, 1773, fol. 15.

Abb. 8

Abb. 9

Abb. 10

Abb. 11

Abb. 12

Abb. 12a

Abb. 13

Abb. 14

Abb. 15

Abb. 8 Bauchige Henkelflasche
„Bludser"-Form
15. Jh.
Reduzierend gebrannt.
Maße: H 34 cm, D 3 cm, DB 11.
Fundort: Werkstattbruch Hundspoint Nr. 14.
Privatbesitz Gemeinde Kröning.
Lit.: Grasmann 1988/1, Kat.Nr. 57.
Bemerkung: Bis auf Mündungsfragmente aus dem Fund sind
von dieser Form keine weiteren Objekte bekannt. Im Umriss sehr
ähnliches Exemplar siehe Endres; Millitzer 2002, S. 38, Abb. 10,
Kat.Nr. 61.

Abb. 9 Bauchige Henkelflasche
„Bludser"
1. Hälfte 19. Jh.
Reduzierend gebrannt.
Maße: H 31,5 cm, D 8 cm, DB 14 cm.
Heimatmuseum Vilsbiburg, Inv.Nr. 751011.
Lit.: Grasmann 1978, Abb. S. 45.

Abb. 10 Bauchige Henkelflasche
„Bludser"
Um 1800.
Oxidierend gebrannt.
Maße: H 11,8 cm, D 3,5 cm. DB 5,8 cm.
Fundort: Gerzen, Bäckerei Bruckmeier.
Heimatmuseum Vilsbiburg, Inv.Nr. 790901.

Abb. 11 Bauchige Henkelflasche
„Bludser"
19. Jh.
Oxidierend gebrannt.
Maße: H 21,1 cm, D 5 cm, DB 12 cm.
Heimatmuseum Vilsbiburg, Inv.Nr. 760321.

Abb. 12 und Abb. 12a Bauchige Henkelflasche
„Bludser"
2. Hälfte 19. Jh.
Oxidierend gebrannt.
Abbildung eines „Bludser" unten rechts auf dem Gemälde „Drei
Frauen in der Kirche" von Wilhelm Leibl, 1878/82.
Hamburger Kunsthalle.

Abb. 13 Bauchige Henkelflasche
„Bludser"
19. Jh.
Oxidierend gebrannt.
Maße: H 15,7 cm, D 4,5 cm, DB 7,5 cm.
Heimatmuseum Vilsbiburg, Inv.Nr. BASt. 2009/222.

Abb. 14 Bauchige Henkelflasche
„Bludser"
2. Hälfte 19. Jh.
Oxidierend gebrannt.
Maße: H 14,6 cm, D 3,8 cm, DB 8 cm.
Heimatmuseum Vilsbiburg, Inv.Nr. 760322.

Abb. 15 Bauchige Henkelflasche
„Bludser"
Um 1800
Oxidierend gebrannt.
Maße: H 18,5 cm, D 5,2 cm, DB 7,3 cm.
Heimatmuseum Vilsbiburg, Inv.Nr. BASt. 2009/223.

„Grenzwertige" **Flaschenformen**[8]

Zwei im Kröning seltene Flaschenformen sind hier vorgestellt. Sind von Kat.Nr. 16 in der Form und Größe nur einige wenige, darunter auch blau glasierte Exemplare (in Privatbesitz) vorhanden, so ist von Kat.Nr. 17 nur dieses als Kröninger Produkt, hier wohl der Form einer Mineralwasserflasche nachempfundenes Beispiel, bekannt. Nr. 16 zeigt einen kleinen Ausguss und könnte so in der Gruppe Mischformen formal auch als Kanne angesprochen werden.

Wärmflasche

Die Bezeichnung „Flasche" erscheint insofern etwas irreführend, als diese runden, mit einer gewölbten Oberfläche versehenen Gefäße bis zur engen Mündungsöffnung nur zwischen 6 cm (für Kinder) und 15 cm hoch sind. Sie besitzen einen Durchmesser mit bis zu 25 cm breiten Boden. Die glasierte Wärmflasche wurde mit Sand gefüllt, mit einem Stöpsel verschlossen, dann auf der Herdplatte oder in der Durchsicht des Kachelofens erhitzt und ins Bett gesteckt. Als einfachere „Bettwärmer" benutzte man mit einem Tuch umwickelte Ziegelsteine oder Dachziegel („Biber").

Abb. 16   Abb. 17

Abb. 18

Abb. 19

Abb. 16 Bauchige Henkelflasche
19. Jh.
Oxidierend gebrannt.
Maße: H 35,5 cm, H mit Deckel 37,5 cm, D 6 cm, DB 15 cm.
Heimatmuseum Vilsbiburg, Inv.Nr. BASt. 81/2005.
Bemerkung: Seltene Form, auch mit blauer Glasur bekannt.

Abb. 17 Henkelflasche
19. Jh.
Reduzierend gebrannt.
Maße: H 30 cm, D 4,5 cm, DB 12 cm.
Gebrauchsort Hub, Gemeinde Kröning.
Privatbesitz in der Gemeinde Niederaichbach.

Abb. 18 Wärmflasche
„Bettwärmer"
Um 1920
Werkstatt beim „Stalleder", Grammelbrunn.
Oxidierend gebrannt.
Maße: H 6 cm, D 3,5 cm, DB 18,3 cm.
Privatbesitz Vilsbiburg.

Abb. 19 Wärmfasche
„Bettwärmer"
Um 1900.
Oxidierend gebrannt.
Maße: H 12 cm, D 5 cm, DB 23 cm.
Heimatmuseum Vilsbiburg, Inv.Nr. K2006/134.

---

8 Im Kröning selten erscheinende Flaschenformen.

Weihwasserflasche[9]

Zum Abholen des Weihwassers aus den in Kirchen aufgestellten Behältern und zur Aufbewahrung im Haus wurden enghalsige Flaschen verwendet. Zu nennen ist hier wie bereits erwähnt *das Bludsikriagl*, dann in einfacher Art eine walzenförmige, kleine, bis etwa 15 cm hohe Henkelflasche. Sie ist in allen Glasurfarben, auch mit Spritzdekor, bekannt. Der dritte Typ ist eine reich geschmückte, mit Auflagen versehene bauchige Weihwasserflasche mit tiefem Schwerpunkt und hohem Hals. Als Schmuckelemente aufgelegt sind das „IHS"-Symbol, aber auch die Marterwerkzeuge Christi, dann Herzen und schnurartige Auflagen als Verzierungen. Henkel sind oft zopf- oder schnurartig verschlungen. Datierungen und Signierungen sind nicht selten. Manche Stücke tragen eine Zinnmontierung mit Fußring und Deckel.

Weitere Weihwasserflaschen siehe Katalog datierte Gefäße Nr. 11, 12, 18, 20, 25, 28, 30, 31, 39, 43, 46, 50, 55, 62.

Kannenformen

Als bestimmende Merkmale werden – bei vergleichbaren Konturen (zylindrisch, gebaucht, konisch, kegelförmig etc.) wie bei der Form Topf, aber deutlichem Unterschied hinsichtlich Volumen – (zumindest) ein Henkel, (zumindest) eine beliebige *Ausgussvorrichtung* und (oft vorhanden, jedoch nicht prinzipiell erforderlich) eine mehr oder minder abgesetzte(r) Halsteil/*zone* festgelegt. Übergänge zu Topfformen sind häufig.[10]

Abb. 22

Abb. 23

Abb. 20

Abb. 20 Weihwasserflasche
„Weichbrunnkriagl"
Um 1900.
Werkstatt Benno Zettl,
Bödldorf Nr. 4.
Oxidierend gebrannt.
Wandung mit Landschaft,
kalt bemalt.
Maße: H 11,2 cm, D 3,5 cm,
DB 6,5 cm.
Heimatmuseum Vilsbiburg, Inv.
Nr. K2010/109.

Abb. 24

Abb. 25

Abb. 21

Abb. 21 Weihwasserflasche
„Weichbrunnkriagl"
Um 1900.
Werkstatt beim „Gasslmeier",
Angerbach Nr. 16.
Oxidierend gebrannt.
Maße: H 13,5 cm, D 2,5 cm,
DB 7,3 cm.
Privatbesitz Vilsbiburg

---

9 Nach Auskunft der letzten Benutzer zur Aufbewahrung von Weihwasser im Haushalt verwendet.

---

10 Wie Anm. 2 , S. 28/29.

Abb. 26

Abb. 27

Abb. 28

Abb. 29

Abb. 22 Bauchige Kanne

15. Jh.
Reduzierend gebrannt.
Maße: H 36,5 cm, D 13 cm, DB 13 cm.
Heimatmuseum Vilsbiburg Inv.Nr. K2008/01.
Bemerkung: Fundort Kleinbettenrain Nr. 5, Siedlungsabfall.

Abb. 23 Bauchige Kanne

15. Jh.
Werkstatt: Hundspoint Nr. 14, Werkstattbruch.
Reduzierend gebrannt.
Maße: H 32 cm, D 14 cm, DB 11 cm.
Heimatmuseum Vilsbiburg, Inv.Nr. K2010/111.
Lit.: Grasmann 1988/1, Kat.Nr. 44.

Abb. 24 Bauchige Kanne

16./17. Jh.
Werkstatt: Kleinbettenrain Nr. 6, beim „Gastl", Werkstattbruch.
Reduzierend gebrannt.
Maße: H 12,7 cm, D 5,3 cm, DB 6,7 cm.
Heimatmuseum Vilsbiburg, Inv.Nr. K2009/35.
Lit.: Grasmann; Markmiller 1975/2, Kat.Nr. 113.

Abb. 25 Kanne

16./17. Jh.
Werkstatt: Hundspoint Nr. 14, Werkstattbruch.
Reduzierend gebrannt.
Maße: H 11,5 cm, D 6 cm, DB 9 cm.
Heimatmuseum Vilsbiburg, Inv.Nr. K2009/37.

Abb. 26 Bauchige Kanne

16./17. Jh.
Werkstatt: Kleinbettenrain Nr. 6, beim „Gastl", Werkstattbruch.
Reduzieren gebrannt.
Maße: H 23 cm, D 10,7 cm, DB 11,4 cm.
Heimatmuseum Vilsbiburg, Inv.Nr. 760101.
Lit.: Grasmann 1975/2, Kat. Nr. 118.

Abb. 30

Abb. 31

Abb. 27 Bauchige Kanne

16./17. Jh.
Reduzierend gebrannt.
Maße: H 16,7 cm, D 10 cm, DB 7 cm.
Privatbesitz in der Gemeinde Geisenhausen.
Bemerkung: Ganzflächig geglättet, mit Fünfpassmündung, sehr
selten. Im Umriss ähnliches Exemplar, jedoch ohne Fünfpassmündung vgl. Endres; Millitzer 2002, S. 34, Abb. 7, Kat.Nr. 47.
Fundort Landshut, Altstadt Nr. 216, „Auer"-Haus.

Abb. 28 Bauchige Kanne

17. Jh.
Reduzierend gebrannt.
Maße: H 21 cm, D 9 cm, DB 8,5 cm.
Privatbesitz in der Gemeinde Geisenhausen.
Bemerkung: Fundort Geisenhausen, Landshuterstraße,
bei Hausabbruch.

Abb. 29 Bauchige Kanne

16./17. Jh.
Oxidierend gebrannt.
Maße: H 16 cm, D 8 cm, DB 7 cm.
Heimatmuseum Vilsbiburg, Inv.Nr. 730902.
Lit.: Grasmann 1975/2, Kat.Nr. 118.

Abb. 30 Bauchige Kanne
Vor 1640.
Oxidierend gebrannt.
Werkstatt: Jesendorf, An der Kirche 2. Münzschatzgefäß.
Maße: H 19 cm, D 9,5 cm, DB 9 cm.
Heimatmuseum Vilsbiburg, Inv.Nr. K98/53.
Lit.: Klose 2007, S. 21 – 23.

Abb. 31 Bauchiges Kännchen
19. Jh.
Werkstatt Benno Zettl, Bödldorf Nr. 4.
Oxidierend gebrannt.
Maße: H 12,5 cm, D 3,5 cm, DB 5,3 cm.
Privatbesitz Vilsbiburg.

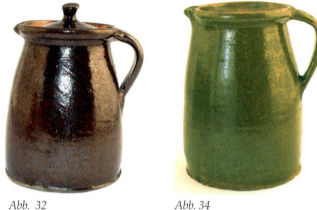

Abb. 32

Abb. 34

Hohe Kanne („*Kaffeehafen*")

Eher als Kanne anzusprechen, scheint ein eigener Typ des „*Kaffeehafens*", aus dem Kaffee in die Tassen gefüllt wurde, im Kröning nicht bestanden zu haben. Es handelt sich um hohe Henkeltöpfe mit Ausguss und in der Regel einem Falzrand. Bei manchen Exemplaren ist der Henkel im Winkel von 90 Grad zum Ausguss davon angesetzt. Die Werkstatt *Benno Zettl* in Bödldorf hat dabei in der Spätzeit um 1920 eine etwas konische Form mit kaum betonter Bauchung in der Wand bevorzugt. Den Anstoß für diese Form hatte wohl ein namentlich nicht bekannter Geschirrhändler gegeben. In einem von ihm bei den *Zettl's* vorgelegten und noch vorhandenen Katalog der „*Töpferei Frankonia Gunzenhausen*" (vor 1911), hatte er einen dort abgebildeten „*Kaffeehafen, hoch mit Deckel*" mit Bleistift gekennzeichnet und damit eine Bestellung bekundet.[11]

TÖPFEREI „FRANCONIA", GUNZENHAUSEN:

Nr. VII. **Kaffeehafen,** hoch, mit Deckel

Größe Nr.	1	2	3	4	5	6
Inhalt l:	1/2	3/4	1	1 1/2	2	3
Preis:	18	20	22	33	44	60 ₰

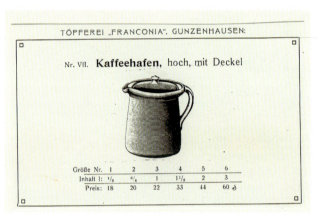

Abb. 33

Abb. 32 Kaffeehafen
1920/1925.
Oxidierend gebrannt.
Maße: H 17 cm, D 11,5 cm, DB 13,5 cm.
Maße Deckel: H 3,5 cm, D 10 cm.
Heimatmuseum Vilsbiburg, Inv.Nr. K29/26.
Lit.: Grasmann 1990, Kat.Nr. 108.

Abb. 33 Verkaufskatalog der „Töpferei Frankonia Gunzenhausen"
Vor 1911.
Seite 18, Papier in Pappdeckel; Maße: H 12 cm, B 18,5 cm.
Fundort: Werkstatt Benno Zettl, Bödldorf Nr. 4.
Seite 10, Nr. VII.
Heimatmuseum Vilsbiburg, Hafnerakten, Hausakt Zettl.
Lit.: Grasmann 1990, Kat.Nr. 48.

Abb. 34 Kaffehafen
1910/1920.
Oxidierend gebrannt.
Maße: H 19 cm, D 12 cm, DB 14 cm.
Heimatmuseum Vilsbiburg, Inv.Nr. K2008/38.

11 Grasmann, Lambert: Beim „Uiderl" in Bödldorf. Eine Kröninger Hafnerei, in: Der Storchenturm, Sonderheft 8, Dingolfing 1990, S. 26, Abb. S. 8, sowie Kat. Nr. 48 und 48 a.

Rohrkanne *(„Zeidlkrugl")*

Landschaftlich auch als *„Tüllenkanne"* (norddeutsch: Tül-
le; süddeutsch: Rohr) bezeichnet, besitzen diese auf der
Schulter ein eingesetztes Rohr. In der Herstellerregion
Kröning werden Gefäße wie Kat.Nr. 37 als *„Zeidlkrugl"*
benannt. Von den beiden weiteren Gefäßen ist der Verwendungszweck nicht bekannt.

„Zeidlkrugl" sind nur in wenigen Stückzahlen erhalten.
Im Aussehen ähnlich den Wasser- oder *„Einfüllkrugeln"*
(Kat.Nr. 44 u. 45) wurde auf der Schulter ein ca. 5 cm langes Ausgussrohr angebracht. Nach dem Melken *(„zeidln")*
füllte man die Milch aus dem Melkgefäß durch ein als Sieb
verwendetes Tuch in *„die Zeidlkrugl"*; daraus wurde dann
die Milch in die Weidlinge abgefüllt.

Abb. 37

Abb. 35

Abb. 36

Abb. 35 Bügelrohrkanne
13. Jh.
Reduzierend gebrannt.
Maße: H 16 cm, D 19 cm, DB 10 cm.
Fundort: Gefunden mit weiteren Gefäßen (Kat.Nr. 236 – 239)
bei der Sanierung der Heilig-Geist-Spitalkirche Vilsbiburg, 2001.
Heimatmuseum Vilsbiburg, Inv.Nr. K2006/99.
Bemerkung: Vgl. Endres 1976,
Bügelkanne im Gäubodenmuseum Straubing,
S. 130, 131 Abb. 1 und 2. – Hagn 1990, Otzlberg (Kröning), Fundbe-
richt, Bügelkanne, S. 13, Abb. 4, Datierung um 1400.

Abb. 36 Doppelbügelrohrkanne
17./18. Jh.
Reduzierend gebrannt.
Maße: H ohne Bügel (fehlt) 17,5 cm, D 10,5 cm, DB 10,3 cm.
Fundort: Vorrach, Gemeinde Bodenkirchen, Siedlungsabfall.
Privatbesitz.
Bemerkung: Eine Rohrmündung (links) besitzt Sieblöcher.

Abb. 37 Rohrkanne
„Zeidlkrugl"
Um 1900.
Oxidierend gebrannt.
Maße: H 34,4 cm, D 14 cm, DB 17,5 cm.
Heimatmuseum Vilsbiburg, Inv.Nr. K83/43.

Bügelrohrkanne – Sauggefäß

Belegstücke im Kröninger Raum sind erst durch Aus-grabungen bekannt geworden.[12] Das kugelförmige, zur Grundform Kanne zählende Gefäß besitzt auf der Schul-ter ein kurzes Saugrohr, das sich bei manchen Exemplaren nach innen bis fast an den Boden fortsetzt. Auf den Rand ist ein Bügel appliziert. Die meisten bekannten Exempla-re sind schwarz reduzierend gebrannt und weisen auf der Oberfläche geglättete Linien und Polierflächen auf.

Abb. 38   *Abb. 39*

Abb. 38 Sauggefäß
16./17. Jh.
Werkstatt Kleinbettenrain Nr. 6, beim „Gastl", Werkstattbruch.
Reduzierend gebrannt.
Maße: H mit Bügel 11 cm, D 4,9 cm, DB 5,5 cm.
Heimatmuseum Vilsbiburg, Inv.Nr. K2009/36.
Lit.: Grasmann 1975/2, Kat. Nr. 106. – Endres 1981, S. 15.

Abb. 39 Sauggefäß
16./17. Jh.
Werkstatt Kleinbettenrain Nr. 6, beim „Gastl", Werkstattbruch.
Reduzierend gebrannt.
Maße: H mit Bügel 12 cm, D 5,5 cm, DB 5,5 cm.
Heimatmuseum Vilsbiburg, Inv.Nr. K2009/34.
Lit.: Grasmann 1975/2, Kat.Nr. 107, weitere 106, 108, 109. – End-res 1981, Zeichnungen S. 15. – Renner 2005/1, S. 26, Abb. 23, zwei oxidierend gebrannte, unglasierte Exemplare.

Eine Kannenform
(**„Wasserkrug"** – *städtische Krugl"*)

Eine vermutlich erst im 19. Jahrhundert im Kröning über-nommene Form von Trinkgefäßen ist die so von den Haf-nern genannte *„städtische Krugl"*, die typologisch wegen des Ausgusses als Kanne anzusprechen ist.
Die *„städtische Krugl"* zeigt einen profilierten oder leicht ausgestellten Stand, eine eingezogene Fußzone, die in eine etwa kugelige Bauchung, auch mit hoher Schulter, übergeht. Solche Gefäße sind in der Regel mit Spritzdekor versehen. Die zylinderförmige Halszone ist betont davon abgesetzt und besitzt in der Regel unter dem Rand meh-rere umlaufende Rillen. Der Henkel ist unterrandständig angarniert, der Ausguss gedrückt.
In den erhaltenen von 1903 bis 1917 angelegten Ein-schreibbüchern der letzten Hafner, erscheinen dazu we-nige Eintragungen, die sich nur allgemein auf *„Krüge"* beziehen. Es kann davon ausgegangen werden, dass sie zum Holen von Bier und zum Trinken – auch von Wasser – verwendet wurden.

Abb. 40   *Abb. 41*

Abb. 40 Kanne
städtische Krugl"
Um 1900.
Oxidierend gebrannt.
Maße: H 21,5 cm, D 9 cm, DB 9,5 cm.
Privatbesitz Vilsbiburg.

---

12   Grasmann 1975/2, Kat. Nr. 106 – 109, S. 85. – Endres 1981, S.
     8 – 28, S. 15, Abb. 1 – 9.

Abb. 42   *Abb. 43*

Abb. 41 Kanne
„städtische Krugl"
2. Hälfte 19. Jh.
Oxidierend gebrannt.
Maße: H 25,7 cm, D 10 cm, DB 12,5 cm
Heimatmuseum Vilsbiburg, Inv.Nr. L 730601.

Abb. 42 Kanne
„städtische Krugl"
2. Hälfte 19. Jh.
Oxidierend gebrannt.
Maße: H 27,5 cm, D 9.5 cm, DB 10,5 cm.
Heimatmuseum Vilsbiburg, Inv.Nr. K 2008/40.

Abb. 43 Kanne
1910/1920.
Oxidierend gebrannt.
Maße: H 25,5 cm, D 8,4 cm, DB 10,8 cm.
Privatbesitz in der Gemeinde Niederaichbach
Bemerkung: Ungewöhnliche Farbstellung im Dekor. Vgl. Kat.Nr. 91.

Eine Kannenform *(„Wasserkrug" – „Einfüllkrugl")*

Typologisch als Kanne bezeichnet, zeigt sie eine schlanke leicht bauchige Form mit hoher Schulter, einem mit Ausguss versehenen profilierten Rand (seltener vierpassförmig), an dem randständig der Henkel angarniert und auf die Schulter gesetzt ist. Bekannt sind Stücke in gelb wirkender Glasur mit brauner Spritzung, dann in grüner Glasur, aber auch unglasierte oder nur innen glasierte.

Ein im ehemaligen Vilsbiburger Hafnerhaus entdeckter Werkstattbruch aus dem 17. Jahrhundert belegt für unsere Gegend, dass dieser Typus Kanne hier heimisch war. Diese Feststellung soll deshalb getroffen werden, da in der letz-

ten Hafnergeneration die Anfertigung der *„Einfüllkrugl"* nicht mehr bekannt war, überlieferte Stücke dem Hafnergebiet um Peterskirchen bei Pfarrkirchen zugeschrieben wurden.[13]. Die *„Einfüllkrugl"* diente zur Wasservorratshaltung. Sie wurde in der Regel auf der Ofenbank abgestellt. Die Gefäßform ähnelt im Umriss der so genannten *„Zeidlkrugl"* (Kat.Nr. 37).

Abb. 44   *Abb. 45*

Abb. 44 Kanne
„Wasserkrug" , *„Einfüllkrugl"*
2. Hälfte 19.Jh.
Oxidierend gebrannt.
Maße: H 31cm, D Vierpassmündung 12, DB 15,5 cm.
Heimatmuseum Vilsbiburg, Inv.Nr. BASt. 82/2005.
Bemerkung: Als Besonderheit ist hier eine seltene Vierpassmündung zu vermerken.

Abb. 45 Kanne
„Wasserkrug", *„Einfüllkrugl"*
Ende 19. Jh.
Oxidierend gebrannt.
Maße: H 34 cm, D 13,5 cm, DB 15,5 cm.
Heimatmuseum Vilsbiburg, Inv.Nr. K90/4.

---

13 Bei Bauer 1976, Hafnergeschirr aus Altbayern, sind beim Herkunftsgebiet „Kröning" keine Kannen vom Typ „Wasserkrug" erwähnt. Er stellt alle Kannen dieses Typs (Abb. 171 bis 176) in „die Gegend von Pfarrkirchen". Nach der Beschreibung des Scherbengefüges dieser Kannen und auch der Überlieferung durch die letzte Hafnergeneration, dann nach Einschreibbüchern einiger Hafnerwerkstätten, kann von der Optik her gesehen für einige der bei Bauer abgebildeten Objekte durchaus auch Kröning als Herkunft angenommen werden.

Krugformen

Hohe bauchige Form

Als bestimmende Merkmale werden – bei vergleichbaren Konturen (zylindrisch, gebaucht, konisch, kegelförmig etc) wie bei der Form Topf, aber deutlichem Unterschied hinsichtlich Volumen – (zumindest) ein *Henkel* und (oft vorhanden, jedoch nicht prinzipiell erforderlich) ein mehr oder minder abgesetzte(r) *Halsteil/zone* festgelegt. Übergänge zu Topfformen sind häufig.[14] Im Gegensatz zur Kanne fehlen bei Krügen besondere Ausgießfunktionen (glatter Rand).[15]

Zylindrische Krugform – *(Bier-)*Krug

Die wenigen erhaltenen, glasierten, walzenförmigen Bierkrüge, Inhalt hier etwa 0,5 bis 0,75 Liter, scheinen mehr als Einzelanfertigungen produziert worden zu sein. Dafür spricht der jeweilige, nicht standardisierte Dekor, der eingeritzt oder stempelartig eingedrückt sein konnte. Dazu fanden z. B. Knöpfe Verwendung. Doch auch außen unglasierte Stücke sind vorhanden. In den Einschreibbüchern der Hafner finden sich keine Lieferungseinträge über derartige Krüge.

Weiterer Bierkrug siehe Katalog datierte Gefäße Nr. 57.

Abb. 46

Abb. 47

Abb. 48

Abb. 49

Abb. 46 Krug
17. Jh.
Werkstatt Kleinbettenrain Nr. 2, Werkstattbruch.
Reduzierend gebrannt.
Maße: H 19,4 cm, D 10,3 cm, DB 9,8 cm.
Heimatmuseum Vilsbiburg, Inv.Nr. K2010/112.

Abb. 47 Krug
18./19. Jh.
Reduzierend gebrannt.
Maße: H 28,5 cm, D 13,5 cm, DB 14,5 cm.
Heimatmuseum Vilsbiburg, Inv.Nr. K87/04.

Abb. 50

Abb. 51

---

14 Wie Anm. 2, S. 28.
15 Endres 1996, S. 72.

Abb. 48 Krug
2. Hälfte 17. Jh.
Werkstatt, Vilsbiburg, Obere Stadt 33, Werkstattbruch.
Oxidierend gebrannt.
Maße: H 18,5 cm, D 10 cm, DB 11,5 cm.
Heimatmuseum Vilsbiburg, Inv. Nr. K20101/113.

Abb. 49 Krug
1825/1881.
Gefertigt von Franz Herrnreiter (1810-1881), Hafnerwircher,
Magersdorf.
Oxidierend gebrannt.
Maße: H 11,4 cm, D 9,5 cm, DB 10 cm.
Heimatmuseum Vilsbiburg, Inv.Nr. 1598.
Bemerkung: Franz Herrnreiter wurde 1825 als Lehrling in das
Handwerk der Kröninger Hafner aufgenommen.

Abb. 50 Krug
„Bierkrug"
Ende 19. Jh.
Oxidierend gebrannt.
Maße: H 16,5 cm, D 8,5 cm, DB 9,5 cm.
Heimatmuseum Vilsbiburg, Inv.Nr. 2008/181.

Abb. 51 Krug
„Bierkrug"
Um 1900.
Oxidierend gebrannt.
Maße: H 12 cm, D 8 cm, DB 10 cm.
Heimatmuseum Vilsbiburg, Inv.Nr. K91/32.

Birnenform (_„Trinkkrug"_)

Die bauchige, birnenförmige Krugform war den erhaltenen Stückzahlen nach weit mehr verbreitet, als die _„städtische Krugl"_. Manche Stücke des sehr ausgereift wirkenden Typus zeigen in den Umrissen ein ausgewogenes Spannungsverhältnis, was die handwerkliche Könnerschaft der Hafner unterstreicht. Das im Katalog Nr. 52 ausgewiesene Exemplar entspricht zwar mit der abgesetzten Hals-/Wandungszone nicht ganz der so genannten Birnenform, kann jedoch als „Vorläufer" in dieser Reihe angenommen werden. Der Verwendungszweck dürfte der gleiche wie bei den _„städtischen Krugln"_ gewesen sein. Meist finden sich einfarbige Glasuren in gelb, dann auch dunkelbraun und schwarzbraun oder grün – hier sind weiße Tupfen und Wellenlinien möglich – und in blau. Bei den _„schöneren"_ Stücken mit Tupfendekor oder in der Glasurfarbe blau sind Zinnmontierungen nicht selten. Ein heute noch bei älteren Leuten bekannter Begriff für einen bauchigen Trinkkrug ist ein _„Kol"_, der 1794 auch archivalisch bei Geschirrlieferungen durch den Vilsbiburger Hafner in das dortige Heilig-Geist-Spital mit dem Begriff _„ Dring Koln"_ [= Trinkkrug] Erwähnung findet.[16] Der Überlieferung nach wurden solche mit Wasser oder _„Scheps"_ [= Dünnbier] gefüllten Krüge zur Feldarbeit mitgeführt. Der Preis für _„Krüge"_ betrug um 1910 15 bzw. 20 Pfennig.
Weiterer Krug siehe Katalog datierte Gefäße Nr. 3.

Abb. 52    _Abb. 53_

16 StAV, Rechnungen zum Heilig-Geist-Spital Vilsbiburg 1794,
    Rechnungszettel bei den Verificationen.

Abb. 54   *Abb. 57*   *Abb. 58*   *Abb. 59*   *Abb. 56a*

Abb. 55   *Abb. 56*

Abb. 52 Krug
17. Jh.
Werkstatt Kleinbettenrain Nr. 2, Werkstattbruch.
Oxidierend gebrannt.
Maße: H 14 cm, D 8 cm, DB 8,2 cm.
Heimatmuseum Vilsbiburg, Inv.Nr. K2010/114.
Lit.: Grasmann 1981/2, Kat.Nr. 33.

Abb. 53 Krug
2. Hälfte 18. Jh.
Werkstatt Vilsbiburg, Obere Stadt 33, Werkstattbruch.
Oxidierend gebrannt.
Maße: H 20,5 cm, D 8 cm, DB 8,6 cm.
Heimatmuseum Vilsbiburg, Inv.Nr. K2009/53.

Abb. 54 Krug
Um 1800.
Oxidierend gebrannt.
Maße: H 15,5 cm, H mit Deckel 19 cm, D 6,5 cm DB 6,5 cm.
Privatbesitz Vilsbiburg.

Abb. 55 Krug
Um 1800.
Oxidierend gebrannt.
Maße: H 28,2 cm, D 7,3 cm, DB 12,5 cm.
Privatbesitz in der Gemeinde Niedraichbach.

Abb. 56 Krug
Um 1800.
Oxidierend gebrannt.
Werkstatt beim „Hanshafner", Spielberg.
Maße: H 28 cm, D 11 cm, DB 13 cm.
Privatbesitz in der Gemeinde Gangkofen.
Bemerkung: Zinndeckel signiert „M. P." (= Michael Pergkofer).
Lit.: Grasmann 1978, Abb. S. 84.

Abb. 57 Krug
Um 1800.
Oxidierend gebrannt.
Maße H 30,8 cm, D 9,2 cm, DB 13,5 cm.
Heimatmuseum Vilsbiburg, Inv.Nr. 1623.

Abb. 58 Krug
19. Jh.
Oxidierend gebrannt.
Maße: H 20 cm, D 9 cm, DB 9,5 cm.
Privatbesitz Vilsbiburg.

Abb. 59 Krug
Um 1900.
Oxidierend gebrannt.
Maße: H 20 cm, D 9 cm, DB 9,5 cm.
Privatbesitz Vilsbiburg.

Schüsselformen

Die Schüssel hat meist gut unterscheidbare Gefäßzonen: Rand, Fahne, Wandung, Mulde/Spiegel, gegebenenfalls einen abgesetzten Fuß oder eine Fußzone.[17]

Eine Unterscheidung nach bauchiger, konischer, flacher und tiefer Schüssel ist im Kröning nach mundartlicher Bezeichnung und dem Gebrauch möglich. Sie dienten der Nahrungszubereitung (Lagern), dem Speisen und Präsentieren.

Abb. 60

Abb. 61

---

17 Endres 1995, S. 96.

Abb. 62

Abb. 64

Abb. 60 Tiefe Schüssel
Mitte 15. Jh.
Reduzierend gebrannt.
Werkstatt Hundspoint Nr. 14, Werkstattbruch.
Maße: H 13,5 cm, D 24,5 cm, DB 9,5 cm.
Heimatmuseum Vilsbiburg, Inv.Nr. K2010/116.
Lit.: Grasmann 1988/1. Kat.Nr. 60.

Abb. 61 Tiefe Schüssel
16. Jh.
Reduzierend gebrannt.
Werkstatt Kleinbettenrain Nr. 2, Werkstattbruch.
Maße: H 12 cm, D 25,5 cm, DB 11,5.
Heimatmuseum Vilsbiburg, Inv.Nr. K2010/115.
Lit.: Grasmann 1981/2, Kat.Nr. 73.

Abb. 62 Flache Schüssel
17. Jh.
Reduzierend gebrannt.
Werkstatt Kleinbettenrain Nr. 2, Werkstattbruch.
Maße: H 7,2 cm, D 28,5 cm, DB 12 cm.
Heimatmuseum Vilsbiburg, Inv. Nr. K2010/117.
Lit.: Grasmann 1981/2, Kat. Nr. 69.

Abb. 63 Flache Schüssel
17. Jh.
Reduzierend gebrannt.
Werkstatt Kleinbettenrain 2, Werkstattbruch.
Maße H 7,5 cm, D 25,5 cm, DB 11.
Heimatmuseum Vilsbiburg, Inv.Nr. K2010/118.
Lit.: Grasmann 1981/2, Kat.Nr. 70.

Abb. 64 Tiefe Henkelschüssel
17. Jh.
Reduzierend gebrannt.
Fundort: Vilsbiburg, Stadtplatz 26/Löchl 1 – 2,
Erdaushub Rathauserweiterung.
Maße: 7,1 cm, D 16 cm, DB 9,2 cm.
Heimatmuseum Vilsbiburg, Inv.Nr. K2010/119.

Abb. 63

Flache Schüsselform (*„Bratlbeck"*)[18]

Von dieser flachen Schüsselform haben sich nur wenige *„schwarze"*, d. h. reduzierend gebrannte Exemplare erhalten. Die flache beckenartige Schüssel mit fast senkrechter Wandung und einem rund nach außen gebogenen Kremprand, zeigt einen bis zu 40 Zentimeter großen Durchmesser. In der letzten Hafnergeneration wurde nur mehr selten diese Form, und dann nur glasiert gefertigt. Das *„Bratlbeck"* fand zum Auftragen von Fleischstücken vor allem in Gastwirtschaften Verwendung. Archivalisch erwähnt ist es als *„Pratböckh"* bereits im 17. Jahrhundert bei Geschirrlieferungen in den Rechnungen des Hafners von Vilsbiburg zum Heilig-Geistspital von Vilsbiburg. Geliefert werden von Mathias Maister 1708 *„ain groß Pratbökh"* und 1710 *„ain runtß Pratbökh"*. Christoph Maister stellt 1734 *„drey Pradtpökh"* in Rechnung. Einzelpreise sind nicht ersichtlich, da sie mit anderen Geschirrlieferungen vermischt sind. Auch in den Teisbacher Verlassenschafts-Inventaren erscheint diese Geschirrart. Bei *Ulrich Ameder*, Vizekammerer und Fleischhacker zu Teisbach wurden am 27. März 1684 *„3 erdene Pradtpökh"* aufgezeichnet und beim Marktschreiber und Hofmarksrichter *Matthias Thurnhueber* von Teisbach am 18. April 1682 *„2 Pradtpegg aus Erden gemacht"*. Im Jahr 1718 und 1737 erfasste der Marktschreiber bei verstorbenen Bierbrauern *„2 erdtene Prathpöckhen"* bzw. *„4 derley Prädl Pöckh"*.

Abb. 65

Abb. 66

Abb. 65 Flache Schüssel
„Bratlbeck" [= Bratenbecken]
17. Jh.
Reduzierend gebrannt.
Maße H 5,2 cm, D 30 cm, DB 22 cm.
Heimatmuseum Vilsbiburg, Inv.Nr. K2010/120.

Abb. 66 Flache Schüssel
„Bratlbeck" [= Bratenbecken]
2. Hälfte 19. Jh.
Oxidierend gebrannt.
Maße: H 6,6 cm, D 36,5 cm, DB 25 cm.
Heimatmuseum Vilsbiburg, Inv.Nr. 790507.
Bemerkung: Der *„Hanshafner"* Josef Berghofer von Spielberg, Gemeinde Gangkofen lieferte 1900 für den *„Hurler Böck"* drei *„Bratlböck"*.

---

18 StAV, Rechnungen zum Heilig-Geist-Spital Vilsbiburg, Verificationen (Rechnungszettel).

Tiefe Schüsselform
(*„Butterdegl"*, *„Fettdegl"*, *„Schmalzdegl"*)

Mit „Schmalzdegl" ist eine tiefe Schüssel bezeichnet, die mit einem, bei größeren Stücken mit zwei randständigen Henkeln und einem Ausguss versehen ist. Das Gefäß zeigt in den meisten Fällen außen (in der Spätzeit praktiziert) eine grüne, innen eine gelbe Glasur. Am Rand des beheizten Ofens abgestellt, hat man im „Schmalzdegl" das Schweine- und Rinderfett sowie die Butter „zerschleichen" (= auslassen) lassen. Der Vorgang musste mindestens einmal wiederholt werden, da zum einen das Fett erst einer Reinigung bedurfte, zum andern dies die Haltbarkeit des Fettes erforderlichte. Danach füllte man das Schmalz in einen hohen Hafen, „das Schmalzhefa", deckte ihn mit einem irdenen Deckel zu und stellte ihn in der Speisekammer oder im Keller ab.

Flache Schüsselform (*„Godenschüssel"*)

Der Überlieferung nach der Wöchnerin als Geschenk vom „Göd" oder der „Godn" als künftigem(n) Taufpaten/in überreicht.

Abb. 68

Abb. 68a

Abb. 67

Abb. 67 Tiefe Schüssel
„Butterdegl", *„Fettdegl"*, *Schmalzdegl"*
Um 1900/1930.
Oxidierend gebrannt.
Maße: H 11 cm, D 26,5 cm, DB 14,5 cm.
Heimatmuseum Vilsbiburg, Inv.Nr. 3162.
Bemerkung: Letzter Gebrauchsort Krankenhaus Vilsbiburg bis 1955.

Abb. 69

Abb. 70

Abb. 71

Abb. 71a

Abb. 68 Flache Schüssel
„Godenschüssel"
18. Jh.
Oxidierend gebrannt.
Maße: 5,5 cm D 29,5 cm, DB 20 cm.
Heimatmuseum Vilsbiburg, Inv.Nr. K2009/59.

Abb. 69 Flache Schüssel
„Godenschüssel"
19. Jh.
Oxidierend gebrannt.
Maße: H 8,1 cm, D 32,2 cm, DB 21 cm.
Heimatmuseum Vilsbiburg, Inv. L761102
Privatbesitz Vilsbiburg.

Abb. 70 Flache Schüssel
„Godenschüssel"
18. Jh.
Oxidierend gebrannt.
Maße: H 7,5 cm, D 30 cm, DB 16,5 cm.
Heimatmuseum Vilsbiburg, Inv.Nr. 1459.

Abb. 71 und Abb. 71a Flache Schüssel
„Godenschüssel"
18. Jh.
Oxidierend gebrannt.
Maße: H 9 cm, D 28,5 cm, DB 16 cm.
Privatbesitz in der Gemeinde Kröning.

Halbtiefe Schüssel
(*„Milchschüssel"*, *„Weidling"*, *„Muichweidling"*)

Unter *„Weidling"* wird eine halbtiefe Schüssel mit schräg aufsteigender Wand verstanden, die in den Größen 0,5 l, 0,75 l, 1 l und 1,5 l Inhalt in allen Glasurfarben hergestellt wurde. Die Werkstatt *Benno Zettl* in Bödldorf fertigte zur leichteren Unterscheidung dreier Größen bei den kleinen und großen Weidlingen einen verstärkten umgeschlagenen (*„obapptn"*) Rand, bei den mittleren einen nach außen rund gebogenen Kremprand. Die *„Milchweidlinge"* wurden mit Milch gefüllt und an einem kühlen Ort (Keller, Speis) je nach Jahreszeit drei bis vier Tage lang abgestellt. Nach dieser Zeit stockte die Milch (*„gestöckelte Muich"*, *„Rierl"*) und war so zum Verzehr bereit. Man aß den *„Rierl"* zum *„Kartoffelsach"* (Speisen aus Kartoffeln) *wie* *„Maultaschen"*, *„Fingernudeln"*, *„Kartoffelschmarrn"*, aber auch zu Kartoffeln allein.

Milchwirtschaft im heutigen Sinn war bis kurz vor 1900 unbekannt. Soweit die Milch nicht in geringen Mengen ab Haus verkauft wurde, musste sie vom Erzeuger verbraucht bzw. verfüttert werden. Mit der Einführung der Zentrifuge ging auch der Absatz der Weidlinge stark zurück. Da sie *"der"* Massenartikel der Kröninger Hafnerei schlechthin waren, war damit eine der wichtigsten Einnahmequellen gefährdet, was letztlich mit zum Erliegen der Hafnerbetriebe beitrug.

Weidlinge sind bereits ab dem 17. Jahrhundert in Handwerksrechnungen der Hafner von Vilsbiburg zum dortigen Heilig-Geistspital bei Geschirrlieferungen erwähnt. Einen wesentlichen Anteil nehmen hier die *„Millweiting"* ein, daneben finden sich der *„Schmalzweiting"*, und der *„Spillweiting"* (= Spülschüssel). 1781 beträgt der Preis für ein Dutzend glasierte Milchweidlinge 15 Kr. und für ein Dutzend große schwarze 10 Kr.[19] Aus Einschreib- oder Lieferbüchern einiger Kröninger Werkstätten sind ab etwa 1905 Geschirrpreise für Lieferungen an Einzelhändler überliefert. Sie verstehen sich bei Milchweidlingen dutzendweise und schwanken etwas zwischen den Werkstätten. Es wurden verlangt für 0,5 Liter Inhalt 60 Pfennig, 0,75 Liter 80 Pfennig, 1 Liter 75 bis 90 Pfennig und für 1,5 Liter 90 Pfen-

nig. Der Vilsbiburger Hafner setzte bei den Lieferungen als Dutzendpreis fest: Im Jahr 1721 für *„schwarze Millweiting"* 6 Kreuzer und für *„glasierte Millweiting"* 9 Kreuzer, dann im Jahr 1785 für *„schwarze Millweiting"* 10 Kreuzer und für *„glasierte Millweiting"* 15 Kreuzer[20]

Abb. 72

Abb. 73

---

19 StAV, Rechnungen zum Heilig-Geist-Spital Vilsbiburg, Verificationen (Rechnungszettel) 1781.

20 StAV, Rechnungen zum Heilig-Geist-Spital Vilsbiburg, Verificatonen (Rechnungszettel) 1721 bzw. 1785.

Abb. 74

Abb. 72 Halbtiefe Schüssel *„Weidling", „Muichweidling"*
Um 1800.
Reduzierend gebrannt.
Maße: H 5,7 cm, D 25,2 cm, DB 15 cm.
Privatbesitz Vilsbiburg.
Lit.: Grasmann 1978/1, S. 45.

Abb. 73 Halbtiefe Schüssel *„Weidling", „Muichweidling"*
Um 1900.
Oxidierend gebrannt.
Maße: H 6,5 cm, D 24 cm, DB 12,5 cm.
Privatbesitz Vilsbiburg.

Abb. 74 Halbtiefe Schüssel *„Weidling", „Muichweidling"*
Um 1900.
Oxidierend gebrannt.
Maße: H 6,6, cm, D 25,3 cm, D 14,1 cm.
Heimatmuseum Vilsbiburg, Inv.Nr. 780704

Schüssel-Sonderform (*„Nadlkörbl", „Nadlschüsserl"*)

Nicht in der Serienproduktion enthalten war des hohen
Zeitaufwandes wegen die Fertigung so genannter *„Durch-
brucharbeiten"*. Der ausgeschnittene Dekor erscheint wohl
am wirkungsvollsten, ist technisch aufwendig und erfordert die meisten Kenntnisse in der Materialbehandlung.
Von geübten Meistern und Gesellen wurden sie mehr als
Geschenke und Liebesgaben in Freizeitarbeit hergestellt.
So hat z. B. der Hafner Andreas *Samberger* von Straß in
der Altgemeinde Jesendorf jeder seiner acht Töchter ein
„Nadlkörbl" gefertigt und es als Hochzeitsgeschenk gegeben.
Weitere *„Nadlkörbl"* siehe Katalog datierte Gefäße Nr. 21,
22, 23, 40, 47, 51, 65, 75, 80.

Der Dekor bei *„Nadlkörbl"*

Unter den erhaltenen Exemplaren finden sich Stücke,
die von hohem technischen Können, aber auch vom Ide-
enreichtum und Witz der Hafner zeugen. Zunächst als
Schüssel gedreht, zeigen sie sehr dünne Wandungen, auch
Deckel sind gitterartig durchstochen. Manche weisen dem
Zeitgeist des 19. Jahrhunderts entsprechend an den Wän-
den gotisierende Maßwerkformen, bestehend aus geome-
trischen Figuren, Kreisformen und klassizistischen Orna-
menten, dann Medaillons mit „Römerköpfen", Girlanden
usw. auf. Von der Kreisform abgeleitet ist der Bogen, der
entweder friesartig oder kombiniert mit Kreisen sowie gestürzt mit sich überschneidenden Bögen erscheint. Für den
Betrachter verwirrend wirken ausgeschnittene Wandteile
dann, wenn Kreise und Bögen ineinander greifen und so
ein Netz, zum Beispiel von vierblättrigen spitzbogig abge-
schlossenen Elementen, sowie Ellipsen, Dreiecke und anderes mehr bilden. Doch auch hier bleibt der Zirkelschlag
das Grundmotiv.
Andere Dekorformen zeigen „ausgeschnittene Herzen",
„Andreaskreuze", Löcher, Rhomben oder S-förmige, ju-
gendstilartige Pflanzenornamente. Diese Dekorformen
lassen sich auch bei den hier beschriebenen Vexierkrügen
und *„Tinten- oder Schreibzeugen"* beobachten
Je nach Ornament wurden die Wandzonen bzw. Deckel
mit einem Zirkel (*„Zirkelschlagornament"*) angerissen und
dann mit einem Messer entsprechend ausgeschnitten. Auf
den Deckeln sind häufig frei geformte Mensch- und Tiergestalten und Pflanzenornamente vorhanden. Den Effekt
von Tierfellen erzeugte man, indem Ton durch ein Tuch gedrückt dünne Fäden erzeugte, die dann auf den Tierkörper
appliziert wurden.
Auch bei diesen Stücken, was bei außerhalb der Produktion gemachten Einzelanfertigungen häufiger zu beobachten ist, finden sich im Boden eingeritzt das „IHS"-
Monogramm, Datierungen und Namen. An Glasuren
verwendete man dunkel- bis schwarzbraun, dann gelb
und orange.
Woher die Hafner die Vorlagen für die Vielfalt der Dekore
nahmen, kann nur vermutet werden. Da vieles der For-
menwelt der Gotik bzw. Neugotik entlehnt zu sein scheint,
dürften eigentlich nur solche Objekte in Frage kommen,
die nicht allzu weit von den Wohnorten der Hafner entfernt waren. Mit in die Überlegungen muss einbezogen

werden, dass die Hafner auf ihren Reisen zu den Märkten auch Anregungen von außen erhalten haben können. Zu denken wäre an die neugotischen Ausstattungen der Kirchen und Kapellen. Dazu zählen aber genauso die im neugotischen Stil nachempfundenen geschnitzten und ausgeschnittenen Balkone („*Schrot*"), bzw. Fensterläden und Türen im ländlichen Raum, die früher in hohem Maße vorhanden waren. Ähnliches gilt für den geschnitzten Zierat an Möbeln dieser Zeit.

Abb. 75 und Abb. 76　Zeichnungen der häufigsten ausgeschnittenen Dekorformen
(Zeichnungen: Wolfram zu Mondfeld)

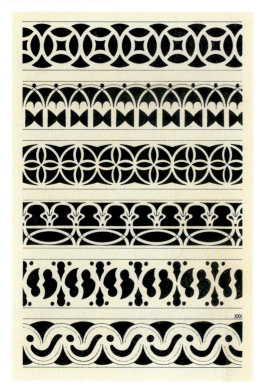

Abb. 75

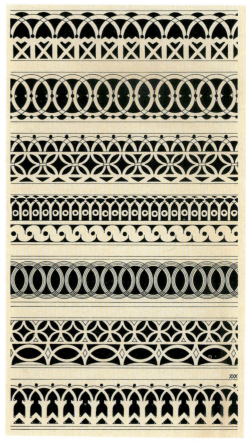

Abb. 76

Abb. 77

Abb. 77a

Abb. 78

Abb. 79

Abb. 81

Abb. 80

Abb. 82

Abb. 77 Schüssel *„Nadlkörbl", „Nadlschüsserl"*
1910/1920.
Oxidierend gebrannt.
Werkstatt Sebastian Eder, Jesendorf, Dorfstr. 31.
Maße: H 8,9, H mit Deckel u. Figur 16,5 cm, D 16,2 cm, DB 9,5 cm.
Heimatmuseum Vilsbiburg, Inv.Nr. K84/03.
Lit.: Grasmann 1984, Kat.Nr. 16.

Abb. 78 Schüssel *„Nadlkörbl", „Nadlschüsserl"*
Um 1925.
Oxidierend gebrannt.
Werkstatt Sebastian Eder, Jesendorf, Dorfstr. 31.
Maße: H 8,5 cm, H mit Deckel und Figur 15,5 cm, D 18,5 cm, DB 12 cm.
Heimatmuseum Vilsbiburg, Inv.Nr. K83/7.
Lit.: Grasmann 1984, Kat.Nr. 27.

Abb. 79 Schüssel *„Nadlkörbl", „Nadlschüsserl"*
Um 1900.
Oxidierend gebrannt.
Maße: H 9,3 cm, D 19 cm, DB 10.
Handschriftlich mit Tinte bezeichnet *„Stallöd"*. Vermutlich handelt es sich um die Hafnerwerkstatt Grammelsbrunn Nr. 5, beim *„Stalleder"*. Das Anwesen wird von Einheimischen heute noch mit dem Hausnamen „Stallöd"/„Stalleder" nach einem der früheren Besitzer Georg Stalleder (1808-1871) bezeichnet.
Heimatmuseum Vilsbiburg, Inv.Nr. 1588.
Lit.: Grasmann 1984, Kat.Nr. 11.

Abb. 80 Schüssel *„Nadlkörbl", „Nadlschüsserl"*
Um 1920.
Oxidierend gebrannt.
Gefertigt nach Auskunft der Söhne Benno und Georg Zettl von Benno Zettl sen. (1859 – 1946), Bödldorf Nr. 4.
Maße: H 9,2 cm, H mit Deckel und Figur 15 cm, D 19 cm, DB 9,5 cm.
Privatbesitz in der Gemeinde Kröning.

Abb. 81 Schüssel *„Nadlkörbl", „Nadlschüsserl"*
Um 1920.
Oxidierend gebrannt.
Gefertigt von Georg Zettl, Bödldorf, Nr. 4 als Gesellenstück (Auskunft vom Fertiger).
Maße: H 9 cm, D 16 cm, DB 10,5 cm.
Heimatmuseum Vilsbiburg, Inv.Nr. K84/25.
Lit.: Grasmann 1990, Kat.Nr. 132.

Abb. 82 Schüssel *„Nadlkörbl"* mit Bügelgriff
2. Hälfte 19. Jh.
Oxidierend gebrannt.
Maße: H 10,7 cm, H mit Bügelgriff 19,5 cm, D 13,7 cm, DB 9,5 cm.
Heimatmuseum Vilsbiburg, Inv.Nr. 1656.
Lit.: Spirkner 1914, Abb. 90 Mitte – Grasmann/Markmiller 1975/2, Kat.Nr. 268 – Grasmann 1990, Kat.Nr. 132.

Halbtiefe Schüssel (*„Napf", „Napfschüssel"*)

Die Form zählt eigentlich zu den klassischen Schüsseln. Sie zeigt im Kröning mit der schrägen Wandung, dem runden Übergang vom Spiegel zur Wandung und mit der am Boden außen am Rand umlaufenden Rille eine deutliche Unterscheidung. Der Rand ist rund nach außen als Kremprand gestaltet.

In ihrer Benennung lässt „der Napf" oder *„die Napfschüssel"* keine Schlüsse auf den Gebrauch zu. Dementsprechend unsicher sind Hinweise auf den Verwendungszweck. Außen und am Boden immer mit gelb wirkender Glasur versehen, zeigt sie innen meist braune, weniger oft grüne oder blaue Glasur; dann sind auch weiße Tupfen möglich. Als vermutlicher Verwendungszweck wird von den letzten Herstellern Teigrühren angegeben. Das leuchtet insofern ein, wenn man den runden Innenboden berücksichtigt. Der Stückpreis betrug um 1910 14 bis 16 Pfennig.

Abb. 85

Abb. 85a

Abb. 83

Abb. 84

Abb. 83 Napf
Um 1800.
Werkstatt Hub Nr. 13, Werkstattbruch.
Oxidierend gebrannt.
Maße: H 5 cm, D 19 cm, DB 10 cm.
Heimamtmuseum Vilsbiburg
Inv.Nr. K2005/12.
Lit.: Renner 2005/1, S. 55, Tafel 4, Nr. 7.

Abb. 84 Napf
Um 1800.
Maße: H 10 cm, D 31 cm, DB 15,7 cm.
Heimatmuseum Vilsbiburg, Inv.Nr. K 82/3.

Abb. 85 und Abb. 85a Napf
18. Jh.
Oxidierend gebrannt.
Maße: H 9,6 cm, D 33,5 cm, DB 17,7 cm.
Privatbesitz in der Gemeinde Niederaichbach.

Flache Schüssel *(„Nudelschüssel", „ seifte Schüssel")*

Mit dem Begriff *„seift"* benannten die Kröninger Hafner Gefäße von *"seichtem"*, flachem Aussehen. Das im Verhältnis zur Höhe weit ausladende Gefäß zeigt eine schmale Fahne, dafür ist die Mulde zur Aufnahme des Inhalts weit gehalten. Bekannt sind Stücke in den Glasuren mittelbraun, dann dunkelbraun mit und ohne weiße Tupfen, weiter gelb bis orange mit einer Spritzung in braun bzw. braun und grün, sowie in blau. Eher ungewöhnlich ist die Farbstellung der Glasur bei Kat.Nr. 91. Die *„Nudelschüssel"* diente zum Auftragen der *„Dampfnudeln"* auf den Tisch; gegessen wurde vielfach von Holztellern. Die Schüssel war auf einem dreibeinigen Eisengestell, dem *„Dreifuaß"* oder *„Dischfuchs"* abgestellt. Zu der Zusammenstellung gehörte die darunter stehende *„Dauchschüssel"* – in der Regel der Typ der *„Suppenschüssel"* – gefüllt mit Apfelkompott oder Zwetschgenbrühe zum Eintauchen der Nudelstücke. Ohne Dreifuß, auf dem Tisch abgestellt, wurde die *„seifte Schüssel"* auch mit *„Kücheln"* (Schmalzgebäck), *„Kartoffelschmarrn"*, *„Maultaschen"*, *„Baunkerl"* oder *„Fingernudeln"* gefüllt. Um 1910 wurden für ein Stück 14 Pfennig verlangt. Weitere flache Schüssel siehe Katalog datierte Gefäße Nr. 19, 29, 45, 63, 73.

Abb. 88

Abb. 87

Abb. 86

Abb. 89

Abb. 90

Abb.91

Abb. 86 Flache Schüssel
„Nudelschüssel", „seifte Schüssel"
Um 1800.
Oxidierend gebrannt.
Maße: H 7 cm, D 43 cm, DB 25 cm.
Heimatmuseum Vilsbiburg , Inv.Nr. K83/10.

Abb. 87 Flache Schüssel
„Nudelschüssel", „seifte Schüssel"
1. Hälfte 19. Jh.
Oxidierend gebrannt.
Maße: H 8 cm, D 41,cm, DB 23 cm.
Heimatmuseum Vilsbiburg, Inv.Nr. BASt. 2009/220.

Abb. 88 Flache Schüssel
„Nudelschüssel", „seifte Schüssel"
Um 1900.
Oxidierend gebrannt.
Maße: H 6 cm, D 29 cm, DB 15,5 cm.
Heimatmuseum Vilsbiburg, Inv.Nr. K91/34.

Abb. 89 Flache Schüssel
„Nudelschüssel", „seifte Schüssel"
Um 1900.
Oxidierend gebrannt.
Maße: H 6 cm, D 35 cm, DB 24 cm.
Heimatmuseum Vilsbiburg, Inv.Nr. 3163.
Bemerkung: War bis 1950 im Kreiskrankenhaus
in Vilsbiburg in Gebrauch.

Abb. 90 Flache Schüssel
„Nudelschüssel", „seifte Schüssel"
Um 1900.
Oxidierend gebrannt.
Maße: H 8 cm, D 39,5 cm, DB 24,5 cm.
Heimatmuseum Vilsbiburg, Inv.Nr. 3165.
Bemerkung: War bis 1950 im Kreiskrankenhaus
in Vilsbiburg in Gebrauch.
Lit.: Grasmann 1978/1, S. 47.

Abb. 91 Flache Schüssel
„Nudelschüssel", „seifte Schüssel"
Anf. 20. Jh.
Oxidierend gebrannt.
Maße: H 7,2 cm, D 39 cm, DB 24,5 cm.
Privatbesitz in der Gemeinde Niederaichbach.
Bemerkung: Ungewöhnliche Farbstellung in der Glasur,
vgl. Kat.Nr. 43.

Schale

Aus einer Werkstattbruchgrube hat sich als einzig bekanntes Exemplar eine tiefe Schale erhalten (Kat.Nr. 92), die übergehend zur Wandung einen runden Boden zeigt. Das Gefäß ist im Gegensatz zu anderen Gefäßen gleicher Größe verhältnismäßig dickwandig gedreht und mit einem für den Kröning seltenen glatten Rand versehen. Auch das zweite Exemplar mit dem deutlich nach innen gebogenen Rand (Kat.Nr. 93) und ohne Profil, jedoch außen unter dem Rand mit einem Wellenband versehen, findet sonst keine Entsprechung.

Sieb ("Nudlseiher", "Küchlseiher")

Eine halbtiefe bis tiefe Schüsselform mit Kremprand und in der Regel mit einem oder zwei randständigen Bandhenkeln versehen, besitzt im Boden von innen nach außen durchgestochene Löcher. Das Stechwerkzeug war ein Holzstäbchen, vom Hafner als "Schnapfhölzl" bezeichnet. Durch die Löcher tropfte das Fett der hier eingelegten "Küchl", einem Schmalzgebäck, in ein darunter gestelltes Gefäß ab.

Abb. 92

Abb. 94

Abb. 93

Abb. 92 Schale
16. Jh.
Reduzierend gebrannt.
Maße: 9,5, D 17,5, abgerundeter Boden.
Heimatmuseum Vilsbiburg, Inv.Nr. K98/27.
Bemerkung: Bodenfund Jesendorf, Kirchbergerstr. 3.

Abb. 93 Schale
15./16.Jh.
Werkstatt Hundspoint Nr. 14, Werkstattbruch
Reduzierend gebrannt.
Maße: H 7,5 cm, D 20,5 cm, DB 10,5 cm.
Heimatmuseum Vilsbiburg.
Lit.: Grasmann 1988/1, Kat.Nr. 69.

Abb. 95

Abb. 94 Sieb/Seiher
„Nudlseiher", „Küchlseiher"
2. Hälfte 19. Jh.
Oxidierend gebrannt.
Maße: H 7,5 cm D 34 cm, DB 14,7 cm.
Privatbesitz Vilsbiburg.
Bemerkung: „frühe" flache Form, entgegen anderen Exemplaren, mit geringerem Bodendurchmesser.

Abb. 95 Sieb/Seiher
„Nudlseiher", „Küchlseiher"
1920/1930.
Oxidierend gebrannt.
Werkstatt Sebastian Eder, Jesendorf, Dorfstr. 31.
Maße: H 9 cm, D 35 cm, DB 17,5 cm.
Heimatmuseum Vilsbiburg, Inv.Nr. K2006/147.
Bemerkung: Typischer Brennriss.

Tiefe Schüssel (*„Spülschüssel", „Spillweiding"*)

Die großformatige, dickwandig gedrehte Schüssel mit einem Kremprand ist in der Regel mit zwei randständigen Bandhenkeln versehen. Gegen Beschädigung sind sie außen unter dem Rand vorbeugend oft mit einer Drahtbindung gesichert. In der Hafnerwerkstatt fand der gleiche Typus als Glasurschüssel Verwendung. Als Stückpreis ab Werkstatt wurde um 1910 30 Pfennig verlangt.

Abb. 96

Abb. 96 Tiefe Doppelhenkelschüssel
„Spülschüssel", „Spilldegel"
Um 1900.
Oxidierend gebrannt.
Maße: H 17,3 cm, D 51,5 cm, DB 25,5 cm.
Heimatmuseum Vilsbiburg, Inv.Nr. 751008.

Tiefe Schüssel (*„Suppenschüssel", „Bauernschüssel"*)

Zum gemeinsamen Essen von Suppen jeglicher Art bediente man sich der „Suppenschüssel". Ihr profilierter, nach innen gebogener Rand war zum Abstreifen des Löffels gedacht, auch konnte damit der Inhalt nicht so leicht überschwappen. Ein weiteres Merkmal ist, dass der Innenboden von der schräg aufsteigenden Wand betont abgesetzt ist. Als häufigste Farbstellung sind Schüsseln in gelb mit grüner und brauner Spritzung, aber auch in braun, seltener in blau bekannt. Eine weitere Bezeichnung „Bauernschüssel" lässt eine überwiegende Verwendung auf dem Land vermuten. Beliebte Suppen waren die „saure Suppe", „Brennsuppe", „eingerührte Milchsuppe", „Brotsuppe", „Buttermilchsuppe", „Trebernsuppe" und die „Zwulsuppe", wobei jeweils Brot eingebrockt wurde, „daß da Löffl gstandn is". Neben dem Verzehr von „Dampfnudeln" hat man die „Suppenschüssel" auch als so genannte „Dauchschüssel" zur Aufnahme von Apfelkompott und Zwetschgenbrühe verwendet, wobei sie dann unter dem Dreifuß mit der aufgesetzten Nudelschüssel (Abb. 90) zu stehen kam. Gab es Rohrnudeln, richtete man diese um die Schüssel herum. Um 1910 betrug der Stückpreis solcher „Suppen"- oder „Bauernschüsseln" 14 Pfennig.

Abb. 97

Abb. 97 Tiefe Schüssel
„Suppenschüssel", „Bauernschüssel"
2. Hälfte 19. Jh.
Oxidierend gebrannt.
Maße: H 12 cm, D 47 cm, DB 23 cm.
Heimatmuseum Vilsbiburg, Inv.Nr. BASt. 2009/226.

Abb. 98 Tiefe Schüssel
„Suppenschüssel", „Bauernschüssel"
2. Hälfte 19. Jh.
Oxidierend gebrannt.
Heimatmuseum Vilsbiburg, Inv.Nr.L730649.

Abb. 99 Stapel mit elf tiefen Schüsseln
„Suppenschüssel", „Bauernschüssel"
Um 1900.
Oxidierend gebrannt.
Maße: H 4,5 bis 5,5 cm, D 15,5 cm bis 18,5 cm, DB 7,5 bis 10 cm.
Heimatmuseum Vilsbiburg, Inv. Nr. BASt. 2006/86 bis 2006/96.
Bemerkung: Letzter Gebrauchsort Kloster der Salesianerinnen, Oberronning, Stadt Rottenburg/Laaber bis 1985.

Abb. 98

Abb. 99

Sonderformen

Altar

Nach *Spirkner* befand sich bis um 1900 auf dem Grundstück des ehemaligen Hafneranwesens *„beim Hiesl"* in Hub Nr. 13 (alt 225), Pfarrei Kirchberg, in einer Kapelle ein Altar (Abb. 101) aus Ton.[21] Er schreibt dazu: *„Ein Hafner oder wohl richtiger ein gelernter Bildhauer hatte den ganzen Altar, auch in seinen kompliziertesten Teilen, wie Kapitellen und Gesimsen im Barockstile aus Ton hergestellt. Auch ein Teil der Wände dieser Kapelle nebst Portal war mit braun glasierten Gesimskacheln im Rundbogen verkleidet. Als der Verfasser (Spirkner) seinen Posten hier antrat (Pfarrei Kirchberg), war die Kapelle schon in einen Schafstall umgewandelt".* Der Kapellenbau wurde ersatzlos abgebrochen. Aufbauteile des mit Kaltbemalung versehenen Altars wie auch ein kleiner mit Figuren besetzter Hausaltar und eine fast lebensgroße Christusbüste mit Schulterwunde haben ihren Weg in das Heimatmuseum Vilsbiburg gefunden.

21　Wie Anm. 14, S. 135 und Abb. 93.

Abb. 100

Abb. 101

Tiefe Schüssel, Backform
(„*Guglhupfdegl*", „*Doihopfdegl*")

Der Guglhupf, auch „*Doihopf*" genannt, wurde aus He-feteig angemacht und in einer Backform, für die sich der Name „*Guglhupf*" eingebürgert hat, gebacken. Diese Ge-fäße mit den typisch schräg oder gerade aufsteigenden breiten Riefen an der steilen Wandung besitzen in der Mit-te einen schmalen Kegel, der beim „*Doihopf*" auch feh-len kann. Mit etwas mehr Fett und „*Weinberl*" (Rosinen) zubereitet, nannte sich das Produkt „*Butterloabe*" (= But-terleibl). Backformen dieser Art wurden auch aus Gipsmo-deln abgeformt.

Abb. 102

Abb. 103

Abb. 100 Hausaltar
1. Hälfte 19. Jh.
Oxidierend gebrannt.
Maße: H 25,5 cm, B 40,5 cm, T 15 cm.
Altartisch: H 9 cm, B 28 cm, T 15 cm.
Heimatmuseum Vilsbiburg, Inv. Nr. BASt. 2008/154.

Abb. 101 Altarteil – Gesims
Anfang 18. Jh.
Oxidierend gebrannt, Kaltbemalung.
Maße: L 82 cm, H 32 cm.
Heimatmuseum Vilsbiburg, Inv. Nr. K2006/204 (alt 1755).
Lit.: Spirkner 1914, S. 136, Abb.93.

Abb. 102 Backform „*Guglhupfdegl*"
1910/1920.
Oxidierend gebrannt.
Maße: H 11 cm, D 24,5 /25,4 cm, DB 16 cm,
Höhe des Innenkegels 6,1 cm.
Heimatmuseum Vilsbiburg, Inv.Nr. K2009/17.

Abb. 103 Backform „*Guglhupfdegl*"
1910/1920.
Oxidierend gebrannt.
Maße: H 11 cm, D 25,4 cm, DB 16 cm, H Innenkegel 6 cm,
D Loch am Boden 3,5 cm.
Heimatmuseum Vilsbiburg, Inv.Nr. K2009/17.

Zugvorrichtung am ländlichen Back- und im Bäckerbackofen ("Bäckerdibbe")

Am bäuerlichen Backofen, wie beim Hafner Benno Zettl in Bödldorf noch vorhanden, und bei solchen älterer Bauart der berufsmäßigen Bäcker, war zur Zugluftregelung über der Ofentüre ein so genanntes „Bäckerdibbe" eingebaut, das aus einer konisch geformten Buchse und einem tief hineingreifendem Deckel mit Bügelgriff bestand.[22] [23]
War das Holzfeuer im Ofen zusammen gebrannt, wurden die Aschenreste mit der Ofenkruke („Kruka") ausgeräumt. Erst dann „schoss" man die Brotlaibe in den noch heißen Ofen, der samt dem Zugloch („Bäckerdibbe") sofort wieder verschlossen wurde. Man hat so die Hitze im Backofen gehalten („d'Hitz eigsperrt"). Doch auch bei so genannten russischen Kaminen wurden, wie in Bödldorf Nr. 6 (alt 136/137) „beim Martl" beobachtet, „Bäckerdibbe" zur Zugregulierung verwendet. Der Hafner Hötschl von Oberaichbach liefert laut Einschreibbuch 1904 sechs „Bäckerdipeln" jedes zu 50 Pfennig und 1914 an einen Händler namens Leberwurst ein „Bäckerdipl" zu 80 Pfennig. Über einen archivalischen Nachweis berichtet 1679 der Vilsbiburger Hafner Martin Maister, der im Heilig-Geist-Spital zu Vilsbiburg beim „Pachofer ein dibel eingesetzt" hat und für seine Leistung 5 Kreuzer erhielt.[24]

Abb. 104

Abb. 105

22 Vgl. in Straubing ausgegrabene Objekte. In: Endres, Werner: Straubinger Keramik um 1600 – der Fundkomplex „vorm obern tor", Jahresbericht des Historischen Vereins für Straubing und Umgebung, Straubing 1982 (1983), Abb. Tafel 4, Abb 18. – ders. 1984 (1985), Abb. Tafel 17, Kat. Nr. 320.
23 Grasmann 2007, Abb. eines „Bäckerdibbe", eingebaut in einem Backofen in Bödldorf, S. 62 und Kat. Nr. 215 u. 216.
24 StAV, Rechnungen zum Heilig-Geist-Spital Vilsbiburg 1679/80, Hafnerzettel bei den Verificationen.

Abb. 104 *„Bäckerdibbe"*
2. Hälfte 19. Jh.
Oxidierend gebrannt.
Werkstatt Benno Zettl, Bödldorf Nr. 4.
Maße: H Buchse 18 cm, D oben 12,5 cm, D unten 10,5 cm;
H Deckel 11,5 cm, D oben 12,5 cm, D unten 10 cm.
Heimatmuseum Vilsbiburg, Inv.Nr. K89/06.

Abb. 105 *„Bäckerdibbe"*
Gerät 2. Hälfte 19. Jh. – Backofen 1930 erbaut.
Reduzierend gebrannt.
Werkstatt und Gebrauchsort Benno Zettl, Bödldorf Nr. 4.
Bemerkung: Linkes Foto, „Bäckerdibbe"
über der Backofenöffnung.

Bettschüssel – Bettpfanne

Abb. 106

Abb. 106 Bettschüssel – Bettpfanne
1900/1920.
Oxidierend gebrannt.
Maße: H 8 cm, D 15 cm, D innen 14 cm, D Rohr 7,5 cm,
L Rohr 7 cm.
Heimatmuseum Vilsbiburg, Inv. Nr. K2006/46.

Flacher Henkeltopf mit Lochdeckel
Gerät zur Bienenfütterung,
„Bienendegerl", „Bienenfuaderer", „Impffuaderer"

Auf die aus Strohschnüren gefertigten, oben offenen Bienenkörbe wurde ein *„Bienendegerl"* gesetzt. Ähnlich der niederen Topfform *„runde Rein"*, hier im Kleinformat (Durchmesser ca. 15 cm), besitzt das Gefäß in der Bodenmitte eine Öffnung von ca. 2,5 cm Durchmesser, auf der ein etwa 3 cm hohes Rohr angarniert ist. Das Rohr ist innen unglasiert und meist rautenförmig eingeritzt. Ein Deckel mit kleinen siebartigen Löchern bedeckt das Gefäß, das meist gelb glasiert ist. Die Bienen konnten sich damit vom Bienenkorb aus durch die Rohröffnung in das mit Zuckerwasser gefüllte *„Bienendegerl"* bewegen. Die Fütterung war im Winter und auch bei anhaltender kühler Witterung vonnöten, wenn die Bienen nicht ausschwärmen konnten. Der Preis betrug 1903 für ein Stück 8 Pfennig.

Abb. 107

Abb. 107 *„Bienendegerl" – „Bienenfuaderer" – „Impffuaderer"*
Um 1900.
Oxidierend gebrannt.
Maße: H 7 cm, D 18,3 cm, DB 15 cm;
Innenrohr: H 2,8 cm, D 3,5 cm.
Heimatmuseum Vilsbiburg, Inv. Nr. K 83/42.

Blumenampel *(„Aufhengscherm", „Hengscherm")*

Beliebte Blumengefäße für Hängepflanzen waren Blumenampeln, die je nach Auffassung des Hafners mit umlaufenden Rillen, eingeschnittenen Kerben und gekniffenen Rändern versehen wurden. Der Preis betrug 1905 je Stück 10 Pfennig.

Abb. 108

Abb. 108 Blumenampel
„Aufhengscherm", „Hengscherm"
Um 1900.
Oxidierend gebrannt.
Maße: H 18,5, D 18,8 cm.
Heimatmuseum Vilsbiburg, Inv.Nr. 710516.

Brotstempel *(„Broudmirka")*

Brot war von jeher eines der wichtigsten Nahrungsmittel und genoss deshalb besondere Verehrung. Waren aus dem Brotteig die geformten Laibe auf den Backbrettern ausgebreitet, wurde diesen der Brotstempel aufgedrückt. Im Stempelbild zeigte er das *„IHS"*-Symbol, dazu manchmal ein von Pfeilen durchbohrtes Herz, mitunter auch eine Jahreszahl. Um 1910 kostete der Brotstempel ab Werkstatt 5 Pfennig.

Abb. 109 Brotstempel
„Broudmirka"
Um 1900.
Oxidierend gebrannt.
Maße: H 1,2 cm, H mit Knauf 3 cm, D 6 cm.
Heimatmuseum Vilsbiburg,
Inv.Nr. K2009/21.

Abb. 110 Brotstempel
„Broudmirka"
Um 1900.
Oxidierend gebrannt.
Maße: T mit Halteknauf 2,8 cm, D 7,3 cm.
Privatbesitz Vilsbiburg.

Abb. 111 Patrize für Brotstempel
Um 1900.
Ungebrannter Ton.
Maße: H 9,5 cm, B 9 cm, T 1 cm.
Heimatmuseum Vilsbiburg,
Inv.Nr. K88/12.

Abb. 112 Matrize für Brotstempel
Um 1900.
Oxidierend gebrannt.
Werkstatt Sebastian Eder, Jesendorf,
Dorfstr. Nr. 31.
Maße: D 7 cm, T 1,6 cm.
Heimatmuseum Vilsbiburg,
Inv.Nr. K2010/93.

Abb. 109   *Abb. 110*

Abb. 111   *Abb. 112*

Brunnenaufsatz

Bartholomaus Spirkner, langjähriger Pfarrer in Kirchberg im Kröning und Kenner der Hafnerei, zitiert in seiner Arbeit aus dem Jahr 1914 einen aus Ton geformten Kopf mit Zylinderhut *„eine Scherzfigur, oft auf einem Brunnen"*.

Abb. 113

Abb. 113 Zweiteiliger Brunnenaufsatz, Kopf mit Zylinder
Um 1900.
Oxidierend gebrannt.
Werkstatt laut Vermerk auf Objekt vermutlich Josef Oswald, Oberschnittenkofen Nr. 156 (alt).
Maße: H gesamt 29,5 cm, H Kopf 19 cm, D Zylinder 14,7 cm, D Krempe 21,7/20,7 cm, D Kopf oben, DB 14.
Heimatmuseum Vilsbiburg, Inv.Nr. K2009/62 (alt 1761).
Lit.: Spirkner 1914, S 140, Abb. 99 – Grasmann 1984, Kat.Nr. 177.

Bügeleisen

Ob die erhaltenen Tonbügeleisen als Gebrauchsgegenstände verwendet wurden, ist ungewiss. Bei einigen Stücken sprechen allerdings Abnutzungsspuren am Boden dafür. In den zu einem Hohlraum aus Teilen zusammengefügten Bügeleisen wurde der erhitzte *„Stachel"* (= Tonkern) gesteckt und mit einem in eine Nut gesteckten Türchen verschlossen. Die erhaltenen Stücke sind in der Glasur gelb und grün.

Abb. 114   *Abb. 115*

Abb. 116

Abb. 114 Bügeleisen
Um 1900.
Oxidierend gebrannt.
Maße: H 4 cm, H mit Griff 10 cm, L 19,5 cm, B 10 cm, Deckel: 5 x 7,7 cm; Stachel: 12 x 5,5 cm.
Heimatmuseum Vilsbiburg, Inv.Nr. 1609.
Bemerkung: Vgl. Bauer 1976, Kat.Nr. 133 u. 134, S. 180 u. 181.

Abb. 115 Bügeleisen
Um 1900.
Oxidierend gebrannt.
Maße: H 5 cm, H mit Griff 10,7 cm, L 18,5 cm, B 7,4 cm.
Heimatmuseum Vilsbiburg, Inv.Nr. 1607.

Abb. 116 Bügeleisen
Um 1900.
Oxidierend gebrannt.
Maße: H 6 cm, H mit Griff 13,5 cm, L 20,5 cm, B 10,5 cm.
Heimatmuseum Vilsbiburg, Inv.Nr. 1610.
Bemerkung: Signiert „Raht" (Besitzername?).

Fass

In der Regel ein oben und unten durch einen Boden bzw. Deckel geschlossenes zylindrisches oder gebauchtes Fass oft mit einem Zapfloch oder Entnahmeöffnung und mit vorwiegend großem Inhalt.[25] Letzte Nutzung des Objekts war die Füllung mit Dünnbier („*Scheps*") zum Transport zur Feldarbeit.[26]

Futterbehälter (*„Vogelnirscherl"*)

„Vogelnirscherl" waren kleine, „Hühnernirscherl" bis zu 30 cm lange, langrechteckige, meist innen gelb glasierte Futterbehälter, oftmals in zwei Innenfächer geteilt. Das „Vogelnirscherl" war für Vogelkäfige gedacht.

Abb. 118

Abb. 117

Abb. 119

Abb. 117 Fass
Um 1900.
Werkstatt Oberkirchberg Nr. 7.
Oxidierend gebrannt.
Maße: H 22,3 cm, D 16 cm, DB 16 cm.
Privatbesitz in der Gemeinde Kröning.

Abb. 118 Futterbehälter
„Vogelnirscherl"
Um 1920.
Oxidierend gebrannt.
Maße: H 4, L 16, B 5,5, L Boden 14 cm B Boden 5 cm.
Heimatmuseum Vilsbiburg, Inv.Nr. BASt. 2008/162.

Abb. 119 Futterbehälter
Um 1900.
Oxidierend gebrannt.
Maße: H 13,5 cm, DB 9/10,5 cm.
Heimatmuseum Vilsbiburg, Inv.Nr. BASt. 2008/164.

25 Endres 1996, S. 147.
26 Frdl. Hinweis Franziska Größl, Oberkirchberg.

Geflügeltränke *(„Gänskrug", „Taubenkrügl")*

„Taubenkrügln" und *„Gänskrüg"* fanden als Futterbehälter
für Tauben bzw. Hühner, Enten und Gänse Verwendung.
Der gewölbte Gefäßkörper besitzt eine runde Mündung
mit einem etwas nach außen gebogenen Rand. Das Fe-
dervieh konnte das Futter aus ca. 4 cm im Durchmesser im
Gefäßkörper bestehenden runden Öffnungen herauspi-
cken. Auch dreiecksförmig gefaltete Öffnungen sind möglich. Die Behälter waren meist mit einem am Rand befes-
tigten Tragbügel versehen und unglasiert. *„Vogelnirscherl"*
kosteten um 1910 5 – 6 Pfennig, *„Hühnernirscherl"* 20 und
„Taubenkrügln" 10 Pfennig.

Abb. 120

Abb. 120 Geflügeltränke
„Gänskrug"
Um 1900.
Oxidierend gebrannt.
Maße: H 13 cm, H mit Bügel 18 cm, D 11,5 cm, DB 22,5 cm.
Heimatmuseum Vilsbiburg, Inv.Nr.K91/69.

Haubenstock
Siehe datierte Gefäße Kat.Nr. 5.

Horn *(„Hirtenhorn", „Wächterhorn")* [27]

Werkstattabfälle aus Hafnereien in Otzlberg Nr. 1 sowie
in Jesendorf, An der Kirche 2 (dort Fragmente von ca. 30
Stück) bezeugen die Produktion von schwarzen, reduzierend gebrannten Hirtenhörnern, deren Außenwandung beschnitten und in der Regel poliert wurde. In der
Wandung am unteren Ende des Instruments sind in der
Regel zwei nebeneinander liegende Löcher durchgestochen. Erste Hinweise zum Gebrauch solcher *„Musikin-
strumente"* durch Bauern datieren von 1589.[28] Dort wird
der Verkauf auf dem Wallfahrtsmarkt in Heiligenstadt bei
Gangkofen in einer Streitsache so formuliert: *„Item so haben die Hafner, deren auch eine guete Anzall dahin khommen,
mit dem Geschier auf dem* Freithof [= Friedhof] *faill gehabt,
welche massen mit den ördnen oder Hornen (wie man nennt)*
[= irdenen Trompeten und Blashörnern] *– so die Paurn des
Nachts, whann sy des getraids hüeten, fürs Willt* [= Wild]
brauchen –,ain solches Plasen und Geduemb vertriben …".
Benno Zettl, Bödldorf Nr. 4 fertigte noch um 1920 drei
glasierte solcher Instrumente (Abb. 122) für den *„Bergbau-
er"* Alois Paringer von Pfeffersberg, Gemeinde Loiching,
Landkreis Dingolfing-Landau. Paringer galt als *„Heilkun-
diger"* und soll *„Leute angesprochen"* haben.[29]

---

27 Vgl. Endres 2005, vollständig erhaltenes Wächterhorn s. S. 112,
    Abb. 73.
28 BayHStA (ab 1982), Rep. 157/1 Fasz. 5 Nr: 54, Deutsch-Ordens-
    Kommende Gangkofen. – s.a. Grasmann 1977/1, S. 80 – 83.
29 Auskunft Georg Zettl, Bödldorf Nr. 4.

Abb. 121

Abb. 122

Abb. 122a

Abb. 121 Horn
„Hirtenhorn"
17. Jh.
Reduzierend gebrannt.
15 von über 30 Mundstück-Fragmenten, Werkstattbruch
Jesendorf, An der Kirche 2.
Heimatmuseum Vilsbiburg.

Abb. 122 und 122a
„Hirtenhorn"
1910/1920.
Werkstatt Benno Zettl, Bödldorf Nr. 4.
Oxidierend gebrannt.
Maße: L 30 cm, D Mundstück 2,7 cm, DB 12 cm.
Privatbesitz Vilsbiburg.
Bemerkung: Gestempelt „B Z / K" (= Benno Zettl Kröning).
Der Stempel ist im Heimatmuseum Vilsbiburg vorhanden
(Inv.Nr. K83/40).
Lit.: Grasmann 1977/1, S. 80 – 83.- Ders. 1990,
Kat.Nr. 160 und Kat.Nr. 40.

Blumengefäß (*„Kapuziner"*)

Ein Blumengefäß von eigentümlichem Aussehen stellt der aus mehreren Teilen zusammengefügte *„Kapuziner"* dar. Der Hafner fertigte zunächst eine bauchige Henkelflasche in der Form eines *„Bludsers"* und schnitt diese senkrecht durch. In die so entstandene *„Nische"* wurde ein Blumentopf eingesetzt. Den Kopf drückte der Hafner aus einem Model aus. Die ausgefallene und eher belustigende Form scheint in der örtlichen Situation zu liegen. Die dem Bettelorden angehörenden Kapuziner haben sich früher zu bestimmten Zeiten bei den Bauern Naturalien erbeten. Das halbfigurige, vorne offene Gefäß mit dem verballhornten Namen, könnte darauf symbolisch hinweisen. Bei den Beispielen ist zu beobachten, dass die Hände der Halbfigur den eingesetzten Blumentopf wie einen aufgehaltenen Beutel oder Sack halten. In Vilsbiburg wirkte bei der Wallfahrtskirche Maria Hilf seit 1704 mit Unterbrechung von 1803 bis 1886, der Kapuzinerorden.

Abb. 123

Abb. 123 *„Kapuziner"*
Um 1900.
Oxidierend gebrannt.
Maße: H 24,5 cm, DB 9,7 cm.
Heimatmuseum Vilsbiburg, Inv.Nr. 740109.

Kelch

In der Überlieferung als „*Grabkelch*" bezeichnet, wurde er zu den Festen Allerheiligen und Allerseelen als Weihwasserbehälter am Grab benutzt.[30] Um Beschädigungen und den Ansatz von Kalkstein zu vermeiden, hat man tulpenförmige Glaseinsätze benutzt. Auch Kelche, bei denen in Ausschneidetechnik die Kuppa und der Fuß gefertigt wurden, sind erhalten. Hier wurde dann als Weihwasserbehälter eine irdene Schale eingepasst.

Abb. 124 Kelch
Grabkelch mit Einsatz
Um 1900.
Oxidierend gebrannt.
Maße: H 18 cm, D 10,5 cm, DB 14 cm. Maße Einsatz: H 7,5 cm, D 9 cm, DB 3 bzw. 7,5 cm.
Heimatmuseum Vilsbiburg, Inv.Nr. K99/13.
Bemerkung: Boden des Einsatzes mit Bleistift handschriftlich von Pfarrer B. Spirkner, Kirchberg signiert „Ludwig Ruhstorfer Magerstorf" (1873 – 1927). Ruhstorfer war Hafnergeselle (s. Foto Abb. 65, Mitte).

Abb. 125 Kelch
Grabkelch
Um 1900.
Oxidierend gebrannt.
Maße: H 13,5 cm, D 10,5 cm, DB 8,9 cm.
Heimatmuseum Vilsbiburg, Inv.Nr. K2010/121.

Abb. 126 Kelch
Um 1900.
Oxidierend gebrannt.
Maße: H 22 cm, D 10,5 cm, DB 12, cm.
Privatbesitz in der Gemeinde Kröning.
Lit.: Bauer 1976, vgl. dort Kat.Nr. 135, S. 181 und Grasmann 1984, Kat. Nr. 117 und 119, S. 37 u. 38.

Abb. 124   *Abb. 125*

Abb. 126

---

30 Auskunft Maria Brandstetter, Großbettenrain.

Leuchter

Seltener wurden Kerzenleuchter mit Fußschale, Schaft, oft auch mit Ösengriff sowie einer Tropfschale gefertigt. Bekannt sind glasierte Objekte.

Abb. 127a   *Abb. 127b*

Abb. 128

Malhorn (*„Malherndl"*)

Im Umriss kleine, annähernd walzenförmige, mit hoher Schulter und weiter Mündung versehene Töpfchen, die über dem Stand ein Zapfloch mit eingestecktem Federkiel besaßen, wurden zum Bemalen von Keramik verwendet. Nur wenige bemalte Exemplare, so z. B. mit Wellenlinien, Spiralen, eher selten mit Namen, Jahreszahlen und Sprüchen versehene Teller und Schüsseln, sind erhalten. Die Technik wendeten nur mehr wenige Hafner in der Spätzeit des Handwerks an und zeigt wegen des fehlenden Übungsgrades eine gewisse Unbeholfenheit.

Abb. 129

Abb. 127a Kerzenleuchter zur Versehgarnitur Kat.Nr. 153
1900/1930.
Oxidierend gebrannt.
Werkstatt Sebastian Eder, Jesendorf, Dorfstr. 31.
Maße: H 4,5 cm, D 4 cm, DB 6 cm.
Heimatmuseum Vilsbiburg, Inv.Nr. K2010/80.

Abb. 127b Kerzenleuchter zur Versehgarnitur Kat.Nr. 153
1900/1930.
Oxidierend gebrannt.
Werkstatt Sebastian Eder, Jesendorf, Dorfstr. 31.
Maße: H 5 cm, D 4 cm, DB 6 cm.
Heimatmuseum Vilsbiburg, Inv.Nr. K2010/81.

Abb. 128 Kerzenleuchter
Anf. 19. Jh.
Oxidierend gebrannt.
Maße: H 20,3 cm, D 5 cm, DB 10 cm.
Heimatmuseum Vilsbiburg, Leihgabe.

Abb. 129 Malhorn
„Malherndl"
1900/1930.
Oxidierend gebrannt.
Werkstatt Sebastian Eder, Jesendorf, Dorfstr. 31.
Maße: H 6,5 cm, D 4,5 cm, DB 8,3 cm.
Heimatmuseum Vilsbiburg, Inv.Nr. K2010/82.
Bemerkung: Das Heimatmuseum Vilsbiburg besitzt drei dieser Geräte. Sie wurden in der Spät-/Endzeit nur selten verwendet.

Model für Osterlamm und Osterlammform

Zum Osterfest holte die Hausfrau den Tonmodel für ein Osterlamm hervor, um ihn mit Biskuitteig zu füllen und im Ofenrohr zu backen. Es waren zweiteilige Formen im Gebrauch, die zusammengebunden oder -geklammert wurden, und einteilige Formen mit einer Standvorrichtung.

Abb. 130 Model für Osterlamm
17./18. Jh.
Oxidierend gebrannt.
Maße: H 4,7 cm, D 16 cm, DB 15,5 cm
Heimatmuseum Vilsbiburg, Inv.Nr. K20101/123.
Lit.: Endres 2005, hier Model „Christus Lamm", S. 73, Abb. 18.

Abb. 131 Model für Osterlamm
Um 1800?
Oxidierend gebrannt.
Maße: Tiefe 1,6 cm ,D 13,7 cm.
Privatbesitz in der Gemeinde Niederaichbach.
Bemerkung: An der Rückseite Griff.

Abb. 132 Model für Osterlamm
Um 1800?
Oxidierend gebrannt.
Maße: H 16 cm, B 20 cm, Tiefe 1 cm.
Privatbesitz in der Gemeinde Niederaichbach.

Abb. 133 Model für Osterlamm
19. Jh.
Gips.
Maße: Tiefe 4 cm, D 19 cm.
Privatbesitz in der Gemeinde Niederaichbach.

Abb. 130

Abb. 131

Abb. 132   *Abb. 133*

Öllicht (*„Ölschale", „Hindenburglicht"*)

Sehr flache, meist mit einem gekniffenen Ausguss versehene Schalen, mit Öl befüllt und einem Docht versehen, dienten als Beleuchtungskörper. Dieser älteren schwarzen, in reduzierend gebrannter Technik gefertigter Form stehen Öllichte aus der Zeit um 1900 gegenüber, die als kleine, glasierte oder unglasierte Töpfchen mit senkrechter Wandung und einem Haltepunkt im Boden für den Docht gefertigt wurden. Letztere hat man auch als „Hindenburglichte" bezeichnet.

Pflanzenschutztopf (*„Spargelglocke"*) [31]

Walzen- und zylinderförmige Gefäße ohne Boden mit hoher Schulter und enger Mündung („Luftloch") wurden als Frostschutz zur Abdeckung keimender Pflanzen benutzt. Bekannt sind unglasierte, oxidierend sowie schwarze, reduzierend gebrannte Exemplare. In der Kröninger Region[32] sind nur wenige Exemplare erhalten. Im Umriss sind sie Flaschen ähnlich (Vgl. Kat.Nr. 17).

Abb. 134　　　　　　　　*Abb. 135*

Abb. 136　　　　　　　　*Abb. 137*

Abb. 134　Öllicht
15./16. Jh.
Werkstatt Hundspoint Nr. 14, Werkstattbruch.
Reduzierend gebrannt.
Maße: H 2,8 cm, D 9,3 cm, DB 5 cm.
Heimatmuseum Vilsbiburg, Inv.Nr. K90/72.

Abb. 135　Öllicht
„Hindenburglicht"
Um 1900.
Oxidierend gebrannt.
Maße: H 3,6 cm, D 7 cm, DB 6 cm.
Heimatmuseum Vilsbiburg, Inv.Nr. K2008/87.

Abb. 136　Pflanzenschutztopf
„Spargelglocke"
19. Jh.
Reduzierend gebrannt.
Maße: H 28,7 cm, D 4 cm, DB 16,2 cm.
Heimatmuseum Vilsbiburg, Inv.Nr. BASt. 35/1999.

Abb. 137　Pflanzenschutztopf
„Spargelglocke"
19. Jh.
Oxidierend gebrannt.
Maße: H 16 cm, D 4 cm, DB 11,2 cm.
Heimatmuseum Vilsbiburg, Inv.Nr. K21010/122.

31　Kaltenberger 2008, S. 88 – 125.
32　Grasmann 2007, Abb. und Kat. Nr. 150 S. 54.

Pokal

Zur *„Dritten Niederbayerischen Kreis-Industrie- und Gewer-
beausstellung"* 1903 in Landshut fertigten Hafner aus dem
Kröning neben Gebrauchsgeschirr auch Sonderstücke, da-
runter so genannte Pokale, von denen sich zwei (vgl. Kat.
Nr. 67, 72 datierte Gefäße) auf dieses Ereignis zurückführen lassen. Ein außen grün glasiertes Exemplar zeigt an der
Wandung appliziert Feuerwehrmänner und einen Gen-
darmen, dazu die Signatur *„Alois Pollner, Hafnermeister in
Hermannsreit – Erinnerung / an die III. / Niederbayerische /
Kreis-Industrie / Gewerbe Ausstell / ung Landshut / 1903"*.
Das andere Stück ist ein Deckelpokal und reich appliziert
mit Blumen, Blättern, Bäumen und Herzen. Auf dem Deckel
sitzt ein an der Drehscheibe arbeitender Hafner. Die Signatur *„Hafnerei Kröning / 1903 / N Z"* und der Fundort weisen
auf den Hersteller Nikolaus Zettl in Bödldorf hin. Als Vorlage
diente zweifellos ein weiteres, sehr reich mit Applikationen
gestaltetes und als *„Handwerks"*-Pokal bezeichnetes Exemplar, das wohl anlässlich des 230jährigen Gründungsfes-
tes der Kröninger Hafnerei gefertigt worden war (vgl. Kat.
Nr. 49 datierte Gefäße). Es ist signiert *„Es / Lebe das / edle
Hafne /rhandwe / rk / Hoh: / in / Gröning / 1881"*. Von einer
Kartusche umgeben ist in der Wandung ein Hafner an der
Drehscheibe eingefügt. Der Deckel ist von einer Figur (hl.
Johannes der Täufer?) geziert. Ein vierter Deckelpokal zeigt
als Durchbrucharbeit in der Wandung einen umlaufenden
Maßwerkfries und ineinander greifende Bögen, dazu ist in
dieser Technik die Signatur *„Aman / K"* eingeschnitten.
Weitere Pokale siehe Katalog datierte Gefäße Nr. 49, 67, 72.

Rasierschale

Abb. 139

Abb. 140

Abb. 141

Abb. 138 Pokal
2. Hälfte 19. Jh.
Oxidierend gebrannt.
Maße: H 20,5 cm,
H mit Deckel 21,5 cm,
D 9 cm, DB 13,5 cm.
Privatbesitz. Lit. Grasmann,
Kat.Nr. 134.
Bemerkung: In ausgeschnit-
tener Wandung signiert
„AMAN/K".

Abb. 138

Abb. 139 Rasierschale
19. Jh.
Oxidierend gebrannt.
Maße: H 5,3 cm, D 19,5 cm, DB 10 cm.
Privatbesitz in der Gemeinde Niederaichbach.

Abb. 140 Rasierschale
19. Jh.
Oxidierend gebrannt.
Maße: H 3,5 cm D 16 cm, DB 10,5 cm.
Heimatmuseum Vilsbiburg, Inv.Nr. BASt. 2009/216.

Abb. 141 Rasierschale
19. Jh.
Oxidierend gebrannt.
Maße: H 3,7 cm, D 18,2 cm, DB 10,7 cm.
Heimatmuseum Vilsbiburg, Inv.Nr. K2009/08.

Gehörn/Geweih („Rehgwichtl", „Krickerl")

Als Zimmerschmuck hingen die „Rehgwichtl" einzeln oder auch gruppenweise z. B. um den „Regulator" (= Wanduhr) an der Wand. Bekannt sind sie mit an der Wandplatte befestigtem Kopf und Geweih, aber auch nur mit Platte und Geweih „Krickerl". Der Kopf wurde aus Modeln abgedrückt, die Geweihe sind frei Hand geformt.

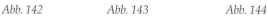

Abb. 142   *Abb. 143*   *Abb. 144*

Abb. 145   *Abb. 146*

Abb. 147   *Abb. 148*

Abb. 142 Gemskopf
Um 1900.
Oxidierend gebrannt.
Maße: D Hals 13 cm.
Heimatmuseum Vilsbiburg, Inv.Nr. 1719.
Lit.: Grasmann 1984, Kat. Nr. 154.

Abb. 143 Hirschgeweih
Ende 19. Jh.
Werkstatt Kaspar Zettl, Bödldorf Nr. 7.
Oxidierend gebrannt.
Maße: Rückwand H 18 cm.
Heimatmuseum Vilsbiburg, Inv.Nr. 740816.

Abb. 144 Rehgeweih
„Krickerl"
Um 1900.
Oxidierend gebrannt.
Maße: D Wandplatte 7 cm.
Heimatmuseum Vilsbiburg, Inv.Nr. L730614.
Lit.: Grasmann, Kat.Nr. 156.

Abb. 145 Rehkopf-Paar
1920/1930.
Werkstatt Sebastian Eder, Jesendorf, Dorfstr. 31.
Oxidierend gebrannt.
Maße: H 19,5 cm, Wandplatte 10,5 x 7 cm bzw. H 19,5 cm,
Wandplatte 11 x 7,8 cm.
Heimatmuseum Vilsbiburg, Inv.Nr. K2010/61 bzw. K2010/60.

Abb. 146 Zwei Rehkopf-Paare im „Ensemble"
Um 1924.
Werkstatt Sebastian Eder Jesendorf, Dorfstr. 31.
Oxidierend gebrannt.
Maße: Etwa wie Kat.Nr. 145.
Privatbesitz in der Gemeinde Adlkofen.
Bemerkung: Die Rehkopfpaare waren ein Hochzeitsgeschenk,
um 1924, Aufnahme 1979.

Abb. 147 Zweiteiliger Rehkopf-Model
Um 1900.
Oxidierend gebrannt.
Maße: H ca. 14 cm, L 14 cm, T zweiteilig 6,5 cm.
Heimatmuseum Vilsbiburg, Inv.Nr. K2006/130.

Abb. 148 Zweiteiliger Rehkopf-Model
Um 1900.
Werkstatt beim „Stalleder", Grammelsbrunn Nr. 5.
Gips, zweiteilig.
Maße: H 12,5 cm, L 20 cm, 6,2 cm.
Heimatmuseum Vilsbiburg, Inv.Nr.730722.

Religiöse Objekte

Abb. 149   *Abb. 150*

Abb. 151   *Abb. 153*

Abb. 152

Abb. 149 Kreuzwegstationstafel?
1. Hälfte 19. Jh.
Oxidierend gebrannt.
Maße: H 23,5 cm, B 15 cm.
Heimatmuseum Vilsbiburg, Inv.Nr. K2006/58 (alt Nr. 1702).
Lit.: Grasmann 1984 Kat.Nr. 123.

Abb. 150 Kreuzwegstationstafel?
1. Hälfte 19. Jh.
Oxidierend gebrannt.
Maße: H 23,5 cm, B 15 cm, T 1 cm.
Heimatmuseum Vilsbiburg, Inv.Nr. K2006/57.
Bemerkung: Innerhalb der Rahmenfläche mit Bleistift vermerkt „Kreuzweg / Station / Tafel ?? / verte / CL" [= Christoph Lechner, Museumsleiter bis 1933], auf der Rückseite von B. Spirkner vermerkt „Lichthalter am H. Grabe in Kirchberg".
Lit.: Grasmann 1984, Kat.Nr. 122 (alt 1691).

Abb. 151 XII. Kreuzwegstationstafel
Ende 19. Jh.
Werkstatt Benno Zettl, Bödldorf Nr. 4.
Rahmen oxidierend gebrannt.
Maße: H 16 cm, B 11,8 cm T 2,3 cm.
Heimatmuseum Vilsbiburg, Inv.Nr. 731015.

152 Kreuzwegstationstafel-Model und Neuabguss
2. Hälfte 19. Jh.
Werkstatt Benno Zettl, Bödldorf Nr. 4.
Oxidierend gebrannt.
Maße: H 6,5 cm, B 4,5 cm.
Heimatmuseum Vilsbiburg, Inv.Nr. K83/30.
Lit.: Grasmann 1990, Kat.Nr. 166.

Abb. 153 Zwei Versehkreuze
1920/1930.
Werkstatt Sebastian Eder, Jesendorf, Dorftstr. 31.
Oxidierend gebrannt.
Maße: H 21,3 bzw. 19 cm; Sockel 6 x 4,7 cm bzw. 7 x 3,5 cm.
Heimatmuseum Vilsbiburg, Inv.Nr. K2010/95 und K2010/96.

Salz- und Pfefferbehälter

Abb. 154

Abb. 156   *Abb. 156a*

Abb. 154 Salz- und Pfefferbehälter
Um 1900.
Werkstatt Oberkirchberg Nr. 6.
Oxidierend gebrannt.
Maße: H 7 cm, B 9,5 cm, Tiefe 5 cm, D Öffnungen 4 cm.
Privatbesitz in der Gemeinde Kröning.

Abb. 155 Zweiteiliger Model für Schnupftabakflasche
Um 1900.
Werkstatt Benno Zettl, Bödldorf Nr. 4.
Oxidierend gebrannt.
Maße: Model H 8 cm, B 6,5 cm.
Heimatmuseum Vilsbiburg, Inv.Nr. K83/33 u. 730912.

Abb. 155a Kopf-Abguss als Relief
Um 1900.
Werkstatt [Jakob] Offensberger, Jesendorf, alte Haus-Nr. 250.
Oxidierend gebrannt.
Maße: H 6,3 cm, B 6,6, cm.
Heimatmuseum Vilsbiburg, Inv.Nr. K2006/26.

Abb. 155b Schnupftabaksflasche in Kopfform
Um 1900.
Fundort Werkstatt beim „Stalleder", Grammelsbrunn Nr. 5.
Oxidierend gebrannt.
Maße: H 7 cm, B 6 cm.
Privatbesitz Vilsbiburg.

Schnupftabakflasche

Selten und wohl zum eigenen Gebrauch haben die Hafner
Schnupftabakbehälter hergestellt, die aus Modeln auch
kurioserweise als Kopfformen oder Figuren ausgebildet
wurden. Die Öffnungen befinden sich in der Kalotte, bei
der Figur im Gesäß.

Abb. 156 und 156a Schnupftabakflasche als Figur
1. Hälfte 19. Jh.
Werkstatt Oberkirchberg Nr. 6.
Oxidierend gebrannt.
Maße: H 8 cm.
Privatbesitz in der Gemeinde Kröning.

Abb. 155

Abb. 155a   *Abb. 155b*

Schnupftabakreiber („Tabakscherm")

Der unglasiert hergestellte Schnupftabakreiber war ein im Ton stark gemagerter, schamotteähnlicher, schwergewichtiger, mit steiler Wand versehener runder Behälter. Auf der Innenseite ist der Übergang von der Wandung zum Boden gerundet, wobei in der Bodenmitte ein entweder oben offener oder geschlossener Kegel aufsteigt. Der mit Schmalz versetzte Tabak wurde mit einem kegelartig bearbeiteten Stein oder einem Holzklöppel gerieben.

Sparbüchse („Sparrer")

In fast allen Glasurfarben, aber auch unglasiert, fertigten die Hafner kugelige, oben häufig mit einer „Warze" versehene Sparbüchsen, für die sie um 1910 3 und 5 Pfennig verlangten. Weitere Sparbüchse siehe Katalog datierte Gefäße Nr. 48.

Abb. 158

Abb. 159

Abb. 160

Abb. 161

Abb. 157

Abb. 157 Schnupftabakreiber
„Tabakscherm"
Um 1900.
Werkstatt Benno Zettl, Bödldorf Nr. 4.
Oxidierend gebrannt.
Maße: H 15 cm, D 32 cm, DB 28,5 cm.
Heimatmuseum Vilsbiburg, Inv.Nr. K89/9.

Abb. 158 Sparbüchse
Vor 1690. Oxidierend gebrannt. Maße: H 5, 2 cm, DB 3,6 cm.
Heimatmuseum Vilsbiburg, Inv.Nr. K2010/227.
Bemerkung: Die Sparbüchse wurde 1956 beim Straßenbau in Jesendorf gefunden. Sie war in einem außen dunkelbraun glasierten Topf (nicht erhalten) von ca. 12 cm Höhe eingesetzt und mit 65 Münzen der Prägedaten 1623 bis 1690 gefüllt, deren Ursprung von „Bayern", Augsburg bis nach Österreich und Tirol reicht.
Die Münzen befinden sich im Heimatmuseum Vilsbiburg.
Lit.: Zu Münzschatzfunden in Jesendorf: Grasmann 2007, S. 17. – Klose 2007, S. 21 – 23.

Abb. 159 Sparbüchse
Mitte 18. Jh.
Oxidierend gebrannt.
Maße: H 8,5 cm, DB 7,5 cm.
Privatbesitz Vilsbiburg.
Bemerkung: Fundort Vilsbiburg, Herrnfeldenerstr. 4.

Abb. 160 Sparbüchse
19. Jh.
Oxidierend gebrannt.
Maße: H 8,8 cm, DB 6,5 cm.
Heimatmuseum Vilsbiburg, Inv.Nr. 1660.

Abb. 161 Sparbüchse
19. Jh.
Oxidierend gebrannt.
Maße: H 10 cm, DB 6,7 cm.
Heimatmuseum Vilsbiburg, Inv.Nr. K 2010/125.

Spielzeug, Puppengeschirr (*„Kindergschirr"*)

Die Kröninger Hafner haben es verstanden, Gebrauchsgeschirr aller Art ganz exakt in Miniaturformen umzusetzen. Daraus entstanden ist das reizende, heute in Sammlerkreisen gefragte *„Kindergschirr"*. Es fand nicht nur im Verkauf seinen Absatz, es wurde auch als Zugabe bei Geschäftsabschlüssen ab Haus und auf den Märkten verschenkt. Von *Kaspar Ehrenreich,* Hafnerwircher auf dem *„Docter Kaspar"*-Anwesen in Jesendorf, ist bekannt, dass er sich auf die Herstellung von *„Kindergschirr"* spezialisiert hatte. Da er jedoch keinen eigenen Brennofen besaß – er arbeitete sonst gegen Lohn bei anderen Hafnern – ließ er es bei benachbarten Werkstattinhabern brennen. Um 1900 betrug der Preis je Stück 2 und 2 ½ Pfennig.

Abb. 162 und Abb. 162a Spielzeug, Puppengeschirr
„Kindergschirr"
Um 1900.
Krug, Abb. 162a mit Kaltbemalung, Werkstatt Benno Zettl, Bödldorf Nr. 4.
Oxidierend gebrannt.
Maße: H bewegt sich zwischen 2 und 6 cm,
D zwischen 2 und 9,5 cm.
Privatbesitz Vilsbiburg.
Bemerkung: Nach Auskunft der Geschw. Zettl, Bödldorf wurde der bemalte Krug (Abb. 162a) von einem Geschirrhändler nach Berchtesgaden mitgenommen und dort von einem „Spanschachtelmaler" mit Blumenmotiven versehen.

Abb. 162

Abb. 162a

Schreibzeug *(„Tintenzeug", „Tintengschirr")*

Zu den Schreibzeugen in Kastenform fertigten die Hafner
als Einsätze in die Deckplatte kleine Töpfe für Tinte und
Streusand (Löschsand). In der Deckplatte zwischen beiden Behältern befindet sich ein Loch zum Einstecken des
Schreibgeräts, dem Federkiel. Dem gleichen Zweck diente
eine am Fuß der Vorderwand des Kästchens längsseitig an-
gefügte schmale Mulde. Dem Schmuckbedürfnis der Hafner entsprechend wurden die Seitenwände häufig verziert,
indem man mit Model ab der 2. Hälfte des 19. Jahrhunderts Ornamente in historisierenden Formen der Neugotik,
weniger der Neuromanik applizierte. Dem Zeitgeschmack
gemäß sind die Wände z. B. auch in klassizistischen Formen durchgeschnitten. Ausgefallen wirken aufgebrachte
Adlerdarstellungen und Liktorenbündel, Dekorelemente
im Neoklassizismus. Besonders reich ausgeschmückte Stücke zeigen bei den Rückwänden altarähnlich aufgesetzte
Zieraufbauten, aber auch vollplastische Mensch- und Tier-
darstellungen auf der Deckplatte. Ob diese Stücke in die
laufende Produktion aufgenommen waren, ist wegen des
hohen zeitlichen Mehraufwandes eher unwahrscheinlich.
Häufig sind *„Tintenzeuge"* mit Datierungen und Namen
bezeichnet, was bei Geschirren fast gänzlich fehlt.
Weitere Schreibzeuge siehe datierte Gefäße Kat.Nr. 24, 36, 44.

Abb. 164

Abb. 165

Abb. 166

Abb. 163

Abb. 167

Abb. 168

Abb. 163 Schreibzeug
„Tintenzeug",
„Tintengschirr"
Um 1800.
Oxidierend gebrannt.
Maße: H 8,5 cm, H mit
Rückwand 25 cm, L 14
cm, B 9,5 cm,
B mit Schreibzeugschale
15,5 cm.
Heimatmuseum
Vilsbiburg, Inv.Nr. 1603.

Abb. 164 Schreibzeug
„Tintenzeug",
„Tintengschirr"
1. Hälfte 19. Jh.
Oxidierend gebrannt.
Maße: H 6,6cm, L 16 cm,
B 5,5 cm,

B mit Schreibzeugschale 10 cm.
Heimatmuseum Vilsbiburg, Inv.Nr. 1600.
Bemerkung: Eingeritzt signiert „S / E".
Lit.: Spirkner 1914, S. 122, Abb. 8. – Grasmann 1984, Kat. Nr. 55.

Abb. 165 Schreibzeug *„Tintenzeug"*, *„Tintengschirr"*
1. Hälfte 19. Jh.
Oxidierend gebrannt.
Maße: H 7,8 cm, H mit Rückwand 16 cm,
L 15,5 cm, B 7,5 cm, B mit Schreibzeugschale 11,2 cm.
Heimatmuseum Vilsbiburg, Inv.Nr. 1605.

Abb. 166 Schreibzeug *„Tintenzeug"*, *„Tintengschirr"*
1920/1930.
Gefertigt von Benno Zettl, Bödldorf Nr. 4.
Oxidierend gebrannt.
Maße: H 7,3 cm, H mit Aufsatz 9,8 cm,
L 15,5 cm, B 6,5 cm, B mit Schreibzeugschale 9,5 cm.
Heimatmuseum Vilsbiburg, Inv.Nr. K89/55.

Abb. 167 Schreibzeug *„Tintenzeug"*, *„Tintengschirr"*
Um 1900.
Oxidierend gebrannt.
Maße: H 5,2 cm, L 10,5 cm, B 6 cm.
Heimatmuseum Vilsbiburg, Inv.Nr. 780501.

Abb. 168 Schreibzeug *„Tintenzeug"*, *„Tintengschirr"*
2. Hälfte 19. Jh.
Oxidierend gebrannt.
Maße: H 8,5 cm, H mit Rückwand 25 cm,
L 14 cm, B 9,5 cm, B mit Schreibzeugschale 15,5 cm.
Heimatmuseum Vilsbiburg, Inv.Nr. 1603.
Lit.: Spirkner 1914, S. 122, Abb. 85 Mitte. – Grasmann 1984,
Kat. Nr. 64.

Tonfiguren

Irdene Darstellungen von Muttergottes- und Heiligenfiguren sind verhältnismäßig viele erhalten geblieben. Pfarrer *Spirkner* hat im Jahr 1914 noch solche in den Kirchen Niederviehbach, Eschlbach, Gummering, Johannesbrunn, Loizenkirchen und Ruprechtsberg vorgefunden.[33] Als Meister der fast lebensgroßen Plastik Maria Magdalena in Niederviehbach konnte er den Landshuter Hafner *Großmann* ermitteln. Hafner sollten 1691 neue Ölbergfiguren für die 1686 erbaute Wallfahrtskapelle Maria Hilf in Vilsbiburg „bossieren, machen und brennen. Doch kamen die Bilder beim Brennen so zu Schaden, dass sie nicht mehr zu brauchen waren".[34] Als wichtige Ergänzung dazu sind die Tonfiguren im Mittelschiff in der Kirche St. Martin in Landshut und die Pieta in Neuhausen, Gemeinde Aham, Kreis Landshut zu nennen. Inwieweit Kröninger Hafner mit der Formung von Tonfiguren befasst waren, ist nicht bekannt. Die Fertigung von Figuren durch Abformung aus Model erscheint nach Fundsituationen in einigen Werkstätten möglich.
Weiteres Objekt siehe Katalog datierte Gefäße Nr. 6.

Abb. 169   *Abb. 170*

---

33 Wie Anm. 12, Niederbayerische Monatsschrift, Passau 1914, S. 134, Abb.103 (Johannesbrunn, Madonna mit Kind) und 104 (Loizenkirchen, Christus an der Geißelsäule, 1914 in Privatbesitz Oberviehbach)

34 Spirkner, Bartholomäus: Ein kunstgeschichtlicher Führer durch die Pfarrkirche Vilsbiburg, in: Niederbayerische Heimatblätter Nr. 4/1937, S. 746.

Abb. 171   *Abb. 172*   *Abb. 173*

Tabakspfeifen

Erst aus Funden in Werkstattbruchgruben in Kleinbettenrain, Hundspoint und Vilsbiburg wurde die Fertigung von
irdenen Tabakspfeifen im Kröning bekannt. Welchen Anteil sie in der Produktion ausmachten ist nicht überliefert.
In den nach 1900 angelegten Einschreibbüchern der Hafner sind sie nicht mehr erwähnt.

Abb. 174

Abb. 169 Reiterfigur
15. Jh.
Werkstatt Otzlberg 1, Werkstattbruch.
Reduzierend gebrannt.
Maße: H 16,5 cm, B 15 cm.
Heimatmuseum Vilsbiburg.
Lit.: Hagn 1990, Kat.Nr. 38.

Abb. 170 Relief Muttergottes mit Kind „Herzogspital"
1. Hälfte 19. Jh.
Oxidierend gebrannt.
Maße: H 25,5, cm, B 21 cm, B am Boden 17,5 cm.
Heimatmuseum Vilsbiburg, Inv.Nr.K2008/46.

Abb. 171 Spielzeugfigur
1910/1920.
Oxidierend gebrannt.
Maße: H 8,3 cm.
Heimatmuseum Vilsbiburg, Inv.Nr. L730642.

**Abb. 172 Figur Muttergottes mit Kind,
„Altöttinger Madonna"**
19. Jh.?
Werkstatt Sebastian Eder, Jsendorf, Dorfstr. 31.
Oxidierend gebrannt.
Maße: H 9,5 cm, B 4,5 cm, T 2 cm.
Heimatmuseum Vilsbiburg, Inv.Nr. K2010/75.

Abb. 173 Model für eine Hirschfigur
Um 1880.
Werkstatt Hötschl, Oberaichbach, Dorfstr. Nr. 6.
Gips.
Maße: H 9,5 cm, B 13 cm, T 5,2 cm.
Privatbesitz in der Gemeinde Niederaichbach.

Abb. 174 Tabakspfeifen
Datierung: Oben von links: 1835 bis ca. 1900,
Werkstatt Vilsbiburg, Obere Stadt 18;
1660/1670, Werkstatt Kleinbettenrain 3;
1720/1780 Werkstatt beim „Hauser", Jesendorf, Dorfstr. 33;
unten von links: 1700/1740, Werkstatt Hundspoint 14;
1690/1720 Werkstatt Hundspoint 14;
1690/1720, Lesefund Vilsbiburg.
Oxidierend gebrannt.
Heimatmuseum Vilsbiburg, Inv.Nrn. K2009/39; K2009/41; 750526;
K2009/40; K2009/42; K2009/43.
Lit.: Mehler 2007, S. 24 – 34, Tafel 1 und 2. – Mehler 2010.

Tonvotive

Bekannte Exemplare, wie die von der Wallfahrtskirche St. Corona in Altenkirchen bei Frontenhausen und neuerdings aufgefundene Komplexe aus Geisenhausen, Reisbach, Binabiburg und wiederum Altenkirchen zeigen in ihrer Herstellungstechnik die Handschrift gelernter Hafner. Es sind schwarze bis graue, reduzierend gebrannte, weniger oxidierend gebrannte glasierte und unglasierte Exemplare, die Köpfe, Arme, Beine, dann kleine Figuren und Tiergestalten wie Pferde, Rinder und Kröten darstellen.[35] Die Figuren aus dem jüngeren Fund Altenkirchen erlauben kleidungsgeschichtlich eine der selten möglichen Datierungen bei Votivfunden. Sie können in das 16. Jahrhundert gestellt werden.

Abb. 175   *Abb. 176*

Abb. 177

Abb. 178

Abb. 179

---

35 Ritz, Gislind: Der Votivfund von St. Corona-Altenkirchen, in: Bayer. Jahrbuch für Volkskunde, Regensburg 1954, S. 123 – 136. Markmiller, Fritz (Hrsg.): Der Fundkomplex Tonvotive von St. Theobald in Geisenhausen. Eine interdisziplinäre Untersuchung, in: Der Storchenturm 39, Dingolfing 1985. – Darin weitere Beiträge: Hager Joseph: Erste Fundbeobachtungen, S. 17 – 18. – Schweisguth, Leo: Grabungsbericht, S. 19 – 21. Grasmann, Lambert: Erscheinungsformen und Technologie der Objekte, S. 22 – 65. – Endres, Werner: Beobachtungen an keramischen Begleitfunden, S. 66 – 78. – Hagn, Herbert: Mikroskopische Untersuchungen von Keramikproben, S. 79 – 88. – Markmiller Fritz: Volkskundliche Aspekte beim Brauchtum mit Tonkopfvotiven, S. 89 – 127. Kreiner, Ludwig: Fundsituation der Tongegenstände von Reisbach St. Salvator, in: Der Storchenturm 45, Dingolfing 1988, S. 93 – 94. – Hagn, Herbert, Polz, Wolfgang: Mikroskopische Untersuchungen keramischer Proben von Reisbach St. Salvator, S. 94 – 99. – Markmiller, Fritz: Bemerkungen zum Fundkomplex aus Reisbach St. Salvator, S. 100 – 111. Grasmann, Lambert, Häck, Bernhard: Ein neuer Fund von Tonvotiven in Binabiburg, Lkr. Landshut, Ndb. in: Ausgrabungen und Funde in Altbayern 1995 bis 1997 (Katalog des Gäubodenmuseums Straubing 27), Straubing 1998, S. 73. – Kreiner, Ludwig (Hrsg): Der Fundkomplex von St. Corona, S. 1 – 10 mit Farbtafeln. – Ders. Tönerne Beine, Arme, Hände, Schuhe und Tiere, S. 67 – 87, in: Die Wallfahrtskirche zu St. Corona in Altenkirchen, Markt Frontenhausen. Darin weitere Beiträge: Endres, Werner, Grasmann, Lambert: Die Tonkopfvotive, S. 35 – 65. – Ritz, Gislind (†) und Gockerell, Nina: Der Votivfund, S. 123 – 136 bzw.: Neu aufgefundene Votivfiguren, S. 137 – 142.

Abb. 180

Abb. 181

Abb. 182

Abb. 183

Abb. 184

Abb. 185

Abb. 186

Abb. 187

Abb. 175 Tonkopfvotiv
16. Jh.?
Reduzierend gebrannt.
Maße: H 10,8 cm, DB 10 cm.
Fundort und Standort Kirche St. Theobald Geisenhausen.
Lit.: Grasmann 1985, Kat.Nr. 6.

Abb. 176 Tonkopfvotiv
16. Jh.?
Reduzierend gebrannt.
Maße: 10,5 cm, D 10 cm.
Fundort und Standort Kirche St. Theobald Geisenhausen.
Lit.: Grasmann 1985, Kat.Nr. 126.

Abb. 177 Tonkopfvotiv
16.Jh.?
Oxidierend gebrannt.
Maße: H 9,3 cm D 10,5 cm, DB 10,5 cm.
Heimatmuseum Vilsbiburg, Inv.Nr. K2010/277.
Bemerkung: Fundort an der Kirche St. Salvator/Binabiburg.
Lit.: Endres; Grasmann 2007, dort identische Objekte beim Fundort Altenkirchen/Frontenhausen,
S. 55, Tafel 5, Kat.Nr. 41 – 48.

Abb. 178 Tonkopfvotiv
16. Jh.?
Reduzierend gebrannt.
Maße: H 9,3 cm D 10 cm, DB 8,5 cm.
Heimatmuseum Vilsbiburg, Inv.Nr. K2010/274.
Bemerkung und Lit. wie Kat.Nr. 177.

Abb. 179 Tonkopfvotiv
1. Hälfte 16. Jh.?
Reduzierend gebrannt.
Maße: H 10,2 cm, D 10 cm, DB 9,3 cm.
Heimatmuseum Vilsbiburg, Inv.Nr. K2010/275.
Bemerkung und Lit. wie Kat.Nr. 177, jedoch S. 52, Tafel 2,
Kat.Nr. 21 – 22a.

Abb. 180 Tonkopfvotiv
15. Jh.?
Reduzierend gebrannt.
Maße: H 18 cm, DB 10,3 cm.
Fundort und Standort Kirche St. Theobald Geisenhausen.
Lit.: Grasmann 1985, Kat.Nr. 62.

Abb. 181 Tonkopfvotiv
16. Jh.?
Reduzierend gebrannt.
Maße: H 10,2 cm, DB 8,5 cm.
Fundort und Standort Kirche St. Theobald Geisenhausen.
Lit.: Grasmann 1985, Kat.Nr. 31.

Abb. 188

Abb. 189a   *Abb. 189b*   *Abb. 189c*

Abb. 182 Tonkopfvotiv
16. Jh.?
Reduzierend gebrannt.
Maße: H 11,8 cm, DB 7 cm.
Fundort und Standort Kirche St. Theobald Geisenhausen.
Lit.: Grasmann 1985, Kat.Nr. 71

183 Tonkopfvotiv
16. Jh.?
Oxidierend gebrannt.
Maße: H 15,3 cm, DB 8,5 cm.
Fundort und Standort Kirche St. Theobald Geisenhausen.
Lit.: Grasmann 1985. Kat. Nr. 116.

Abb. 184 Tonkopfvotiv
17. Jh.?
Reduzierend gebrannt.
Maße: H 9 cm, DB 8,5 cm.
Fundort und Standort Kirche St. Theobald Geisenhausen.
Lit.: Grasmann 1985, S. 52, Tafel XI.

Abb. 185 Tonkopfvotiv
17. Jh.?
Reduzierend gebrannt.
Maße: H 9,9 cm, DB 6,3 cm.
Fundort und Standort Kirche St. Theobald Geisenhausen.
Lit.: Grasmann 1985, Kat.Nr. 108.

Abb. 186 Tonkopfvotiv
Ende 17. Jh.?
Oxidierend gebrannt.
Maße: 17,5 cm, DB 7,8 x 9 cm.
Fundort und Standort Kirche St. Theobald Geisenhausen.
Lit.: Grasmann 1985, Kat.Nr. 178.
Bemerkung: „Porträtähnlich".

Abb. 187 Tonfußvotiv
17. Jh.?
Reduzierend gebrannt.
Maße: H 22,5 cm, L Fuß 12,5 cm.
Fundort und Standort Kirche St. Theobald Geisenhausen.
Lit.: Grasmann 1985, Kat.Nr. 180.

Abb. 188 Tonvotive in Tiergestalt
16./17. Jh.?
Reduzierend gebrannt.
Maße: L ca. 9 cm.
Fundort: Kirche Altenkirchen, Gemeinde Frontenhausen.
Lit.: Kreiner 2007, S. 67 – 87; S. 7 Abb. 8.

Abb. 189a bis Abb. 189c Tonvotive in Mensch- und Tiergestalt
16. Jh.
Oxidierend gebrannt.
Maße: Männliche Figur H 12,5 cm; weibliche Figur H 15,2 cm;
Reiter H 16 cm.
Fundort: Kirche Altenkirchen, Gemeinde Frontenhausen.
Lit.: Kreiner 2007, S. 67 – 87; S. 80, Tafel 11, Nr. 1 – 3.

Trichter

Abb. 190   *Abb. 191*

Abb. 190 Trichter
1920/1930.
Werkstatt Benno Zettl, Bödldorf Nr. 4.
Maße: H 6,5 cm, D oben 8 cm, D unten 2,2, cm.
Heimatmuseum Vilsbiburg, Inv.Nr. K89/53.
Bemerkung: Das Exemplar stammt von einer Auftragsserie, Verwendung zum Einfüllen von Schnupftabak in die Schnupftabaksbehälter (nach Georg Zettl).

Abb. 191 Trichter
1900/1930.
Werkstatt Sebastian Eder, Jesendorf, Dorfstr. 31.
Maße: H 22 cm, D 10,5 cm, bzw. unten 2 cm.
Heimatmuseum Vilsbiburg, Inv.Nr. K2010/69.

Eine Krugform (*„Vexierkrug"*)

Vexierkrüge waren Zierstücke und Scherzgefäße zugleich, die von geschickten Hafnern als Einzelstücke mit technischer Raffinesse hergestellt wurden. Zunächst musste der Gefäßkörper eines Kruges gedreht werden. Die Halszone erhielt in der Wandung durch Ausschneiden ähnlich dem „Nadlkörbl" gitterartige Durchbrüche. In den Henkel und den Krugrand arbeitete der Hafner eine Schnur ein, die beim Brand verglühte. Es entstand somit eine Rohrleitung vom Innern des Kruges durch den Henkel zum Rand, der mehrere Löcher aufwies. Man konnte die Flüssigkeit aus dem Krug nur durch Absaugen aus einem der Löcher entnehmen, alle anderen mussten, um sich nicht zu beschütten, zugehalten werden. Doch auch anderen „Absaugvarianten" sind möglich.
Weitere *„Vexierkrüge"* siehe datierte Gefäße Kat.Nr. 42, 54, 58, 68, 69, 70, 71, 74, 81.

Abb. 192

Abb. 193

Abb. 194

Abb. 195

Abb. 192 Vexierkrug
1925/1930.
Werkstatt Benno Zettl, Bödldorf Nr. 4.
Oxidierend gebrannt.
Maße: H 20,3 cm, D 10,6 cm, DB 9,5 cm.
Am Boden gestempelt signiert „B / Z / K" (= Benno Zettl Kröning).
Heimatmuseum Vilsbiburg, Inv.Nr. L730628.
Lit.: Grasmann 1984, Kat.Nr. 42.

Abb. 193 Vexierkrug
Um 1900.
Oxidierend gebrannt.
Werkstatt Josef Oswald, Oberschnittenkofen Nr. 156 (alt).
Maße: H 20,6 cm, H mit Figur 26 cm, D 9,6 cm, DB 8,5 cm.
Heimatmuseum Vilsbiburg, Inv.Nr. 1597.
Lit.: Grasmann 1984, Kat.Nr. 35.

Abb. 194 Vexierkrug
Um 1900.
Oxidierend gebrannt.
Maße: H 23 cm, D 11 cm, DB 11 cm.
Privatbesitz in der Gemeinde Niederaichbach.

Abb. 195 Fotografie, Frau mit Kind und Vexierkrug
1910/1920.
Papier.
Maße: 10 x 14 cm.
Heimatmuseum Vilsbiburg, Aufnahme Fotograf Sebastian Alt
(1867 – 1954), Solling.

Vogelpfeife („Aschnvogl")

Nach Erzählungen von Hafnern haben die Gesellen vor allem während der nächtlichen Brandwacht am Brennofen Spielzeug zum Zeitvertreib geformt. Es wurde als Geschenk weitergegeben oder auch regulär verkauft. So gab es den „Gugatza", eine Kuckuckspfeife in runder Form, der oben mit einem runden Loch und an der Seitenwand über dem Boden mit einer bogenförmigen Öffnung versehen war (Abb. 197, 198). Angeblasen wurde das Gerät über einen knapp am äußeren Bodenrand liegenden Schlitz, wobei das abwechselnde Auf- und Zuhalten der oberen Öffnung einen dem Kuckucksruf ähnlichen Ton ergab. Eine unliebsame Überraschung konnte man beim Anblasen des „Aschnvogls" erleben. Eine Pfeife in Form eines Vogels, mit Asche über das rückseitige Blasloch befüllt, stäubte den unvorsichtigen Benutzer über ein paar Löcher auf dem Rücken der Vogelfigur gehörig damit ein. Auch kleine Figuren in Menschen- und Tiergestalt hat man gefertigt, die dann im Winter zwischen die Fenster gelegt oder dort aufgehängt wurden.

Abb. 196 Model für Vogelpfeife
19. Jh.(?)
Oxidierend gebrannt.
Maße: H 9,5 cm, B 11,5 cm, T 2,3 cm.
Heimatmuseum Vilsbiburg, Inv.Nr. K2007/08.
Lit. Grasmann 1984, Kat.Nr. 178.

Abb. 197 Vogelpfeife
1920/1930.
Werkstatt Sebastian Eder, Jesendorf, Dorfstr. 31.
Oxidierend gebrannt.
Maße: H 5,5 cm, D 2,6 cm, DB 7,5 cm.
Heimatmuseum Vilsbiburg, Inv.Nr. K2010/84.

Abb. 198 Vogelpfeife
Um 1900(?)
Oxidierend gebrannt.
Maße: H 3,2 cm, D 1,6 cm, DB 6,2 cm.
Privatbesitz in der Gemeinde Niederaichbach.

Wasserleitungsrohr

Verwendung fanden sie für das Transportieren von Wasser vom Hausbrunnen oder von einer Quelle in den Vorratsbehälter („Wassergrand") in die Stube/Küche oder in den Stall. An einer Seite mit einer Muffe versehen, wurden sie in verschiedenen Längen und unterschiedlichen Durchmessern meist in oxidierender, seltener in schwarzer reduzierender Brenntechnik gefertigt. Manche sind mit römischen Ziffern oder liegenden Kreuzen gekennzeichnet.

Abb. 196

Abb. 199

Abb. 197

Abb. 198

Abb. 199 Zwei Wasserleitungsrohre
19. Jh.
Links Werkstatt beim „Girgnmann", Kleinbettenrain Nr. 3,
Rechts Werkstatt beim „Uiderl", Bödldorf Nr. 4.
Oxidierend bzw. reduzierend gebrannt.
Maße: ox: L 23,5 cm, D 5 bzw. 8,5 cm; red: L 33 cm, D 5,5 cm.
Heimatmuseum Vilsbiburg, Inv.Nr. K90/153 und K90/155.

Weihwasserkessel (*„Weichbrunnkestl"*)

Weihwasserkessel hingen in bewohnten Räumen des Hauses, wo sie in der Regel unmittelbar neben der Türe angebracht waren. Bei der Fertigung unterschied man zwei Arten, wobei einfach gestaltete Objekte aus Modeln abgedrückt wurden. Die weit aufwendigeren waren Weihwasserkessel, deren Teile wie Kessel/Korpus und Rückwand mit Auflagen und Figürchen frei geformt und modelliert wurden. Manche zeigen altarähnliche Aufbauten.
Weitere Weihwasserkessel siehe Katalog datierte Gefäße Kat.Nr. 7, 32, 34, 35, 53, 59, 60, 61, 64, 76.

Dekor bei Weihwasserkessel

Vereinzelt finden sich dabei noch zusätzlich applizierte Halbfiguren als Modelauflagen. Manche der Stücke sind sehr kunstvoll gearbeitet, sie gleichen mit Baldachin und Säulen Miniaturaltärchen. Bei den Abformungen mit religiösem Bildinhalt überwiegen Darstellungen mit Kruzifix und Muttergottes, wobei der Typ des Gnadenbildes von Altötting dominiert. Gnadenstuhl sowie Gottvater und Heilig-Geisttaube allein, dann Engelsköpfe und Jesusknabe finden sich ebenfalls aufgemodelt.

Abb. 200

Abb. 201　　　　　*Abb. 202*　　　　　*Abb. 203*　　　　　*Abb. 204*

Abb. 206   Abb. 207

Abb. 205

Abb. 200 Weihwasserkessel
Um 1800.
Oxidierend gebrannt.
Maße: H 32 cm, B 27 cm.
Heimatmuseum Vilsbiburg, Inv.Nr. 1706.
Bemerkung: Applikationen von Heiligenfiguren und zwei Hafnern
an der Drehscheibe links und rechts unten.
Lit.: Grasmann 1984, Kat. Nr. 84.

Abb. 201 Weihwasserkessel
2. Hälfte 19. Jh.
Oxidierend gebrannt.
Werkstatt beim „Gang" in Onersdorf Nr. 1.
Maße: H 25,5 cm, B 11 cm.
Heimatmuseum Vilsbiburg, Inv.Nr. 1663.
Bemerkung: Rückseitig handschriftlich mit Bleistift signiert „Alois
Kaspar / Ohnersdorf".
Lit.: Grasmann 1984, Kat.Nr. 100.

Abb. 202 Weihwasserkessel
19. Jh.
Oxidierend gebrannt.
Maße: H 19,7 cm, B 8,5 cm.
Heimatmuseum Vilsbiburg, Inv.Nr. 1708.
Lit.: Grasmann 1984, Kat.Nr. 82.

Abb. 203 Weihwasserkessel
Ende 18. Jh.
Oxidierend gebrannt.
Maße: H 30,5 cm, B 11,2 cm.
Heimatmuseum Vilsbiburg, Inv.Nr. 1704.
Lit.: Grasmann 1984, Kat.Nr. 79.

Abb. 204 Weihwasserkessel
19. Jh.
Oxidierend gebrannt.
Maße: H 22 cm, B 10 cm.
Heimatmuseum Vilsbiburg, Inv.Nr. 1711.
Lit.: Grasmann 1984, Kat.Nr. 75.

Abb. 205 Weihwasserkessel und Model
Ende 19. Jh.
Weihwasserkessel Werkstatt Bödldorf Nr. 1.
Gipsmodel Werkstatt Grammelsbrunn Nr. 5.
Oxidierend gebrannt.
Maße: Weihwasserkessel H 22,5 cm, B 7,5 cm.
Maße Model: H 24 cm, B 10 cm.
Heimatmuseum Vilsbiburg, Inv.Nr. Kessel 770808, Model 730723.
Lit.: Grasmann 1984, Kat.Nr. 93 und 94.

Abb. 206 Weihwasserkessel
1. Hälfte 19. Jh.
Oxidierend gebrannt.
Maße: H 33,5 cm, B 11,5 cm.
Privatbesitz in der Gemeinde Niederaichbach.

Abb. 207 Weihwasserkessel
2. Hälfte 19. Jh.
Oxidierend gebrannt.
Maße: H 30 cm, B 11 cm.
Privatsammlung Balk.

Weihwasserkessel im Stall
(„Geisterbeidscherl", „Deifibeidscherl")

Stark bauchige, kleine Töpfe mit kleinem Stand, ausgestelltem Rand und bügel- und wulstartigem Aufhänger benutzten Bauern als Weihwasserbehälter in ihren Ställen. Daraus gespritztes Weihwasser sollte das Vieh vor Unglück und Schaden bewahren.

Abb. 208

Abb. 208 Weihwasserkessel
„Geisterbeidscherl", „Deifibeidscherl"
2. Hälfte 19. Jh.
Oxidierend gebrannt.
Maße: H 7cm, H mit Bügel 9,5 cm. D 8,7 cm, DB 6,3 cm.
Privatbesitz Vilsbiburg.

Wollknäuelbehälter

Zwei am Rand aneinander gefügte ungleich große Schalen dienten als Behälter für zwei Wollknäuel. Der Strickerin war insofern eine Hilfe an die Hand gegeben, als sich die Knäuel sich nicht mehr weg bewegen konnten. An der Fügestelle beider Schalen befand sich ein Loch zum Durchziehen der Wollfäden, darüber war ein Tragbügel angarniert.

Abb. 209

Abb. 209 Wollknäuelbehälter
1. Hälfte 19. Jh.
Oxidierend gebrannt.
Maße: H mit Bügel 10,5 cm, L gesamt 23 cm; große Schale: H 5 cm, D 14 cm; kleine Schale: H 4 cm, D 10,5 cm.
Heimatmuseum Vilsbiburg, Inv.Nr. 1656.

Ziegelerzeugnisse [36]

Ziegelbrennen war eine eigene Berufsgruppe, die mit dem geringwertigeren Rohstoff Lehm Erzeugnisse produzierte. Nach dem Bayerischen Landrecht von 1616 war dies ausschließlich Sache der Städte und Märkte, der *„Ritterschaft"* (Adel) und der *„Prälaten"* (Klöster). Erst die eintretende Holzknappheit, vor allem die Bauernanwesen wurden in Holz erbaut, bewog die Obrigkeit um 1790 ihre bisher verfolgte restriktive Haltung zu lockern. Bereits 1782 hatten 33 Bauern aus den Gerichten Vilsbiburg und Geisenhausen um Einzelgenehmigungen zum Bau von Ziegelbrennöfen nachgesucht. Grund war der desolate Zustand ihrer hölzernen Wohn- und Wirtschaftsgebäude.

In diese Zeit fällt auch eine nicht als Regel zu betrachtende Lieferung von Dachziegeln durch einen Hafner. So ist wenig bekannt, dass Kröninger Hafner, wenn auch in geringem Umfang, Dachziegel fertigten. Ignaz Wiest, Hafner von *„Jesenkofen"* [= Jesendorf] lieferte im Jahr 1784 an das Heilig-Geist-Spital in Vilsbiburg zu Dachung des Turms der Spitalkirche *„grien lagierte* (glasierte) *55 Stuckh Taschen"* zu je 3 Kreuzer, *„58 halbe solche"* zu je 2 Kreuzer und *„44 Hackhen".*[37] Eine frühere Nachricht einer Lieferung Dachziegel für den Turm der Heilig-Geist-Spitalkirche von Vilsbiburg liefern die Jahresrechnungen zum Spitalrechnung, wonach der ortsansässige Hafner Martin Maister für *„grüne Erdtaschen"* 6 Gulden und 56 Kreuzer erhält.[38]

---

36 Weitere und ausführliche Literatur zur Ziegelherstellung in der Region siehe: Grasmann 1997 und Grasmann 2005/1.
37 StadtAV, Rechnungen zum Heilig-Geist-Spital Vilsbiburg, Rechnungszettel (Verification) 1784.
38 Wie Anm. 6, Jahresrechnung 1677.

Tellerform

Teller

Sie weisen als Formelemente eine gut erkennbare Gliederung mit einem meist glatten Randprofil auf, das aber auch gebogt und leicht gewellt (Kat.Nr. 213, 215 und Kat. Nr. 4 datierte Gefäße) oder in sich profiliert erscheinen kann. Bei Formen des 17./18. Jahrhunderts ist die Fahne breit ausgebildet, der Rand ist glatt, der Spiegel zeigt einen kleineren Durchmesser (vgl. Kat.Nr. 210, 211) mit akzentuiertem Übergang zum Rand.[39] In den Teisbacher Verlassenschafts-Inventaren sind ab Mitte des 18. Jahrhunderts vereinzelt „erdene Thäller" erwähnt, über deren Aussehen und Herkunft keine sichere Kenntnis vorhanden ist. Die seltene Erwähnung von Tellern dürfte damit zu erklären sein, dass in „einfacheren Haushalten" der Gebrauch von Holztellern über lange Zeit vorrangig gewesen sein dürfte. Werkstattabfall aus der Zeit um 1700 in Jesendorf und Kleinbettenrain belegen einen Typus mit breiter Fahne und tiefer Mulde, dazu ist an der Rückseite eine wulstartige Aufhängeöse appliziert. Bei blauen kleinformatigeren sowie braunen Exemplaren mit weißem Tupfendekor um 1800 kann die Fahne auch wellig ausgebildet sein (Kat.Nr. 213). Sie besitzen am Boden häufig eine außen umlaufende Rille. Über die Herstellung von Tellern im Kröning sind erst kurz nach 1900 schriftliche Belege in Eischreibbüchern der Hafner überliefert. Sie weisen eine flache Form mit schmaler Fahne auf. Laut Aufzeichnung des Hafners *Alois Hötschl* von Grammelsbrunn wurden 1905 an *Franz Grasser* in Neuburg an der Donau u. a. „50 Suppenteller" zum Einzelpreis von 6 Pfennig geliefert. Georg Hötschl von Oberaichbach lieferte 1902 „40 Teller" an *Esser* in Mintraching bei Regensburg zum Einzelpreis von 5 Pfennig. Weitere Teller siehe datierte Gefäße Kat.Nr. 4, 66.

---

39 Endres 1996, S. 125.

Abb. 210

Abb. 211

Abb. 212

Abb. 213

Abb. 214

Abb. 215

Abb. 210 Teller
Ende 17./18. Jh.
Oxidierend gebrannt.
Werkstatt Jesendorf, Dorfstr. 31, Werkstattbruch.
Maße: H 10 cm, D 41 cm, DB 17,5 cm.
Heimatmuseum Vilsbiburg, Inv.Nr. K2006/127.

Abb. 211 Teller
Um 1800.
Oxidierend gebrannt.
Maße: H 4,5 cm, D 29 cm, DB 15,5 cm.
Heimatmuseum Vilsbiburg, Inv.Nr. BASt. 2009/217.

Abb. 212 Teller
Um 1800.
Oxidierend gebrannt.
Maße: H 4,8 cm, D 25 cm, DB 13,8 cm.
Privatbesitz Vilsbiburg.

Abb. 213 Teller
19. Jh.
Oxidierend gebrannt.
Maße: H 2,5 cm, D 22 cm, DB 16,3 cm.
Heimatmuseum Vilsbiburg, Inv.Nr. K2009/60.

Abb. 214 Teller
Um 1900.
Oxidierend gebrannt.
Maße: H 4 cm, D 23,5 cm, DB 15,5 cm.
Heimatmuseum Vilsbiburg, Inv.Nr. K91/33.

Abb. 215 Teller
Um 1900.
Oxidierend gebrannt.
Werkstatt Grammelsbrunn Nr. 5.
Maße: H 4 cm, D 22,5 cm, DB 15 cm.
Privatbesitz Vilsbiburg.

Besondere Topfformen

Becher

Konische, zylindrische, bauchige, seltener doppelkonische Formen, häufig mit betonter Fußzone oder ausgeprägtem (abgesetztem) Fuß oder Hohlfuß werden traditionell als Becher bezeichnet. In der Regel ist der Mündungsdurchmesser „D" kleiner als die Gefäßhöhe „H".[40]

Bügeltopf (*„Bettlhaferl"*)

Der bauchige Topf mit einem Tragbügel ist auch als Zwillingsgefäß bekannt. Die meisten Gefäße sind mit einem Falz für einen Deckel versehen. Das *„Bettlhaferl"* fand vor allem Verwendung als Tragegefäß für die *„saure Suppm"*, die früh aufs Feld zu den Mähern gebracht wurde. Benutzt wurde es auch von den *„kleinen Leut"*, die darin bei den Bauern die *„saure Suppm"* erstanden. Man hat sie vor allem um die Winterzeit aus der *„gstöckelten Milch"* angesetzt, die aus den *„Milchweidlingen"* in ein im Keller abgestelltes hölzernes Fass geschüttet und jeden Tag umgerührt wurde. Zur Geschmacksverbesserung gab man auch süße Milch und Rahm dazu.

Abb. 216   *Abb. 217*   *Abb. 218*   *Abb. 219*

Abb. 216 Becher
15. Jh.
Werkstatt Hundspoint Nr. 14, Werkstattbruch.
Reduzierend gebrannt.
Maße: H 15 cm, D 11 cm, DB 7 cm.
Heimatmuseum Vilsbiburg, Inv.Nr. H81.
Lit.: Grasmann 1988/1, Kat. Nr. 81.

Abb. 217 Becher
15. Jh.
Reduzierend gebrannt.
Maße: H 15,1 cm, D 11 cm, DB 6,5 cm.
Heimatmuseum Vilsbiburg, Inv.Nr. K21010/174.
Bemerkung: Fundort Landshut, Altstadt 216, „Auer"-Haus.

Abb. 218 Bügeltopf
„Bettlhaferl"
19. Jh.
Oxidierend gebrannt.
Maße: H H 14 cm, H mit Bügel 18 cm, D 13,5 cm, DB 10 cm.
Privatbesitz Vilsbiburg.

Abb. 219 Bügeltopf
„Bettlhaferl"
19. Jh.
Oxidierend gebrannt.
Maße: H 17,6 cm, H mit Bügel 21,7 cm D 12,5 cm, DB 10,5 cm.
Heimatmuseum Vilsbiburg, Inv.Nr. 760404.

---

40 Endres 1996, S. 25

Blumentopf und Untersetzer
(*"Gartnscherm", "Untersatzl", "Scherm"*)

Es sind meist konische, glasierte (auch mit Spritzdekor) und unglasierte Topfformen mit einem oder mehreren Bodenlöchern.

Um 1900 wurden im Kröning wie in vielen anderen Handwerksbetrieben Blumentöpfe und Untersetzer als Massenartikel produziert, die damit zu dieser Zeit einen wesentlichen Anteil der Produktion ausmachten. In den Einschreibbüchern der Hafner finden sich bei Wiederverkäufern Einzelbestellungen bis zu 1200 Stück. Bekannt sind Blumentöpfe und Untersetzer, die außen eine grüne oder gelbe Glasur, dann seltener auch einen braunen und/oder grünen Spritzdekor besitzen oder unglasiert sind. Die Hafner Benno und Georg Zettl aus Bödldorf bezeichneten letztere mit *"weiß"*. Manche weisen als Zierde umlaufende Rillen oder einen gekniffenen Rand auf. Bei großformatigen *"Blumenkübeln"* sind an die Wandung applizierte profilierte Knäufe möglich.

Laut Einschreibbücher der Hafner von 1907 verlangten sie für 100 Blumentöpfe mit Untersetzer in den Größen zwischen 10 und 15 cm Höhe 9 Mark, für die gleiche Anzahl unglasiert und in gleicher Größe 6 Mark.

Zu den Topfformen mit durchbrochener Wandung bemerkt Pfarrer *Spirkner* aus Kirchberg, dass sie als *"durchbrochene Übertöpfe für Kirchendekoration"* Verwendung fanden.[41]

Abb. 221

Abb. 222

Abb. 220

Abb. 223

---

41 Spirkner 1914, S. 125, Bildbeschriftung S. 125 zu Abb. 88.

Abb. 224

Abb. 225

Abb. 220 Blumentopf/Blumenschale
15. Jh.
Werkstatt Hundspoint Nr. 14, Werkstattbruch.
Reduzierend gebrannt.
Maße: H 11,5 cm, D 20 cm, DB 16 cm, DB Standring 11 cm.
Privatbesitz Gemeinde Kröning.
Lit. Grasmann 1988/1, Kat.Nr. 32.
Bemerkung: Im Boden durchgestochene Löcher.

Abb. 221 Blumentopf
17. Jh.
Reduzierend gebrannt.
Maße: H 24 cm, D 34 cm, DB 16,2 cm.
Heimatmuseum Vilsbiburg, Inv.Nr. K2010/126.
Bemerkung: Fundort Jesendorf, An der Kirche Nr. 4.

Abb. 222 Blumentopf
Um 1900.
Oxidierend gebrannt.
Maße: H 2,5 cm, D 32 cm, DB 23,7 cm.
Heimatmuseum Vilsbiburg, Inv.Nr. 780511.

Abb. 223 Blumentopf
1920/1930.
Oxidierend gebrannt.
Maße: H 10,5 cm, D 15 cm, DB 8,5 cm.
Heimatmuseum Vilsbiburg, Inv.Nr. K2006/39.

Abb. 224 Blumentopf
Um 1900.
Oxidierend gebrannt.
Maße: H 15,7 cm, D 18 cm, DB 11,5 cm.
Heimatmuseum Vilsbiburg, Inv.Nr. 780505.

Abb. 225 Blumenübertopf
2. Hälfte 19. Jh.
Oxidierend gebrannt.
Maße: H 15 cm, D 21 cm, DB 17,5 cm.
Sammlung Balk.

Blumenkasten (*„Efeukasten"*)

Das Heimatmuseum Vilsbiburg besitzt davon mehrere Exemplare. Es sind würfelförmige, außen grün glasierte, aus Teilen zusammengesetzte Behälter, deren Wände aus Model ausgedrückte neugotische Maßwerkelemente aufweisen. Sie wurden um 1900 zum Preis von 25 Pfennig abgegeben. Doch auch rechteckige, außen ebenfalls grün glasierte Kästen mit Profilrand und seltener mit applizierten Löwenkopfmasken an der Wandung, sind bekannt.

Abb. 226

Abb. 227

Abb. 226 Blumenkasten
2. Hälfte 19. Jh.
Oxidierend gebrannt.
Maße: H 10,4 cm, B 9,8 cm x 9,8 cm.
Heimatmuseum Vilsbiburg, Inv.Nr. L730638.
Bemerkung: Aus Teilen zusammengesetzt.

Abb. 227 Efeukasten
1900/1920.
Oxidierend gebrannt.
Maße: H 14,2 cm L 32,5 cm, B 18,5 cm.
Heimatmuseum Vilsbiburg, Inv.Nr. 780513.
Bemerkung: Kastenform aus Teilen zusammengefügt.

Brennhilfe, Brennkapsel (*„Schüsselhafen"*)

Als Brennkapseln wurden etwa bis zu 40 cm hohe zylindrische Töpfe mit verstärktem Rand verwendet. Sie besaßen in der Wandung gegenüberliegend durchgestochene Löcher, in die tönerne Stifte von außen eingesteckt wurden. Auf diesen ruhten dann während des Brandes flache glasierte Schüsseln und Teller, um sie so vor direkt anfallender Hitze und Aschenflug zu schützen. In die Wandung waren zusätzlich senkrecht Schlitze eingeschnitten, die das Einsetzen/Einhängen des Geschirrs erleichterten. Diese unglasierten Töpfe fanden mehrfache Verwendung, bis sie durch Brennrisse und Verformungen unbrauchbar geworden waren.

Abb. 228

Abb. 228 Brennhilfe
„Schüsselhafen", „Schüsselkorb"
1900/1910.
Werkstatt Nikolaus Zettl, Bödldorf Nr. 6.
Oxidierend gebrannt.
Maße: H 33 cm, D 38,5 cm, DB 32 cm.
Heimatmuseum Vilsbiburg, Inv.Nr. 710609.

Doppelhenkeltopf
(„*Dampfekiwe*", „*Dampfeweidling*", „*Dampfedegl*")

Das hier zu den Topfformen gezählte Gefäß kann sowohl eine konische Form als auch eine fast senkrechte Wandung aufweisen. Diese „*Mischform*" drückt sich auch in der mundartlichen Bezeichnung aus: „*Kiwe*" für Kübel, also steilwandig, „*Weidling*" also weitmundig und eher schüsselartig sowie „*Degl*" für einen Topf.

Beim Brotbacken behielt die Bäuerin bis zum nächsten Backvorgang eine kleine Menge Sauerteig zurück. Diesen Rest – „*das Dampfe*" – gab sie in den „*Dampfekiwe*", ein leicht gebauchtes, topf- bis schüsselartiges tiefes Gefäß. Im Falzrand ruhte ein mit einem Loch versehener Deckel, in der Öffnung steckte der Rührlöffel. „*Dampfekiwe*" (= -kübel) waren auch in Holz als Binderarbeit im Gebrauch.

Flacher Doppelhenkeltopf („*Dampfnudldegl*")

Der „*Dampfnudldegl*" zählt im Verhältnis zur Höhe zu den flacheren Topfformen. Das Heimatmuseum Vilsbiburg besitzt aus der Werkstatt *Benno Zettl* in Bödldorf ein Exemplar mit dem außerordentlich weiten Durchmesser von 55 cm. Mit einer senkrechten Wandung, zwei randständigen Henkeln, einem Deckelfalz und einem breiten Boden versehen, stellte das Gefäß den Hafner bei der Fertigung insofern vor Probleme, als der Drehscheibendurchmesser zu gering war. Dann bediente er sich einer auf der Scheibe aufgesetzten größeren Zwischenscheibe („*Hobe*"). Diese großen Gefäße forderten vom Hafner sein ganzes Können. Glasiert wurden sie gänzlich gelb oder außen dunkelbraun und innen gelb bis orange.

„*Roggene Dampfnudeln*" war eine der Hauptspeisen bei der Landbevölkerung. Sie wurden regional fast täglich zum Abendessen aufgetischt.

Abb. 229

Abb. 230

Abb. 229 Doppelhenkeltopf
„*Dampfekiwe*", „*Dampfeweidling*", „*Dampfedegl*"
Um 1900.
Oxidierend gebrannt.
Maße: H 13,5 cm, D 26 cm, DB 15,5 cm; Deckel: H 3 cm, D 24,5 cm, Loch D 1,5 cm.
Heimatmuseum Vilsbiburg, Inv.Nr. K90/171.

Abb. 230 Topf
„*Dampfnudldegl*"
Werkstatt Benno Zettl, Bödldorf Nr. 4.
1900/1920.
Oxidierend gebrannt.
Maße: H 14 cm, D 55 cm, DB 50 cm.
Heimatmuseum Vilsbiburg, Inv.Nr. 710704.

Doppelhenkeliger Dreibeintopf
(„Dreifuaß", „gfuaßts Reindl")

Auf drei, etwas ausgestellten Beinen stehend, stellt dieser Typ eine ältere Form eines Kochgefäßes dar. Gemälde des Münchner Hofmalers Peter Jakob Horemans um 1760 zeigen ihn bei den Küchen-Interieurs auf dem offenen Herd am Feuer stehend. Bei der letzten Hafnergeneration war diese Geschirrart bereits nicht mehr bekannt. Mit der Veränderung der Feuerungs- und Kochgewohnheiten vom offenen Herd auf die Plattenherde mit beginnendem 19. Jahrhundert, ist der *„Dreifuaß"* [42] überflüssig geworden. In seinen Umrissformen ähnelt er dem *„Krautdegl"* und dem *„Dampfnudldegl"*.

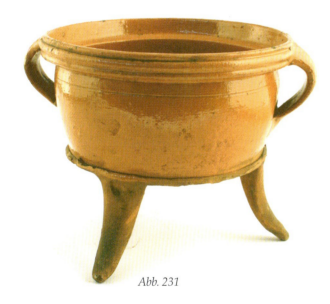
Abb. 231

Abb. 231 Dreibeintopf
„gfuaßts Reindl"
19. Jh.
Oxidierend gebrannt.
Maße: H mit Füßen 17 cm, H ohne Füße 10 cm, D 20,5 cm,
DB 17,5 cm.
Heimatmuseum Vilsbiburg, Inv.Nr. K2009/54.

Doppelhenkeltopf *(„Essigkrug")*

Es ist eine hochschultrige, leicht bauchige Doppelhenkel-Topfform mit und ohne Zapfloch, seltener mit einem Ausgussrohr auf der Schulter.

Diese großen schwarzen, reduzierend gebrannten Doppelhenkeltöpfe zeigen ein vermeintlich altertümliches Aussehen. Die meisten Stücke besitzen auf der starken Bauchung umlaufend mehrere, als Dekor aufgelegte Fingerdruckleisten. Dazwischen können die Flächen mit eingeglätteten Wellenlinien, Spiralen und Strichen ausgefüllt sein, die vor dem Brand unter Zuhilfenahme eines Steins oder Holzstücks angebracht wurden. Einige wenige Stücke dieses Typs sind, entgegen der sonst im Kröning und an der Bina für Geschirr selten geübten Signierpraxis, an der Wandung bzw. am Boden bezeichnet. Dabei ist wie bei den *„Wassergrand"*, die Werkstatt *„beim Petermandl"* in Stadlhof, Gemeinde Gangkofen an der Bina des Öfteren vertreten. Möglich erscheint, dass für einen gewissen Zeitraum, aber auch für bestimmte Werkstätten die Spezialisierung auf derartige Waren im Gebiet an der Bina vorliegt, worauf eine archivalische Nachricht aus der 2. Hälfte des 19. Jahrhunderts hinweist: *„die schwarzen Hafner an der Bina"*. Im Gegensatz dazu heißt es: *„die weißen Hafner vom Kröning"*.

Bekannt sind *„Essigkrüge"* mit Signaturen *„Martin Degenböckh Hafnermeister am Stalhof anno 1806"* (Heimatmuseum Vilsbiburg, Inv. Nr. 1768 a), dann *„M. D. 1819"* (Privatbesitz) und ein weiteres Exemplar mit *„Martin / Dögen Bekh / Peder... [Mandl]"* (Bayer. Nationalmuseum München Inv. Nr. 27/49, um 1800)[43], das sich wiederum auf die Werkstatt in Stadlhof bezieht. Zu weiteren Datierungen siehe auch bei der Gruppe *„Wassergrand"*.

Wir wissen nicht um die *„Signierfreudigkeit"* dieser Werkstatt. Möglich erscheint, dass sich die Hafner dieses Betriebes der Qualität ihrer Erzeugnisse sehr wohl bewusst waren und damit gesundes Selbstvertrauen in ihre qualitätvolle und auch von anderen anerkannte Arbeit zeigten. Neben den reduzierend gebrannten, als Schwarzgeschirr bezeichneten *„Essigkrügen"* sind auch oxidierend gebrannte, unglasierte bekannt. Manche besitzen über dem Boden ein Zapfloch.

---

42 Vgl. von Hohenzollern, J.G.: Peter Jakob Horemans (1700 – 1776). Kurbayerischer Hofmaler. Einleitung und Katalog, München 1974. Dort Abb. dieses Gefäßtypus bei einer Küchenszene.

---

43 Bauer 1976, Kat. Nr. 95, S. 149 u. 150.

Wie die Benennung „*Essigkrug*" besagt – er ist so in der Handwerksordnung der Kröninger Hafner von 1646 als eines der Meisterstücke zu finden – deutet dies auf die Verwendung als Vorratsgefäß für Essig hin. Dazu sei eine Stelle von 1869 zitiert: „*Nicht glasiert, aber möglichst gut gebrannt werden endlich noch die in dieser Gegend üblichen, sehr bauchigen und bis zu einem Eimer haltenden Essigkrüge, in welchen der selbst erzeugte Obstessig aufbewahrt wird. Um den Essigkrügen eine wasserundurchlassende Eigenschaft zu verleihen, werden sie innen gut ausgepicht, indem in die zuvor mäßig erhitzten Krüge geschmolzenes Pech*[44]*, wie dieses zum Auspichen der Bierfässer verwendet wird, eingegossen und durch geeignetes Schwenken und Drehen der Krüge eine möglichst gleichmäßige Verteilung des Peches an der inneren Wandung derselben erzielt wird.*"[45]

Weitere „*Essigkrüge*" siehe Katalog datierte Gefäße Nr. 9, 10, 15, 16, 17, 33.

Abb. 233

Abb. 234

Abb. 232

Abb. 232 „*Essigkrug*"
19. Jh.
Reduzierend gebrannt.
Maße: H 42,5 cm, D 17 cm, DB 21,5 cm, L Ausgussrohr 6,5 cm, D 2,5 cm.
Heimatmuseum Vilsbiburg, Inv.Nr. BASt. 2007/143.

Abb. 233 „*Essigkrug*"
19. Jh.
Oxidierend gebrannt.
Maße: H 49,5 cm. D 13 cm, DB 27 cm.
Heimatmuseum Vilsbiburg, Inv.Nr. K2008/63.

Abb. 234 „*Essigkrug*"
1. Hälfte 19. Jh.
Reduzierend gebrannt.
Maße: H 42,8 cm, D 17 cm, DB 23 cm.
Heimatmuseum Vilsbiburg, Inv.Nr. BASt. 34/1999.

---

44 Pech wurde durch das beim Anhauen von Kiefer- oder Fichtenstämmen auslaufende Harz gewonnen, das je nach Verwendung geläutert und eingesotten wurde. Die Tätigkeit übte der Pechler/Pechsieder, eine eigene Berufsgruppe aus. Aus: Riepl, Reinhard: Wörterbuch zur Familien- und Heimatforschung in Bayern und Österreich, Waldkraiburg 2004, S. 159.

45 Wimmer, Die Kröninger Thonwaaren-Industrie in Niederbayern, in: Bayer. Industrie- u. Gewerbeblatt l, 1869, S. 241-245.

Fischbrutbehälter (*„Krebshafen"*)

Abb. 235

Abb. 235 Fischbehälter,
„Krebshafen"
19. Jh.
Reduzierend gebrannt.
Maße: H 23,8 cm, D 16 cm, DB 40 cm, D Löcher 1 cm.
Privatbesitz Landshut.

Topfformen – Hohe Topfform *„Alte Formen"*

Der im Jahr 2000 geborgene Fund der *„neuen" „altartigen"* Topfform (Kat.Nr. 236 – 239, hier eine Auswahl) in der Heilig-Geist-Spitalkirche von Vilsbiburg aus dem 13. Jahrhundert stellt den bisher in der Region bekannten und chronologisch später einzuordnenden Töpfen eine in dieser Zeit gebräuchliche Form voraus. Die Wandung der Gefäße zeigt im Verhältnis zur Höhe verschiedentlich eine deutlichere Bauchung, entgegen den dann im 15. Jahrhundert vorliegenden Töpfen. Die nicht gehenkelten Gefäße weisen an den Außenwandungen Russspuren auf, die den Gebrauch als Kochtöpfe vermuten lassen. Eine weitere, bei einigen Gefäßen beobachtete Schwärzung der Außenflächen durch sekundäre Brandeinwirkung an der Fundstelle ist zu berücksichtigen. Am Boden zeigen sich bei manchen Exemplaren so genannte Radmarken/-kreuze.[46] Im Umriss ähnliche Töpfe wurden in Landshut in der Spiegelgasse gefunden, die allerdings in das 10./11. Jahrhundert(?!) datiert werden.[47] Töpfe aus dem 14. Jahrhundert sind nach bisheriger Kenntnis noch nicht bekannt bzw. erkannt.

---

46 Vgl. hierzu Beispiele mit Radmarken bei Mechelk 1970, Abb. 13, 14, 15, 18, 20, 22. – s.a. Dannheimer 1973: Tafel 9/16-19 „Schwedenschanze" am Galgenberg bei Cham; Tafel 23/1-6, „Burgstall" am Hohen Bogen, Gem. Rimbach, Lkr. Kötzting; Tafel 28/2 u. 5 sowie Tafel 29/2 Deggendorf, Pfleggasse 17; Tafel 35/17, 20, 22, 23 „Burgstall" bei Romatsried, Gem. Eggenthal, Lkr. Kaufbeuren.

47 Hofmann, Angelika: Bodenschätze, Die StadtRegion Landshut im Spiegel der archäologischen Abteilung der Museen Landshut, Landshut 2005, hier Beitrag Franz Niehoff: MCCIIII … Lvdwicus dux Bawariae castrum et oppidum in Lantshvt construere cepit – Die Anfänge Landshuts aus archäologischer Sicht, S. 131, Abb. 138 und 139.

„Hoher Hafen"

Der Typus *„hoher Hafen"* (*„hohe Hefa"*) mit seiner *„gestreck-ten"* hohen Form mit und ohne Henkel, stellt eine über Jahrhunderte hinweg in der Tradition gefestigte Gruppe dar. Unterscheidungen sind lediglich in der Größe vorhanden. Damit verbunden sind die Henkelzahl wie auch die mundartliche Benennung, von der sich zum Teil wiederum die Verwendung ableiten lässt. Sie zeigen eine leicht bauchige Wandung und besitzen kräftige Kragenränder, seltener rund ausgebogte Krempränder. Zeitlich werden die *„hohen Häfen"* vom 15. Jahrhundert bis in die Endzeit der Hafnerei im Kröning eingeordnet. Den *„hohen Henkeltöpfen"* stehen die *„Plattenhäfen"* gegenüber, die im Verhältnis zur Höhe ein niedrigeres Aussehen besitzen. Bei den *„hohen Häfen"* unterscheiden sich die kleineren mit einem Henkel als:

1. *„Farbhaferl"* oder *„Malerhaferl"*, Höhe ca. 10 bis 15 cm.
2. *„Zwanzgagriffe"*, Höhe ca. 20 cm.

Die größere Gruppe mit zwei Henkeln zeigt sich als:

3. *"Daumhefa"*, Höhe ca. 25 bis 28 cm.
4. *„Zwanzgahefa"*, Höhe ca. 30 bis 35 cm.
5. *"Schisslhefa"*, Höhe ca. 40 cm.
6. *„Euhefa"*, Höhe über 40 cm.

Die Benennungen konnten von den Brüdern *Benno* und *Georg Zettl* in Bödldorf erfahren werden, eine Deutung der Eigennamen war jedoch nicht mehr überall möglich. Diese in langer Tradition und wohl zum Teil im Zusammenhang mit alten Maßeinheiten entstandenen Begriffe, dürften der Berufssprache der Hafner entstammen. Glasiert hat man die hohen Häfen entweder nur innen oder auch innen und außen, wobei die Innenglasur eine gelbe bis orange Farbwirkung aufweist, außen meist dunkelbraun, seltener gelbbraun ist. *„Hohe Häfen"* größeren Ausmaßes fanden in erster Linie als Vorratsgefäße Verwendung. Russspuren an der dem Henkel abgewandten gegenüber liegenden Gefäßwand weisen auch auf die Verwendung als Kochtöpfe auf dem Herd mit *„offenen Feuer"* bei den *„Rauchkuchln"* hin. Die einzelnen Größen lassen sich nicht auf bestimmte Inhalte festlegen, was mit den Gewohnheiten der Benutzer selber, aber auch mit der Größe eines Haushalts zusammenhängen mag. Aufbewahrt darin wurden Mehl und Schmalz, jedoch auch Eier legte man darin ein. Interessant ist auch eine Auskunft der Geschw. Zettl, Bödldorf, wonach früher Eier in mit Getreide gefüllten Häfen eingelagert wurden.

Abb. 236   *Abb. 237*

Abb. 238

Abb. 239   *Abb. 239a*

Abb. 240

Abb. 241

Abb. 242    *Abb. 242a*

Abb. 236 Bauchiger Topf
13. Jh.
Oxidierend gebrannt.
Maße: H 19 cm, D 17 cm, DB 9,5 cm.
Heimatmuseum Vilsbiburg, Inv.Nr. K2006/101.
Bemerkung: Fundort Heilig-Geist-Spitalkirche Vilsbiburg, Bodenfund.

Abb. 237 Bauchiger Topf
13. Jh.
Oxidierend gebrannt.
Maße: H 13,5 cm, D 12 cm, DB 7,5 cm.
Heimatmuseum Vilsbiburg, Inv.Nr. K2006/96.
Bemerkung: Fundort Heilig-Geist-Spitalkirche Vilsbiburg, Bodenfund.

Abb. 238 Bauchiger Topf
13. Jh.
Oxidierend gebrannt.
Maße: H 16 cm, D 16 cm, DB 10 cm.
Heimatmuseum Vilsbiburg,
Inv.Nr. K2006/97.
Bemerkung: Fundort Heilig-Geist-Spitalkirche Vilsbiburg, Bodenfund.

Abb. 239 und Abb. 239a Bauchiger Topf
13. Jh.
Oxidierend gebrannt.
Maße: H 16 cm, D 16 cm, DB 10 cm.
Heimatmuseum Vilsbiburg, Inv.Nr. K2006/97.
Bemerkung: Fundort Heilig-Geist-Spitalkirche Vilsbiburg,
Bodenfund. Bodenmarke „Radkreuz".

240 Bauchiger hoher Topf
15. Jh.
Reduzierend gebrannt.
Maße: H 38,5 cm, D 29,5 cm, DB 14 cm.
Heimatmuseum Vilsbiburg, Inv.Nr. K2010/128.
Bemerkung: Fundort Kleinbettenrain Nr. 5.

Abb. 241 Hoher Doppelhenkeltopf
15. Jh.
Werkstatt Otzlberg Nr. 1.
Reduzierend gebrannt.
Maße: H 59,3 cm, D 40 cm. DB 32 cm.
Heimatmuseum Vilsbiburg, Inv.Nr. K2003/47.
Lit.: Hagn 1990, Altbayerische Töpfer, Kat.Nr. 15.

Abb. 242 und Abb. 242a Bauchiger Henkeltopf
16./17. Jh.
Reduzierend gebrannt.
Maße: H 12,7 cm, D 9,5 cm, DB 5,7 cm.
Privatbesitz in der Gemeinde Geisenhausen.
Bemerkung: Ritzungen an der Wandung nach dem Brand(?) in
Form eines Wappenschildes bzw eines Buchstabens („A"?) und
eines Namenszuges („Rath"?).
Fundort Landshut, Altstadt 216, „Auer"-Haus.

Abb. 243 *Abb. 244*

Abb. 245 *Abb. 246*

Abb. 247 *Abb. 248*

Abb. 249 *Abb. 250*

Abb. 243 Bauchiger Henkeltopf
16. Jh.
Reduzierend gebrannt.
Maße: H 14,2 cm, D 11 cm DB 5,5 cm.
Privatbesitz in der Gemeinde Geisenhausen.
Bemerkung: Fundort Landshut, Altstadt 216, „Auer"-Haus.

Abb. 244 Bauchiger Topf
2. Hälfte 15. Jh.
Reduzierend gebrannt.
Maße: H 20 cm, D 14,5 cm, DB 9 cm.
Heimatmuseum Vilsbiburg, Inv.Nr. K99/20.
Bemerkung Fundort: Heilig-Geist-Spital Vilsbiburg, unter dem
Fußboden im 1. OG. Baujahr des Spitals 1476.

Abb. 245 Bauchiger Topf
15. Jh.
Werkstatt Hundspoint Nr.14, Werkstattbruch.
Reduzierend gebrannt.
Maße: H 20 cm, D 15 cm, DB 10 cm.
Heimatmuseum Vilsbiburg, Inv.Nr. H1.
Lit.: Grasmann 1988, Kat.Nr. 1.

Abb. 246 Bauchiger Topf
15. Jh.
Werkstatt Hundspoint Nr. 14, Werkstattbruch.
Reduzierend gebrannt.
Maße: H 16 cm, D 12 cm, DB 12,5 cm.
Heimatmuseum Vilsbiburg, Inv.Nr. H7.
Lit. Grasmann 1988, Kat.Nr. H7.

Abb. 247 Bauchiger Topf
15. Jh.
Werkstatt Hundspoint Nr. 14, Werkstattbruch.
Reduzierend gebrannt.
Maße: H 16 cm, D 11,5 cm, DB 6,5 cm.
Privatbesitz in der Gemeinde Kröning.
Lit.: Grasmann 1988, Kat.Nr. H8.

Abb. 248 Hoher Topf
16. Jh.
Werkstatt Hundspoint Nr. 14, Werkstattbruch.
Reduzierend gebrannt.
Maße: H 15,5 cm D 20 cm, DB 10,5 cm.
Heimatmuseum Vilsbiburg, Inv.Nr. K91/22.

Abb. 249 Bauchiger Topf
16. Jh.
Werkstatt Hundspoint Nr. 14, Werkstattbruch.
Reduzierend gebrannt.
Maße: H 16 cm, D 11 cm, DB 7,5 cm.
Privatbesitz in der Gemeinde Kröning.
Lit.: Grasmann 1988, Kat.Nr. H6.

Abb. 250 Bauchiger Topf
17. Jh.
Oxidierend gebrannt.
Maße: H 17,5 cm, D 13,7 cm, DB 11 cm.
Heimatmuseum Vilsbiburg, Inv.Nr.

Abb. 251

Abb. 252

Abb. 253

Abb. 254

Abb. 255

Abb. 256

Abb. 257

Abb. 258

Abb. 251 Bauchiger Topf
17./18. Jh.
Werkstatt Vilsbiburg, Obere Stadt 33, Werkstattbruch.
Reduzierend gebrannt.
Maße: H 17 cm, D 14 cm, DB 10,5 cm.
Heimatmuseum Vilsbiburg, Inv.Nr. K2010/278.

Abb. 252 Bauchiger Topf
1. Hälfte 19. Jh.
Werkstatt Kleinbettenrain Nr. 2, Werkstattbruch.
Reduzierend gebrannt.
Maße: H 14,5 cm, D 13,7 cm, DB 10,5 cm.
Heimatmuseum Vilsbiburg, Inv.Nr. Klbr. 80.
Lit.: Grasmann 1981/2, Kat.Nr. 80.

Abb. 253 Bauchiger Topf
17. Jh.
Werkstatt Jesendorf, An der Kirche 2, Werkstattbruch.
Oxidierend gebrannt.
Maße: H 10 cm, D 9,5 cm, DB 7 cm.
Heimatmuseum Vilsbiburg, Inv.Nr. K2002/06.

Abb. 254 Bauchiger Topf
17. Jh.
Werkstatt Jesendorf, An der Kirche 2, Werkstattbruch.
Oxidierend gebrannt.
Maße: H 8 cm, D 8,5 cm, DB 6,5 cm.
Heimatmuseum Vilsbiburg, Inv.Nr. K2003/25.

Abb. 255 Bauchiger Topf
17. Jh.
Werkstatt Jesendorf, An der Kirche 2, Werkstattbruch.
Oxidierend gebrannt.
Maße: H 10 cm, D 9,1 cm DB 7 cm.
Heimatmuseum Vilsbiburg, Inv.Nr. K2009/11.

Abb. 256 Bauchiger Topf
Um 1800.
Werkstatt Hub 13, Werkstattbruch.
Oxidierend gebrannt.
Maße: H 24 cm, D 15,5 cm, DB 12 cm.
Heimatmuseum Vilsbiburg, Inv.Nr. K2005/59.
Bemerkung: Das Stück ist „überbrannt", Fehlbrand,
ursprünglich mit blauer Glasur.

Abb. 257 Bauchiger Topf
Um 1800.
Oxidierend gebrannt.
Maße: H 15,2 cm, D 15,8 cm, DB 8,3 cm.
Privatbesitz in der Gemeinde Niederaichbach.

Abb. 258 Bauchiger Topf
Um 1800.
Oxidierend gebrannt.
Maße: H 17,5 cm, H mit Zinndeckel 18,5 cm, D 13 cm, DB 10,5 cm.
Heimatmuseum Vilsbiburg, Inv.Nr. K93/15.

Abb. 259   Abb. 260

Abb. 263

Abb. 261

Abb. 264

Abb. 262

Abb. 265

Abb. 266

Abb. 259 Hoher bauchiger Henkeltopf
Um 1800.
Oxidierend gebrannt.
Maße: H 27,5 cm, D 19cm, DB 14,5 cm.
Heimatmuseum Vilsbiburg, BASt. Inv.Nr. 2009/225.

Abb. 260 Bauchiger Topf
1. Hälfte 19. Jh.
Oxidierend gebrannt.
Maße: H 15 cm, D 13,5 cm, DB 12 cm.
Heimatmuseum Vilsbiburg, Inv.Nr. K91/65.
Bemerkung: Zinndeckel geritzt signiert
„Agnes Gerhardinger" [Dingolfing].

Abb. 261 Doppelhenkeltopf
Um 1900.
Oxidierend gebrannt.
Maße: H 32 cm, D 26,5 cm, DB 18 cm.
Heimatmuseum Vilsbiburg, Inv.Nr. K2008/31.

Abb. 262 Bauchiger Henkeltopf
1830/1840.
Oxidierend gebrannt.
Maße: unbekannt.
Porzellanmuseum Sevres bei Paris.
Lit.: Bauer, Ingolf: Zur Bedeutungsgeschichte von „Polytechnik"
und „Geschmack" anhand der „Töpferware" Bayerns in der
1. Hälfte des 19. Jahrhunderts, in: Bayerisches Jahrbuch
für Volkskunde 1999, S. 1 – 16, hier S. 10, 11 und Anm. 48.

Abb. 263 Hoher bauchiger Henkeltopf
19. Jh.
Oxidierend gebrannt.
Maße: H 30 cm, D 25 cm, DB 19 cm.
Heimatmuseum Vilsbiburg, Inv.Nr. K88/15.
Bemerkung: Drahtbindung eines „Hafenbinders".

Abb. 264 Hoher bauchiger Doppelhenkeltopf
19. Jh.
Werkstatt beim „Urber", Magersdorf Nr. 12.
Oxidierend gebrannt.
Maße: H 41,7 cm, D 39,6 cm, DB 37 cm.
Heimatmuseum Vilsbiburg, Inv.Nr. 721205.

Abb. 265 Bauchiger Henkeltopf
Um 1900.
Werkstatt beim „Petermandl", Stadlhof Nr. 4.
Oxidierend gebrannt.
Maße: H 14 cm, D 13,3 cm, DB 8,8 cm.
Privatbesitz Vilsbiburg.

Abb. 266 Hoher bauchiger Doppelhenkeltopf
2. Hälfte 19. Jh.
Werkstatt beim „Gasslmeier", Angerbach Nr. 16.
Oxidierend gebrannt.
Maße: H 29 cm, D 27 cm, DB 17,5 cm.
Heimatmuseum Vilsbiburg, Inv.Nr. 710502.

Kaffeetasse

(*„Kaffeeschalen", „Kaffeescheuerl", „Kaffeebecher"*)

Die Tasse ist nach üblichem Sprachgebrauch ein gehenkeltes Trinkgefäß, häufig mit gleitendem Übergang zu Schalenformen.[48]

Im Kröning hat sich bei den Kaffeetassen, wie an den Abbildungen zu ersehen ist, kein fester Typus herausgebildet. Dass hier keine Verfestigung der Form mehr eintreten konnte, dürfte auf die späte Einführung des Kaffeetrinkens im 19. Jahrhundert in der Region sowie den mangelnden Übungsgrad zurückzuführen sein, der für andere Typen in Generationen erworben worden war. Die erhaltenen Exemplare zeigen eine konische oder bauchige Form mit verschiedenfarbigen Glasuren, manchmal auch mit gegenständlichem Dekor. Auch Bezeichnungen mit aufgemalten Namen sind möglich. Zu manchen Stücken haben sich Untertassen erhalten. In den Einschreibbüchern der Hafner finden sich Bezeichnungen wie *„Kaffeeschalen"* zum Preis von 5 und 6 Pfennig bzw. 60 und 70 Pfennig und *„Kaffeebecher"* zum Preis von 15 und 16 Pfennig. Beide Begriffe können auch im Hinblick auf die weit auseinander liegenden Preise nicht mehr einwandfrei geklärt werden.

Abb. 270   Abb. 271

Abb. 273

Abb. 272

Abb. 267   Abb. 268

Abb. 274   Abb. 275

Abb. 269

Abb. 276   Abb. 277

---

48 Endres 1996, S. 123.

Abb. 267 Kaffeetasse
Um 1900.
Oxidierend gebrannt.
Maße: H 8 cm, D 11,2 cm, DB 7 cm.
Privatbesitz Vilsbiburg.

Abb. 268 Kaffeetasse
1900/1920.
Oxidierend gebrannt.
Maße: H 8 cm, D 11 cm, DB 7,3 cm.
Heimatmuseum Vilsbiburg, Inv.Nr. K2006/54.
Bemerkung: Farbstellung und Malhorndekor weisen auf die Werkstatt Sebastian Eder in Jesendorf hin.

Abb. 269 Kaffeetasse
Um 1900.
Oxidierend gebrannt.
Maße: H 6,5 cm; D 10 cm, DB 6,5 cm.
Heimatmuseum Vilsbiburg, Inv.Nr. K2008/204.

Abb. 270 Kaffeetasse
Um 1900.
Oxidierend gebrannt.
Maße: H 8 cm, D 8,2 cm, DB 6 cm.
Privatbesitz in der Gemeinde Kröning.

Abb. 271 Kaffeetasse
Um 1900.
Oxidierend gebrannt.
Maße: H 7,8 cm, D 10,5 cm ,DB 7 cm.
Heimatmuseum Vilsbiburg, Inv.Nr. L730634.
Bemerkung: An der Wandung mit Malhorn signiert „Berta".

Abb. 272 Kaffeetasse
Um 1900.
Oxidierend gebrannt.
Maße: H 11 cm, D 10,5 cm, DB 7,5 cm.
Heimatmuseum Vilsbiburg, Inv.Nr. BASt. 2008/205.

Abb. 273 Kaffeetasse
Um 1912.
Oxidierend gebrannt.
Glasur rahmweiß, dunkelbraun gespritzt.
Werkstatt Alois Hötschl, Grammelsbrunn Nr. 4.
Maße H 11,2 cm, D 11 cm, DB 9 cm.
Privatbesitz.
Bemerkung: Boden mit Gummistempel signiert „Alois Hötschl Hafnermeister Grammelsbrunn".

Abb. 274 Kaffeetasse
Um 1912.
Oxidierend gebrannt.
Glasur weiß, hellblau gespritzt.
Werkstatt Alois Hötschl, Grammelsbrunn Nr. 4.
Maße H 8,2 cm, D 10,5 cm, DB 7 cm.
Privatbesitz.

Abb. 275 Kaffeetasse
Um 1912.
Oxidierend gebrannt.
Glasur rahmweiß, dunkelbraun gespritzt.
Werkstatt Alois Hötschl, Grammelsbrunn Nr. 4.
Maße H 8 cm, D 8,5 cm, DB 7 cm.
Privatbesitz.
Bemerkung: Boden mit Gummistempel signiert „Alois Hötschl Hafnermeister Grammelsbrunn".

Abb. 276 Kaffeetasse
Um 1912.
Oxidierend gebrannt.
Glasur hellblau, hellblau gespritzt, innen weiß.
Werkstatt Alois Hötschl, Grammelsbrunn Nr. 4.
Maße H 9 cm, D 11 cm, DB 7,3 cm.
Privatbesitz.

Abb. 277 Kaffeetasse
Um 1912.
Oxidierend gebrannt.
Glasur hellgelb, grün und braun gespritzt, innen gelb.
Werkstatt Alois Hötschl, Grammelsbrunn Nr. 4 .
Maße H 7,5 cm, D 12 cm, DB 7,2 cm.
Privatbesitz Landshut.
Bemerkung: Die Objekte Kat.Nr. 271 bis 275 sind vom Verfasser 1974 bei Nachkommen des Hafners Hötschl erfasst worden.
Die Objekte Nr. 271 bis 274 sind an unbekannte Besitzer gegeben worden.

Flacher zylindrischer Henkeltpfopf
(*„Krautdegl", „runde Rein"*)

Im Durchmesser kleiner und vielfach nur mit einem Henkel versehen, ist der „Krautdegl" dem Typ des „Dampfnudldegl" und „Dreibeintopf" ähnlich. Er besitzt ebenfalls einen Deckelfalz. Wie die Bezeichnung besagt, fand er zum Kochen von Kraut jeglicher Art Verwendung.

Hoher Doppelhenkeltopf
(*„Leibstuhlhafen"*)

Nur in wenigen Exemplaren sind hohe Doppelhenkeltöpfe erhalten, deren waagrecht ausgestellter Rand zum Einschieben in einen Falz beim Krankenstuhl diente. Den Begriff *„Leibstuhlhafen"* verwendete man bei den *Geschw. Zettl*, Bödldorf Nr. 4. Im Einschreibbuch des Hafners *Sebastian Wagner* von Grammelsbrunn Nr. 5 werden 1915 bei einer Geschirrlieferung an *Anna Galli* in Regensburg für einen *„Leibstuhlhafen"* 15 Pfennig angesetzt.

Abb. 278

Abb. 279

Abb. 278 Flacher zylindrischer Henkeltopf
„Krautdegl", „runde Rein"
Um 1900.
Oxidierend gebrannt.
Maße: H 10,5 cm, D 26,5 cm, DB 22,5 cm.
Heimatmuseum Vilsbiburg, Inv.Nr. K85/07.

Abb. 279 Hoher Doppelhenkeltopf
„Leibstuhlhafen"
Um 1900.
Oxidierend gebrannt.
Maße: H 28 cm, D 28,5 cm, DB 15,5 cm.
Heimatmuseum Vilsbiburg, Inv.Nr. K88/14

Halbhoher Henkeltopf (*„Milchhaferl", „Plattenhaferl"*)

Ebenfalls zur Gruppe der halbhohen *„Plattenhaferl"* gehörig, wurden sie zum Kochen der Milch verwendet. Sie besaßen eine leicht bauchige Wandung, vielfach einen etwas nach außen gestellten Falzrand, einen Ausguss und einen randständigen Henkel. An Glasuren sind dieselben wie bei den vorgenannten *„Plattenhäfen"* zu beobachten.

Abb. 283

Abb. 280

Abb. 284

Abb. 281

Abb. 285

Abb. 282

Abb. 286

Abb. 280 Halbhoher Henkeltopf, *„Milchhaferl", „Plattenhaferl"*
Um 1900.
Oxidierend gebrannt.
Werkstatt Grammelsbrunn Nr. 5.
Maße: H 10,5 cm, D 12,8 cm, DB 12 cm.
Privatbesitz Vilsbiburg.

Abb. 281 Halbhoher Henkeltopf, *„Milchhaferl", „Plattenhaferl"*
Um 1900.
Oxidierend gebrannt.
Maße: H 8,6 cm, D 18 cm, DB 18 cm.
Heimatmuseum Vilsbiburg, Inv.Nr. 790405.

Abb. 282 Halbhoher Henkeltopf, *„Milchhaferl", „Plattenhaferl"*
Um 1900.
Oxidierend gebrannt.
Werkstatt Grammelsbrunn Nr. 5.
Maße: H 11,7 cm, D 17 cm, DB 17,4 cm.
Privatbesitz Vilsbiburg.

Abb. 283 Halbhoher Henkeltopf, *„Milchhaferl", „Plattenhaferl"*
1900/1930.
Oxidierend gebrannt.
Werkstatt Sebastian Eder, Jesendorf, Dorfstr. 31.
Maße: H 11,5 cm, D 14 cm, DB 14.
Heimatmuseum Vilsbiburg, Inv.Nr. K2010/79.

Abb. 284 Halbhoher Henkeltopf, *„Milchhaferl", „Plattenhaferl"*
Um 1900.
Oxidierend gebrannt.
Maße: H 7,5 cm, D 9,5 cm, DB 11,7 cm.
Heimatmuseum Vilsbiburg, Inv.Nr. K86/16.

Abb. 285 Halbhoher Henkeltopf, *„Milchhaferl", „Plattenhaferl"*
1910/1915.
Oxidierend gebrannt.
Werkstatt Nikolaus Zettl, Bödldorf Nr. 6.
Maße: H 11,3 cm, D 14,2 cm, DB 15 cm.
Privatbesitz in der Gemeinde Kröning.
Bemerkung: Es haben sich mehrere Gefäße mit dieser im Kröning „unüblichen" Glasur erhalten. Bei allen Gefäßen ist die Glasur nicht richtig geflossen. Der Überlieferung nach durch die Brüder Benno und Georg Zettl, Bödldorf dürfte die Glasur von der Keramischen Fachschule in Landshut bezogen worden sein.

Abb. 286 Halbhoher Henkeltopf, *„Milchhaferl", „Plattenhaferl"*
1919/1915.
Oxidierend gebrannt.
Werkstatt Nikolaus Zettl, Bödldorf Nr. 6.
Maße: H 16 cm, D 22 cm, DB 22 cm.
Heimatmuseum Vilsbiburg, Inv.Nr. 780805.
Bemerkung: wie Kat.Nr. 285.

Bauchiger halbhoher Henkeltopf – Nachttopf
(„Sitzhaferl", „Nachtgschirr")

In der Produktion unterschieden die Hafner drei verschiedene Typen. Da war zunächst für Kinder das *„Sitzhaferl"* mit senkrechter Wandung und ca. 3 cm breitem, waagrecht ausgestelltem *„Sitz"*-Rand mit einem oder zwei Henkel. Das gewöhnliche *„Nachtgschirr"* besaß eine leichte Bauchung und einen Profilrand. Es war innen gelb und außen dunkelbraun bzw. blau (!) glasiert. Der *„Leibstuhlhafen"* war ein hoher, ähnlich dem *„Sitzhaferl"* geformter Hafen mit waagrecht ausgestelltem Rand zum Einschieben in den Krankenstuhl. Die Begriffsbezeichnungen wurden in der Hafnerfamilie *Benno Zettl*, Bödldorf Nr. 4 verwendet. Als Preis sind um 1910 für Sitz- und Nachthaferl je Stück 15 Pfennig, für einen Leibstuhlhafen 15 bzw. 16 Pfennig bekannt.
Weiterer Nachttopf (Fragment) siehe Katalog datierte Gefäße Nr. 8.

Abb. 287   *Abb. 288*

Abb. 289   *Abb. 290*

Abb. 287 Nachttopf
„Nachtgschirr"
1. Hälfte 19. Jh.
Oxidierend gebrannt.
Maße: H 15,5 cm, D 19 cm, DB 12,3 cm.
Heimatmuseum Vilsbiburg, Inv.Nr. K2009/55.

Abb. 288 Nachttopf
„Nachtgschirr"
Um 1900.
Oxidierend gebrannt.
Maße: H 15,5 cm, D 19 cm, DB 14 cm.
Heimatmuseum Vilsbiburg, Inv.Nr. K90/05.

Abb. 289 Nachttopf
„Nachtgschirr"
Um 1800.
Oxidierend gebrannt.
Maße: H 27,5 cm, D 19 cm, DB 14,5 cm.
Heimatmuseum Vilsbiburg, Inv.Nr. BASt. 2009/225.

Abb. 290 Nachttopf
„Sitzhaferl"
Werkstatt Benno Zettl, Bödldorf Nr. 4.
1920/1925.
Oxidierend gebrannt.
Maße: H 12,6 cm, D 17,2 cm DB 12,5 cm.
Heimatmuseum Vilsbiburg, Inv.Nr. K86/56.
Bemerkung: Gefertigt von Georg Zettl.

Halbhoher bauchiger Henkel-/Doppelhenkeltopf
(„Plattenhafen")

Die Bezeichnung erhielten diese halbhohen Geschirre wegen ihrer Verwendung als Kochhäfen auf den im 19. Jahrhundert eingeführten Herden mit eiserner Platte (*„Plattenherd"*). Im Gegensatz zu den als Kochgefäße am offenen Feuer benutzten *„hohen Häfen"*, zeigen sie zur besseren Wärmeaufnahme einen breiten Boden. Die Werkstatt *Benno Zettl* in Bödldorf unterschied dazu *„städtische Plattenhaferl"* mit einem Henkel und Ausguss (*„Foz"*) und einem Durchmesser bis etwa 27 cm. Die normale Anfertigung besaß je nach Größe einen bis zwei Henkel, einen Falz (*„Roft"*) zur Auflage eines Deckels und verschiedentlich einen Ausguss. Hier unterschied man in der *„Hafnersprache"* Gefäße, die auf dem Land bzw. in der Stadt gebraucht wurden. Die häufigste Farbstellung ist außen dunkel- bis schwarzbraun, innen gelb bis orange – seltener außen gelb mit grüner und brauner Spritzung. Um die Gefäße vor Rissen zu bewahren, hat man sie vor der Erstbenutzung auf der Herdplatte eines frisch angeheizten Ofens langsam angewärmt. Manche wurden vorbeugend unter dem Rand mit einer Drahtbindung versehen. Die kleinere Form der *„Plattenhaferl"* verwendete man zum Kochen von Milch, Fleisch, Gemüse, Suppen, auch Kraut, die größeren mehr als Vorratsgefäße, z. B. für Mehl.

Abb. 291

Abb. 292

Abb. 293

Hoher Doppelhenkeltopf *(„Rahmhafen", „Rahmhefa")*

Mit einem Zapfloch knapp über dem Boden, einem Ausguss und meist zwei Henkeln versehen, ist der Rahmhafen
der Topfform *„hoher Hafen"* ähnlich. Mit der Einführung
der Zentrifuge hatte der Rahmhafen endgültig ausgedient.
Zur Verwendung: Die Bäuerin löste entweder mit dem
Finger oder einem Löffel den auf dem gefüllten *„Milchweidling"* schwimmenden Rahm und streifte ihn in den
Rahmhafen. Sobald dieser halbwegs gefüllt und das sich
bildende *„blaue"* Wasser aus dem nun geöffneten Zapfloch
abgeflossen war, konnte der gewonnene Rahm im Rühr-
fass ausgebuttert werden.

Abb. 294

Abb. 291 Hoher bauchiger Henkeltopf mit Deckel
„Plattenhafen"
Um 1900.
Werkstatt Benno Zettl, Bödldorf Nr. 4.
Oxidierend gebrannt.
Maße: H 13 cm, D 19 cm, DB 19 cm; Deckel: H 6 cm, D 17,5 cm.
Heimatmuseum Vilsbiburg, Inv.Nr. K89/56, Deckel K89/56a.

Abb. 292 Hoher bauchiger Henkeltopf mit Drahtbindung
„Plattenhafen"
2. Hälfte 19. Jh.
Oxidierend gebrannt.
Maße: H 24 cm, D 34,5 cm DB 34 cm.
Heimatmuseum Vilsbiburg, Inv.Nr. BASt. 4/1997.
Bemerkung: Drahtbindung Arbeit eines „Hafenbinders".

Abb. 293 Hoher Henkeltopf mit Deckel
„Plattenhafen"
1910/1915.
Oxidierend gebrannt.
Maße: H 12,5 cm, D 14,5 cm, DB 25 cm,
H Deckel mit Knauf 5 cm, D 13 cm.
Heimatmuseum Vilsbiburg, Inv.Nr. 2009/56 (alt 1427).
Bemerkung: Sonderanfertigung für Pfarrer Bartholomäus
Spirkner, Kirchberg.

Abb. 294 Hoher Doppelhenkeltopf
„Rahmhafen"
Um 1900.
Oxidierend gebrannt.
Maße: H 31,5 cm, D 25,2 cm, DB 19,5 cm.
Heimatmuseum Vilsbiburg, Inv.Nr. K86/54.

Reine (*„Bratrein"*)

Relativ flache, längsrechteckige Form zum Backen und Braten *„im Rohr"*, besitzen sie an den Kurzseiten Handhaben, meist mit senkrechten Bügelgriffen.[49]

Bei den Reinen haben sich im Kröning zwei Formen herausgebildet. Bei beiden sind an den Kurzseiten ein oder zwei randständige Henkel angebracht. Die Ränder sind kräftig profiliert. Außen in der Regel unglasiert, tragen sie innen eine gelbe Glasur, die nach längerem Gebrauch einen olivgrünen Farbton annimmt. In der niederen Form wurde Fleisch, das *„Bratl"*, auch *„Kartofflbratl"*, zubereitet. In der höheren Reine buk man *„Rohrnudeln"*, die aus demselben Teig wie *„Dampfnudeln"* geformt wurden.

Zur Fertigung einer Reine drehte der Hafner zunächst einen Zylinder, der aufgeschnitten wurde und als Tonplatte den Boden bildete. Daraus schnitt er weiter die Seitenteile/-streifen (*„Zarg"*), legte diese um den Bodenrand und verstrich sie sorgfältig mit gemagertem Ton in Streifenform. Die letztere Arbeit wurde auch von Frauen ausgeführt. Der Preis für Reinen betrug je nach Größe 4, 10, 25 und 40 Pfennig. Für eine *„Fleischreine"* sind 16 Pfennig belegt.

Abb. 295

Abb. 296

Abb. 295 Reine
Um 1900.
Oxidierend gebrannt.
Maße: H 8 cm, L 33 cm, B 21 cm.
Heimatmuseum Vilsbiburg, Inv.Nr. 710602.

Abb. 296 Reine
„Fleischrein"
Um 1900.
Oxidierend gebrannt.
Maße: H 5,5 cm, L 41 cm B 22,5 cm.
Heimatmuseum Vilsbiburg, Inv.Nr. K84/18.

---

49 Endres 1996, S. 154.

Salbentopf (*„Salmdegl"*, *„Salmhaferl"*) [50]

Kleineres topfartiges, zylindrisches bis bauchiges, auch leicht konkaves Gefäß zum Einfüllen von salbenartigen Zubereitungen (Salben, etc.).[51]

Salben hat man beim Apotheker, Bader oder sonstigen Heilkundigen erworben oder nach alten überlieferten Rezepten selber hergestellt. Bekannt sind Salbentöpfe in bauchiger und zylindrischer Form. Zum Verschließen mit Papier, auch Pergamentpapier oder einem Tuch ist knapp unterhalb des Randes in der Regel ein Binderand vorhanden. Für Viehsalben fertigten die Hafner größere, bis zu 18 cm hohe Salbentöpfe. Sie wurden nur innen oder beidseitig glasiert.

Abb. 297   *Abb. 298*

Abb. 299   *Abb. 300*

---

50 Vgl. Kranzfelder, Ursula 1982.
51 Endres 1996, S. 142

Abb. 297 Salbentopf
„Salmdegl", „Salmhaferl"
Um 1900.
Oxidierend gebrannt.
Maße: H 11 cm, D 9 cm, DB 7,5 cm.
Heimatmuseum Vilsbiburg, Inv.Nr. K2008/74.

Abb. 298 Salbentopf
„Salmdegl", „Salmhaferl"
Um 1900.
Oxidierend gebrannt.
Maße: H 6 cm, D 5 cm, DB 5,5 cm.
Heimatmuseum Vilsbiburg, Inv.Nr. K2008/67.

Abb. 299 Salbentopf
„Salmdegl", „Salmhaferl"
Um 1900.
Oxidierend gebrannt.
Maße: H 6,5 cm, D 7 cm, DB 5,5 cm.
Heimatmuseum Vilsbiburg, Inv.Nr. K2008/68.

Abb. 300 Salbentopf
„Salmdegl", „Salmhaferl"
Um 1900.
Werkstatt beim „Mathies", Bödldorf Nr. 1.
Oxidierend gebrannt.
Maße: H 13 cm, D 14 cm, DB 11,5 cm.
Heimatmuseum Vilsbiburg, Inv.Nr. K86/15.
Bemerkung: Ein Binderand ist nicht vorhanden. Die Nachkommen des letzten Hafners hatten noch größere Mengen Salbentöpfe, vor allem mit Binderand im Besitz.

Bauchiger Topf („Spinnhaferl")

Spinnerinnen und Weber benutzten zum Befeuchten/Benetzen der Finger kleine, bauchige, am Spinnrad und am Spinnrocken oder am Webstuhl hängende, mit eingezogenem Fuß versehene Töpfen. Als Aufhängevorrichtung dienten entweder zwei Ösen im Rand, ein kleiner Bügel oder eine unter den eingezogenen Rand gewickelte Schnur. 1910 wurden für ein Stück 3 Pfennige gezahlt.

Abb. 301 Bauchiger Topf
„Spinnhaferl"
19. Jh.
Oxidierend gebrannt.
Maße: H 6,4 cm, D 5 cm, DB 3 cm.
Heimatmuseum Vilsbiburg,
Inv.Nr. 740810.

Abb. 301

Konischer Henkeltopf („Spitzhaferl")

Im Kröning fertigte man auch Geschirr, das bevorzugt in anderen Landschaften in Gebrauch war, also echte Exportware. Das „Spitzhaferl" ist ein Henkeltopf mit konisch aufsteigender Wandung in den Glasuren gelb, braun oder grün. Nach Einschreibbüchern der Hafner wurden „Spitzhaferl" hauptsächlich in die Gegend von Straubing, nach Regensburg und in den Bayerischen Wald geliefert. Der Verwendungszweck ist dem des *„Milchweidlings"* gleich. Verhandelt wurden sie per Dutzend, wobei um 1910 der Preis hierfür je nach Größe zwischen 60 und 96 Pfennig lag.

Abb. 302

Abb. 303

Abb. 302 Konischer Henkeltopf
„Spitzhaferl"
Um 1900.
Oxidierend gebrannt.
Maße: H 12 cm, D 17,2 cm, DB 10,5 cm.
Heimatmuseum Vilsbiburg, Inv.Nr. K2010/97.

Abb. 303 Konischer Henkeltopf
„Spitzhaferl"
Um 1900.
Werkstatt Sebastian Eder, Jesendorf, Dorfstr. Nr. 31.
Oxidierend gebrannt.
Maße: H 11 cm, D 15,5 cm, DB 11,5 cm.
Heimatmuseum Vilsbiburg, Inv.Nr. K2010/98.
Bemerkung: Wandung mit „Brennschatten" (Fehlbrand).

Vase

Eine eigene Vasenform hat sich im Kröning nicht herausgebildet. Die wenigen erhaltenen Stücke zeigen unterschiedliche Formen, wie Topf-, Krug-, annäherungsweise auch Flaschenformen. Teilweise gehören sie der Spätzeit an. Es gab eine birnenförmige Krugform ohne Henkel mit zwei mal zwei gegenständigen Ösen auf der Bauchung bzw. Schulter (Kat.Nr. 305) oder eine amphorenartige Form, die mehr kunstgewerblichen Charakter besitzt und aus der Endzeit der Hafnerei stammt (Kat.Nr. 306 – 309). Archivalische Belege des 17. und 18. Jahrhunderts sprechen von „Maikrügen". Sie dürften im Aussehen etwa den geschnitzten „*Maikrügen*" und „*Maibüschen*" auf den Altären der Barock- und Rokokozeit entsprechen. So hat die Kirchenverwaltung der Pfarrkirche Vilsbiburg 1694 „*ainem Hafner im Krönig, 8 Maykhrieg, zum Blaimbwerch, auf den Choraltar abkhauft*" und dafür 20 Kreuzer bezahlt.[52] Die Bezeichnung „*Krug*" weist nach heutigem Verständnis auf eine bauchige Form.[53]

Abb. 304   *Abb. 305*

Abb. 306   *Abb. 307*

Abb. 308   *Abb. 309*

Abb. 304 Doppelhenkel-Vase
Um 1800?
Oxidierend gebrannt.
Maße: H 17,5 cm, D 12,5 cm, DB 9 cm.
Heimatmuseum Vilsbiburg, Inv.Nr. K88/2.

Abb. 305 Birnenförmige Vase
Um 1800.
Oxidierend gebrannt.
Maße: H 19 cm, D 7,3 cm, DB 8,2 cm.
Heimatmuseum Vilsbiburg, Inv.Nr. K82/4.

Abb. 306 Doppelhenkelvase
Um 1900.
Oxidierend gebrannt.
Maße: H 24,5 cm, D 10,5 cm, DB 11 cm.
Heimatmuseum Vilsbiburg, Inv.Nr. K99/14.
Bemerkung: Laut Auskunft vom Vorbesitzer war das Objekt bis um 1930 im Besitz von Bartholomäus Spirkner, Pfarrer von 1908 bis 1919 in Kirchberg, Gemeinde Kröning.

Abb. 307 Doppelhenkelvase
1903(?).
Werkstatt Onersdorf Nr. 3 (alt 24).
Oxidierend gebrannt.
Maße: H 30,5 cm, D 10 cm, DB 14 cm.
Heimatmuseum Vilsbiburg, Inv.Nr. K2006/40.
Bemerkung: Am Boden handschriftlich von B. Spirkner signiert „Georg Kaspar-Ohnersdorf". Das Gefäß könnte zu den anlässlich der 3. Niederbayerischen Kreis-Industrie- und Gewerbeausstellung in Landshut 1903 gefertigten Objekten zählen.

Abb. 308 Doppelhenkelvase
1900/1930.
Oxidierend gebrannt.
Maße: H 18,5 cm, D 9,4 cm, DB 8,5 cm.
Heimatmuseum Vilsbiburg, Inv.Nr. K86/19.

Abb. 309 Doppelhenkelvase
Um 1900.
Oxidierend gebrannt.
Maße: H 40 cm, D 9,5 cm, DB 17,5 cm.
Heimatmuseum Vilsbiburg, Inv.Nr. K2009/61.

---

52 Pfarrarchiv Vilsbiburg, Kirchenrechnung 1694, Ausgaben an die Handwerker.
53 Auch Schreiner fertigten „Maykrieg", so Adam Offensperger von Vilsbiburg 1692 (Stadtarchiv Vilsbiburg, Jahresrechnung Heilig-Geist-Spital 1692).

Hoher bauchiger Topf (*„Wassergrand"*)[54]

Der imposanteste Typ der Hafnererzeugnisse im Kröning und vor allem an der Bina ist zweifellos die altertümlich anmutende Topfform, der als Schwarzgeschirr gefertigte *„Wassergrand"*. Bekannt sind Stücke bis zu 85 cm Höhe. Wegen der außerordentlichen Größe und dickeren Wandung dürften sie bis zu einer gewissen Höhe zunächst auf der Scheibe gedreht und dann in Wulsttechnik weiter aufgebaut worden sein. Die äußere, sorgfältig verstrichene Wand hat der Hafner horizontal mit wellenförmig aufgelegten so genannten Fingerdruckleisten versehen. Ältere Stücke weisen gitterförmige Leisten auf. Ob dieser Dekor Schmuck- oder Statikfunktion oder beides zusammen besaß, ist unbestimmt. Zumindest kaschierte man damit Fügestellen.

Das Vilsbiburger Heimatmuseum besitzt derzeit 15 Exemplare, wovon eines mit der Jahreszahl 1817 datiert ist. Dieser *„Wassergrand"* konnte 1975 in dem ehemaligen Hafneranwesen *„beim Paulus"* in Geiselberg Nr. 11 (alt 43), Gemeinde Gangkofen geborgen werden. Er war in einer Ecke der Stube/Küche, 30 cm tief in einem Sandbett im Boden eingelassen und von einer Ziegelmauer umgeben. Die Mauerkrone fand durch Holzbretter, aufliegend auf einem Holzbalkenrahmen, ihre Abdeckung. Möglich waren auch Einbauten eines *„Wassergrands"* in der Mauer zwischen Stube/Küche und Fletz. So konnte von beiden Seiten Wasser entnommen werden. Einige Exemplare besitzen als Mündungsöffnung eine viereckige Form, die bei einem in situ gefundenen Beispiel durch die räumlich bedingte Situation verursacht war. Die Wasserzufuhr in den Behälter erfolgte vom Brunnen vor dem Haus durch Leitungsrohre; diese konnten aus Holz oder aus Irdenware bestehen und ragten durch die Mauer in den *„Wassergrand"* hinein. Der vorgefundene Zustand in Geiselberg wies bereits modernisierte Verhältnisse auf, das Wasser gelangte mittels einer elektrisch betriebenen Pumpe in den Behälter.

Zwei weitere datierte, in Privatbesitz befindliche *„Wassergrand'"*, stammen aus der Werkstatt *„beim Petermandl"* in Stadlhof Nr. 4 (alt 62), Gemeinde Gangkofen und sind bezeichnet: *„Andreas Degenbeck. Stadlhof 1856"* bzw. *„Andre*

Degenbeck. Binna 1860". [55]Von dort stammt auch ein mit *„Bedermandl Hafner 1814"* signiertes Exemplar im Heimatmuseum Vilsbiburg (Inv. Nr. K 85/01) und ein weiteres mit *„Martin Degenbeck Bedermandl Hafner am Stalhof 1839"*[56] (Inv.Nr. K91/57). Von den neun im Museum der Stadt Wasserburg ausgestellten Exemplaren sind zwei bezeichnet mit: *„Thomas Bergkofer Breitmertl Hafner"* [Siebengadern Nr. 26, Gemeinde Gangkofen] bzw. *„1837 Stadlhof* [Rest nicht leserlich]".

Doch auch archivalische Belege zu den Wassergrand sind überliefert. In das Heilig-Geist-Spital Vilsbiburg lieferte 1758 der Hafner *Hans Perger* von Dirnaich an der Bina einen *„erdenen Wasser Dögl* [=Tiegel]" und wird dafür mit 1 Gulden 40 Kreuzer entlohnt.[57] 1777 werden von dem Vilsbiburger Bürger *Lorenz Schindlmayr* für einen an das Spital abgegebenen *„Erdenen Wasserdegl"* und einer *„Schneidbank"* 6 Gulden berechnet und 1778 liefert der Vilsbiburger Hafner einen *„schwarzen Degl"* zur Aufstellung im Kuhstall des Spitals für 3 Gulden 36 Kreuzer.[58] 1793 fertigte *Georg Königbauer*, Hafner *„auf der Hafnerstatt"* [Gebiet um Siebengadern an der Bina], einen *„Grossen Wasser Degl"* um 2 Gulden 55 Kreuzer.[59] Wegen der jeweils hohen Beträge für die Einzelgefäße *„Wasserdegl"* ist von einem Wassergrand auszugehen.

Weitere *„Wassergrand"* siehe Katalog datierte Gefäße Nr. 13, 26, 37, 38.

---

54 Grasmann 1978/2, S. 41 – 46. – Grasmann 1992, S. 49 – 63.

55 Andreas Degenbeck * 11.12.1828 Stadlhof, † 30.8.1899.
56 Martin II Degenbeck * 7.6.1788 Stadlhof, † 12.3.1872.
57 StAV, Rechnungen zum Heilig-Geist-Spital Vilsbiburg, Jahrgang Band 1758, fol. 46.
58 Wie Anm. 5, Jahrgang 1777, Verificationen Nr. 13, bzw. Jahrgangs-Rechnung 1778, fol. 39.
59 Wie Anm. 5, Rechnungszettel bei den Verificationen Jahrgang 1793.

Abb. 310

Abb. 313

Abb. 311

Abb. 314

Abb. 312

Abb. 315

Abb. 315a   *Abb. 315b*   *Abb.315e*   *Abb. 315f*

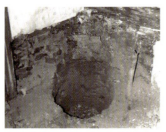

Abb. 315c   *Abb. 315d*

Abb. 310 Wassergrand
17. Jh.?
Reduzierend gebrannt.
Maße: H 69,5 cm, D 65,5 cm, DB 39 cm.
Heimatmuseum Vilsbiburg, Inv.Nr. 751010.
Bemerkung: Gebrauchsort Tattendorf, Gemeinde Vilsbiburg.
Lit.: Grasmann 1978/2, S. 44. Kat.Nr. 1. – ders. 1975, S. 85,
Abb. Tafel IV. Abb. Tafel IV.

Abb. 311 Wassergrand
18. Jh.
Reduzierend gebrannt.
Maße: H 60,3 cm, D 57,5 cm, DB 29 cm.
Privatbesitz.

Abb. 312 Wassergrand
Mitte 19. Jh.
Reduzierend gebrannt.
Maße: H 65,5 cm, D 66 cm, DB 32 cm.
Heimatmuseum Vilsbiburg, Inv.Nr K2010/342.
Bemerkung: Bis um 1980 in Benutzung in Kleingrub Nr. 29 1/2,
Gemeinde Vilsbiburg.

Abb. 313 Wassergrand
18. Jh.
Reduzierend gebrannt.
Maße: H 70,5 cm, D Vierpass 64,5 x 61 cm, DB 31 cm.
Heimatmuseum Vilsbiburg, Inv.Nr. 771106.
Bemerkung: Fundort Seyboldsdorf, Gemeinde Vilsbiburg.

Abb. 314 Wassergrand
Um 1850.
Reduzierend gebrannt.
Maße: H 81,3 cm, Mündung viereckig 67,5 x 64 cm, DB 35 cm.
Heimatmuseum Vilsbiburg, Inv.Nr. 760303.
Lit.: Grasmann 1975/2, S. 85/86, Kat.Nr. 112, Abb. Tafel IV.– ders.
Grasmann 1978/2, S. 46, Kat.Nr. 9, Abb. Abb. Tafel 4.

Abb. 315 und Abb. 315a – Abb. 315f Wassergrand
1817.
Werkstatt beim „Paulushafner", Geiselberg Nr. 11.
Reduzierend gebrannt.
Maße: H 71 cm, D 72,5 cm, DB 36 cm.
Heimatmuseum Vilsbiburg, Inv.Nr. 750407.
Bemerkung: Das bis um 1970 in Gebrauch befindliche Gefäß wurde
1974 im originalen Gebrauchszustand aus dem Anwesen geborgen.
Die zunächst fälschliche Datierung „1877" auf der
Gefäßaußenwandung wurde nun mit 1817 richtig gestellt.
Das Bild zeigt die ehemalige Hafnerwerkstatt/„Hafnerstube".
In der Mitte im Stubeneck der eingemauerte Wassergrand,
dazu Ausschnitte des Zustandes beim Ausbau des Objekts
bis hin zum Bild des ausgebauten Wassergrands mit der
geritzten Datierung „1817".
Lit. Grasmann 1978/2, Kat. Nr. 6.

Reinenform, Backform (*„Windnudelreine"*)

Ähnlich den Reinenformen, jedoch innerhalb der Wandung in einer planen Fläche mit tiefen Mulden versehen, fanden sie zur Ausformung von Brandteiggebäck Verwendung. Am Boden sind die Mulden verschiedentlich mit Stegen verbunden.

Abb. 316

Abb. 317

Abb. 316 Backform
„Windnudelreine"
Um 1900.
Oxidierend gebrannt.
Maße: H 6 cm, L 52 cm B 21,5 cm, Boden L 48,5 cm,
B 19,5 cm.
Heimatmuseum Vilsbiburg, Inv.Nr. BASt. 2008/157.

Abb. 317 Backform
„Windnudelreine"
Um 1900.
Oxidieren gebrannt.
Maße: 8,6 cm, L 76 cm, B 28 cm.
Heimatmuseum Vilsbiburg, Inv.Nr. K2009/18.

Öfen und Kachelherstellung

Ofenkacheln und Model genießen bei Keramiksammlern verschiedentlich nicht dieselbe Wertschätzung wie bei Gefäßen und Sonderformen. Doch auch in den Museen fehlt bei den Kacheln, weil nicht Sammelschwerpunkt, manchmal die ihnen erforderliche Beachtung. Häufig sind so genannte Altbestände vorhanden, deren Herkunft oftmals anonym ist. Das Vilsbiburger Heimatmuseum – Kröninger Hafnermuseum besitzt etwa 500 Ofenkacheln und Modeln, deren Hersteller nur teilweise gesichert sind. Teile des Bestandes wurden 1982 in Vilsbiburg in der Sonderausstellung *„Ofenkachel und Model aus dem Kröninger Umfeld des 17. bis 19. Jahrhunderts"* vorgestellt.[60] Besonders der bedeutende, 1958 geborgene Kachel- und Modelfund aus der Vilsbiburger Hafnerwerkstatt aus dem Ende des 17. Jahrhunderts harrt noch einer ausführlicheren Bearbeitung (s. Anm. 1). Über die Kachelherstellung und das Setzen von Öfen der Kröninger Hafner finden sich in Archivalien und in der Literatur bisher nur wenige Hinweise. Dem gegenüber stehen erhaltene und oftmals auch Kröninger Werkstätten zuschreibungsfähige Ofenkacheln und Model, von denen sich eine Vielzahl durch den Sammeleifer des seit 100 Jahren bestehenden Heimatmuseums Vilsbiburg – Kröninger Hafnermuseum erhalten haben.

Erste Nachrichten über die Kachelherstellung im Kröning stammen interessanterweise aus Hall in Tirol.[61] Der Hafner *„Sigmund Öffner ab dem Kroning"* hat 1453 in die Ratsstube und in die Schule einen Ofen gesetzt *„mit verglästen kachel"* und weiter, *„auch ain offen in der schuel auch mit seinen kacheln"* gemacht. Der *„Spitalwagen"* hatte die Kacheln an der Länd abgeholt, so dass sie wohl innaufwärts, wie dies vom Geschirrtransport bereits bekannt ist, verschifft worden sein müssen. *„Hier ist ausdrücklich erwähnt, dass er* [der Hafner aus dem Kröning] *selbst Kacheln dazu lieferte, die ihm auch bezahlt wurden."*[62]

Es verwundert etwas, dass aus dem weit entfernten Kröning Ofen setzende Hafner dorthin reisen. So ist aus Punkt 21 der Salzburger Hafnerordnung von 1578 bekannt, dass den *„außlendigen Maistern"* der Verkauf von

„grienen und schwarzen Ofen Khachl" zu den Dult-Zeiten verboten war. Mit den *„außlendigen"* Meistern dürften die Kröninger gemeint sein, die wohl durch Kachellieferungen in der Vergangenheit mit Anlass zu diesem Passus gegeben haben dürften.[63] In der Ordnung von 1619 ist dann im Punkt 35 bereits eine Erleichterung für nicht in Salzburg ansässige Hafner enthalten: *„Es soll Chain frembter maister sich Unfangen allhie Ofn aufZusötzn, es werre den, daß allhieg muister die gleichen öfn nit machen Chunte…".*[64] Welche Öfen die Salzburger Hafner nicht machen konnten (oder wollten ?), wird nicht ersichtlich.

1594 setzte der Hafner *Andreas Widtnpeckh* von Maithal im Neubau des Teisbacher Kastnerhauses sieben grüne Öfen.[65] In der Handwerksordnung der Kröninger Hafner von 1646 finden sich weitere Belege zur Kachelfertigung. Dem angehenden Meister war als viertes der geforderten Meisterstücke vorgeschrieben: *„ainen schwarzen oder grienen Ofen mit Fueß, Mitl und Obergsimbs, auch sechs Zeil Kachln, sambt ainen Khranz inner Monatsfrüst ufzerichten und [zu] verfertigen".*

Mit dem Bau von drei Öfen in das Amtshaus zu Vilsbiburg im Jahr 1656 wurde eigenartigerweise nicht der ortsansässige Hafner *Martin Maister* beauftragt. Man zog ihm den Hafner *Georg Widnpöckh* aus dem *„Krenich"* vor, der *„vor 3 Kachlöfen zu machen und aufzusezen"* die ansehnliche Summe von 24 Gulden und 21 Kreuzer erhielt.

1763 folgt ein weiterer Hinweis im Protokollbuch der Kröninger Hafner. Darin wird der Tagwerker *Peter Oberhofer* von Unterschnittenkofen als ungelernter Hafner aufgefordert, das Setzen neuer Öfen zu unterlassen, da sich dies nachteilig auf das gesamte Handwerk auswirke.[66] Im 19. Jahrhundert werden die Nachrichten etwas zahlreicher. Dieselbe Quelle nennt 1806 den Hafnergesellen *Joseph Waldherr* von Frontenhausen, der die Profession im Namen der Hafnerswitwe *Anna Maria Kaltenecker* betrieb – er heiratete sie später – und nur Kachelöfen fertigte.[67]

60 Grasmann, 1982, S. 19 – 49 mit zahlreichen Abb.
61 Ringler, 1965, S. 25.
62 Wie Anm. 1, Zitat Ringler, S. 25.

63 Svoboda 1981, S. 35
64 wie Anm. 21, S. 41.
65 Liedke, Volker H.: Der Neubau des Teisbacher Kastnerhauses im Jahre 1594, in: Der Storchenturm 2, Dingolfing 1966, S. 16 – 19.
66 AHV, Akten des Kröninger Hafnerhandwerks, 1.6 Organisation, Handwerks-Protokoll 1757 – 1787, S. 81.
67 Wie Anm. 10, 1.17 Organisation, Einzelakten Nr. 89.

Die Hafner von Vilsbiburg
und aus dem Kröning als Kachelofenbauer

Fast alljährlich wiederkehrende Reparaturen an den Kachelöfen im Heilig-Geist-Spital von Vilsbiburg, aber auch
Neuanfertigungen von Öfen lassen sich ab 1645 an den
Rechnungszetteln („*Verificationen*") der ortsansässigen
Hafner ablesen.[68] Anhand der Leistungen und ausgeführten Reparaturen kann nur an wenigen Beispielen
das Aussehen der Kacheln, wie beim Bildinhalt oder der
Farbigkeit, erschlossen werden. So liefert laut Rechnung
von 1670/1671 der Hafner *Martin Maister* zu einem neuen Kachelofen „*27 schwartze Spieglkhächl*" á 1 Kreuzer
und erhält für das Aufsetzen des Ofens 40 Kreuzer (Abb.
318). 1672 zahlt die Kirchenverwaltung der Pfarrkirche in
Vilsbiburg *Maister* für das Aufsetzen eines Ofens in der
„*Schuel Stuben*" 48 Kreuzer, wobei er dafür „*38 schwartze
Spiegl Khachl*" zum Stückpreis von einem Kreuzer verwendet.[69] 1679/1680 setzt er in den Backofen ein „*dibel*", wobei
hier das später so bezeichnete „*Bäckerdibbe*", eine Buchse
mit Deckel als Vorrichtung zur Zugregulierung, gemeint
ist (Kat.Nr. 104 und 105). Mehrere Male ist das Einsetzen
neuer „*Höllhäfen*" („*Wassergrandl*") genannt, ein Topf, der
an einer Seitenwand oder in einer Nische zwischen Ofen
und Wand, der so genannten Höll, eingesetzt wurde. 1692
und 1700 setzte der Hafner wiederum einen neuen Ofen
auf und erhält für das „*abferb*[en]", also wohl das Färbeln
mit Ofenfarbe (Graphit) jeweils 40 Kreuzer. 1705 ist erstmals von einem „*farbigen*" Kachelofen die Rede. Der Hafner setzte einen neuen Ofen mit „*26 griene Khachl*". Dabei
hatte er noch den „*Fuß gepflastert und abgeferbt*". Seine
Leistungen wurden mit 52 Kreuzern entlohnt.

68   StAV, Rechnungen zum Heilig-Geistspital Vilsbiburg ab 1645.
69   PfAV Kirchenrechnung 1672, Verificationen Nr. 21, "Hafners Zetl
      wegen der im Schuelhauß verrichten Arbaith Anno 1672 per 1
      fl. 18. Kr."

*Abb. 318 „Hafners Zetl" („Verification"), Vorder- und Rückseite, des
Vilsbiburger Hafners Martin Maister von 1671 u.a. über geliefertes Hafnergeschirr sowie über Leistungen für das Aufsetzen eines neuen Ofens
mit „27 Schwartze Spieghl Khächl eine jede umb 1 Kreuzer, macht 27
Kreuzer (5. und 6. Zeile)" in das Heilig-Geist-Spital Vilsbiburg.*

Dagegen ist die verwendete Stückzahl der Kacheln bei neu aufgerichteten Öfen mehrmals erwähnt. 1686 werden vom Hafner *Martin Maister* hierzu 39 Kacheln zu je 2 Kreuzer, 1730 von *Christoph Maister* 64 neue Kacheln zu je 2 Kreuzer und zwei Pfennig verwendet. Der doch deutliche Unterschied bei der verwendeten Stückzahl der Kacheln zwischen 1686 und 1730 mag vielleicht darin begründet liegen, dass bei älteren Öfen der Unterbau gemauert war. 1733 bricht *Maister* einen alten Ofen ab und setzt einen neuen mit 60 Kacheln zu je 3 Kreuzer, ein Jahr später baut er wieder einen Ofen, nun mit 72 neuen Kacheln auf. Die Stückzahl der Kacheln beträgt nun z. B. für drei 1795 neu erbaute Öfen 40 (Stückpreis 3 Kreuzer), 44 (Stückpreis 3 Kreuzer) und 90 (Stückpreis 5 Kreuzer) Kacheln. 1771 werden 64 Kacheln (Stückpreis 3 Kreuzer), 1801 55 (Stückpreis 5 Kreuzer), 1804 84 (Stückpreis 6 Keuzer) und 1835 44 Kacheln bei neuen Öfen, diesmal zu einem Stückpreis von 4 ½ Kreuzer verwendet.

1786 wehrt sich der Vilsbiburger Hafnermeister *Anton Gruber* gegen *„einpfuschende"* einheimische und auswärtige Maurer, die Öfen setzen und ausbessern.[70] Auch auswärtige Hafner, hier sind wohl die aus dem Kröning oder von der Bina gemeint, erledigten die gleichen Arbeiten und bringen *„sogar das Material, Stuck, Kachel, Friese, Kugeln, so anders"* herein. So habe sich der Hafner von Frontenhausen unterfangen, beim Kaminkehrer *Orelli* und beim Bierbrauer und Posthalter *Faistenhammer*, beide Vilsbiburg, ganz neue Öfen aufzusetzen und mit seinem Lehrjungen eine ganze Woche mit diesen Arbeiten in Vilsbiburg zuzubringen. Seine Klagen beim Vilsbiburger Magistrat und dem hiesigen Pfleggericht hätten nichts bewirkt, so dass er sich nun an die Regierung in Landshut wenden müsse. Diese überschreibt am 14. August 1786 an das Pfleggericht, dass der *„Unfug"* von den Auswärtigen abzustellen sei, Gruber also Recht bekam.

Joseph von Ponzelin erkennt eine offene Marktlücke, 1840 – 1873

Bezirksgeometer und Baukondukteur Joseph von Ponzelin aus Landshut erwarb 1840 von dem Hafner *Johann Baptist Rieder* das *„Hiesl-Michl"*-Anwesen in Jesendorf Haus-Nr. 252, (neu Dorfstr. 23) und errichtete eine „Ofenkachelfabrik". Bis jetzt lassen sich jedoch noch keine der erhaltenen Kacheln auf diese Produktion zurückführen. Pfarrer *Spirkner* ergänzt dazu, dass *„von Ponzelin eine Hafnergeschirrfabrik in Jesendorf errichtete, um schneller und künstlichere(!) Waren produzieren zu können, allein seine Fabrik rentierte sich nicht, und er verdarb. Das Gebäude brannte 1873 ab, und es entstanden daraus zwei neu Siedlungen* [= Gebäude].*"*[71] 1844 genehmigte der Magistrat der Stadt Straubing *von Ponzelin* dort eine Niederlage zum Verkauf seiner Fabrikate im Hause des Spezerei-Händlers *Poiger*.[72] Dagegen hatte aber der Gewerbeverein der ortsansässigen Hafner Beschwerde eingelegt und von der Regierung von Niederbayern in Landshut zunächst auch Recht bekommen. In der *von Ponzelin* über die Regierung von Niederbayern an das kgl. Ministerium des Innern in München eingereichte, sehr wortreiche Gegenbeschwerde begründete dieser sein Vorhaben und legte so wichtige Details für den Ofenbau in damaliger Zeit offen. Er berief sich auf eine bereits erteilte Genehmigung durch die Regierung der Oberpfalz in Regensburg, bei dem *„Spezerey Händler Kimmel"* eine Niederlage für seine Produkte errichten zu dürfen. Zur Bekräftigung seines Vorhabens zitiert er *die „Gewerbs Instruktion vom 28. Dezember 1825"* nach der jeder *„Privilegiums Inhaber"* befugt sei, überall Niederlagen zu errichten und erwähnt auch das Gewerbsgesetz vom 24. Juni 1835.

Von Ponzelin schreibt, dass er als Besitzer einer *„Töpferwaaren Fabrik in Jesendorf"* im Besitz *„eines Allerhöchsten Privilegiums zur Verfertigung und zum Absatz von Öfen* [sei], *deren eigenthümlich neue und zweckmäßige Konstruktion von mir … erfunden worden ist"*. Er appelliert, dass es doch *„den Tendenzen einer weisen Staatsregierung gelegen ist, welche das Aufblühen des Fabrikwesens als Wohlfahrt des Landes erkannt hat, den Fabrikunternehmern zu gestatten,*

70 StALa, Regierung Landshut A 16947, Anton Gruber, bürgerl. Hafnermeister von Byburg contra das kurfürstl. Pfleggericht Byburg, 8.8.1786.

71 Spirkner 1909/2, S. 428. – und Spirkner 1914, S. 135.

72 HStAM 5348, Niederlage-Gesuch des Ofenfabrikanten von Ponzelin betr., 1844.

alle zur Hervorbringung, Vervollkommnung, Vollendung und Wiederherstellung der Erzeugnisse seines Industriezweiges erforderlichen Arbeiten auf selbstbeliebige Weise durch die ihm am tauglichst scheinenden Personen, Anlagen und Hilfsmittel, ... vorzunehmen". Es müsse also den Fabrikanten die Möglichkeit geboten werden, das entstandene Instrument *„Niederlagen"* besonders in den größeren Städten für den Verkauf zu nutzen.

Interessant ist auch seine Bewertung zu den bisher produzierten und genutzten Öfen. Er beschreibt, *„wie unförmig, zum Gebrauche beinahe untauglich diese Erzeugnisse sind, und wie wenig noch die Kunst, zweckmäßige Holz ersparende und zugleich schönförmige Öfen zu construiren verbreitet und im Aufschwunge ist. Täglich kann man sich überzeugen, dass noch in den meisten Wirthschaften* [= Gasthäuser] *die Öfen die Grösse eines kleinen Hauses haben und natürlich eine immense Holzquantität erfordern".* Von Ponzelin verweist auch auf eine bisher unbekannte Variante des Tonabbaus im Kröning, nach der *„die sich hier vorfindende Thonerde ausgeführt* [wird], *um anderwärts verarbeitet zu werden".* Er erwähnt dabei auch die in den Kröning reisenden Geschirrhändler, die *„Tyroler",* die bis zur *„Befrachtung ihrer Wägen mit dem verlangten Geschirr oder mit Thonerde[!]"* bei den Hafnern Dach und Fach erhielten, was ihm, *von Ponzelin,* persönlich und wegen seiner Standesverhältnisse nicht gestattet ist.

Straubing habe er für seine Verkaufszwecke wegen seiner verkehrsgünstigen Lage ausersehen, außerdem vertreibe das *„Handlungshaus Poiger"* bereits verwandte Artikel, namentlich Zugröhren, Herdplatten und dergleichen, was nach den gesetzlichen Bestimmungen gestattet ist.

Am 29. Juni 1844 erfolgte dann zugunsten Ponzelins folgender Bescheid: Er erhält *„die Bewilligung zur Errichtung einer Niederlage für die in seiner Fabrik zu Jesendorf erzeugten Töpfergeschirre, Öfen und gebrannte Röhren zur Herstellung enger, so genannter russischer Kamine, geruchloser Abtritte und Wasserleitungen bey dem Handelsmann Poiger Joseph in Straubing in der Erwägung ertheilt werde, daß die Verbreitung holzsparender, gut konstruierter Öfen im allgemeinen Interesse wünschenswerth ist".* Außerdem habe *von Ponzelin* erst kürzlich für seine gebrannten Röhren in bau- und feuerpolizeilicher Hinsicht ein Gewerbs-Privilegium erhalten.

Das Ende des Kachelofenbaus zeichnet sich ab

Verschärfende Vorschriften über das *„Verfertigen und Setzen von Öfen"* erließ die Regierung von Niederbayern 1842, in denen sie zur Verleihung von Konzessionen im Hafnergewerbe neue Bedingungen anordnete. So musste nun ein Bewerber nachweisen, dass er Kenntnisse in der Konstruktion *„zweckmäßiger Feuerungsvorrichtungen"* sowie im Zeichnen besitze. Der Gewerbsvereinskommissar, in der Regel der Landrichter oder ein höherer Beamter des Landgerichts, habe die Hafner darauf aufmerksam zu machen, *„wie erst dann der Absatz ihrer Waaren um ein namhaftes sich steigern werde, wenn außer der bereits anerkannten Güte des Materials dieselben auch durch gefällige Formen sich empfehlen werden…".* Man konnte natürlich nur mehr die angehenden Betriebsinhaber wie auch die Lehrlinge und Gesellen erfassen, die sich nun im Rahmen ihrer Ausbildung auch auf die Wanderschaft zu begeben hatten, was aber bisher bei den Landhafnern nicht oder nicht mehr üblich war. Hatte z. B. ein Geselle bereits ausgelernt, so war er gehalten, durch *„gesellenweises Arbeiten bey einem auswärtigen tüchtigen Meister"* diese Kenntnisse nachträglich anzuzeigen.[73] Solche Vorschriften könnten dazu beigetragen haben, dass bei den Hafnern im Kröning und an der Bina die Produktion von Ofenkacheln und das Setzen von Öfen allmählich zurück ging und schließlich ganz aufgehört hat. So erzählten die Geschwister Zettl aus Bödldorf, dass ihr Großvater Benno Zettl (Arbeitszeit ab 1855) bereits keine Ofenkacheln mehr gefertigt habe.

Noch 1855 setzten sich die Kröninger Hafnermeister gegen die Maurer zur Wehr, weil diese Öfen setzten und ausbesserten. Das kgl. Landgericht Vilsbiburg bestimmte daraufhin in einer im Bezirks-Amtsblatt Nr. 37/1855 abgedruckten Bekanntmachung, dass dies nur den konzessionierten Hafnermeistern zustehe.

Im Bayer. Industrie- und Gewerbeblatt Nr. 1 von 1869 berichtete dann *Dr. Wimmer,* dass zu dieser Zeit *„Nur ein Hafnermeister, nämlich Johann Wagner zu Oberschnittenkofen in der Gemeinde Jesendorf* [...] *„Kacheln für Zimmeröfen"* in kleinerem Umfang fabriziere.[74] Diese wenigen

---

73 AHV, Akten des Kröninger Hafnerhandwerks, 1. 17 Streitakten Nr. 93 – 95.

74 Wimmer 1869.

Hinweise lassen erkennen, dass im Kröning zumindest im 19. Jahrhundert die Geschirrherstellung im Vordergrund gestanden hat.

Archivalische Nachrichten über die Kachelherstellung an der Bina fehlen für das 19. Jahrhundert gänzlich. Hier ist man auf die Fundsituation vor Ort angewiesen. Dabei ist festzuhalten, dass auf Grund der dort geborgenen Kacheln und Model sowie der mündlichen Überlieferung nach, eine oder zwei Werkstätten noch im 4. Viertel des 19. Jahrhunderts Kacheln produzierten.

Nachfolgend ist eine Zusammenstellung jener Hafnerwerkstätten im Kröning und an der Bina angefügt, bei denen durch dort gefundene Model oder mit Brennfehlern behaftete Kacheln eine Kachelproduktion belegt ist.

Hafnergebiet Kröning (Gemeinde Kröning)
Bödldorf Nr. 4, *„beim Uiderl"*;
Buttenbach *„beim Hafner"*;
Grammelsbrunn Nr. 4, *„beim Christl"*;
Grammelsbrunn Nr. 5, *„beim Stalleder"*;
Jesendorf, Hafnerweg Nr. 4, *„beim Docter Kaspar"*;
Jesendorf, Dorfstr. Nr. 31, *„beim Eder"*;
Kleinbettenrain, Nr. 2, *„beim Schuster"*;
Kleinbettenrain Nr. 3, *„beim Girgnmann"*;
Oberschnittenkofen Nr. 156;
Oberschnittenkofen Nr. 6;
Onersdorf Nr. 1 *„beim Gang"*;
Onersdorf Nr. 3, *„beim Bartl"*.

Hafnergebiet an der Bina (Gemeinde Gangkofen)
Geiselberg Nr. 11, *„beim Paulushafner"*;
Spielberg Nr. 4, *„beim Hanshafner"*.

(Gemeinde Bodenkirchen)

Langquart, *„beim Hafner"*.

Zu den Fundumständen von Ofenkacheln und Model im Kröninger Umfeld

Ein aus der Vilsbiburger Hafnerei stammender Kachel- und Modelfund von über 50 Exemplaren ist aus dem Ende des 17. Jahrhunderts gesichert.[75] Auffallend sind besonders zwei großformatige Eckkachel-Model bis zu einer Höhe von 60 cm, von denen eine mit 1671 (datierte Ofenkacheln Kat.Nr 2) datiert ist. Eine Patrize in Gestalt eines Krebses zeigt die Jahreszahl 1692 (datierte Ofenkacheln Kat.Nr. 3). Aufgrund handschriftlicher, mit Tinte und Bleistift angebrachter Vermerke auf Kacheln und Modeln, die vor dem Eingang in den Vilsbiburger Museumsbestand vor allem von dem Sammler Pfarrer *Bartholomäus Spirkner*, Pfarrer in Kirchberg, auf den Exponaten angebracht wurden, lassen sich nicht wenige Exemplare zu Produktionen in Kröninger Hafnerwerkstätten zuordnen. Die Sammlungspolitik in den ersten 20 Jahren des 1910 gegründeten des Museums lässt erkennen, dass in erster Linie *„schöne"* Stücke mit repräsentativen Motiven aufgenommen wurden. Herkunftsgesichert sind jene aus dem 18. und der ersten Hälfte des 19. Jahrhunderts stammenden Objekte, die noch von Nachkommen der Hafner in den 1970er Jahren an das Heimatmuseum Vilsbiburg abgegeben wurden. Zu nennen sind vornehmlich die Werkstätten Benno Zettl beim *„Uiderl"* in Bödldorf und die der Binahafner beim *„Hanshafner"* in Spielberg und beim *„Paulus"* in Geiselberg.

---

75 Markmiller 1982, Grasmann, Lambert: Einführung und Katalog zur Ausstellung „Ofenkachel und Model aus dem Kröninger Umfeld des 17. bis 19. Jhdts". Katalog zur Ausstellung im Vilsbiburger Heimatmuseum 22.5. – 23. 12. 1982, darin Hinweise zur Herkunft der Exponate

Die Kacheln und Modeln

Aus älterer Zeit haben sich nur wenige schwarze, reduzierend gebrannte Topfkacheln erhalten. Bei den häufiger erscheinenden, in Werkstattbruch gefundenen schwarzen Schüsselkacheln wurde zunächst eine Schüssel gedreht und der Rand zu einer Vierpass- sehr viel seltener zu einer Dreipassmündung[76] gedrückt. Weiter wurden Blattkacheln mit rückseitig gedrehtem Steg gefertigt, die auf der Schauseite figurale und allegorische Darstellungen, Pflanzenornamente, Architekturteile usw. zeigen. Diese Kacheln konnten auch aus mehreren Modeln ausgedrückt und zusammengesetzt sein, wobei der Mittelteil austauschbar war. Da die Model oft über einen längeren Zeitraum hin im Gebrauch waren, auch immer wieder vervielfältigt wurden, kann aufgrund eines Motivs nicht ohne weiteres auf das Alter der Kachel geschlossen werden. Auch die Zuordnung zu bestimmten Herstellungsgebieten bereitet Schwierigkeiten, da Modelmotive weit verbreitet waren. Das Heimatmuseum Vilsbiburg besitzt aus dem Werkstattbruchgrubenfund der Vilsbiburger Hafnerwerkstatt ein Model aus der 2. Hälfte des 17. Jahrhunderts, das eine vornehme Dame als allegorische Figur der „Friling" zeigt. Die gleiche weibliche Gestalt findet sich auf weiteren Kacheln, so als „Sumer" (Abb. 324) oder bei Weihwasserkesseln als andere allegorische Figur oder als Heilige dargestellt. Auf eine interessante Querverbindung zu Salzburg dürfte ein mit den Initialen „R / S" versehener Querleisten-Kachelmodel hinweisen, der auch in der Strobl-Werkstatt zu Salzburg in der Steingasse nachgewiesen ist (Abb. 319).[77] Gleiches gilt für ein im Fundkomplex enthaltenes Modelfragment, das ganz exakt wie eine in der Strobl-Werkstatt gefundene Eckkachel – die weibliche allegorische Figur der „Gerechtigkeit" zeigt. Weitere Teile der Kachelöfen waren Sims- und Eckkacheln, Kugelaufsätze, Bekrönungen, einteilige Dachaufsätze und Ofenfüße. Erhalten haben sich auch „Wasserschiffe", „Bratröhren" und „Kaminrohre" als Hafnerarbeit in Irdenware.

Der Großteil der im Vilsbiburger Heimatmuseum aus dem 19. Jahrhundert erhaltenen Kacheln und Model zeigt Ornamente in historisierenden Formen, also Kopien und Umformungen historischer Öfen der Gotik und der Renaissance. Weitere Objekte siehe Katalog der datierten Kacheln und Modeln, Nr. 1 bis 9.
Die Glasurfarben bei den Kacheln und Öfen sind identisch mit den Abbildungen.

Abb. 319 Querleisten-Model, Fund aus dem Vilsbiburger Hafnerhaus, Obere Stadt 33, mit der spiegelverkehrten Initiale „R / S" in der linken Hälfte der senkrechten Leiste, 2. Hälfte 17. Jh.

---

76 Grasmann 1988/1, S. 44 -74, Kat.Nr. 95.
77 Svoboda 1981. – Markmiller 1982, Tafel I.

Abb. 320

Abb. 321

Abb. 322

Abb. 323

Abb. 324

Abb. 320 Schüsselkachel
15./16 Jh.
Werkstatt Hundspoint 14.
Reduzierend gebrannt.
Maße**:** 11,5 cm, B 16 cm, DB 9 cm.
Heimatmuseum Vilsbiburg, Inv.Nr. H5.
Lit.: Grasmann 1988/1, S. 74, Abb. S. 66, Kat.Nr. 91.

Abb. 321 Schüsselkachel
16./17. Jh.
Werkstatt Hundspoint Nr. 14.
Reduzierend gebrannt.
Maße: H 9,2/10 cm, L/B 21,5 x 22,5 cm, DB 11,5 cm.
Heimatmuseum Vilsbiburg, Inv.Nr. K2010/129.

Abb. 322 Blattkachel-Fragment
17. Jh.
Werkstatt Kleinbettenrain Nr. 3, Werkstattbruch.
Reduzierend gebrannt.
Maße: 22 x 22 cm.
Heimatmuseum Vilsbiburg.
Lit.: Grasmann 1975/2, Kat.Nr. 133. – Pletzer 1974, Tafel 9, Nr. 53.

Abb. 323 Blattkachel
2. Hälfte 17. Jh.
Oxidierend gebrannt.
Maße: H 27,3 cm, B 24,5 cm.
Heimatmuseum Vilsbiburg, Inv.Nr. 1737.
Bemerkung: Über der Figur Umschrift „DER GE / RVCH". Auf der Rückseite handschriftlicher Vermerk mit Tinte „b. Hötschl Nieder-viehbach ganzer Ofen". Seltenes Motiv: Tabakspfeife.
Lit.: Spirkner 1914, S. 137, Abb. 94. – Grasmann 1982, Kat.Nr. 122. – Mehler 2007, Abb. S. 31.

Abb. 324 Blattkachel
Ende 17. Jh.
Oxidierend gebrannt.
Maße: H 26,5 cm, B 24 cm.
Heimatmuseum Vilsbiburg, Inv.Nr. 1593.
Bemerkung: Bezeichnet „SVMER" (= Sommer).
Lit.: Grasmann 1982, Kat.Nr. 112.

Abb. 325

Abb. 325 Eckkachel
2. Hälfte 17. Jh.
Oxidierend gebrannt.
Maße: H 70 cm, B 15,5 x 15,5 cm.
Heimatmuseum Vilsbiburg, Inv.Nr. 1767.
Lit.: Grasmann 1982, Kat.Nr. 67.
Bemerkung: Siehe passender Model, Kat. Nr. 326.

Abb. 326 und Abb. 326a Eckkachel-Model
1671.
Oxidierend gebrannt.
Werkstatt Vilsbiburg, Obere Stadt 33, Werkstattbruch.
Maße: Rest H 60 cm, B 17 x 18 cm.
Heimatmuseum Vilsbiburg, Inv.Nr. 751007.
Lit.: Grasmann 1982, Kat.Nr. 66.
Bemerkung: Rückseitig bezeichnet und datiert „ . B . WZ . / . 1671 .
„ – Model passt zu Kat.Nr. 325.

Abb. 327 Blattkachel-Model
17. Jh.
Oxidierend gebrannt.
Maße: H 27,5 cm, B 27,5 cm.
Heimatmuseum Vilsbiburg, Inv.Nr. K2010/130.
Lit.: Grasmann 1982, Kat.Nr. 93.

Abb. 326   *Abb. 326a*

Abb. 327

Abb. 328

Abb. 329

Abb. 328 Blattkachel
Mitte 17. Jh.
Oxidierend gebrannt.
Maße: H 53 cm, B 43,5 cm.
Heimatmuseum Vilsbiburg, Inv.Nr. 1762.
Bemerkung: Bezeichnet mit Allegorie „JVDITH". Der Handwerks-
schild (Abb. 27) des Kröninger Hafnerhandwerks von 1651 besteht
zu einem Teil aus einem kartuschenartig ausgeschnittenen Holz-
rahmen sowie einer Blattkachel, die im Mittelfeld als Darstellung
eine Strahlenkranzmadonna besitzt, sonst aber wie die vorstehende
„Judith"-Kachel gefertigt ist.
Lit.: Grasmann 1982, Kat.Nr. 86.

Abb. 329 Blattkachel
18. Jh.
Oxidierend gebrannt.
Maße: H 53 cm, B 42,5 cm.
Heimatmuseum Vilsbiburg, Inv.Nr. 1641.
Bemerkung: Bezeichnet „EVROPA".
Lit.: Grasmann 1982, Kat.Nr. 104.
Bemerkung: Aus der Werkstatt Benno Zettl in Bödldorf sind eine
Matrize und eine Patrize erhalten, die als Allegorie „Amerika" mit
einer Indianergestalt zeigt. Ähnliche Darstellungen, auch für
„Europa" und „Asien" siehe bei Franz 1981, Abb. 669 bis 671.

**Abb. 330 Abdruck des Innenfeldes
einer Blattkachel und Model**
18. Jh.
Abdruck oxidierend gebrannt.
Model Gips.
Werkstatt beim „Bartl" in Onersdorf Nr. 24 (alt).
Maße Abdruck: H 32,5 cm, B 25 cm.
Maße Model: H 31 cm, B 25,5 cm.
Heimatmuseum Vilsbiburg, Inv.Nr. 1643 bzw. 1642.
Bemerkung: Abdruck und Model signiert mit Allegorie „ASIA".
Lit.: Spirkner 1914, Abb. 102 und 101, S. 141 – Grasmann, Kat.Nr.
106 und 105.

Abb. 330

Abb. 331   *Abb. 332*

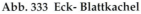

Abb. 333    *Abb. 334*

Abb. 335   *Abb. 336*

Abb. 331 Ofenbekrönung

167?
Werkstatt Vilsbiburg, Obere Stadt 33, Werkstattbruch.
Oxidierend gebrannt.
Maße: H 24 cm, B 16 cm.
Heimatmuseum Vilsbiburg, Inv.Nr. K2010/131.
Bemerkung: Wappen der Schleich von Haarbach, Gemeinde
Vilsbiburg, aufgelegte Datierung 167?
Lit.: Grasmann 1982, Kat.Nr. 98.

Abb. 332 Blattkachel

2. Hälfte 17. Jh.
Werkstatt Hötschl, Niederviehbach.
Oxidierend gebrannt.
Maße: H 11,7 cm B 22,7 cm.
Heimatmuseum Vilsbiburg, Inv.Nr. 1586.
Bemerkung: Heiligenfigur, bezeichnet „S. CATHARINA".
Lit.: Grasmann 1982, Kat. Nr. 113.

Abb. 333 Eck- Blattkachel

2. Hälfte 17. Jh.
Oxidierend gebrannt.
Maße: H 22 cm, B 23 x 11 cm.
Heimatmuseum Vilsbiburg, Inv.Nr. 1852.
Bemerkung: Motiv „schreitender Hirsch", im schmalen Eckteil
„preußischer Adler".
Lit.: Grasmann1982, Kat.Nr. 115.

Abb. 334 Blattkachel

2. Hälfte 17. Jh.
Oxidierend gebrannt.
Maße: H 22 cm, B 22 cm.
Heimatmuseum Vilsbiburg, Inv.Nr. 1745.
Bemerkung: Mariendarstellung bezeichnet „S. MA / RIA".
Lit.: Grasmann 1982, Kat.Nr. 114.

Abb. 335 Spiegelkachel

17. Jh.
Oxidierend gebrannt.
Maße: H 22 cm, B 22 cm.
Heimatmuseum Vilsbiburg, Inv.Nr. K2004/10.

Abb. 336 Blattkachel

17./18 Jh.
Oxidierend gebrannt.
Maße: H 23,5 cm, B 21 cm.
Heimatmuseum Vilsbiburg, Inv.Nr. K2004/22.

Abb. 337   *Abb. 338*

Abb. 339   *Abb. 340*

Abb. 341

Abb. 342

Abb. 337 Blattkachel
18. Jh.
Oxidierend gebrannt.
Maße: H 24,5 cm, B 24,5 cm.
Heimatmuseum Vilsbiburg, Inv.Nr. K2010/132.
Bemerkung: Dargestellt ist die „Flucht der hl. Familie
nach Ägypten".

Abb. 338 Blattkachel
Um 1800.
Oxidierend gebrannt.
Maße: H 24,5 cm, B 22,5 cm.
Heimatmuseum Vilsbiburg, Inv.Nr. K2010/133.

Abb. 339 Abformung aus einem Blattkachelmodel
Ende 18. Jh.
Werkstatt Benno Zettl, Bödldorf Nr. 4.
Oxidierend gebrannt.
Maße: H 25 cm, B 21 cm.
Heimatmuseum Vilsbiburg, Inv.Nr. 1590.
Bemerkung: Dargestellt ist „Christi Himmelfahrt".
Lit.: Grasmann 1982, Kat.Nr. 134.

Abb. 340 Blattkachel
1808.
Oxidierend gebrannt.
Maße: H 24 cm, B 21,5 cm.
Heimatmuseum Vilsbiburg, Inv.Nr. 1739.
Bemerkung: Geritzt signiert „IESVS / MARIA .VND / IOSEPPH" –
„18 / 08" –„I. W. / A TS". – Vgl. Kat.Nr. 8 der datierten Ofenkacheln
und Öfen, hier Kachelofen im Museum Grafing mit identischer
signierter Kachel 1808.
Lit.: Grasmann 1982, Kat.Nr. 154.

Abb. 341 Blattkachel
1. Hälfte 19. Jh.
Oxidierend gebrannt.
Maße: H 25,5 cm, B 22,5 cm.
Heimatmuseum Vilsbiburg, Inv.Nr. K2010/134.

Abb. 342 Blattkachel und Model
19. Jh.
Werkstatt beim „Hanshafner", Spielberg Nr. 4.
Kachel oxidierend gebrannt. Model Holz.
Maße Kachel: H 24,3 cm, B 21 cm; Maße Model: H 25,3 cm B 22,2 cm.
Beide Privatbesitz Vilsbiburg.
Bemerkung: Ähnlicher Model bei Spirkner 1914, Abb. 97, S. 139.

Abb. 343

Abb. 344

Abb. 345

Abb. 346   *Abb. 347*

Abb. 343 Leisten-Kachel
17./18. Jh.
Oxidierend gebrannt.
Maße: H 13,5 cm, L 29,7 cm.
Heimatmuseum Vilsbiburg, Inv.Nr. 1843.
Lit.: Grasmann 1982, Kat.Nr. 129 – Vgl. Franz 1981, Abb. 206. – Vgl.
Endres 2005, Abb. 95.
Bemerkung: Häufiges, auch in anderen Regionen verwendetes
Motiv.

Abb. 344 Leisten- Kachel
Um 1800?
Oxidierend gebrannt.
Maße: H 13,5 cm, L 29,3 cm.
Heimatmuseum Vilsbiburg, Inv.Nr. 1844.
Lit.: Grasmann 1982, Kat.Nr. 128.

Abb. 345 Eck-Kachelmodel mit Abdruck
17. Jh. Model aus Werkstatt beim „Bartl", Onersdorf Nr. 24 (alt).
Oxidierend gebrannt.
Maße: Model: H 22,5 cm, B 15 x 15 cm.
Eckkachel: H 19,5 cm B 17 x 17 cm.
Heimatmuseum Vilsbiburg, Model Inv.Nr. 1838,
Eckkachel Inv.Nr. 1837.
Bemerkung: Eckkachel handschriftlich bezeichnet
„Pfarrhof Kirchberg". Lit.: Spirkner 1914, Abb. 95, S. 138 –
Grasmann 1982, Kat.Nr. 108 und 109.

Abb. 346 Kachelmodel
17. Jh.
Oxidierend gebrannt.
Maße: H 29,5 cm, B 14 cm.
Heimatmuseum Vilsbiburg,.
Bemerkung: Spiegelverkehrt signiert „S T I". – Weitere identische,
unglasierte und etwas kleinere Kachel im Vilsbiburger Heimatmu-
seum (Inv.Nr. 1784), Lit.: Grasmann 1982, Tafel VII, Kat. Nr. 103 und
Spirkner 1914 Abb. 98, S. 139. – Vgl. auch Endres 1989, S. 234, Tafel
18, Kat.Nr. 35, dort fast identische Kachel aus der Bogener Werkstatt
Georg Pösinger/Pesinger. Hier mit abgebildet ist auch die Vilsbiburger
Kachel Inv. Nr. 1784.

Abb. 347 Ofenaufsatz
1718.
Oxidierend gebrannt.
Maße: H 35 cm, B 30 cm.
Heimatmuseum Vilsbiburg, Inv.Nr. 1764.
Bemerkung: Von einem Ofen des im Jahr 1718 erbauten Pfarrhofs
von Vilsbiburg. Darstellung: Im linken ovalen Feld Wappen des
Benediktinerklosters St. Veit in Neumarkt St. Veit, rechtes Feld zeigt
das Wappen des Abtes Marianus Wiser (dargestellt ist ein Wiesel =
redendes Wappen). Wiser war von 1653 bis 1675 Pfarrer (Vikar) in
Vilsbiburg und dann von 1695 bis 1720 Abt des Klosters St. Veit.
Er starb 1723. Lit.: Grasmann 1982, Kat.Nr. 121.

Abb. 348　　　　　　　*Abb. 349*　　　　　　　*Abb. 351*　　　　　　　*Abb. 352*

Abb. 350　　　　　　　　　　　　　　　　*Abb. 353*

Abb. 348 Durchbruch-Kachel
19. Jh.
Oxidierend gebrannt.
Maße: H 19 cm, B 22,5 cm.
Heimatmuseum Vilsbiburg, Inv.Nr. 1743.
Lit.: Spirkner 1914, Abb. 96, S. 138 – Grasmann 1982, Kat.Nr. 191.
Bemerkung: Fundort lt. rücks. Beschriftung
„b. Auer Oberschnittenkofen" [Nr. 156] (ehem. Hafnerei).

Abb. 349 Blattkachel
Mitte 19. Jh.
Oxidierend gebrannt.
Maße: B 27,4 cm, H 21 cm.
Heimatmuseum Vilsbiburg, Inv.Nr. K2010/135.
Lit.: Grasmann 1982, Kat.Nr. 192.

Abb. 350 Blattkachel
1850.
Oxidierend gebrannt.
Maße: H 19,5 cm, B 17,5 cm.
Heimatmuseum Vilsbiburg, Inv.Nr. K2010/136.
Bemerkung: Ehemaliger Aufstellungsort des Ofens Vilsbiburg,
Stadtplatz 13. Kachel zu Ofen mit datierter Kachel (1850),
Kat.Nr. 351 und 352 gehörig.
Lit.: Grasmann 1982, Kat.Nr. 195.

Abb. 351 Eck-Gesimskachel
1850.
Oxidierend gebrannt.
Maße: H 11 cm, B 16 cm.
Heimatmuseum Vilsbiburg, Inv.Nr. K2010/137.
Bemerkung: wie bei Kat.Nr. 350.
Lit.: Grasmann 1982, Kat.Nr. 186.

Abb. 352 Sockel(?)-Blattkachel
1850.
Oxidierend gebrannt.
Maße: 19,6 x 19,6 cm.
Heimatmuseum Vilsbiburg, Inv.Nr. K2010/138.
Bemerkung: Rückseitig geritzt, datiert „1850",
zu Kacheln des Ofens Kat.Nr. 352 und 351 gehörig.
Lit.: Grasmann 1982, Kat.Nr. 194.

Abb. 353 Eckkachel
19. Jh.
Oxidierend gebrannt.
Werkstatt Leonhard Ritthaler, „Paulushafner"
in Geiselberg Nr. 11.
Maße: H 15,2 cm, B 22,2 x 11 cm.
Heimatmuseum Vilsbiburg, Inv.Nr. 730721.
Lit.: Bauer 1976, Vgl. dort identische Kacheln
Kat.Nr. 154 bis 156.

Abb. 354

Abb. 355b　　　　　*Abb. 355c*　　　　　*Abb. 355d*

Abb. 355

Abb. 355a

Abb. 354 Model zu einer Blattkachel
2. Hälfte 19. Jh.
Werkstatt Rupert Haslinger, Vilsbiburg, Kirchenweg 2 (abgebrochen).
Gips.
Maße: H 28,5 cm, B 24 cm.
Heimatmuseum Vilsbiburg, Inv.Nr. K2010/139.
Lit.: Grasmann 1982, Kat.Nr. 264.

**Abb. 355 Kachelofen und Abb. 353a bis Abb. 353d
Bekrönungsteile eines Kachelofens**
2. Hälfte 19. Jh.?
Oxidierend gebrannt.
Maße: Mittelteil Kat.Nr. 374a: H 28 cm, L 48,5 cm.
Seitenteil mit Engelsfigur Kat.Nr. 374b: H 29 cm, B 26 cm.
Eckfigur Kat.Nr. 374c: H 28,8 cm, Sockelbreite 7,8 x 7,8 cm.
Heimatmuseum Vilsbiburg, Inv.Nr. K2010/140.
Bemerkung: Ehem. Standort Schloss Seyboldsdorf,
Gemeinde Vilsbiburg. Turmartiger Kachelofen mit grün glasierten
Spiegelkacheln. Ofen nach Verkauf des Schlosses an den Orden
der Magdalenerinnen um 1950 abgebrochen. Im Mittelfeld der
Bekrönung Wappen der Grafen von Seyboldsdorf, jeweils links und
rechts davon Engelshalbfigur und an den vier Ecken jeweils Figur
eines Ritters. Lit.: Grasmann 1982, Kat.Nr. 236.

Abb. 356

Abb. 357

Abb. 358

Abb. 359

Abb. 356 Backrohr
19. Jh.
Werkstatt Grammelsbrunn Nr. 5.
Reduzierend/oxidierend gebrannt.
Maße: T 35 cm, L 24 cm, B 23,5 cm. Deckel: 23 x 21,5 cm.
Heimatmuseum Vilsbiburg, Inv.Nr. K2003/35.
Bemerkung: 1674 liefert der Hafner Martin Maister von Vilsbiburg anlässlich der Ausbesserung eines Ofens „eine Ofen Rörn" und 1713 der Hafner Mathias Maister „ain Rern sambt dem Schub" (Deckel/Schieber, s. Abb.) um 12 Kreuzer in das Heilig-Geist-Spital von Vilsbiburg.[78]

Abb. 357 Ofenrohrknie
Um 1900.
Werkstatt Benno Zettl, Bödldorf Nr. 4.
Oxidierend gebrannt.
Maße: L 30 cm bzw. 29 cm, D 17 cm, Öffnung 10 x 11 cm.
Heimatmuseum Vilsbiburg,
Inv.Nr. K2006/61. Lit.: Grasmann1990, S. 40, Kat.Nr. 190.

Abb. 358 Kaminrohr mit Schieber
Um 1900.
Oxidierend gebrannt.
Maße: H 43 cm, D 12 cm, DB 18,5 x 19 cm;
Schieberloch 14,5 x 2 cm, Schieber 20 x 14 cm.
Heimatmuseum Vilsbiburg, Inv.Nr. 740106.

Abb. 359 Deckel zu einer Öffnung zum Reinigen der Züge
18. Jh.
Werkstatt Oberaichbach, Dorfstr. 6.
Oxidierend gebrannt.
Maße: D 13,5 cm, H 3 cm, D rückseitiger Falz 9,7 cm.
Privatbesitz in der Gemeinde Niederaichbach.
Bemerkung: Ein zweiter Deckel mit anderem Motiv ist vorhanden.

---

78 StAV, Rechnungen zum Heilig-Geist-Spital Vilsbiburg, Verifica-tionen (Rechnungszettel) 1674 und 1713.

Abb. 360

Abb. 361

Abb. 360 Kachelofen
3. Viertel 19. Jh.
Turmartig mit zwei „Durchsichten"
Oxidierend gebrannt.
Maße: H 159 cm, B oben 79, Mitte 69, unten 75 cm, T oben 39,5,
Mitte 29,5, unten 38,5 cm.
Standort Heimatmuseum Vilsbiburg, Inv.Nr. K2010/141.
Bemerkung: Standort bis um 1970, Vilsbiburg, Löchl Nr.1.

Abb. 361 Kachelofen
„Sesselofen" mit zwei „Durchsichten"
1868.
Werkstatt Dionys Griesser, Frontenhausen.
Oxidierend gebrannt.
Maße: H „Turm" absolut 175,5 cm, H „Turm" ab Herdplatte 76,5
cm, T 111,5 cm, B 82 cm, T Turm 27,5 cm, Kochplatte 81 x 50m cm.
Durchsichten: H 20 cm, B 50 cm.
Standort Heimatmuseum Vilsbiburg, Inv.Nr. K2004/31.
Bemerkung: Standort bis um 1975, Vilsbiburg, Bergstraße 47.
Informationen zur Herkunft des Ofens von Katharina Hofer, der
Benutzerin dieses Ofens. Das Haus wurde 1868 errichtet.

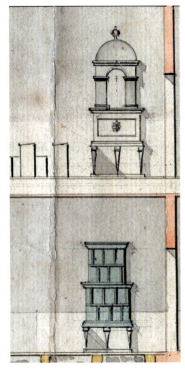

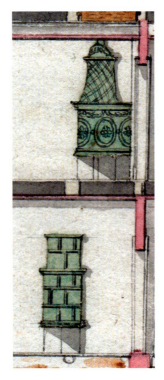

Abb. 362   *Abb. 363*

Abb. 364

Abb. 362 Zwei Kachelöfen
1817.
Ausschnitt aus einem Bauplan von 1817, Erd- und 1. Obergeschoß
der Knabenschule Vilsbiburg.
Heimatmuseum Vilsbiburg, Plansammlung des
Landgerichtsmaurermeisters Anton Wagner, Vilsbiburg, Nr. 6.
Bemerkung: Ofen im EG, Wohnzimmer des Lehrers; Ofen im OG,
Schulzimmer. Der Plan wurde von der Baubehörde zurückgewiesen
und in ähnlicher Form neu eingereicht. Bau 1824 erfolgt.

Abb. 363 Zwei Kachelöfen
Um 1820.
Ausschnitt aus einem Bauplan zu einem Wohnhaus
eines unbekannten Bierbrauers.
Heimatmuseum Vilsbiburg, Plansammlung des
Landgerichtsmaurermeisters Anton Wagner, Vilsbiburg, Nr. 7.
Bemerkung: Öfen jeweils im Erd- und im 1. Obergeschoß.

Abb. 364 Zwei Kachelöfen
1823.
Ausschnitt aus einem Baubestandsplan von 1823, Erdgeschoß im
Heilig-Geist-Spital Vilsbiburg.
Stadtarchiv Vilsbiburg, Archiv des Heilig-Geist-Spitals,
Bausachen 19. Jh.
Bemerkung: Links und rechts je ein Kachelöfen. Zwischen den
aufgehenden Mauern eingefügt ist eine offene Herdstelle mit
Rauchkutte. Die Situation ist heute (jetzt Heimatmuseum
Vilsbiburg) noch erkennbar.
Plan gefertigt vom Landgerichtsmaurermeister Anton
Wagner, Vilsbiburg, anlässlich der Sanierung im Heilig-Geist-Spital
Vilsbiburg (ab 1958 Heimatmuseum).

Zur Datierung der Hafnerware aus dem Kröning und von der Bina.

Die Hafner auf dem Kröning und an der Bina haben im Hinblick der in großen Mengen hergestellten Erzeugnisse diese nur in wenigen Ausnahmen mit Datierungen oder Signierungen versehen. Von bestimmten Stücken, wie bei den 1646 in der Kröninger Hafnerordnung geforderten vier Meisterstücken, einem *„Essigkrug"*, einem *„hohen Hafen"* einem *„Bludser"* und einer entsprechenden Zahl von Kacheln zu einem Ofen, wäre dies eher anzunehmen gewesen. Doch auch der Bestand an erhaltener Gebrauchskeramik und das Fundmaterial aus Werkstattbruchgruben bezeugen dies nicht.

Wichtige Datierungsmöglichkeiten für Objekte, die *„angehängt"* werden können, bieten signierte Belegstücke aus der Zeit um 1800, wie die nachfolgenden Kat.Nrn. 4 und 7a mit dem *„glasierten"* Wellenband- und Tupfen-Dekor von 1785 bzw. 1796. Auch Ofenkacheln sowie eine in einem Kachelofen platzierte Blattkachel von 1808 mit dem Wellenband-Dekor (datierte Ofenkacheln Kat.Nr. 7 und 8) erleichtern Datierungen.

Erst ab Beginn des 19. Jahrhunderts und hier besonders bei den schwarzen, reduzierend gebrannten *„Essigkrügen"* und den großformatigen Wasservorratsgefäßen, den *„Wassergrand"*, fallen signierte und datierte Stücke auf, deren Herkunft den Hafnern an der Bina und manche sogar einer bestimmten Werkstatt zugeordnet werden können. So sind *„Essigkrüge"* und *„Wassergrand"* aus der Werkstatt beim *„Petermandl"* in Stadlhof Nr. 4, Gemeinde Gangkofen bekannt, die von den *„Degenbeck's"* ab 1806

hergestellt worden sind. Sie zeigen entweder die ganze *„Anschrift"* der Werkstatt wie *„Martin Degernbeck Hafnermeister am Stalhof anno 1806"* (Kat.Nr. 10) oder auch nur Initialen wie *„M D"* (Kat.Nr. 16, der Buchstabe *„D"* ist spiegelverkehrt).

Bei glasiertem, oxidierend gebranntem Gebrauchsgeschirr liegen Datierungen mit Ausnahme des 1785 datierten Tellers (datierte Gefäße Kat. Nr. 4) und des 1796 datierten Nachttopf-Fragments (datierte Gefäße Kat. Nr. 8) erst ab dem Ende des 18. Jahrhunderts vor. Anders verhält es sich bei so genannten Sonderformen, wie den aufwändig gestalteten Durchbruch- oder Ausschneidearbeiten, so den *„Nadlkörbl"* (ab 1830), dann den zum Teil freihändig geformten Weihwasserkesseln (ab 1794) und Schreibzeugen (ab 1859). Auffällig ist die hohe Zahl der in Zusammenhang mit Auflage-Dekor versehenen Datierungen bei Weihwasserflaschen (ab 1814).

„Indirekte" Datierungen liegen bei Gefäßen mit Zinndeckeln vor, die geritzte Jahreszahlen (1756, Kat.Nr. 3) tragen, wobei insofern Vorsicht geboten ist, da Zinnmontierungen nicht immer zeitgleich mit der Herstellung des Gefäßes angebracht worden sein müssen.

Seltener sind Datierungsmöglichkeiten bei Gefäßen aus der Region, die mit dem Auffinden von Münzschatz-Gefäßen zusammenhängen. Dabei bildet die so genannte Schlussmünze die zeitlich absolute Einordnung wie bei den Gefäßen von Jesendorf, einer oxidierend gebrannten Kanne (Kat.Nr. 30, >1643) und einem schlichten schwarzen Henkeltopf mit Kragenrand(ohne Abb., > 1643) sowie einer Sparbüchse (Kat.Nr 158, > 1690).

Katalog datierter Gefäße

Abb. 2   *Abb. 3*

Abb. 4   *Abb. 4a*

Abb. 5   *Abb. 6*

1 Fragment eines unbekannten Objekts (ohne Abb.)
1687.
Werkstattbruch aus Werkstatt Kleinbettenrain Nr. 3.
Oxidierend gebrannt.
Maße: Ca. 5 x 8 cm.
Freilichtmuseum Massing.
Bemerkung: Die glatte Scherbe zeigt keine Drehrillen
und ist keiner Gefäßart/Kachel usw. zuzuordnen.
Lit.: Renner 2005, S. 19. Abb. 11.

2 Mausefalle
Datiert 169?
Oxidierend gebrannt.
Maße: H Gefäßkörper 6,1 cm, H gesamt 13,5 cm, D 12,2 cm, DB 13.
Heimatmuseum Vilsbiburg, Inv.Nr. K84/05.

3 Krug
1756.
Oxidierend gebrannt.
Maße: H 28 cm, D 9,8 cm, DB 12 cm.
Heimatmuseum Vilsbiburg, Inv. Nr. 1673.
Lit.: Grasmann 1975/2, Kat.Nr. 240 und Grasmann 1978/1, S 43.
Bemerkung: Zinndeckel signiert „MRST 1.7.5.6."

4 und 4a Teller
1785.
Oxidierend gebrannt.
Maße: H 5,1 cm, D 29,5 cm, DB 14,8 cm.
Privatbesitz München.
Bemerkung: Fahne und Spiegel mit Malhorn datiert und signiert
„Andreas Kolb, Hafner von Wippenbach anno 1785".

5 Ablagegerät für Kopfbedeckung
„Haubenstock"
1786.
Oxidierend gebrannt.
Vermutlich Werkstatt beim *„Angerlenz"*, Oberschittenkofen Nr. 6.
Maße: H 18,5 cm, DB 14 cm, D Loch 4,8 cm
Heimatmuseum Vilsbiburg, Inv.Nr. 1771.
Bemerkung: Signiert „I . 1 . 7 . 8 . . 6 . W" [= Joseph Wiest].
Am Bodenrand handschriftlich *„Auer Oberschnittenkofen"*.

6 Relief „Pieta"
1786(?).
Oxidierend gebrannt.
Maße: H 24,5 cm, B unten 14,2 cm, größte B 17,5 cm.
Privatbesitz Vilsbiburg.
Bemerkung: Rückseitig mit Tinte beschriftet,
lesbar ist Landshut 1786…".

Abb. 7

Abb. 8

Abb. 10

7 Weihwasserkessel
1794.
Oxidierend gebrannt.
Maße: H 25 cm, B 16 cm.
Keramische Fachschule Landshut, Inv.Nr. 187.
Lit.: Grasmann 1984, Kat.Nr. 73.
Bemerkung: Rückseite geritzt datiert „1794".

8 Nachttopf, Boden-/Wandfragment
„Sitzhaferl"
1796.
Oxidierend gebrannt.
Maße: H 14,5 cm, D ca. 19,5 cm.
Heimatmuseum Vilsbiburg, Inv.Nr. 790903.
Bemerkung: Boden mit geritzter Datierung „1796". Wichtiges Belegstück zur Datierung „getupfter" Hafnerware.

9 Bauchiger Doppelhenkeltopf (ohne Abb.)
„Essigkrug"
1800(?)/1872.
Werkstatt Martin I oder II Degenbeck, Stadtlhof Nr. 4.
Reduzierend gebrannt.
Maße: H 39,4 cm, D 14,4 cm, DB 23,2 cm.
Bayer. Nationalmuseum München, Inv.Nr. 27/49.
Bemerkung: Eingeglättete Signatur „Martin / Dögen Bekh/ Peder[mandl]" .
Lit.: Bauer 1976, S. 149, Kat.Nr. 95.

10 Bauchiger Doppelhenkeltopf
„Essigkrug"
1806.
Werkstatt beim „Petermandl", Martin Degenbeck, Stadlhof Nr. 4.
Reduzierend gebrannt.
Maße: H 49 cm, D 16,4 cm, DB 31,2 cm.
Heimatmuseum Vilsbiburg, Inv.Nr. 1768a.
Bemerkung: Signatur an der Wandung eingeglättet „Martin Degernböckh Hafnermeister am Stalhof anno 1806".

11 Weihwasserflasche (ohne Abb.)
„Weichbrunnkriagl"
1814.
Oxidierend gebrannt.
Maße: H 24,2 cm, D 5,7 cm, DB 10,5 cm.
Keramische Fachschule Landshut, Inv. Nr. 803.
Bemerkung: Auf der Bauchung aufgelegte Signatur „1.8. / .1.4." und „P.W."
Lit.: Grasmann 1984, S. 36, Kat.Nr. 105.

Abb. 13

Abb. 14

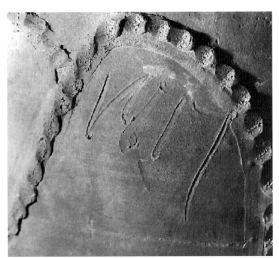

Abb. 14a

12 Weihwasserflasche (ohne Abb.)
„Weichbrunnkriagl"
1814.
Oxidierend gebrannt.
Maße: H 24,2 cm, D 5,7 cm, DB 10,5 cm.
Keramische Fachschule Landshut, Inv. Nr. 803.
Bemerkung: Auf der Bauchung aufgelegte Signatur
„1.8. / .1.4." und „P.W.".

13 Hoher bauchiger Topf
„Wassergrand"
1814.
Werkstatt beim „Petermandl", Stadlhof Nr. 4.
Reduzierend gebrannt.
Maße: H 48,6 cm, Mündung etwa viereckig,
D 45 x 46 cm, DB 30 cm.
Heimatmuseum Vilsbiburg, Inv.Nr. K85/01.
Bemerkung: Geritzt signiert „Bedermandl Hafner 1814".

14 und 14a Hoher bauchiger Topf
„Wassergrand"
1817.
Werkstatt beim „Paulushafner", Geiselberg Nr. 11.
Reduzierend gebrannt.
Maße: H 71 cm, D 72,5 cm, DB 36 cm.
Heimatmuseum Vilsbiburg, Inv.Nr. 750407.
Bemerkung: Das bis um 1970 in Gebrauch befindliche Gefäß
wurde 1974 im originalen Gebrauchszustand aus dem Anwesen
Geiselberg Nr. 11 geborgen. Die zunächst fälschlich gelesene
Datierung „1877" auf der Gefäßaußenwandung wurde nun
mit 1817 richtig gestellt.
Lit.: Grasmann 1978/2, Kat. Nr. 6.

15 Bauchiger Doppelhenkeltopf (ohne Abb.)
„Essigkrug"
1818.
Werkstatt Martin Degenbeck, Stadlhof Nr. 4 (?)
Reduzierend gebrannt.
Maße: H 52,6 cm, D 16,8 cm, DB 31,4 cm.
Privatsammlung Gemeinde Gangkofen.
Bemerkung: Eingeglättete Signatur „1818"
in der unteren Hälfte der Außenwandung.
Lit.: Bauer 1976, S. 151, Kat.Nr. 97.

16 Bauchiger Doppelhenkeltopf (ohne Abb.)
„Essigkrug"
1819.
Werkstatt Martin I oder II Degenbeck, Stadtlhof Nr. 4.
Reduzierend gebrannt.
Maße: H 52,3 cm, D 15 cm, DB 30,3 cm.
Privatbesitz Vilsbiburg.
Bemerkung: Eingeglättete Signatur im unteren Drittel der
Außenwandung „1819" / „M D" (D ist spiegelverkehrt).
Martin Degenbeck I * 1757, † 1832, Martin D. II * 1788, † 1872.
Lit.: Grasmann 1976/1, Tafel 2.1 und 2.3.

17 und 17a Bauchiger Doppelhenkeltopf
„Essigkrug"
1824.
Reduzierend gebrannt.
Maße: H 46,5 cm, D 14,7 cm, DB 31 cm.
Heimatmuseum Heideck, Inv.Nr. HR 05-59.
Bemerkung: Im unteren der Drittel der Wandung eingeglättet
„1824".

Abb. 17   *Abb. 17a*

18 Weihwasserflasche (ohne Abb.)
„Weichbrunnkriagl"
1826.
Oxidierend gebrannt.
Maße: H 14 cm, D 3,6 cm, DB 5,55 cm.
Heimatmuseum Landau, Inv. Nr. 52.
Bemerkung: Auf der Bauchung aufgelegte Signatur „18 IHS 26 /
MS WD".
Lit.: Grasmann 1984, S. 36, Kat.Nr. 106.

19 Schüssel (ohne Abb.)
„Nadlkörbl", „Nadlschüsserl"
1830.
Oxidierend gebrannt.
Maße: H 8,6 cm, H mit Henkel 11,9 cm, D 21,5 cm, DB 12,4 cm:
Bayer. Nationalmuseum München, Inv.Nr. 16/60.
Bemerkung: Signatur im Boden von unten durchgedrückt und als
Punkte im Spiegel sichtbar „1830" bzw. „AMC".
Lit.: Spirkner 1914, Abb. 90 zweite von links. – Bauer 1976, S. 165,
Kat.Nr. 111, Abb. 111. – Grasmann 1984, S. 20, Kat.Nr. 1.

20 Weihwasserflasche (ohne Abb.)
„Weichbrunnkriagl"
1830.
Oxidierend gebrannt.
Maße: H 13,5 cm, D 3,5 cm, DB 6 cm.
Museen der Stadt Landshut, Inv. Nr. 1541/h.
Bemerkung: Auf der Bauchung als Punkteband „1830" und „I /W".
Lit.: Grasmann 1984, S. 36, Kat.Nr. 107.

21 Schüssel (ohne Abb.)
„Nadlkörbl", „Nadlschüsserl"
1832.
Oxidierend gebrannt.
Maße: H 8 cm, D 1 cm, DB 11,6 cm.
Keramische Fachschule Landshut, Inv.Nr. 1540/n.
Bemerkung: Im Spiegel erhaben gepunktet „18/32" und „PV"
(„P W?").

22 Schüssel (ohne Abb.)
„Nadlkörbl", „Nadlschüsserl"
1832.
Oxidierend gebrannt.
Maße: H 8 cm, D 1 cm, DB 11,6 cm.
Keramische Fachschule Landshut, Inv.Nr. 1540/n.
Lit.: Grasmann 1984, S. 20, Kat.Nr. 2.

23 Schüssel
„Nadlkörbl", „Nadlschüsserl"
Datiert 1832.
Oxidierend gebrannt.
Maße : H 8,6 cm, D 18,7 cm, DB 13,5 cm.
Privatbesitz in der Gemeinde Niederaichbach.

Abb. 23

Abb. 24   *Abb. 24a*

Abb. 27

24 und 24a Model für das Seitenteil eines Tintenzeugs
1836.
Gips.
Maße: H 7,5 cm, B 9 cm, T 4,2 cm.
Heimatmuseum Vilsbiburg, Inv.Nr. K2006/83.
Bemerkung: Rückseitig geritzt mit „N : I / 1838 / J : N / 1836",
flankiert von jeweils einem Blumentopf.

25 Weihwasserflasche (ohne Abb.)
„Weichbrunnkriagl"
1836.
Oxidierend gebrannt.
Maße: H 28,8 cm, D 5 cm, DB 14 cm.
Keramische Fachschule Landshut, Inv. Nr. 803.
Bemerkung: Auf der Bauchung eingeritzte Signatur „18:3:6" und
„I:N/M:B:"
Lit.: Grasmann 1984, S. 36, Kat.Nr. 108.

26 Hoher bauchiger Topf (ohne Abb.)
„Wassergrand"
1837.
Reduzierend gebrannt.
Werkstatt beim „Gierhafner"(?), Stadlhof Nr. 7.
Maße: H 58 cm, D 64 cm, DB 33 cm.
Museum der Stadt Wasserburg Inv.Nr. 2338.
Bemerkung: Geglättete Signatur [später von Hand nachgezogen]
„1837 Stadlhof…", Rest unleserlich.
Nach der Datierung „1837" und der Anordnung der nicht
auflösbaren Buchstabengruppe wäre in Stadlhof an der Bina,
Gemeinde Gangkofen das Hafneranwesen beim „Gierhafner"
möglich, auf dem um diese Zeit Andreas Bader gearbeitet hat.

27 Hohldeckel
1843.
Reduzierend gebrannt.
Maße: H mit Henkel Handhabe 10 cm, ohne 5,5 cm, D 31,5 cm.
Bemerkung: Gebrauchsort: Stürming, Gemeinde Kröning.
Privatbesitz Gerzen.
Lit.: Grasmann; Markmiller 1975/2, Kat.Nr. 130.

28 Weihwasserflasche
„Weichbrunnkriagl"
1843.
Oxidierend gebrannt.
Maße: H 28 cm, D 6,5 cm, DB 12 cm.
Heimatmuseum Heideck, Inv.Nr. HR 10-20x.
Bemerkung: Auf der Wandung aufgelegt signiert
„18 /43" darunter „M / M".

Abb. 28   *Abb. 28a*

Abb. 30   *Abb. 30a*

Abb. 32

Abb. 33

29 Schüssel (ohne Abb.)
„Nadlkörbl", „Nadlschüsserl"
1847.
Oxidierend gebrannt.
Maße: H 7 cm, D 22 cm, DB 9,5 cm.
Privatbesitz.
Bemerkung: Im Spiegel erhaben gepunktet"1847".
Lit.: Bauer 1976, S. 166/167, Kat.Nr. 112. – Grasmann 1984, S. 20,
Kat.Nr. 3.

30 und 30a Weihwasserflasche
„Weichbrunnkriagl"
1849.
Oxidierend gebrannt.
Maße: H 12 cm, D 3,5 cm, DB 5,3 cm.
Heimatmuseum Vilsbiburg, Inv.Nr. BASt 2009/224.

31 Weihwasserflasche (ohne Abb.)
„Weichbrunnkriagl"
1849.
Oxidierend gebrannt.
Maße: H 14,5 cm, D 2,7 cm, DB 6,7 cm.
Privatbesitz.
Bemerkung: Auf der Bauchung aufgelegte Signatur „18 /49"
und „A / M."
Lit.: Grasmann 1984, S. 36, Kat.Nr. 109.

32 Weihwasserkessel
1851.
Oxidierend gebrannt.
Maße: H 28,5 cm, B 10,6 cm.
Heimatmuseum Vilsbiburg, Inv.Nr. K2009/19.
Bemerkung: aufgelegt datiert „1851" und signiert „A E".

33 Bauchiger Doppelhenkeltopf
„Essigkrug"
1853.
Werkstatt Matthias Zuchs, Massing
Reduzierend gebrannt.
Maße: H 52,8 cm, D 16 cm, DB 30,5 cm.
Privatbesitz Vilsbiburg.
Bemerkung: Auf der Schulter eingeglättet „Matthias Zuchs,
Hafner Massing 1853". Erworben in der Nähe von Wasserburg/Inn
(Gebrauchsort).

34 Weihwasserkessel (ohne Abb.)
1858.
Oxidierend gebrannt.
Maße: H 24,5 cm, B 9 cm.
Privatbesitz.
Bemerkung: Rückseitig geritzt „Sebastian / Stafler / in /
Massing /1858".
Lit.: Grasmann 1984, S 33, Kat.Nr. 86, Abb. Tafel X.

35 Weihwasserkessel (ohne Abb.)
1858.
Oxidierend gebrannt.
Maße: H 30 cm, B 9,3 cm.
Privatbesitz.
Bemerkung: An der Kesselwand geritzt „Thomas /
Berghofer 1858".
Lit.: Grasmann 1984 , S. 34, Kat.Nr. 87.

36 Schreibzeug (ohne Abb.)
„Tintenzeug", „Tintengschirr"
1859.
Oxidierend gebrannt.
Maße: H 7 cm, B 18 cm, T 6 cm, T mit Schreibzeugschale 11 cm.
Privatbesitz.
Bemerkung: Ausgeschnittene Vorderwand signiert „M N",
Schreibzeugschalenwand geritzt „J. 18 / 59. / P.".
Lit.: Grasmann1984, S. 29, Kat.Nr. 56.

37 und 37a Hoher bauchiger Topf
„Wassergrand"
1860.
Reduzierend gebrannt.
Werkstatt beim „Petermandl", Stadlhof Nr. 4.
Maße: H 71 cm, D 71 cm, DB 38,5 cm.
Privatbesitz Gerzen.
Bemerkung: Geglättete Signatur
„Andre / Dögenbeck Binna / Stadhof / 1860".
(Andreas Degenbeck * 7.6.1828 Stadlhof, † 30.8.1899.)

38 Hoher bauchiger Topf
„Wassergrand"
1862.
Reduzierend gebrannt.
Werkstatt beim „Pedermandl", Stadlhof Nr. 4.
Maße: H 63 cm, D 60 bzw. 65 cm, DB 34 cm.
Privatbesitz Lengdorf.
Bemerkung: Unter dem Rand geritzt signiert „Andre Degenbeck
Hafner vom Stadlhof an der Bina 1862".
Restauriert im Bayer. Nationalmuseum München.

Abb. 38

39 Weihwasserflasche (ohne Abb.)
„Weichbrunnkriagl"
1863.
Oxidierend gebrannt.
Maße: H 14cm, D 2,8 cm, DB 6 cm.
Museen der Stadt Landshut, Inv. Nr. 1541/f.
Bemerkung: Auf der Bauchung aufgelegte Signatur „1863".
Lit.: Grasmann 1984, S. 36, Kat.Nr. 110.

40 Schüssel (ohne Abb.)
„Nadlkörbl", „Nadlschüsserl"
1864.
Oxidierend gebrannt.
Maße: H 7 cm, D 22 cm, DB 19,5 cm.
Privatbesitz.
Lit.: Grasmann 1984, S. 21, Kat.Nr. 7.

41 Weihwasserkessel (ohne Abb.)
1865.
Oxidierend gebrannt.
Maße: H 24 cm, B 11 cm.
Keramische Fachschule Landshut, Inv.Nr. 188.
Bemerkung: Rückseitig geritzt „ Sebastian / Schachtner / 1865".
Lit.: Grasmann 1984, S. 34, Kat.Nr. 88.

Abb. 37

Abb. 37a

Abb. 42

Abb. 45

Abb. 44

Abb. 45a

Abb. 44a

Abb. 46

42 Vexierkrug
1870.
Oxidierend gebrannt.
Maße: H 21,5 cm, D 9 cm, DB 9,8 cm.
Bemerkung: Aufgelegt signiert „1870" / „CLEMENT / PATZIN-
GER". Patzinger (23.1.1842 – 2.7.1906) war von 1891 bis zu seinem
Tod Pfarrer in Haberskirchen, Landkreis Dingolfing-Landau.
Privatbesitz.
Lit.: Grasmann 1984, S. 25, Kat.Nr. 33.

43 Weihwasserflasche (ohne Abb.)
„Weichbrunnkriagl"
1875.
Oxidierend gebrannt.
Maße: H 12,2 cm, D 3 cm, DB 5,5 cm.
Privatbesitz.
Bemerkung: Auf der Bauchung aufgelegte Signatur „18 / 75" und
„M / St".
Lit.: Grasmann 1984, S. 37, Kat.Nr. 111.

44 und 44a Schreibzeug
„Tintenzeug", „Tintengschirr"
1875.
Oxidierend gebrannt.
Maße: H gesamt 30 cm, B 17,7 cm, T 17,5 cm.
Heimatmuseum Vilsbiburg, Inv.Nr. 1680.
Bemerkung: Vorderseite aufgelegt signiert „A / B", am Boden geritzt
„Aloys Burnner 1875".
Lit.: Grasmann 1984, S. 29, Kat.Nr. 57.

45 und 45a Schüssel
„Nadlkörbl", „Nadlschüsserl"
1876.
Oxidierend gebrannt.
Maße: H 8,5 cm, H mit Deckel und Figur 17,5 cm, 17,6 cm,
DB 10,7 cm.
Bemerkung: Im Boden als Punkte von unten perlreihenartig
durchgestochen das IHS-Symbol und die Datierung „1876".
Privatbesitz in der Gemeinde Niederaichbach.

46 Weihwasserflasche
„Weichbrunnkriagl"
1878.
Oxidierend gebrannt.
Maße: H 15 cm, D 3,5 cm, DB 7 cm.
Museen der Stadt Landshut, Inv. Nr.1541/c.
Bemerkung: Auf der Bauchung aufgelegte Signatur „1878."
und „R G."
Lit.: Grasmann 1984, S. 37, Kat.Nr. 112.

Abb. 47

Abb. 48

Abb. 49a

Abb. 49

47 Schüssel
„Nadlkörbl", „Nadlschüsserl"
1878.
Oxidierend gebrannt.
Maße: H 8,2 cm, H mit Deckel und Figur 15 cm,
D 20,5 cm, DB 10,7 cm.
Privatbesitz Vilsbiburg.
Bemerkung: Im Boden eingeritzt „Thomas / Schmidhuber / 1878".
Lit.: Grasmann 1984, S. 22, Kat.Nr. 12.

48 Sparbüchse
1879.
Oxidierend gebrannt.
Maße: H 9,5 cm, H mit Figur 12,5 cm, DB 5,5 cm.
Privatbesitz Vilsbiburg.
Bemerkung: Aufgelegte Signatur „I / A" / „1879".

49 und 49a „Handwerker-Pokal"
1881.
Oxidierend gebrannt.
Maße: H 42,8 cm, D 10,3 cm, DB 17,5 cm.
Keramische Fachschule Landshut, Inv. Nr. 129.
Bemerkung: Signiert „Es / Lebe das / edle Hafne / rhandwe / rk /
Hoh: / in Gröning /1881".

49a: In einer Kartusche Darstellung eines an der Drehscheibe
arbeitenden, einen Krug drehenden Hafners.
Lit.: Grasmann 1984, Kat. Nr. 133.

50 und 50a Weihwasserflasche
„Weichbrunnkriagl"
1882.
Oxidierend gebrannt.
Maße: H 14,3 cm, D 3,3 cm, DB 6,7 cm.
Privatbesitz in der Gemeinde Kröning.
Bemerkung: Auf der Bauchung aufgelegte Signatur
„1.8. / .1.4." und „P.W."
Lit.: Grasmann 1984, S. 37, Kat.Nr. 113.

Abb. 52

Abb. 53

Abb. 50

Abb. 50a

Abb. 53a

51 Schüssel (ohne Abb.)
„Nadlkörbl", „Nadlschüsserl"
1883.
Oxidierend gebrannt.
Maße: H 9,5 cm, H mit Deckel und Figur 20 cm,
D 21 cm, DB 12 cm.
Privatbesitz.
Bemerkung: am Boden eingestochen und im Spiegel als Punkterei-
he sichtbare Datierung „1883".

52 Model für eine Pferdefigur
1883.
Werkstatt Hötschl, Oberaichbach, Dorfstr. Nr. 6.
Gips.
Maße: H 12,5 cm, B 13,8 cm, T 3,2 cm.
Privatbesitz in der Gemeinde Niederaichbach.
Bemerkung: Rückseitig eingeritzt signiert „G.Miehrer 1883".
Lit.: Grasmann 1984, S. 22, Kat.Nr. 13.

53 und 53a Weihwasserkessel
1884.
Oxidierend gebrannt.
Maße: H 23,5 cm, B 12 cm.
Heimatmuseum Heideck, Inv.Nr. HR 08-54.
Bemerkung: Rückseitig geritzt
„Jakob / Barstorfer / Magerstorf / 1884".

54 Vexierkrug (ohne Abb.)
1886.
Oxidierend gebrannt.
Maße: H 22 cm, D 11,5 cm, DB 8,7 cm.
Heimatmuseum Vilsbiburg, Inv.Nr. 1476.
Bemerkung: Datierung auf der Wandung mit Malhorn „1886", im
Boden eingeritzt „K. Ehrenreich".
Lit.: Grasmann 1984, S. 26, Kat.Nr. 34.

55 Weihwasserflasche (ohne Abb.)
„Weichbrunnkriagl"
1887.
Oxidierend gebrannt.
Maße: H 12,6 cm, D 3,2 cm, DB 5,7 cm.
Bayer. Nationalmuseum München, Inv. Nr. 16/67.
Bemerkung: Auf der Bauchung aufgelegte Signatur „18 / 87".
Lit.: Spirkner 1914, S131, Abb. 9 untere Reihe dritte von links. –
Bauer 1976, S 175/176, Kat. Nr. 126. – Grasmann 1984, S. 37, Kat.
Nr. 114.

56 Hirschkopf (ohne Abb.)
1887.
Oxidierend gebrannt.
Maße: H ca. 23 cm.
Bemerkung: Rückseite geritzt „Georg / Heigl / 1887"
Keramische Fachschule Landshut, Inv.Nr. 780.
Lit.: Grasmann 1984, S. 42, Kat.Nr. 153.

Abb. 57

Abb. 58

Abb. 58a

Abb. 59a

Abb. 59

Abb. 60 *Abb. 61*

57 Krug
„Stammkrügl"
1888.
Werkstatt Alois Vohburger, Nirschlkofen (?).
Oxidierend gebrannt.
Maße: H 13,5 cm, H mit Deckel 17,5 cm, D 8,5 cm, DB 9,7 cm.
Privatbesitz.
Bemerkung: Geritzt datiert und signiert „18 Alois 88 / Vohburger".
In Gasthäusern war es bei Stammgästen Brauch, deren eigenes, mit Namen bezeichnetes „Stammkrügl", zu benutzen.
Dieses Trinkgefäß verblieb im Wirtshaus.
Lit.: Grasmann 1975/2, Kat. Nr. 141.

58 und 58a Vexierkrug
1890.
Oxidierend gebrannt.
Maße: H 20,3 cm, D 10,5 cm, DB 8,5 cm.
Heimatmuseum Heideck, Inv.Nr. HR 02-99.
Bemerkung: Am Boden eingeritzt „Isidor Erber 1890".
Ein auf der Rückseite eines Gipsmodels mit „Isidor Erber" geritzter Korpus eines Weihwasserkessels befindet sich im Heimatmuseum Vilsbiburg (Inv.Nr. 730707).

59 und 59a Weihwasserkessel
1891.
Oxidierend gebrannt.
Maße: H 25, B 11.
Heimatmuseum Heideck, Inv.Nr. HR 2-99.
Bemerkung: Rückseite geritzt „Jakob / Barstorfer / in / Magerstorf / 1891".

60 Weihwasserkessel
1892.
Werkstatt Alois Hötschl, Grammelsbrunn Nr. 4.
Oxidierend gebrannt.
Maße: H 24 cm, B 9 cm.
Heimatmuseum Vilsbiburg, Inv.Nr. 1709.
Bemerkung: Aufgelegt datiert „1892" und signiert „Alois Hötschl" (1853-1932).
Lit.: Grasmann 1984, Kat. Nr. 89.

61 Weihwasserkessel
1894.
Oxidierend gebrannt.
Maße: H 28,5 cm, B 13 cm.
Heimatmuseum Vilsbiburg, Inv.Nr. K84/17.
Bemerkung: Geritzt signiert „K B" / „1894" / „Andengen" [= Andenken].

62 Weihwasserflasche (ohne Abb.)
„Weichbrunnkriagl"
1895.
Oxidierend gebrannt.
Maße: H 12,5 cm, D 2,7 cm, DB 5 cm.
Privatbesitz.
Bemerkung: Auf der Bauchung aufgelegte Signatur „18 / 95".
Lit.: Grasmann 1984, S. 37, Kat.Nr. 115.

Abb. 63

63 Flache Schüssel
„seifte Schüssel"
1897.
Oxidierend gebrannt.
Maße: H 5,2 cm, D 27,5 cm, DB 18 cm.
Privatbesitz Vilsbiburg.
Bemerkung: Mit Malhorn signiert „Alois / 1897". Gebrauchsort
Werkstatt beim „Stalleder", Grammelsbrunn Nr. 5.

64 Weihwasserkessel (ohne Abb.)
1898.
Werkstatt Alois Hötschl, Grammelsbrunn Nr. 4.
Oxidierend gebrannt.
Maße: H 27 cm, B 11,5 cm.
Privatbesitz Landshut.
Bemerkung: Rückseitig eingeritzt „Jakob / Barstorfer / in der
Gemeinde / Jesendorf / 1898 / 50 dl". Vgl. Kat.Nrn. 60 und 60a.
Lit.: Grasmann 1984, S. 34, Kat. Nr. 90.

65 Schüssel (ohne Abb.)
„Nadlkörbl", „Nadlschüsserl"
1903.
Oxidierend gebrannt.
Maße: H 11 cm, D 20 cm, DB 12,3 cm.
Keramische Fachschule Landshut, Inv.Nr. 167.
Bemerkung: Im schrägen Wandteil geritzt „Dritte Niederbayerische
Kunst und Gewerbeausstellung 190(3)".
Lit.: Grasmann 1984, S. 23/24, Kat.Nr. 23.

66 Teller (ohne Abb.)
1903.
Werkstatt Alois Hötschl, Grammelsbrunn Nr. 4.
Oxidierend gebrannt.
Maße: H 3,4 cm, D 43,7 cm.
Bayer. Nationalmuseum München, Inv.Nr. 16/56.
Bemerkung: Auf der Fahne mit Malhorn geschrieben „Zur Erinne-
rung an die Kreis: Industrie und Gewerbe: Ausstellung in Landshut
im Jahre 1903".
Lit.: Grasmann 1984, S. 25, Kat.Nr. 32.

67 Pokal
„Feuerwehrpokal"
1903.
Oxidierend gebrannt.
Maße: H 23,4 cm, D 13,5 cm, DB 12,2 cm.
Keramische Fachschule Landshut, Inv.Nr. 130.
Bemerkung: Fußzone geritzt „ „Alois Pollner, Hafnermeister in
Hermannsreit", Wandung geritzt
„ Erinnerung / an die III. / Niederbayerische / Kreis-Industrie /
Gewerbe Ausstell / ung Landshut / 1903".
Lit.: Grasmann 1984, S 40, Kat.Nr. 135.

Abb. 67

Abb. 74

Abb. 72

Abb. 72d

Abb. 72a

Abb. 72b

Abb. 72c

Abb. 72e

68 Vexierkrug (ohne Abb.)
1903.
Oxidierend gebrannt.
Maße: H 19,8 cm, D 12,3 cm, DB 11,8 cm.
Keramische Fachschule Landshut, Inv.Nr. 152.
Bemerkung: Datierung auf der Wandung aufgelegt „1903".
Lit.: Grasmann 1984, S. 26, Kat.Nr. 37.

69 Vexierkrug (ohne Abb.)
1903.
Oxidierend gebrannt.
Maße: H 22 cm, D 10 cm, DB 110,4 cm.
Keramische Fachschule Landshut, Inv.Nr. 149.
Bemerkung: Datierung auf der Wandung aufgelegt „19. A.[lois]
P.[ollner] 03.". Über dem Stand eingeritzt"
Erinnerung an die dritte Niederbayerische Kreis= / Industrie und
Gewerbe Ausstellung / Landshut 1903".
Lit.: Grasmann 1984, S. 26, Kat.Nr. 38.

70 Vexierkrug (ohne Abb.)
1903.
Oxidierend gebrannt.
Maße: H 24,6 cm, D 10 cm, DB 12,7 cm.
Keramische Fachschule Landshut, Inv.Nr. 150.
Bemerkung: Datierung auf der Wandung aufgelegt
„AUSSTELLUNG / LANSDHUT / 1903".
Lit.: Grasmann 1984, S. 26/27, Kat.Nr. 39.

71 Vexierkrug (ohne Abb.)
1903.
Oxidierend gebrannt.
Maße: H 26,1 cm, D 11,2 cm, DB 10,5 cm.
Keramische Fachschule Landshut, Inv.Nr. 151.
Bemerkung: Datierung auf der Wandung aufgelegt „1903".
Lit.: Grasmann 1984, S. 26/27, Kat.Nr. 40.

72 und 72a bis 72b Pokal mit Deckel
1903.
Werkstatt Nikolaus Zettl, Bödldorf 6.
Oxidierend gebrannt.
Maße: H 37 cm, H mit Deckel und Figur 49 cm,
D 10,3 cm, DB 18,2 cm.
Privatbesitz in der Gemeinde Kröning.
Bemerkung: Aufgelegt signiert „Hafnerei Kröning / 1903 / N
Z". Gefertigt von Nikolaus Zettl (1867 – 1945) anlässlich der III.
Niederbayerischen Kreis-Industrie und Gewerbe-Ausstellung in
Landshut, 1903. Als Vorlage diente wohl der „Handwerker-Pokal"
von 1881, siehe Kat. Nr. 49 der datierten Gefäße.
Lit.: Grasmann 1984, S. 40, Kat.Nr. 136.

Abb. 73

Abb. 76

Abb. 76a

Abb. 77

Abb. 77a

73 Schüssel
1908.
Oxidierend gebrannt.
Maße: H 6 cm, D 36,5 cm, DB 20 cm.
Heimatmuseum Vilsbiburg, Inv.Nr. K89/04.
Bemerkung: Signiert „IHS / Anna /1908".

74 Vexierkrug
1909.
Oxidierend gebrannt.
Maße: H 22 cm, D 10,2 cm, DB 9,5 cm.
Museen der Stadt Landshut, Inv.Nr. 1539/e.
Bemerkung: Datierung aufgelegt „1909", geritzt signiert
„RiM. / Gnopf", sowie „Johann Moosmüller",
am Boden geritzt „Otto / Moosmüller / Jesendorf".
Otto Moosmüller arbeitete 1897 als Hafnergeselle in Jesendorfer
Werkstätten, so bei Johann Baptist Setz und bei Karl Samberger
und begründete dort eine eigene Werkstatt am Wagnerweg Nr. 3.
Lit.: Grasmann 1984, S. 27, Kat.Nr. 41.

75 Schüssel (ohne Abb.)
„Nadlkörbl", „Nadlschüsserl"
1914 oder 1916.
Werkstatt Andreas Samberger, Straß Nr. 1.
Oxidierend gebrannt.
Maße: H 10,7 cm, D 18,3 cm, DB 11,3 cm.
Privatbesitz Vilsbiburg.
Bemerkung: Innenwand ausgeschnitten mit Signatur
„Maria Samberger", im glatten Innenwandungsteil geritzt signiert
„1914" oder „1916" und „A S" [= Andreas Samberger].
Lit.: Grasmann 1984, S. 24, Kat.Nr. 24.

76 und 76a Korpus zu einem Weihwasserkessel-Model
1911.
Werkstatt Sebastian Eder, Jesendorf, Dorfstr. 31.
Gips.
Maße: H 8 cm, B 10 cm, T 6,5 cm.
Heimatmuseum Vilsbiburg, Inv.Nr. K2007/11.
Bemerkung: Korpus rückseitig geritzt „1911 / BA / ES" [= Eder
Sebastian].
Lit.: Grasmann 1984, S. 48, Kat.Nr. 201.

77 und 77a Halbtiefe Schüssel, „Knickwandschüssel"
1916.
Oxidierend gebrannt.
Maße: H 6,1 cm, D 19,8 cm, DB 10 cm.
Heimatmuseum Vilsbiburg Inv.Nr. 710547.
Bemerkung: Im Spiegel mit Malhorn signiert „B A / 1916".

Abb. 78

Abb. 81

Abb. 79

Abb. 81a

78 Kelch
1918.
Oxidierend gebrannt.
Maße: H 19,5 cm, D 11,2 cm, DB 5,7 cm.
Privatbesitz in der Gemeinde Kröning.
Bemerkung: Auf der Kuppa-Wand gemalte Datierung „1918" und
aufgelegt „ J N". Am Boden eingeritzt „Michael / Freimuth / 1918".
Lit.: Bauer 1976, vgl. dort Kat.Nr. 135, S. 181 und Grasmann 1984,
S. 37. u. 38 Kat. Nr. 118.

79 Kanne
1923.
Oxidierend gebrannt.
Maße H 16,2 cm D 16 cm, DB 16 cm.
Privatbesitz Oberkirchberg.
Bemerkung: Henkel signiert „1923", Wandung signiert
„Fani Schneider". Besitzerin war in Arbeit beim Hafner „Stefl"
in Oberschnittenkofen Nr. alt 156.

80 Schüssel (ohne Abb.)
„Nadlkörbl", „Nadlschüsserl"
1926.
Oxidierend gebrannt.
Maße: H 8,4 cm, H mit Deckel und Figur ca. 14 cm,
D 19,5 cm, DB 13,3 cm.
Heimatmuseum Vilsbiburg, Inv.Nr. K84/02.
Bemerkung: Am Boden eingeritzt „T A / 1926".
Lit.: Grasmann 1984, S. 24, Kat.Nr. 26.

81 und 81a Vexierkrug
1931.
Werkstatt Benno Zettl, Bödldorf Nr. 4.
Oxidierend gebrannt.
Maße: H 21,5 cm, D 11 cm, DB 9,3 cm.
Heimatmuseum Vilsbiburg, Inv.Nr. K89/05.
Bemerkung: Geritzt signiert „Benno / 1931/ Zettl"
Lit.: Grasmann 1984, S. 27/28, Kat.Nr. 44

Datierte Kachelöfen, Kacheln und Modeln

Abb. 1

Abb. 2

Abb. 2a

Abb. 3

Abb. 3a

Abb. 4

1 Ofenbekrönung
167?
Werkstatt Vilsbiburg, Obere Stadt 33, Werkstattbruch.
Oxidierend gebrannt.
Maße: H 24 cm, B 16 cm.
Heimatmuseum Vilsbiburg, Inv.Nr. K2010/131.
Bemerkung: Wappen der Schleich von Haarbach, Gemeinde
Vilsbiburg, aufgelegte Datierung 167?
Lit.: Grasmann 1982, S. 35, Kat.Nr. 98.

2 und 2a Eckkachel-Model
1671.
Oxidierend gebrannt.
Werkstatt Vilsbiburg, Obere Stadt 33, Werkstattbruch.
Maße: Rest H 60 cm, B 17 x 18 cm.
Heimatmuseum Vilsbiburg, Inv.Nr. 751007.
Lit.: Grasmann 1982, S. 32, Kat.Nr. 66.
Bemerkung: Rückseitig geritzt bezeichnet und datiert „ . B . WZ . / .
1671 ." – Model passt zu Kat.Nr. 326.

3 und 3a Entwurf (Patrize)
1692.
Oxidierend gebrannt.
Maße: Rest-H 17.5 cm, B 11,5 cm.
Heimatmuseum Vilsbiburg, Inv.Nr. 730914.
Bemerkung: Darstellung eines Krebses, gefunden in Werkstatt-
bruch mit Kachelmodeln der Vilsbiburger Hafnerei, Obere Stadt 33.
Datierung „1692" rückseitig geritzt.
Lit.: Grasmann 1982, S. 32, Kat.Nr. 61, Abb. Tafel VII.

4 Ofenaufsatz
1760.
Oxidierend gebrannt.
Maße: H 34 cm, L 68 cm, B 62 cm.
Heimatmuseum Vilsbiburg.
Bemerkung: An der Oberfläche geritzt signiert „ICW" / Joseph
Tsaill / I: 17 : 60 : TS (oder) ST" (verschlungen).
Lit.: Grasmann 1982, S. 37, Kat.Nr. 125.

5 Blattkachel-Fragment mit Rankenwerk
1762.
Oxidierend gebrannt.
Rest-Maße: 10 x 8 cm.
Heimatmuseum Vilsbiburg, Inv.Nr. K2010/244.
Bemerkung: Fundort Vilsbiburg, Löchl, Siedlungsabfall an der Vils.
Lit.: Grasmann 1982, S. 38, Kat.Nr. 135.

Abb. 6

Abb. 7

Abb. 8

Abb. 8a

6 Teile eines Kachelofens
1785.
Werkstatt Philipp Kaltenecker, Gangkofen.
Oxidierend gebrannt.
Maße: Haube H 27,5 cm, DB 32,5 bis 35 cm.
Maße: oberer Mittelteil H gesamt 69 cm, B unten 48 cm.
Maße: unterer Mittelteil B 34 cm.
Maße: Kranzgesims H 8,5 cm, D 50 bzw. 53 cm.
Heimatmuseum Vilsbiburg.
Bemerkung: Kranzgesims an der Oberseite geritzt signiert „1785",
an der Unterseite „Philipp KaltenEker Haffner Meister zu Gank-
hofen".

7 Blattkachel
1808.
Oxidierend gebrannt.
Maße: H 24 cm, B 21,5 cm.
Heimatmuseum Vilsbiburg, Inv.Nr. 1739.
Bemerkung: Signiert geritzt „IESVS / MARIA . VND / IOSEPPH" –
„18 / 08" –"I. W. / A TS".
Vgl. Kachelofen mit identischer Kachel Kat.Nr. 8 und 8a.
Lit.: Grasmann 1982, S. 39, Kat.Nr. 154.

8 und 8a Kachelofen
1808/1811.
Oxidierend gebrannt.
Ofenmaß: H ohne Füße 120 cm, B 55 cm, B mit Gesims 64 cm, T 42
cm, T mit Gesims 45 cm.
Maß der datierten Kachel: H 24 cm, B 21,5 cm.
Heimatmuseum Grafing, Inv.Nr. 3018.
Bemerkung: Zwei Kachel an der Vorderfront geritzt signiert: „1808
Ignati Wiest A S T" und „1811 Jesus Maria und Joseph I. W.
 [= [Ignaz Wiest (1778 – 1825)], Hafner in Jesendorf, Dorfstr. 14,
Hausname beim „Doctor". Die Signatur „A S T" kann mit dem
Vorgänger auf dem Anwesen von Wiest mit Andrä Stirminger,
Hafner (✝ 1809, 59 Jahre alt) aufgelöst werden.
Der Kachelofen stammt aus dem Anwesen Weber
in Filzhof bei Straußdorf, Landkreis Ebersberg.
(Alle Angaben mitgeteilt von Rotraut Acker, Grafing, 22.1.1996).
Vgl. Kat. Nr. 7, datierte Kacheln.

9 Blattkachel
1850.
Oxidierend gebrannt.
Maße: H 19,5 cm, B 17,5 cm.
Heimatmuseum Vilsbiburg, Inv.Nr. K2010/136.
Bemerkung: Ehemaliger Aufstellungsort des Ofens Vilsbiburg,
Stadtplatz 13. Kachel zu Ofen mit datierter Kachel (1850)
Kat.Nr. 363 und 364 gehörig.
Lit.: Grasmann 1982, S. 42, Kat.Nr. 195.

Abb. 9

Formentafel

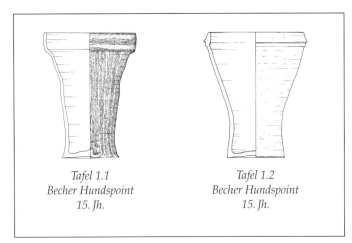

Tafel 1.1
Becher Hundspoint
15. Jh.

Tafel 1.2
Becher Hundspoint
15. Jh.

Tafel 1: Becher (M ca. 1 : 4)

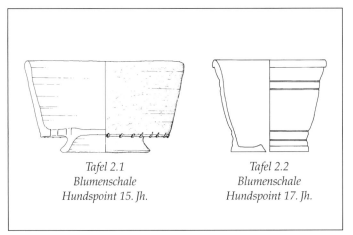

Tafel 2.1
Blumenschale
Hundspoint 15. Jh.

Tafel 2.2
Blumenschale
Hundspoint 17. Jh.

Tafel 2: Blumentopf (M ca. 1 : 4)

Zeichnungen:

Lothar Breinl:	Tafel 1.1, 1.2, 2.1, 3.3, 3.4, 3.5, 3.7, 3.8, 3.10, 5.1, 5.2, 6.2, 6.3, 7.1, 9.1, 11.1, 14.1, 14.2, 14.4, 15.1, 15.2, 15.3 bis 15.6, 16.5,16.6, 16.8 bis 16.11, 18.1, 19.1, 21.1, 21.3 bis 21.6, 22.2, 22.3, 22.4, 22.6 bis 22.11
Klaus Dossow:	Tafel 16.2, 16.3, 16.4, 22.1
Werner Endres:	Tafel 1.3,13.2,13.3
Cornelia Renner:	Tafel 2.2, 3.1, 3.2, 3.6, 3.9, 3.11, 3.12, 4.1, 5.3, 5.4, 5.5, 6.1, 7.2, 7.3, 8.1, 8.2, 8.3, 8.4, 10.1, 10.2, 12.1, 14.3, 14.5 bis 14.8, 15.7 bis 15.17, 16.1, 16.7, 16.12, 17.1, 19.2, 19.3, 20.1, 20.2, 21.2, 21.7 bis 21.20, 22.5, 23.1 bis 23.12, 24.1
Manfred Schötz:	Tafel 3.10, 7.4

Abkürzungen

M = Maßstab; Klbr = Kleinbettenrain; Spki = Spitalkirche Vilsbiburg

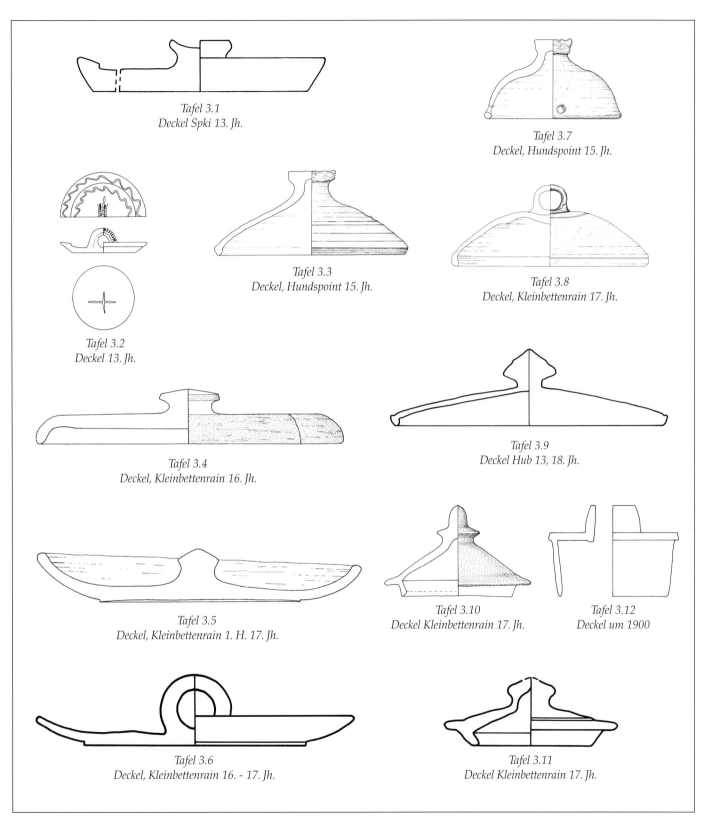

Tafel 3.1
Deckel Spki 13. Jh.

Tafel 3.7
Deckel, Hundspoint 15. Jh.

Tafel 3.2
Deckel 13. Jh.

Tafel 3.3
Deckel, Hundspoint 15. Jh.

Tafel 3.8
Deckel, Kleinbettenrain 17. Jh.

Tafel 3.4
Deckel, Kleinbettenrain 16. Jh.

Tafel 3.9
Deckel Hub 13, 18. Jh.

Tafel 3.5
Deckel, Kleinbettenrain 1. H. 17. Jh.

Tafel 3.10
Deckel Kleinbettenrain 17. Jh.

Tafel 3.12
Deckel um 1900

Tafel 3.6
Deckel, Kleinbettenrain 16. - 17. Jh.

Tafel 3.11
Deckel Kleinbettenrain 17. Jh.

Tafel 3: Deckel (Nr. 8 M ca. 1 : 5, sonst ca. 1 : 3)

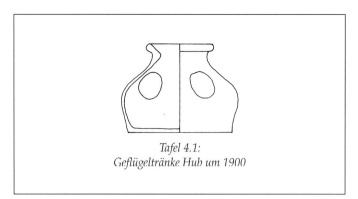

Tafel 4.1:
Geflügeltränke Hub um 1900

Tafel 4: Geflügeltränke (M 1: 3)

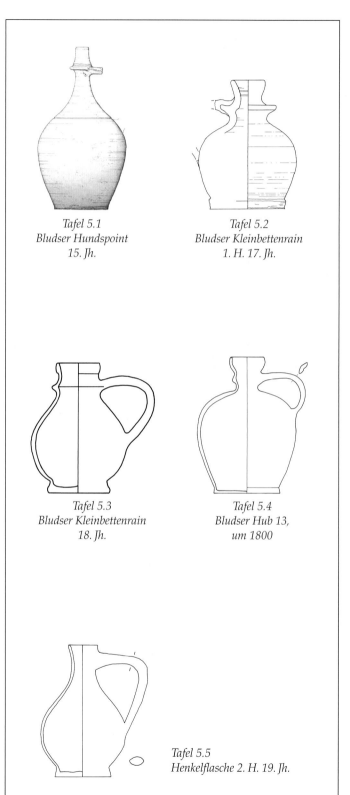

Tafel 5.1
Bludser Hundspoint
15. Jh.

Tafel 5.2
Bludser Kleinbettenrain
1. H. 17. Jh.

Tafel 5.3
Bludser Kleinbettenrain
18. Jh.

Tafel 5.4
Bludser Hub 13,
um 1800

Tafel 5.5
Henkelflasche 2. H. 19. Jh.

Tafel 5: Henkelflasche (Nr. 1 M ca. 1 : 7, sonst ca. 1 : 3)

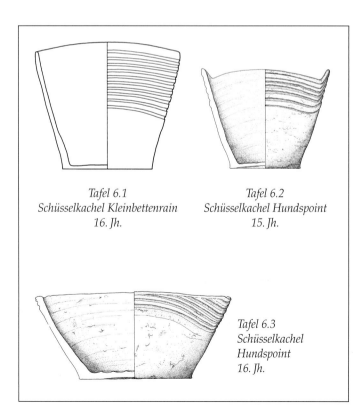

Tafel 6.1
Schüsselkachel Kleinbettenrain
16. Jh.

Tafel 6.2
Schüsselkachel Hundspoint
15. Jh.

Tafel 6.3
Schüsselkachel
Hundspoint
16. Jh.

Tafel 6: Kachel (M ca. 1: 4)

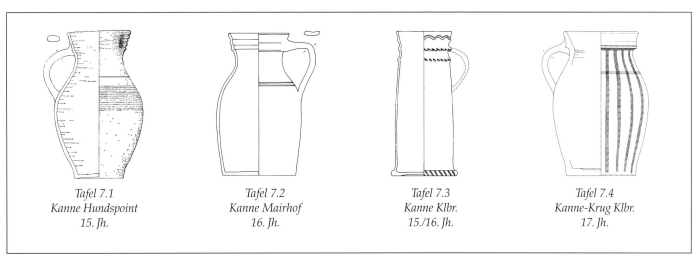

Tafel 7.1
Kanne Hundspoint
15. Jh.

Tafel 7.2
Kanne Mairhof
16. Jh.

Tafel 7.3
Kanne Klbr.
15./16. Jh.

Tafel 7.4
Kanne-Krug Klbr.
17. Jh.

Tafel 7: Kanne (M ca. 1 : 5)

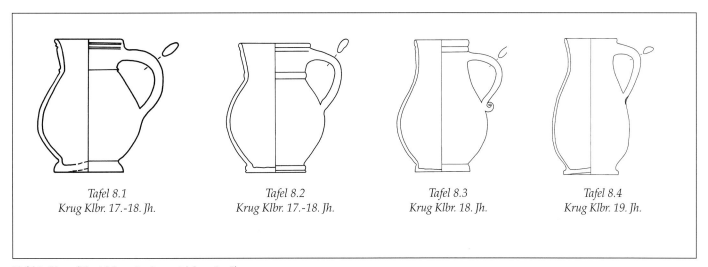

Tafel 8.1
Krug Klbr. 17.-18. Jh.

Tafel 8.2
Krug Klbr. 17.-18. Jh.

Tafel 8.3
Krug Klbr. 18. Jh.

Tafel 8.4
Krug Klbr. 19. Jh.

Tafel 8: Krug (Nr. 4 M ca. 1 : 6, sonst M ca. 1 : 5)

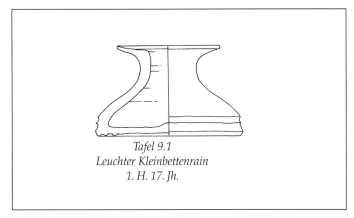

Tafel 9.1
Leuchter Kleinbettenrain
1. H. 17. Jh.

Tafel 9: Leuchter (M ca. 1 : 4)

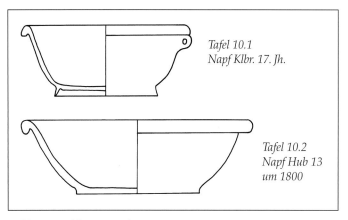

Tafel 10.1
Napf Klbr. 17. Jh.

Tafel 10.2
Napf Hub 13
um 1800

Tafel 10: Napf (M ca. 1 : 4)

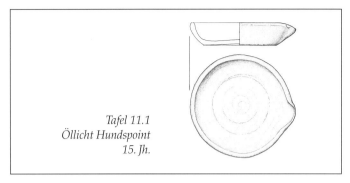

Tafel 11.1
Öllicht Hundspoint
15. Jh.

Tafel 11: Öllicht (M ca. 1 : 4)

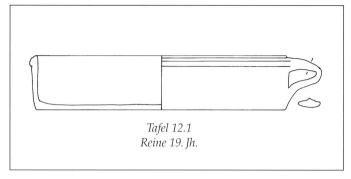

Tafel 12.1
Reine 19. Jh.

Tafel 12: Reine (M ca. 1 : 4)

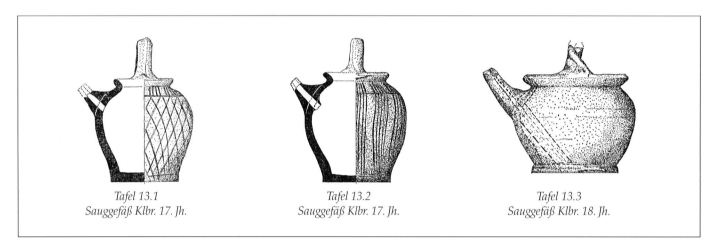

Tafel 13.1
Sauggefäß Klbr. 17. Jh.

Tafel 13.2
Sauggefäß Klbr. 17. Jh.

Tafel 13.3
Sauggefäß Klbr. 18. Jh.

Tafel 13: Sauggefäß (M ca. 1 : 3)

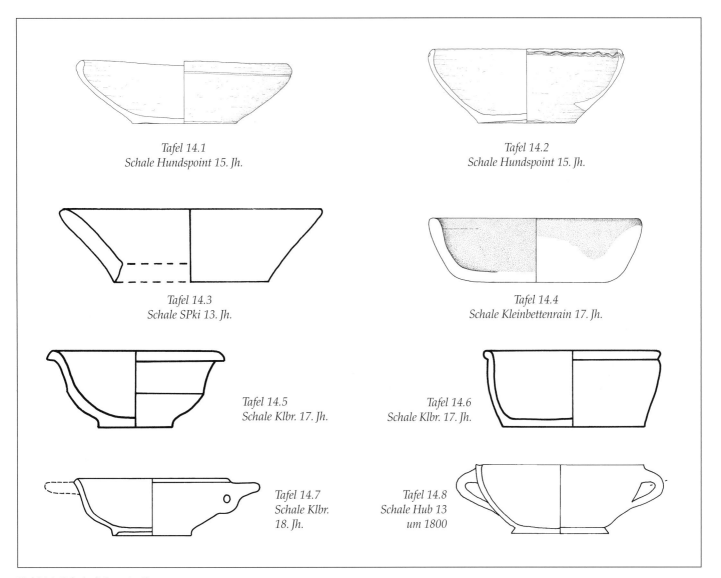

Tafel 14.1
Schale Hundspoint 15. Jh.

Tafel 14.2
Schale Hundspoint 15. Jh.

Tafel 14.3
Schale SPki 13. Jh.

Tafel 14.4
Schale Kleinbettenrain 17. Jh.

Tafel 14.5
Schale Klbr. 17. Jh.

Tafel 14.6
Schale Klbr. 17. Jh.

Tafel 14.7
Schale Klbr.
18. Jh.

Tafel 14.8
Schale Hub 13
um 1800

Tafel 14: Schale (M ca. 1 : 4)

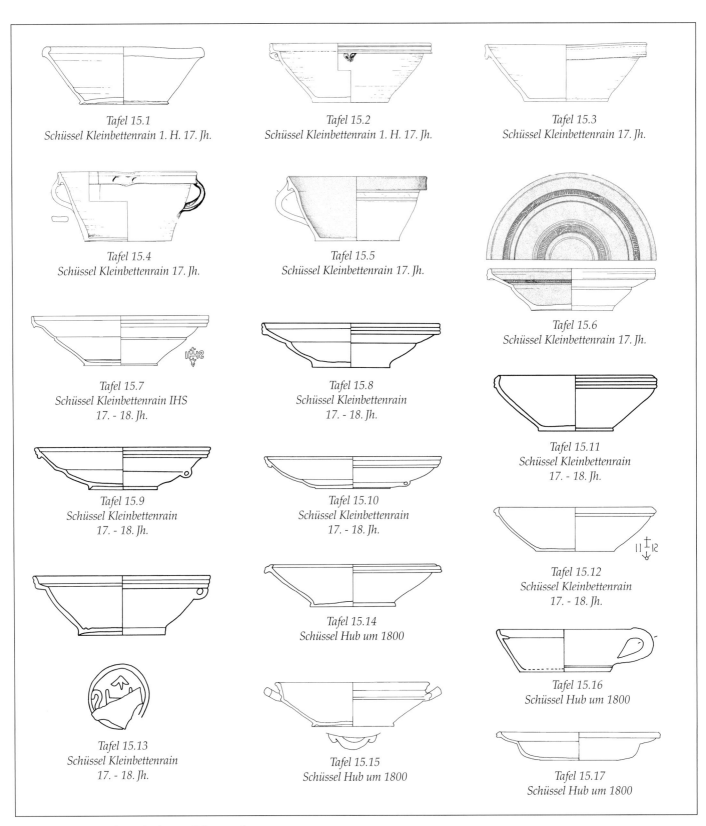

Tafel 15.1
Schüssel Kleinbettenrain 1. H. 17. Jh.

Tafel 15.2
Schüssel Kleinbettenrain 1. H. 17. Jh.

Tafel 15.3
Schüssel Kleinbettenrain 17. Jh.

Tafel 15.4
Schüssel Kleinbettenrain 17. Jh.

Tafel 15.5
Schüssel Kleinbettenrain 17. Jh.

Tafel 15.6
Schüssel Kleinbettenrain 17. Jh.

Tafel 15.7
Schüssel Kleinbettenrain IHS
17. - 18. Jh.

Tafel 15.8
Schüssel Kleinbettenrain
17. - 18. Jh.

Tafel 15.11
Schüssel Kleinbettenrain
17. - 18. Jh.

Tafel 15.9
Schüssel Kleinbettenrain
17. - 18. Jh.

Tafel 15.10
Schüssel Kleinbettenrain
17. - 18. Jh.

Tafel 15.12
Schüssel Kleinbettenrain
17. - 18. Jh.

Tafel 15.14
Schüssel Hub um 1800

Tafel 15.16
Schüssel Hub um 1800

Tafel 15.13
Schüssel Kleinbettenrain
17. - 18. Jh.

Tafel 15.15
Schüssel Hub um 1800

Tafel 15.17
Schüssel Hub um 1800

Tafel 15: Schüssel oxidierend gebrannt (M ca. 1 : 6)

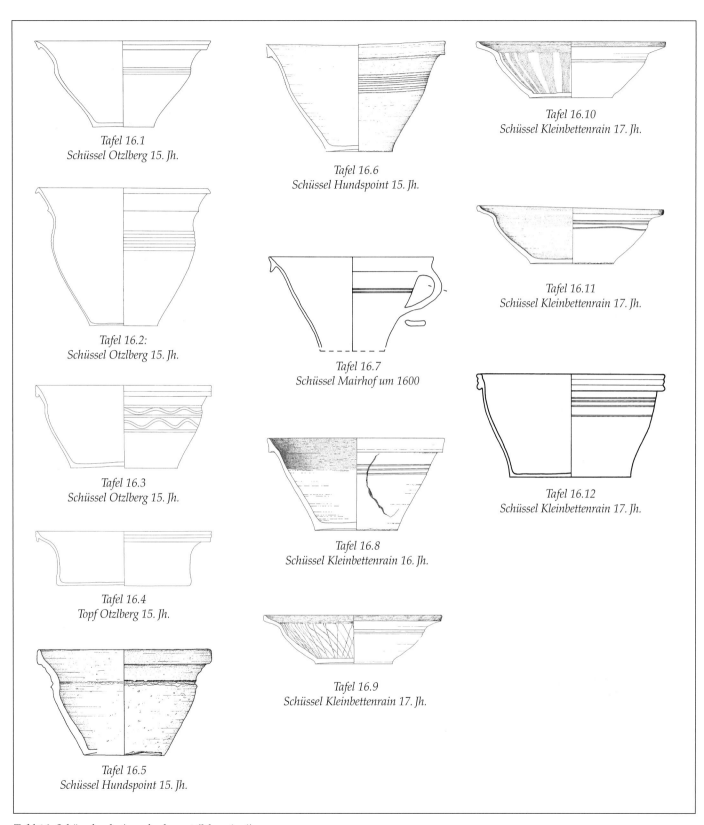

Tafel 16.1
Schüssel Otzlberg 15. Jh.

Tafel 16.2:
Schüssel Otzlberg 15. Jh.

Tafel 16.3
Schüssel Otzlberg 15. Jh.

Tafel 16.4
Topf Otzlberg 15. Jh.

Tafel 16.5
Schüssel Hundspoint 15. Jh.

Tafel 16.6
Schüssel Hundspoint 15. Jh.

Tafel 16.7
Schüssel Mairhof um 1600

Tafel 16.8
Schüssel Kleinbettenrain 16. Jh.

Tafel 16.9
Schüssel Kleinbettenrain 17. Jh.

Tafel 16.10
Schüssel Kleinbettenrain 17. Jh.

Tafel 16.11
Schüssel Kleinbettenrain 17. Jh.

Tafel 16.12
Schüssel Kleinbettenrain 17. Jh.

Tafel 16: Schüssel reduzierend gebrannt (M ca. 1 : 4)

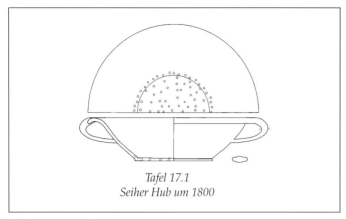

Tafel 17.1
Seiher Hub um 1800

Tafel 17: Seiher (M ca. 1 : 7)

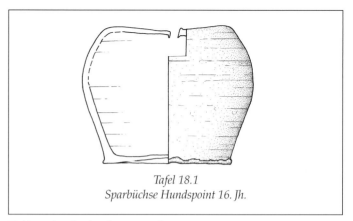

Tafel 18.1
Sparbüchse Hundspoint 16. Jh.

Tafel 18: Sparbüchse (M ca. 1 : 2)

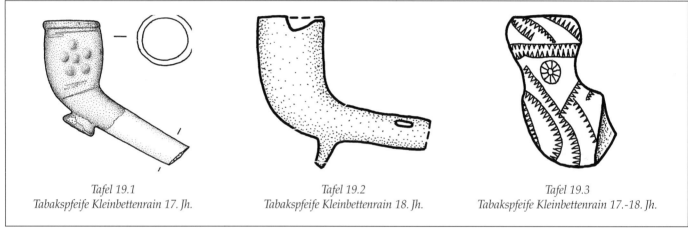

Tafel 19.1
Tabakspfeife Kleinbettenrain 17. Jh.

Tafel 19.2
Tabakspfeife Kleinbettenrain 18. Jh.

Tafel 19.3
Tabakspfeife Kleinbettenrain 17.-18. Jh.

Tafel 19: Tabakspfeife (M ca. 1 : 1,5)

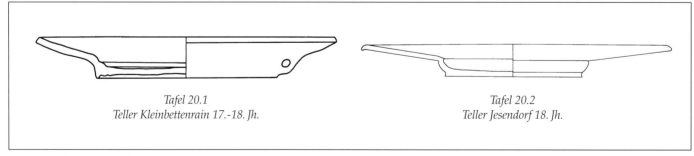

Tafel 20.1
Teller Kleinbettenrain 17.-18. Jh.

Tafel 20.2
Teller Jesendorf 18. Jh.

Tafel 20: Teller (M ca. 1 : 2,5)

Tafel 21.1
Topf Klbr 17. Jh.

Tafel 21.2
Topf Klbr 17.-18. Jh.

Tafel 21.3
Topf Klbr 1. H. 17. Jh.

Tafel 21.4
Topf Klbr 17. Jh.

Tafel 21.5
Topf Klbr 17. Jh.

Tafel 21.6
Topf Klbr 17. Jh.

Tafel 21.10
Topf Weihwasserkessel
Klbr 17. Jh.

Tafel 21.14
Topf Hub um 1800

Tafel 21.17
Topf Hub um 1800

Tafel 21.7
Topf Klbr 17.-18. Jh.

Tafel 21.11
Topf Dreibein Klbr 17.-18. Jh.

Tafel 21.15
Topf Hub um 1800

Tafel 21.8
Topf Klbr 17.-18. Jh.

Tafel 21.12
Topf Hub um 1800

Tafel 21.18
Topf Hub um 1800

Tafel 21.16
Topf Hub um 1800

Tafel 21.9
Salbentopf Klbr 17.-18. Jh.

Tafel 21.13
Topf Klbr. 17.-18. Jh.

Tafel 21.19
Topf um 1910

Tafel 21.20
Topf um 1800

Tafel 21: Topf oxidierend gebrannt (M ca. 1 : 3,5)

Tafel 22.1
Topf Höhe 59,3 cm
Otzlberg 15. Jh.

Tafel 22.2
Topf Hundspoint 15. Jh.

Tafel 22.3
Topf Hundspoint 15. Jh.

Tafel 22.4
Topf Hundspoint 15. Jh.

Tafel 22.5
Topf Klbr. 15.-16. Jh.

Tafel 22.6
Topf Höhe 73 cm
Hundspoint 16. Jh.

Tafel 22.7
Topf Kleinbettenrain
16. Jh.

Tafel 22.8
Topf Hundspoint
16. Jh.

Tafel 22.9
Topf Kleinbettenrain
17. Jh.

Tafel 22.10
Topf Kleinbettenrain
17. Jh.

Tafel 22.11
Topf Kleinbettenrain
17.-18. Jh.

Tafel 22: Topf reduzierend gebrannt (M ca. 1 : 4)

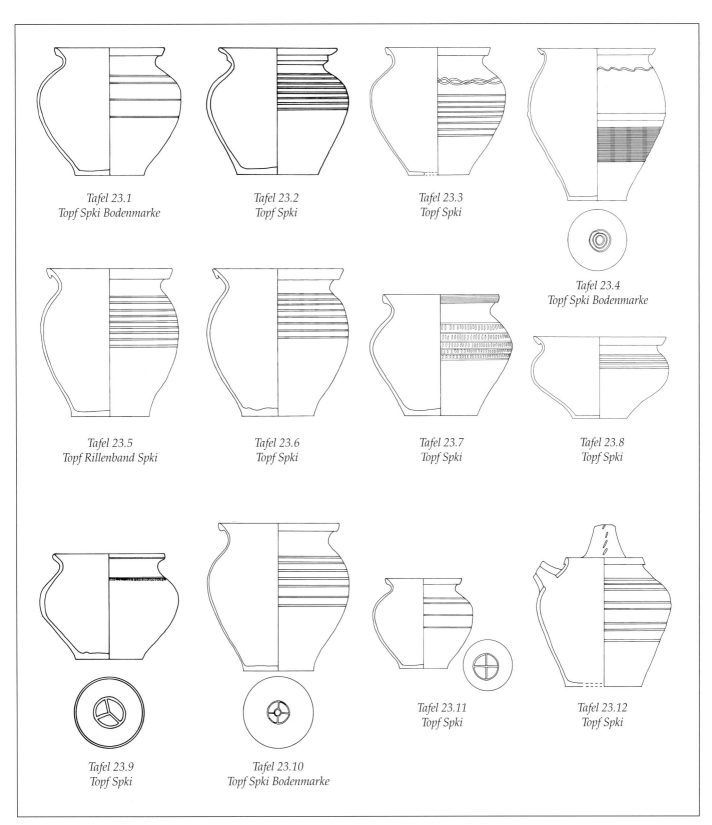

Tafel 23.1
Topf Spki Bodenmarke

Tafel 23.2
Topf Spki

Tafel 23.3
Topf Spki

Tafel 23.4
Topf Spki Bodenmarke

Tafel 23.5
Topf Rillenband Spki

Tafel 23.6
Topf Spki

Tafel 23.7
Topf Spki

Tafel 23.8
Topf Spki

Tafel 23.9
Topf Spki

Tafel 23.10
Topf Spki Bodenmarke

Tafel 23.11
Topf Spki

Tafel 23.12
Topf Spki

Tafel 23: Topf Spitalkirche 13. Jh. (M ca. 1 : 6)

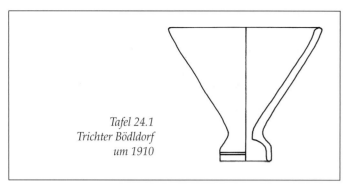

Tafel 24.1
Trichter Bödldorf
um 1910

Tafel 24: Trichter (M ca. 1 : 2)

Mundartlich von Hafnern im Kröning aus deren Arbeitswelt benutzte Ausdrücke sowie Bezeichnungen irdener Gefäße und Begriffe

Bezeichnungen erfragt von Benno und Georg Zettl, Bödldorf, sowie von Alois Kaspar, Onersdorf (1973/1974)

Mundartlicher Begriff	Bedeutung
abbaschn, abbascht	Tonballen mit den Händen zusammen schlagen
abutzn	Bodenränder abputzen
abgflogn, Glasur abgflogn	Glasurfehler; beim Brand auf Gefäßflächen nicht geflossene Glasur
Aschnvogl	Vogelpfeife
Aufhengscherm	Blumenampel
Auflag-Manual	Mitgliedsverzeichnis der Hafnermeister mit Angabe der bezahlten Mitgliedsbeiträge
ausbrennt, wanns zum ausbrenna gwen is	Schlussphase des Brandes
ausgschlett	verfugen der Reinenteile
ausnemma, Ofa ausnemma	austragen der gebrannten Hafnerware aus dem Brennofen
auswendi glasiert (inwendi ....)	außen glasiert, innen glasiert
Baierl	Tonballen,
Batzn hibickt	beim Henkeln Ton angepappt
Bauernschissl	Suppenschüssel, tiefe Schüssel
Bedwama	Wärmflasche
Begga(Bäcker)dibbe	zweiteiliges Gerät mit Buchse und Deckel zur Zugregelung bei Backöfen und Kaminen
Belhosn	Arbeitshose, Bel = Dreckbatzen/ballen
Besngartl	kleiner Reisigbesen zum „Scheckln"
Bienendegerl	Niederer Topf mit Lochdeckel, benutzt zum Anfüttern der Bienen
Bienenfuaderer	dito

Bima, bimt	Walzen, Kneten des Tons auf einer Bank
Bimbeng, Bimbang	Bank, auf der Ton geknetet wird
Blachawagn	Planwagen der Karrner (= Geschirrhändler)
Blatnhaferl, Blathafa, Blatnhefa, städtisch Blatnhaferl	halbhoher Henkeltopf, auf der Herdplatte abgestellt
Bleischwamm	Staub, Abfall von Batterien der E-Werke (Benno Zettl)
Bludser, Bludsi, Bludsikriagl	bauchige Henkelflasche
bone Stoa	Bodenstein, Unterstein der Glasurmühle
bonig, bonige	Bodenteil, unterer Teil
Bradlbeck	Bradl= Braten, niederes, weitmundiges Becken/Schüssel
Bradrein, Bradlrein	niedere Reine
Brart	Gefäßrand (auch Roft)
Braunstoa	Braunstein
Broudmirka	Brotstempel
Butadegl	Tiefe Henkelschüssel mit Ausguss
Buzeisl	Gerät zum Abputzen der Bodenränder
Dafebam	An der Zimmerdecke abgehängte Balken zur Ablage von Brettern, auf denen Gefäße zum Trocknen abgestellt waren.
Dampflweiding, Dampfeweiding, Dampfekiwe	Tiefe Schüssel mit Deckel zur Aufbewahrung des Sauerteigrestes
Deifibeidscherl	„Teufelpeitsche", kleines topfartiges Weihwassergefäß, im Stall zur Abwehr „böser" Geister verwendet. (s. Geisterbeidscherl)

Dischfuchs	Eisernes Dreifußgestell, darauf abgestellt die „seifte", niedere Dampfnudelschüssel	Gattung	unbestimmte (unbestimmbare) Menge Geschirr innerhalb verschiedener Typen und Größen
Dowa, Dower; lange, kurze Dower auch Doa	Ton	gaugln	Gaukeln, das „grüne", noch ungebrannte und unglasierte Geschirr wenden
Dowabaierl	Tonballen	Geisterbeidschal	„Geisterpeitsche" (s. Deifibeidscherl)
Dowahaua	Tonhauer (Taglöhner)	Gensgrua, Gensgria (Mz)	Gänsekrug = Geflügeltränke
Dowamessa	Tonmesser mit zwei Griffen	Gledt	Glätte, Bleiglätte („rau wie Bienenzucker", nach Benno Zettl)
Dowascham	Tonmesser mit zwei Griffen zum Schaben		
Dowaspatn	Tonspaten	Gledtfassl	Glasurfass
Dowastatt	Tongrube vor dem Haus	Gledthamma = „den broatn, den gspiztn, den griftn Gledthamma"	Glasurhammer zum Aufrauen der Glasursteine – der breite, der gespitzte, der griffige Glasurhammer
Dowastock	Tonhaufen in der Werkstatt		
Dowergruam	Tongrube vor dem Haus; „d'Weiba ham in mehrere Etappm Dowa außa do mitm Moiderl"		
		Gledtleffe	Glasurschöpflöffel aus Eisenblech
Dowerkella	Tonkeller im Haus, von der Werkstatt aus begehbar	Gledtmilhammer	Hammer zum Aufrauen der Glasursteine
Drifiaßl	Dreistrahlige Brennhilfe	Gledtmühl	Glasurmühle
dritte Scheim	Erste, zweite, „dritte", auch „letzte" Drehscheibe in der Werkstatt	Gledtschissl	Glasurschüssel
		Gledtsieb	Glasursieb
Efeikastn	Efeukasten	glirazt	Das Geschirr hat „geklirrt", wenn es vom heißen Ofen zu früh ausgenommen wurde (Alois Kaspar).
Eifülgrugl	Wasserkrug, -kanne zum Einfüllen		
Eldeia	„Deia" = Teller, Zwischenscheibe aus Holz		
		Gradler, Grandler	Landfahrer
Essigruag, Essigrua	Essigkrug	Grana	Krainer = Synonym für Händler
Euhefa	großer Hafen, Topf		
Fabhaferl	Farbhaferl, Form hoher Henkeltopf	Grand	Kanäle, auch „Zieg" im Brennofen
Faschinen	zur Abstützung, Sicherung der Tongrube	grea	grün, noch nicht gebranntes Geschirr
Feiaamabad	Feierabendarbeit	greana Hofna	grüner (blassgesichtig, krank aussehender) Hafner
feichtane Stauan	Fichtenstauden/-zweige		
Fleischrein	niedere Reine	Greizscheim	Kreuzscheibe, Drehscheibe
Flus, „an schen Flus"	Glasur schön verlaufen	Gruam	Grube, Tongrube
Foaz	Filz zum Glätten der Wandung und des Bodens	Gschierkamma	Geschirrkammer
		Gschierrichtn	Geschirr aufrichten, einrichten
Foz	Ausguss, Schnauze	Gschlederheisl; Schlederheisl; geschledat, s'Gschledarat,	An der Seite offenes Holzgestell zur Aufnahme des „Handscherms" (siehe dort).
Gartnscherm	Blumentopf		
		ogschom	abgeschabt
		Gseln	Geselle

Gugatza	Kuckuckspfeife
gwoizn	gewalzt
Haferlbinda	Hafenbinder, Geschirrflicker
Haferldraht	Draht mit zwei Griffen zum Abschneiden des Werkstücks von der Drehscheibe
Haferlschern	Schiene zum Formen
Hafnerstadt	Region im Kröning und an der Bina der arbeitenden Hafner
Hama oder Handham	Handhabe = Henkel
Handla	Händler
Handscherm	Scherm = Topf; meist mittelhoher, mit Wasser gefüllter Henkeltopf zum Befeuchten der Hände und Ablegen des Filzes oder Leders
heana oder hama	Henkeln der Gefäße, angarnieren des Henkels
Hefa	Hafen, in der Regel hoher Topf
Hefawagn	(Hafen-)Geschirrwagen
Henanirschl	Hühner-(Geflügel)tränke
Hengscherm	Blumenampel
Herberg, Herberge	Zunftlokal, Versammlungsort
Herbergsvater	Wirt
Herndl	Ständer, Wand zwischen der Brennkammer und dem Einsetzraum für Geschirr im Brennofen
Herrndoa, Herrndower, kurze Dower	Magerer Ton
Herrnhafner	Angesehener, „besserer" Hafner
Hofnawirka	Hafnerwircher = verheirateter (Alt-) Geselle ohne eigene Werkstatt
Howe, Hobe	Zwischenscheibe aus Holz, auch auf den Drehscheibentisch aufgedübelte Holzplatte nach deren Abnutzung
Impmfuaderer	Impen = Bienen, Gefäß zum Füttern der Bienen
inwendig glasiert	innen glasiert
Kache	Kachel, Ofenkachel
Kaffeehaferl	hoher Kaffeehafen
Kaffeescheierl	Kaffeschale, Tasse
Kaffeschaln	Kaffeschale, Tasse

Kapuziner	Scherzgefäß in Form eines Ordensmannes für Blumen
kederer	Keder = Kot; kederers Geschirr = Tongeschirr
Kindergschier	Puppengeschirr, Spielgerät
Kol	Krug
Krautdegl	runder niederer Henkeltopf mit Falz (runde Rein)
Kraxn	Kraxe, Tragegerät
Kreinzn, Kreinzenwagen	Kreinze = großer aus Weidengerten geflochtener Korb in den Geschirrtransportwagen eingesetzt
Krugl	Krug
Kuchl, Kuche	Küche
kurze Doa, Dowa, Dower	fetter Ton
Leda	Leder (zum „wirchen" (wirken) = Glätten der Wandung und des Bodens)
ledazag, ledazach	lederhartes ungebranntes Geschirr
Lehrbuamrennat	Lehrlingsrennen beim Hafnerjahrtag
Leibstuhlhafa	Leibstuhlhafen
Leifa	Läufer der Glasurmühle (oberer Stein)
Malerhaferl	Farbtopf, hoher Henkeltopf
Milgschier	Milchgeschirr (Weidling)
Millweiding, Muichweiding	Milchweidling, -schüssel
Moasta	Meister
Moiderl, Moidan	Mulde aus Holz, Tragegefäß für Ton
Mol	Model
Nachtgschier	Nachttopf
Napf, Napfschüssel	Halbtiefe Schüssel mit Kremprand und am Boden außen umlaufender Rille
Napfhölzl	Holzstäbchen zum Durchstechen der Sieblöcher
Niklogschier	Fehlerhaftes, aber noch brauchbares Geschirr
Nolkeawe,	Nadlkörbl, durchbrochene Schüssel
Nuldegl	Weiter niederer Doppelhenkeltopf mit zwei Henkel für „Dampfnudeln"

Nulschissl, Nudlschissl	Niedere, flache (Dampf-) Nudelschüssel	Schmalzdegl, Schmalzweiding	Tiefe Henkelschüssel mit Ausguss
Nulseia	Seiher, Sieb	Schmoizhefa	hoher (Schmalz-)Hafen mit Henkel
Oadofa	Erdofen, Brennofen	Schpara	Sparbüchse
odrat	Abdrehen des Bodens	Schparbix	Sparbüchse
Ofafarb	Graphitstaub	Schparhoiza	Holz zum Ausspreizen der Tongrube
Oram	Abraum (Humus) bei der Tongrube	Schpinnhaferl	kleiner Topf, am Spinnrad hängend, zum Befeuchten der Finger
Osterlampe	Osterlammform		
Plochawogn	Von den Karrnern mitgeführter, mit einer Plane abgedeckter zweirädriger Karren	Schwoaßsand, Schliffsand	Sehr feiner Sand zum Magern des Tons
Preisdrimma	wie „Preisn"	seifte Schissl	niedere (Dampf-) Nudelschüssel mit schmalem Rand
Preisn	längliche gerillte Tonplatte als Brennhilfe im Brennofen		
Putzeisl, Butzeisl	flaches Rundeisen mit Holzgriff zum Putzen der Bodenränder bei lederharter Ware	Sitzhaferl	Kindernachttopf
		spindige Dower	fetter Ton
		Spitzhaferl	konische Topfform mit Henkel, als Milchweidling benutzt
Rahmhefa	Rahmhafen, hoher Topf mit Spundloch über dem Stand	Spuiweiding	Spülschüssel
Rehgwichtl, Krickerl	Aus Ton, teilweise aus Modeln geformter Rehkopf	Stache, Stachel	Ton- oder Eisenkern im irdenen Bügeleisen, zum Anwärmen im Feuer oder auf der Ofenplatte
Roft	Rand		
runde Rein	Flacher Henkeltopf mit Deckelfalz	städtische Krugl	Kanne mit zylindrischer Halszone
Salmdegl, Salmhaferl	Salbentopf	Stessl, Stössl	Stoßgerät beim Mörser
Schbreißln	Einmeter langes Scheitholz zum Befeuern des Brennofens	Stog	In der Stube/Werkstatt auf einem Haufen (Stock) zusammengeschlagener Ton
Scheckkriagl	Malhorn	Stum	Stube
Scheckln, Scheggln	spritzen (dekorieren) mit Glasur	Suppmschissl	Suppenschüssel
		Untersatzl	Untersetzer für Blumentöpfe
Scheim, erste zweite dritte, letzte …	Drehscheibe	Vexierkrug	Scherzgefäß mit durchbrochener Halszone
Scherm	Topf, meist mit Henkel	Viertlmeister, Viermeister	einer der vier Obermeister im (Hafner-) Handwerk
Schier, Schür	Schüröffnung am Brennofen		
Schindl	Holzbrett zum Abstellen frisch auf der Drehscheibe gedrehter Ware	Voglnirscherl	Vogeltränke
		voschlett	verstreichen der Nähte bei den Reinen
Schirstang	Schürstange zum Beschicken mit Holzspreisseln im Brennofen	Wampm, schene …	schöne, ausgewogene Bauchung der Gefäßwand
Schisslhefa	Hoher Henkeltopf	Waschlavur (Waschlavoir)	Becken mit senkrechter Wandung, im kirchlich-religiösen Bereich gebraucht
Schisslkar, Schisslkorb	Brennhilfe, Brennkapsel		
Schisslnägl	Tonstifte(-nägel) zum Einstecken in die Wandungen der Öffnungen bei den Schüsselkörben/Brennkapseln		

Wassagrand	großer schwarzer reduzierend gebrannter Wasservorratstopf
Wehreisl, Wircheisl	Abdrehschiene, bekannt aus Kupfer
Weichbrunnkestl	Weihwasserkessel
weiß	weiße Hafner = stellen glasierte und unglasierte Ware her
Wircher	verheirateter Geselle ohne eigene Werkstatt
Zarg	Seitenwand bei Reinen
Zarg	Holzmantel um die Glasursteine
Zeigl	kleines landwirtschaftliches Anwesen
Zieg (Mz.), Oberzieg, Unterzieg	Züge = Kanäle im Brennofen
Zoi	Sechs Zoi = [Zahl?] Tagesleistung eines Drehers; 20 Dutzend Weidlinge = „6 Zoi"; zur Tagesleistung zählt auch das Aufbereiten des Tons, ohne Durchtreiben durch die Tonwalze.

Hafner-Mitgliederlisten

Hafner-Mitgliederliste 1642 und 1645

Designatio

„Der ienigen nacher Dinglfing erschinnenen Hafner, so im Khrening Ghts: Teispach wohnhafft seyen, Actum den 11. July Anno 1645.[1]

Folgente sein im Dorf Ohrnastorf [Onersdorf, Gde. Kröning]

1. *Geörg Widenpeckh*
2. *Anndre Weizeneckher*
3. *Bartholome Haseneder*
4. *Hanns Wiesst*
5. *Wolf Haseneder*
6. *Geörg Widenpeckh zu Schäden Rrhain* [Schaittenrain, Gde. Kröning] *zenegst Ohrnastorf*

   Pärndorf [Pattendorf, Gde. Adlkofen]
7. *Jacob Widenpeckh*
8. *Adam Kholb*
9. *Michael Thiernperger*
10. *Sebastian Schickh*

    Liechteneckh [Lichteneck, Gde, Kröning]
11. *Hans Widenpekh*

    Hiertenstain [Stein, Gde. Kröning]
12. *Jacob Kholb*

    Goben [Gde. Kröning]
13. *Thoman Schintlbekh*

    Wislsperg [Wieselsberg, Gde. Kröning]
14. Mathes Auer

    Obern Khieperg [Oberkirchberg, Gde. Kröning]
15. *Hanns Widenpekh*
16. *Anndre Widenpekh*

17. *Pangräz Wiesst*
18. *Paullus Widenpekh*

    Maindall [Maithal, Gde. Kröning, Wüstung]
19. *Thoman Stierminger*
20. *Anndre Thiernperger*

    Jesendorf
21. *Wolf Khalb*
22. *Stephan Egger*
23. *Sebastian Schiller*
24. *Georg Stierminger*
25. *Lorenz Khain*
26. *Wolf Schüntlbekh*
27. *Adam Khaindl der Eltere*
28. *Michael Kholb*
29. *Geörg Steiniger*
30. *Marthin Kholb*
31. *Adam Khaindl der Jüngere*
32. *Anndre Wiesst*
33. *Wolf Widenpekh*

    Pudtenpach [Buttenbach, Gde. Kröning]
34. *Jacob Widenpekh*
35. *Wolf Widenpekh*
36. *Stephaine Wiesst*
37. *Hanns Hueber*

    GrossenPedtenrhain [Großbettenrain, Gde. Kröning]
38. Michael GillGieller
39. Mathes GillGieller
40. Hans Widenpekh
41. Benedict Wiesst

    HörmansReith [Hermannsreit, Gde. Kröning]
42. *Pongräz GillGiller*
43. *Hanns Widenpekh*

    Pädtendorf [Bödldorf, Gde. Kröning]
44. *Paullus Wiesst*
45. *Paullus Schmözl*
46. *Michael Widenpekh*

---

1   StALa, Regierung Landshut A 2675. Handwerksordnuung der Hafner im Rentamt Lanshut

47. *Thoman Kholb*
48. *Caspar Schickh*
49. *Anndre Widenpekh*
50. *Stephan Diernperger*

Khobel [Kobel, Gde. Adlkofen]
51. *Thoman Widenpekh*
52. *Ulrich Thalhammer*

WidtenPach [Wippenbach, Gde. Adlkofen]
53. *Hans Wiedenpekh*

ObernSchiedtenkoven [Oberschnittenkofen, Gde. Kröning]
54. *Ulrich Khalb*
55. *Peter Wiesst*
56. *Hanns Widenpekh*
57. *Sebastian Khalb*
58. *Michael Schwälbl*

Geisendorf [Geiselsdorf, Gde. Kröning]
59. *Leonhardt Widenpekh*

Edt [Öd, Gde. Adlkofen]
60. Hanns Leienseder
61. Veith Diernperger
62. Geörg Widenpekh

Leirsedt [Leiersöd, Gde. Kröning]
63. *Wolf Stierminger*
64. *Sigmundt Leierseder*

KhoblPeundt [Kobelpoint, Gde. Kröning]
65. *Georg Leierseder*

Hundtspain [Hundspoint, Gde. Kröning]
66. *Christoph Leierseder*

Schräzenstall [Schratzenstall, Gde. Kröning]
67. *Anndre Huebpauer*

Hueb [Hub, Gde. Kröning]
68. *Hanns Schmäzl*
69. *Christoph Widenpekh*
70. *Mathes Schmözl*
71. *Anndre Widenpekh*
72. *Christoph GillGieller*

Widenpach [Wippenbach, Gde. Adlkofen]
73. *Marthin Widenpekh*
74. *Veith Widenpekh*
75. *Pongräz Widenpekh*
76. *Mathes Kholb*
77. *Urbann Widenpekh*

DechetsReith [Dechantsreit, Gde. Adlkofen]
78. *Geörg Halser/Halster(?)*

ClainPödtenrhain [Kleinbettenrain]
79. Geörg Leirseder
80. Wolf Rieder

Verzaichnus derjenigen Hafner so in dem Rentamt Lanndts-
huet wohnhaft, in die neu ufgerichte HandtWerchsordnung
gewilligt

[Unter den hier aufgelisteten Namen befindet sich ein er-
heblicher Teil der im Kröning und an der Bina wohnenden
Hafner. Ihre Namen sind, auch bei vermutlicher Zugehörigkeit, in fetter Schrift gekennzeichnet.]

Paullus Grosmann Hafner alhier [Landshut]
Jobst Weber Haffner alhier
Christoph Humbl Haffner alhier
Wolf Leubl von Warttenberg
Geörg Leubl von ermelten Warttenberg
Hanns Wagner von Leiblfing
Hanns Oswalt von Geislhöring
Michael Kahrnner auch alda
Geörg Spänner von Dinglfing
Geörg Ehringer von Felden [Velden an der Vils]
Leonhardt Friedt von Mospurg
Hanns Amon auch alda
Geörg Högl von Erdting
Geörg Crämer auch alda
Marthin Maister von Biburg [Vilsbiburg]
Hans Mayr von Neumarkht
Hanns Högl von Frauenberg
Peter Weineikher von Riedershaimb
Oswaldt Schiller *von Hundtpain* [Hundspoint]
Geörg Schiller *auch alda*
Stephan Kholb *von Khränich* (Kröning)
Mathes Zetl *von Grossenpetenrain* [Großbettenrain]
Michael Diernperger *von Pöttendorf* [Pattendorf]
Urban Widenpekh *von Widenpach* [Wippenpach]
Jacob Widenpekh *von Pätendorf* [Pattendorf]
Geörg Witenpekh *von Schättenrain* [Schaittenrain]
Veith Widenpekh von Pischldorf
Michael Zetl von *Grossenpetenrain*
Geörg Khalb *von Dechantsreith*
Lorenz Leiseder *von Widenpach*
Hanns Widenpekh *von Liechtenegg* [Lichteneck]
Anndre Huepaur *von Razenstall* [Ratzenstall]
Anndre Wagner von Pischldorf
Christoph Dechatntsreitter *aufm Stirmb* [Stürming]
Thoma Khalb

Paullus Widenpekh
Ulrich Widenpekh
Adam Widenpekh
Michael Dennel
Hans Widenpekh

Vorbeschribne seindt bey [der] *den 2. September Ao 1642*
vorgangener Commission und Ablesung der neu aufgesezten
Ordnung auf alhiesigen Statt Rhathaus [Stadt Landshut] *er-*
schienen und die Ordnung guetgehaisen
Folgen die ienigen, welche alle erst hinach in solche Ordtnung
zu verwilligen sich ercleret haben.

[Folgende Hafner zählen zu den Hafnern an der Bina]

Georg Grueber von Painzing [Panzing, Gde. Gangkofen]
Abrahamb Grueber auch alda
Marthin Maister uf der Eglseder Selden von SibenGatern
[Siebengadern, jetzt
    Spielberg, Gde. Gangkofen]
Georg Perkhover von SibenGatern

Ausm Ght.Teispach
Wolf Schmidthueber auch alda [Siebengadern]
Barbara Peterhansin Wittib auch alda
Thoma Maister auch alda
Hans Schmidthueber auch alda
Hans Degenpekh auch alda
Anndre Limmer auch alda
Anndre Pruckhmayr auch alda

Im Gericht Vilsbiburg
Adam Grueber zu Gänkhoven
Geog Hiermayr von Mösing [Massing]
Peter Högl von Fräling [Freiling, Gde. Gangkofen]
Peter Hans am Stalhof [Stadlhof, Gde, Gangkofen]
Hans Högl am Stalhof
Geörg Schiller auch alda
Hans Högl alda
Anndre Schmidthueber von Sibengatern
Thoma Maister auch alda
Geörg Masier uf der Loh

Christoph Guetshöfer von Schaneckh [Scherneck, Gde. Bodenkirchen]

Geörg Högl von Geislsperg [Geiselberg, Gde. Gangkofen]

Im Gericht Neumarckht [Neumarkt St. Veit]

Christoph Maister von Angerbach

Christoph Högl auch alda

Anndre Schiller auch alda

Hans Högl von Geislperg

Georg Schmidthueber von Praitenreit [Breitreit, Gde. Bodenkirchen]

Anndre Schmidthueber von Haslpach [Frauenhaselbach, Gde. Egglkofen]

Hanns Schweickhl Schmidthueber auch alda

Leonhardt Schweickhl Schmidtheber auch alda

[Folgende Hafner sind weder im Hafnerhandwerk im Kröning noch in dem an der Bina organisiert.]

Im Ght. Landau

Veith Wagenhueber zu Landau

Christoph Päbinger auch alda

Mathes Pruner zu Euchendorf [Eichendorf]

Wolf Nepich(?) von Pilsting

Georg Schöllaicher zu Simpach [Simbach]

Anndre Widenpekh und

Hans Lindtner beede von Armstorf [Arnstorf] *undern Herrn von Closen*

Hans Khaindl zu Reispach [Reisbach]

Jacob Heisl auch alda

Thoma Maister in der Hofmark Malgerstorf undtern Herrn von Leoprechting

Georg und Jacob Leysöder aufm Thänamais [Thannenmais, Gde. Reisbach] *undtern*

Herrn von Closen

Marthin Schmidthueber zu Franttenhausen [Frontenhausen]

Geörg Ernst uf der Haindlsedt

Adam Hörzog von Gamblstorf

Adam Städl von NiedernReispach [Niederreisbach, Gd. Reisbach]

Anndre Lemer von Dorffen

Bey Ablesung der Hafner Handtwerchsordtnung sein den 2. September Ao 1642 in beysein der Herren Commissarien nachvolgente [ver]*samblet gewesen, so allerdings in solche Ordtnung* [ver]*willigt*

[Folgende Hafner sind entweder zum Handwerk im Kröning oder dem an der Bina, als auch zur Hauptlade der Hafner in Landshut gehörig.]

Hanns Mayr von Neumarckht [Neumarkt St. Veit]

Sebastian Schilch von Jesendorf

Anndre Widenpekh von Petenrain [Groß-/Kleinbettenrain]

Veith Widenpekh von Pischldorf [Pischelsdorf, Gde. Loiching]

Michael Zetl von Grossenpetenrain

Geörg Khalb von Dechantreith [Dechantsreit, Gde. Adlkofen]

Ulrich Widenpekh von Mägerstorf [Magersdorf]

Adam Khalb von Pädendorf [Pattendorf, Gde. Adlkofen]

Michael Diernperger von Walkhoven [Wollkofen]

Benedict Wiesst von Petenrain [Groß-/Kleinbettenrain]

Thoma Widenpekh von Pädendorf

Paullus Wiesst von Pödldorf [Bödldorf]

Veicht Widenpekh von Pädendorf

Ulrich Winpekh von Mögernstorf [Magersdorf]

Adam Khalb von Pädendorf [Pattendorf]

Benedict Wiesst von GrossenPetenrain

Hanns Widenpekh aufm HiembersReith [Hermannsreit]

Stepahn Khalb von Armsperg [Armannsberg, Gde. Adlkofen]

Anndre Paimpekh von Pädtendorf [Pattendorf, Gde. Adlkofen]

Hanns Özlperger [Otzlberg, Gde. Kröning]

Jobst Schiller von Jensendorf [Jesendorf]

Michael Diernperger von Walkhoven [Wollkofen]

Pongraz Widenpekh von Pilleskhirchen [Willerskirchen, Gde. Adlkofen]

Michael Widenpekh von Pödtendorf [Pattendorf]

Gilg Diernperger von Pödtendorf

Hans Widenpekh von Grossenpödtenrain

Wolf Khalb von Jesendorf

Hanns Herzog von Thann zur Haag Gräfl. Latronischen Undterthann

Georg Khrachmayr von Erdting

Michael Hobmayr zu Au im Markht [Au Hallertau]
Bernhardt Öelhofer zue Landshuet

Anhang
Mitgliederliste der Hafner an der Bina, 1767[2]

Hafnermeister und Wircher aus der Viertellade der Hafner an der Bina zu Gangkofen im Jahr 1767, verordnete Viertlmeister Martin Hofer zu Mälling und Simon Pergkofer am Stadlhof oder Giehrhafner.

„In diesen Viertl befinden sich dermahlen nachstehente besezt und unbesezte Werchstött deren ieder jährlich 15 kr. zum Jahrschilling raicht, und sambt in allen über das abgefihrte außständig, als

No. 1. *Philipp Kalteneckher, Baron Stromayrscher Untertan uf Pänzing Gerichts Eggenfelden*
No. 2. *Martin Nidermayr zu Gänkhouen*
No. 3. *Lorenz Pleibenpruner zu Gänkhouen*
No. 4. *Georg Schmidthueber in Stauern*
No. 5. *Wolfgang Nömayr in Stauern, Baron Stromayrscher Untertan*
No. 6. *Martin Hofer Schneggischer Untertan zu Mälling [= Malling]*
No. 7. *Franz Högl daselbst (Malling)*
No. 8. *Johann Schmidthueber im Markt Massing Gericht Byburg*
No. 9. *Josef Wiest alda (Massing)*
No. 10. *Niclas Schmidthueber zu Neumarckht † modo (= jetzt) Andreas Wimmer*
No. 11. *Thomas Handtschuech zu Nidern Reyspach (Niederreisbach)*
No. 12. *Veith Högl zu Spielberg*
No. 13. *Antoni Högl zu Geislberg*
No. 14. *Martin Obermayr zu Geislberg*
No. 15. *Hanns Schmidthueber daselbst (Geislberg) Gericht Byburg*
No. 16. *Lorenz Maister zu Sibengattern (Siebengadern)*

No. 17. *Paulus Pergkofer, SchmidtJirg [= Dörfl] Gericht Byburg*
No. 18. *Hannß Pergkofer, Högl zu Freyling*
No. 19. *Hannß Högl zu Pachhamb [= Ober-/Unterbachham] Gericht Teisbach*
No. 20. *Florian Pergkofer zu Schernegg [= Scherneck] Gericht Byburg*
No. 21. *Georg Döttenberger am Stadlhof obigen Gerichts*
No. 22. *Veith Högl, Peterhanß am Stadlhof Gericht Byburg*
No. 23. *Joseph Högl zu Geislberg*
No. 24. *Philipp Pergkofer zu Haslbach [= Frauenhaselbach] Gericht Neumarckht*
No. 25. *Georg Pergkofer, Maister zu Sibengattern*
No. 26. *Martin Pergkofer, Linner zu Sibengattern*
No. 27. *Adam Pergkofer am Stadlhof Gericht Teisbach*
No. 28. *Florian Wüttenpöckh zu Praittreith [= Breitreit]*
No. 29. *Simon Schmidthueber zu Ruestorf [= Ruhstorf]*
No. 30. *Hannß Schmidthueber zu Hangerstorf [= Haingersdorf], verstorben*
No. 31. *Antoni Lang zu Hiendlsedt [= Hiendlsöd]*
No. 32. *Simon Pergkofer am Stadlhof oder Giehrhafner genannt*
No. 33. *Georg Pergkofer zu Häckhenberg [= Oberhackenberg]*
No. 34. *Jacob Kürmayr, Gäslmayr zu Angerbach, Lerchenfeldischer Untertan, hat 1757 die Werksatt vom verstorbenen Hanßen Pergkofer, Gäslmayr zu Angerbach übernommen*
No. 35. *Caspar Mayr zu Wimmelstorf [= Wimmersdorf]*
Nr. 36. *Niclas Wimmer zu Poxau*
No. 37. *Michael Pergkofer zu Reisbach*
No. 38. *Jacob Pergkofer zu Haßlbach [= Frauenhaselbach]*

Folgen die Wircher oder Kerbler ohne Werchstötten

No. 39. *Lorenz Anglsperger*
No. 40. *Marx Högl zu Geislberg*
No. 41. *Adam Kürmayr zu Sibengattern*
No. 42. *Jacob Wimmer zu Sibengattern*
No .43. *Sebastian Haider zu Obergänkhouen, hat sein Werkstatt in Stauern Wolfgang Nömayr verkauft ist nun wieder Wircher*
No. 44. *Philipp Pergkofer zu Guntterstorf"*

2 StAL, GL. Fasz. 1133 Nr. 12, Reg. Landshut, 1651 - 1799.

Anhang
Mitgliederliste Kröning und Bina 1835

„II. / Register über die im Königl. Landgericht Vilsbiburg
befindlichen A. Lehrlinge u.
B. der als Gesellen freigesprochenen Individuen
nach Ministerial Reskript v. 24. Juni 1835
(im Kreisblatt N. XXXIX [39] v. 29. September 1836)
vid. auch dem neueren Akt über das Gewerbswesen".[3]

Namen der ausbildenden Lehrmeister im Jahr 1835	Erwähnte Lehrlinge im Jahr der Aufdingung
Hafner an der Bina	
Konrad Daxberger, Geiselberg	1833, 1838
Joh. Högl, Geiselberg	1833
Andrä Kaindl, Dörfl	1833, 1839
Thomas Berghofer Siebengadern	1835
Urban Kaltenecker, Siebengadern	Vor 1835, 1835
Andreas Huber, Geiselberg	Vor 1835, 1837
Andrä Berghofer, Scherneck	1837
Thomas Staudinger Freiling	Vor 1835, 1837, vor 1838
Andreas Bader, Dörfl	1832, 1837 2x
Michael Maister, Langquart	1837, 1838
Martin Degenbeck, Stadlhof	Vor 1835, 1837
Johann Högl, Geiselberg	1837
Johann Kaltenecker, Siebengadern	1837
Andrä Kaindl, Dörfl	Vor 1838, 1839 2x
Johann Königbauer, Siebengadern	Vor 1838
Georg Dettenberger, Stadlhof	Vor 1838
Johann Schmidhuber, Geiselberg	1835
Jakob Außermeier, Breitreit	1838
Andrä Berghofer, Spielberg	1838
Peter Huber, Angerbach	1838
Jos. Geigenberger	1836
Johann Maister, Siebengadern	1838
Emeram Kaltenecker, Geiselberg	1838

Hafner im Kröning	erwähnt
Michael Bauer, „Dokter", Jesendorf	1837, 1840
Johann Kaindl, „Zuckerbacher", Jesendorf	1837 2x, 1840
Martin Wippenbeck, Bödldorf	1837 2x, 1839
Philipp Bruckmaier, Jesendorf	Vor 1837
Johann Rieder, Jesendorf	Vor 1837, 1837, 1840
Andrä Degenbeck, Jesendorf	Vor 1837, 1837, 1840
Michael Finsterer, Jesendorf	Vor 1837 2x , 1840
Felix Kaindl, [Ober-]Kirchberg	Vor 1837 2x
Vitus Wiest, Bödldorf	Vor 1837
Simon Egl, Stürming	1837
Jos. Wagner, Magersdorf	1837
Jos. Brambs, Jesendorf	1837
Johann Berghofer, „Kaindl", Wippenbach	1837 2x, 1838 2x, 1839, 2x, 1840, 1841
Johann Kaindl, Jesendorf	1837 2x, 1840
Michael Thalbauer, Großbettenrain	1837, 1838 2x, 1839, 1841
Matthä Buchner, Jesendorf	1837
Jakob Ziegler, „Kasper" , Buttenbach	1837, 1838, 1840
Jakob Grundl, Großbettenrain	1837, 1838 2x, 1841
Philipp Bruckmeier, „Gang", Onersdorf	1837 2x, 1839, 1841 2x
Andrä Kaspar, Pattendorf	1837, 1838, 1839
Matthias Amann, Onersdorf	1837, 1838 2x, 1840
Niklas Kaindl, Bödldorf	1838, 1841
Philipp Degenbeck, Kleinbettenrain	1837, 1838, 1840
Thomas Högl, Leiersöd	1837 2x , 1838, 1841
Jos. Hofstetter, Angersdorf	Vor 1838, 1838, 1840, 1841
Martin Wippenbeck, Kobel	1838 2x
Johann Berghofer, Hub	1838
Florian Reitmaier, Pattendorf	Vor 1838
Thomas Högl, Jesendorf	Vor 1838, 1840
Michl Leider, Gerzen	1838 2x
Lorenz Weiß, Jesendorf	1838, 1839, 1841
Michl Weiß, Jesendorf	1838, 1839 2x , 1841 2x
Bartl Bruckmaier, Jesendorf	1833

---

3   StAL, Rep. 164/19 Nr. 95.

Matthias Kurmaier, Jesendorf	1833
Barthlmä Giglberger, Oberkirchberg	Vor 1839, 1839
Martin Englbrecht, Jesendorf	1837, 1839, 1840
Thomas Högl, Jesendorf	1836, 1839, 1840
Jos. Brambs, Pattendorf	1837 2x, 1841
Georg Kaspar, Wippenbach	1838
Georg Kaspar, Buttenbach	1838 2x, 1839, 1840, 1841
Felix Kaindl, Oberkirchberg	1839, 1840
Georg Weiß, Hermannsreit	1840
„Martl" in Kobel	1840
Kaspar Paringer, Bödldorf	1840
Johann Wagner, Magersdorf	1839, 1840
Math. Berghofer	1841
Michl Bauer, Jesendorf	1841
Andrä Kaspar, Pattendorf	1839
Math. Berghofer, Hermannsreit	1841

Anhang
Mitglieder des Vereins der Kröninger Hafner 1863[4]

„Kirchberg, den 7ten Juni 1863
Am 13. Juni 1863
I / 9716.
[An] Königliches Bezirksamt Vilsbiburg!

Jahresversammlung des Vereins der Hafner betr.
Es wird hiermit dem Königlichen Bezirksamt Vilsbiburg im obenbezeichneten Betreffe gehorsamst angezeigt, daß sämtliche Hafnermeister der hiesigen Gemeinde [Kröning] gegen Unterschrift auf der hiesigen Gemeinde gegen Unterschrift auf Dienstag den 7ten Juli d. Js. Zum Hafnerjahrtag nach Vilsbiburg eingeladen wurden, nämlich:

[Unter jedem Namen befindet sich die persönliche Unterschrift]
 1. *Simon Eggl, Hafner von Stürming,*
 2. *Kaspar Wippenbeck, Hafner zu Großbettenrain,*

 3. *Michl Dalbauer, Hafner von dort,*
 4. *Thomas Kaindl, Hafner von Bedldorf,*
 5. *Florian Wippenbeck, Hafner in Bedldorf,*
 6. *Benno Zettl, Hafner von dort,*
 7. *Simon Wagner, Hafner von dort,*
 8. *Joseph Auer, Hafner von dort,*
 9. *Johann Wagner, Hafner von Oberschnittenkofen,*
10. *Dionis Berghofer, Hafner zu Hermannsreith*
11. *Bartlmä Berghofer, Hafner von dort,*
12. *Thomas Högl, Hafner von Leiersöd*
13. *Paul Ehrenreich, Hafner zu Straß,*
14. *Joseph Hofbauer, Hafner zu Wippstetten,*
15. *Mathias Schmittner, Hafner von Hub,*
16. *Anton Zettl, Hafner von dort,*
17. *Joseph Rennschmid, Hafner von Jesendorf,*
18. *Georg Stürminger, Hafner von dort,*
19. *Bartlmä Kaspar, Hafner von dort,*
20. *Lorenz Weiß, Hafner von dort,*
21. *Johann Mitterer, Hafner von dort,*
22. *Georg Geigenberger, Hafner von dort,*
23. *Georg Wippenbeck, Hafner von dort,*
24. *Andrä Degernbek, Hafner von dort.*
25. *Georg Lederhuber, Hafner von dort,*
26. *Anna. M. Englbrecht, Hafnerswitwe von dort,*
27. *Georg Schröpf, Hafner von dort,*
28. *Xaver Dannnerbek, Hafner von dort,*
29. *Jakob Degernbek, Hafner zu Kleinbettenrain,*
30. *Joseph Thanerbek, von Hundspoint – das Gewerbe ruht,*
31. *Anna Kaindl von Oberschnittenkofen – das Gewerbe ruht,*
32. *Thomas Högl'sche Relikte von Jesendorf – das Gewerbe ruht,*
33. *Martin Ehrenreich, von dort – das Gewerbe ruht.*

Vorstehendes bestätiget und geharret Hochachtungsvollst
Des Königlichen Bezirksamtes
Die gehorsamste
Gemeindeverwaltung Jesendorf
(Dienstsiegel) Hundhammer Vorstand"

---

4 StAL, Rep. 164 Verz. 19. Fasz. 83 Nr. 1996. Jahresversammlung des Vereins der Hafner betr., Kirchberg, 7.6.1863.

Anhang
„Verzeichnis
über sämmtliche Hafner in den Gemeinden Dietelskirchen, Jesendorf u. Kröning [1868]."[5]

Namen und Wohnort der Hafner

A. Gemeinde Dietelskirchen

1. *Bollner Joseph v. Pattendorf*
2. *Kaspar Andreas von da*
3. *Kaspar Mathias v. Wippenbach*
4. *Dechantsreiter Ursula von Pattendorf*
5. *Westenthanner Marg: von Pattendorf*

B. Gemeinde Jesendorf

6. *Eggl Simon von Stürming*
7. *Wippenbeck Kaspar von Großbettenrain*
8. *Schloder Lorenz von da*
9. *Kaindl Thomas von Bettldorf*
10. *Wippenbeck Peter von da*
11. *Zettl Benno von da*
12. *Wagner Simon von da*
13. *Auer Joseph von da*
14. *Degernbeck Jakob von Kleinbettenrain*
15. *Schröpf Georg von Jesendorf*
16. *Rennschmid Joseph von da*
17. *Stürminger A. Maria von da*
18. *Kaspar Bartlmä von da*
19. *Weiß Joh. Georg von da*
20. Mitterer Johann von da
21. Geigenberger Georg von da
22 Högl Johann von da
23. Ehrenreich Martin von da
24. Wippenbeck Georg von da
25. Degernbeck Andrä von da
26. Lederhuber Georg von da
27. Leiner Donat von da
28. Dannerbeck Xaver von da
29. Kaindl A. Maria von Oberschnittenkofen
30. Wagner Johann von da

31. Dannerbeck Jos. von Hundspoint
32. Berghofer Dionys von Hermannsreith
33. Berghofer Bartlmä von da
34. Högl Jakob von Leiersöd
35. Eherenreich Paul von Straß
36. Hofbauer Joseph von Wippstetten
37. Schmittner Mathias von Hub
38. Zettl Anton von da

C. Gemeinde Kroening

39. *Kaindl Joseph von Oberkirchberg*
40. *Stolz Georg von da*
41. *Kerscher Simon von da*
42. *Lindner Peter von Schaittenrain*
43. *Kaspar Alois von Ohnersdorf*
44. *Amann Alois von da*
45. *Koenigbauer Michael von Magersdorf*
46. *Geigenberger Andrä von da*
47. *Englmaier Anton von da*
48. *Biller Joseph von da*
49. *Niedermaier Vitus von Angersdorf*
50. *Auhuber Lorenz von Grammelsbrunn*
51. *Stadleder Georg von da*
52. *Ziegler Jakob von Buttenbach*
53. *Dennerl Joseph von da*
54. *Kaspar Joseph von Buttenbach*
55. *Weixlgartner Johann von Lichtenhaag*

Vilsbiburg, den 16. Dezbr. 1868
Koenigl. Rentamt Vilsbiburg
(Dienstsiegel) Unterschrift"

---

5   StALa, BezA/LRA Vilsbiburg Nr. 57, Gesundheitsgefährdende Hafnerwaren, 1868 – 1892.

Anhang
Verzeichnis der Vereinsmitglieder der Hafner v. Kröning [1862][6]

1. *Gg. Stalleder, Grammelsbrunn,*
2. *Joh. Wagner, Magersdorf,*
3. *Gg. Caspar, Anherstorf [Onersdorf],*
4. *Alois Amann, detto,*
6. *[Nr. 5 fehlt] Andr. Caspar, Battendorf [Pattendorf],*
7. *Joh. Polner, detto,*
9. *[Nr. 8. fehlt] Simon Eckl, Stürming,*
10. *F.X. Schmidlkofer, Reichlkofen,*
11. *Simon Westenthanner, Pattendorf,*
12. *Jos. Dennerl, Buttenbach,*
13. *L. Auhuber, Grammelsbrunn,*
14. *Jos. Kaspar, Buttenbach,*
15. *Jos. Kaindl, Oberkirchnberg,*
16. *Joh. Wagner, Oberkirchberg,*
17. *Jak. Degernbeck, Großbettenrain,*
18. *Kasp. Wippenbeck, Großbettenrain,*
19. *M. Thalbauer, detto,*
20. *Thomas Kerndl, Betteldorf [Bödldorf],*
21. *Benno Zettl, detto,*
22. *Sim. Wagner, detto,*
23. *Jos. Auer, detto,*
24. *Fl. Wippenbeck, detto,*
25. *Jos. Piller, Oberkirchberg,*
26. *Pet. Lindner, Schaittenrain,*
27. *Th. Högl, Jesendorf,*
28. *Barth. Caspar, detto,*
29. *Joh. Mitterer, detto,*
30. *Mart. Englbrecht, detto,*
31. *Gg. Wippenbeck, detto,*
32. *An. Degernbeck, detto,*
33. *Jos. Rennschmid, detto,*
34. *Lor. Weiß, detto,*
35. *Gg. Geigenberger, detto,*
36. *Gg. Lederhuber, detto,*
37. *G. Stürminger, detto,*
38. *X. Dannerbeck, detto,*
39. *Andreas Schömerl, detto,*
40. *Georg Schröpf, detto,*
41. *Math. Schmittner, Hub,*
42. *Anton Zettl, detto,*
43. *Math. Caspar, Wippenbach,*
44. *Paul Ehrenreich, Straß,*
45. *Thom. Högl, Leiersöd,*
46. *Bart. Berghofer, Hermannsreith,*
47. *Dionis Berghofer, detto,*
48. *Jos. Thannerbeck, Hundspoint,*
49. *M. Leider, Gerzen,*
50. *Andr. Mehringer, Hungerham,*
51. *M. Schredl, Witzldorf,*
52. *Joh. Auer, Vilsbiburg,*
53. *Paul Pachner, Aham,*
54. *N. Leider, Mangern*

Anhang
Verzeichnis über sämtliche Mitglieder des Hafner-Gewerbsvereines der Hafner an der Bina k. Bezirksamtes Vilsbiburg Verfaßt am 5ten November 1862[7]

1. *Jakob Högl. Hafnermeister zu Breitreit*
2. *Andr. Bader, do zu Stadlhof,*
3. *Jos. Niedermeier, do zu Großscherneck, [richtig: Scherneck]*
4. *Andr. Berghofer, do Spielberg,*
5. *Jos. Berghofer, do in Dörfl,*
6. *Thom. Berghofer, do in Siebengadern,*
7. *Philipp Berghofer, do in Geiselberg,*
8. *Andr. Degenbäck, do Stadlhof,*
9. *Gg. Dettenberger, do Stadlhof,*
10. *Jos. Eder, do Spielberg,*
11. *Gg. Geigenberger, do Siebengadern*
12. *Joh. Högl, do in Moos,*
13. *Leonh. Dumm, do Angerbach,*
14. *Andr. Kaindl, do Dörfl,*
15. *Peter Kaltenecker, do in Geiselberg,*
16. *Gg. Leierseder, do in Geisenhausen.*
17. *Mich. Leierseder, do in Velden,*
18. *Ant. Maler, do in Spielberg,*

---

6 StAL, Rep. 164 Verz. 19. Nr. 478

7 StAL, BezA/LRA Vilsbiburg Nr. 1705. Hafnerverein an der Bina 1862, betr. Statuten des Vereins und Mitgliederverzeichnis.

19. *Joh. Meister, do in Siebengadern,*
20. *Thom. Meister, do in Langquart,*
21. *Vit. Niedermeier, do in Siebengadern,*
22. *Mart. Deieritz, do in Geiselberg,*
23. *Andreas Obermeier, do in Geiselberg,*
24. *Joh. Purmer, do in Siebengadern,*
25. *Leonhard Rithaler, do in Angerbach,*
26. *Thom. Schmidhuber, do Geiselberg,*
27. *Thom. Staudinger, do in Freiling,*
28. *Joh. Weichslgartner, do in Lichtenhaag,*
29. *Jos. Kerscher, do in Haarbach.*

Thomas Meister
erster Vereinsvorsteher

Anhang
Verzeichnis der Hafner in der Gemeinde Jesendorf und dort beschäftigter Gesellen und Lehrlinge, 1897[1]

Name des Hafnermeisters	1897 beschäftigte Hafnergesellen und Lehrlinge (L)
Auer Josef, Oberschnittenkofen	Gallus Josef, Moosmüller Xaver, Ruhstorfer Ludwig, Steckermeier Josef
Berghofer Dionys, Hermannsreit	Falter Martin, Alois Pollner, Erber Georg (L)
Dannerbeck Johann, Jesendorf	Kaindl Georg, Brandmeier Franz
Degernbeck Jakob, Kleinbettenrain	Eder Georg, Ecker Josef
Keimeier Johann, Leiersöd	Auer Michl, Kleinstadler Josef (L), Berger Jakob, Deschl Georg (L), Wippenbeck Peter
Samberger Karl, Jesendorf	Schlecht Georg, Moosmüller Otto, Maushammer Seb. (L)
Lindner Georg, Oberschnittenkofen	Radspieler Xaver
Meier Barthl, Jesendorf	Freimuth Michl, Wippenbeck Peter, Edinger Johann, Piller Mathias, Berger Lorenz, Moosmüller Xaver, Falter Martin
Offensberger Jakob, Jesendorf	Steckermeier Josef, Steckermeier Georg, Roglmeier Anton, Kleinstadler Josef (L)
Pollner Xaver, Jesendorf	Kolbinger Math.
Samberger Andreas, Straß	Zeißlmeier Josef, Kolbinger Mathias, Steckermeier Josef, Moosmüller Xaver, Schwarz Thomas (L), Haindlfinger Josef, Roglmeier Anton, Wittenberger Math.
Setz Johann, Jesendorf	Ruhstorfer Ludwig, Roglmeier Anton, Reicheneder Math., Moosmüller Otto, Drexlmeier Xaver (L)
Stürminger Math., Großbettenrain	Ohne Eintrag
Stürminger Simon, Jesendorf	Stürminger Aug., Steckermeier Josef, Lacher Rupert (L)
Vilsmeier Josef, Jesendorf	Schlecht Georg, Kreuzpaintner Franz, Wippenbeck Peter
Zormeier Johann, Jesendorf	Gifthaler Andr., Falter Martin, Lainer Georg
Wagenhuber Andreas, Bödldorf	Steckermeier Georg, Forster Michl
Zettl Benno, Bödldorf	Wagner Sebastian, Fischer Joh. (L)
Zettl Jakob, Bödldorf	Zettl Anton, Reitmeier Michl, Schindlbeck Mark. (L)
Zettl Kaspar, Bödldorf	Häring Florian
Zugschwert Joh., Bödldorf	Ecker Josef
Zettl Kaspar, Hermannsreit	Schwarz Thomas, Piller Math., Eckl Barthl, Schratzenstaller Michl, Kleinstadler Gg. (L)

1897 wurde in der Gemeinde Jesendorf noch in 22 Werkstätten gearbeitet. Beschäftigt waren dort 38 Gesellen und 11 Lehrlinge. Bei den 58 erwähnten Gesellennamen fällt auf, dass bei deren Arbeitverhältnissen innerhalb der Werkstätten ein starker Wechsel stattgefunden hat, wobei ein nur einen Tag dauernder oder nur monatlicher Arbeitseinsatz bei einem Meister nicht selten war. Einige dieser Gesellen wurden später Inhaber eigener Werkstätten, so Georg Eder, Josef Haindlfinger, Georg Kaindl, Franz Kreuzpaintner, Otto Moosmüller und Math. Wittenberger alle in Jesendorf, Peter Wippenbeck in Onersdorf, Anton Zettl in Bödldorf, Josef Haindlfinger in Angersdorf, Sebastian Wagner in Grammelsbrunn und Michael Schratzenstaller in Haarbach.[2]

---

1 AHV, Register der Gemeindekrankenversichrungs-Mitglieder in der Gemeinde Jesendorf pro 1897
2 Pfarrarchiv Kirchberg, „FamilienBeschreibung der Pfarrey Kirchberg, Decanats Dingolfing von 1800 angefangen" (ohne Sign.).

Abgekürzt zitierte Literatur

Apian

Apian, Philipp: Eine neue Beschr. des Fürstenthums Ober- und Nider-Bairn, Druck in: Oberbayerisches Archiv 39. München 1880.

Bauer 2005

Bauer, Friedrich: Ein archäologisches Zeugnis der Tiroler Freiheitskriege von 1809 im Metzgerhaus, Gem. Kirchdorf in Tirol, Nordtirol, Magisterarbeit, Innsbruck 2005/2006.

Bauer 1971

Bauer, Ingolf: Treuchtlinger Geschirr, München 1971.

Bauer 1976

Bauer, Ingolf: Hafnergeschirr aus Altbayern, München 1976.

Bauer 1980

Bauer, Ingolf: Hafnergeschirr, Bayerisches Nationalmuseum Bildführer 6, München 1980.

Bauer 1983/84

Bauer, Ingolf: Keramik als kultureller Wert. Dieser Beitrag wurde am 4. September 1983 aus Anlass der Ausstellung "Kröninger Keramik" in der Rathaushalle in Landshut als Vortrag gehalten, in: Bayerisches Jahrbuch für Volkskunde, München 1983/84, S. 46 – 52.

Bauer; Endres; Kerkhoff-Hader; Koch; Stephan 1987

Bauer, Ingolf; Endres, Werner; Kerkhoff-Hader, Bärbel; Koch, Robert; Stephan, Hans-Georg: Leitfaden zur Keramikbeschreibung (Mittelalter – Neuzeit). Terminologie – Typologie – Technologie. Mit einem Beitrag von Irmgard Endres Mayser. Kataloge der Prähistorischen Staatssammlung, Beiheft 2, Kallmünz 1987.
Neuauflagen 1997 und 2005.

Bedal 1970

Bedal, Konrad: Ofen und Herd im Bauernhaus Nordostbayerns – Eine Untersuchung der älteren Feuerstätten im ländlichen Anwesen des östlichen Franken und der nördlichen Oberpfalz – Beiträge zur Volkstumsforschung, herausgegeben vom Institut für Volkskunde der Kommission für Bayerische Landesgeschichte bei der Bayerischen Akademie der Wissenschaften, Band XX, München 1970.

Begert; Seitz 1983

Begert, Günter; Seitz, Erich: 100 Jahre Eisenbahn Landshut – Vilsbiburg – Neumarkt St. Veit 1883 – 1983. Hrsg. Heimatverein Vilsbiburg 1983.

Blaas 1998

Blaas, Mercedes: Das 19. Jahrhundert. Die Laatscher Bevölkerung nach 1800: Bauern, Handwerker, Händler, in: Laatsch – Festschrift herausgegeben anlässlich des 100-Jahr-Jubiläums der Freiwilligen Feuerwehr Laatsch 1998, Lana 1998.

Brand 2007

Brand, Cordula: Vorbericht zu den Ausgrabungen 2002/2003 am St.-Jakobs-Platz in München, in: Bericht der Bayerischen Bodendenkmalpflege, Band 47/48, München 2007, S. 127 – 190.

Czysz; Endres; Kerkhoff-Hader

Czysz, Wolfgang, Endres, Werner, Kerkhoff-Hader, Bärbel: Die Drehscheibe, Veröffentlichung in Vorbereitung.

Dannheimer 1973

Dannheimer, Hermann: Keramik des Mittelalters aus Bayern, Kataloge der Prähistorischen Staatssammlung München, Nummer 15, Kallmünz 1973, zahlreiche Abb. mit Bodenmarken/Radkreuze (Tafel 9, 23, 28, 29, 35).

Dobler 1978

Dobler, Katharina: Der „Oarkas" und der „Oarkasmodel", in: Sammeln und Sichten. Beiträge zur Sachvolkskunde (Festschrift für Franz Maresch zum 75 Geburtstag), Wien 1978.

Duma 1982

Duma, Georg: Giftige Glasuren – Kranke Töpfer, in: Volkstümliche Keramik aus Europa, Band 2, München 1982.

Ebermeier 1998

Ebermeier, Werner: Keramik im Stadtmuseum Landshut, in: 125 Jahre Staatl. Fachschule für Keramik, Landshut 1998, S. 29 – 38.

Eichschmid 1877

Eichschmid, Joh. Bapt.: Kurze Übersicht über die Loretto- und Wallfahrts-Capelle und das an derselben befindliche Benefizium zu Angerbach, 1877.

Endres 1976

Endres, Werner: Zur mittelalterlichen „Bügelkanne" im Gäubodenmuseum Straubing, in: Jahresbericht des Historischen Vereins für Straubing und Umgebung Jahrgang 79, 1976, S. 129 -156, Abb. 1 und 2.

Endres 1981

Endres Werner: Kleine Gieß- und Sauggefäße aus Niederbayern und der Oberpfalz, in: Der Storchenturm 31, Dingolfing, 1981, S. 8 – 28.

Endres 1988

Endres, Werner: Werkstattabfall von Hafnereien an der Bina (Geiselberg, Gde. Gangkofen), in:. In: Der Storchenturm 45, Dingolfing 1988, S. 74 – 91.

Endres 1989

Endres, Werner: Kacheln und Geschirre der Bogener Hafnermeister Georg Pösinger und Hans Gabriel um 1700, in: Jahresbericht des Historischen Vereins Für Straubing und Umgebung Jahrgang 91, Straubing 1989, S. 205 – 276.

Endres 1993

Endres, Werner: Lehmglasiertes Geschirr aus der nördlichen Oberpfalz: Formenschatz der Werkstatt Hegen in Ernestgrün (Lkr. Tirschenreuth), in: Nearchos 1/1993, S. 311 – 150.

Endres 1996

Endres Werner: Gefäße und Formen – Eine Typologie für Museen und Sammlungen, Museums-Bausteine, Band 3, München 1996.

Endres 1997

Endres, Werner: Lehmglasiertes Geschirr aus der nördlichen Oberpfalz und seine regionale Konkurrenz: Fabrik und Handwerk, in: Beiträge zur Bunzlauer Keramik, Nearchos 5 (1997), S. 241 – 356.

Endres 1999

Enders Werner: Fundort Landshut: Keramik vom 13. bis zum frühen 19. Jahrhundert, in: Stadtarchäologie in Landshut, Archäologische Zeugnisse aus sieben Jahrhunderten, Landshut 1999, S. 43 – 70.

Endres; Millitzer 2002

Endres, Werner; Millitzer, Harald: Keramikfunde aus der „Großen Latrine" im Anwesen Auergasse 10 in Regensburg, in: Wirthauskultur-Archäologie, Geschichte und Hinterlassenschaft einer alten Regensburger Schänke, Regensburg 2002, S. 29 – 96.

Endres 2005

Endres, Werner: Straubinger Renaissancekeramik, Katalog des Gäubodenmuseums Straubing Nr. 30, S. 13 – 178.

Endres 2007

Endres, Werner: Werkstattabfall von bayerischen Keramikherstellern – Eine noch immer unterschätzte, zu wenig untersuchte Quellengruppe? Ein Forschungsbericht, in: Bayerisches Jahrbuch für Volkskunde, München 2007, S. 33 – 40.

Endres; Grasmann; Albrecht 2005

Endres, Werner; Grasmann, Lambert; Albrecht, Ludwig: Steinzeug aus Niederbayern Peterskirchen im Rottal, Vilsbiburger Museumsschriften 5, Vilsbiburg 2005.

Endres; Grasmann 2007

Endres, Werner; Grasmann, Lambert: Die Tonkopfvotive, in: Die Wallfahrtskirche zu St. Corona in Altenkirchen, Markt Frontenhausen, Hrsg. Ludwig Kreiner, Landau 2007, S. 35 – 65.

Englberger 2007

Englberger, Hermann: Kröning – Leben im Landshuter Raum, Kröning 2007.

Fischer 1991

Fischer, Klaus: Die Karrner – eine verschwundene soziale Randgruppe im Vinschgau, in: Der Vinschgau und seine Nachbarräume. Vorträge des landeskundlichen Symposiums veranstaltet vom Südtiroler Kulturinstitut in Verbindung mit dem Bildungshaus Schloß Goldrain, 27. bis 30. Juni 1991, Bozen 1991.

Fitz 1982

Fitz, Stephan: Kröninger Blaugeschirr aus der Sammlung des Bayerischen Nationalmuseums – Naturwissenschaftliche Untersuchung der Glasur, S. 71 – 80. –

Ders.: Glasur- und Dekorfarben altbayerischer Hafnerware – Ergebnisse emissionsspektralanalytischer Untersuchungen, in: Volkstümliche Keramik aus Europa, Band 2, Beiträge zur Keramikforschung, München 1982, S. 81 – 102.

Franz 1981

Franz, Rosemarie: Der Kachelofen, Entstehung und kunstgeschichtliche Entwicklung vom Mittelalter bis zum Ausgang des Klassizismus, Graz 1981, 2. Auflage.

Freudenberg zu; Mondfeld zu

Freudenberg, Elisa zu und Mondfeld, Wolfram zu: Altes Zinn aus Niederbayern, Band I, Regensburg 1982.

Gerl 1977

Gerl, Josef: Bildquellen zur Hafnerkeramik des deutschsprachigen Raumes von der Mitte des 17. bis zum Beginn des 20. Jahrhunderts, in: Volkskunst, München 1978, Heft 3.

Grasmann 1975/1

Grasmann, Lambert: Hafnerorte im Bereich des Kröninger Hafnerhandwerks, in: Der Storchenturm 20, Dingolfing 1975, S. 13 – 18.

Grasmann; Markmiller 1975/2

Grasmann, Lambert; Markmiller Fritz: Katalog zur Ausstellung „Kröninger Hafnerware", in: Der Storchenturm 20, Dingolfing 1975, S. 73 – 106, Kat Nr. 1 – 353.

Grasmann 1976/1/1

Grasmann, Lambert: Beiträge zur niederbayerischen Hafnerei I: Zur Hafnerei an der Bina und auf dem Petermandl-Anwesen in Stadlhof, in: Volkstümliche Keramik aus Europa, Zum Gedenken an Paul Stieber, München 1976, S. 50 – 70.

Grasmann 1977/1

Grasmann, Lambert: Ein Bericht über die Wallfahrtsmärkte in Heiligenstadt von 1589, in: Der Storchenturm 24, Dingolfing 1977, S. 80 – 83.

Grasmann 1977/2

Grasmann, Lambert: Vertrieb der Kröninger Hafnerware vom 17. bis zum 19. Jahrhundert, in: Der Storchenturm, Sonderheft 1, Dingolfing 1977.

Grasmann 1978/1

Grasmann, Lambert: Kröninger Hafnerei, Regensburg 1978.

Grasmann 1978/2

Grasmann, Lambert: Wassergrand' aus dem Kröning, in: Der Storchenturm, Sonderheft 2, Dingolfing 1978, S. 41 – 46.

Grasmann 1981/1

Grasmann, Lambert: [Katalog zur Ausstellung] „Backmodel aus bäuerlichen und bürgerlichen Haushalten", in: Der Storchenturm , Sonderheft 4, Dingolfing 1981. S. 14 – 47.

Grasmann 1981/2

Grasmann, Lambert: Eine Werkstattbruchgrube des 17. Jahrhunderts in Kleinbettenrain (Kröning), in: Der Storchenturm 31, Dingolfing 1981, S. 102 – 150.

Grasmann 1981/3

Grasmann, Lambert: Schwarzgeschirr aus dem Kröning, in: Schwarzgeschirr im Rahmen der volkstümlichen Keramik – Berichte und Referate – 13. Internationales Hafnerei-Symposium – Sibiu/Paltinis 1980, Sibiu/Rumänien 1981, s. 241 – 244.

Grasmann 1982

Grasmann, Lambert: Einführung und Katalog zur Ausstellung „Ofenkachel und Model aus dem Kröninger Umfeld des 17. bis 19. Jhdts.", in: Der Storchenturm, Sonderheft 5, 19 – 48.

Grasmann 1983

Grasmann, Lambert: Die „Städtische Krugl". Eine Kannenform aus dem Kröning und von der Bina, in: Der Storchenturm 35, Dingolfing 1983, S. 25 – 32.

Grasmann 1984

Grasmann, Lambert: „Keramische Raritäten aus dem Kröning : Nadlkörbl, Vexierkrüge, Tintenzeuge, Weihwasserkessel …" Einführung und Katalog zur Ausstellung Heimatmuseum Vilsbiburg 5. Mai -2. Dezember 1984, in: Der Storchenturm, Sonderheft 6, Dingolfing 1984, S. 1 – 48.

Grasmann 1985

Grasmann, Lambert: Erscheinungsformen und Technologie der Objekte, in: Markmiller Fritz (Hrsg.): Der Fundkomplex Tonvotive von St. Theobald in Geisenhausen. Eine interdisziplinäre Untersuchung, in: Der Storchenturm 39, Dingolfing 1985, S. 22 – 65.

Grasmann 1988/1

Grasmann, Lambert: Eine Werkstattbruchgrube des 15. Jahrhunderts aus Hundspoint im Kröning, in: Der Storchenturm 48, Dingolfing 1985, s. 44 – 74.

Grasmann 1988/2

Grasmann, Lambert: Die Kröninger Hafner und ihre Handwerksinsignien, in: Der Storchenturm 44, Dingolfing 1988.

Grasmann 1988/3

Grasmann, Lambert: Ein Beitrag zur Haus- und Hofgeschichte im Bereich der Hafnerstadt Jesendorf Anfang des 19. Jahrhunderts, in: Freiwillige Feuerwehr Jesendorf (Hrsg.), 100 Jahre Freiwillige Feuerwehr Jesendorf [Festschrift], Jesendorf 1988, S. 95 – 106.

Grasmann 1989

Grasmann, Lambert: Die Kröninger Hafner in den Mühlen von Justiz und Verwaltung. Gesundheitsgefährdende Hafnerware 1868/1869, in: Der Storchenturm 46/47, Dingolfing 1989, S. 74 – 91.

Grasmann 1990

Grasmann, Lambert: Beim „Uiderl" in Bödldorf. Eine Kröninger Hafnerei, in: Der Storchenturm, Sonderheft 8, Dingolfing 1990.

Grasmann 1992

Grasmann, Lambert: Irdene Wassergrande im Bauernhausmuseum Amerang, in: Mitteilungen des Bauernhausmuseums Amerang, 1992, Heft 2, S. 49 – 63.

Grasmann 1997

Grasmann, Lambert: Ziegelpatscher und Ziegelbrenner im Vilsbiburger Land I, in: Vilsbiburger Museumsschriften 1, Vilsbiburg 1997.

Grasmann 1998/1

Grasmann, Lambert: Kröninger Hafnerware einstmals gefragter Haushaltsartikel – heute ein begehrtes Sammelobjekt, in: 125 Jahre Staatl. Fachschule für Keramik, Landshut 1998, S. 52 – 57.

Grasmann 1998/2

Grasmann, Lambert: Kröninger Hafnerhandwerk und Keramische Fachschule Landshut, in: 125 Jahre Staatl. Fachschule für Keramik Landshut, Landshut 1998, S. 58 – 65.

Grasmann 2003

Grasmann, Lambert: Kröninger Wassergrande im Museum der Stadt Wasserburg, in: Heimat am Inn 20/21, Wasserburg 2003, S. 355 – 368.

Grasmann 2004

Grasmann, Lambert: Zu den frühen Tonvotivfunden in der Kirche St. Corona von Altenkirchen, in: Vorträge des 22. Niederbayerischen Archäologietages Rahden/Westf. 2004, S. 119 – 122.

Grasmann 2005/1

Grasmann, Lambert: Ziegelpatscher und Ziegelbrenner im Vilsbiburg Land II, in: Vilsbiburger Museumsschriften 6, Vilsbiburg 2005.

Grasmann 2005/2

Grasmann, Lambert: Hub – Fundbericht zu einer Werkstattbruchgrube eines Hafners in Hub Nr. 13, Gde. Kröning, Landkreis Landshut, in: Renner, Cornelia: Ausgrabungen in Kröninger Hafnerhäusern – Kleinbettenrain und Hub, Gde. Kröning, Vilsbiburger Museumsschriften 7, Vilsbiburg 2005, S. 52 – 53.

Grasmann 2005/3

Grasmann, Lambert: Kröninger Hafnerware – einst ein begehrter Exportartikel, in: Renner, Cornelia: Ausgrabungen in Kröninger Hafnerhäusern – Kleinbettenrain und Hub, Gde. Kröning, Vilsbiburger Museumsschriften 7, Vilsbiburg 2005, S. 6 – 8.

Grasmann 2007

Grasmann, Lambert: Unbekanntes Kröning – Raritäten aus dem Depot des Hafnermuseums Vilsbiburg, in: Vilsbiburger Museumsschriften 8, Vilsbiburg 2007. S. 5 – 18 und Grasmann, Lambert; Renner, Cornelia S. 35 – 70.

Häck 1998

Häck, Bernhard: Tausendundeine Scherbe in Landshut, in: 125 Jahre Staatl. Fachschule für Keramik, Landshut 1998, S. 39 – 49.

Hagn 1985

Hagn, Herbert: Mikroskopische Untersuchungen von Keramikproben, in: Der Storchenturm 1985, S. 79 – 88. Der Beitrag bezieht sich auf den Tonvotivfund-Komplex Geisenhausen.

Hagn 1988

Hagn, Herbert: Mikroskopische Untersuchungen keramischer Proben von Reisbach – St. Salvator, in: Der Storchenturm 1988, S. 94 – 99.

Hagn; Veit 1989

Hagn, Herbert; Veit, Peter: Keramikfunde an der Martin-Huber-Treppe in Dachau aus dem 17. und 19. Jahrhundert, in: Amperland 25/1989, S. 165 – 172.

Hagn 1990

Hagn, Herbert: Altbayerische Töpfer, Keramikfunde vom 15. bis 19. Jahrhundert, Katalog zur Ausstellung der Prähistorischen Staatssammlung in ihren Zweigmuseen, München 1990.

Hagn, Herbert; Neumair, Erwin 1990

Hagn, Herbert; Neumair, Erwin: Der Keramikfund von Moosburg aus dem 16. Jahrhundert, in: Archäologie im Landkreis Freising, 1/1990, S. 62 – 123.

Hagn 1992

Hagn, Herbert: Ein Keramik- und Glasfund vom Domberg in Freising, in: Archäologie im Landkreis Freising 3/1992, S. 73 – 114.

Hagn 1993

Hagn, Herbert: Ein Münchner Gaststättenbetrieb in der frühen Neuzeit – Abfallgrube als Spiegel vergangener Alltagskultur, in: Kunst und Antiquitäten 3/1993, S. 22 – 24.

Hagn; Darga 1999

Hagn, Herbert; Darga, Robert: Die Funde – Eine Materialvorlage, S. 11 – 92, sowie: Rosenegger, Albert: Traunsteiner Keramikfunde und ihr Bezug zur Stadtgeschichte, in: Jahrbuch Historischer Verein für den Chiemgau zu Traunstein e.V., Traunstein 1999, S. 105 – 127.

Haller Reinhard 1982

Haller, Reinhard: Neue Belege zum Kröninger Geschirrhandel im Bayerischen Wald, in: Der Storchenturm, Sonderheft 5, Dingolfing 1982, S. 13 – 14.

Hazzi 1808

Hazzi, Joseph: Statistische Aufschlüsse über das Herzogthum Baiern, Band 4, Nürnberg 1808, S. 577 – 578.

Hiereth 1962

Hiereth, Sebastian: Zur Geschichte des Landkreises Landshut. I. Teil, das Landgericht alter Ordnung 1803 – 1862, in: Historische Verhandlungen von Niederbayern (VN) 88/1962, S. 9 – 66..

Hohenzollern, Prinz von 1974

Peter Jakob Horemans, Katalog der Sonderausstellung Alte Pinakothek, München 1974.

Horschik 1978

Horsdchik, Josef: Steinzeug 15. bis 19. Jahrhundert – Von Bürgel bis Muskau, Dresden 1978/2.

Kaltenberger 2008

Kaltenberger, Alice: „Erdene Spargelröhren – Spargelglocken und Spargelröhren aus dem Pfarrhof Hartkirchen, in: Denkschrift zur Fertigstellung der Restaurierung von Pfarrkirche und Pfarrzentrum 2008, Ried im Innkreis 2008, S. 88 – 125.

Kerkhoff-Hader 1982

Kerkhoff-Hader, Bärbel: Gruppenverhalten und Individualleistung – Dokumente und Selbstzeugnisse zum Leben des Krugbäckers und Steinzeugfabrikanten Jakob-Plein-Wagner in Speicher, in: Rheinisches Jahrbuch für Volkskunde, Band 24, Bonn 1982, S. 163 – 196.

Kerl 1871

Kerl, Bruno: Abriß der Thonwaarenindustrie, Braunschweig 1871.

Klose 2007

Klose, Dietrich O. A.: Bewertung der Münzschatzfunde von Jesendorf, An der Kirche 2 durch die Staatliche Münzsammlung München, in: Vilsbiburger Museumsschriften 8, S. 21 – 23

Kranzfelder 1982

Kranzfelder, Ursula: Zur Geschichte der Apothekenabgabe- und Standgefäße aus keramischen Materialien unter besonderer Berücksichtigung der Verhältnisse in Süddeutschland vom 18. bis zum beginnenden 20. Jahrhundert, München 1982.

Kreiner 1988

Kreiner, Ludwig: Fundsituation der Tongegenstände von Reisbach-St. Salvator, in: Der Storchenturm 1988, Heft 45, S. 93 – 94.

Kreiner 2004

Kreiner, Ludwig: Wiederentdeckte Votivgaben aus Ton und Holz in der Kirche St, Corona von Altenkirchen, Markt Frontenhausen, Niederbayern, in: Vorträge des 22. Niederbayerischen Archäologentages, Rhaden 2004, S. 111 – 138.

Kreiner 2007

Kreiner, Ludwig: Tönerne Beine, Arme, Hände, Schuhe und Tiere, in: Die Wallfahrtskirche zu St. Corona in Altenkirchen, Markt Frontenhausen, Schriftenreihe des Niederbayerischen Archäologiemuseums Landau, Landau 2007, Band 3, S. 67 – 87.

Lippert; Spindler; Endres; Lippert

Lippert, Inge; Spindler, Konrad; Endres, Werner; Lippert, Ekkehart: Bunzlauer Keramik, Die Feinsteinzeugfabrik Julius Paul & Sohn in Bunzlau (1893 – 1945), in: Nearchos 8 – 10(2002); ausführliche Literaturhinweise: S. 930 – 946.

Lori 1764

Lori, Johann Georg: Sammlung des baierischen Bergrechts mit einer Einleitung in die baierische Bergrechtsgeschichte, München 1764.

Mämpel 1985

Mämpel, Uwe: Keramik – Von der Handform zum Industrieguß, Reinbeck 1985.

Maierhofer 1982

Maierhofer, Ernst: Von den Tongruben in der Kröninger Gegend, veröffentlicht von Fritz Markmiller, in: Der Storchenturm, Sonderheft 5, Dingolfing 1982, S. 15 – 18.

Markmiller; Grasmann 1975

Markmiller, Fritz; Grasmann, Lambert: Katalog zur Ausstellung „Kröninger Hafnerware", in: Der Storchenturm 20, Dingolfing 1975, S. 73 – 106, Kat Nr. 1 – 353.

Markmiller 1978

Markmiller, Fritz: Die Hafnerei im Kröning. Ein Überblick. Passagen über das Selbstverständnis der Kröninger Hafner, in: Volkskunst, 1. Jgg. München 1978, S. 162 – 169.

Markmiller 1981

Markmiller, Fritz: Zur Textüberlieferung und Datierung der Kröninger Hafnerordnung von 1428, in: Der Storchenturm 31, Dingolfing 1981, S. 1 – 8.

Markmiller 1982

Markmiller, Fritz: Vier Ofenkacheln im Museum Dingolfing „RS . 1642 .", ein Vilsbiburger Kachelmodel und die Salzburger Strobl-Werkstatt. In: Der Storchenturm, Sonderheft 5, Dingolfing 1982, S. 1 – 13.

Markmiller 1988/1

Markmiller, Fritz: Transportwege niederbayerischer Hafner zu Wasser und zu Land, in: Der Storchenturm 1988, Heft 45, S. 31 – 40, dort ist ein detaillierter Bericht zitiert über einen Streit von „Ordinari-Hafenfuhren" von Pattendorf nach Vilsbiburg, Salzburg und München (1765/67).

Markmiller 1988/2

Markmiller, Fritz: Bemerkungen zum Fundkomplex Tonvotive aus Reisbach-St. Salvator, in: Der Storchenturm 1988, Heft 45, S. 100 – 111.

Mayer 2002

Mayer, Sebastian: Materialien zum Hafnerhaus im Kröning – Ein Beitrag zur historischen Haus- und Handwerksforschung in Niederbayern, Band 1, im Auftrag des Freilichtmuseums Massing, Winhöring 2002.

Mechelk 1970

Mechelk, Harald W.: Stadtkernforschung in Dresden, Forschungen zur ältesten Entwicklung Dresdens, Heft 4, zahlreiche Abb. mit Bodenmarken/Radkreuzen (Abb. 13, 14, 15, 18, 20, 22).

Mehler 2007

Mehler, Natascha: Irdene Tonpfeifen aus dem Kröning: Fragen und erste Antworten, in: Vilsbiburger Museumsschriften 8, Vilsbiburg 2007, S. 24 – 34.

Mehler 2010

Mehler, Natascha: Tonpfeifen in Bayern (ca. 1645 – 1745). Zeitschrift für Archäologie des Mittelalters, Beiheft 22, Bonn 2010.

Neumair; Beer 2000

Neumair, Erwin; Beer, Walter: Der Setzbräu in Moosburg – 400 Jahre Geschichte einer Moosburger Braustatt anhand von archäologischen Funden und historischen Quellen, in: Archäologie im Landkreis Freising 7/2000, S. 117 – 173.

Obermayer 1992-1993

Obermayer, Florian: Beiträge zur Vilsbiburger Verkehrsgeschichte, in: Verhandlungen des Historischen Vereins von Niederbayern (VN) 118 – 119, Landshut 1992-1993, S. 109 – 137.

Obernberg von 1816

Obernberg von, Joseph: Reisen durch das Königreich Baiern, I. Teil, 2. Band, II. Heft, München 1816, S. 286 – 344.

Pescosta 2003

Pescosta, Toni S.: Die Tiroler Karrner – Vom Verschwinden des fahrenden Volkes der Jenischen, Tiroler Wirtschaftsstudien 55. Folge, Innsbruck 2003.

Pfeiffer Gerhard 1986

Pfeiffer, Gerhard: Technologische Entwicklung von Destilliergeräten vom Spätmittelalter bis zur Neuzeit, Regensburg 1986.

Pittioni 1982

Pittioni, Richard: Bäuerlicher Küchen- und Hausgerät-Abfall aus Jochberg, p. B. Kitzbühel, Tirol, in: Österreichische Zeitschrift für Volkskunde, Neue Serie XXXVI, Gesamtserie Band 85, Heft 2, Wien 1982.

Pittioni 1984

Pittioni, Richard: Ein Kröninger Henkeltopf aus Jochberg bei Kitzbühel, Tirol, in: Österreichische Zeitschrift für Volkskunde, Neue Serie XXXVIII, Band 87, Heft 3, Wien 1984, S. 199 – 200.

Pletzer 1974

Pletzer, Gerhard: Die soziokulturelle Entwicklung des Kröning und seine Keramik, in: Keramik-Freunde der Schweiz, Mitteilungsblatt Nr. 86, S. 3 – 36.

Renner 2005/1

Renner, Cornelia: Ausgrabungen in Kröninger Hafnerhäusern – Kleinbettenrain und Hub, in: Vilsbiburger Museumsschriften 7, Vilsbiburg 2005.

Renner 2005/2

Renner, Cornelia: Die Nachgeburtstöpfe von Kleinbettenrain, Gde. Kröning, Lkr. Landshut, in: Bayerische Vorgeschichtsblätter 70/2005, S. 325 – 330.

Schleich 2003

Schleich, Heidi: Das Jenische in Tirol, Sprache und Geschichte der Karrner, Laninger, Dörcher, in: Am Herzen Europas, Band 4, 2. Auflage 2003, Landeck 2003.

Schmeller 1973

Schmeller, Johann Andreas: Bayerisches Wörterbuch, 2. Ausgabe, bearbeitet von G. Karl Fromann, 2 Bde, 3. Neudruck von 1872-177, Aalen 1973.

Schmitz 1836

Schmitz Christian: Grundlinien zur Statistik und Technik der Thonwaaren- und Glas-Fabrikatlon im Königreiche Bayern. Nach authentischen Quellen, in: Die Industrie des Königreichs Baiern, hg. Von einem Verein von Technikern, Bd. I: Die Thonwaaren- und Glasfabrikation, München 1836., S. 133 – 168.

Schöne 2004

Schöne, Sally: Zeichensaal, Labor und Werkstatt. Keramische Fachschulen in Deutschland zwischen Kaiserreich und Zweitem Weltkrieg. Halle a/Saale, 2004, 320 Seiten.

Schwarz 1976

Schwarz, Georg: Historischer Atlas von Bayern, Heft 37, Vilsbiburg, München 1976.

Schwarz 1988

Schwarz, Hans-Jürgen: Chemische und mineralogische Untersuchungen an Kermaik un miozänen Tonen aus dem Kröning (Niederbayern), München 1988, Diss.

Sitte 1882
Sitte, Camillo: Mitteilungen der Gesellschaft für Salzburger Landeskunde 22, Salzburg 1882.

Sperling; Eckbauer 1998
Sperling, Thomas; Eckbauer, Manfred: Lehm und miozäne Tone im Kröning, in: Erkundung mineralischer Rohstoffe in Bayern, Heft 3, S. 27 – 44. – Ders. Miozäne Tone an der Bina, dort S. 45 – 54.

Sperling 2007
Sperling, Thomas: Die Tonvorkommen im Kröning und an der Bina im niederbayerischen Tertiärhügelland, in: Renner, Cornelia und Barteit, Peter (Hrsg.), Ein Leben zwischen Milchweidling und Stichbogen, Festschrift für Lambert Grasmann zum 70. Geburtstag. Vilsbiburger Museumsschrift 9, Vilsbiburg 2007, 60 – 80.

Spindler 2004
Spindler, Konrad: Bunzlauer Keramik im Germanischen Nationalmuseum. Bestandskatalog; v.a. Abb. Kat.Nr. 10 – 33, Nürnberg 2004.

Spirkner 1909/1
Spirkner, Bartholomäus: Excerpte aus der Pfarrregistratur Kirchberg, in: Historische Verhandlungen von Niederbayern (VN), Landshut 1909.

Spirkner 1909/2
Spirkner, Bartholomäus: Die Kröninger Hafnerei, in: Das Bayerland Nr. 37/1909, S. 394 f., 427 f. u. 442 f.

Spirkner 1914
Spirkner: Bartholomäus: Die Kröninger Hafnerei, in: Niederbayerische Monatsschrift 3, 1914, S. 114 – 136.

Stieber 1967
Stieber Paul: Deutsches Hafnergeschirr, in: Keysers Kunst- und Antiquitätenbuch III, München 1967, S. 241 – 292.

Stieber 1971/1
Stieber, Paul: Formung und Form – Versuch über das Zustandekommen der keramischen Form, Schriften des Deutschen Hafnerarchivs, München 1971.

Stieber 1971/2
Stieber Paul: Jahresrechnung 1728/29 über Hafnergeschirr für das Spital zum Hl. Geist in Vilsbiburg, in: Geburtstagsgabe für Alfred Höck, Marburg 1971, S. 51 – 67.

Svoboda 1981
Svoboda, Christa: Alt-Salzburger Hafnerkunst, Salzburg 1981.

Unger 1987
Unger H. J.: Lagerung und Ausbildung der obermiozänenen Tone im Raum Vilsbiburg/Niederbayern, in: Geologisches Jahrbuch, Reihe A, Heft 105, Hannover 1987, S. 25 – 56.

Wimmer 1869
Wimmer: Die Kröninger Thonwaaren-Industrie in Niederbayern, in: Bayer. Industrie- und Gewerbeblatt 1/1869, S. 241 – 245.

Abbildungsnachweis

Altinger Josef 35

Archiv Grasmann 2-4, 7, 8, 20, 22-25, 27, 28, 36, 41, 42, 44-46, 48-50, 54, 56, 57, 65, 67, 70, 71, 89, 90, 92, 93, 97, 101, 105, 107, 110, 112, 115, 116, 118, 122, 125- 127, 129, 130, 134, 141, 142(2x), 143-149; Katalog Gefäße: 1-9, 20-26, 32-36, 38-40, 46, 48, 50-52, 60-69, 72-77, 80, 89, 92-96, 103, 105-107, 109-111, 113-115, 121-122, 134-138, 143, 147-152, 157, 159, 164-167, 175, 176, 180—187, 190, 195, 196, 209, 210, 214-217, 220,221, 227, 228, 232-235, 240, 243, 244-252, 259, 261, 262, 265, 270, 273-277, 280, 282, 284, 290, 296-299, 306, 307, 310-314, 315a-f, 318, 320-323, 331, 332, 340, 344, 350, 355 (Repro), 356-358, 360, 362-364; Katalog datierte Gefäße: 4, 7, 13, 13a, 26, 29, 29a, 31, 32, 36, 36a, 41, 45-48a, 56, 59, 62, 66, 73, 76, 76a; Katalog datierte Ofenkacheln: 1, 5

Balk Wolfgang, Katalog Gefäße: 207

bpk / Bayerische Staatsgemäldesammlungen 117

BNM 62, 68; Katalog datierte Gefäße: 37

Brüggemann Jakob 12-16, 18, 29, 43, 63, 63a, 66, 72-88a, 99, 100a -100j, 103, 104, 111, 113, 121; Katalog Gefäße: 13-19, 27-31, 32, 37, 41-45, 47, 49, 53-59, 70, 71, 78, 79, 81-88, 90, 91, 97-102, 104, 108, 112, 116-120, 123-133, 139-142, 144-146, 153-156, 158, 160-163, 168-174, 177-179, 191-194, 197-206, 208, 211-213, 218, 219, 222-226, 229-231, 236-239a, 241-243, 253-258, 260, 263, 264, 266-269, 271, 272, 278, 279, 281, 283, 285-289, 291-295, 300-305, 308, 309, 316, 317, 319, 324-330, 333-339, 341-343, 345-349, 351-354, 355a-d, 359, 361; Katalog datierte Gefäße: 3, 4a-6, 8, 9, 12, 22-23a, 43-44a, 49, 49, 51, 59, 60, 71-71e, 72, 75-78, 80, 80a; Katalog datierte Kacheln: 2-4, 6, 7, 9

Frank Oliver, Katalog datierte Gefäße: 16, 16a, 27, 27a, 52, 52a, 57, 57a, 58, 58a

Hamburger Kunsthalle, Katalog Gefäße: 12

Heimatverein Vilsbiburg 5, 6, 10, 11, 17, 19, 30-33, 37- 40, 51, 52, 52a, 53, 55, 58, 60, 61, 69, 96, 108, 109, 114, 119, 124, 135-138, 140

Huber Erwin 123

Kargl Anna 21

Kaspar Josef 59

Krause Heinz Jürgen 9a- 9c

Kreiner Ludwig, Katalog Gefäße: 188, 189a-c

Landesstelle für nichtstaatliche Museen, Archiv Hausforschung, München 91

Markmiller Fritz 47

Privatbesitz Adlkofen 64

Renner Cornelia 98

Schäfer Bernhard, Katalog datierte Ofenkacheln: 8, 8a

Schmatz Heinz 132

Seisenberger Josef 109

Sperling Thomas 102, 106

Spirkner Bartholomäus 1914, 1

Stadtarchiv Landshut 34, 139

Stadtarchiv Vilsbiburg 131

StALa 41a (2x), 94, 95, 133,

Der Autor

Geboren 1937 in Vilsbiburg, verheiratet, zwei Kinder. Eintritt 1951 in den Dienst der Deutschen Bundespost. Ausgeschieden 1996 als Betriebsleiter beim Postamt in Vilsbiburg. 1969 erste Kontakte mit dem Keramikforscher Paul Stieber, München, im gleichen Jahr Beginn der „Feldforschungen" auf dem Kröning und an der Bina, ab 1974 Teilnahme an den Internationalen Symposien für Keramikforschung. Ab 1973 bis heute ehrenamtlicher Leiter des Heimatmuseums – Kröninger Hafnermuseum in Vilsbiburg. Von 1996 bis 2008 Kreisheimatpfleger im Landkreis Landshut. Zahlreiche Publikationen zur Ortsgeschichte Vilsbiburgs, zur Hafnerei im Kröning und an der Bina, Kataloge zu Sonderausstellungen im Heimatmuseum Vilsbiburg.